MANUAL do EMPREENDEDOR

DE MICRO A PEQUENAS EMPRESAS

MANUAL do EMPREENDEDOR

DE MICRO A PEQUENAS EMPRESAS

Organizadores:
João Pinheiro de Barros Neto & Gerson de Souza

Copyright © 2012 by João Pinheiro de Barros Neto e Gerson de Souza (Orgs.)

Todos os direitos em língua portuguesa reservados à Qualitymark Editora Ltda.
É proibida a duplicação ou reprodução deste volume, ou parte do mesmo, sob qualquer meio, sem autorização expressa da Editora.

Direção Editorial SAIDUL RAHMAN MAHOMED editor@qualitymark.com.br	Produção Editorial EQUIPE QUALITYMARK
Capa EQUIPE QUALITYMARK	Editoração Eletrônica APED - Apoio e Produção Ltda.

CIP-Brasil. Catalogação-na-fonte
Sindicato Nacional dos Editores de Livros, RJ

M251

Manual do empreendedor : de micro a pequenas empresas / organizadores: João Pinheiro de Barros Neto, Gerson de Souza ; editor: Saidul Rahman Mahomed. - Rio de Janeiro : Qualitymark Editora, 2012.
576p. : 23 cm

Apêndice
Inclui bibliografia
ISBN 978-85-414-0024-4

1. Pequenas e médias empresas - Administração. 2. Empreendedorismo. 3. Planejamento estratégico. 4. Planejamento empresarial. I. Barros Neto, João Pinheiro de. II. Souza, Gerson de

12-5330.	CDD: 658.022 CDU: 005.71-022.51/.55
26.07.12 07.08.12	037717

2012
IMPRESSO NO BRASIL

Qualitymark Editora Ltda.
Rua Teixeira Júnior, 441
São Cristóvão - Fax: (21) 3295-9824
20921-405 – Rio de Janeiro – RJ

www.qualitymark.com.br
E-mail: quality@qualitymark.com.br
Tel: (21) 3295-9800 ou (21) 3094-8400
QualityPhone: 0800-0263911

Dedicatória

Esta obra é dedicada aos micro, pequenos e médios empreendedores, que movem a economia do país, geram empregos, oportunidades e melhoram as condições de vida e consumo de milhares de pessoas todos os dias.

Também aos professores, educadores, estudantes, que têm no empreendedorismo e na administração das micro, pequenas e médias empresas, seu objeto de estudo.

Agradecimentos

*Aos nossos familiares,
especialmente esposas, maridos e filhos,
que aceitam a ausência em nome de uma
contribuição maior à sociedade.*

*A todos os nossos alunos,
clientes, participantes de cursos,
seminários e palestras, que com seus
casos nos permitiram avançar no
conhecimento da gestão das micro,
pequenas e médias empresas.*

Epígrafe

Todos os seres humanos têm a capacidade inata não só de cuidar de si mesmos, mas também de contribuir para aumentar o bem-estar do mundo como um todo. Alguns têm a oportunidade de explorar o seu potencial até certo ponto, mas outros jamais tiveram a oportunidade, durante toda a vida, de desenvolver o dom maravilhoso com que nasceram. Esse talento acaba morrendo junto com as pessoas, e o mundo permanece privado da sua criatividade e da sua contribuição.
Muhamad Yunus (em *Um mundo sem pobreza*, 2008, p. 247).

Sumário

Dedicatória	V
Agradecimentos	VII
Epígrafe	IX
Apresentação	XIII
Prefácio	XV
Introdução	XIX
Autores	XXVII

Liderança e Empreendedorismo 1
    João Pinheiro de Barros Neto

Cenário Político-Econômico-Social para as MPE no Brasil 29
    Fernando de Almeida Santos

Diagnóstico Organizacional para Micro, Pequenas e Médias Empresas no Brasil 47
    Teresinha Covas Lisboa

Planejamento Estratégico nas MPEs 63
    Antonio Vico Mañas

Balanced Scorecard para Micro, Pequenas e Médias Empresas
Rumo à mina com um mapa e uma bússola 89
    Julieta Kaoru Watanabe Wilbert

Critérios de Excelência Aplicados em Pequenas Empresas 115
    Antonia Maria dos Santos Siqueira

O Marketing e as Pequenas e Médias Empresas 133
    Irineu Lopes Trigo

Construção de Marca Bem-Sucedida nas MPE
O Passo a Passo Para a Construção de uma Marca Vencedora   177
    Hubert Rampersad
    Gerson de Souza
    Jonhnes de Carvalho Nunes

Proposta de Marketing para as Pequenas Empresas   207
    Edmir Kuazaqui

Formação, Capacitação e Motivação de Equipe de Vendas das PME   225
    Margareth Bianchini C. de Moraes

Gestão Estratégica Organizacional e Gestão por Competência nas Micro e Pequenas Empresas - Como Criar um Altíssimo Diferencial Competitivo com as Pessoas   249
    Maria Rita Gramigna
    Gerson de Souza
    Preciosa do Vale

Cargos e Salários e Sistema de Remuneração Estratégica   283
    Marcelo Antonio Treff

Liderança Gerencial Estratégica, Liderança de Equipes e *Coaching*   307
    Gerson de Souza

Controles Financeiros em Micro, Pequenas e Médias Empresas   335
    Kleber Teixeira

Logística e Controle de Estoques, para Micro, Pequenas e Médias Empresas: *fatores críticos de sucesso no* empreendimento   351
    Sidnei Domingos

Gestão de Operações em PME   375
    Carlos Alberto Safatle

Atendimento e Relacionamento com o Cliente   393
    Claudia Piereck da Cunha

O Processo de Negociação   415
    Jayr Figueiredo de Oliveira

Confiabilidade, Confiança e Responsabilidade Social nas Micro e Pequenas Empresas
A construção do bem mais valioso: a confiança dos clientes.   441
    Gerson de Souza

Inovação e Mudança   467
    Crisomar Lobo de Souza

Gestão Tributária para Micro e Pequena Empresa   487
    Antonio Carlos de Matos

Internacionalização das Pequenas e Médias Empresas
***Status* ou Necessidade?**   501
    Maria de Fátima A. Olivieri

Plano de Negócio   519
    Fabrizio Scavassa

Apresentação

Não é de agora que o empreendedorismo e o universo das micro e pequenas empresas têm sido objeto de atenção de muitos trabalhos e estudos, devido ao seu papel fundamental como agentes geradores de emprego e renda no país. Cada vez mais o Brasil tem contado com o bom desempenho das pequenas empresas para fortalecer o desenvolvimento econômico da nação e o progresso da sociedade. Hoje, as micro e pequenas empresas representam 99% do total das companhias e respondem por grande parte do volume de empregos na maioria dos países. Anualmente abrem cerca de 600 mil novos negócios no país, sendo que aproximadamente 30% estão no estado de São Paulo.

Este quadro tem grande impacto nos níveis de empreendedorismo brasileiro: o número de habitantes por empresa, que era 42 em 2000, passou para 29 em 2010 e pode chegar a 24 em 2015, número próximo ao que França (24 habitantes por empresa) e Alemanha (23 habitantes por empresa) tinham por volta dos anos 2000. A projeção no Brasil é que, em 2020, o universo das micro e pequenas empresas passe dos atuais 6 milhões para 9 milhões, e que mais da metade destes negócios esteja concentrada no setor de serviços.

Outros dados que destacam a força do empreendedorismo em nosso país mostram que, em 2010, dos 17 países membros do G20, o Brasil é o que possui a maior Taxa de Empreendedores em Estágio Inicial (TEA), ultrapassando a China (14,4%) e superando também a Argentina (14,2%), a Austrália (7,8%) e os Estados Unidos (7,6%). Entre as nações que formam o BRIC, o Brasil tem a população mais empreendedora, com 17,5% da TEA – a China teve 14,4%, a Rússia, 3,9%, e a Índia não participou da pesquisa nos últimos dois anos. Em 2008, a TEA da Índia havia sido de 11,5%.

Acredito, no entanto, que o mais importante de todos esses dados seja a relação de empreendedorismo por oportunidade x necessidade, que vem mudando muito nos últimos anos. Em 2010, o Brasil atingiu, pela primeira vez, a maior taxa de empreendedorismo por oportunidade: são mais de dois para um. Isso significa dizer que os empresários estão pensando, planejando e se preparando para abrirem suas empresas, buscando as melhores oportunidades e não agindo no impulso da necessidade, por exemplo, por falta de emprego.

Apesar disso, os empreendedores precisam estar atentos às constantes necessidades de replanejamento, mudanças de curso e ajustes de trajetória. Verificamos que, entre aqueles que são atendidos pelo Serviço de Apoio às Micro e Pequenas Empresas de São Paulo (Sebrae-SP), capacitações em gestão básica, como finanças (planejamento dos custos, análise da lucratividade, da margem do negócio e controle do fluxo de caixa) e *marketing* e vendas (conquista e fidelização de clientes e melhoria da imagem) são as maiores dificuldades. E os empreendedores que estão há mais tempo no mercado, já estabelecidos, buscam instrumentos para aumentar sua competitividade, como estratégias de comercialização (feiras, vendas pela internet), financiamento e acesso ao mercado externo.

Ou seja, há espaço e demanda por treinamentos e capacitações em todos os âmbitos e para empresas de todos os tamanhos. Por isso, o Sebrae oferece soluções em gestão empresarial e ajuda a promover um ambiente favorável para a realização de negócios.

Além disso, publicações como esta são fundamentais por abordar pontos vitais da gestão empresarial que podem – e muito! – ajudar os empreendedores e candidatos a abrirem seu próprio negócio e seguirem na trilha do conhecimento, na difícil tarefa de ter um negócio lucrativo e competitivo. *O mapa da Mina: o passo a passo para o sucesso para as Micro e Pequenas Empresas* apresenta ferramentas que os empreendedores precisam dominar para manter seus negócios sustentáveis. Deve ser lido por todos empreendedores que precisam ou queiram conhecer os fundamentos da gestão empresarial e, por meio dessa compreensão, possam ajustar seu negócio ao mundo atual e suas perspectivas.

Não há limites para aprender. Nem para empreender. Boa leitura!

Bruno Caetano
– Diretor-superintendente do Sebrae-SP

Prefácio

Esta obra vem preencher uma lacuna no mercado editorial brasileiro, pois embora o assunto seja de grande interesse dado o enorme número de micro, pequenas e médias empresas (por dia nascem 2.000 microempresas), até o momento o que se encontra são livros sobre empreendedorismo de forma geral ou obras traduzidas que não espelham a realidade da gestão dessas empresas no Brasil.

Livros sobre empreendedorismo são muito importantes, porém, faltava uma obra que ajudasse o empreendedor a tocar seu negócio no dia a dia e facilitasse aos estudantes do assunto o acesso ao conhecimento mais recente na área.

O problema com obras traduzidas é que são totalmente baseadas em outra realidade, geralmente no contexto norte-americano, bem diferente do nosso. Assim, este livro vem com a expectativa de realmente trazer um grande sucesso para a gestão das micro, pequenas e médias empresas brasileiras.

O livro está focado nos micro e pequeno empresários e foi escrito para que seja de fácil leitura, direto, um verdadeiro manual onde ele possa ter planilhas, esquemas, dicas, passo a passos, e possa ser aplicado diretamente em seu negócio.

De fato, o time de autores reunido conhece como ninguém a realidade e as necessidades das micro e pequenas empresas, por isso, foi capaz de oferecer um conhecimento centrado nas questões mais prementes e importantes que se fazem presentes no cotidiano da gestão dessas organizações.

Para atender tais necessidades com a eficiência e eficácia requeridas pelos micro e pequenos empresários, os especialistas se esmeraram em aprimorar e simplificar a linguagem e usar exemplos que estejam relacionados a vários tipos de negócio.

O objetivo é que o livro seja um verdadeiro consultor para os micro e pequeno empresários e para aqueles que se interessam pelo assunto, especialmente alunos dos cursos de graduação e pós-graduação em Administração. Portanto, um público amplo pode se beneficiar da aquisição desta obra, desde o empreendedor individual até os micro e pequeno empresários, passando também pelos acadêmicos e diletantes do assunto, qualquer que seja o negócio da empresa do pipoqueiro ao empresário industrial.

Este livro se diferencia de obras similares porque conseguiu condensar em um único volume lições de sucesso de mais de vinte reconhecidos especialistas em suas respectivas áreas de conhecimento e aplicá-las às micro e pequenas empresas o fruto de anos de pesquisa, consultoria e prática nesse tipo de organização, tanto no Brasil como no exterior.

Os principais pontos da obra são sua atualidade e aplicabilidade prática, tendo em vista os inúmeros exemplos, casos, exercícios e questões de reflexão que permitem a absorção e fixação do conhecimento para imediata colocação em prática de maneira segura e tranquila.

A obra está organizada em xx capítulos que abrangem todas as áreas e disciplinas necessárias à boa gestão e obtenção de melhores resultados de uma empresa. Para ser mais bem explorada, sugerimos que o livro seja lido na ordem dos capítulos e ao final de cada um deles, que sejam realizadas as atividades propostas. Não obstante, o leitor poderá começar por qualquer capítulo ou tema que lhe gere maior interesse, pois entre os capítulos não existem pré-requisitos ou uma ordem de prioridade rígida. A ordem dos capítulos é especialmente recomendada apenas nas situações em que for adotada como livro didático ou bibliografia de apoio.

Cada capítulo conta com extensa e atualizada bibliografia, pois cada autor apresenta um conjunto de obras, textos, artigos e sites para embasar o conteúdo de modo que, se necessário, o próprio leitor poderá se aprofundar ainda mais nos assuntos de seu interesse.

Mesmo trazendo conhecimento aprofundado e firmemente embasado em pesquisas e casos de sucesso, a linguagem é objetiva, clara e muito prática, para gerar interesse e facilidade de entendimento, com textos objetivos que poderão ser utilizados tanto por profissionais já estabelecidos como por estudantes.

A experiência conjugada dos autores permite garantir que a obra se constitui em uma importante ferramenta para auxiliar os micro e pequenos empresários a montarem e mesmo treinar uma equipe campeã, remunerar e motivar seu time, melhorar suas ações de marketing e vendas, aumentar a interatividade e o relacionamento com seus clientes atuais e potenciais, oferecer produtos e serviços mais eficientes e com maior qualidade, reduzir estoques e até mesmo se lançar no mercado global com passos firmes e seguros.

Prof. Dr. João Pinheiro de Barros Neto
Prof. Ms. Gerson de Souza
Organizadores

Introdução

Hoje em dia a vida das grandes empresas não está fácil, apesar dos enormes recursos de que dispõem, o que dizer então das micro, pequenas e até médias empresas, cujos problemas, dificuldades e desafios não deixam de ser menores que os das corporações.

O ambiente de negócios no Brasil cada vez mais vem apresentando elevado grau de competitividade, mostrando um ambiente de estabilidade política e econômica e robustecimento do mercado interno, que vem ampliando seu espectro de oportunidades de novos negócios seja pelos efeitos decorrentes da globalização, das crises econômicas americana e europeia, ou ainda, pelas realizações, em futuro próximo, de megaeventos esportivos (Copa das Confederações e Copa do Mundo de Futebol, Olimpíadas, entre outros).

Todavia, essas condições atraem empresas e investimentos acirrando a competitividade e exigindo das pequenas e médias empresas melhores práticas de gestão para que possam aproveitar as oportunidades que se apresentam.

Com relação ao empreendedorismo doméstico, dados positivos foram expostos pelo relatório da Global Entrepreneurship Monitor de 2010, demonstrando que o Brasil tem 17,5% da sua população adulta caracterizada como empreendedores em estágio inicial (negócios com até três anos e meio de vida) estando à frente de países como China, Rússia, Austrália e Estados Unidos. Outro ângulo relevante dessa pesquisa é o que mostra que os brasileiros estão optando por abrir um negócio mais pela oportunidade e menos pela necessidade (para cada empreendedor por necessidade, dois empreendem por oportunidade) e, quanto maior o nível de escolaridade, maior a probabilidade de o negócio ser aberto com base na oportunidade.

Todavia, os desafios para os pequenos e médios empreendimentos no Brasil não se limitam àqueles caracterizados pela concorrência, mas por condições de infraestrutura (burocracia excessiva, dificuldades para formalizar e manter o empreendimento legalizado, elevada carga tributária, entraves pra obtenção de crédito, entre outros) e por condições pessoais de seus empreendedores que apontam entre as principais razões para o fracasso nos negócios o desconhecimento de mercado e de outras práticas associadas à gestão e ao marketing.

Como acentuado pelo relatório do Sebrae (2007), o "fator crucial para as empresas é a dificuldade encontrada no acesso ao mercado, principalmente nos quesitos propaganda inadequada; formação inadequada dos preços dos produtos/serviços; informações de mercado e logística deficiente, caracterizando a falta de planejamento dos empresários", e é neste indicador de conhecimento como forma de melhorar o desempenho desses empreendimentos que se situa este texto.

Dadas as características das pequenas e médias empresas que as tornam únicas, diferentes não só com relação às grandes corporações, mas distintas entre elas, o conteúdo deste capítulo não assume um caráter prescritivo, mas, sim, informativo, com a esperança e a pretensão de contribuir para melhoria da competitividade dos pequenos e médios empreendimentos.

A Importância dos Pequenos e Médios Empreendimentos

A relevância econômica e social das micro, pequenas e médias empresas é destacada pela contribuição significativa no crescimento econômico do país e na promoção do desenvolvimento regional. O conjunto desses empreendimentos, superior às grandes organizações como geradoras de emprego, constitui-se em fonte de inovações e empregos, contribuem para contenção do fluxo migratório, absorvem com maior facilidade a mão de obra não qualificada e minimizam o desequilíbrio gerado quando as grandes corporações reduzem seus quadros funcionais.

Não existe uma definição de pequenos empreendimentos que seja única, universal. Também não é uma tarefa relativamente fácil defini-los dada a quantidade de variáveis que podem ser empregadas para sua especificação, tais como número de funcionários, volume da receita, tipo de negócio e tamanho das instalações. Gonçalves (1995, p. 34) aborda essa questão definindo as pequenas empresas "como aquelas que, não ocupando uma posição de domínio ou monopólio no mercado, são dirigidas por seus próprios donos, que assumem o risco do negócio e não estão vinculados a outras grandes empresas ou grupos financeiros".

Em linha análoga, para Carson e Cromie (1990), o "tamanho relativo é o utilizado com maior frequência... qualquer empresa pode ser considerada pequena quando seu volume de vendas, total de empregados, investimentos de capital, e assim por diante são muito menores que os volumes correspondentes à maior empresa do seu campo de atuação".

Teixeira (2004), no entanto, aborda a uniformidade de critérios como uma exigência desnecessária, uma vez que estes e suas respectivas dimensões são efetivados de acordo com os fins propostos, e destaca que o indicador de maior utilização é o número de empregados em função da facilidade de manipulação desse tipo de dado e também por conter, simultaneamente, características econômicas e sociais. Nesse contexto, o papel socioeconômico dos pequenos empreendimentos ganha destaque nos dados do ano de 2009 demonstrando que as MPMEs respondiam, em unidade, por 99,6% das empresas brasileiras, eram responsáveis por 52,8% do total de mão de obra ocupada, arcando com 30% do total dos salários e outras remunerações (Tabela 1).

TABELA 1
EVOLUÇÃO DE INDICADORES DAS EMPRESAS E OUTRAS ORGANIZAÇÕES NO BRASIL –
2006-2009

Indicadores	Microempresa (1 – 9)	Pequena (10 – 49)	Média (50 – 249)	Grande (250 e mais)	Totais
	2006 2009	2006 2009	2006 2009	2006 2009	2006 2009
Número de empresas	3.856.131	380.926	52.933	15.588	**4.307.584**
	4.309.463	456.118	62.838	18.220	**4.846.639**
Emprego	8.667.507	6.970.810	5.319.132	18.655.302	**39.624.757**
	10.005.032	8.390.713	6.234.467	22.052.236	**46.682.448**

Nº médio de pessoas por empresa	2,25	18,3	100,49	1.196,77	**1.317,81**
	2,32	18,4	99,21	1.210,33	**1.330,26**
Salários e outras remunerações (mil reais)	34.295.233	57.579.356	67.534.026	375.742.518	**535.153.139**
	50.003.712	85.848.240	97.437.496	548.592.276	**781.881.724**
Salários e outras remunerações média/mês (mil reais)	2.857.936	4.798.280	5.627.836	31.311.877	**44.595.928**
	4.166.976	7.154.020	8.119.791	45.716.023	**65.156.810**

Fonte: IBGE – Cadastro Central de Empresas. Elaboração: TRIGO, Irineu.
Nota: A definição do porte das empresas, com base no número de pessoas, fundamentou-se na definição da OCDE (SCHMIEMANN, 2008).

No Brasil é criado, aproximadamente, 1,2 milhão de novos empreendimentos formais por ano. Uma questão atinente e relevante é a que trata da longevidade das MPMEs brasileiras. Quando se releva que 99,6% das empresas e mais da metade do emprego gerado repousam sobre as MPMEs, a taxa de sobrevivência desses empreendimentos torna-se preponderante no desenvolvimento do país, sendo os dois anos iniciais considerados críticos para esses empreendimentos.

De acordo com o Sebrae (2011), 7 em cada 10 empresas no Brasil sobrevivem após esse período (Gráfico 1). Ainda, segundo o instituto, em 2006, a taxa média nacional de sobrevivência situou-se em 73,1%, superior ao índice apurado em 2005, situado em 71,9%.

GRÁFICO 1 - TAXA DE SOBREVIVÊNCIA DE EMPRESAS DE DOIS ANOS, EVOLUÇÃO POR SETORES DE ATIVIDADE

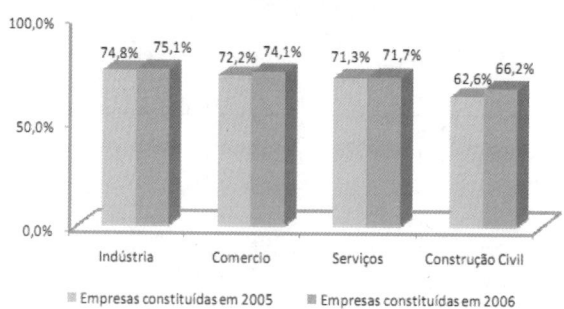

Fonte: Sebrae – Taxa de Sobrevivência das Empresas no Brasil, 2011, p. 16.
Nota: As empresas constituídas em 2005 foram verificadas nas bases de 2005, 2006, 2007 e 2008.
As empresas constituídas em 2006 foram verificadas nas bases de 2006, 2007, 2008 e 2009.

A melhora na taxa de sobrevivência geral é enfatizada pela elevação das taxas setoriais, com destaque para as empresas industriais e do comércio, que apresentaram taxas superiores à média nacional e tendo como prováveis razões melhorias no ambiente de negócios (redução das taxas de juros; controle da inflação; maior oferta de crédito ao consumidor; legislações específicas de estímulo MPEs como a Lei Geral das Micro e Pequenas Empresas e o SIMPLES) e no perfil do empreendedor (elevação no nível de escolaridade e maior procura por capacitação). Todavia, o índice de 30% de empresas que sucumbem ainda no período inicial é expressivo e dentre as causas apontadas para a mortalidade desses empreendimentos destacaram-se: propaganda inadequada, problemas com formação de preços, desconhecimento de mercado, inadequação de produtos e serviços, ou seja, problemas e dificuldades envolvendo o conhecimento e a prática do marketing. Para a maioria dos empreendedores, o sucesso nos negócios está vinculado ao conhecimento do mercado no qual atua e à estratégia de vendas (Sebrae, 2007).

OS DESAFIOS E COMO ESTE LIVRO PODE AJUDAR AS PEQUENAS EMPRESAS

Não é fácil garantir bons resultados sustentáveis de maneira econômica, social e ambiental. A resposta não está no melhor treinamento, na loja mais confortável, na propaganda mais atraente, no site mais eficiente, no desempenho dos vendedores. Na verdade, está na gestão do negócio, ou seja, em tudo isso somado e em muitas outras coisas.

Somos todos metralhados por um volume cada vez maior de ofertas e informações e, como clientes, deixamo-nos fisgar por quem de fato quer se relacionar conosco de maneira transparente e vantajosa. Exigimos qualidade no produto, nos serviços e no atendimento, queremos ser tratados como únicos e não como um entre tantos. Tem mais chance de sucesso a empresa que usa todos os canais para ouvir de verdade o cliente, que o deixa interagir e dar sugestões e que põe em prática o que ouviu, descobre e satisfaz sua vontade e não apenas responde às suas reclamações.

Realmente o desafio é enorme. O empresário, sua empresa, seus gestores e seus empregados precisam estar muito bem preparados, é preciso impregnar toda a organização com o conhecimento necessário e os valores capazes de cativar os clientes. Não se trata de tamanho, mas de grandeza, pois vender em tempos de competição acirrada e global não é tarefa para qualquer um: exige equipes disciplinadas e motivadas, ações de marketing, produção enxuta, criatividade, paixão pelo que se faz, busca incansável pela excelência e liderança.

Naturalmente que nada disso acontece de uma hora para outra, sem esforço, por mera sorte, mas sempre é tempo de começar e se aprimorar, pois só no dicionário sucesso vem antes de trabalho.

Embora todos reconheçam que as micro e pequenas empresas são um dos principais pilares de sustentação da economia brasileira, e o mesmo ocorre em nível mundial, quer pela sua enorme capacidade geradora de empregos, quer pela capilaridade geográfica de um número infindável de estabelecimentos, sabe-se também que são justamente essas empresas que mais precisam de apoio, organização e técnicas de gestão.

Estimativas dão conta de que a taxa de mortalidade das micro e pequenas empresas é altíssima, mais da metade fecham com menos de seis anos de funcionamento. Infelizmente, quando os empresários são questionados sobre os motivos do encerramento das atividades, constatamos a quase absoluta indicação de causas externas: a economia que não estava bem, as dívidas que subiram, os clientes que não entenderam a oferta, os consumires que não aceitaram o serviço, ou seja, quase nunca a responsabilidade pelo insucesso do negócio é aceita pelo empresário.

Nossas pesquisas têm indicado que a real causa de tão alta taxa de mortalidade e também do não crescimento das micro e pequenas empresas, reside muito mais na falta de capacitação do empresário, na sua liderança deficiente e no seu desconhecimento de práticas e modelos de gestão adequados para o negócio, ou seja, quase nunca o real problema ou problemas estão fora da organização, mas sim, dentro dela, apenas é difícil de enxergar e aceitar este fato. Cientes desta realidade, os autores escreveram esta obra com o intuito de ajudar a reverter tal quadro oferecendo as ferramentas necessárias para uma boa gestão de micro, pequenas, e mesmo médias, empresas.

Estimular as micro e pequenas empresas representa uma solução alternativa eficaz para garantir melhores condições de vida às pessoas e maior impulso à economia do país. Basta considerar a oferta de novos empregos, a ocupação que cada pequeno negócio traz e a criação de oportunidades para aqueles com maior dificuldade de inserção no mercado, desde o mais jovem que busca o primeiro emprego até os mais velhos que querem ou precisam continuar trabalhando. Também cabe lembrar que as pequenas empresas são capazes de fixar as pessoas no local de origem, distribuir mais equitativamente a renda e a riqueza e estimular iniciativas comunitárias.

Dessa forma, toda a potencialidade dos pequenos negócios poderia ser muito mais explorada se houvesse capacitação e foco nessas organizações. Iniciativas não faltam, é verdade, está aí o bem-sucedido exemplo do Sebrae, porém, é indiscutível que a academia pode e deve dar uma contribuição de suma importância para as micro e pequenas empresas.

Todo conhecimento e experiência dos autores em suas respectivas áreas de expertise foram direcionados para efetivamente levantar e apresentar assuntos de interesse do empreendedor que quer e precisa fazer de sua empresa um negócio sustentável. Todos os capítulos apresentam assuntos que requerem atenção, que precisam constar da agenda dos empreendedores.

São temas como liderança, cenário atual, perspectivas das micro, pequenas e médias empresas no Brasil, diagnóstico organizacional, planejamento, gestão por indicadores, qualidade, modelo de excelência da gestão, processos, marketing, vendas, construção de marca, motivação, remuneração, reconhecimento e capacitação de equipes, controles financeiros, logística, estoques, produção, ética, cultura organizacional, negociação e internacionalização da empresa.

O livro conta com 23 capítulos estruturados por temas, assim, nos dois capítulos iniciais, aborda-se as questões mais amplas a respeito do empreendedorismo e se delineia o cenário e as perspectivas para as pequenas empresas, considerando os âmbitos político, social e econômico. Depois, trata-se do planejamento e gestão, seguindo-se do marketing, pessoas, operações, finanças, clientes e globalização dos negócios. O último capítulo discute e apresenta uma proposta de plano de negócio especialmente voltada para micro e pequenas empresas.

A seguir, o leitor poderá conferir as lições de vinte especialistas, consultores nacionais e internacionais, e suas incontáveis dicas de como alavancar negócios. Serão abordados assuntos fundamentais para uma boa gestão, os quais são importantes para qualquer empresa, de qualquer tamanho, independentemente de seu ramo de atuação, mas com o diferencial de terem sido especialmente escritos para atenderem necessidades de micro, pequenas e até médias empresas.

Os autores.

Autores

Antonia Maria dos Santos Siqueira

Mestra em Engenharia de Produção – UFPB, MBA em Gestão Estratégica de Pessoas, graduada em Administração de Empresas. Docente em nível de graduação e pós-graduação desde 2007 nas áreas de gestão da Produção, O.S.M, Qualidade e Produtividade, Estratégia e Gestão de Pessoas. Delegada na Conferência Nacional de Educação em 2010, presidente do NDE da Faculdade Católica, coordenadora do Curso de Administração de 2008.2 a 2011.1. Gestora da área de educação corporativa da ECT/RN. Atua desde 2002 como examinadora de prêmios da qualidade em nível nacional: Prêmio de Qualidade dos Correios, Prêmio Nacional da Qualidade (PNQ), Prêmio Sebrae e Prêmio Sesi de Qualidade no Trabalho. Consultora de Análise de Processos na ECT/RN e ECT/PA; multiplicadora da metodologia de *Benchmarking*, Gestora do processo de Planejamento Estratégico e Avaliação da Gestão em organização pública de grande porte no modelo do *Balanced Scorecard* (BSC) e no Modelo de Excelência do PNQ.

Antonio Vico Mañas

Vice-reitor da PUC-SP, pós-doutorado em Administração – FEA-USP, doutor em Ciências Sociais e mestre em Administração – PUC-SP, administrador e contabilista, especializado em análise e projeto de sistemas. Professor titular da PUC-SP e colaborador da FAAP (graduação e pós-graduação). É pesquisador, conferencista e palestrante. Autor de diversos livros, capítulos e artigos sobre temas ligados à administração, entre eles, estratégia empresarial, inovação, tecnologias, informação e conhecimento, competitividade e negócios. Laureado com o título de Administrador Destaque pelo Conselho Regional de Administração de São Paulo.

Carlos Alberto Safatle

Doutor pela Universidade Presbiteriana Mackenzie em 1998. Diretor técnico do Ipesp, Vice-presidente da Cohab/SP, presidente do Conselho Regional de Economia Seção São Paulo. Professor da PUC-SP na área de Gestão de Operações.

Cláudia Piereck da Cunha

Consultora e palestrante nacional e internacional em recursos humanos e marketing com ênfase em liderança, *coaching*, desenvolvimento de equipes, resiliência e eficácia pessoal, marketing de serviços e vendas. Conduz cursos, palestras e/ou workshops para grandes empresas nacionais e multinacionais tendo executado trabalhos de consultoria em diferentes países da América Latina tais como: México, Chile, Colômbia e Peru. Possui certificação internacional em *coaching*. É membro da International Coaching Community. Mestre em International Business pela Tufts/Havard University, EUA. Professora de marketing e de gestão de recursos humanos para cursos de pós-graduação e de graduação.

Crisomar Lobo de Souza

Mestre em Administração – PUC-SP. Pós-graduado em Gestão Empresarial pela FGV. Pós-graduado em Marketing – FGV. Graduado em Administração Mercadológica – UAM. Extensão universitária em Negociação – FGV/GVPEC. Extensão universitária em Gestão Estratégica de Negócios – FGV/GVPEC. Foi instrutor credenciado do Sebrae na área de marketing e vendas. Foi executivo nas áreas de marketing, vendas e serviços no setor de Telecomunicações. É membro da Academy of International Business (AIB). Participou de seminários nacionais e internacionais nas áreas de negócios. Possui cursos de atualização em Gestão, Marketing Negociação e Vendas. Atualmente é professor na PUC-SP.

Edmir Kuazaqui

Doutor e mestre em Administração, com foco em Marketing, Comércio Exterior e Gestão de Pessoas. Profissional de marketing internacional, turismo, hospitalidade e saúde. Coordenador de pós-graduação em Administração Geral, Comércio Exterior e de Marketing Internacional e Formação de Traders da Universidade Paulista (Unip). Titular da ESPM. Consultor presidente da Academia de Talentos. Autor de livros.

Fabrizio Scavassa

Consultor financeiro experiência em finanças corporativas e planejamento financeiro em empresas multinacionais e nacionais de grande porte, formação em MBA Executivo pela Universidade da Califórnia Irvine, EUA, MBA em Controladoria pela Esab, bacharel em Ciências Administrativas pela Faculdade Oswaldo Cruz, professor da graduação nas cadeiras de Finanças Corporativas, Planejamento Financeiro e Orçamento Empresarial.

Fernando de Almeida Santos

Doutor em Ciências Sociais pela Pontifícia Universidade Católica de São Paulo (PUC-SP), mestre em Administração de Empresas pela Universidade Presbiteriana Mackenzie e graduado em Ciências Contábeis e em Administração Pública pela Universidade Católica Dom Bosco (UCDB) e em Administração pelo Unifieo. Especialista em Avaliação Institucional, em Administração Financeira e em Educação à Distância. Vice-coordenador do curso de Ciências Contábeis e professor da graduação da PUC-SP. Docente das Faculdades Integradas Rio Branco, da Universidade Braz Cubas e professor convidado da pós-graduação das seguintes instituições: Centro Universitário Belas Artes, Centro Universitário Fecap e Universidade Católica de Santos. Avaliador *ad hoc* do MEC/Inep e do Conselho Estadual de Educação-SP. Consultor da Carvajal e Bolina e Palestrante do CRC-SP.

Gerson de Souza (organizador)

Mestre em Administração com foco em Liderança – Unisa-SP; Master Trainner Coaching – BSA/USA; MBA em Liderança e Gestão Estratégica Organizacional – Unisa-SP; International Coaching Certification – Lambent do Brasil; Pedagogo – Uniderp; Teólogo – Unasp; consultor do Sebrae-MS há doze anos; palestrante; consultor e sócio-proprietário da Crescer Brasil Consultoria. Ganhador da Medalha Federal – Prêmio de Excelência em Serviços (TRE-MS); escritor de artigos premiados pela prefeitura municipal de Campo Grande-MS (Gestão Compartilhada e Desenvolvimento Econômico Metropolitano).

Hubert Rampersad

B.S., M.Sc., PhD. é a maior autoridade em Marca Pessoal Autêntica, conferencista e presidente da Personal Branding University e da TPS International Inc., nos Estados Unidos. Consultor de classe mundial de muitas multinacionais. Autor dos *Best-sellers: O DNA de sua marca pessoal* (Campus), *Balanced Scorecard Pessoal* (Qualitymark), *Seja o CEO de sua vida* (Qualitymark), Proprietário da Business School of Americas (USA).

Irineu Lopes Trigo

Profissional com experiência nas áreas de Marketing e Vendas, bacharel e mestre em Administração de Empresas pela Pontifícia Universidade Católica de São Paulo e membro pesquisador do grupo GEMA para estudos de Gestão e Patrimônio de Marca. É consultor de negócios e professor de Marketing – PUC-SP.

Jayr Figueiredo de Oliveira

Pós-doutor em Administração – FEA/USP; doutor em Educação – PUC-SP, mestre em Administração e Planejamento – PUC-SP, especializações em Administração de Sistemas – FECAP, Didática do Ensino Superior e Ciência da Computação – Universidade Presbiteriana Mackenzie; MBA em Inovação, Tecnologia e Conhecimento – USP; bacharel em Administração de Empresas (Unilus). Atua desde 1977 como profissional em Administração de Sistemas de Informação e desde 1985 como docente em educação superior, tendo ocupado em ambas, inúmeros cargos de chefias. Publicou mais de 15 livros e diversos artigos nas áreas de Sistemas e Tecnologias da Informação, Liderança, Gestão Organizacional e Negócios.

João Pinheiro de Barros Neto (organizador)

Doutor em Ciências Sociais pela Pontifícia Universidade Católica de São Paulo (2002), mestre em Administração pela Pontifícia Universidade Católica de São Paulo (1998), especialização em Administração da Produção e Operações Industriais pela Fundação Getúlio Vargas, FGV-SP (1993) e bacharel em Administração com Habilitação em Comércio Exterior pela Faculdade Associada de São Paulo (1991). Atualmente é membro do Grupo de Excelência em Instituições de Ensino Superior – GIES do Conselho Regional de Administração de São Paulo, CRA-SP e professor da Pontifícia Universidade Católica de São Paulo (PUC-SP), Unisa e Uninove. Facilitador do MBA em Liderança da FranklinCovey Brasil. Tem experiência na área de Administração, com ênfase em Comportamento Organizacional, atuando principalmente nos seguintes temas: liderança, responsabilidade social, gestão de pessoas, qualidade e planejamento estratégico. Tem dez livros publicados como autor, coautor e organizador, além de vários artigos. Membro da Banca Examinadora do Prêmio Nacional da Qualidade (2002, 2004, 2007, 2009, 2010 e 2011). Experiência de 25 anos em Planejamento Estratégico, Gestão da Qualidade, Educação Corporativa, Liderança e Implementação de Projetos na administração pública federal.

Jonhnes de Carvalho Nunes

Formado em Publicidade e Propaganda, Unasp (São Paulo/Brasil) e pós-graduando em Comunicação Empresarial, Unasp (São Paulo/Brasil). Estudou Business & Management LVL5 pela Concordia Institute of Business (Hastings, Nova Zelândia). É idealizador da campanha de sustentabilidade com foco em interação online chamada 1h100Pc – Se Liga! Desliga (Uma hora sem computador). Atuou no mercado de publicidade nas áreas de designer gráfico, coordenador de redes sociais, assistente de planejamento e diretor de marketing. Atualmente é diretor da Fale Bem! Marketing Digital, presta consultoria em marketing para a revista *Sound on Sound*, considerada a melhor revista de áudio e produção musical do mundo.

 **Julieta Kaoru Watanabe Wilbert**	Mestre em Administração Pública (*Magister rerum publicarum*), Academia de Speyer na Alemanha; MBA em Gestão para a Excelência, FNQ/SENAI; especialização em Educação para Adultos, Université de Strasbourg II, França; e graduada em Engenharia. Experiência em empresa pública de grande porte nas áreas de Educação Corporativa, Planejamento Estratégico e Gestão da Qualidade. Atuação em Gestão de Sistemas de Gestão da Qualidade em Pequenas e Médias Empresas como examinadora do Prêmio Sucesso Empresarial MPE (Prêmio a Micro e Pequena Empresa) no Paraná e em Santa Catarina (2011) e no Prêmio Nacional da Qualidade – PNQ (2005 e 2006).
 **Kleber Ferreira**	Mestre em Administração, PUC-SP; MBA Executivo em Finanças, IBMEC-SP; bacharel em Ciências Econômicas, Universidade Mackenzie-SP. Alto executivo do mercado financeiro em grandes bancos de investimentos (Safra, Bank Boston, Santander, BVA). Professor universitário na área de Controles Financeiros desde 2002 em várias universidades paulistas.
 **Marcelo Antonio Treff**	Doutor em Ciências Sociais, PUC-SP; e mestre em Administração de Empresas, Universidade Presbiteriana Mackenzie (1998). Atualmente é professor da Pontifícia Universidade Católica de São Paulo; professor da FECAP-SP; coordenador do MBA em Gestão de Pessoas da PUC-SP. Tem experiência em comportamento organizacional e gestão de pessoas. Exerce, ainda, a atividade de consultor junto a empresa Volens.

**Margareth Bianchini Correa de Moraes**	PhD em Administração, Florida Christian University, EUA (2009). Mestre em Ciências da Comunicação, USP (2001); formada em Marketing pela Universidade Paulista (1997). Diretora da MBianchini Consulting – Desenvolvimento do Capital Humano – empresa de consultoria empresarial que atua na área estratégica de gestão de pessoas. Professora da Universidade Presbiteriana Mackenzie nos cursos de graduação e pós-graduação. Consultora, palestrante e coautora dos livros: *Liderança uma questão de competência*, prefaciado pelo ex-presidente Dr. Fernando Henrique Cardoso, e *Liderança e criatividade em negócios*, prefaciado pelo ex-presidente da Embraer Dr. Ozires Silva.
**Maria de Fátima Abud Olivieri**	Pós-doutor e PhD em Administração, Florida Christian University (FCU), USA. Mestre em Educação, Arte e História da Cultura pela Universidade Mackenzie; Pós-graduada em MBA - Gestão em Marketing, pela ECA-USP e em Gestão de Pessoas pela Unibero; Relações Públicas pela Cásper Líbero. Trabalhou na Companhia Energética de São Paulo (Cesp) por 20 anos em Recursos Humanos. Professora nos cursos de graduação e pós-graduação no Brasil e exterior; coordenadora de seminários internacionais; autora e coautora de vários livros e artigos publicados.
**Maria Rita Gramigna**	Diretora do Instituto de Gestão de Pessoas (IGP), pedagoga, especialista em Gestão de Pessoas, mestre em criatividae aplciada às organizações pela Universidade de Santiago de Compostela, Espanha, autora de diversos livros na área de Administração e Gestão, consultora e palestrante internacional. Idealizadora da metodologia de Gestão de Pessoas por Competências "MRG", difundida no mercado brasileiro desde 1997.

Preciosa do Vale

Administradora, especialista em Gestão Empresarial, Gerenciamento de Projetos, Gestão Pública e Gestão de Negócios. Auditora líder pela Bureau Veritas Certification da NBR ISO 9001-2008. Participou do Projeto Sebrae Ideal – Fase I e Fase II Sebrae-MT, 2001. É consultora organizacional pelo Senai-MT e atende diversas empresas na implantação de melhorias em Gestão Estratégica, Gestão da Qualidade e Gestão de Pessoas. Consultora em Gestão de Talentos e Gestão por Competências da Crescer Brasil Consultoria.

Sidnei Domingos

Pós-graduado em Qualidade e Produtividade, FIA-USP, formado em Economia pela Faculdade de Economia São Luiz - SP. Experiência de 35 anos em Logística em organização de grande porte presente em todo o território brasileiro. Desenvolveu atividades nas áreas operacionais e de treinamento de pessoal. Atividade de Gestão por vinte anos, nas áreas: financeira, operacional, vendas de varejo e assessoria de direção. Autor do livro; *Gerenciar é fácil: uma breve ficção da gestão*. Atualmente desenvolve projetos e atividades de consultoria.

Teresinha Covas Lisboa

Doutor em Administração, Universidade Mackenzie, mestre em Administração Hospitalar, especialista em Administração Hospitalar e em Didática do Ensino Superior. Conselheira e primeira secretária do Conselho Regional de Administração, presidente do Comitê de Ética do CRA-SP, membro do Grupo de Excelência de Administração em Saúde do CRA-SP, coordenadora do Grupo de Excelência de Instituição de Ensino Superior – CRA-SP, membro do Conselho Nacional de Saúde da Federação Brasileira de Administradores Hospitalares; Segunda tesoureira da diretoria da Associação dos Administradores e do Sindicato dos Administradores. Professora titular de programas de mestrado em Administração e de cursos de especialização/MBA (Inesp, Unisa, Unifieo, Faap, Uni-Facef, Faculdade Albert Einstein, Faculdade de Ciências Médicas da Santa Casa de São Paulo) em Administração Hospitalar, Administração Geral, Administração de Recursos Humanos e Hotelaria Hospitalar. Coordenadora dos cursos de Administração Hospitalar da Faculdade Inesp e Uni-Facef. Sócia Diretora da TCL Consultoria e Assessoria S/C Ltda. Presidente do Instituto Nacional de Desenvolvimento Social e Humano (INDSH). Presidente do Fundo de Apoio à Pesquisa em Saúde (Fapesa) – (mantenedora da Faculdade Inesp). Membro do conselho editorial da revista *Administrador Profissional* do CRA-SP.

Liderança e Empreendedorismo

JOÃO PINHEIRO DE BARROS NETO

Líderes conseguem fazer coisas extraordinárias... transformar valores em ação, visões em realidades, obstáculos em inovação, isolamento em solidariedade e riscos em recompensas... criam o clima no qual as pessoas transformam oportunidades de ação em êxitos fantásticos.
Kouzes e Posner

INTRODUÇÃO

A economia precisa desesperadamente de empreendedores e o mundo necessita urgentemente de líderes. Organizações querem ambos, mas infelizmente não são tão fáceis de achar. Pessoas com qualidades de liderança e empreendedorismo são altamente valorizadas dentro e fora do mercado de trabalho porque fazem a diferença.

Líderes e empreendedores também não são criados ou desenvolvidos em salas de aula nem mesmo em universidades corporativas, daí a importância de compreender bem esses dois fenômenos e fazer bom uso deles.

Em mais de duas décadas e meia estudando líderes e empreendedores, bem como trabalhando com eles para o desenvolvimento de suas competências, posso afirmar que existe uma diversidade impressionante de fatores hereditários, psicológicos, sociais e culturais, que desafiam todas as tentativas de se estabelecer um padrão comum. Outros pesquisadores concordam comigo, Steptoe (1998) para citar apenas um, embora muita gente ainda queira nos convencer que existe uma receita mágica para a liderança ou para o empreendedorismo.

Líderes e empreendedores são joias preciosas que podem ser encontrados em praticamente qualquer lugar e qualquer circunstância, mas nunca na quantidade que gostaríamos.

Assim, no lugar de traçar perfis, elaborar uma complexa descrição de personalidade ou mesmo apontar qualidades pessoais, prefiro tratar das competências que quando presentes e adequadamente desenvolvidas, parecem indicar que ali existe um líder e um empreendedor. Nesse sentido, Liderança é um conjunto de competências e empreender uma das competências presentes na boa liderança (OLIVEIRA e MARINHO, 2005).

Adotemos a definição bem ampla e flexível de competência de Cripe e Mansfield (2003, p. 14), segundo a qual competências são habilidades e características pessoais que contribuem para se atingir um desempenho de alto nível (...) são habilidades e comportamentos que os indivíduos de desempenho excepcional demonstram mais frequentemente e com melhores resultados do que os indivíduos de desempenho médio.

Não se trata de definir aqui por que alguns líderes empreendedores conseguem sucesso e outros não, ou quais características que os diferenciam, mas focar em um conjunto de competências que todos podem desenvolver, até porque como concluiu Inácio (2004, p. 95) em sua pesquisa, não é possível estabelecer um perfil absolutamente científico do empreendedor.

Então não vamos perder o tempo de leitor com dons e graças especiais, mas com passos práticos e concretos para exercer a Liderança Empreendedora que tanto precisamos, principalmente nas micro, pequenas e médias organizações.

Assim, este capítulo e todos os demais desta obra visam oferecer ao líder empreendedor que quer abrir um negócio, possui ou é funcionário de uma micro, pequena ou média organização, os subsídios e as ferramentas necessárias para garantir o crescimento sustentável e a melhoria contínua de sua empresa.

Líderes Empreendedores

Costumo iniciar meus cursos de empreendedorismo perguntando aos alunos por que querem empreender. A grande maioria (média acima de 90% considerando os últimos quinze anos) responde que quer ganhar dinheiro, ficar rica ou trabalhar pouco. Então digo que lamento, mas que estão na sala errada. A mesma coisa acontece com as turmas de Liderança quando questiono o que significa ser um líder e invariavelmente a maioria responde que se trata de dinheiro, poder, status e mais, que líderes já nascem prontos, é uma questão de berço. Por isso, gosto de citar Kouzes e Posner (2003, p. 388).

Liderança é um conjunto observável de capacidades e habilidades que são úteis para pessoas em cargos executivos ou operacionais, no mercado financeiro ou no mercadinho do outro lado da rua, em qualquer campus, comunidade ou corporação. E toda habilidade pode ser fortalecida, afiada e aperfeiçoada se tivermos a motivação e o desejo apropriados, juntamente com a prática e o feedback, papéis modelares e a assistência de um treinador.

Quanto mais leio e estudo a biografia de líderes e empreendedores, mais me convenço de que não existe um padrão. Em qualquer área, país, época, profissão, ou seja, independente das referências, o fato é que não existe um padrão. Recentemente revi uma obra prima do cinema, La Dolce Vita (1960) e, sem surpresa, descobri que a infância e a adolescência de Federico Fellini (1920-1993), o diretor genial que até deixou uma palavra "felliniano" para descrever sua obra e personagens, teve uma infância e adolescência comum a todos os seus contemporâneos, sem nada que explique a profusão de seu talento, pois nasceu em uma família de classe média tradicional, cujo pai era caixeiro-viajante e a mãe dona de casa e criou-se em uma pequena cidade – Rimini – longe dos centros urbanos (CARLOS; GUIMARÃES, 2011, p. 14). Apenas mais um exemplo que se junta a milhares de outros.

O primeiro ponto para o qual chamo atenção é que liderança, de modo bem simples e resumido, não tem a ver com poder ou status, mas com a capacidade de influenciar os outros, inspirar e levar outras pessoas a buscarem objetivos comuns. Já empreendedorismo está ligado à disposição para a realização e concretização de ideias. Podemos dizer que liderança tem um caráter coletivo, pois ninguém pode ser líder sozinho, necessita de outros, a liderança só se concretiza no outro, embora para liderar alguém precisemos primeiro liderar a nós mesmos. Já o empreendedorismo tem um caráter mais individual, é a vontade de executar, de fazer acontecer.

Atualmente pesquisadores estão convergindo para a ideia de liderança como um conjunto de competências e empreender como uma das competências necessárias ao líder.

Assim, liderança e empreendedorismo são dois conceitos muito próximos, embora sejam sutilmente diferentes e não devam ser confundidos. Ambos têm em comum a mudança, o desenvolvimento e o crescimento. Por isso, as pessoas não só os confundem como também têm noções bem distantes da verdade.

Diante dessas considerações, neste livro, consideramos líder empreendedor aquele que percebe uma oportunidade de servir aos outros e a aproveita para gerar valor. Portanto, o dinheiro e o sucesso não são seus objetivos, mas apenas algumas das consequências da sua visão de oportunidade e de sua capacidade de executar, de concretizar essa visão. Outras consequências podem ser o respeito da comunidade, satisfação pessoal, liberdade, dentre outras.

Qualquer um que queira empreender ou liderar com o propósito de apenas ganhar dinheiro, deve ser alertado que está começando pela maneira mais errada possível. As pessoas só seguem alguém se estiverem dispostas a tal, do contrário estão obrigadas e isto não é liderança, mas uso de coerção ou força.

O mesmo se aplica a quem vai abrir um negócio: se puser seu interesse em primeiro lugar, não terá clientes, pois qualquer empresa só terá sucesso se atender as necessidades dos outros e não do proprietário.

Imagine alguém que decide parar de trabalhar e usar o dinheiro das verbas rescisórias para abrir uma pizzaria no bairro porque quer descansar e ter uma vida mais tranquila. E mais, fará pizzas doces, já que adora chocolate e outras guloseimas. Por que o sonho é bom, mas a ideia é ruim? Simples, se as pessoas do bairro já têm pizzarias suficientes ou se não gostam de pizzas doces, a nova pizzaria fechará em pouco tempo e o sonho se transformará em pesadelo.

Então, a premissa é a de que as pessoas só irão comprar de você se você estiver oferecendo a elas o que elas querem comprar e não o que você quer vender. A mesma lógica funciona para a liderança, ou seja, só vão segui-lo se enxergarem algum benefício nisso. Em outras palavras, para ter sucesso na liderança e como empreendedor, comece do final, sabendo o que os outros desejam e esperam e oferendo-lhes justamente isso. Por isso, dizemos que liderar e empreender são antes de tudo uma questão de servir os outros e não de se servir das pessoas.

Claro que você pode obrigar qualquer um a comprar de você se elas não tiverem alternativas, também pode obrigar alguém a segui-lo se tiver armas e mecanismos de coerção, mas o mundo hoje já não permite isso. As pessoas têm escolha, mesmo no interior do Brasil, pode-se comprar um produto na China e receber em casa. Também é cada vez mais comum na sociedade do conhecimento as pessoas qualificadas escolherem a empresa em que querem trabalhar e não aceitam condições que não lhes interessam.

Embora em alguns lugares ainda prevaleça à velha lógica (força para liderar e falta de opção para comprar), a verdade é que a tendência é justamente a de as pessoas terem cada vez mais informação, cultura, opções e liberdade, por isso, se quer ter sucesso como líder ou empreendedor é melhor considerar o servir os outros como o único caminho.

De fato, a definição de Longenecker (2011, p. 7) para empreendedor é clara quanto a isso "empreendedores são indivíduos que descobrem necessidades de mercado e abrem novas empresas para satisfazer essas necessidades".

Chiavenato (2008, p. 43) defende que é sempre o cliente o determinante crítico do sucesso de uma empresa e, embora soe muito óbvio, o fato é que organizações costumam se esquecer disso em algum momento de seu ciclo de vida, exigindo revisões estruturais, reengenharia e outros processos de revitalização empresarial nem sempre fáceis de serem implementados.

É importante ressaltar que atualmente se reconhece que o empreendedorismo é uma competência importante mesmo para quem não quer abrir uma empresa e fala-se em empreendedores dentro das organizações já constituídas, ou seja, o intraempreendedorismo que foca o funcionário individualmente e sua propensão para agir de forma empreendedora, como define Hashimoto (2010, p. 13).

Peter Drucker, o pai do management moderno, costumava dizer que a maioria das coisas que se fala sobre empreendedorismo está errada. Ele afirmava que o empreendedorismo não é mágica, nem tem nada a ver com genética, mas uma disciplina que pode ser aprendida como qualquer outra. Por isso, vamos apresentar nos próximos itens alguns pontos que julgamos fundamentais serem praticados pelo líder empreendedor antes de fazer uso das ferramentas e técnicas descritas nos demais capítulos desta obra.

Lidando com o Risco

De fato, o Babson College (www.babson.edu), a universidade número um do mundo quando o assunto é o ensino do empreendedorismo, tem como missão educar pessoas que fazem e encontram oportunidades para criar valor econômico e social em todos os lugares.

O líder empreendedor apresenta um conjunto de competências que podem ser desenvolvidas e de comportamentos ou hábitos que podem ser adquiridos, mas é preciso ressaltar que é imprescindível uma alta resiliência e como defende Dolabela (2008, p. 36), alta tolerância à ambiguidade e à incerteza, ou seja, não pode ter medo da mudança nem do risco, pois, como afirma Degen (2009, p. 18), o empreendedor fracassa porque não sabe prever, administrar e superar o revés do negócio. Para isto, você tem à disposição todo este livro e a experiência dos autores em seus respectivos campos de expertise para ajudá-lo a não fracassar.

Neste ponto é bom ressaltar que o empreendedor de verdade não é um apostador irresponsável, que vive da adrenalina de correr riscos cada vez maiores, pelo contrário, quando se diz que o empreendedor tem tolerância à incerteza e propensão ao risco, quer-se dizer um risco calculado. Os bons empreendedores sempre procuram reduzir os riscos com muita informação e pesquisa, bem como pulverizar esse risco com medidas e ações de cautela e precaução.

Tenha em mente que uma hora ou outra vai dar um passo errado e fracassar, mas isto não é o fim do jogo ou da guerra, apenas uma batalha perdida, no mínimo terá aprendido algo para usar na próxima partida.

Ninguém pode prever o futuro, nisso todos estamos na mesma situação, então só há duas alternativas diante do desconhecido. A primeira, adotada pela maioria das pessoas, é sentar e aguardar para ver o que vai acontecer e a segunda, é dar pequenos passos na medida em que as coisas vão acontecendo, um após o outro, com segurança e, se necessário, até mudar a rota. Ninguém testa a profundidade de um riacho com os dois pés, o princípio é o mesmo.

O líder empreendedor mantém o pé no chão, sabe que uma gestão financeira competente é fundamental – não deixe de ler o capítulo 13. Tem muito presente que deve reduzir os riscos de eventos desagradáveis no futuro, como uma demissão inesperada ou um acidente. Eventos inesperados sem uma mínima reserva financeira podem representar noites de pesadelos e dias de pânico.

Não aconselho a ninguém a juntar dinheiro apenas com a finalidade de acúmulo contínuo de riquezas, mas é importante ter consciência de que em uma emergência o melhor amigo é uma reserva monetária no banco, ou seja, estar sempre preparado para os períodos de vacas magras que inevitavelmente virão.

Irineu Evangelista de Souza, o barão e depois visconde de Mauá (1813-1889) chegou a ser o homem mais rico do Brasil em sua época, mais rico até que o imperador Dom Pedro II e, mesmo assim, faliu. Depois recuperou sua fortuna. Donald Trump, o megamilionário norte-americano também já foi à falência e se recuperou, mas não descarta a possibilidade de que isso venha acontecer de novo. O fato é que os tempos ruins estão à espreita e não podemos facilitar, quanto melhor preparados estivermos, melhor.

Ebenezer Scrooge, o personagem muquirana e egoísta de Dickens (2011) em Um conto de Natal, não pode ser modelo para ninguém, mas manter uma reserva financeira é um comportamento prudente e altamente recomendado. O líder empreendedor sabe que dinheiro deve representar a melhoria da qualidade de vida das pessoas e estar a serviço delas, e não o contrário, mas sabe também que poupar para dias mais difíceis é uma atitude sensata e segura para enfrentar os períodos de vacas magras.

Aprendizado Contínuo: Começando Pequeno

Outro ponto que considero fundamental é a disposição para aprender. Todo verdadeiro líder, quando identifica uma oportunidade não vai com o espírito de ensinar ou de ajudar, mas inicialmente de aprender e somente então, quando já conhece bem a situação, vai em frente para concretizar sua visão.

São famosas as histórias de Bill Gates e de sua Microsoft, de Henry Ford e da Ford Motor Company, de Luisa Trajano e do Magazine Luiza. São histórias fascinantes e inspiradoras, mas convenhamos que não são a regra. Estou cansado de ver alunos que chegam desesperançados porque em suas aulas anteriores de empreendedorismo e liderança só tiveram acesso a esses exemplos de grandes personagens, e veem os meus cursos como última esperança, mas sem muita fé de que possam um dia ser iguais a esses modelos de empreendedor e de líder.

A verdade é que todo negócio começa pequeno, mesmo as gigantescas corporações transnacionais começaram do sonho de uma pessoa, de uma ideia posta em prática com determinação, confiança e persistência. Mesmo esses ícones empreendedores citados têm em comum o fato de começar pequeno, pensar grande e crescer rápido, a essência da estratégia, como gosta de dizer Carlos Alberto Júlio (2005).

O importante não é o tamanho da empresa, mas a grandeza de quem está à frente do negócio. No início dos anos 2000 fui convidado para ser coordenador de curso de uma pequena faculdade próxima à capital do estado de São Paulo. A direção queria que a instituição crescesse e chegasse mesmo a competir com as universidades estabelecidas na região. A partir de então, definimos uma política de qualidade contratando apenas mestres e doutores, coisa impensável na época, pois estamos falando de uma pequena faculdade com menos de quinhentos alunos. Também mudamos a tática de oferecer descontos indiscriminados e adotamos um concurso de bolsas no qual só teria desconto àqueles alunos que obtivessem uma nota acima da média dos ingressantes no processo seletivo. Esses descontos, ao longo do curso estavam condicionados ao desempenho do aluno, que tinham a chance de aumentar, manter ou mesmo perder integralmente sua bolsa (não era nem mesmo chamada de desconto, eliminamos essa palavra).

Os resultados foram quase imediatos, em dois anos a faculdade virou referência na grande São Paulo pela qualidade de ensino e o número de alunos quase quintuplicou. Com o rápido aumento no número de alunos, a receita explodiu e a rentabilidade disparou, mesmo com a folha de pagamento elevada em função da qualificação dos professores contratados.

Isso foi possível por meio de uma lógica simples que privilegiou a qualidade como diferencial: profissionais mais qualificados, serviço melhor, alunos mais preparados, melhores resultados, imagem mais positiva, mais alunos e mais receita.

Começamos a receber elogios dos alunos e dos pais de alunos, chamamos a atenção da imprensa e também de grandes concorrentes que estavam perdendo alunos por transferência. A organização era essencialmente familiar e não estava preparada para um crescimento tão rápido – este é mais um dos motivos pelos quais resolvemos escrever este livro, para que pequenos empreendedores se preparem adequadamente para gerir um negócio de maneira sustentável.

As brigas entre os sócios proprietários e demais membros da família levaram à contratação de um "gestor profissional" que pouco entendia de administração e menos ainda de educação e de imediato adotou a velha política de descontos indiscriminados e de achatamento de salários com a demissão de professores qualificados e a contratação de amigos menos qualificados. De início a rentabilidade da faculdade foi lá para cima, mas ao longo do ano começamos a perder alunos, os resultados nas avaliações do Ministério da Educação caíram e, sem surpresas, dois anos depois a faculdade foi vendida para um grande grupo com a promessa de reestruturação.

O que se deve aprender desse exemplo, é que o cliente procura a qualidade do serviço em primeiro lugar, principalmente quando envolve a educação e que para crescer é preciso se diferenciar. Às vezes, utilizando estratégias diferenciadas e mesmo enfrentando concorrência desleal em relação a preços é possível conquistar mais clientes e de maior qualidade e crescer consistentemente.

Bo Burlingham (2007) chama de pequenas gigantes (small giants) as empresas que preferem ser excelentes em tudo em vez de simplesmente correr alucinadamente atrás de lucros, o que em longo prazo se mostra quase sempre uma má opção. Assim, uma empresa pequena gigante tem na excelência seu diferencial e mesmo sendo micro, pequena ou média é considerada grande, pois compete com empresas muito maiores em termos de qualidade.

Nesse tipo de empresa, o sucesso é definido por outros aspectos além da lucratividade, como contribuições à sociedade, ótimo ambiente de trabalho e produtos e serviços de classe mundial. O crescimento, portanto, é planejado e ocorre de maneira sustentável.

Identificando Oportunidades

Se você for esperar pela grande ideia totalmente nova, inédita e revolucionária, talvez tenha que ficar aguardando o resto de sua vida. Líderes empreendedores, na grande maioria das vezes, apenas têm uma disposição incansável para melhorar ideias que já estão em prática, ou seja, originalidade não é fundamental. E sejamos sinceros, quantas vezes você criticou alguma coisa porque viu maneiras melhores de fazer, mas não teve coragem de colocar a ideia para frente. A diferença do líder empreendedor para você é que além da crítica ele ou ela juntou também a ação.

Na verdade não é possível ensinar alguém a ser um Steven Jobs, mas também ninguém precisa ser ele. Sucesso é alcançar os seus objetivos, realizar a sua visão. Em minha experiência como professor, encontrei milhares de líderes empreendedores extremamente felizes, pessoas de grande sucesso, mas totalmente desconhecidas do grande público, ou seja, grandeza não tem nada a ver com tamanho.

Essas pessoas chegaram lá porque acreditaram em um futuro melhor e o foram criando aos poucos, a visão foi ficando mais clara na medida em que era construída. Ninguém tinha uma visão absolutamente clara do que queria, ao contrário do que pregam os cursos tradicionais de empreendedorismo, começaram com uma visão pouco nítida e, mesmo assim, a foram buscar. Inicie com a visão que você tem e se não tem nenhuma, comece com o que importa para você, com aquilo que gosta.

Para quem ainda está em dúvida sobre sua capacidade de vencer os desafios e coloca o dinheiro, ou melhor, a falta do dinheiro como o empecilho para empreender, desenvolver um projeto interno ou mesmo concretizar uma visão social, cito o princípio dos dez de Degen (2009, p. 289) que afirma ser possível iniciar um negócio com apenas dez por cento do dinheiro necessário, se o candidato a empreendedor estiver disposto a trabalhar dez vezes mais do que trabalham aqueles que já têm o capital. De fato, o único lugar em que o sucesso vem antes do trabalho é no dicionário, em tudo o mais, trabalho é o fundamento, a base do sucesso de qualquer empreendimento.

Portanto, não fique paralisado esperando ter a grande ideia, identificar a oportunidade perfeita e muito menos vir uma luz que acenda sua competência para empreender, mas procure compreender seus pontos fortes e fracos e comece de imediato a fazer o melhor que pode com o que já tem. Lembre-se de que todos nós temos limitações naturais, mas que podemos aprender muito ao longo do tempo com nossos erros e acertos. Além disso, não descarte uma parceria, muitos negócios de sucesso começam por uma questão de empatia, simplesmente duas ou mais pessoas querem trabalhar juntas porque sentem que se complementam ou apenas porque gostam de estar juntas e conversando, buscando um objetivo comum conseguem criar uma visão, identificar uma oportunidade e estabelecer um negócio de sucesso.

Se você é daqueles que ficam sempre esperando a segunda chance precisa ficar mais disposto a agir. Não é preciso deixar de ser quem você é ou mudar seu caráter, apenas soltar um pouco o freio de mão. Imagine que você está solteiro(a) e senta uma pessoa maravilhosa a seu lado no avião. Mas você não arrisca nem uma pergunta descompromissada, como por exemplo, perguntar se a pessoa aceita uma bala (sempre leve uma no bolso). Poucos minutos depois vocês podem estar traçando planos para o futuro quer seja um novo negócio ou até um casamento. Talvez esteja exagerando, mas nunca se sabe. Na pior das hipóteses você vai ouvir um não e a história acaba por aí. Na maioria das vezes vão trocar cartões (ande sempre com os seus no bolso também) e, um dia, quando menos esperar vai procurar aquele cartão porque está precisando exatamente daquela pessoa.

A verdade é que são raríssimas as vezes na vida em que teremos uma segunda oportunidade e se a gente não aproveita, nunca fica sabendo o que perdeu. Como líder empreendedor procure aproveitar todas as primeiras chances, mesmo que seja apenas a primeira oportunidade de causar uma boa impressão, porque ninguém faz negócio ou contrata alguém de quem não teve uma boa impressão. Então, cuidado não só para aproveitar, mas para não perder as oportunidades por mero descuido.

Ao conhecer alguém, seja lá quem for, mesmo que não seja um cliente, esforce-se para agradar, no mínimo para não ofender evitando comentários desagradáveis. Se você criar uma impressão negativa a seu respeito, a pessoa levará essa impressão consigo e é muito provável que você nunca mais tenha uma segunda chance de consertar e, em função disso, nunca saberá também quantas oportunidades perdeu nem quantos negócios deixou de realizar.

Mesmo na área social há grandes oportunidades e hoje o conceito de empreendedorismo social é muito importante. Segundo Yunus (2008, p. 45), ele traz à tona o desejo das pessoas de fazer algo para resolver os problemas que não costumam ser tratados com a eficiência e a urgência que merecem, assim, de maneira geral, qualquer iniciativa inovadora de ajudar as pessoas pode ser considerada empreendedorismo social.

Da próxima vez em que estiver em uma sala cheia não deixe que a timidez, a cultura ou mesmo a preguiça atrapalhe, use de sua educação, cumprimente as pessoas com um sorriso e, pelo menos, lhes deixe um cartão, dê-lhes a chance de lhe conhecer e não perca as oportunidades. Essa é a postura esperada de um líder empreendedor, veja que não se trata de mudar o jeito como você é, mas de agir um pouquinho diferente, isto é possível e fará grande diferença. Muitas pessoas que você conhece não a procuram mais simplesmente porque não a encontram ou não sabem o que você pode fazer por elas, é você que não se dá a chance de atender uma pessoa, ajudar alguém ou realizar um negócio.

Atualização Constante

O líder empreendedor deve estar bem consciente das conquistas tecnológicas, sociais, intelectuais e culturais de seu tempo e assim estar totalmente familiarizado com a ampla extensão de ideias e práticas que poderão lhe abrir oportunidades. Ler muito (se está com este livro aberto, já é um bom início), participar de eventos, feiras, cursos, enfim, ligar-se no mundo, não pode se isolar.

O novo sempre nos traz algum receio, quem não fica admirado quando vê o filho de seis anos twittando e sem entender direito como funciona aquele negócio. Como reação natural, o corriqueiro é criticar e se afastar, ficar longe das novidades. O líder empreendedor, no entanto, precisa estar disponível para as novidades e disposto a aprender e testar principalmente as novas tecnologias. Por isso, não se prenda ao dilema de inserir ou não sua organização na internet e nas redes sociais. Procure se interessar pelo que os mais jovens estão fazendo, com quais tecnologias e ferramentas eles se comunicam, aos poucos, entre no mundo deles, pois você aprenderá muito.

Comece você mesmo explorando as possibilidades, crie seu perfil no Twitter, Facebook, YouTube, MySpace e em qualquer outra dessas ferramentas, depois vá inserindo também sua empresa. Ao invés de ficar na dúvida, conheça as redes sociais e tire suas próprias conclusões. As redes sociais não são modismos de vida curta, mas tendências que vieram para ficar. As pessoas e as organizações precisam se relacionar para sobreviverem e crescerem e, no mundo virtual, relacionamento atende por esses nomes, não estranhe, pois as mídias sociais estão trazendo uma verdadeira revolução na comunicação (TELLES, 2010).

São inúmeras as organizações, qualquer que seja o tamanho ou ramo de atividade que estão aderindo às redes sociais e os especialistas já afirmam que esta é a nova realidade da comunicação empresarial (CROSS e TOMAS, 2009).

Muitos pequenos e médios empresários insistem em fechar os olhos para as novidades, dizem que isso são coisas para empresas grandes. As redes sociais, porém, estão intimamente ligadas à realidade das menores organizações, pois, em primeiro lugar, são gratuitas e têm se comprovado excelentes canais de interação entre empresas e clientes para a troca de impressões e informações a respeito de serviços e produtos.

Mantendo as Coisas Simples

Quantos restaurantes você conhece que atendam todos os tipos de clientes, sirvam todos os tipos de comidas, todos os dias da semana e todas as horas do dia? E por fim, ofereçam as sobremesas que você imaginar, qualquer que seja ela? Sinceramente, acho que isto não existe e por uma razão óbvia: seria complicado demais. Quero apenas ilustrar que um negócio deve e precisa crescer, mas em resultados não em complexidade, em resumo, se quiser ser sustentável, mantenha a simplicidade e nunca perca o foco.

Quem inicia um negócio fica tentado a crescer pelo número de serviços ou de produtos oferecidos, até mesmo igrejas caem nessa armadilha acreditando que quanto mais ministérios melhor. Não é sempre verdade, na maioria das vezes não funciona. Para crescer de maneira sustentável, menos é melhor, pelo menos até ter a estrutura necessária. Tenho um amigo consultor que aprendeu essa lição da pior maneira possível. Após mais de trinta anos na área de logística, abriu uma consultoria na área, que rapidamente fez grande sucesso, pois ele além de ser uma referência no assunto, tinha também um network fantástico, construído ao longo dos anos, de modo que gozava de enorme credibilidade e confiabilidade.

Em poucos meses ele não dava conta de tantos clientes, contratou novos consultores, aumentou a equipe e realmente era o que definimos como um sucesso meteórico. Acontece que com menos de um ano de empresa começou a diversificar sua atuação para áreas que não eram de sua expertise e, para isso, teve que contratar especialistas em áreas nas quais ele mesmo não era competente, mas foi em frente e passou a ter como missão organizacional "oferecer soluções empresarias para o seu negócio, qualquer que seja ele".

Como a reputação da consultoria era excelente, construída em cima da expertise em logística, não faltaram clientes, mas em pouco tempo sobravam também decepções de ambos os lados. O negócio ficou complexo demais e não se sustentou, acabou por destruir inclusive a liderança que detinha na área de logística.

Um dia, muito desanimado, confidenciou-me que estava pensando em aproveitar a aposentadoria longe da grande dor de cabeça que arranjou, sugeri que voltasse à simplicidade (para ele pelo menos logística é uma coisa simples), ou seja, mantivesse o foco e, contivesse o ímpeto de partir para a complexidade de forma tão rápida. Crescer rápido não significa diversificar em todas as áreas possíveis, mas manter resultados consistentemente crescentes ao longo do tempo. Ele aceitou a minha ideia e para felicidade dele e de seus clientes, voltou a ser uma referência em logística e hoje, sua empresa cresce rapidamente a cada ano.

Isso é uma tentação, pois parece o mais lógico a ser feito, que as empresas, principalmente as pequenas, queiram crescer simplesmente adicionando novos negócios. Além do desafio da complexidade para o qual geralmente não estão preparadas, elas enfrentam a armadilha de não conseguirem se livrar de algo que visivelmente (para os outros) não está dando certo. Agregar novos produtos e serviços é uma boa ideia se mantida a coerência, mas adicionar novos negócios muito diversificados sem um plano estruturado (leia com atenção o capítulo 3) não é uma boa iniciativa. Mesmo que seja a ideia do momento, não significa que seja o melhor para o seu negócio. De fato, minha experiência em cursos com milhares de líderes e empreendedores permite afirmar que, exceto em raríssimas situações, é melhor oferecer menos para poder oferecer o melhor e, no fim, é isto o que conta, as pessoas querem qualidade.

Boa parte do meu trabalho como facilitador e professor na área de liderança é questionar, perguntar e isto nem sempre é popular, pois as pessoas esperam respostas prontas que lhes sirvam cem por cento. Assim, não é incomum alunos e participantes, sempre entusiasmados, apaixonados, maravilhosos mesmos, quererem abrir negócios ou expandir os que já têm com a mera adição de uma nova área, totalmente diferente do que fazem bem. Então os encho de perguntas (Está seguro? Qual o valor que irá agregar? Está alinhado com sua visão e missão? etc.) e eles invariavelmente me dizem: professor está me dizendo para eu ser mais cauteloso, para eu não fazer isso? E eu respondo, não de forma alguma, você é que está concluindo isso.

Não se trata de não arriscar, se trata de arriscar de maneira mais segura possível, de mitigar os riscos. A filosofia é sempre a mesma, manter as coisas simples e enxutas é a melhor forma de crescer sustentavelmente. Lembre-se, o que é simples para você é complexo para outros e aí reside sua vantagem, lute no seu campo e terá muito mais chances de sucesso.

Ilustro com um caso de fama internacional. A Starbucks serve todos os tipos de café, mas não serve todos os tipos de refrigerantes também, nem de cervejas ou vinhos, muito menos se arrisca no negócio de fast food. Ou seja, o crescimento espetacular da Starbucks se deve a uma excelente ideia que se mantém simples e enxuta: café com grife para degustar, e só, esse é o ponto. Isto não quer dizer que um dia a liderança da Starbucks não resolva abrir outro negócio, com outro nome, em outra área, mas devidamente planejado e estruturado a fim de não perder a simplicidade, que é a razão do sucesso da empresa.

Alerto para que tenha cuidado quando vierem argumentos como "Chefe, vamos fazer tal coisa, não vai precisar de recurso nenhum, a equipe pode fazer mais isso também sem nenhum problema". Na verdade estão dizendo: "Vamos minar os recursos e a energia do nosso negócio para essa coisa que nem sabemos direito o que é". Se não tiver o devido cuidado, até os argumentos lógicos deixam de fazer sentido e terminará caindo na tentação de arriscar com os dois pés, o que nunca é uma boa escolha.

Nenhuma organização micro, pequena, média ou mesmo grande pode acreditar que é possível fazer tudo e fazer bem, nem mesmo é inteligente tentar. Isso, porém, não quer dizer que o líder empreendedor fica parado, mas que se pergunta o seguinte: naquilo em que nós somos bons, como podemos melhorar? E daquilo que nossos clientes esperam de nós, em que podemos atendê-los com maestria? Essas são duas questões que devem estar presentes todos os segundos na mente do líder empreendedor, pois a melhoria é contínua e o crescimento também deve ser.

A variedade ou, como se costuma dizer, atirar para todo o lado pode parecer impressionante, e até iludir que o alvo foi acertado. Mas a realidade mostra que o impacto é mínimo, o alvo continuará se distanciado. Você só derruba mesmo o alvo quando o tiro é certeiro e com força suficiente para tal, então, concentre o foco.

Escolher o caminho errado não é buscar uma oportunidade. Digo isso porque existe outra armadilha perigosa, que é ceder à tentação da falsa oportunidade e ela geralmente aparece quando alguém diz: "É uma grande oportunidade, vamos aproveitá-la." Primeiro que oportunidades não são anunciadas, elas são discretas, por isso, desconfie sempre quando se tratar de oportunidades explícitas. Depois faça a pergunta mágica: por que você acha que é uma oportunidade? Geralmente vai entender que não há qualquer fundamento concreto para entender aquilo como uma oportunidade, mas como um tiro no escuro.

Se não se tratar de um entusiasmo momentâneo, mas realmente de uma boa ideia que pode se transformar em oportunidade, então, naturalmente virão à tona argumentos convincentes, dados, fatos que sustentem a ideia e assim você pode, com base em uma análise prévia decidir se vale a pena prosseguir investindo na agregação da sugestão ao negócio existente ou até mesmo partir para um novo negócio.

E se alguém quiser lhe convencer que se trata mesmo de uma boa oportunidade com base apenas em sua intuição? Dou o seguinte conselho: só confie na intuição das pessoas de larga experiência e com referência de integridade. Por exemplo, se o Jack Welch disser que investiu seu dinheiro nas ações da empresa A apenas por intuição e um garoto de dezoito anos disser que acabou de investir seu dinheiro na empresa B com base no seu conhecimento do mercado financeiro adquirido na última semana depois de ter ganhado na loteria, escolha a intuição do Jack Welch, pois intuição que tem valor é na realidade experiência prática de sucessos acumulados.

DESCENTRALIZANDO SEM PERDER O CONTROLE

Se você já é micro, pequeno ou médio empresário e quiser ser um verdadeiro líder empreendedor, deve se preparar para livrar-se de algumas ideias que bloqueiam o crescimento. "Minha empresa é pequena e tenho que fazer tudo sozinho. Se quiser algo bem feito, eu mesmo faço." Parecem frases familiares? Não é somente a realidade em milhares de pequenos negócios, mas também é a expectativa de que assim seja. Envolver-se totalmente com o negócio é obviamente uma coisa boa, porém, o que está por trás dessas frases é outra coisa. Todo o tempo e energia sendo consumidos pela urgência e por problemas imediatos é a fórmula do fracasso pessoal e do negócio.

Em pequenas organizações o empreendedor é um verdadeiro faz tudo, vai e vem, nunca está parado, não tem tempo nem mesmo de dar atenção aos seus clientes. Justamente por ser um pequeno negócio, o senso comum espera justamente isso do empreendedor. Já vi alguns desabafarem: "Não dá mais, tudo eu!" E no dia seguinte, lá estão fazendo tudo exatamente igual.

Essa descrição não retrata a exceção, mas revela a regra. Nossa referência para bons empreendedores é de pessoas totalmente dedicadas ao negócio, que amam o que fazem e trabalham duro sete dias por semana. Administram boas empresas, oferecem bons produtos e serviços, mas simplesmente não desenvolvem nem a si, nem ao negócio. Claro que isso não é nenhum grande pecado, mas convenhamos que qualquer empreendimento deve crescer, precisa aumentar seus ganhos, pois os custos estão sempre aumentando. Ninguém planta uma semente esperando que ela não cresça e gere outros frutos, do contrário, não semearia.

A forma mais básica de fazer uma organização crescer, supondo que você já se dedique ao máximo e ame o que faz, é organizar-se (cada coisa em seu lugar) e disciplinar-se (tudo a seu tempo, primeiro o mais importante). Depois, se já tem colaboradores com você, capacitar-se e capacitá-los. Em outras palavras, treinamento. Se você tem um bom chapeiro, mantenha o local em ordem e faça com que ele ensine os demais a ser tão bons quanto ele. Esse processo simples (organização, disciplina, treinamento) fará sua empresa adquirir força e ser cada vez mais competitiva.

Sua organização começará a entrar na trilha certa quando além de fazer o presente acontecer, também tiver tempo para pensar no futuro, enquanto isso não acontecer, dependerá da sorte e ela nem sempre estará do seu lado.

Não queira ser o herói solitário, o super-homem ou a mulher maravilha. Peça a participação de outros quando sentir necessidade quer seja aos seus empregados ou a seus parceiros. Ninguém consegue fazer tudo sozinho por menor que seja seu negócio. Já pensou que pode ser útil pedir a participação até aos seus clientes? Eles podem dar dicas valiosíssimas de como organizar a disposição dos produtos, por exemplo.

Trump (2008, p. 137) diz que devemos esperar o melhor das pessoas, pois elas frequentemente enfrentarão o desafio, e é importante incutir confiança enquanto o enfrentam. E aconselha: dê às pessoas a oportunidade de se sobrepujarem. Sem essa oportunidade, como elas brilharão? Também, não limite a capacidade delas de acordo com seus cargos e posições.

O líder empreendedor funciona como um catalisador. Se há uma equipe, então é o responsável por treinar as pessoas a vencerem e não por ser a estrela solitária do time. Tanto grandes quanto pequenos empreendedores sentem-se lisonjeados quanto alguém diz que não saberia o que fazer sem eles, acham-se valorizados, é como se estivessem reconhecendo sua experiência e competência e terminam por estimular uma centralização cada vez maior em torno de si. Se não quiser crescer é só manter essa postura, mas se a ideia é desenvolver a si e a organização, deve parar de tentar fazer tudo e começar a dar oportunidades para os outros fazerem. Não estamos dizendo para abrir mão do controle, mas para multiplicar seus esforços ao contar com a força de outros.

Faça o exercício de se ver fora do trabalho, como se fosse alguém chegando de fora e colocando as coisas em ordem. As suas tarefas são suas sem dúvida, mas ainda assim, há dúzias de coisas que você pode rever e outras até deixar de fazer porque já tem alguém que pode ajudá-lo.

Quando Menos É Mais

Tenho tido o privilégio de relacionar-me com líderes empreendedores de todo o Brasil e até do exterior e, invariavelmente, o que vejo é uma correlação positiva muito forte entre crescimento sustentável e o conceito de simples e enxuto, ou seja, quanto mais as pessoas mantêm suas organizações produzindo o que fazem de melhor, cada vez melhor e sem desperdício, maior é o sucesso. Por outro lado, as que dispersam sua energia sem um foco definido e caem na armadilha de tornar o negócio por demais complexo sem estarem adequadamente preparadas, são justamente as que apresentam problemas e precisam de uma virada em suas vidas, tanto pessoais quanto organizacionais.

Na dúvida ou querendo mesmo diversificar, experimente uma parceria, vá aos poucos, dê um passo de cada vez, ou seja, vale a metáfora de cruzar o rio com segurança: entre com um pé por vez e não largue a corda amarrada na margem até ter certeza de que está em solo firme. Líderes empreendedores não são apostadores irresponsáveis, mas pessoas dispostas a assumir riscos calculados e a aproveitar as oportunidades que surgem de maneira responsável.

Focar no que você faz de melhor e manter às coisas simples e enxutas já dá muito trabalho, exige muita energia e atenção permanente, por isso, não perca tempo dispersando e gastando recursos com coisas por demais complexas, no fim, só vão lhe trazer problemas.

Você pode diversificar à vontade (não dispersar), desde que mantenha o foco, tenha consciência de que tudo deve girar em torno de seus pontos fortes, reforce o que tem de bom, não fique apenas juntando coisas, pois mais cedo ou mais tarde terá que se desfazer do acessório para ficar com o principal, que é o que realmente importa e faz a diferença.

Escrevo essas linhas com base na experiência de inúmeros líderes empreendedores que implementaram a filosofia do menos é mais e obtiveram sucesso duradouro. Não estou dizendo para micros, pequenos e médios empresários o que devem ou não fazer, mas apenas que devem encontrar uma maneira de servir suas comunidades com o que sabem fazer melhor e mantendo isso simples e enxuto.

Se você leu até aqui, é porque realmente está interessado em ser um líder empreendedor com as ferramentas certas, então descubra o que faz de melhor e faça isso de maneira cada vez melhor ainda e continue lendo este livro, pois ele vai te ajudar muito.

Ser mais com menos não deve ser confundido com redução de efetivo, não é o caso de manter o quadro funcional pequeno ou eliminar as pessoas que já estão com você. O correto é contar com as pessoas que você realmente precisa, seja lá quantas forem, duas ou cinco mil, o importante é que todas tragam uma contribuição significativa para seu negócio, portanto, escolha bem e mantenha aquelas que realmente fazem a diferença. Quanto a isto, a leitura do capítulo xx será fundamental.

Invista tanto tempo quanto for necessário para identificar as necessidades de sua comunidade e a maneira que lhe permitirá atendê-las com o que você tem de melhor e foque nisso sempre, não se desvie do âmago de suas verdadeiras competências.

Cresça sem se desviar do seu foco, mantenha o negócio simples e enxuto. Se quiser arriscar em áreas que não domina, mas que são essenciais para o seu crescimento, então invista no desenvolvimento de parcerias e de relacionamentos, pois dessa maneira o risco é dividido e você complementará suas competências.

Relembre sempre à sua equipe que eles podem fazer qualquer coisa, a qualquer momento, ou seja, têm liberdade total, desde que seja para manter sua organização simples, enxuta e com alta qualidade. Se for para dispersar, não se constranja em liberar essas pessoas para buscar outras oportunidades fora de sua organização.

O princípio do menos é mais não é limitante, não entenda desta forma. Você pode alçar voos maiores, inclusive diversificar, quando quiser, mas sem sacrificar um negócio pelo outro. Se essa for realmente sua decisão, cuide para que ela seja tomada com base em dados e fatos e planeje, assim, começará o novo negócio com a mesma filosofia e com o aprendizado das experiências anteriores.

Lidando com Pessoas

Pessoas são o melhor e o pior de qualquer empreendimento. Werner Herzog (1942) literalmente aturou o ator polonês-alemão Klaus Kinski (19926-1991) durante vinte anos com o qual fez cinco filmes (todos viraram clássicos). A relação entre eles era tão conturbada que após a morte do ator, o diretor dedicou-lhe um documentário em 1993, chamado Meu melhor inimigo (CARLOS; GUIMARÃES, 2011b, p. 61). Chegaram a jurarem-se de morte. Você terá boas ferramentas para desenvolver com pessoas que trabalham em sua empresa continuando a ler este livro, especialmente nos capítulos 9 a 12. Mas antes de conhecer as técnicas e o ferramental que preparamos para o leitor, quero expor um pouco sobre a postura do líder empreendedor ao tratar com pessoas, sejam empregados, clientes, parceiros ou fornecedores.

Robert K. Greenleaf (2002, p. 35) afirmou que faz parte do enigma da natureza humana que uma pessoa imatura, vacilante, inapta e preguiçosa seja capaz de grande dedicação e heroísmo se liderada de maneira sábia. Acrescenta ainda que muitas pessoas capazes em outras situações são desqualificadas para liderar por não conseguirem trabalhar com e por meio de pessoas imperfeitas, que é tudo o que existe ao redor. O segredo de se construir organizações, ainda segundo Greenleaf, é ser capaz de unir uma equipe de pessoas comuns, levando-as a crescer acima do que seriam em outras condições.

O líder empreendedor sabe que o sucesso do empreendimento depende de sua habilidade em tratar as pessoas interna e externamente. Por isso, não importa quão difícil seja alguém nem se você tem as ferramentas certas, o que fará diferença acima de tudo no trato com as pessoas é gostar de gente.

Para aqueles que não gostam de gente, nem tudo está perdido, sugiro que encontre um sócio que goste ou contrate pessoas que amem lidar com outras. Não é só uma questão de contratar as pessoas certas ou fidelizar clientes com bom atendimento, é mesmo crucial que a organização tenha pessoas que gostem de outras pessoas. Certa vez conduzimos um estudo em um grupo de vendedores e descobrimos que aqueles que tinham mais jeito com as pessoas eram justamente os que mais vendiam. Pesquisa semelhante foi realizada em um conjunto de hospitais e verificou-se que os profissionais mais elogiados e queridos pelos clientes não eram aqueles considerados pela organização os mais competentes em termos de conhecimento, mas os que davam mais atenção aos pacientes. Os líderes mais admirados também são aqueles com mais habilidades humanas.

Quanto ao público externo, qualquer que seja a categoria em que se enquadrem – clientes, fornecedores, prestadores de serviço, governo etc. – considere-os convidados, sempre serão bem-vindos, em qualquer situação. Mesmo aqueles clientes indesejáveis que não interessam à organização devem ser tratados com todo o carinho e atenção, pois nunca sabemos se um dia serão clientes desejáveis nem o estrago que podem fazer falando mal de nós.

Sei que às vezes é difícil aguentar certos desaforos, mas em uma briga com cliente, mesmo que ganhe a luta, saiba que você perdeu. O líder empreendedor encara todo cliente como uma receita em potencial, seja hoje ou no futuro, assim, conduz toda a situação, por pior que seja, para que acabe com a conquista de uma boa imagem.

Visualize a cena. O dono de um pequeno restaurante é destratado por um cliente nervoso porque a fila do self-service demorou mais do que o previsto, pois havia um portador de necessidades especiais servindo-se de maneira mais lenta. Ao invés de o dono do restaurante responder à altura ou mesmo solicitar do reclamante mais solidariedade, ouviu tudo o que devia e não devia e no final pediu desculpas pela demora. Ato contínuo, os demais clientes tomaram partido do dono do restaurante e quase expulsam o reclamante do local, deixando-o sem o almoço.

Agora imagine que o proprietário tivesse tomado uma atitude ainda mais agressiva que a de seu cliente, mesmo tendo razão e defendendo uma pessoa com necessidades especiais, ao final, iria ser comentário em todas as mesas, durante e após o almoço, por dias, como uma pessoa destemperada, que botou aquele cliente desalmado no devido lugar. Mas seriam comentários com conotações negativas, sem real potencial de melhorar a imagem e a atratividade do lugar.

Já presenciei muitas situações semelhantes aos dois casos expostos e posso afirmar que discutir com um cliente mesmo quando ele não tem razão nenhuma, é a pior coisa do mundo, pois você o perde para sempre e, pior, ele sempre leva outros consigo. Dispensar um cliente de maneira educada, mantendo o respeito, é possível e muitas vezes a coisa certa a se fazer, mas nunca brigue com ele.

O líder empreendedor sabe que todas as pessoas com as quais tem que trabalhar são importantes, é difícil estabelecer uma hierarquia para dizer quem merece mais atenção, mas nunca devemos esquecer que um cliente jamais será bem tratado por um empregado que é mal tratado. Empregados bem tratados não significam necessariamente clientes bem atendidos, porém, empregados insatisfeitos jamais oferecerão ao cliente o tratamento que eles desejam e que o dono do negócio gostaria que fosse oferecido.

Assim, com relação ao seu público interno, é trabalho do líder empreendedor montar uma equipe coesa por meio da construção de uma visão comum e da explicitação do significado da contribuição de cada um para o resultado do negócio. Treinar as pessoas para oferecerem produtos e prestarem serviços cada vez melhores também faz parte das atribuições, não precisando contratar instrutores nem mandar os empregados fazerem cursos fora – comece pelo exemplo. Não se trata de mandar as pessoas fazerem o trabalho, mas de construir uma cultura madura, na qual a excelência seja o trabalho de todos. Literalmente leve as pessoas pela mão e lhes mostre como fazer fazendo você mesmo. Desde como receber um cliente com um sorriso até como receber uma reclamação como se fosse um elogio, afinal, reclamações são grandes oportunidades de melhorias que os clientes nos mostram sem cobrar nada por esse serviço.

Poucas pessoas, na realidade, raríssimas, são incapazes de melhorar se não tiverem a devida orientação e o devido acompanhamento. E tudo começa por você vê-las de forma um pouco diferente. Nem todas vão ser empregados nota 10 todos os meses, mas comece com o que tem disponível e vá investindo tempo e atenção (mais que dinheiro) nelas e terá surpresas agradáveis em pouco tempo com a capacidade, inclusive de liderar e empreender, das pessoas que estão à sua volta.

Ajudar os outros a descobrirem as próprias competências também ajuda a organização. Há muitas habilidades e atitudes úteis para o negócio que as pessoas têm e simplesmente não as colocam em prática por falta de oportunidade. Deixe as pessoas terem a chance de contribuir, desafie-as não precisa nem mandar. Permita a cada um experimentar diferentes funções, atividades e tarefas, se as pessoas sentirem que não estão trancados em um cubículo invisível se mostrarão mais disponíveis a contribuir e inovar. Certifique-se que estão obtendo o treinamento e as informações que precisam e as agradeça sempre que se interessarem por algo novo, irem além do esperado ou simplesmente por estarem fazendo um bom trabalho.

Esse processo não acontece da noite para o dia, especialmente se sua empresa já existe há algum tempo ou se as pessoas já trabalharam em outras organizações com uma cultura diferente. É necessária uma abordagem cuidadosa e constante e, mesmo assim, costuma levar com certeza mais de um ano para dar frutos. Mas isto não assusta o líder empreendedor que sabe que os resultados verdadeiros e sustentáveis não são fáceis nem rápidos. Uma única ação não vai trazer a mudança necessária, o importante é manter a regra do jogo constante, só assim a transformação vai se concretizar.

Quando for convidar alguém para fazer parte do seu time ou adquirir seus produtos e serviços, faça um convite à altura. Veja o potencial de contribuição do empregado em termos de trabalho e do cliente em termos de receita para o seu negócio, não fique apenas na aparência. O líder empreendedor faz grandes convites, pois considera um privilégio participar do negócio, como cliente ou funcionário. Para os empregados, os convida a participarem de uma missão que faz a diferença na vida das pessoas e para os clientes os convida para experimentarem a experiência inesquecível de usufruir o melhor produto e serviço possível. E de fato se esforça para cumprir essas promessas. Faz os empregados sentirem-se heróis e os clientes como se fossem reis.

Mantenha sempre o bom ambiente de convívio com as pessoas, até com o vizinho chato que tem um cachorro que não o deixa dormir, conversando a gente sempre se entende e lembre de que não existem boas brigas. Procure também sempre apresentar soluções e evitar problemas para as pessoas. Vale o ditado popular: se você não faz parte da solução, por favor, não faça parte do problema.

Mais do que mandar ou ensinar, isto terá que fazer parte do DNA de sua empresa, ou seja, parte de quem você e sua equipe são. Mostre a cada um o papel principal que têm nos resultados da organização e compartilhe com ela as críticas, sugestões e elogios recebidos dos clientes. Indicadores de acompanhamento e de resultados bem como uma abordagem de coaching são importantes, nesse sentido, os capítulos 5 e 12, respectivamente, vão ajudar-lhe muito.

Inventar um Trabalho É Melhor do que Procurar um Emprego

No mundo em que vivemos acabou aquela regra de que pessoas com mais de 40 anos estão fora do mercado de trabalho e devem se aposentar. Talvez no mercado de empregos a regra ainda esteja vigente em alguns ramos bem específicos, mas aqui estamos falando de trabalho.

Trabalho para o líder empreendedor significa uma atividade física ou intelectual, realizada com satisfação, cujo objetivo é fazer, transformar ou obter algo de valor. É por meio do trabalho que alguém expressa sua autoimagem e obtém realização pessoal. Bem diferente do emprego que é prestar serviço a outro mediante remuneração e amparado por um contrato. O teste para saber se você tem um trabalho ou um emprego é responder à seguinte pergunta: eu trabalho todos os dias como se fosse o meu primeiro dia, com dedicação, afinco, vontade e alegria e ainda me mantenho atualizado com as tendências de minha área, contribuindo efetivamente para facilitar a vida dos que precisam de meus serviços? Se a resposta foi um imediato SIM, bem sonoro, então está trabalhando!

O tempo médio de vida aumentou muito nos últimos anos, viver sete ou oito décadas em bom estado de saúde agora é normal e a tendência é que a expectativa de vida continue aumentando. Segundo o Instituto Brasileiro de Geografia e Estatística (IBGE), o número de idosos em nosso país vem aumentando consistentemente e é assim praticamente no mundo todo. Já existem mais pessoas na terceira idade do que crianças no Brasil. Assim, programar a aposentadoria não significa mais parar de trabalhar, quando muito é deixar o emprego. Antes a grande questão era como aproveitar rápido o fundo de garantia, se comprar uma casinha na praia e viver pescando ou se faria a viagem dos sonhos. Hoje a dúvida é se investe em um novo negócio ou se procura outro emprego. Fazer a diferença, deixar um legado não é mais dúvida, a questão é por onde começar.

Ninguém mais estranha pessoas com 40, 50 ou mais de 60 anos estarem em plena atividade profissional (não quero dizer empregadas, insisto, mas trabalhando). Existe muito espaço nas organizações já estabelecidas, mas a verdade é que inventar o seu trabalho é muito melhor do que encontrar um emprego. E não precisa esperar se aposentar ou deixar o emprego atual, pois há muitas facilidades tecnológicas e gerenciais que permitem ter um trabalho paralelo ao emprego e ser eficiente em ambos. Pode inclusive intercambiar toda sua experiência, bagagem, acertos e erros entre as diversas atividades.

Portanto, se você tem um trabalho, parabéns, continue no jogo e, se não tem, procure um. Em qualquer situação este livro lhe será muito útil. Problemas e dificuldades sempre aparecerão à sua frente, o melhor é enfrentá-los com alegria. Mas qualquer que seja o tamanho do desafio, não se assuste.

Frank Hyneman Knight (1885-1972) foi um eminente economista norte-americano que recebeu vários prêmios Nobéis, assim como seus alunos (James M. Buchanan, Milton Friedman e George Stigler). Knight (1921) escreveu um livro baseado em sua tese de doutorado, diferenciando risco de incerteza. Em resumo, ele disse que na incerteza não há outra coisa a fazer senão agir. Sobre o risco, já falamos, então nos resta em um mundo totalmente imprevisível (não sabemos quando nem de onde virá o próximo tsunami), adotar o conselho de Knight como o lema do líder empreendedor. Uma boa analogia é com a personagem Indiana Jones (pode ser também com o MacGyver do seriado televisivo) – se ele fosse ficar esperando ou calculando suas chances de sucesso, não se sairia bem na metade das enrascadas em que se mete. Ele sempre procura dar um jeito na situação com o que tem disponível. Essa é a ideia, vá em frente, aja, use o que tem da melhor maneira que conseguir e, na medida do possível, mitigue os riscos.

Ao nos defrontarmos com um desafio grande demais, muito complexo ou extremamente difícil temos medo e até mesmo ficamos paralisados. Diante de situações como essas, Karl Weick (1986) demonstrou que pensamos e agimos de forma mais efetiva se encaramos o problema de frente e o dividimos em pequenos problemas que possam ser controlados. O líder empreendedor sempre usa essa abordagem, ou seja, quebra o problema por maior que seja, em problemas menores que possam ser solucionados de maneira mais simples. A cada pequeno problema resolvido, cresce a motivação, o aprendizado e a determinação, garantindo assim a persistência e o sucesso final na resolução do problema maior. Esta abordagem tem sido utilizada para resolver grandes problemas sociais que, numa primeira análise parecem impossíveis. Além disso, estratégias de ação muito complexas são perigosas, pois consomem muito dinheiro, mobilizam muitos recursos e, quando falham, desmoralizam de uma só tacada toda a equipe.

Por exemplo, há alguns anos começou-se a verificar que a humanidade estava causando um grande buraco na camada de ozônio na atmosfera e isso em longo prazo acabaria com a vida no planeta. Se alguém quisesse resolver esse problema teria desistido só de imaginar quantos países e pessoas teriam que mudar seus hábitos para consertar o estrago. Mas hoje, ninguém mais nem fala em buraco de ozônio, os problemas são outros, porque esse foi equacionado por uma série de ações menores que somadas conseguiram eliminar o problema. Por isso, tenho certeza de que conseguiremos também solucionar o problema do aquecimento global e o líder empreendedor não se assusta com grandes problemas.

Por fim, o líder empreendedor, não importa o tamanho do sucesso do seu negócio ou a expressividade da taxa de crescimento, mantém sempre a humildade e um comportamento responsável, pois sabe que ninguém faz sucesso sozinho: planeja, preocupa-se com os detalhes, leva cada etapa do trabalho a sério e sempre foca na excelência.

Atividades e Exercícios

1) Afinal, liderança e empreendedorismo são uma questão genética ou cultural? Justifique sua resposta.
2) Diferencie liderança de empreendedorismo. Explique as semelhanças e diferenças entre esses dois conceitos.
3) Defina líder empreendedor.
4) Como o líder empreendedor lida com o risco?
5) O que significa uma pequena gigante?

Questões para Debate

1. Você conhece algum líder empreendedor? Descreva as características dessa pessoa e explique por que a considera um líder empreendedor.
2. Você já enfrentou alguma situação de risco? Descreva a situação e como a enfrentou.
3. Você conhece alguma empresa que possa ser considerada uma pequena gigante? Descreva as características dessa empresa e explique por que a considera uma pequena gigante.
4. O empreendedor de sucesso é aquele que tem uma grande ideia e assim consegue criar uma oportunidade de negócio que outros não viram antes. Você concorda com essa frase? Justifique sua resposta.
5. Discuta as formas e maneiras de se manter atualizado com as mudanças tecnológicas, sociais, intelectuais e culturais de seu tempo e como fazer para utilizá-las a seu favor.
6. O que significa manter as coisas simples? É simples manter as coisas simples? Justifique sua resposta.
7. Que cuidados você imagina que o líder empreendedor deve ter ao descentralizar sua gestão? Por quê?
8. Quando "menos é mais"? Explique o conceito e apresente sua opinião sobre essa filosofia de gestão.
9. Que conselhos você daria a um empreendedor novato sobre como lidar com pessoas?
10. Como enfrentar os desafios e as dificuldades que normalmente surgem quando alguém vai em busca de seus sonhos e quer inventar um trabalho?

Sugestões de Pesquisa

1. Pesquise sobre a vida do barão de Mauá. Que características de líder você encontra nele? Que características de empreendedor você encontra nele? Em sua opinião, quais os motivos que o levaram a ter tanto sucesso? Quais as razões que o levaram a falir? Dica: assista ao filme Mauá: o imperador e o rei. Direção: Sergio Rezende. Distribuição: Europa Filmes, 1999.
2.a. Se você ainda não é empreendedor: pesquise na internet como se tornar um empreendedor individual. Quais as vantagens de ser um empreendedor individual? Dica: acesse o Google e digite "empreendedor individual".

2.b. Se você já é empreendedor: pesquise na internet, nos jornais e nas revistas, opções de pequenos negócios que tenham a ver com suas ideias de trabalho. Escolha uma ou duas opções e faça uma lista de prós e contras de cada uma das opções selecionadas. Depois, caso fosse empreender um novo negócio, qual escolheria? Que eles fazem diferente de você e que poderia ser implementado em seu negócio. Justifique sua resposta.

Minicaso

FOLHA DE S.PAULO **poder**
São Paulo, terça-feira, 3 de janeiro de 2012

País terá 'era de prosperidade', diz presidente
DE SÃO PAULO

Em seu programa de rádio semanal, a presidente Dilma Rousseff avaliou que 2011 foi um bom ano e que o país está entrando em uma "era de prosperidade".

"Com planejamento e políticas acertadas, estamos conseguindo proteger nossa economia, nossos setores produtivos e, sobretudo, o emprego dos brasileiros", disse ela, no "Café com a Presidenta".

"Estamos transformando um momento de crise em um momento de oportunidade e entrando em uma nova era, uma era de prosperidade", afirmou.

Dilma lembrou-se da criação de 2 milhões de empregos e da queda da taxa de juros. Sobre 2012, a presidente disse que o ano será um marco de consolidação do modelo brasileiro.

Segundo Dilma, o ano deve começar com menos tributos para pequenas empresas e microempreendedores individuais.

Fonte: http://www1.folha.uol.com.br/fsp/poder/18051-pais-tera-era-de-prosperidade-diz-presidente.shtml

Diante desse cenário, o que se espera de um líder empreendedor?

Palavras-chaves

Liderança, empreendedorismo, pequenas empresas, líder empreendedor, comportamento organizacional.

Referências

BURLINGHAM, Bo. **Pequenos gigantes**: as armadilhas do crescimento empresarial (por quem soube escapar delas). São Paulo: Globo, 2007.
CARLOS, Cássio Starling; GUIMARÃES, Pedro Maciel. **Federico Fellini**: a doce vida. Coleção Folha Cine Europeu. v.1. São Paulo: Moderna, 2011.
CARLOS, Cássio Starling; GUIMARÃES, Pedro Maciel. **Fitzcarraldo**. Coleção Folha Cine Europeu. v.2. São Paulo: Moderna, 2011.
CHIAVENATO, Idalberto. **Empreendedorismo**: dando asas ao espírito empreendedor. São Paulo: Saraiva, 2008.
CRIPE, Edward J; MANSFIELD, Richard. **Profissionais disputados**: as 31 competências de quem agrega valor nas empresas. Rio de Janeiro: Campus, 2003.
CROSS, Rob; TOMAS, Robert J. **Redes sociais**: como empresários e executivos de vanguarda as utilizam para obtenção de resultados. São Paulo: Gente, 2009.
DEGEN, Ronald Jean. **O empreendedor**: empreender como opção de carreira. São Paulo: Prentice Hall, 2009.
DICKENS, Charles. **Um conto de Natal**. Porto Alegre: L&PM Editores, 2011.
DOLABELA, Fernando. **O segredo de Luísa**. São Paulo: Sextante, 2008.
GREENLEAF, Robert K. **Servant leadership**: a journey into the nature of legitimate power and greatness. 25th anniversary ed. Mahwah/ New Jersey: Paulist Press, 2002.
HASHIMOTO, Marcos. **Espírito empreendedor nas organizações**: aumentando a competitividade através do intraempreendedorismo. São Paulo: Saraiva, 2010.
INÁCIO, Sandra Regina da Luz. **O perfil do empreendedor**: as características dos empreendedores de sucesso. São Paulo: Lógica, 2004.
JÚLIO, Carlos Alberto. **A arte da estratégia**: pense grande, comece pequeno e cresça rápido. Rio de Janeiro: Elsevier, 2005.
KNIGHT, Frank Hyneman. **Risk uncertainty and profit**. Boston, MA: Hart, Schaffner & Marx; Houghton Mifflin Co, 1921. Disponível em: http://www.econlib.org/library/Knight/knRUP.html

KOUZES, James M; POSNER, Barry Z. **O desafio da liderança**. Rio de Janeiro: Elsevier, 2003.

LONGENECKER, Justin G et al. **Administração de pequenas e médias empresas**. São Paulo: Cengange Learning, 2011.

OLIVEIRA, Jayr Figueiredo de; MARINHO, Robson Moura. **Liderança uma questão de competência**. São Paulo: Saraiva, 2005.

STEPTOE, Andrew (org.). **Genius and the mind**: studies of creativity and temperament. New York: Oxford University Press, 1998. Disponível em http://www.questia.com/PM.qst?a=o&d=34372089

TELLES, André. **A revolução das mídias sociais**. São Paulo: M Books, 2010.

TRUMP, Donald; ZANKER, Bill. **Pense grande nos negócios e na vida**. São Paulo: Ediouro, 2008.

YUNUS, Muhammad. **Um mundo sem pobreza**: a empresa social e o futuro do capitalismo. São Paulo: Ática, 2008.

WEICK, K. E. Small wins: redefining the scale of social problems. In: SEIDMAN, Edward; RAPPAPORT, Julian. **Redefining social problems**. New York: Plenum Press, 1986, (p. 29-46).

Cenário Político-Econômico-Social para as MPE no Brasil

FERNANDO DE ALMEIDA SANTOS

A incerteza – na economia, na sociedade, na política – ficou tão grande que tornou inútil, senão contraproducente, o tipo de planejamento ainda praticado pela maioria das empresas: previsão baseada em probabilidades.1
Peter Drucker

INTRODUÇÃO

Ao analisar o Cenário Político-Econômico-Social para as Micro e Pequenas Empresas é importante considerar aspectos como:

- capacidade de geração de emprego e renda, realizando inclusão social, por meio da absorção de profissionais, como sócios, funcionários, fornecedores e outros;
- interesse governamental de acompanhar e desenvolver as micro e pequenas empresas;
- mudanças nas relações trabalhista e no perfil do trabalhador;
- mudanças nos mercados interno e externo e a globalização;
- desenvolvimento do setor de serviços;
- competitividade e a os agentes no mercado;
- mudanças devido à harmonização contábil internacional;
- mudanças na área tributária.

A partir desses aspectos, muitos desafios são impostos para os empresários e gestores relacionados às micro e pequenas empresas. Este capítulo busca apresentar e discutir esses desafios.

---

1 DRUCKER, Peter Ferdinand. Administrando em tempos de grandes mudanças. São Paulo: Pioneira; São Paulo: Publifolha, 1999, p. 21.

A primeira lição, que é fundamental para todos, é o fato de que é necessário às micro e pequenas empresas planejarem, estruturarem e desenvolverem seus processos e políticas com base em novas premissas.

Como se Classificam as Micro, Pequenas e Médias Empresas

Existem formas diferentes de classificação das empresas em relação ao porte, segundo as definições da legislação nacional e internacional. A seguir, são apresentadas duas formas mais usuais:

1.1 Estatuto Nacional da Microempresa e da Empresa de Pequeno Porte

Conforme o Estatuto Nacional da Microempresa, consideram-se microempresas ou empresas de pequeno porte, a sociedade empresária, a sociedade simples e o empresário a que se refere o art. 966 da Lei nº 10.406, de 10 de janeiro de 2002, devidamente registrados no Registro de Empresas Mercantis ou no Registro Civil de Pessoas Jurídicas, conforme o caso, desde que: [2]

> I – no caso das microempresas, o empresário, a pessoa jurídica, ou a ela equiparada, aufira, em cada ano-calendário, receita bruta igual ou inferior a R$ 360.000,00 (trezentos e sessenta mil reais);
> II – no caso das empresas de pequeno porte, o empresário, a pessoa jurídica, ou a ela equiparada, aufira, em cada ano-calendário, receita bruta superior a R$ 360.000,00 (trezentos e sessenta mil reais) e igual ou inferior a R$ 3.600.000,00 (três milhões e seiscentos mil reais).

1.2 Pronunciamento Técnico PME – Contabilidade para Pequenas e Médias Empresas, Que Aprovou a NBC T 19.41 – Norma Que Se Destina à Utilização por Pequenas e Médias Empresas

As NBC-Ts são Normas Brasileiras de Contabilidade - Técnica, são aprovadas pelo Conselho Federal de Contabilidade e têm o objetivo de, entre outros aspectos, regular os procedimentos contábeis das empresas e buscar a harmonização contábil internacional.

A NBC T 19.41 é uma norma específica para as Pequenas e Médias Empresas. Tal norma afirma que:

---

2 BRASIL. Lei complementar nº 123, de 14 de dezembro de 2006, que institui o Estatuto Nacional da Microempresa e da Empresa de Pequeno Porte. Poder Executivo, 2006. BRASIL. Lei Complementar Federal nº 139, de 10/11/2011. Altera dispositivos da Lei Complementar 123, de 14 de dezembro de 2006, e dá outras providências. Poder Executivo, 2011. Vigente a partir de 2012.

1.2 Pequenas e médias empresas são empresas que:
(a) não têm obrigação pública de prestação de contas; e
(b) elaboram demonstrações contábeis para fins gerais para usuários externos.

1.3 Uma empresa tem obrigação pública de prestação de contas se:
(a) seus instrumentos de dívida ou patrimoniais são negociados em mercado de ações ou estiverem no processo de emissão de tais instrumentos para negociação em mercado aberto (em bolsa de valores nacional ou estrangeira ou em mercado de balcão, incluindo mercados locais ou regionais); ou
(b) possuir ativos em condição fiduciária perante um grupo amplo de terceiros como um de seus principais negócios.

É importante observar que, por esta classificação, não há micro empresas, pois, se classificam em pequenas e médias.

Outro aspecto que deve ser considerado é o fato de que a classificação do porte não consiste em número de funcionários, receita bruta, lucratividade ou capital investido, mas, no fato da empresa ter ou não obrigação de prestar contas públicas para a sociedade, em especial para os investidores.

2. Conjuntura Nacional para as Micro e Pequenas Empresas

2.1 Relevância das Empresas para a Geração de Emprego e Renda

As micro e pequenas empresas são fundamentais para o desenvolvimento nacional, pois:
- Geram renda, desenvolvendo a economia. Empresas com este porte estão em número significativo, pois, segundo Bedê,[3] há 5,1 milhões de empresas.
- Possibilitam colocação profissional dos empresários, dos funcionários e de vários profissionais que, de forma direta ou indireta, podem se beneficiar das atividades das micro e pequenas empresas. Entre eles estão os fornecedores para as empresas e para empresários e funcionários que aumentam a sua renda. Do total de empresas no país, 98% são micro e pequenas empresas (MPEs) e empregam 67% do pessoal ocupado no setor privado.[4]

---

3 BEDÊ, Marco Aurélio (Coord.). Onde estão as pequenas e médias empresas no Brasil. São Paulo: Sebrae, 2006. Disponível em: <www.sebraesp.com.br>.

4 BEDÊ, Marco Aurélio (Coord.). Onde estão as pequenas e médias empresas no Brasil. São Paulo:

É possível observar, por parte das pessoas, uma admiração por grandes empresas, porém na micro e pequena empresa, muitas vezes é mais fácil:

- acesso à informação e as pessoas;
- participação no processo decisório;
- compreensão da missão, dos objetivos e da lógica empresarial;
- desenvolvimento pessoal;
- negociação, seja ela salarial ou de outros aspectos;
- atuar em outras empresas ou outros negócios simultaneamente.

Estes aspectos, podem ser salários indiretos, pois fatos como participar no processo decisório, capacitam o profissional e nem sempre isso é possível em grandes corporações.

2.2 As Micro e Pequenas Empresas na Conjuntura Nacional

O governo tem interesse no desenvolvimento das micro e pequenas empresas, por serem responsáveis por grande parte da arrecadação anual. Esta arrecadação possui grande potencial para crescimento por meio do desenvolvimento das empresas ou pela possibilidade de muitas se legalizarem. Há muitos pequenos empresários que iniciam seus negócios, até para sobrevivência, e que necessitam da legalização, mas nem sempre sabem como fazer ou temem o aumento da carga tributária.

Um fato que merece destaque é o Projeto de Lei 865/11[5] que cria a Secretaria da Micro e Pequena Empresa, além de propor cargo de Ministro de Estado e cargos em comissão.

A aprovação deste projeto, prevista para 2012, é muito importante, pois a Secretaria terá *status* de Ministério. O único aspecto que deve ser considerado é que o Ministro e os cargos criados devem ser representados por profissionais comprometidos com micro e pequenos empresários.

2.3 Mudança nas relações trabalhistas e no perfil do trabalhador

Outro fato que deve ser considerado é o de que a mão de obra, está mudando muito as suas relações de trabalho e o Brasil precisa en-

---

Sebrae, 2006. Disponível em: <www.sebraesp.com.br>.
5 BRASIL. Projeto de Lei 865/2011. Altera a Lei nº 10.683, de 28 de maio de 2003, que dispõe sobre a organização da Presidência da República e dos Ministérios, cria a Secretaria da Micro e Pequena Empresa, cria cargo de Ministro de Estado e cargos em comissão, e dá outras providências. Em aprovação. Brasília: Poder Executivo, 2011.

tender isso, capacitando seus profissionais e flexibilizando as relações de trabalho.

As empresas tendem a possuir menor número de vagas. Antigamente, as estruturas empresariais eram mais rígidas, com organogramas muito bem definidos, funções formalizadas e os processos bem descritos e formalizados.

A globalização, resultante do desenvolvimento e revisão dos processos e da alta tecnologia, obrigam os profissionais e as empresas a mudarem frequentemente a sua forma de ação.

Hoje, as empresas passam por desafios, necessidades de mudanças constantes e da adoção de novas tecnologias e de novos processos. Os profissionais são contratados para solucionar problemas, alguns pontuais, ou para criar e alavancar negócios.

É preciso ter claro que novas necessidades são criadas diariamente para pessoas jurídicas e atendê-las é a função das empresas e dos profissionais. Como exemplo de novas necessidades, pode-se citar:

- **Pessoas Jurídicas:** gestão empresarial de redes sociais, logística avançada de distribuição, logística reversa, política ambiental, acompanhamento contínuo das mudanças na área contábil e tributária.
- **Pessoas Físicas:** utilização de novas tecnologias; *personal trainner*, SPA urbano, utilização de celular ou de micro pessoal.

Antigamente não havia estas preocupações e, consequentemente, estas necessidades. Novas técnicas e tecnologias muitas vezes são lançadas no mercado e, em breve espaço de tempo, há algo que substitua. Se a empresa não for muito ágil, corre o risco de lançar algo obsoleto, pois o ciclo de vida tecnológico poderá estar superado.

Estes fatores, que exigem maior flexibilidade das empresas para atuarem no mercado nacional e global, obrigam a revisão da forma de contratação dos profissionais. Portanto, há muitos profissionais que atuem como autônomos ou que abrem suas empresas, podendo ser Microempreendedor Individual (MEI), Empresa Individual de Responsabilidade Limitada (Eireli) ou uma Sociedade. O profissional garante a sua empregabilidade, não pelo fato de estar registrado em uma empresa, mas pelo fato de ter capacidade técnica de criar necessidades e/ou solucionar problemas e de conseguir apresentar esta sua capacidade para o mercado.

Logo, o mercado exige relações nas formas de trabalho mais flexíveis, com profissionais mais ágeis e utilizando alta tecnologia, trabalho a distância e processos mais rápidos. Muitas das vezes, a empresa não necessita de um profissional que fique 40 horas semanais no local de trabalho, mas de alguém que crie necessidades para ela e para seus clientes, que agregue valor, que solucione problemas e que reduza custos, como utilização do espaço físico ou encargos trabalhistas.

Com menos tempo de trabalho vinculado às empresas e muitas vezes, projetos temporários, é possível que os profissionais empreendedores atuem de forma simultânea em mais de uma empresa, às vezes, até a distância. Isto é uma tendência de mercado, pois muitos profissionais, hoje, estão ligados a vários projetos ou empresas. Para isso, temos que estar preparados para esta nova realidade, desenvolvendo competências como:

- elaborar contabilidade empresarial;
- conhecer contabilidade tributária;
- apresentar propostas de consultoria;
- conhecer as tecnologias do mercado;
- identificar necessidades e desenvolver produtos;
- captar e manter clientes.

O microempresário deve entender este processo e estar aberto para a contratação de profissionais para atividades específicas ou que atuem em mais de uma empresa. Estas medidas podem reduzir encargos trabalhistas, facilitando a contratação de profissionais mais qualificados. As empresas nem sempre precisam de funcionários à disposição, mas de profissionais que agreguem valor, que identifiquem e tragam oportunidades e que consigam gerar resultados.

3. Mercado Interno e Externo

3.1 Mudanças no Mercado

O mercado interno tem demonstrado dinamismo, com forte presença de grandes grupos estrangeiros no Brasil, que por sua vez, aumentaram muito as possibilidades de ofertar produtos e serviços para o mercado externo. Hoje, pode ser mais fácil ter fornecedores e clientes estrangeiros, do que na própria cidade. Isto se deve, principalmente, aos seguintes fatores:

I. **Globalização e facilidade de transporte**: a facilidade de transporte é algo realmente incrível na conjuntura global. Há facilidade de envio e recepção de:

a) **Pessoas:** as passagens tendem à redução. O transporte rodoviário, inclusive, sofre com o fato de que houve queda nos preços para voos internos e externos. Esta é uma tendência, que invade o turismo, os negócios, intercâmbios ou lazer. Atualmente, é comum brasileiros irem para o exterior apenas para fazer compras pessoais.
b) **Produtos:** as alternativas de produtos e matérias-primas externos são muito grandes, inclusive com países que possuem baixa carga tributária, mão de obra barata ou rentabilidade baixa. O Brasil, por sua vez, tem aprimorado a sua qualidade, o que possibilita maior acesso como fornecedor para o mercado externo, sendo assim, empresários e profissionais brasileiros necessitam de formação contínua.
c) **Serviços**: é possível ofertar serviços para diversas partes do mundo de maneira muito mais fácil e rápida. Portanto, um mercado de bairro tem como concorrente, não apenas os grandes supermercados que se instalaram na região, mas também, a possibilidade da compra de um fornecedor de outro estado ou outro país.

II. **Crise exterior e falta de alternativas no mercado global**: com a crise na Europa e as dificuldades em outras economias, o Brasil consiste em uma interessante alternativa de investimento. A economia tem crescido, o poder aquisitivo do brasileiro aumentou, há certa previsibilidade de crescimento e desenvolvimento, que proporciona ao Brasil ser uma grande opção para os investidores. Um atrativo muito forte do país é o número de habitantes, pois o mercado é muito amplo e ainda tem muita possibilidade de crescimento.

III. ***Drawback***: há incentivos tributários para insumos importados. *Drawback* consiste em um regime aduaneiro especial, instituído em 1966 pelo Decreto-Lei nº 37, de 21/11/66,[6] que permite a suspensão ou eliminação de tributos incidentes sobre insumos importados para utilização em produto exportado. O mecanismo tem o objetivo de incentivar as exportações, pois reduz os custos de produção de produtos exportáveis, tornando-os mais competitivos no mercado internacional.

Este decreto incentiva produção para exportação, pois há benefí-

---

6 BRASIL. Decreto-Lei nº 37, de 18 de novembro de 1966. Dispõe sobre o imposto de importação, reorganiza os serviços aduaneiros e dá outras providências. Brasília: Poder Executivo, 2011.

cios fiscais pela utilização de matérias-primas, partes, peças, componentes e materiais importados para fabricação de produtos para o exterior.

Observa-se, porém que, a indústria brasileira ao fabricar algo, com destino para o exterior, por ter benefícios fiscais na importação de insumos, incentiva o exportador a ter mais interesse em um fornecedor estrangeiro.

> **IV. Alta carga tributária nacional**: no Brasil a carga tributária direta ou indireta é muito alta. Inclusive, há uma complexidade muito grande de tributos, o que obriga as empresas a um alto custo para controle de informações e gestão de sistemas. É comum um produto importado, de forma legal ou não, chegar a um consumidor a preço inferior ao similar nacional. Em alguns casos, pode até ser inferior, mas a diferença de preço é tão significativa que o consumidor opta pelo importado.

É possível elencar outros fatores que, muitas vezes de forma combinada aos citados, impulsionam a um mercado dinâmico e desafiador. É muito importante os gestores compreenderem a necessidade de pensar de forma global e inovadora e estar à frente dos processos.

3.2 Desenvolvimento do Setor de Serviços

As Teorias de Administração foram todas construídas com o desenvolvimento da indústria de produtos. A Administração Científica, a Escola Burocrática, o Behaviorismo, a Administração por Objetivos e outras escolas sempre exemplificaram setores industriais de chão de fábrica e de grandes empresas. Estas teorias foram estudadas nas escolas durante anos, com livros diversos sobre administração da produção e controle de custos industriais. Isto se deve ao fato de, até meados do século XX, haver escassez de produtos. A dificuldade para produzir, era muito grande e ganhar em economia de escala, por meio de teorias administrativas, era fundamental para dominar o mercado.

Com a redução dos custos de produção e a aumento do número de indústrias, as empresas passaram a dar maior atenção aos serviços. Isto se deve, inclusive, a tendências de mercado. O cliente, ao ter mais opções, se torna mais exigente e, também, passa a ter novas necessidades, conforme explicado anteriormente.

O setor de serviços tem uma tendência mundial de crescimento. O consumidor brasileiro, como o restante do mundo, tem sido mais exigente com os serviços prestados, podendo ser citados alguns aspectos:

O setor de serviços tem muita dificuldade de crescer em escala. Por exemplo: atividades como consultoria, salão de beleza, serviços domésticos ou segurança, têm muita dificuldade de aumentar a oferta simplesmente pelo aumento da tecnologia ou dos recursos. Eles podem contribuir, mas não proporcionam uma produção como poucos profissionais, na escala de uma indústria de ponta. Esta realidade torna, para o micro e pequeno empresário, o setor de serviços muito interessante.

- Antigamente, muitos serviços não eram necessários para alguns consumidores, ou não eram conhecidos. Há até alguns que não existiam. Como exemplos de serviços que passaram a ser necessários e/ou aumentaram o consumo, podem ser citados: turismo, cirurgia estética e certificação ambiental.
- Facilidade de oferta: a facilidade da informação e da oferta de serviços em regiões distantes aumenta muito o consumo de serviços.

Um fato a destacar é que todas as empresas têm serviços prestados, sejam públicas, privadas ou do terceiro setor. Há empresas específicas do setor de serviços, porém todas necessitam atender clientes, realizar manutenção, desenvolver produto etc. Há, ainda, os serviços que não são relacionados às atividades da empresa. Estes serviços podem ser: segurança, departamento pessoal, treinamento, marketing e outros.

Como as Teorias de Administração foram construídas em empresas industriais, os profissionais têm muita dificuldade em precificar serviços. Logo, aprender a precificar serviços é um diferencial muito importante para o micro e pequeno empresário.

4. Competitividade e os Agentes de Mercado

4.1 Posicionamento de Mercado

Há necessidade em um ambiente competitivo de posicionamento de mercado. Posicionamento de mercado, segundo Moreira Pasquale e Dubner (1999, p. 23) são posições para que um produto ocupe uma posição clara, distinta e desejável em relação aos produtos dos concorrentes, na mente dos consumidores-alvo.

Segundo Richers (1991, p. 15), há duas posições muito distintas para se atingir o mercado, que são:

I. **Difusão:** ato de espalhar os produtos pelo mercado, sem caracterizar ou identificar diferenças entre os consumidores (segmentos).
II. **Segmentação:** ato que consiste em identificar consumidores específicos e buscar diferenciação.

As grandes empresas buscam, muitas vezes, a difusão, pois como possuem uma grande capacidade produtiva e desejam atender diversos mercados, se diferenciam por preços baixos, capacidade de distribuição ou reconhecimento da marca pelo consumidor.

Outras vezes, as grandes empresas, apenas identificam um grande segmento e procuram atendê-lo. Observe que a estratégia, nem sempre deve ser a mesma para empresa menor.

> Por exemplo: Uma indústria de carro faz pesquisa e identifica que a maior parte dos consumidores desejam um carro esporte, econômico, de baixo custo e moderno. A empresa, por ser de grande porte, realiza o desejo desses consumidores.
>
> Determinada montadora menor, com pouca estrutura e capital, observando esta tendência, produz um carro com as mesmas características, mas não obtém sucesso. Motivo: ela não tem preço, capacidade de produção e distribuição e investimento em marketing para competir em condições iguais à poderosa concorrente.
>
> A melhor alternativa para ela será buscar nichos menores, como carros com design diferenciado. Identificando esses nichos, ela não irá competir nas mesmas condições e para o mesmo público das grandes empresas.

4.2 Diferenciação e Personalização

Uma empresa, em ambiente competitivo, necessita de vantagem competitiva e, segundo Porter (1999, p. 98), há duas formas básicas de se obtê-la:

a) Redução de custos.
b) Diferenciação.

O micro e pequeno empresário, mesmo com os incentivos fiscais, na maioria das vezes, tem dificuldade em ofertar um produto de baixo custo, pois não consegue economia de escala. Por sua vez, o consumidor, devido às suas opções, tem se tornado mais exigente, sendo mais fácil para o pequeno empreendedor atuar com política de diferenciação do que de baixo custo.

Há, portanto, uma alternativa diferente da difusão e da segmentação, que consiste no **atendimento personalizado**.

Hoje, uma grande parcela de consumidores está insatisfeita com o atendimento de massa ou a padronização por meio da segmentação e quer um atendimento diferenciado.

Logo, é importante considerar esta alternativa, que consiste em atender o cliente conforme a sua necessidade específica, ou seja, a personalização, a melhor saída na maioria das empresas.

5. MUDANÇAS DEVIDO À HARMONIZAÇÃO CONTÁBIL INTERNACIONAL

5.1 A harmonização contábil internacional

A contabilidade possui normatizações e práticas diferentes nos diversos países. Este fato dificultava aspectos como a compreensão da contabilidade por investidores e outros interessados estrangeiros e a garantia da transparência internacional.

Portanto, com o objetivo de evitar fraudes, foram criadas as IAS (International Accounting Standard – Padrões Internacionais de Contabilidade), normas internacionais de contabilidade, hoje conhecidas como IFRS (International Financial Reporting Standards – Padrões Internacionais dos Relatórios/Demonstrativos Financeiros), que consistem em um conjunto de pronunciamentos de contabilidade internacionais publicados e revisados pelo IASB (International Accounting Standards Board – Conselho para Padrões Internacionais de Contabilidade).

As normas IFRS foram adotadas pelos países da Comunidade Econômica Europeia e, posteriormente, esta iniciativa foi expandida para vários outros países.

O Brasil, no ano de 2007, aprovou a Lei nº 11.638/07, que altera a legislação brasileira e determina que as empresas brasileiras devem apresentar seus demonstrativos financeiros elaborados segundo as normas internacionais.

Em 2009 foi aprovada a Lei nº 11.941/09, que impulsiona ainda mais o país na direção da harmonização internacional, além de serem criadas muitas Normas Brasileiras de Contabilidade.

Com a harmonização contábil internacional as empresas mudam vários aspectos da sua contabilização, aumentando, inclusive, a complexidade e o número de Demonstrações Contábeis e Financeiras.

Com estas mudanças, há impactos como:

a) Necessidade de maior preparo dos profissionais para contabilização.
b) Maior facilidade das empresas obterem investimentos ou financiamentos externos.
c) Maior atuação das empresas no mercado externo.

Temos que compreender que com a harmonização contábil internacional, com os processos globais e a competitividade, os empresários, gestores, contadores, administradores e outros profissionais das empresas, devem ter a habitualidade da busca contínua pelo conhecimento e desenvolvimento.

5.2 O Impacto da Harmonização Para as Micro e Pequenas Empresas

Uma dúvida pode surgir neste momento. Qual o impacto da harmonização contábil internacional para as micro e pequenas empresas?
O Conselho Federal de Contabilidade (CFC) em 17/12/2009 aprovou a NBC T 19.41 (Norma Brasileira de Contabilidade Técnica), com o objetivo de adequar as pequenas e médias empresas à convergência das práticas internacionais. Esta norma define os conceitos e princípios básicos que suportam as demonstrações contábeis de pequenas e médias empresas.
Logo, é obrigatório, segundo o CFC, as pequenas e médias empresas se adequarem às Normas Internacionais. O Brasil é o primeiro país da América Latina que implanta esta medida. Algumas empresas já implantaram as Normas Internacionais, principalmente as que recebem investimentos externos, mas estima-se que no futuro todas terão o mesmo procedimento.
Implantar as normas implica vários procedimentos complementares aos atuais. A seguir, são apresentados alguns exemplos de procedimentos necessários para as empresas se adequarem às normas internacionais.

- Elaborar balanço patrimonial e demonstração do resultado do exercício.
- Elaborar demonstração de mutações do patrimônio líquido ou demonstração de lucros ou prejuízos acumulados.
- Avaliar bens intangíveis, ou seja, avaliar bens que não têm substância física, como patentes, direito autorais e capital intelectual.

Logo, tais mudanças impactam na necessidade de revisão de processos e sistemas, no aperfeiçoamento contínuo dos profissionais e em novas formas de gestão.

6. Desafios para os Gestores de Micro e Pequenas Empresas

6.1 Estar Preparado para as Mudanças

O mundo e o mercado estão muito complexos e dinâmicos. A velocidade das informações é muito grande, com novas e diferentes formas de ver os processos.

Entre estas mudanças, é possível citar:

a) Na área tributária. O Brasil, além de ter uma tributação muito complexa, há várias formas de analisar e aplicar as leis. Os empresários devem estar atentos com as melhores opções, com as alternativas e com a atualização legal.
b) Dos concorrentes. Com novos participantes do mercado, fusões, compras, mudanças de posicionamento e estratégia.
c) Na área contábil, inclusive, com a necessidade de harmonização contábil internacional.
d) Nas formas de se relacionar com os clientes. Alternativas mais dinâmicas, com redes sociais, networks e outros.
e) Na forma de se comunicar e relacionar com a sociedade, sejam funcionários, parceiros, fornecedores, formadores de opinião ou outros. As mídias sociais merecem, também, uma atenção especial. As parcerias são necessárias.
f) Na concepção de gestão e na forma de rever e implantar processos.
g) Novas tecnologias. Estas são fundamentais para o desenvolvimento da microempresa no Brasil.

A única certeza é a frequente mudança e os profissionais devem estar preparados para isso.

6.2 Desafios dos Gestores

Conforme pode ser observado há muitos desafios para os profissionais de micro e pequenas empresas.

É importante a compreensão da necessidade do aprendizado contínuo, da atualização. O profissional deve buscar conhecer o seu negócio e os agentes internos e externos envolvidos.

O microempresário precisa estar aberto para novas formas de atuação, pois atuar no mercado global, fazer gestão de redes sociais, buscar novas tecnologias e atuar em nichos de mercado, ou de forma personalizada são fundamentais para o desenvolvimento das microempresas.

Considerações Finais

O Brasil tem captado muitos investidores e a economia do nosso país tem sido observada. Este fato tem alterado muito o mercado. Associado a esta realidade, observamos que o país está com grandes mudanças legais, inclusive buscando a harmonização contábil internacional e o aumento da competitividade no mercado externo.

Este conjunto de fatores obriga os micro e pequenos empresários a mudarem sua forma de atuação. É necessário fazer parcerias, se atualizar, mudar as formas de gestão, rever concepções e, principalmente, identificar oportunidades.

As oportunidades podem ser segmentos, muitas vezes desprezados pelos grandes investidores, mas muito adequados para os pequenos, que conseguem ter diferenciais.

Nesta perspectiva, o atendimento personalizado, se contrapondo aos atendimentos padronizados, pode ser uma alternativa para agregar valor e diferenciar produtos.

Atividades e Exercícios

1. Assinale a alternativa correta:

   ( ) As empresas têm apenas uma forma de classificação em relação ao porte.
   ( ) Empresas com receita bruta anual inferior a R$ 360.000,00, podem ser consideradas microempresas, segundo o Estatuto Nacional da Microempresa e da Empresa de Pequeno Porte.
   ( ) As empresas são classificadas conforme o porte, apenas de acordo com o número de profissionais.
   ( ) No Brasil, microempresas devem ter o capital investido até R$ 360.000,00.

2. Como consumidor, você se classifica como integrante de um segmento de consumo para determinado produto? Explique e justifique a sua resposta.

3. Conforme o texto, há fatores que influenciam as mudanças no mercado. Quais são eles?

4. Defina:
Difusão
Segmentação
Personalização

5. Você é cliente fiel a uma microempresa? Faça uma relação dos motivos da fidelidade.

6. Elabore uma proposta de serviços com atendimento personalizado inovador. Na proposta inclua:
a. Seus diferenciais
b. Forma de captar o cliente
c. Capital necessário
d. Estratégias de diferenciação dos produtos ou serviços

Questões para Debates

1. Quais as competências necessárias para os microempresários no Brasil?
2. A elaboração da contabilidade conforme os padrões internacionais é obrigatória para micro e pequenas empresas, porém este fato exige muita qualificação, atualização e mudanças de procedimentos. Os micro e pequenos empresários brasileiros vão se adequar a estas normas?
3. Por que as micro e pequenas empresas são relevantes para o Brasil?
4. Quais as principais mudanças no mercado de trabalho?
5. Por que o setor de serviços tem se desenvolvido? Enumere os principais fatores.
6. Quais as providências e os cuidados que os microempresários devem ter em relação às redes sociais?

Mini-Caso

Determinado mercado, fica em uma cidade pequena, porém turística. Com a maior habitualidade e condições financeiras dos brasileiros, na última década, a cidade passou a ter uma taxa de ocupação muito alta. O mercado é gerenciado pelo próprio dono, que, com a sua família e mais seis funcionários, se mantém na cidade.

O supermercado, nos 20 anos de funcionamento, desenvolveu uma gestão com as seguintes características:

- Atendimento personalizado e entrega domiciliar. Inclusive, alguns clientes mais antigos, ele já chegou a levá-los no veículo de entrega.
- Organização e limpeza são constantes.
- Pouca variedade, devido à dificuldade de estocar, mas, algumas mercadorias específicas, ele tem, para atender alguns clientes que conhece.
- Identificação da satisfação do cliente, por meio da abordagem cotidiana.
- Conhece muitos clientes por nomes ou apelidos e sempre busca atender todos com alegria. A família, também, contribui muito neste atendimento.
- Contabilidade e controles simples, pois tem um software que adquiriu há três anos e um contador responsável.
- Preços um pouco mais altos do que os demais supermercados, devido às pequenas quantidades e dificuldade de estocagem.

O mercado sempre proporcionou lucratividade, mas agora o empresário está preocupado, pois um grande supermercado deverá se instalar na região.

Para evitar problemas e ter competitividade ele estuda adotar as seguintes medidas:

a. Buscar um parceiro investidor.
b. Modernizar todo o supermercado com novos sistemas de informação, ampliação e investimento em infraestrutura.
c. Contratação de profissionais, deixando a esposa e os filhos apenas para cuidar de compras e dos estoques.
d. Aumentar os estoques, com produtos baratos e populares.

Perguntas:

a. Quais os diferenciais do mercado?
b. As medidas do empresário estão corretas?
c. Caso discorde elabore um plano de ação diferenciado.

Sugestão de Pesquisa

Pesquise o processo para abertura de uma empresa. Quais são as etapas?

Palavras-Chave: Desafios empresariais. Microempresa. Mudanças. NBC T-19.41. Personalização.

Referências

BRASIL. Decreto-Lei nº 37, de 18 de novembro de 1966. Dispõe sobre o Imposto de Importação, reorganiza os serviços aduaneiros e dá outras providências. Brasília: Poder Executivo, 2011.
_____. Lei nº 11.638, de 28/12/2007, dispõe sobre as sociedades por ações. Poder Executivo, 2007.
_____. Lei nº 11.941, de 27/05/2009, altera a legislação tributária federal. Poder Executivo, 2009.
_____. Lei complementar nº 123, de 14 de dezembro de 2006, que institui o Estatuto Nacional da Microempresa e da Empresa de Pequeno Porte. Poder Executivo, 2.006.
_____. Lei Complementar Federal nº 139, de 10/11/2011. Altera dispositivos da Lei Complementar 123, de 14 de dezembro de 2006, e dá outras providências. Poder Executivo, 2011.
_____. Projeto de Lei 865/2011. Altera a Lei nº 10.683, de 28 de maio de 2003, que dispõe sobre a organização da Presidência da República e dos Ministérios, cria a Secretaria da Micro e Pequena Empresa, cria cargo de Ministro de Estado e cargos em comissão, e dá outras providências. Em aprovação. Brasília: Poder Executivo, 2011.
BEDÊ, Marco Aurélio (Coord.). **Onde estão as pequenas e médias empresas no Brasil**. São Paulo: Sebrae, 2006. Disponível em: <www.sebraesp.com.br>.
CFC - Conselho Federal de Contabilidade. Resolução CFC 1185 de 28/08/2009. Apresentação das Demonstrações Contábeis. (NBC T 19.27) Brasília: CFC, 2009.

_____. Resolução CFC 1255 de 10/12/2009. Normas internacionais de relatórios financeiros para pequenas e médias empresas - IFRS - PME. (NBC T 19.41) Brasília: CFC, 2009.

DRUCKER, Peter Ferdinand. **Administrando em tempos de grandes mudanças**. São Paulo: Pioneira; São Paulo: Publifolha, 1999.

MOREIRA, Júlio César Tavares. PASQUALE, Perroti Pietragelo; DUBNER, Alan Gilbert. **Dicionário de termos de Marketing**. São Paulo: Atlas, 1999.

PORTER, Michael. **Competição = *On Competition***: estratégias competitivas essenciais. Rio de Janeiro: Campus, 1999.

RICHERS, Raimar; LIMA, Cecília Pimenta. **Segmentação**: opções estratégicas para o mercado brasileiro. São Paulo: Nobel, 1991.

SANTOS, Fernando de Almeida Santos; VEIGA, Windsor Espenser. **Contabilidade com ênfase em micro, pequenas e médias empresas**. São Paulo: Atlas, 2011.

Diagnóstico Organizacional para Micro, Pequenas e Médias Empresas no Brasil

TERESINHA COVAS LISBOA

Para um barco que não sabe para que porto vai qualquer vento lhe será favorável.
Sêneca, 700 a.C.

INTRODUÇÃO

Vivemos em constantes mudanças. No Brasil, particularmente, as oportunidades de negócios vão surgindo gradativamente, à medida que as transformações sociais e culturais vão ocorrendo. Um exemplo típico é o da área de prestação de serviços, aonde as pessoas vão adquirindo novos hábitos de vida, ocupando novas posições de trabalho, viajando a negócios, passando maior tempo de suas vidas no trabalho, em atividades culturais e educacionais. Consequentemente, ocorre à disseminação da geração de novos serviços, como: restaurantes, limpadoras, clínicas de estética, academias, escolas de idiomas, de informática, shopping virtual, compra coletiva e outros.

O bom desempenho da economia brasileira proporcionou, na última década, o surgimento e a expansão das micro e pequenas empresas (MPEs) para atender essas mudanças. Inclusive, os serviços terceirizados Entre 2009 e 2010, constatou-se um aumento de novos estabelecimentos criados e a oportunidade da geração de empregos.

Entre os 17 países membros do G20, (um grupo formado pelos ministros de finanças e chefes dos bancos centrais das 19 maiores economias mais a União Europeia, segundo Wilkpédia) e que participaram de uma pesquisa em 2010, o Brasil é o que possui a maior Taxa de Empreendedores em Estágio Inicial (TEA), ou seja, 17,5%,

A globalização, também, proporcionou a criação de empresas especializadas em vários segmentos, oferecendo suporte àquelas maiores. O Ministério da Educação, por sua vez, criou cursos técnicos e de tecnologia e, em consequência, novos empregos foram surgindo, seja na área de serviços ou na de produção de bens.

De acordo com um estudo realizado pelo Serviço de Apoio às Micro e Pequenas Empresas (Sebrae) e a Fundação Getúlio Vargas (FGV) "a Copa do Mundo FIFA 2014 deve gerar 930 oportunidades de negócios para micro e pequenas empresas nas 12 cidades-sede. O levantamento leva em conta nove setores da economia: agronegócio, madeira e móveis, vestuário, serviços, comércio varejista, construção civil, turismo, produção associada ao turismo (artesanato, cultura entre outras atividades e tecnologia da informação" (www.santanderempreendedor.com.br). Também, aguarda-se a expansão de franquias e de serviço terceirizados.

A figura do empreendedor é histórica e, segundo Jean-Baptiste Say (1800), a palavra *entrepeneur* significava "(...) o indivíduo que transfere recursos econômicos de um setor de produtividade mais baixa para um setor de produtividade mais elevada e de maior rendimento" (FERREIRA, REIS e PEREIRA, 1997, p. 181). No Brasil, o espírito do empreendedor sempre esteve presente, iniciando na informalidade ou na constituição de empresas familiares.

O emprego formal foi crescendo e as pessoas buscaram o conhecimento pela capacitação de curto prazo ou pela profissionalização em escolas especializadas.

A Lei nº 12.441, de 11 de julho de 2011, criou a empresa individual de responsabilidade limitada, constituída por uma única pessoa titular da totalidade do capital social, devidamente integralizado, que não será inferior a 100 (cem) vezes o maior salário-mínimo vigente no país. Atrás dessa empresa individual, vemos um empreendedor, necessitado de informações burocráticas, jurídicas e de conhecimento de mercado.

A ascensão da base da pirâmide, com uma nova classe social tendo oportunidade de consumir bens e serviços, exigiu um diagnóstico minucioso sobre o mercado de consumo.

O acesso crescente aos bens de conforto, como eletroeletrônico, computadores, telefonia celular, motocicletas e automóveis, exige profissionais especializados para atendimento.

Portanto, é importante que se tenha um direcionador, a fim de que o empreendedor não cometa erros e possa planejar adequadamente os passos a serem tomados para a sobrevivência no mercado e/ou expansão.

1 – Diagnóstico Organizacional

1.1 Conceito e Objetivo

O diagnóstico é a primeira etapa do planejamento estratégico de uma organização e tem por objetivo apresentar uma visão da situação da empresa. Trata-se de um processo formal que busca avaliar se as estratégias implantadas estão ou não surtindo efeito. Objetiva oferecer as informações necessárias para o empreendedor direcionar suas ações.

O diagnóstico empresarial é o resultado de um processo de coleta, tratamento e análise dos dados/informações colhidos na organização (HERSKET, 1999).

O **diagnóstico** é a etapa na qual se analisa a situação existente. A qualidade do processo de planejamento, como um todo, nasce nesta fase. É a análise macroambiental das organizações.

1.2 Composição

O diagnóstico organizacional é composto das seguintes etapas:
- Análise macroscópica do ambiente externo em que a organização está inserida (ambiente geral e ambiente de negócio);
- Análise microscópica interna, onde os componentes clientes, concorrência, mão de obra e recursos operacionais são avaliados.

1.3 Análise Macroscópica do Ambiente Externo

Neste estágio, é importante que o empreendedor conheça os dados geográficos do município onde irá instalar ou onde esta instalada a empresa, tais como:

- localização geográfica do município;
- área total;
- condições climáticas (no caso de confecções, turismo, alimentação etc.);
- hidrografia;
- população fixa e flutuante (urbana, rural se for o caso);
- distribuição da população por classe social;
- distribuição da população por faixa etária;
- perfil socioeconômico;

- dados econômicos do município;
- imprensa escrita, falada e televisada da região;
- saneamento básico (no caso de segmentos de alimentação, limpeza, lavanderias etc.).

1.4 Análise Microscópica do Ambiente Externo

Nessa fase será importante o empreendedor conhecer seus concorrentes, seus possíveis clientes, ameaças, oportunidades e os fornecedores que serão seus parceiros.

Essas etapas correspondem aos itens iniciais de um planejamento estratégico.

Segundo Biagio (2012), o processo de planejamento é composto do conhecimento próprio, do conhecimento do mercado e do conhecimento da empresa.

O processo de planejamento estratégico pode ser subdividido em cinco etapas:

- diagnóstico;
- estabelecimento de objetivos;
- seleção de estratégias e meios;
- planos de trabalho;
- controle.

Em seguida, parte-se para o **estabelecimento de objetivos**, que é a etapa de determinação da situação planejada para o futuro. É a meta a se atingir. Os objetivos são o ponto de convergência de toda a organização.

Atenção:

O **objetivo** representa os fins genéricos desejados, para os quais são orientados os esforços da organização. Os objetivos, portanto, relaciona-se com a busca do sucesso almejado.

A meta é o nível ou a etapa de desempenho a que se aspira, e origina-se do objetivo. As metas devem ser **quantificadas** e ter prazos definidos.

A **seleção de estratégias e meios** ocorre quando, após analisada a situação presente e determinado os objetivos, escolhe-se as estratégias e define-se os meios para se atingir.

Os **planos de trabalho** são as ações necessárias para que os objetivos sejam alcançados. Situam-se nos planejamentos táticos e operacionais e observam estratégias e meios escolhidos. Serão denominados de planos setoriais.

O **controle** é a fase de acompanhamento do processo e ações corretivas, quando necessárias. Reúne base de dados e os indicadores da empresa e de mercado. Será um dos programas de trabalho dos planos setoriais.

O processo de elaboração da estratégia, ou do plano estratégico, envolve três procedimentos:

- análise do ambiente externo (ameaças e oportunidades do ambiente);
- diagnóstico interno (análise do desempenho da organização e dos pontos fortes e fracos de seus sistemas internos);
- preparação de um plano estratégico, que envolve um ou mais dos seguintes componentes: objetivos, missão, visão e vantagens competitivas.

2 ANÁLISE DO AMBIENTE

Para a formulação da estratégia é importante analisar as ameaças e oportunidades do ambiente. Quanto mais instável e complexo o ambiente, maior a necessidade do enfoque sistêmico e do planejamento estratégico. O conceito de ambiente e os fatores a serem considerados numa análise ambiental variam de organização para organização.

Análise macroambiental representa a elaboração do diagnóstico e o conhecimento da situação atual. A análise é composta de duas partes: análise do ambiente externo e análise do ambiente interno da organização. Na análise macroambiental externa, surgirão aspectos positivos e aspectos negativos. Eles serão agrupados separadamente. Os aspectos positivos serão reunidos sob o título de oportunidades. Os aspectos negativos constituirão a lista das ameaças. Por sua vez, a análise macroambiental interna igualmente revelará aspectos positivos e aspectos negativos. Os aspectos positivos constituirão a lista dos pontos fortes e a lista dos aspectos negativos terá o título de pontos fracos.

A análise é conhecida como "análise SWOT", face sua origem nos Estados Unidos, sigla que representa quatro palavras em inglês: *strengts* (forças), *weaknesses* (fraquezas), *opportunities* (oportunidades) e *threats* (ameaças).

2.1 Análise Macroambiental Externa

Tem como objetivo estudar todos os fatores externos à organização. Estuda as forças da sociedade que afetam as instituições e todos os demais aspectos externos a ela. A análise macroambiental externa pode se orientar por alguns parâmetros, tais como:

Economia	renda e sua distribuição, preços, emprego, dinamismo econômico, padrões de consumo
Demografia	população, número de habitantes, composição, distribuição, escolaridade, faixa etária
Política	legislação, regulamentações, movimentos populares
Tecnologia	tecnologias de produto, sistemas informatizados, prestação de serviços, comunicação, internet
Meio Ambiente	meio urbano e meio natural
Cultura	estilos de vida, valores da sociedade, cultura popular
Serviços de Saúde	competitividade, desenvolvimento empresarial, marketing, conscientização da população sobre o sistema existente, atuação do setor, convênios existentes
Mercado	fluxo existente, mercado potencial, segmentação, estudos e pesquisas, base de dados
Concorrência	Análises quantitativa e qualitativa, recursos, tendências, inovações

Fonte: Adaptado de Serra, M.F.A.R, Torres, M.C.S., Torres, A.P., Reichmann, 2003.

2.2 Mercado

Os estudos de mercado orientam os investimentos, as estratégias de marketing e as ações para o atendimento ao cliente. Em função do mercado, as instituições articulam sua interface com o meio e programam ações internas. Somente as pesquisas apresentam quais são as tendências do mercado.

Portanto, tem-se que saber quais os mecanismos dos usuários de serviços e/ou produtos, perfil, locais de origem, meios de transporte usado, faixa etária, renda, moradia.

As análises externas devem contemplar, entre outros aspectos:

- mercado atual e mercado potencial;
- mercado atual e mercado potencial futuro;
- fornecedores, concorrentes;
- clientes (em todos os seus segmentos, regiões, parcelas de mercado etc.);
- sistema financeiro, mercado de trabalho, sindicatos, associações de classe;
- entidades de ensino e pesquisa, regulamentações governamentais;
- comércio exterior, economia internacional;
- meio ambiente;
- público (em função da imagem e atividades da empresa);
- imprensa em seus diversos segmentos.

2.3 Oportunidades e Ameaças

São os fatores externos que influenciam a organização.

As oportunidades de mercado caracterizam-se pelos nichos de mercado; novas tecnologias; perspectivas de aumento de demanda; fraqueza dos concorrentes; desejos declarados dos clientes.

As ameaças caracterizam-se pela instabilidade econômica; agressividade do líder de mercado no setor analisado; facilidades de ingresso de novos e fortes concorrentes; obsolescência tecnológica; cartéis entre outros concorrentes.

2.4 Análise Macroambiental Interna

Trata-se de uma análise das condições internas da organização. Reúne todos os fatores que estão ao alcance do gestor.

A análise macroambiental interna pode orientar-se por alguns parâmetros:

Recursos Financeiros	Receitas, orçamentos, fontes de recursos, custos praticados, rentabilidade, valor patrimonial, tarefas
Recursos Humanos	Dimensionamento, qualificação, desenvolvimento, nível de satisfação dos empregados, prevenção de acidentes
Recursos de Capital	Instalações e equipamentos, nível de atualização tecnológica, informatização

Métodos de Trabalho	Divisão do trabalho, atribuição de autoridade, processos de trabalho, produtividade e qualidade, controles, atendimento ao mercado, padronização de rotinas
Tecnologia	Atualização tecnológica, utilização de sistemas de informática, internet, outros recursos de rede
Instrumentos de Marketing	Missão, objetivos, estratégias, planos setoriais, promoção, informação
Cultura Organizacional	Valores compartilhados pelas pessoas que contribuem para o sucesso da organização, atitudes
Preservação Ambiental	Respeito ao meio urbano e ao meio natural. Uso racional da água e reaproveitamento, energia elétrica e disposição de resíduos de saúde
Responsabilidade Social	Inserção da organização nos esforços de desenvolvimento social da comunidade onde está instalada; recolhimento de impostos; respeito às leis; programas de humanização

Fonte: Adaptado de Serra, M.F.A.R, Torres, M.C.S., Torres, A.P., Reichmann, 2003.

3 ETAPAS

Pontos Fortes e Pontos Fracos

São analisados os fatores gerenciais internos da organização. Verifica-se a situação das construções, equipamentos, finanças, tecnologia, taxas de ocupação, políticas de preços, métodos de trabalho, marketing e recursos da organização, destacando:

- valores da organização;
- integridade das instalações físicas;
- situação econômico-financeira;
- situação do mobiliário e utensílios;
- métodos de trabalho;
- tecnologia da informação, atualização tecnológica de equipamentos;
- gestão de recursos humanos;
- nível de satisfação de clientes;
- envolvimento social e compromissos com a sustentabilidade ecológica;
- imagem junto à comunidade;
- imagem junto aos concorrentes;
- taxas de ocupação, sazonalidade;

- situação de hotelaria;
- ações em marketing.

3.1 Missão

A missão, os objetivos e as políticas constituem o caráter e a personalidade da empresa, determinando a sua imagem. A clareza na determinação desses elementos fará a diferença entre uma empresa feita para durar e outra empresa qualquer.

A missão, no topo da hierarquia, representa a razão da existência da organização. A missão descreve os valores da organização, suas aspirações e sua razão de ser.

A declaração da missão de uma organização consiste no estabelecimento de premissas de planejamento, pressupostos básicos sobre os propósitos da organização, seus valores, suas competências essenciais e seu lugar no mundo.

Trata-se de uma parte relativamente permanente da identidade de uma organização, e pode ser muito importante para unificar e modificar o comportamento de seus membros. Não deve, portanto, envolver aspectos quantitativos.

Ex.: *"A Academia Saúde Integral tem como missão melhorar a qualidade de vida de seus clientes, pelo aprimoramento de sua forma física, prestando serviços profissionais competentes e corteses, em ambiente agradável, com alta tecnologia e segurança."*

Portanto, para especificar a missão, é preciso que os administradores façam um exercício de autoanálise e procurem dar respostas a diversas perguntas, tais como:

- o que a organização está fazendo agora?
- qual sua utilidade para os clientes?
- em que negócio estamos?
- quem são nossos clientes?
- a que necessidades estamos atendendo?
- que papéis estamos cumprindo?

Assim sendo, independentemente do porte da empresa, do tipo de segmento de mercado, o diagnóstico tem a função básica de auxiliar ao empreendedor, pois o ambiente organizacional será o reflexo do levantamento realizado pelo mesmo.

3.2 Objetivos

Objetivo é um estado desejado no futuro que a organização quer alcançar. Os objetivos são importantes porque as organizações existem para uma finalidade definida e estabelecida por elas. Os objetivos podem ser:

Estratégicos: são afirmações amplas que descrevem onde as organizações desejam estar no futuro. Eles abrangem a organização como um todo e, por isso, também são chamados objetivos gerais.

Segundo Peter Drucker (www.excelencia.com.br), os objetivos estratégicos devem estar direcionados para oito áreas diferentes:

- permanência no mercado;
- inovação;
- produtividade;
- recursos financeiros e materiais;
- lucratividade;
- desenvolvimento e desempenho administrativo;
- atitude dos funcionários;
- responsabilidade pública.

Táticos: os objetivos táticos, também chamados metas, definem os resultados que a maioria das unidades da organização pretende alcançar. Referem-se à administração média e descrevem o que as principais subunidades devem fazer para que a organização alcance seus objetivos globais.

Os planos táticos destinam-se a auxiliar a execução dos principais planos estratégicos e realizar uma parte específica da estratégia da empresa.

Operacionais: definem os resultados específicos esperados dos setores, grupos de trabalho e indivíduos. Por esse motivo, os planos operacionais são desenvolvidos nos níveis mais baixos da organização, para especificar as etapas de ação em relação aos objetivos operacionais a serem alcançados e para apoiar os planos táticos.

3.3 Políticas

Políticas são orientações para a tomada de decisões. Uma política reflete um objetivo e orienta os gerentes e funcionários em direção a esse objetivo, em situações que requeiram julgamento.

Sua função é aumentar as chances de os diferentes gerentes e funcionários fazerem escolhas semelhantes ao enfrentar, individualmente, situações similares, limitando o campo do poder discricionário para a tomada de decisão. As políticas podem ser explícitas ou implícitas.

As políticas explícitas são afirmações escritas ou orais que fornecem informações para a tomada de decisões. Por exemplo: política de administração, de preços, de salários, de promoção de funcionários etc.

As políticas implícitas apenas diferem das explícitas na medida em que não são faladas ou escritas. Apesar de não estarem expressas, podem refletir uma ética questionável, como discriminação com base em sexo, raça, religião, idade etc.

4 Visão da Organização Após o Diagnóstico

O planejamento estratégico existe para o sucesso da empresa. É usado com o objetivo de concretizar a visão. Irá utilizar-se de ferramentas para que as organizações conectem-se aos seus clientes, as forças de vendas, aos funcionários, à comunidade e a outros grupos que possam influenciar os seus desempenho.

A visão pode ser definida como a percepção das necessidades do mercado e os métodos pelos quais uma organização pode satisfazê-las.

Ex.: *"A boa forma física e o contato com a natureza serão sinônimos de qualidade de vida e integração familiar na próxima década"* (Academia Saúde Integral).

4.1 Cenários

Para Chiavenato e Sapiro (2003), a palavra "cenário" origina-se do termo teatral *"scenary"*, "que significa o roteiro para um filme ou para uma peça". Tal conceito torna-se interessante à medida que os autores observam que "nos cenários, encontram-se atores, cenas e trajetórias que se desenrolam segundo o comportamento dos atores e de variáveis que influenciam seu comportamento e vice-versa..." (2003, p. 144). E o que acontece nas empresas? O mesmo cenário...

Os cenários constituem-se na melhor ferramenta que o planejamento estratégico possui, pois corresponde ao apoio para o processo de tomada de decisões estratégicas. Para que o cenário seja desenhado é importante que se conheça totalmente o ambiente onde a empresa está instalada. Diferem das pesquisas de mercado e das tendências que são estudadas pelo empreendedor.

Referem-se a respostas a seguintes perguntas: onde estamos neste exato momento? onde estaremos ou gostaríamos de estar nos próximos dez anos? Temos que corrigir o nosso rumo atual ou simplesmente adaptar-nos a esse cenário? E, principalmente, responder a seguinte pergunta: que variáveis podem influenciar o nosso cenário?

As principais funções dos cenários são:

- oferecer meios seguros para reflexões sobre a maior quantidade de alternativas de evolução do ambiente;
- antever o significado que essas opções poderão ter sobre a empresa;
- auxiliar a organização na tomada de decisões que possam contribuir para conquistar uma vantagem competitiva.

Portanto, para que o planejamento por cenários seja realmente efetivo, é preciso abranger a maior quantidade possível de alternativas, assegurando a avaliação das variáveis divergentes.

O conjunto de tais cenários distintos constitui o "retrato" dos futuros possíveis.

E, após todas essas etapas, o empreendedor terá condições de elaborar o plano de ação e dar início às suas atividades empresariais.

Estudo de Caso – Rotovic Lavanderia Industrial (www.estudodecaso.com.br)

Fundada em 1968, pelo engenheiro Othon Barcellos Corres Sobrinho, a empresa foi criada para atender o mercado de limpeza de roupas domésticas. Inicialmente, localizada na av. Morumbi, em São Paulo, conquistou credibilidade no mercado e uma carteira de clientes conceituada.

O início da década de 1970 marcou o crescimento industrial do país com a instalação de novos grupos poderosos, como a Ford e a Volkswagen. A entrada dessas grandes companhias no mercado industrial brasileiro criou um cenário favorável ao surgimento de diversas outras atividades. Foi quando o Sr. Othon Sobrinho começou a observar uma tendência de limpeza de roupas industriais nos Estados Unidos e trouxe a ideia para o Brasil, em 1972, quando a empresa passou a investir neste segmento. Como o seu negócio tinha tradição e experiência no mercado, logo os primeiros clientes começaram a aparecer.

O investimento em inovação e tecnologia passou a der prioridade na gestão.

Paola Tucunduva, filha do fundador da empresa – Othon Sobrinho, cresceu no universo das lavanderias. Formada em administração de empresas e pós-graduada em marketing e finanças, a empresária viu que tinha chegado o momento de assumir o negócio da família. Em 2000, comprou, juntamente com o seu marido, parte da empresa destinada a atender o setor industrial, fundando a Rotovic Lavanderia Industrial no município de Taboão da Serra-SP.

O novo negócio enfrentou, logo cedo, seus primeiros obstáculos. No primeiro ano, a lavanderia perdeu seu principal cliente, responsável por 30% do faturamento da empresa. Com visão empresarial à frente de seu tempo, Paola Tucunduva apostou na inovação para superar as dificuldades instalando novas máquinas e agregando outros serviços.

O caminho encontrado pela empresária foi traçar uma estratégia de recuperação criando uma parceria com um fabricante de uniformes. A parceria abriu espaço para um novo serviço agregado à empresa: a locação de uniformes personalizados. Segundo Paola, esse foi um dos passos mais importantes para que a Rotovic deslanchasse no segmento de lavanderias industriais: "Além de personalizá-los, os uniformes saíam daqui com um código de barras que nos permitia um controle sobre a durabilidade do mesmo. Foi uma inovação no mercado que nos ajudou a reerguer o faturamento." Além dos uniformes, a Rotovic ampliou o serviço também para locação e higienização de equipamentos de proteção individual (EPIs).

Aos poucos, o negócio foi se consolidando e percebeu-se a necessidade de expandir a estrutura. A lavanderia atendia a Ford e recebeu o convite da multinacional para se instalar em Camaçari – BA, aonde a montadora chegou em 2001. Em pouco tempo a Rotovic já estava com uma filial da empresa na Bahia, para atender não somente a Ford, como também diversas outras companhias alojadas no polo industrial de Camaçari. Em 2003, a empresa entrou novamente em uma situação financeira positiva.

Finalmente, Paola havia conseguido reerguer seu negócio: a empresa já estava totalmente recuperada e faturando o dobro da época de sua fundação. Porém, em 2004, um incêndio destruiu a lavanderia de Taboão da Serra. Por conta do acidente, a unidade ficou nove meses parada. O fato causou prejuízo e transtorno à empresária, ao seu marido e aos seus funcionários. Paola, que já havia enfrentado grandes dificuldades no início do seu negócio, não se deixou desanimar por mais esta adversidade que surgia em sua trajetória: lutou não apenas para manter a empresa como também para ampliar os negócios.

A princípio, a solução encontrada para os graves problemas enfrentados após o incêndio foi recorrer à ajuda dos concorrentes. Essas lavanderias disponibilizaram suas instalações para lavar os uniformes e toalhas industriais dos clientes da Rotovic, fora dos seus horários de expediente. Após algum tempo, a Rotovic conseguiu ocupar uma lavanderia desativada em Americana, no interior de São Paulo. Esse período foi marcado por um complicado processo de deslocamento de funcionários. Porém, a empresa não mediu esforços e manteve todos os pedidos em dia. De acordo com Paola Tucunduva, essa época, apesar das dificuldades foi fundamental para que conseguisse reconstruir a unidade de Taboão da Serra.

A unidade Rotovic de Americana-SP, num primeiro momento, tinha o objetivo de ser uma loja provisória até que a lavanderia, destruída pelo incêndio, fosse recuperada. Mas a empresa acabou fidelizando clientes na cidade, o que justificou a manutenção desta que virou a terceira unidade da Rotovic. Hoje, ela já corresponde a 30% do faturamento da companhia.

Respeito é uma palavra-chave para definir atividade da Rotovic. Respeito ao meio ambiente e também respeito aos custos dos seus clientes, que são otimizados com os processos ecologicamente corretos. Com a economia gerada em água, lenha, luz e sacos plásticos, a lavanderia conseguiu diminuir em 10% os preços cobrados. As três unidades têm certificação ISSO 14.001, desde 2002.

A Rotovic está sempre trabalhando para superar desafios. Para isso, ela procura sempre atender às necessidades dos seus clientes, cumprir os compromissos assumidos, treinar constantemente a equipe e buscar a melhoria da qualidade em nome da excelência nos sérvios e dos resultados cada vez melhores.

Questões:
a) Discuta com seu grupo o papel da liderança nos momentos de dificuldades da empresa.
b) Qual importância do diagnóstico organizacional nos momentos de crise?

Exercício:

a) Construa o diagnóstico organizacional de uma microempresa do segmento e serviços.
b) Escolha a unidade de uma empresa de varejo e comente como foi elaborado o diagnóstico para a formação da estratégia de crescimento.

Questões para Debate:

1) As práticas de gestão estratégica organizacional dependente de várias etapas do diagnóstico e auxiliam na elaboração do planejamento estratégico.
2) A informalidade impede o empreendedor de realizar bons negócios.

Sugestões de Pesquisa

AIDAR, M.M. **Empreendedorismo.** São Paulo: Thomson, 2007.
KUAZAQUI, E.; LISBOA, T.C.; GAMBOA, M. **Gestão estratégica para a liderança empresas de serviços privadas e públicas.** São Paulo: Nobel, 2006.

Palavras-Chave: diagnóstico, empreendedorismo, estratégia.

REFERÊNCIAS

AIDAR, M.M. Empreendedorismo. São Paulo: Thomson Learning, 2007.
BIAGIO, L.A. Empreendedorismo: construindo seu projeto de vida. Barueri: Manole, 2012.
CHIAVENATO, I.; SAPIRO, A. Planejamento estratégico: fundamentos e aplicações. Rio de Janeiro: Campus, 2003.
COBRA, Marcos. Estratégias de marketing de serviços. 2 ed. São Paulo: Cobra, 2001.
COSTA, E.A. da. Gestão estratégica. São Paulo: Saraiva, 2004.
CRUBELLATE, J.M. Ambiente organizacional. São Paulo: Cengage Learning, 2008.
DORNELAS, J.C.A. Empreendedorismo: transformando ideias em negócios. 2.ed. Rio de Janeiro: Elsevier, 2005.

FERREIRA, A.A.; REIS, A.C.F.; PEREIRA, M.I. Gestão empresarial: de Taylor aos
Nossos dias. Evolução e tendências da moderna administração de empresas. São Paulo: Pioneira, 1997.
GHEMAWAT, Pankaj. A estratégia e o cenário dos negócios: textos e casos. Porto
Alegre: Bookman, 2002.
HUNGER, J. David. WHEELEN, Thomas L. Gestão estratégica: princípios e práticas. 2 ed. Rio de Janeiro: Reichmann e Afonso Editores, 2002.
KUAZAQUI, E. (org.). Liderança e criatividade em negócios. São Paulo: Thomson Learning, 2006.
MAXIMIANO, Antonio César Amaru. Teoria geral da administração: da revolução urbana à revolução digital. 3 ed. São Paulo: Atlas, 2002.
MORAES, Anna Maris Pereira. Iniciação ao estudo da administração. 2 ed. São Paulo: Makron Books, 2001.
PORRAS, Jerry; COLLINS, Collins. Building your company's vision. Boston: Harvard Business Review, 1996.
PORTER, Michael. Estratégia competitiva. Rio de Janeiro: Campus, 1996.
SEBRAE. Anuário do trabalho na micro e pequena empresa: 2010-2011. 4 ed. Serviço Brasileiro de Apoio às micro e Pequenas Empresas (org.). Departamento Intersindical de Estatística e Estudos Socioeconômicos (responsáveis pela elaboração da pesquisa, dos textos, tabelas e gráficos) Brasília, DF, DIESE, 2011.
SERRA, Fernando A. Ribeiro; TORRES, Maria Cândida S.; TORRES, Alexandre Pavan. Administração estratégica: conceitos, roteiro prático e casos. Rio de Janeiro: Reichmann e Affonso Editores, 2003.
www.estudodecaso.com.br. Rotovic Lavanderia. Acesso em 27/02/2012.
www.wikipedia.org/g20. Acesso em 27.02.2012
www.santandermpreendedor.com.br. Copa do mundo gera oportunidades para as micro e pequenas empresas. Acesso em 25/02/2012.
www.excelencia.com.br.   Oportunidades/planejamento.htm/Planejamento. Acesso em
24/02/2012.
www.estudodecaso.com.br. Lavanderia Rotovic. Acesso em 20/02/2012.

Planejamento Estratégico nas MPEs

Antonio Vico Mañas

O planejamento não é uma tentativa de predizer o que vai acontecer. O planejamento é um instrumento para raciocinar agora, sobre que trabalhos e ações serão necessários hoje, para merecermos um futuro. O produto final do planejamento não é a informação: é sempre o trabalho.
Peter Drucker

1- Introdução

Abordar o planejamento estratégico para empresários, empreendedores iniciantes ou que atuam em suas organizações de pequeno porte implica em se enveredar por práticas nem sempre fáceis de utilizar. A complexidade de qualquer ambiente, especificamente o de negócios, requer conhecer mais do que pura e simplesmente o ambiente em que se está.

Um ambiente de negócios impõem ter noções teóricas e práticas sobre o contexto e todos os seus denominados *stakeholders*, que são agentes ou atores, que participam desse ambiente como partes interessadas e, portanto, influenciando e sendo influenciados por qualquer ação ou posição que eventualmente ocorra, ocasionada ou não por qualquer um dos *stakeholders* envolvidos, incluindo-se aí, a nossa própria organização.

Ocorre também que com o passar dos anos o que antes se estudava como planejamento estratégico evoluiu para conceitos mais amplos, passando por administração estratégica e fluindo para o pensamento estratégico, envolvendo valores e recursos.

Este texto se propõe a atuar, sobre o planejamento estratégico, mas sem deixar de transitar pelos caminhos da administração e do pensamento estratégico, tentando focar muito mais a prática, mas sem deixar de lado os fundamentos teóricos e filosóficos do que trata.

Lembrar-se-á, no decorrer do capítulo que, para administrar-se uma organização, seja ela de negócios ou social, grande ou pequena, um ciclo deve ser respeitado.

Toda organização, documentando ou não, tem alguns passos que parecem muitas vezes ser imperceptíveis. As pessoas que comandam e tocam as empresas, fazem-no sem perceber, de forma quase que automática.

A situação atual de qualquer empresa, cercada por um ambiente que se modifica continuamente, exige por parte de seus administradores/direção à tomada antecipada de decisões, muitas vezes críticas, que assegurem em grande escala que os objetivos gerais da empresa venham a ser cumpridos.

Esta atitude, eminentemente ativa, ao contrário do que seria uma simples previsão, é a que a empresa assume utilizando um ferramental que permite avaliar a priori as alternativas de ação que logo, mediante medidas estratégicas e táticas, tornarão possível o estabelecimento dos programas de atuação adequados para conseguir tais objetivos. A ferramenta básica é o planejamento.

A necessidade do planejamento, como uma das ferramentas importantes de que a direção dispõe, já não é assunto para ser discutido na atualidade.

O pensar estrategicamente uma empresa implica em estar ciente e acessar características de enorme complexidade e importância. Precisa cada vez mais do planejamento e, sem dúvida, de informações e, consequentemente, de alguma tecnologia.

Não parece lógico que a orientação e o rumo a seguir, com as características de complexidade, incidência em todas as atividades da empresa e o tempo que dedicado, com custo elevado como são as decisões empresariais, fiquem à margem, orientados pela improvisação ou sob pressão externa. A partir daí, cada vez com mais intensidade vem se solidificando o problema de planejar a empresa em duas dimensões de tempo:

- Longo prazo (3 a 5 anos) que determina as linhas básicas (diretrizes).
- Curto prazo (1 ano) que define as aplicações a desenvolver e os recursos a utilizar dentro de objetivos específicos.

Evidentemente, para que um plano seja totalmente eficaz, é importante que sejam estabelecidas certas condições que sempre estarão nas mãos da direção da empresa.

A existência de um plano estratégico da empresa, do qual derivam objetivos para todas as suas atividades conduz à própria dinâmica do plano fazendo deste um instrumento que permita uma evolução adequada às sucessivas situações e a existência de um sistema de controle, que avalie os desvios e gere ações corretivas, são premissas indiscutíveis sem as quais o plano perderia boa parte de sua eficácia.

Sem dúvida, no entanto, a participação da direção em diversos níveis, no estabelecimento de planos e no seu controle posterior, somente é possível se os administradores forem dotados de conhecimentos adequados.

Não se trata, é claro, de transformar "experts" técnicos em administradores que têm outras responsabilidades, mas de situá-los em condições que lhes permitam exercer satisfatoriamente seu papel no planejamento dessa atividade.

2- Ciclo Administrativo

Não há como ter um negócio sem o mínimo de percepção estratégica. O primeiro passo do ciclo administrativo é o de prospecção estratégica, que vai definir o que se pretende, quem são os clientes, os fornecedores, a tecnologia, o produto e os subsequentes serviços e seus respectivos processos. Nada é só sonho. Mas é sonho também.

Saber sobre algo que se transforme em resultados desejados implica em conhecer alguma coisa do contexto. O que ocorre é que a maioria das pessoas tende para um foco especialista, conhecendo mais uma coisa do que outra, mas sem dúvida, tem o desenho em sua cabeça, ou no papel, de pelo menos uma prospecção estratégica, por mais simples que seja.

É só então que vem o planejamento. É uma fase mais pé no chão. Já é sabida a intenção, o caminho e o que se espera de retorno, agora é preciso estabelecer prioridades e integrar as ações. É pensar claramente a longo e curto prazo, determinando o que fazer e como, quando as coisas sejam rotineiramente conhecidas e quando antecipadamente se puder prever crises que precisam ser contornadas.

Planejar não impõe que se assista a tudo de longe, aliás, os melhores planos nascem de quem faz e sabe o que faz, preferencialmente fazendo junto. Isso nos faz lembrar dos empresários das micro empresas que pensam e fazem ao mesmo tempo, que cuidam da estratégia, da tática e da operação quase que de forma paralela.

Assim que se planeja, ou seja, se sabe a maior parte das coisas que tem que ser feitas, como, quando, com o que, porque, com quem e quanto, então há a possibilidade de executar.

A execução quase sempre é dividida em duas partes a administrativa e a operacional. A execução sempre implica em obter um resultado que precisa ser comparado ao que antecipadamente se planejou: é o controle.

Controlar implica em um passo do ciclo que só deve existir se for anotado de alguma forma o que está sendo feito e comparar com o que se previu, anotando as diferenças. Qualquer disparidade,deverá provocar uma correção, para que não aconteça mais esse desvio. O controle só deve existir se houver interesse em corrigir o que se apontou como discrepância, caso contrário, supõe-se que tempo e dinheiro serão desperdiçados.

Ora, se a prospecção estratégica determinou o planejamento, este conduziu a execução e permitiu um controle efetivando correções, o ciclo deveria estar concluído. Mas não é verdade. Pode-se argumentar que o resultado da prospecção foi mal entendido, mal interpretado o que provocou um mau planejamento, ou um planejamento bem feito de uma estratégia errada. Ou quem sabe, a prospecção, o planejamento e a execução estavam perfeitas, mas o controle foi mal executado.

Então, tem-se a necessidade de avaliar o desempenho global. Cada uma das fases deve ser analisada para verificar se tudo está em conformidade com o que se almejava. Percebe-se que, a execução foi excluída dessa última análise e há razões suficientemente fortes para que isto ocorra. A execução é comparada com o planejamento pelo controle e, portanto, se algo deve ser modificado em outras fases, esta se alterará paralelamente ou continuará o seu papel como estipulado previamente.

É interessante notar que este ciclo administrativo básico, conforme a Figura 1, é alimentado por informações que advêm dos ambientes externo e interno. Armazenar as informações dos *stakeholders* é fundamental e, muitas vezes, isso é tarefa bastante operacional e feita internamente na empresa por pessoas ou por tecnologias existentes e utilizadas. Qualquer equipamento atual ou software em uso tem dentro de si possibilidades de promover estatísticas ou informar dados resultantes de ocorrências rotineiras.

Ciclo Administrativo de uma Organização

FIGURA 1: CICLO ADMINISTRATIVO BÁSICO DE UMA ORGANIZAÇÃO.

É um fato que os estudos e as aplicações sobre estratégias empresariais evoluíram de tal maneira que os conceitos se misturaram desde que realmente atendam ao que os mundos das organizações e da Administração precisam.

Para chegar ao ponto de planejar é importante que se tenha disponibilizado um diagnóstico. Esse diagnóstico pode ser formal ou informal, mas é ele que atende no ciclo comentado à determinação resultante da prospecção estratégica.

É preciso uma análise do ambiente externo, que fatores e que agentes ou atores estão e estarão envolvidos quando a organização/empresa esteja atuando e como é que esses fatores e atores se comportam ou poderão se comportar em que circunstâncias possíveis.

Após essa análise, ou paralelamente, é fundamental que se conheçam as forças e fraquezas que a empresa tem quando relacionada com os seus objetivos, sua tecnologia, seu conhecimento etc. Uma pequena empresa, pode ter em seu dono, por exemplo, o seu ponto forte, uma vez que ele detenha conhecimentos únicos sobre o mercado, o produto ou serviço, ou seja, o detentor da patente de uma tecnologia e possua sua licença, ou ainda, crie uma marca de bom potencial. Mas, ela também terá seus pontos fracos, por exemplo, comparando-a com possíveis concorrentes, como limitações físicas e financeiras.

Conhecendo essas forças e fraquezas, entende-se que decisões poderão ser tomadas e que levarão ao planejamento adequando-se a quem decide e que podem ou não ser seus beneficiários.

Há interesses e valores em cada uma das pessoas que integram esse contexto e estes são repassados à organização, que poderá ser mais pragmática, mais flexível, menos reacionária, entre outras coisas, gerando uma diferenciação competitiva.

Tradicionalmente as ações que embalam a implementação das estratégias visando competitividade, vantagem competitiva ou diferencial competitivo, abarcam passos que se somam às análises externas e internas, visando ao aproveitamento de oportunidades, conhecimento e possível diminuição das ameaças, do esforço em garantir as melhores forças e a minimização ou eliminação de seus pontos fortes.

É preciso conhecer quem é o responsável pela empresa. É preciso estar ciente que ele acredita em determinados valores, que atua de acordo com preceitos específicos e interesses que se destacarão no momento de agir, de posicionar-se frente a um movimento que pode ser crucial para a sobrevivência ou crescimento da empresa.

São esses valores e filosofias dos beneficiários que permitirão que o plano tenha determinadas características. Mais agressivo, mais reacionário, também são posições desses beneficiários que vem de seus objetivos básicos e de suas próprias missões e motivações.

Somando-se essas grandes características, que são frutos de análises internas e externas e dos valores e filosofias dos beneficiários e de suas missões e motivações, é que se torna possível a sequencia de passos para a estratégia. Serão pensadas estratégias, que colocadas de lado, serão comparadas com outras que serão geradas e finalmente, selecionadas de tal forma que se escolha aquela que será a estratégia preponderante, mesmo que venha acompanhada por outras estratégias, quer sejam emergentes ou tradicionais.

É possível saber que há soluções para conseguir, por exemplo, capital. Os juros e as exigências bancárias são inviáveis? Pode-se conseguir um sócio. Não dá certo ter participação acionária na empresa? Pode-se encontrar um interessado em investir sem pretender gerenciar a empresa etc.

A Figura 2 mostra bem esses passos e é exatamente nesse momento que surge o planejamento estratégico. É nesse instante que planos são desenvolvidos. E a partir deles, metas são delineadas para permitir que as ações sejam plausíveis e acompanhadas de tal forma que se necessário possam ser substituídas.

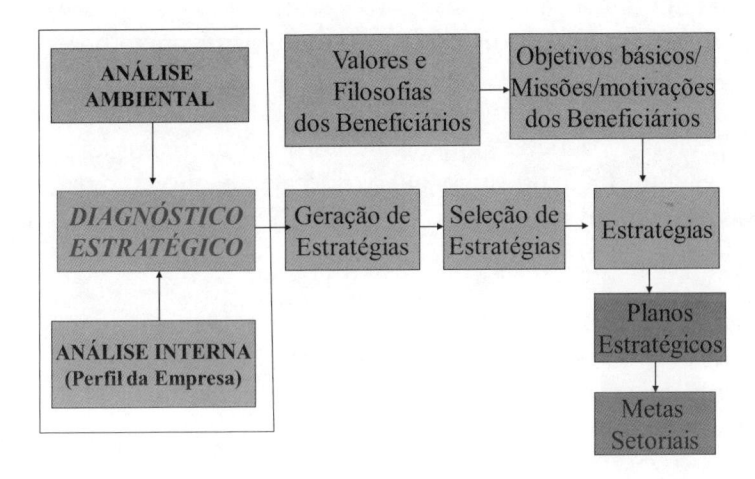

FIGURA 2: DIAGNÓSTICO ESTRATÉGICO.

É muito comum responsabilizar o planejamento pelo fracasso das ações de uma empresa. Principalmente as pequenas organizações que quase sempre se percebem em situações caóticas sem grandes chances de rapidamente fazer mudanças. O que temos na prática é que os planos atuam sobre as possibilidades de ação de estratégias determinadas anteriormente e que podem ser boas ou ruins, de acordo com Richard Rumelt (2011).

Se a estratégia é ruim nada fará com que as coisas engrenem e levem a resultados promissores. Estratégia ruim não é a falta de uma boa estratégia. Ela acaba por surgir como esforço específico equivocado e de deficiências da liderança.

Julgar, influenciar e desenvolver estratégias não são tarefas fáceis. Para obter eficácia nessas tarefas, é preciso praticar os passos anteriormente comentados e eles não exigem tempo demasiado ou estudos aprofundados, mas para detectar a estratégia ruim, procure por uma ou mais das seguintes características:

a) Floreio – cuidado com tagarelice disfarçada, conceitos e argumentos disfarçados em estratégias. As estratégias são simples e acessíveis.

a) Não enfrentar o desafio – a estratégia ruim não reconhece ou

define o desafio. Se não conseguir ter essas percepções como avaliar e melhorar uma estratégia?
a) Confundir metas com estratégias – é normal encontrar afirmações de desejos, como se fossem estratégias. Se encontrar elas serão ruins, pois não comportam planos para superar obstáculos.
a) Objetivos estratégicos ruins – o objetivo estratégico sempre será estabelecido pelo líder e com a pretensão de atingir um fim. Quando os objetivos deixam de abordar questões fundamentais ou quando se percebem impraticáveis eles são ruins.

3 - Princípios do Planejamento

Planejamento significa, evidentemente, "fazer planos", porém a primeira questão que surge quando se trata de "fazer planos" é "para quê?".

Isso leva a identificar sempre um processo de planejamento com objetivos previamente determinados. Esses objetivos têm de ser externos ao sistema e serão os que façam referência ou o relacionem com o ambiente.

Estabelecemos, portanto, a primeira premissa de todo planejamento:

TODO PLANEJAMENTO REQUER SEMPRE A EXISTÊNCIA PRÉVIA DE OBJETIVOS EXTERNOS.

Ainda que esta premissa seja evidente em si mesma, não o é totalmente na prática, quando existem muitos planos que carecem de objetivos claros, ou a sua pobreza faz com que o próprio planejamento seja desnecessário.

A definição de objetivos supõe uma atitude iminentemente ativa em contrapartida com o que seria uma mera "previsão" ou extrapolação da situação atual. Não esqueçamos de que o planejar é construir o futuro da empresa.

Dado que a evolução de qualquer atividade empresarial está submetida ao impacto de numerosas mudanças estruturais, ambientais, e em geral a modificações do ambiente que está em volta da dita atividade, será necessário prever com antecedência os meios que facilitem a tomada de decisões diante das distintas alternativas que essas mudanças colocam. Daqui podemos concluir uma segunda consequência (premissa):

O PLANEJAMENTO É FORMALMENTE UM INSTRUMENTO DE TOMADA DE DECISÕES.

É evidente que o planejamento não serve apenas para este fim, pois pode também satisfazer outros objetivos, não obstante, convém não esquecer seu fim primordial, uma vez que é nesse ponto que realmente reside o seu valor. A reação ante às mudanças, a tomada de decisões, inclusive antes de produzir os fatos, é a previsão de fatores que vão incidir de alguma maneira no caminho da atividade, é o que dá força e importância ao planejamento.

Convenhamos que o plano tem que estar a serviço da empresa e ainda há de ser um instrumento útil para a tomada das decisões que conduzirão à consecução dos ditos objetivos. Podemos deduzir um terceiro aspecto básico:

QUALQUER PLANEJAMENTO, PARA SER TOTALMENTE EFICAZ, DEVE SER COERENTE COM O PLANO ESTRATÉGICO DA EMPRESA.

Com isso afirmamos que as áreas de uma empresa não geram individualmente, por conta própria, sem interdependência, seus próprios objetivos. Eles se deduzem dos objetivos estratégicos da empresa.

Dizendo de outra forma, os objetivos e as necessidades da empresa, são retirados do planejamento estratégico.

Outra característica, não menos importante, do planejamento é a sua íntima ligação com a avaliação e o controle.

Se são fixados objetivos e horizontes, e as ações e decisões para o alcance deles, é evidente que se torna imprescindível verificar paulatinamente o tamanho do erro dos objetivos determinados, ou nesse caso, os desvios que vão ocorrendo.

Um controle bem estabelecido não deve limitar-se somente à constatação desses desvios, pois ainda tem de introduzir os mecanismos corretivos correspondentes.

Esta concepção dual de planejamento e controle leva consigo, consequentemente, outro, o quarto, aspecto básico do planejamento:

TODO PLANEJAMENTO É ESSENCIALMENTE DINÂMICO E EVOLUTIVO.

Se obtivermos como resultado do controle, sugestões para as ações corretivas necessárias e, se essas ações corretivas, junto com a análise das causas reais dos desvios, implicarem em revisão dos recursos, meios, organização e, em geral, das ações e decisões futuras, não resta dúvida: O que se está fazendo é um replanejamento a partir do plano inicial, projetando-o para o futuro com as modificações precisas para um cumprimento mais ajustado dos objetivos. (É evidente que temos de estabelecer diferenças entre um planejamento de curto e outro de longo prazo.)

Esse caráter dinâmico do planejamento surge como algo que é inerente ao próprio processo de planejamento, de maneira que não se pode conceber um planejamento eficaz se não carrega consigo a revisão ou reestudo periódico de si mesmo.

Finalmente, resta colocar um conceito verdadeiramente essencial e que, costumeiramente, não se considera quando falamos de planejamento: AS PESSOAS.

Exatamente porque existem pessoas e elas estão inter-relacionadas com as máquinas e outros recursos, é que existe o planejamento.

Ao falarmos de pessoas, cabe englobar tanto as que realizam e controlam o plano, como aquelas a que está dirigido ou sobre as que sofrem as consequências, de forma direta, das ações previstas no planejamento.

A nosso ver, o êxito ou fracasso de um plano depende tanto do próprio plano em si como das pessoas que intervêm na sua elaboração ou são afetadas por ele mesmo.

Ressaltamos, portanto, como fundamental, a seguinte característica:

UM PLANEJAMENTO SÓ TERÁ ÊXITO SE CONSIDERAR DE FORMA MUITO ESPECIAL AS PESSOAS QUE O FAZEM E AQUELAS ÀS QUAIS ESTÁ DIRIGIDO.

Os princípios que acabamos de analisar, sejam separadamente ou em conjunto, nos leva a reafirmar a importância do papel da direção na atividade que reputamos como muito importante: O PLANEJAMENTO DA EMPRESA. O Planejamento exige que se dê à direção da empresa os conhecimentos adequados para fazer frente a esta tarefa; porém, quais são esses conhecimentos? Segundo Vico Mañas (2010):

A- definir ou determinar os objetivos;
B- configurar trata-se de planos para o médio e longo prazo e/ou para o curto prazo;
C- considerar a necessidade e tratamento de componentes obrigatórios, para a Estruturação, informação e decisão planejada.

A. Objetivos do Planejamento

```
        PLANO ESTRATÉGICO
           DA EMPRESA
               ↓
         NECESSIDADE DE
         TRATAMENTO DA
           INFORMAÇÃO
               ↓
            PLANO DE
         ATIVIDADES/ÁREAS
```

ÁREAS DE APLICAÇÃO E PRIORIDADES
POLÍTICAS DE RECURSOS

PESSOAL

TECNOLOGIAS

- Custos
- Planos de ação anuais
- Instrumentos de acompanhamento e controle

AQUISIÇÃO, PRODUÇÃO, MANUTENÇÃO ETC.

FORMAÇÃO, PROMOÇÃO ETC.

ORGANIZAÇÃO, SEGURANÇA ETC.

FIGURA 3: OBJETIVOS DO PLANEJAMENTO.

B- Planos para Médio, Longo e Curto Prazos
Planejar a Médio e Longo Prazos
- Horizonte temporal de três a cinco anos.
- Representado por um plano diretor ou geral, que deve conter:
1- critérios e diretrizes fundamentais;
2- políticas;
3- grandes prioridades e áreas de aplicação;
4- estimativa global do volume de recursos.

Planejar a Curto Prazo
- Horizonte temporal de um ano.
- Composto por planos de atuação anual, que devem conter:
1- aplicação de políticas;
2- projetos, aplicações e estudos a realizar;
3- estimativa detalhada de recursos;
4- pressupostos.

C. Componentes do Sistema de Planejamento

Para responder à questão anterior, vejamos quais são os componentes do sistema de planejamento e alguns dos diversos aspectos com os quais esses componentes se relacionam:

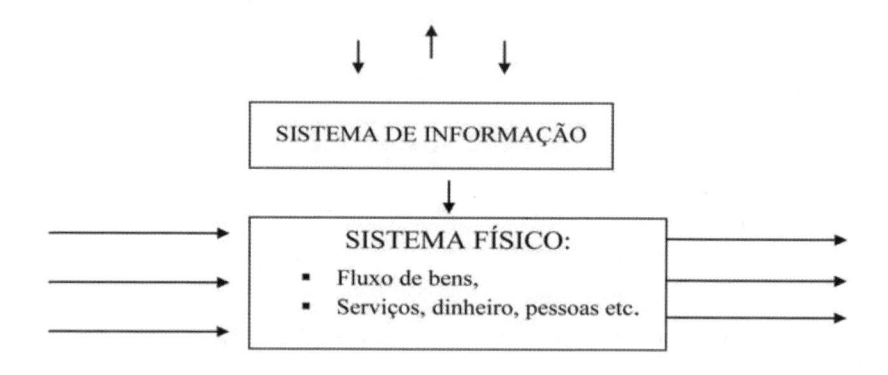

```
            ↓   ↑   ↓
      ┌─────────────────────┐
      │ SISTEMA DE INFORMAÇÃO │
      └─────────────────────┘
                ↓
      ┌─────────────────────┐
  ───▶│ SISTEMA FÍSICO:     │───▶
  ───▶│  • Fluxo de bens,   │───▶
      │  • Serviços, dinheiro, pessoas etc. │
  ───▶│                     │───▶
      └─────────────────────┘
```

FIGURA 4: COMPONENTES DO SISTEMA DE PLANEJAMENTO.

1. O sistema de informação

Falar em sistema de informação é referir-se a informações que se recolhem, aos caminhos que trilham e às necessidades de tratamento para obter novas informações.

Tudo isso poderá ser captado e tratado pelo próprio dirigente como em seguida:
- as tecnologias ou tipos de recursos para a coleta ou busca, apresentação, transmissão de dados etc.;
- as aplicações e recursos para o processo da informação.

2. A estrutura organizacional

Significa dizer do ordenamento dos recursos (humanos, tecnológicos) da forma mais adequada a nossos objetivos, o que leva a aspectos como:

- o papel dos diferentes "envolvidos" que fazem parte ou se relacionam com o sistema;
- a centralização ou descentralização dos diversos tipos de recursos: dados, equipamentos, recursos humanos (desenvolvimentos, operacionalização etc.);
- os procedimentos de segurança.

3. O sistema de decisão

É o conjunto de procedimentos e métodos que possibilita a tomada de decisões, o que nos leva a:
- estabelecimento de prioridades, prazos e padrões;
- conhecimento dos esforços de desenvolvimento e custo dos recursos, processos e serviços envolvidos;
- consideração de possíveis procedimentos de controle, fiscalização e auditoria;
- o conhecimento da evolução e tendências, das tecnologias e processos e seus custos.
- estar ciente do que ocorre em volta, em um ambiente mais próximo, e se possível, nos ambientes mais distantes.

A importância do responsável pela empresa está caracterizada na Figura 5, que aborda todos os componentes necessários para um planejamento. Acompanhar acontecimentos que muitas vezes nada tem a ver com a empresa podem ser substanciais para o seu sucesso.

FIGURA 5: PLANEJAMENTO.

Entenda-se neste capítulo, que ao gestor tradicional cabia dividir atividades, delegando e controlando aquilo que havia organizado e planejado, e com esforço sobrenatural, decidia e dirigia para chegar aos resultados positivos esperados.

Ao gestor, empreendedor, empresário, responsável por uma micro ou pequena empresa, esse luxo nunca foi muito real. Cabe a ele, transitar, sempre em paralelo, em atividades estratégicas, táticas e operacionais. Prospecta, planeja, executa, controla e avalia, tudo ao mesmo tempo.

Pode-se afirmar que lhe é comum, desenhar o produto, o serviço, o processo, a tecnologia, produzir, vender, comprar, pagar, receber, estar acompanhando as tendências, entre outras coisas, de uma só vez, ou seja, com o que fisicamente dispõem de preparo, tempo, recursos, valores, interesses etc.

Aproxima-se, portanto, do que se espera de um gestor, aquele que estuda e se aprimora como o ideal em Administração. O novo gestor, antes de qualquer coisa, segundo Vico Mañas (2010), é uma pessoa com nível de conhecimento acima da média, o que o coloca como alguém cujo trabalho é fundamentalmente o de interpretar situações, reais ou imaginadas, ler os sinais que hoje se lhe colocam e quais consequências e tendências ocorrerão.

O papel preponderante, desse gestor, é estar atento à sua área de atividade e de atuação, tanto profissional quanto pessoal, nas quais ocorrem acontecimentos que são basicamente os provocadores de mudanças para seus concorrentes e para o mercado, agindo no sentido de, se possível antecipar-se, ou em caso negativo, sobreviver, decidindo por caminhos que de alguma forma sejam vantajosos do ponto de vista competitivo.

4 – Estratégias Empresariais

Podemos entender estratégia por diversas abordagens. Por exemplo, para Mintzberg, estratégia pode ser encarada como: um plano, manobra, padrão, posição ou perspectiva. Para aquilo que se propõe este capítulo, considera-se como válido, entender que a estratégia é um caminho para alcançar seus objetivos.

O esforço para encontrar no ambiente um objetivo atingível, a pretensão de saber qual caminho escolher e quais os valores, recursos, competências devem ser adotados, são tarefas bastante complexas. Planejar a partir do que se escolheu para agir e obter sucesso na empreitada é outro assunto que sem dúvida será facilitado se realmente se souber aonde se quer ir e por qual caminho.

Vale recordar que empresas fazem negócios. Negócios são a clara descrição da necessidade de um grupo de potenciais clientes (compradores/consumidores) a que se pretende atender, com algo, quer seja produto ou serviço, que sabe fazer e faz, a um custo que esses clientes estão dispostos a pagar.

Os negócios são frutos de oportunidades que para aparecerem e poderem ser aproveitadas precisam, primeiro ser identificadas e para identificar oportunidades é fundamental a identificação de necessidades, da observação de deficiências, a observação de tendências, a derivação de uma ocupação atual de quem se propõe a aproveitar a oportunidade, a busca de outras aplicações ao que já faz, a exploração de *hobbies*, lançar inovação ou moda e porque não imitar o sucesso de outros.

Esta combinação de fatores e tantos outros, é possível ser feita de muitas maneiras, quase chegam ao infinito. Uma empresa pode combinar esses fatores de maneiras diferentes e sempre vão existir muitas possibilidades de coexistência, no mercado, no ambiente externo, entre as diversas empresas existentes e que concorrem entre si. O segredo de alcançar bons resultados está presente no papel de cada competidor que amplie o escopo de sua vantagem, mudando aquilo que o diferencia dos rivais.

Pode-se então planejar a evolução de uma empresa? É exatamente para isso que existe a estratégia.

Estratégia pode ser entendida como a busca deliberada de um plano de ação para desenvolver e ajustar a vantagem competitiva de uma empresa.

Para qualquer empresa, a busca é um processo interativo que começa com o reconhecimento de quem somos e do que temos nesse exato momento. Seus competidores mais perigosos são os que mais se parecem com você. Às vezes é melhor juntar-se a eles.

As diferenças entre você e seus competidores são a base de sua vantagem. Se você participa do mercado e é autossuficiente, pode ter uma vantagem competitiva, não importa se pequena ou sutil. De outra maneira, já estaria perdendo gradualmente os clientes mais rapidamente do que ganhando novos. O objetivo deve ser aumentar o escopo de sua vantagem, o que só pode acontecer se alguém perder com isso.

O artifício está em deslocar os limites de vantagem para dentro do mercado do competidor potencial e impedir que este competidor faça o mesmo. Aos olhos do cliente potencial esses limites são equivalentes entre os competidores.

Quem realmente detém a vantagem é porque oferece mais aos clientes potenciais por seu dinheiro e, ainda assim, consegue uma maior margem de lucro entre o custo da produção e o preço de venda. Esse excedente pode ser convertido em crescimento ou em maior retorno financeiro para os proprietários da empresa.

Os elementos básicos da competição estratégica são:

a- capacidade de compreender o comportamento competitivo como um sistema no qual os competidores, clientes, dinheiro, pessoas e recursos outros interagem continuamente;
b- capacidade de usar essa compreensão para predizer como um dado movimento estratégico vai alterar o equilíbrio competitivo;
c- recursos que possam ser permanentemente investidos em novos usos mesmo se os benefícios consequentes só aparecerem no longo prazo;
d- capacidade de prever riscos e lucros com exatidão e certeza suficientes para justificar o investimento; e
e- disposição para agir.

O processo de definir e implementar estratégias na empresa não é tão simples assim. Envolve tudo e requer comprometimento e dedicação por parte de toda a organização.

A incapacidade de qualquer competidor em reagir, reorganizar e alocar seus próprios recursos contra um movimento estratégico de um rival pode virar todo o relacionamento competitivo de pernas para o ar. E é preciso entender que a abordagem de reagir não é a melhor forma de garantir um diferencial competitivo. Se for esperado por quem gera uma estratégia, que ela diferencie o seu negócio é preciso sair na frente e portanto ter mais cuidado em sua elaboração, escolha e aplicação.

Investindo recursos, a estratégia procura fazer mudanças rápidas em relacionamentos competitivos. Apenas duas inibições fundamentais moderam esse caráter revolucionário.

Uma é o fracasso que pode ser tão amplo em suas consequências quanto o sucesso. A outra é a vantagem intrínseca que um defensor atento leva sobre o atacante.

O sucesso depende normalmente da cultura, das percepções, atitudes e comportamento característico dos competidores e da consciência que tem da presença dos demais. Eis porque, em geopolítica e assuntos militares e também em negócios, longos períodos de equilíbrio são pontuados por mudanças abruptas em relacionamentos competitivos.

É o velho modelo de guerra e paz e depois guerra outra vez. A competição natural prossegue durante os períodos de paz. Nos negócios, entretanto, a paz está se tornando cada vez mais rara.

Quando um competidor agressivo lança uma estratégia bem-sucedida, todas as demais empresas com as quais compete devem responder com igual capacidade de previsão e alocação de recursos.

Cada vez mais se entende que tudo é parte de um sistema complexo. Portanto, nada é simples, tudo é um sistema, é complexo. A complexidade pode estar num componente aleatório, contingencial, complexo enfim.

Os negócios são parte dessa complexidade. Muitas vezes dão certo, outras não dão, porque seus tomadores de decisão, suas lideranças, são mais lógicos do que estratégicos. A complexidade atrai a estratégia.

Edgar Morin, autor da Teoria da Complexidade, diz que lidar com sistemas complexos requer estratégia, só a estratégia permite avançar no incerto e no aleatório. De maneira bastante interessante e rica afirma, aproximadamente, que a estratégia é a arte de utilizar as informações que aparecem na ação, de integrá-las, de formular esquemas de ação e de estar apto para reunir o máximo de certezas para enfrentar a incerteza.

No universo das empresas, as Estratégias possíveis de Implementar para alcançar bons resultados, o que nem sempre é possível, há que considerar-se que mais de uma estratégia pode ser aproveitada pela empresa e isto pode ocorrer de forma paralela, por outro lado apenas uma é que é a estratégia preponderante, pois caso não se respeite esse foco levará a empresa a descaracterizar-se e mudando constantemente de posição ou movimento será fácil presa da concorrência e de uma imagem não muito favorável junto aos demais *stakeholders.*

As estratégias empresariais, de acordo com os diversos autores, estudiosos e consultores são em número variado. No entanto, a maioria das estratégias é semelhante, o que se tem são divisões de algumas em tantas outras ou o acréscimo de táticas, como as de marketing, misturadas com as estratégias empresariais. A seguir as possíveis estratégias empresariais.

1- Concentração em um único negócio.
2- Integração Horizontal.
3- Integração Vertical.
4- Joint Venture.
5- Parceria.
6- Diversificação (concêntrica e por conglomeração).
7- Retração.
8- Liquidação do Negócio.

9- Desinvestimento.
10- Inovação.
11- Internacionalização.

Como, neste capítulo, a abordagem está direcionada para a pequena e média empresa, nem todas as alternativas são facilmente implementadas, mas atendem a um possível crescimento, associação, para aproveitamento de oportunidades, o que só poderá ocorrer com conhecimento das possibilidades para tanto.

Há diversos autores contemporâneos, dos mais enaltecidos e respeitados que aproveitam instrumentos distintos para orientar na geração de estratégias e posteriormente poder planejar e administrar.

Conceitos mais amplos podem ser procurados em Porter, em Mintzberg, em Prahalad etc., neste capítulo não se pretende ampliar essa discussão e sim permitir que o conceito possa ser aplicado com resultados positivos.

A estratégia empresarial pode ser fruto de determinações, em que os envolvidos e interessados na empresa e em que esta atinja seus objetivos, respondendo-se a alguns questionamentos, que são fundamentalmente sobre, a perspectiva dos clientes, a perspectiva financeira, a perspectiva dos processos internos e a perspectiva de aprendizagem e crescimento. Quanto mais abrangente, contemplando a todas as perspectivas melhor será a estratégia obtida.

É preciso satisfazer aos clientes, aos acionistas ou quotistas, enfim aos sócios ou donos do negócio, aos participantes dos processos de comercialização e produção, sabendo-se que é preciso estar constantemente mudando e melhorando. Por exemplo, criando novos produtos e serviços, reduzindo tempo na relação com o cliente, minimizando o *turnover* dos clientes e maximizar a rentabilidade.

Ao pensar no cliente, pontos fundamentais para torná-los plausíveis são: a busca da satisfação desse cliente, novos clientes e rentabilidade. Sobre o financeiro, considerar o crescimento de vendas, o ROE, EVA, CFROI, entre outras situações. Já sobre o processo interno requer informações e preocupações sobre defeitos, rateios de gastos administrativos, lançamento de novos produtos e serviços, qualidade destes etc. Já sobre a aprendizagem e crescimento, implica em tratar-se de retenção de colaboradores, níveis de treinamento, precisão de dados do cliente, busca de alternativas como a terceirização, para ficar em alguns pontos.

As barreiras na implementação da estratégia estão sempre ligadas aos recursos disponíveis ou onde obtê-los de maneira que compense utilizá-los, às pessoas que pensam, criticam e atuarão sobre a estratégia, a visão que se tem sobre a situação atual e as possíveis tendências e finalmente sobre a gestão.

Para que se tenha uma organização orientada para a estratégia, é preciso um esforço adicional que permita alinhá-la em volta da criação de sinergia por meio do surgimento de:

a) liderança executiva para mobilizar a mudança;
b) transformar a estratégia em processo contínuo;
c) transformar a estratégia em tarefa cotidiana de todos;
d) transformar a estratégia em recursos operacionais.

Para que esses intentos sejam passíveis de ocorrer e de culminar com ações e movimentos estratégicos, há sugestões mais e menos complexas, das quais destacamos uma, cujo processo é mais facilmente praticado, se sob boa orientação.

Autores do porte de Kim e Mauborgne, de *A estratégia do oceano azul* (2005), propõe que se exercitem as críticas sobre as informações utilizando um roteiro ou formulário em que se tente esgotar aquilo que pode ser criado, aumentado, eliminado ou cortado.

MATRIZ: ELIMINAR-INCREMENTAR-REDUZIR-CRIAR

ELIMINAR	INCREMENTAR
REDUZIR	CRIAR

Figura 6: Matriz Eliminar-Incrementar-Reduzir-Criar.
Fonte: KIM e MAUBORGNE. A estratégia do oceano azul, 2005.

Estes exercícios permitem reconstruir as fronteiras do mercado, enquanto se analisam virtualmente as informações disponíveis e ao mesmo tempo a reconstrução das possibilidades, oportunidades e ameaças considerando interesses das partes envolvidas e em cada uma das perspectivas anteriormente abordadas (cliente, financeiro, processo interno e aprendizagem e crescimento).

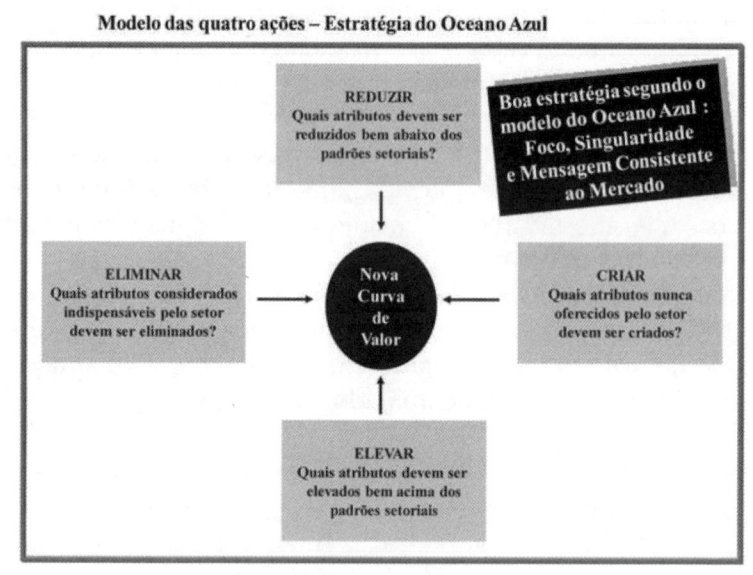

Modelo das quatro ações – Estratégia do Oceano Azul

REDUZIR
Quais atributos devem ser reduzidos bem abaixo dos padrões setoriais?

Boa estratégia segundo o modelo do Oceano Azul: Foco, Singularidade e Mensagem Consistente ao Mercado

ELIMINAR
Quais atributos considerados indispensáveis pelo setor devem ser eliminados?

Nova Curva de Valor

CRIAR
Quais atributos nunca oferecidos pelo setor devem ser criados?

ELEVAR
Quais atributos devem ser elevados bem acima dos padrões setoriais

Fonte: Adaptado de Kim & Mauborgne (2005, pag. 29)

FIGURA 7: MODELO DAS QUATRO AÇÕES.
Fonte: KIM e MAUBORGNE. A estratégia do oceano azul, 2005, p. 29.

Em Gaj (1987) encontra-se uma comparação a partir do seu entendimento das diferenças existentes entre os conceitos e aplicações utilizados pelo Planejamento Estratégico e a Administração Estratégica.

O Planejamento Estratégico permite e ocorre sobre uma determinada posição em relação ao ambiente em que a organização está inserida. Trata com fatos, ideias e probabilidades enxergadas. O seu desfecho é sempre um produto chamado Plano Estratégico. Entende-se como um sistema de planejamento.

Já a Administração Estratégica, considera, substancialmente a capacitação estratégica. Sua força está no agregamento das aspirações das pessoas nas mudanças rápidas que a organização efetiva ou efetivará. Passa a agir com um novo comportamento. E aplica-se como um sistema de ação.

Parece claro atualmente que um não pode existir sem o outro. Há autores importantes, como Mintzberg, que já alertavam para que se procedesse a uma junção. Não haveria sucesso alcançável, no cenário das empresas, sem que se praticasse o planejamento e a administração estratégica sempre. Entende-se aqui, que o planejamento é parte da Administração, verifique-se o ciclo administrativo, anteriormente comentado neste capítulo, e se perceberá que a união é natural.

Identifica-se, no entanto, que se não há esforço para a definição da estratégia, fruto de uma prospecção mais apurada coadunada com os desejos dos responsáveis/proprietários e acordada com os participantes interessados, de nada adiantará o planejamento ou a administração estratégica.

Para planejar estrategicamente, faz sentido ter conhecimento claro do que se tem e do que se pretende. O processo de formulação de estratégias abre o caminho para o planejamento no instante que se define:

Onde estamos?
Para onde vamos? e,
Como chegaremos lá?

Essas questões demonstram que é preciso exercer amplamente o papel de administrador a partir de um planejamento que necessariamente envolve esse futuro administrador.

5 – Um (Bom) Caminho para Planejar Estrategicamente

Planejar estrategicamente implica em ter claramente definido qual estratégia adotar, e pode ser mais de uma, mas uma delas tem de ser encarada como preponderante. Isto só é possível se forem identificadas as necessidades dos envolvidos, com observação de deficiências existentes, e tendências, pode-se chegar a tudo isto via ocupação atual ou suas derivações, procurando outras aplicações, explorando hobbies, lançando moda ou imitando o sucesso de outros.

Planejar implica em saber, aonde se quer chegar e como. A descrição formal ou não de como tornar-se a número um? Qual o segredo do sucesso? Como ter um desempenho melhor que as rivais? Porque tem que ser mais poderosa? Até que ponto é importante desenvolver um novo produto ou entrar num novo mercado? Que elementos podem ser ampliados ou globalizados?

Estratégias de sucesso refletem o propósito claro de uma empresa e uma profunda compreensão de suas competências e de seus ativos essenciais. Empresas bem-sucedidas, normalmente:
1- Entendem melhor os desejos e necessidades de seus clientes.
2- Os pontos fortes e fracos dos concorrentes.
3- E a maneira de se criar valor.

Planejar impõe que a estratégia seja não a aplicação de uma força, mas a exploração da força potencial. Os passos possíveis para essa caminhada são resultado do esmiuçar a contento (cada um tem seus limites e desejos). É bom lembrar as perguntas anteriores. Para chegar aonde se pretende é preciso obter: experiência operacional, liderança em produtos, intimidade com o cliente e aprimoramento de sistemas/processos, Kaplan e Norton (2004) explicam isso.

Daí é que planejar estrategicamente implica em ter claro e detalhado: qual estrutura tecnológica se terá, como ocorrerá o processo interno, para atender que clientes de que maneira, sempre na tentativa de maximizar a rentabilidade.

Entender e aplicar como se aprenderá e crescerá no decorrer do negócio, sabendo o que fazer e com que tecnologia fazer, quais produtos e serviços aprimorar ou criar, enquanto se determina e segue à risca a forma de atender e melhorar os serviços aos clientes e minimizando o seu *turnover*.

Definidos os passos é preciso fazer uma agenda. Relacionar nessa agenda, a competência e o mercado. A competência da empresa dentro do mercado existente e do que se pretende construir. Qual é competência que se tem para preencher espaços nesse mercado ou para ocupar espaços novos? Qual a competência que se tem para assumir o lugar de outros no mercado ou de aproveitar oportunidades?

Ferramentas encontram-se disponíveis em bastante quantidade, basta escolher uma. Planos de negócios, Formulários que devem ser preenchidos para planejar estrategicamente são amplamente disponibilizados. Basta adotar algum ou alguns, mas a sugestão neste texto é que se considere:

- Uma análise rigorosa da oportunidade, segundo o ponto de vista do seu responsável, inclusive tentando colocar-se no lugar dos outros *stakeholders* envolvidos no processo.
- Feito isto, definir o modelo de negócio, o que será vendido, como se venderá, para quem, a que preço, ter um plano de marketing e projetar até as projeções iniciais de receita.
- Estabelecer os investimentos necessários, a necessidade de

mão de obra (pessoas) e projetar custos, despesas e receitas ao longo de um determinado tempo.
- Neste ponto há condições de ter o modelo de negócio em que se cruzem as necessidades de recursos com resultados. Então criam-se demonstrativos financeiros e fazem-se análises de viabilidade usando-se índices de retorno sobre investimento, rentabilidade etc.
- Rever todos esses passos constantemente. Gerir um negócio é estar pensando, planejando, executando, controlando e avaliando o desempenho, tudo ao mesmo tempo e sempre.

Você, gestor de uma MPME, já sabe qual é o conceito ou modelo de negócio que vai adotar ou já adota? Conhece o mercado e seus competidores? Sabe como administrará o negócio? Terá equipe neste ou em outro momento? Quais produtos e serviços desenvolverá? Que estrutura e operações precisará? Marketing e vendas necessários? Se crescer, que estratégia adotará? E as finanças?

Pois então, divida o seu quadro para melhor visão. Sempre veja o seu negócio do ponto de vista de pelo menos quatro perspectivas:

1- financeira;
2- do cliente;
3- interna;
4- de aprendizado e crescimento.

Em seguida, subdivida esse quadro em estratégias de produtividade e estratégias de crescimento. Considere que cada um dos pontos elencados anteriormente devem ser pensados no hoje – produtividade e no futuro – crescimento. O que fazer para obter sucesso em cada uma dessas perspectivas dentro das estratégias. E aí é só listar:

- O que deverá ser feito (criar, proteger ou ampliar) nos mercados atuais?
- O que terá de ser criado para participar de mercados mais interessantes no futuro?
- O que há para melhorar a participação nos mercados alavancando as atuais competências?
- Que produtos ou serviços poder-se-ão criar, redistribuindo de maneira criativa ou recombinando as atuais competências?

Agora há como preencher a matriz da Figura 6, respondendo para cada item:

1- O que deve ser criado que nunca foi oferecido (por nós, pelo setor, ou por ninguém)?
2- O que deve ser incrementado ou elevado bem acima dos padrões do setor?
3- O que deve ser eliminado?
4- O que deve ser reduzido?

6 – Considerações Finais

As conclusões que se pretende neste capítulo sejam percebidas e utilizadas para planejar estrategicamente uma micro, pequena ou média empresa, estão inseridas na proposta na seção "Um (Bom) Caminho para Planejar Estrategicamente".

No entanto, vale a pena deixar anotados mais alguns comentários que sirvam como fundamentos consistentes para serem adotados ou quando se pretender planejar. Listam-se aqui doze fatores estratégicos que devem sustentar qualquer ação nesse sentido.

a) Agir dentro das especialidades, saberes e influências dos proprietários/gestores e das empresas.
b) As atitudes devem estar sintonizadas com o que a empresa acredita. A visão de mundo determina a competência na abordagem das causas eleitas.
c) A ação deve ser relevante, fazer sentido, ser importante para o público envolvido.
d) Sem apoio e conscientização dos colaboradores, internos e externos, nenhuma mobilização tem vida prolongada.
e) É preciso tangibilizar a maneira pela qual a empresa deseja ser percebida.
f) Priorizar poucas ações ou atitudes, de tal forma que se otimizem recursos, esforços e se amplie a efetividade.
g) A consistência e firmeza na posição única adotada determinam a convicção da empresa sobre demandas atendidas.
h) Sem comunicar e envolver os públicos, as ações não contribuirão em todos os seus potenciais para a percepção de valor da empresa.
i) Articular junto a especialistas é essencial para garantir a consistência das ações. É preciso firmar parcerias competentes e confiáveis.

j) Definir a administração das ações, entre elas, a área de negócio, com planejamento, orçamento, rotinas, processos, métricas etc.
k) Não há gestão que sobreviva sem números. Sem monitoramento de resultados não há certezas de que os objetivos são cumpridos de forma devida. Desenvolver e acompanhar indicadores constantemente, é fundamental.
l) As mudanças não ocorrem de uma hora para outra. Em ações empresariais, o oportunismo não existe. As causas devem ser tratadas com profissionalismo, de forma qualificada e orientada à geração de benefícios aos envolvidos.

Cabe esclarecer que não há neste capítulo, itens específicos contendo atividades, exercícios e questões, uma vez que elas todas se encontram no próprio conteúdo e os leitores interessados aplicarão de acordo com suas necessidades.

Palavras-chave: planejamento, planejamento estratégico, estratégia, competitividade.

Atividades e Exercícios

1. Explique o ciclo administrativo.
2. Como fazer um bom diagnóstico estratégico?
3. Como identificar uma estratégia ruim, que sinais procurar?
4. Quais são os princípios do Planejamento? Explique cada um deles.
5. O que você entendeu por objetivos do planejamento?
6. Diferencie e caracterize o planejamento de curto, médio e longo prazo.
7. Quais são os componentes do sistema de planejamento e como se relacionam?
8. Quais são os elementos básicos da competição estratégica? Explique-os.
9. Explique o que é estratégia empresarial.
10. Quais são as possíveis estratégias empresariais apresentadas no capítulo?
11. Explique o modelo das quatro ações.
12. Qual seria um bom caminho para planejar estrategicamente?

Questões para Debate

1. É possível uma empresa ter sucesso sem um processo estruturado de planejamento?
2. Com tantas incertezas e com um ambiente tão turbulento, de que vale o planejamento?

Sugestões de Pesquisa

Surfe na internet procurando empresas que fazem planejamento estratégico, conheça seus planos (o que elas permitem que vejamos em seus sites) e compare seus respectivos processos de planejamento. Quais as diferenças? Quais as semelhanças?

Mini-caso

Descreva o processo de planejamento estratégico de sua empresa, depois proponha melhorias com base no que aprendeu neste capítulo.

REFERÊNCIAS

GAJ, L. **Administração estratégica**. Ática, São Paulo: 1987.
KAPLAN; NORTON. **Mapas estratégicos**. 2004.
KIM, W. C.; MAUBORGNE, R. **A estratégia do oceano azul.** Campus, São Paulo: 2005.
MINTZBERG, H., AHLSTRAND, B. e LAMPEL, J. **Safári de estratégia**. Bookman, Porto Alegre: 2000.
RUMELT, R. **Estratégia boa e estratégia ruim**. Elsevier, Rio de Janeiro: 2011.
PORTER, M.; HAMEL, **G. Valor compartilhado**. In: comatitude.com.br/2011/05/04/atitude-de-marca-e-cracao-de-valor-compartilhado. Acessado em 29/02/2012.
PRAHALAD, C. K.; HAMEL, G. **Competindo para o futuro**. Futura, São Paulo: 2001.
VICO MAÑAS, A. Estratégia nos negócios: conceitos, alternativas e casos – Cap. 2, in: CAVALCANTI, M. (org.). **Gestão estratégica de negócios**. Cengage Learning, São Paulo: 2010.
VICO MAÑAS, A. **Administração de sistemas de informação**. Érica, São Paulo: 2010.

Balanced Scorecard para Micro, Pequenas e Médias Empresas
Rumo à mina com um mapa e uma bússola

Julieta Kaoru Watanabe Wilbert

Um dia é preciso parar de sonhar e, de algum modo, partir.
Amyr Klink

Introdução

No Brasil, as micro, pequenas e médias empresas (PMEs) ocupam um espaço de relevância: mais de 95% das empresas formais constituídas atualmente no território nacional estão na categoria PME (SEBRAE[1], 2011), possibilitando a milhares de famílias um emprego e uma renda, além de contribuir com o PIB do país. As PME atendem sobretudo o mercado interno, contribuindo para a autossuficiência da sociedade. Legítimas representantes do espírito empreendedor brasileiro, essas organizações disputam o mercado junto com as grandes empresas nacionais e multinacionais as quais, por seu porte e constituição, possuem maior infraestrutura e recursos para investirem em processos que garantam a sua sustentabilidade.

Estudos do Sebrae (2011) indicam que o índice de mortalidade de uma PME ainda é bastante elevado (em torno de 25% nos dois primeiros anos após a criação), ainda que esse índice esteja diminuindo devido à qualificação dos empreendedores e a ações governamentais. Um dos motivos de tal mortalidade diagnosticados por esse organismo especializado em PMEs são as deficiências na sua forma de gestão, que não as deixa preparadas para enfrentarem as conjunturas econômicas imprevistas.

Nos capítulos anteriores foram abordados vários aspectos que envolvem a gestão de uma PME, dentre eles a importância da liderança e da elaboração e implementação de um planejamento estratégico, dois atores da gestão fundamentais para o êxito empresarial.

Nesta parte do livro pretende-se apresentar um método de monitoramento das variáveis que influenciam o desempenho de uma empresa: o *Balanced Scorecard*.

O *Balanced Scorecard* (BSC) pode tornar-se um grande aliado na gestão de qualquer empresa, e a abordagem aqui realizada é destinada a quem está tendo contato pela primeira vez com a sigla BSC. Por isso, a metodologia foi simplificada para aplicação em PMEs[2], enfatizando-se a essência da "filosofia BSC". Para aqueles que possuem uma noção sobre o tema, recomenda-se a busca por uma bibliografia complementar e de aprofundamento.

O ponto de partida para a gestão de uma empresa inicia-se com duas perguntas. A primeira delas é: para quê a empresa existe? A segunda é: qual é o futuro almejado para ela em um horizonte de tempo definido?

A resposta à primeira pergunta traduz a missão a que se propõe o empreendimento. A resposta à segunda, explicita a visão, o horizonte, o ponto a que o empreendimento pretende alcançar em um dado momento futuro. Juntamente com os valores (princípios) norteadores, a missão e a visão da empresa formam a identidade corporativa, que deve ser o elemento de união de todos na empresa.

O objetivo da gestão de uma empresa é conduzi-la para o sucesso. É sair de um ponto inicial e caminhar no tempo rumo a um patamar sonhado para ela. É uma caminhada. Como toda caminhada, é preciso pensar e escolher a rota. À rota escolhida chamamos de estratégia[3] para chegar ao nosso destino. A estratégia é uma escolha, uma opção dentre alguns ou vários caminhos possíveis.

Em uma viagem terrestre, antes de se optar por um caminho, é preciso olhar para o cenário externo, ou seja, perguntar se durante o tempo de viagem, vai-se deparar com tempo ensolarado ou muita chuva. Como está a estrada, é asfaltada, sem buracos? Haverá muitos motoqueiros ou grandes caminhões no caminho? E os fatores internos: a situação do carro, a perícia do motorista, os instrumentos de navegação...?

Na condução da empresa não é diferente: a caminhada rumo ao sucesso exige a investigação das condições da estrada, da meteorologia, dos obstáculos no caminho, dentre muitas coisas a serem estudadas. Em capítulo anterior foi apresentado como a análise SWOT dá condições ao gestor de tomar consciência de tais fatores externos e internos, que podem ser pontos fortes que dão tranquilidade e segurança no trajeto ou pontos fracos que devem ser eliminados ou minimizados.

Na viagem, as más condições externas nem sempre podem ser evitadas. Porém, elas podem ser enfrentadas fortalecendo-se os fatores internos: uma revisão completa no carro e aumento na perícia como motorista, viagem na companhia de um copiloto e auxílio de um guia, de um mapa, de um GPS, de uma bússola, além das paradas necessárias para as conferências e checagem diminuem os riscos de problemas.

Uma "bússola" disponível no mundo da gestão chama-se *Balanced Scorecard*, conhecido internacionalmente por BSC. Junto com uma representação visual para orientação gerencial, o mapa estratégico, pode-se monitorar o rumo da empresa analisando o seu desempenho, o que permite corrigir desvios e atrasos no caminho rumo ao alcance da visão.

É possível viajar sem planejamento e sem instrumentos de navegação? Sim, é possível. Porém, corre-se o risco de se perder e desperdiçar recursos e energia. Da mesma forma, a ausência de instrumentos que lhe mostre se a empresa está caminhando na direção certa pode comprometer todo o sonho empresarial de um empreendedor.

Ao escrever este capítulo, a autora teve em mente ofertar uma modesta contribuição para as PMEs para que elas possam sobreviver, crescer e prosperar de forma perene. Boa leitura!

1. BALANCED SCORECARD - BSC: O QUE É ISSO?

1.1 Origem do BSC

É importante entender por que controlar o desempenho de uma organização é necessária e vital: conhecer a performance da empresa permite acompanhar sua sustentabilidade e buscar melhorias crescentes no resultado (JOHNSON, 2007, p. 1).

A palavra "*scorecard*" pode ser traduzida como um quadro de escores ou de desempenhos. De forma simplificada, é um placar de resultados. O termo "*balanced*" traduz consigo a ideia de uma busca pelo balanceamento, pelo equilíbrio dos elementos que compõem o quadro. Em rápidas palavras, o termo BSC conduz o leitor para um placar de escores da análise do desempenho da empresa, utilizando-se de medições que buscam um equilíbrio balanceado de fatores: tradicionalmente, o êxito empresarial sempre foi medido em função do sucesso no aspecto financeiro. O que o termo "*balanced*" traz como novidade na medição do desempenho empresarial é definir o seu rendimento analisando-se não apenas o aspecto financeiro, mas também medindo-se o desempenho de outras facetas da gestão empresarial.

O BSC é um conceito e sistema de gestão apresentado pelos professores da Harvard University Robert Kaplan e David Norton no início da década de 1990, decorrente de insatisfações das avaliações empresariais com base somente em indicadores contábeis e financeiros. Percebeu-se que o foco do desempenho centrado apenas sob a ótica financeira incitava os gestores a pensarem somente no curto prazo, promovendo-se cortes nas despesas a fim de se obter lucros imediatos. Isso acabava gerando deterioração da qualidade dos serviços prestados ou dos produtos elaborados, afastando os clientes e desmotivando os empregados, caindo-se em um círculo vicioso onde, devido ao corte de gastos de forma nem sempre criteriosa e pensada, a qualidade do que era oferecido ao cliente era comprometida, o que gerava novos cortes de gastos e assim por diante. Outro fator que gerou questionamento sobre a análise puramente financeira para determinação do êxito empresarial, foi a transformação de uma sociedade industrial - onde a medição por controles financeiros eram suficientes – para uma sociedade da informação e do conhecimento, onde a produção não é medida somente pelos ganhos de escalas com produtos poucos diferenciados, e sim, pela oferta de produtos diferenciados e inovadores. Para esse novo cenário a gestão somente por indicadores financeiros tornaram-se obsoletas (SOARES, 2001, p. 18).

Kaplan e Norton (2000, p. 13) chamaram ainda a atenção para o fato de que o foco somente nas demonstrações financeiras e contábeis tradicionais apresentavam os resultados de um tempo passado, sem que isso conduzisse os gerentes a focarem o futuro, de forma a agir antecipadamente aos resultados a serem obtidos. O que Kaplan e Norton propunham com a inclusão de novas perspectivas a serem monitoradas, é a mudança da forma de olhar o resultado financeiro: ao invés dele ser encarado como o fim último a alcançar, ele passaria a ser visto como uma consequência lógica a partir de resultados obtidos nas "partes" que envolvem a existência de um negócio. É um raciocínio com o encadeamento de fatos interligados: um negócio existe com o objetivo de atender a necessidade do cliente. O cliente procurará o negócio enquanto estiver satisfeito. A satisfação do cliente está condicionada à qualidade do negócio oferecido, e esta depende da qualidade dos processos que compõem o negócio. Por sua vez, a qualidade dos processos depende da qualidade da parte que realiza os processos do negócio, ou seja, os empregados do negócio. Com base nessa lógica, Kaplan e Norton propõe que seja monitorado não só o desempenho financeiro, mas também os aspectos que envolvem o cliente, os processos do negócio, os empregados e a própria cultura e o ambiente da organização. A empresa passa a ser analisada quanto ao desempenho sob a ótica de quatro perspectivas: financeira, do cliente, dos processos e da capacidade em conhecimento e tecnologia. Esses são elementos que impactam no sucesso ou fracasso da empresa, e por isso, devem ser monitorados em pé de igualdade.

De uma maneira simplificada, a lógica de Kaplan e Norton pode ser traduzida na Figura 1. Nela, os exemplos de respostas enunciadas no retângulo de cada perspectiva podem ser adotadas como direções estratégicas para uma empresa genérica.

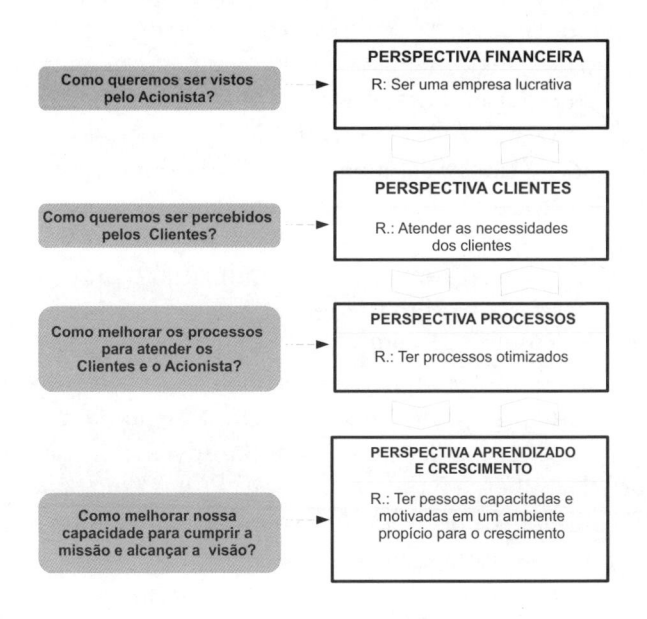

Como queremos ser vistos pelo Acionista?	**PERSPECTIVA FINANCEIRA** R: Ser uma empresa lucrativa
Como queremos ser percebidos pelos Clientes?	**PERSPECTIVA CLIENTES** R.: Atender as necessidades dos clientes
Como melhorar os processos para atender os Clientes e o Acionista?	**PERSPECTIVA PROCESSOS** R.: Ter processos otimizados
Como melhorar nossa capacidade para cumprir a missão e alcançar a visão?	**PERSPECTIVA APRENDIZADO E CRESCIMENTO** R.: Ter pessoas capacitadas e motivadas em um ambiente propício para o crescimento

FIGURA 1: AS PERSPECTIVAS ESTRATÉGICAS SEGUNDO KAPLAN E NORTON.

As quatro perspectivas citadas apresentam uma relação de causa--efeito, de modo que, as causas de um determinado resultado, de uma perspectiva, pode estar em outra. As perspectivas agem também como um ciclo, onde uma impulsiona a outra (CAMBOIM et al., 2011, p. 254), permitindo uma evolução gerencial.

1.2 As quatro perspectivas básicas de um BSC

Para se construir um BSC, é necessário que cada uma de suas perspectivas seja entendida. Kaplan e Norton apregoam as quatro já mencionadas, para que se possa fazer medições da condição da empresa com base em outros ângulos além do aspecto financeiro. Enfatiza-se aqui que

O mérito do BSC consiste em ampliar o campo de visão da gestão, permitindo que ações preventivas e corretivas sejam implementadas em diferentes perspectivas, para se colocar a empresa na direção dos objetivos que levem ao alcance da visão.

1.2.1 A Perspectiva Financeira

A Perspectiva Financeira é tratada na filosofia do BSC como sendo aquela resultante do desempenho das demais três perspectivas, e é a parte do *Scorecard* que mostra se a empresa apresenta condições de sobreviver e crescer. O sucesso da Perspectiva Financeira pode ser analisado pelos resultados de lucratividade, crescimento do negócio e aumento do valor para o acionista. Para Camboin et al. (2011, p. 246), se os indicadores financeiros não mostram os resultados esperados, isso pode ser uma sinalização de que a estratégia escolhida pode estar errada, ou a implementação da estratégia pode ser deficiente.

A escolha dos indicadores da perspectiva financeira depende do estágio do ciclo de vida da empresa. Schmidli (2002) propõe indicadores para as diferentes fases de uma empresa: "em crescimento", "em amadurecimento" e "em fase de colheita". Para a primeira fase, o indicador Crescimento da Receita é o mais tradicional, em uma fase onde o desafio é aumentar a participação no mercado. Para a segunda fase, é necessário um controle sobre os custos e o capital investido, com a medição da rentabilidade. Sugere-se para esta fase o ROI (*Return On Investment*) ou o EVA (*Economic Value Added*) para empresas maiores. Na "fase da colheita", o principal indicador é o Fluxo de Caixa, mostrando também os investimentos que são realizados no empreendimento.

1.2.2 A Perspectiva Clientes

Cliente satisfeito é garantia de sucesso do empreendimento. CAMPOS (1992, p. 25) afirma no entanto que "grande parte das empresas brasileiras tratam seus clientes como se estivessem fazendo um favor..." e ainda que, "quem mantém a empresa é o cliente (ou o consumidor no final da linha). Portanto, a sobrevivência da empresa está diretamente ligada à satisfação total do consumidor. Isto implica em dar "primazia" pela qualidade dentro da empresa (Idem, p. 25)".

Além de manter os clientes conquistados, é preciso fidelizá-los e atrair novos. Os indicadores para esta Perspectiva devem ser tais que impulsionem a empresa a atingir esses objetivos. É importante ter em mente que a clientela não é homogênea, e em geral, os clientes podem ser classificados em grupos. Por exemplo, se a empresa é de vestuários, pode-se pensar em classificar os clientes em categorias "masculino", "feminino" e "infantil" e procurar direcionar seus esforços de forma adaptada para cada um desses segmentos, seja na divulgação do produto, seja na forma de fidelização. Exemplos de indicadores para esta Perspectiva: participação no mercado, satisfação do cliente, percentual de fidelização de clientes, percentual mensal de novos clientes, dentre outros.

1.2.3 A Perspectiva Processos

Os processos são a usina que faz um empreendimento sair da abstração do papel para uma existência concreta. Pode-se afirmar que os processos existem para atender a desejos de clientes, empregados ou acionistas, ou seja, o desejo de pessoas. Assim, os processos financeiros (para atenderem desejos do acionista), de vendas e mercado (para atenderem desejos do cliente), de recursos humanos (para atender desejos dos empregados) e de infraestrutura (para atenderem o desejo de todos), devem ser alvos de permanente melhoria.

Em uma sociedade cada vez mais competitiva e de clientes cada vez mais exigentes, a qualidade e a produtividade dos processos tornam-se fatores cruciais para o alcance de qualquer objetivo. Cada vez mais se exige que a qualidade melhore, e que os custos do processo diminuam. Assim, os indicadores clássicos da Perspectiva Processos apontam para os Custos, Produtividade e Tempo do Processo. Os indicadores de mensuração da qualidade, aqui entendida como atendimento aos requisitos do cliente, são usualmente obtidos a partir de atributos definidos pelo cliente. Ex.: o azeite de oliva é considerado de boa qualidade quando possui uma acidez baixa, pelo sabor que propicia. Baixa acidez é o atributo de qualidade. O indicador de qualidade é um percentual de acidez definido como aquele que corresponde ao atributo, após análise de especialistas. Para aprofundamento nesta Perspectiva recomenda-se o estudo de literatura no campo da Qualidade Total, onde várias metodologias de melhoria em processos são apresentadas.

1.2.4 Perspectiva Aprendizado e Crescimento

Esta perspectiva monitora o desenvolvimento do conhecimento, do *know-how* da empresa, e está vinculada ao processo de aprendizado organizacional. É a perspectiva que acompanha o crescimento da empresa no aspecto da sua capacidade de fazer frente aos desafios, ou seja, se os empregados estão tecnicamente e atitudinalmente preparados, e se a infraestrutura acompanha as necessidades crescentes ao longo do tempo. Verifica, assim, a capacidade de a organização mudar para garantir sua sustentabilidade. Nela se inclui a capacitação e o treinamento de empregados, a adoção de novas tecnologias, de novos métodos e o incentivo a inovações. Enfatiza-se aqui que é fundamental o investimento na infraestrutura: a existência de equipamentos, a adoção de tecnologia necessária e a construção e manutenção de um ambiente de trabalho saudável, fornecendo condições adequadas de produção, são fatores críticos para o êxito. Mesmo com a compreensão sobre a importância da Perspectiva Aprendizagem e Crescimento, muitos empresários ainda classificam o treinamento de pessoas e a adoção de meios tecnológicos como despesa, quando é, na realidade, um excelente investimento.

Tendo conhecido as quatro perspectivas do BSC, a pergunta que pode aflorar é se há uma hierarquia entre elas: a Figura 1 pode sugerir de que a Perspectiva Financeira seja a mais importante; porém, ela se encontra no topo do desenho apenas para demonstrar as relações de causa--efeito em uma leitura extremamente simplificada: se realizada de baixo para cima, tem-se uma interpretação da Figura 1 da seguinte forma: com empregados constantemente preparados e dispondo-se de tecnologias e de métodos adequados (Perspectiva Aprendizado e Crescimento) pode--se dispor de processos eficientes em custos, prazos e qualidade (Perspectiva Processos). Isso gera a satisfação do cliente (Perspectiva Cliente), o que conduz a empresa ao retorno financeiro almejado (Perspectiva Financeira). Na realidade, não existe uma hierarquia entre as perspectivas no sentido de importância ou relevância, e sim uma relação de dependência entre elas. Isso quer dizer que, embora a Perspectiva Financeira encontre-se "no topo", ela é também responsável pela retroalimentação do sistema, com o reinvestimento dos recursos financeiros nas demais perspectivas (Figura 2).

```
┌─────────────────────────────────┐
│      PERSPECTIVA FINANCEIRA     │
├─────────────────────────────────┤
│      Ex.: Ser uma empresa       │
│            lucrativa            │
└─────────────────────────────────┘

┌─────────────────────────────────┐
│      PERSPECTIVA CLIENTES       │
├─────────────────────────────────┤
│    Ex.: Atender as necessidades │
│           dos clientes          │
└─────────────────────────────────┘

┌─────────────────────────────────┐
│     PERSPECTIVA PROCESSOS       │
├─────────────────────────────────┤
│        Ex.: Ter processos       │
│             otimizados          │
└─────────────────────────────────┘

┌─────────────────────────────────┐
│    PERSPECTIVA APRENDIZADO      │
│        E CRESCIMENTO            │
├─────────────────────────────────┤
│  Exs.: Ter pessoas capacitadas e│
│      motivadas em um ambiente   │
│      propício para o crescimento│
└─────────────────────────────────┘
```

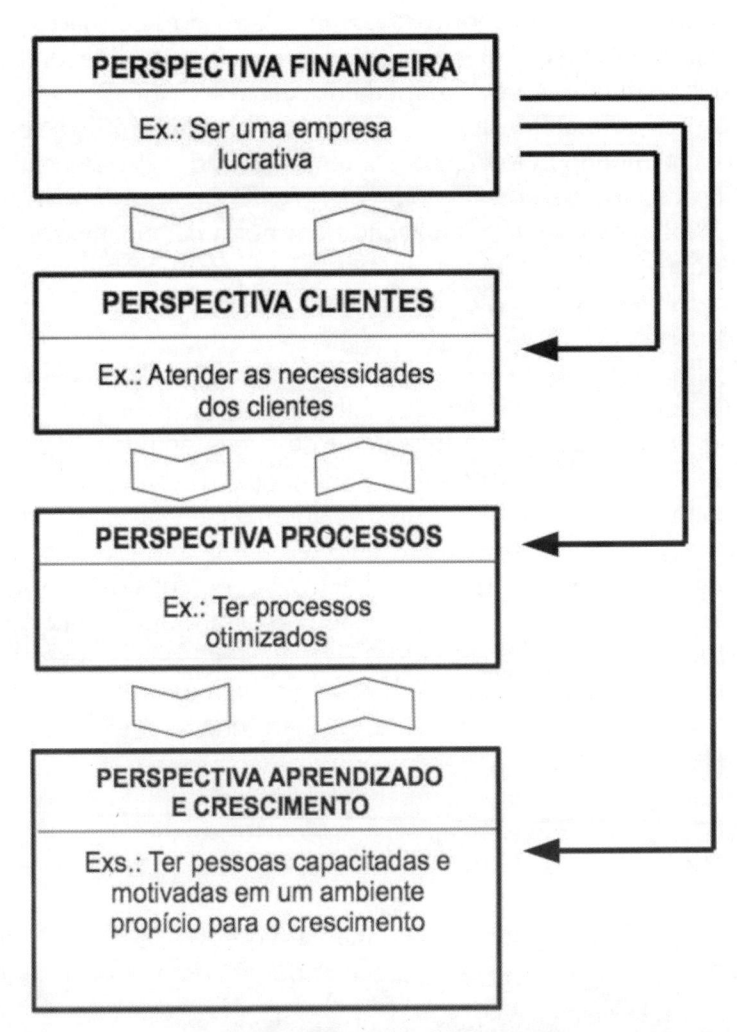

FIGURA 2: A RECIPROCIDADE DAS PERSPECTIVAS.

Com relação à Perspectiva Financeira, vale relembrar que se os resultados empresariais são analisados somente por ela, pode-se pensar que o remédio para o mau desempenho é diminuir gastos, deixando-se de fazer investimentos em pessoas ou em tecnologia, ou seja, não se realizando a retroalimentação ilustrada na Figura 2. Ainda que tal decisão possa garantir no curto prazo uma sobrevida, corre-se o risco de se comemorar uma lucratividade enganosa: no longo prazo a empresa poderá estar tão enfraquecida que não terá fôlego para as mudanças que serão exigidas no mercado futuro e assim, não poderá enfrentar os desafios que se tornam cada vez mais complexos no cenário local e mundial.

As perspectivas propostas pelos criadores do BSC não são prescritivas: há organizações que acrescentam uma ou duas, decorrentes da ênfase que se quer dar a determinada direção estratégica.

Uma grande empresa do setor público brasileiro utiliza seis perspectivas: Econômico-Financeira, Cliente-Mercado, Responsabilidade Social, Processos Internos, Pessoas e Ambiente Organizacional. A mensagem estratégica que a organização com essas perspectivas é de que está se dando ênfase às práticas vinculadas à responsabilidade social, e que a gestão de pessoas e do ambiente organizacional merecem um monitoramento destacado.

Outra organização de grande porte adotou um Scorecard apenas com três perspectivas: Financeira, Clientes e Processos Operacionais. Com isso, a sua mensagem estratégica é de que o foco da gestão está dirigido para a qualidade e produtividade do negócio, ainda que a gestão de outros processos aconteça, porém, com menos ênfase.

Conforme já mencionado, o que não é medido, é esquecido. Assim, quando uma determinada perspectiva não é considerada no BSC, as atividades diretamente vinculadas a ela passam a não receber tanta atenção. O inverso também é verdadeiro: ao se introduzir a perspectiva chamada Responsabilidade Social, as ações ligadas a ela passam a ser monitoradas e cobradas, e portanto, ganham uma atenção para que se concretizem.

2 - INDICADOR: UM DEMONSTRADOR DE PERFORMANCES

Até aqui foram mencionadas algumas vezes o termo "indicador". É importante a compreensão dessa palavra que é correntemente utilizada no campo da gestão.

O *Dicionário Aurélio de Língua Portuguesa* define "indicador" como aquele que demonstra, revela e torna patente. Um indicador pode ser representado por cores convencionadas (verde = pode passar), sinais (polegar para baixo = algo não vai bem), ou números (nota zero = mau desempenho). No mundo empresarial os indicadores são quase sempre numéricos, e estão relacionados ao desempenho dos fatores críticos para o alvo que se quer atingir.

Os indicadores são como os graus de um termômetro, que demonstram as condições daquilo que está sendo medido, e dependendo disso, pode gerar satisfação ou preocupação aos gestores.

A existência de medidores que mostrem a situação de um carro dá ao motorista o controle do veículo. O painel de um carro é composto por mostradores que trazem diversos indicadores: nível de combustível, temperatura do carro, temperatura do ar externo, nível de óleo, índice de velocidade, conta-giros, dentre outros. O acompanhamento dos indicadores do painel do carro possibilita a gestão da manutenção do carro, e por conseguinte, possibilita ao motorista assegurar a viagem até o destino. O BSC está para a empresa, assim como o painel do carro está para o veículo.

O monitoramento dos indicadores da empresa por meio de um BSC assemelha-se ao uso de uma bússola que vai informar ao gestor se a empresa está indo em direção à visão, ou se há correções de rumo a serem efetuados. A existência de indicadores de medição orienta o comportamento de todos na organização: "Diga-me como me medes, e te digo como me comportarei" (SOARES, 2001, p. 8).

Que indicadores utilizar para acompanhar o desempenho de sua empresa? Dependendo da complexidade e da natureza do negócio, pode-se aumentar a quantidade de indicadores a serem monitorados. Porém, sempre é melhor ter poucos indicadores que realmente sejam medidos, acompanhados e utilizados para a tomada de decisões, do que possuir um excesso de indicadores que ao final, a atividade de monitorá-los torna-se desgastante, improdutiva e onerosa.

Ao final do capítulo serão apresentados indicadores que se sugere acompanhar no BSC de uma PME.

3- Perspectivas Balanceadas Orientadas para a Estratégia

Não basta escrever a missão e a visão, colocando-as em quadros e painéis espalhados pela organização para que se assegure que a identidade corporativa (missão, visão e valores) cumpre seu papel. É preciso que ela reflita a alma do empreendimento, e que essa alma esteja viva em todos os membros da empresa.

Todos os esforços das pessoas que fazem parte da organização devem estar concentrados no cumprimento da missão e na busca do alcance da visão, tendo por base de sustentação os valores da organização. Todo esforço despendido fora do contexto da identidade corporativa torna-se um desperdício de energia.

Para que os esforços de todos estejam direcionados para a missão e a visão, é imprescindível que cada membro da empresa, do faxineiro ao diretor-geral as conheçam, as entendam e as abracem como sendo uma causa para defender enquanto membro da empresa e profissional do quadro da organização.

A abordagem de uma gestão balanceada por diferentes perspectivas deve atentar para o fato de que as direções estratégicas estejam alicerçadas na missão e na visão da organização (Figura 3) – eis a essência do BSC!

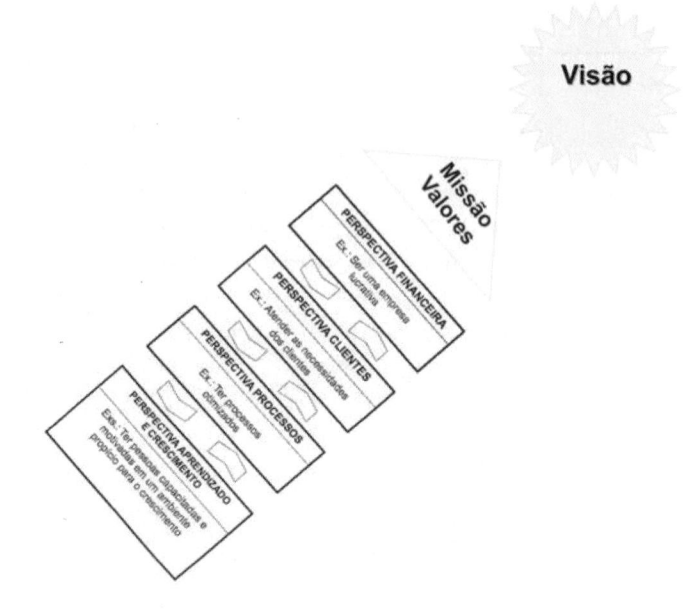

FIGURA 3: ALINHAMENTO ENTRE AS PERSPECTIVAS E A IDENTIDADE CORPORATIVA.

Retomando-se o exemplo trazido na Figura 1, as respostas para as perguntas colocadas dentro de cada quadro de perspectiva podem ser entendidas como Direções Estratégicas (DE). A partir dessas Direções Estratégicas, pergunta-se para cada uma delas: que objetivos deve a empresa atingir para que o enunciado da Direção Estratégica seja realidade? A esses objetivos chamamos de Objetivos Estratégicos (OE), e alcançá-los torna-se alvo dos esforços de todos na empresa, para que o conjunto final dos OEs concretizem o atingimento da visão.

Mantendo-se a Figura 1 como exemplo, apresenta-se no Quadro 1 – um Painel Estratégico elaborado a partir das Direções Estratégicas e seus Objetivos Estratégicos:

PERSPECTIVA	DIREÇÃO ESTRATÉGICA (DE)	OBJETIVO ESTRATÉGICO (OE)
Financeira	DE1 – Ser uma empresa lucrativa	OE1 – Aumentar a receita
		OE2 – Reduzir a despesa
		OE3 – Aumentar o lucro operacional
Clientes	DE2 – Atender as necessidades dos clientes	OE4 – Satisfazer os clientes
		OE5 – Atrair novos clientes
		OE6 – Fidelizar clientes
Processos	DE3 – Ter processos otimizados	OE7 – Melhorar a qualidade
		OE8 – Aumentar a produtividade
Aprendizado e Crescimento	DE4 – Ter pessoas capacitadas e motivadas em um ambiente propício para o crescimento	OE9 – Capacitar as pessoas
		OE10 – Manter as pessoas motivadas
		OE11 – Propiciar ambiente inovador
		OE12 – Manter tecnologia atualizada

QUADRO 1: PAINEL ESTRATÉGICO

Gerenciar é uma arte, e não uma ciência exata. É promover a melhoria da empresa e desenvolvimento contínuo, visando à sobrevivência (CAMPOS, 1992, p. 25). A escolha da estratégia, das direções ou temas estratégicos, dos objetivos estratégicos, etc. (...) são frutos de análises de ambientes, de experiências e de conhecimentos adquiridos. Podem-se criar tantos objetivos estratégicos que forem necessários para se exprimir a estratégia escolhida (que devem ser coerentes e alinhados com a identidade corporativa), porém há que se cuidar para não exceder na lista, pois isso implica na adoção de mais indicadores de medição: se existe um objetivo estratégico a atingir, isso significa que o caminho para seu alcance deve ser monitorado por meio de pelo menos um indicador. Do contrário, o objetivo estratégico será letra morta, pois o que não é medido, é esquecido...

No Painel Estratégico do Quadro 1 foram explicitados doze OEs, que foram redigidos intencionalmente com verbos no infinitivo: isso oferece à redação um caráter de "mandamentos" que devem ser concretizados por meio de **ações.**

Os Objetivos Estratégicos retratam as estratégias escolhidas pela empresa para concretizar as Direções Estratégicas, que por sua vez, respondem às perguntas para cada perspectiva (Figura 1). O enunciado dos Objetivos Estratégicos é a base da construção do Mapa Estratégico que será apresentado adiante.

3.1 Construindo o BSC e o Mapa Estratégico

Um Mapa Estratégico explicita visualmente os Objetivos Estratégicos para cada perspectiva e propicia uma compreensão das **vinculações** existentes entre as Perspectivas e entre os Objetivos Estratégicos da empresa. O Mapa Estratégico é uma representação visual da estratégia escolhida para o cumprimento da missão e caminhada rumo à visão.

A partir do painel estratégico (Quadro 1), o Mapa Estratégico adquire a visualização da Figura 4, mostrando as relações entre os Objetivos Estratégicos definidos e suas relações de causa-efeito. A compreensão dessas relações gera o entendimento de que os desempenhos (Perspectivas Financeira, Clientes e Processos) dependem intrinsecamente das competências (Perspectiva Aprendizado e Crescimento).

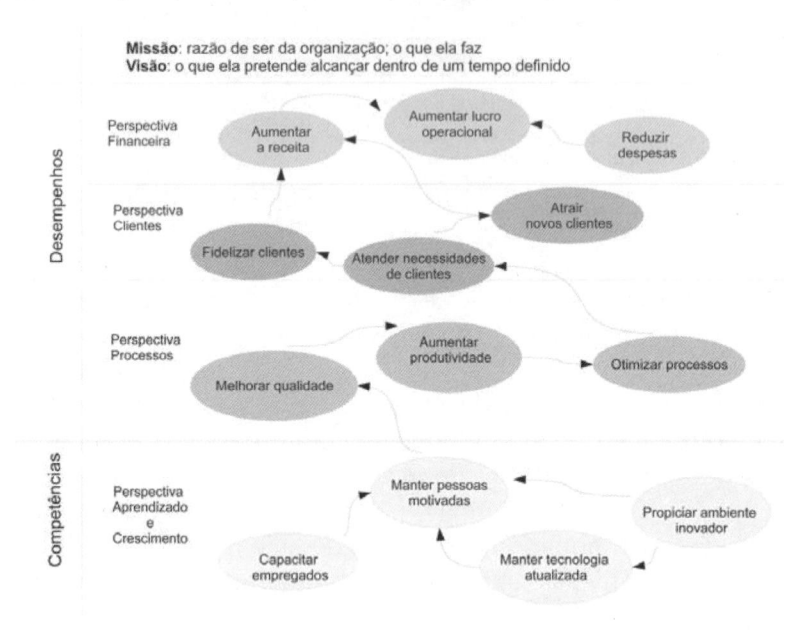

Figura 4: Exemplo de mapa estratégico.
Fonte: Baseado em FERNANDES et al., 2006, p. 52.

Para se monitorar a caminhada da gestão com relação ao atingimento dos Objetivos Estratégicos deve-se atribuir pelo menos um indicador para cada um deles: é a bússola que vai indicar se a caminhada está desviando ou não do objetivo, ou se o alcance dele está muito aquém do esperado – é o que mostra o BSC.

3.2 Esboçando a Arquitetura do BSC

Equivocadamente pode-se imaginar de que a construção de um BSC limita-se a construir um painel de indicadores que monitorem a sua organização, contemplando no mínimo as quatro perspectivas sugeridas por Kaplan e Norton.

Na realidade, o BSC traz consigo uma filosofia de gestão que consiste basicamente em administrar com base em:

a) foco e alinhamento às estratégias;
b) controle e monitoramento para aspectos além do financeiro;
c) orientação para o desempenho em cada uma das perspectivas.

A forma material da filosofia BSC, o chamado *Scorecard* – o quadro de escores, conforme foi explicitado no inicio do capítulo – pode ser construída de várias maneiras. É de suma importância a materialização da forma de gestão por perspectivas em algo visual, que transmita a estratégia e a torne compreensível a todos.

A arquitetura do BSC pode varia muito em função da cultura organizacional (Figura 5 e Figura 6). Alguns podem preferir uma tabela com indicadores para cada perspectiva, com suas metas e resultados. Outros podem preferir um painel com um design diferenciado.

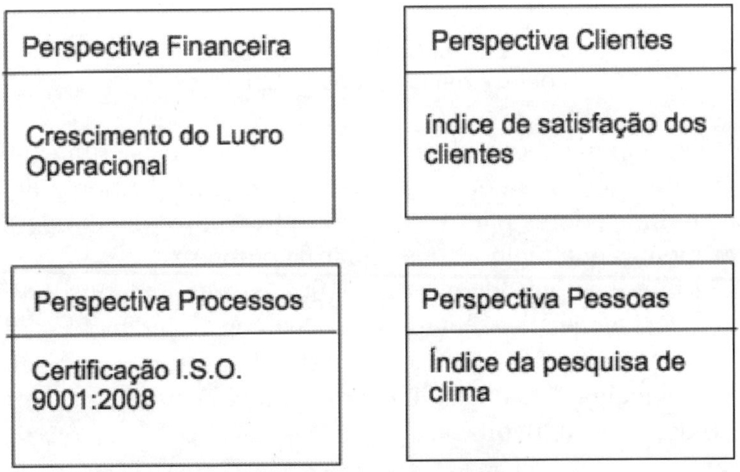

Perspectiva Financeira	Perspectiva Clientes
Crescimento do Lucro Operacional	Índice de satisfação dos clientes

Perspectiva Processos	Perspectiva Pessoas
Certificação I.S.O. 9001:2008	Índice da pesquisa de clima

FIGURA 5: MODELO DE BSC.
Fonte: Baseado em Kaplan, 2000, p. 255.

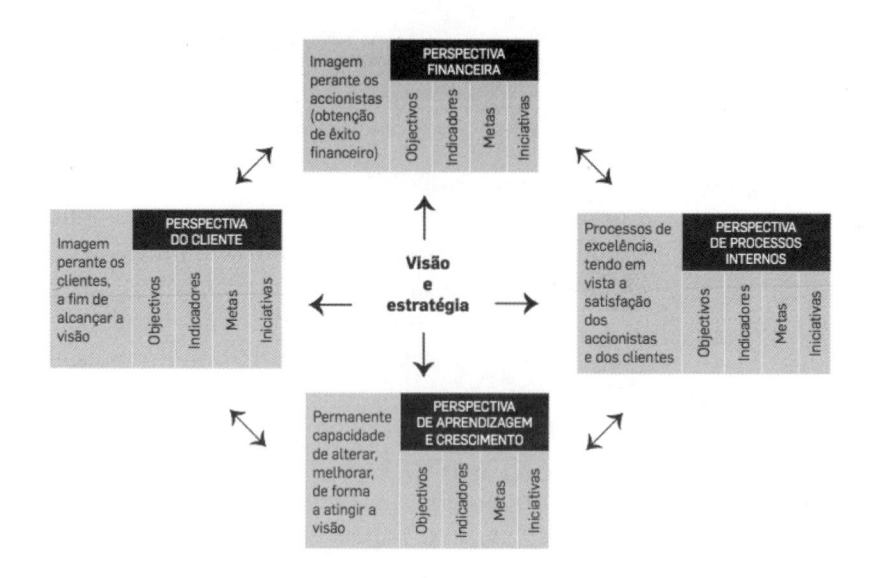

FIGURA 6: MODELO DE BSC.
Fonte: Azeitão e Roberto, 2010, p. 62.

O importante é criar um BSC que comunique as estratégias de forma clara para todos, e que possibilite um acompanhamento do desempenho de indicadores para cada perspectiva utilizando-se de métodos ou ferramentas que melhor se adéquam à empresa.

Para o exemplo advindo da Figura 1 deste capítulo, o BSC contempla a Perspectiva, os Objetivos Estratégicos, os Indicadores, as Metas para eles estabelecidos e as Ações pretendidas para que se alcance a meta estabelecida para cada indicador, com uma arquitetura simples em formato de tabela (Quadro 2):

PLANO DE AÇÃO – PERSPECTIVA FINANCEIRA								
Mês: Maio/20XX								
Objetivo Estratégico	Meta	Realizado	Ação (Corretiva/ Preventiva)	Quando	Onde	Como	Por que	Responsável
OE1	1,00%	0,50%	Aumentar número de clientes	A partir de hoje	Região Vale do Jacaré	3 Visitas a empresas/ semana/ consultor	Aumentar a receita	Mariana

QUADRO 2: PROPOSTA DE ARQUITETURA PARA BSC.

Um placar como o acima ilustrado pode dar a entender de que basta construir um quadro de indicadores adequando-os às perspectivas e pronto: está elaborado o BSC da empresa!

No entanto, o BSC só passa a ter significado se ele efetivamente for usado para fazer a gestão da empresa, ou seja, se for utilizado para direcionar as ações que podem fazer parte de um Plano de Ações organizado por perspectivas do BSC, como se sugere no Quadro 3:

PLANO DE AÇÃO – PERSPECTIVA FINANCEIRA							
Mês: Maio/20XX							
Objetivo Estratégico	Meta	Realizado	Ação (Corretiva/ Preventiva)	Quando	Onde	Como	Por que	Responsável
OE1	1,00%	0,50%	Aumentar número de clientes	A partir de hoje	Região Vale do Jacaré	3 Visitas a empresas/ semana/ consultor	Aumentar a receita	Mariana

Quadro 3: Exemplo de parte de um Plano de Ação para uma perspectiva.

Observe que o Plano de Ação precisa ser acompanhado periodicamente, e a sua execução deve impactar positivamente no indicador referente. Caso contrário, a ação implantada foi equivocada e deve ser revista.

Para Morisawa (2002, p. 3), a implementação do BSC traz os seguintes diferenciais à gestão da empresa:

a) equilíbrio entre os objetivos estratégicos de curto, médio e longo prazo através da medição de desempenho das diversas perspectivas;

b) criação de sinergia e união em torno de uma compreensão comum da estratégia por todos, com indicadores quantitativos e qualitativos além da visão puramente financeira;

c) eliminação do sentimento abstrato da estratégia, com a alocação de indicadores quantitativos;

d) promoção do aprendizado organizacional, pela reflexão sobre desempenho dos indicadores, podendo requerer mudanças na estratégia escolhida;

e) promoção da comunicação da estratégia pela direção a todos os membros da organização.

É importante enfatizar também de que a eficácia do BSC ocorre somente se ele se tornar uma metodologia de gerenciamento contínuo. Momentos pontuais de uso descontinuado do monitoramento podem ocasionar incoerências entre práticas existentes e indicadores mensurados.

4 - BSC e Mapa Estratégico: Criando Sinergia na Organização

Kaplan e Norton (2000) enfatizam que o grande mérito do BSC é a convergência e o alinhamento de todos na organização para um foco comum: a realização da missão e a busca pela visão. Isso minimiza a implementação de ações que não agregam valor àquilo que está sendo focado, e portanto, minimiza desperdícios de recursos.

O alinhamento de todos para implementar a estratégia escolhida depende de um fator crucial: de que todos conheçam e entendam a estratégia, e que faça da sua implementação uma atividade do dia a dia. Kaplan e Norton (2000, p. 243) afirmam que "os empregados devem compreender os indicadores com clareza, para que suas decisões e ações afetem a estratégia da maneira pretendida".

A estratégia deve, portanto, ser comunicada pela liderança a todos (por ex.: por meio de reuniões). O placar de resultado na representação do BSC com seus indicadores deve ser explanado, enfatizando a identidade corporativa da empresa (missão, visão e valores) e as relações de causa-efeito.

Isso pode ser facilitado com a apresentação do Mapa Estratégico. Por ser de natureza visual, o líder pode apresentar o BSC como a bússola com os indicadores que vão apontar se todos estão indo em direção à concretização da visão da empresa, e usar o Mapa Estratégico para explicar a correlação entre os indicadores do BSC.

O Mapa Estratégico, além de levar as pessoas à compreensão das relações de causa-efeito entre os indicadores, possibilita a detecção de inconsistências no sistema de indicadores: por exemplo, se surgir, em um levantamento de indicadores existentes na empresa algum que não esteja vinculado a nenhuma perspectiva, isso pode ser um sinal de há recursos sendo alocados para atividades não vinculadas à estratégia, e que pode estar gerando um desperdício.

O BSC cumpre com sua missão quando todas as pessoas da organização conseguirem "se enxergar" dentro da arquitetura adotada para o BSC, e consigam ver a correlação entre suas atividades e os objetivos estratégicos apresentados. Isso possibilita o desdobramento das ações até o nível individual, de forma que todos estejam fazendo a sua parte para dirigirem a empresa na rota escolhida rumo à visão da empresa.

5 - BSC E PME: PONTOS A PONDERAR

Silva (2011, p. 66-67), Soares (2001, p. 64) e Camboim et al. (2011, p. 254) apontam para os desafios surgidos na implantação do BSC em PMEs:

a) em geral, o proprietário acumula papéis e funções: é o diretor financeiro, comercial, operacional e de pessoas. Isso implica a necessidade de um BSC de fácil abordagem e operacionalização, pois o tempo do empresário para realizar a sistematização da gestão é muito curto;

b) o monitoramento da estratégia deve ser realizado com o mínimo de informática possível, considerando que muitos dos gestores de PMEs não estão familiarizados com a tecnologia; contudo, é desejável que possuam minimamente um conhecimento básico para que o controle possa ser realizado por meio de planilhas em computador;

c) a gestão com base BSC requer mudanças no comportamento do gestor, considerando que a estratégia é compartilhada e entendida por todos: é preciso orientar-se para uma gestão participativa;

d) muitas empresas PME não possuem a identidade corporativa definida e consolidada: é preciso defini-las antes de se implantar um BSC;

A metodologia de gestão pelo BSC pode ajudar o gestor da PME a sistematizar sua administração, organizando informações e dados que auxiliam na sua tomada de decisão.

Sugere-se que as PME brasileiras trabalhem com uma perspectiva extra: Responsabilidade Social. De forma cada vez mais acentuada, torna-se relevante a preocupação de todos para com as questões sociais e ambientais, e a gestão de uma empresa não pode ficar alheia a isso. Não basta gerar riqueza somente para si e para os seus, mas a empresa deve ter a preocupação de contribuir com o entorno em que se situa, não somente com a geração de empregos, mas também com outras ações em que os membros da empresa atuem de forma positiva para a sociedade. A preocupação com a sustentabilidade ambiental é também de responsabilidade das empresas, que precisam se preocupar com as questões de desperdícios e mau uso de recursos naturais e preservação do ecossistema para as futuras gerações.

Para a escolha de indicadores a serem acompanhados no BSC, recomenda-se que sejam envolvidos os empregados que trabalham com as atividades das perspectivas: ninguém melhor que um vendedor para indicar os fatores críticos de sucesso na atividade de vendas.

Apresenta-se na Quadro 4 ao final do capítulo, a título de sugestão, uma relação (não exaustiva!) de indicadores para serem escolhidos nas respectivas perspectivas: é importante não exagerar na quantidade de deles, pois é melhor poucos e bons indicadores, alinhados à estratégia, e que sejam efetivamente monitorados.

Hauser e Katz apud Prieto et al. (2006, p. 82) lembram que "toda métrica... irá afetar ações e decisões. Mas, evidentemente, escolher a certa é crítico para o sucesso."

Menos pode ser mais!

6 - Considerações Finais

Uma gestão voltada para a excelência não é prerrogativa somente de grandes empresas. Exatamente por serem menores, as ações de melhoria na gestão podem ser mais rapidamente implementadas e percebidas nas pequenas empresas do que nas grandes organizações.

Dentre as iniciativas governamentais para impulsionar a gestão nas PME's destaca-se o MPE Brasil – Prêmio de Competitividade para micro e pequenas empresas, realizado em parceria com SEBRAE - Serviço MBC – Movimento Brasil Competitivo, GERDAU e FNQ – Fundação Nacional da Qualidade. O mérito do programa consiste em anualmente realizar um ciclo de avaliação da gestão de empresas que se candidatam para serem avaliadas, para fins de reconhecimento e de aprendizagem. Ao final de cada ciclo, todas as empresas avaliadas recebem um relatório de avaliação, o qual pode ser um ponto de partida para se implantar melhorias na gestão, com base nas lacunas apontadas no relatório. Por ter por objetivo a elevação do nível de gestão das PMEs brasileiras, a participação de empresas no MPE é gratuita. A sugestão é de que as PMEs participem do MPE Brasil, como estratégia de aprendizagem em gestão de empresa.

O objetivo deste capítulo foi, conforme apresentado no início, fornecer noções básicas sobre a gestão por meio do BSC. Os conceitos foram apresentados de forma a permitir que o empresário de uma PME possa, sem grandes dificuldades ou investimento financeiro elevado, elaborar o Mapa Estratégico e o BSC. A metodologia, porém, não assegura o sucesso, se ela não for implementada com o monitoramento das ações, que podem ser preventivas ou corretivas: o BSC aponta o que deve ser mudado para que os resultados sejam diferentes. O BSC tem a função inclusive de apontar a necessidade de mudança da estratégia, quando ele acusa um desempenho global insatisfatório, conforme ilustra a Figura 7:

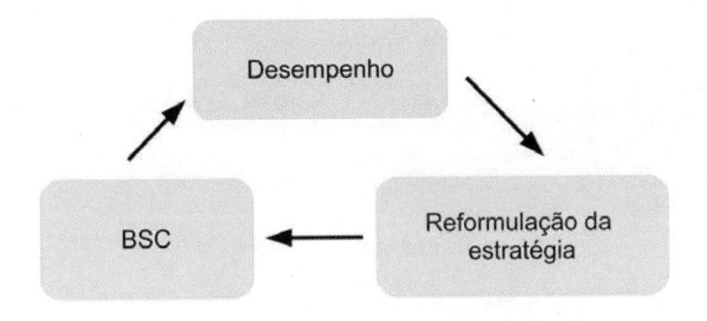

FIGURA 7: **BSC** COMO FERRAMENTA DE APRENDIZADO.

É necessário lembrar que os cenários mudam, as condições do entorno alteram-se constantemente: por isso, a estratégia deve ser periodicamente revista, o que acarreta automaticamente nas atualizações do Mapa Estratégico e do BSC.

Gerenciar é uma arte e antes de tudo, uma função social. Parafraseando Drucker (1995, p. 163): assim como o exame de sangue não é a medicina, os métodos de gestão não são a gestão. O BSC e o Mapa Estratégico devem compor a arte de gerenciar do líder em construir e compartilhar com todos o rumo a seguir.

Fazer a gestão alinhada à filosofia do BSC implica aceitar que a estratégia deve pertencer a todos os membros da organização, de modo que todos se comprometam caminhar para uma mesma direção. Esse é o desafio de um líder: portanto, é hora de pegar os instrumentos e levantar vôo em direção aos sonhos da conquista de um lugar no cenário empresarial.

Mãos à obra!

PERSPECTIVA	INDICADORES SUGERIDOS
Financeira	Margem de lucro
	Crescimento anual/ semestral do faturamento
	Lucro líquido
	Índice de inadimplência de clientes
	ROI
	Fluxo de caixa líquido
	Aumento da receita operacional
	Gasto geral de produção
Clientes	Percentual de fidelização dos clientes
	Número de novos clientes
	Índice de satisfação do cliente
	Índice de reclamações/ período
	Faturamento por cliente
	Volume de venda por cliente
	Número de clientes inadimplentes
Processos	Produtividade por empregado
	Índice de produto rejeitados no controle de qualidade
	Número de devoluções
	Índice de inconformidade a um determinado padrão
	Volume de venda por vendedor
	Prazo de entrega de fornecedor
	Produto de má qualidade do fornecedor
	Pontualidade na entrega
	Tempo gasto para produzir produto
	Percentual de estoque de produtos acabados
	Consumo de matéria-prima
Responsabilidade social	Quantidade de projetos sociais em que a empresa participativa
	Quantidade de projetos/ ações ambientais em que a empresa participa
	Número de multas e penalidades
	Quantidade de energia usada por ano
	Quantidade de produtos reciclados
	Quantidade de combustível consumido/ano
Aprendizado e crescimento	Investimento em TI/ Lucro Líquido
	Percentual de empregados satisfeitos
	Índice de rotatividade de empregados
	Quantidade de acidentes de trabalho
	Percentual de empregados treinados no ano/ semestre
	Percentual do faturamento investido em treinamento de gestores
	Percentual do faturamento investido em treinamento de colaboradores
	Valores investidos em benefícios para os empregados
	Número de sugestões de empregados/ implementados
	Índice do 5S

Quadro 4: Indicadores sugeridos para PME.
Fonte: Baseado em diversos autores.

Atividades de Aprendizagem
a) "O BSC não se trata apenas de medição: trata-se de uma mudança em larga escala. O requisito mais importante para o sucesso de sua implementação é o envolvimento ativo do executivo sênior da empresa (MURPHY; GOULD, 2005, p. 14)"
Você concorda com essas afirmações? Por quê?

Questões para Debate
a) Quais as consequências para a empresa quando se implementa o BSC sem uma identidade corporativa consolidada?
b) Quais os impactos para a organização quando há indicadores não alinhados com as estratégias?
c) Quais os requisitos necessários para que uma PME possa implantar o BSC?
d) Que tipo de mudanças ocorrem com a implantação do BSC em uma organização?
e) Em que medida o BSC auxilia a sobrevivência da empresa?
f) Que desvantagens apresenta o BSC enquanto metodologia de gestão para uma PME?
g) Um *Scorecard* com três perspectivas: Financeira, Clientes e Processos, poderia ser denominado de BSC? Por quê?

Sugestões de Pesquisa

a) Principais dificuldades para a implementação de BSC em PMEs;
b) A contribuição do MPE Brasil para as PMEs;
c) Mapeamento de PMEs com gestão baseada no BSC: antes e depois

Palavras-Chave
Pequena, micro e média empresa, *Balanced Socoredcard*, BSC para PMEs

Referências

AZEITÃO, J.; ROBERTO, J. **O planejamento estratégico e a gestão estratégica nas PME**. In: Revista TOC, n.120, Lisboa, Portugal, 2010. < http://www.otoc.pt/downloads/files/1269613558_57_68Gestao.pdf >. Acesso em 05/01/12.

BEINHAUER, R.; WENZEL, R. **Strategieentwicklung für Kleinunternehmen** (Desenvolvimento da estratégia para pequenas empresas), Material de Treinamento da União Europeia, Módulo III, < http://www.strategy-train.eu/uploads/media/Download_Einheit_3.pdf>. Acesso em 05/01/12.

CAMBOIM et al., **Diagnóstico para implantação do Balanced Scorecard**: um estudo de caso em uma empresa de pequeno porte. In: REBRAE – Revista Brasileira de Estratégia, Curitiba, v. 4, n. 3, p. 245-255. set/dez 2011. <www2.pucpr.br/reol/index.php/REBRAE?dd1=5706&dd99=pdf>. Acesso em 05/01/12.

CAMPOS, V. F. **TQC: controle da qualidade total (no estilo japonês)**. Belo Horizonte, MG: Fundação Christiano Ottoni, Escola de Engenharia da UFMG, 1992 (Rio de Janeiro, Bloch Ed.).

DRUCKER, P. F. **Administrando em tempos de mudanças**. 2 ed. São Paulo: Pioneira, Administração e Negócios, 1995.

FERNANDES, B. H.R. et al. **Construindo o diálogo entre competência, recursos e desempenho**. In: RAE – Revista de Administração de Empresas, Curitiba, v. 46, n.4, p. 48-65, out/2006. <http://www.scielo.br/pdf/rae/v46n4/v46n4a06.pdf>. Acesso em 05/01/12.

JOHNSON, C. C. **Introduction to Balanced Scorecard and Performance Measured Systems.** <http://www.adb.org/Documents/Books/Balanced Scorecard/chap1.pdf>. Acesso em 05/01/12.

KAPLAN, R. S.; NORTON, D. P. **Organização orientada para a estratégia**: como as empresas que adotam o *Balanced Scorecard* prosperam no novo ambiente de negócios. Rio de Janeiro: Elsevier, 2000.

MPE Brasil **Prêmio de Competitividade para Micro e Pequenas Empresas**, Questionário de Autoavaliação, Ciclo 2011.

MORISAWA, T., **Building Performance Measurement Systems with Balanced Scorecard Approach,** Tokyo, Japan: NRI Papers, N.45, 2002. <http://www.nri.co.jp/english/opinion/papers/2002/pdf/np200245.pdf>. Acesso em 05/01/12.

MURPHY, L.; GOULD, S. **Effective Performance Management with the Balanced Scorecard,** Technical Report, London: INSEAD/ CIMA, 2005. <http://www.cimaglobal.com/Documents/ImportedDocuments/Tech_rept_Effective_Performance_Mgt_with_Balanced_Scd_July_2005.pdf>. Acesso em 05/01/12.

PRIETO, V. C. et al. **Fatores críticos na implementação do *Balanced Scorecard*.** Revista Gestão & Produção, v.13, n.1, p. 81-92, jan-abr 2006. <http://www.scielo.br/pdf/gp/v13n1/29578.pdf>. Acesso em 05/01/12.

SCHMIDLI, J. **Balanced Scorecard fördert Strategieumsetzung in KMU's** (*Balanced Scorecard* promove a implementação da estratégia em PMEs). In: Cognosco, Dezembro 2002. <http://www.cognosco.ch/system/files/FABSC.pdf>. Acesso em 05/01/12.

SEBRAE – Serviço Brasileiro de Apoio a Micros e Pequenas Empresas. **Taxa de sobrevivência das empresas no Brasil.** Coleção Estudos e Pesquisas: Brasília, DF, 2011. <http://www.biblioteca.sebrae.com.br/bds/BDS.nsf/45465B1C66A6772D832579300051816C/$File/NT00046582.pdf>. Acesso em 05/01/12.

SILVA, L.M.M. **O *Balanced Scorecard* como instrumento de controle da gestão estratégica em pequenas empresas.** Dissertação de Mestrado, Universidade Federal do Rio Grande do Sul, Porto Alegre, 2011. <http://www.lume.ufrgs.br/bitstream/handle/10183/35448/000788507.pdf?sequence=1>. Acesso em 05/01/12.

SOARES, C. R. D., **Desenvolvimento de uma sistemática de elaboração do *Balanced Scorecard* para pequenas empresas.** Dissertação de Mestrado, Universidade Federal do Rio Grande do Sul, Porto Alegre, 2001. <http://www.ifba.edu.br/professores/antonioclodoaldo/08%20BSC/bsc1.PDF>. Acesso em 05jan2012.

1 SEBRAE – Serviço Brasileiro de Apoio às Micro e Pequenas Empresas – entidade privada sem fins lucrativos criada em 1972., É uma agência de apoio ao desenvolvimento às pequenas e microempresas brasileiras.

2 A metodologia de gestão é aplicável para qualquer tamanho de organização ou natureza, uma vez que se trata sobretudo de buscar o alinhamento estratégico nas decisões e ações das pessoas (KAPLAN e Norton, 2000, p. 386).

3 Há tantas definições de "estratégia" quantos são os gurus em estratégia (KAPLAN; NORTON, 2000, p. 77).

"A estratégia é uma hipótese." (KAPLAN; NORTON, 2000, p. 87.)

Critérios de Excelência Aplicados em Pequenas Empresas

ANTONIA MARIA DOS SANTOS SIQUEIRA

O caminho de uma organização em direção à excelência não é uma linha reta e tampouco pode ser comparado a uma corrida de curta distância. Ao contrário, a melhor analogia aplicada é a de uma maratona. Trata-se de um desafio, que a organização só consegue suplantar com constância de propósitos e mobilização de todas as suas competências. [1]

1 - INTRODUÇÃO

A melhoria da gestão das micro, pequenas e médias empresas (MPMEs) **é um fator relevante** para a competitividade no atual cenário de mudanças constantes. Entretanto, é necessário considerar a velocidade que o mercado exige e a capacidade de adaptação das MPMEs aos modelos de gestão atualmente praticados, principalmente, pelas grandes organizações brasileiras.

Neste contexto, serão integradas duas ferramentas de gestão, utilizadas atualmente pelas organizações que buscam a excelência. Uma delas é o *Balanced Scorecard* – BSC, já apresentado e discutido no capítulo anterior, e a outra ferramenta é o Modelo de Excelência na Gestão – MEG da Fundação Nacional da Qualidade.

Em relação ao BSC, seus autores Kaplan e Norton (2006) desenvolveram esta ferramenta por acreditarem que os métodos utilizados para a avaliação do desempenho organizacional se tornaram obsoletos. Na visão deles, há necessidade de focar a gestão em dados financeiros e não financeiros, permitindo que as empresas criem valor econômico para o futuro, por meio do alinhamento e foco na estratégia formulada.

[1] FNQ. Critérios Compromisso com a Excelência e Rumo à Excelência. São Paulo: FNQ, 2010. P.6.

Atualmente, o BSC é uma das metodologias mais aceita no mercado. Esta ferramenta além de preservar as medidas financeiras de desempenho, é complementada com medidas dos vetores que impulsionam o desempenho futuro. Estas medidas derivam da visão e estratégia da empresa e são formadas por quatro perspectivas: financeira, cliente, processos internos e perspectivas de aprendizado e crescimento.

A proposta inicial do BSC era superar as limitações da gestão baseada apenas em indicadores financeiros e teve seu conceito refinado ao longo dos anos, sendo tratado, atualmente, como uma ferramenta de gestão estratégica, cuja maior característica é o foco e o alinhamento estratégico usando Mapas Estratégicos.

Kaplan e Norton (2000) defendem que as empresas bem-sucedidas do BSC apresentaram um padrão consistente na consecução do foco e do alinhamento estratégico. Os autores esclarecem que, embora cada organização abordasse o desafio à sua própria maneira, em ritmos e seqüência diferenciados, observaram a atuação de cinco princípios comuns, que chamaram de princípios da organização focada na estratégia - OFE.

Paralelamente, nas últimas duas décadas as organizações brasileiras vêm passando por significativas transformações em seus modelos de gestão, qualidade e produtividade de modo a manter e/ou mesmo adquirir maior grau de competitividade, bem como melhores resultados que permitam a sua sustentabilidade. Dentre os modelos de gestão adotados pelas organizações está o Modelo de Excelência na Gestão – MEG que é a base atual do PNQ – Prêmio Nacional da Qualidade (CAVENAGHI e MORENO, 2007).

Neste contexto, fez-se um estudo e uma análise comparativa entre os princípios da OFE (adotados por empresas que utilizam o BSC) e os Critérios de Excelência da FNQ, visando identificar se há relação entre estas duas ferramentas de gestão e se há dificuldades para adoção pelas MPMEs.

Buscou-se assim, relacionar os princípios da OFE, adaptando as questões resumidas por Herrero (2005) em cada princípio, com os requisitos dos Critérios de Excelência do PNQ, conforme as Figuras 2, 3, 4, 5 e 6, apresentando a respectiva análise.

O capítulo inclui ainda contribuições sobre o tema, encontradas na literatura.

2 Os Modelos de Gestão e as MPMEs

2.1 O BSC e os Princípios da OFE

O BSC nasceu no inicio da década de 90, motivado pela necessidade de se complementar os indicadores de desempenho de uma organização, até então, em sua maioria, baseados na perspectiva financeira, que reflete apenas atitudes gerenciais e performance passadas, com os indicadores de desempenho que garantam a potencial sustentabilidade dos primeiros. As quatro perspectivas que o BSC se propõe a monitorar e medir devem incluir indicadores relativos aos clientes, aos processos internos, ao aprendizado/crescimento e também ao desempenho financeiro. Todos, por sua vez devem estar intimamente atrelados à visão e à estratégia da organização (ANHESINE, CLÁUDIO E GUILHERME, 2009).

As organizações ao redor do mundo ganharam benefícios e melhorias significativas após a adesão ao BSC. A chave de sucesso depende de um compromisso forte e consistente da alta direção, da propriedade de todos os membros das organizações e de apoio tecnológico suficiente. Caso contrário, as organizações não conseguem o que esperam de seus BSCs. Com este entendimento, a efetividade do BSC está atrelada ao comportamento e diretrizes da alta gestão, seu nível de comprometimento com a metodologia, bem como o senso de pertencimento de todos da organização e a estrutura tecnológica disponível.

O processo de alinhamento se inicia quando a alta direção define sua proposta de valor e promove a criação de sinergia entre as áreas operacionais, de apoio e os parceiros externos (KAPLAN e NORTON, 2006).

Assim, a organização focada na estratégia busca mecanismos para superar suas fragilidades, direciona esforços utilizando os recursos disponíveis e alinha toda a sua estrutura e capacidades para essa nova visão de futuro, ou seja, adota o foco e alinhamento como elementos fundamentais para o sucesso das estratégias formuladas.

Os idealizadores do BSC indicam cinco princípios gerenciais para tornar-se "organização orientada para a estratégia", a saber: traduzir a estratégia em termos operacionais; alinhar a organização à estratégia; transformar a estratégia em tarefas de todos; converter a estratégia em processo contínuo; e mobilizar a mudança por meio da liderança executiva.

Tais princípios foram observados numa pesquisa realizada por Kaplan e Norton (2000) em empresas bem sucedidas do BSC. Os autores identificaram características comuns, praticadas por estas organizações quando da consecução do foco e alinhamento, que foram denominados de os Princípios da Organização Focada na Estratégia (Figura 1).

```
              Mobilizar a Mudança por meio da
                   Liderança Executiva
                      Mobilização
                      Processo de Governança
                      Sistema Gerencial Estratégico

    Traduzir as                              Converter a Estratégia em
   Estratégias em                              processo contínuo
      Termos
    Operacionais         Estratégia       Conectar orçamentos e Estratégias
                                          Sistemas de Informação e Analise
   Mapas de Estratégias                   Aprendizado Estratégico
   Balanced Scorecard

           Alinhar a              Transformar a
         organização â             Estratégia em
           Estratégia             tarefa de Todos
       Papel da corporação       Consciência Estratégica
       Sinergia entre as unidades Scorecards pessoais
       de negocio                Contracheques equilibrados
       Sinergia entre serviços
       compartilhados
```

FIGURA 1: OS PRINCÍPIOS DA ORGANIZAÇÃO FOCADA NA ESTRATÉGIA
Fonte: Kaplan e Norton (2000).

2.1.1 - Primeiro Princípio – Traduzir a Estratégia em Termos Operacionais

Tornar a estratégia algo operacional promove o comprometimento de todos da organização com a sua implementação, considerando que, nesta era de trabalhadores de conhecimento, estratégias devem ser executadas em todos os níveis da organização. É necessário quebrar paradigmas por meio de novos comportamentos e valores. O segredo para essa mudança consiste em colocar a estratégia no centro do processo de gestão. Kaplan e Norton (2000) complementam que não é possível executar a estratégia sem antes compreendê-la e não há como compreendê-la, sem primeiro descrevê-la. E para isso, a ferramenta especifica conforme a metodologia do BSC é o mapa estratégico.

Esta etapa envolve o desenvolvimento de um mapa estratégico que traduza a estratégia. O processo começa com o trabalho de descrição e comunicação da estratégia. A partir daí definem-se os objetivos estratégicos, as metas e os indicadores que integram as perspectivas: financeira, cliente, processos de negócio interno e aprendizado e crescimento. Herrero (2005) resumiu este princípio em três etapas:

1) Descrever a estratégia, utilizando como instrumento de comunicação os mapas estratégicos;

2) Identificar e explicar as relações de causa e efeito entre os objetivos estratégicos selecionados para as perspectivas de valor, mostrando como os ativos intangíveis se transformam em resultados financeiros;
3) Selecionar os indicadores não-financeiros que possibilitam a descrição e mensuração do processo de criação de valor da empresa.

Bischof, Speckbacher e Pfeiffer (2003) defendem que o processo de comunicação começa com uma abordagem de cima para baixo, onde a corporação comunica a estratégia preliminarmente para as unidades de negócios, e, em seguida, para os demais níveis. Este processo é repetido quantas vezes forem necessárias para permitir que a aprendizagem ocorra.

2.1.2 - Segundo princípio – alinhar a organização à estratégia

De acordo com Kaplan e Norton (2000), a sinergia é o alvo mais abrangente do projeto organizacional. As empresas se compõem de diversos setores, unidades de negócio e departamentos especializados, cada um com sua própria estratégia.

Para Carvalho, Fischmann e Prieto (2009) o conceito de alinhamento é um requisito presente tanto no processo de formulação, quanto no processo de implementação da estratégia. Na formulação, está relacionado ao ajuste da estratégia ao ambiente competitivo e também está presente na ideia do consenso entre os estrategistas quanto ao resultado das decisões estratégicas, o que irá influenciar o grau de comprometimento e impulsionar a comunicação da estratégia aos demais níveis hierárquicos. Na implementação é requerida a integração entre vários elementos, em especial o alinhamento da estrutura, pessoas, sistema de informações, métricas e recompensas para viabilizar a proposta estratégica.

Naturalmente, o alinhamento das unidades de uma empresa em direção a uma estratégia comum cria sinergia corporativa. Entender a estratégia como elemento corporativo é de suma importância para obter resultados positivos e como diretrizes para os líderes tomarem decisões voltadas para os objetivos organizacionais.

Neste sentido, alinhar a organização à estratégia exige esforços dos gestores para promover a sinergia, garantindo que o desempenho seja maior do que simplesmente a soma das partes. Para isso é fundamental estabelecer conexões com os diferentes níveis e áreas da empresa e criar métodos eficientes e eficazes de comunicação, quebrando barreiras e paradigmas. A essência deste princípio consiste em buscar o alinhamento de todos ao foco estratégico.

Herrero (2005) aponta três desafios que a empresa precisa cumprir para alinhar a organização à estratégia:

1) Integrar as estratégias das unidades de negócios, das áreas funcionais e dos indivíduos às estratégias organizacionais ou corporativas;
2) Promover a sinergia de recursos, conhecimentos e competências entre as diferentes áreas da organização;
3) Utilizar os temas e prioridades estratégicas como instrumento de gestão e comunicação, substituindo os tradicionais relatórios financeiros.

2.1.3 3º princípio – transformar a estratégia em tarefa de todos

De uma maneira prática, adotar este princípio é promover o desdobramento das estratégias, envolvendo todos os empregados de todas as áreas até o nível individual com metas pessoais.

Diversos exemplos, citados por Kaplan e Norton (2000), apontam que para fechar o processo de transformar as estratégias em tarefa cotidiana de todos, as organizações focadas na estratégia alinham a remuneração por incentivos aos resultados dos indicadores, aumentando, dessa forma, o interesse e motivação dos empregados pelo sucesso da estratégia e, consequentemente, aumentando também a demanda por informações acerca dos indicadores.

Contribuindo, Herrero (2005) acrescenta quatro desafios para que a organização possa transformar a estratégia em tarefa de todos:

1) Difundir a estratégia da sala da diretoria para as equipes operacionais por meio da combinação dos diversos canais de comunicação:
2) Educar toda a equipe de colaboradores da organização sobre os conceitos de negócios e a estratégia competitiva da empresa;
3) Definir indicadores individuais a partir dos organizacionais;
4) Vincular o sistema de remuneração e recompensas aos resultados individuais e organizacionais.

2.1.4 4º princípio – converter a estratégia em processo contínuo

Pesquisas realizadas por Kaplan e Norton (2000) apontaram que 85% das equipes gerenciais dedicam menos de uma hora por mês discutindo estratégia. Dessa forma, não é surpresa que as estratégias não sejam implementadas, considerando que não há direcionamento de esforços para a gestão estratégica, com o devido acompanhamento e controle.

Entende-se que a gestão da estratégia consiste em estabelecer um monitoramento constante, buscando analisar as causas ou hipóteses quando da ocorrência de um distanciamento entre os objetivos estipulados e seu cumprimento. Dessa forma é possível identificar soluções de melhorias com base no aprendizado organizacional e, com isso, permitir a constância de propósitos na estratégia formulada, base essencial deste 4º princípio.

Herrero (2005) ratifica apontando os desafios que devem ser enfrentados na arte de converter a estratégia em processo contínuo:

1. Elaborar o orçamento a partir de objetivos e iniciativas estratégicas:
2. Avaliar periodicamente (mensal ou trimestral), nas equipes gerenciais e operacionais, a consistência da estratégia competitiva formulada;
3. Criar uma cultura organizacional que estimule o aprendizado em todos os níveis da organização;
4. Criar sistemas de informação e análise que possibilitem ao usuário criar relatórios para a avaliação do desempenho.

2.1.5 - Quinto Princípio – Mobilizar a Mudança por Meio da Liderança Executiva

Como foi descrito nos princípios anteriores, a estratégia exige mudança no *status quo*, quebra de paradigmas, alinhamento, entre outros fatores críticos de sucesso. O processo de desenvolvimento requer foco constante nos resultados almejados. Para isso, a mobilização deve partir do envolvimento da Liderança Executiva, por meio de ações motivadoras que impulsionem o desempenho das pessoas.

Para embasar este comentário Kaplan e Norton (2000) defendem que se as pessoas da alta direção não atuarem como líderes incentivadores e vibrantes, as mudanças não acontecerão e a estratégia não será implementada. Com isso, perde-se a oportunidade de obter desempenhos extraordinários.

Segundo Herrero (2005), mobilizar a mudança por meio da Liderança Executiva, exige da organização quatro desafios:

1) Realizar a iniciativa do BSC, tendo como patrocinador um executivo da alta administração, que desempenhará o papel de líder em todo o processo:
2) Motivar e dar autonomia aos integrantes das equipes responsáveis pela implementação do BSC, para que atuem como líderes do processo;
3) Mobilizar a equipe de colaboradores para que adquiram senso de propriedade do processo de BSC;
4) Desenvolver modelo de Governança inspirado no BSC, entendido como um sistema de gestão estratégica.

2.2- Modelo de Excelência na Gestão – FNQ

Nas últimas duas décadas as empresas vêm passando por significativas transformações e adaptações em seus modelos de gestão, de modo a manter e/ou mesmo adquirir maior grau de competitividade, bem como melhores resultados, que permitam a sua sustentabilidade. Dentre os modelos de gestão adotados pelas organizações está o Modelo de Excelência na Gestão (MEG) que é a base atual do Prêmio Nacional da Qualidade (PNQ) (CAVENAGHI; MORENO, 2007).

O Prêmio Nacional de Qualidade – PNQ é uma sistemática de avaliação anual de desempenho organizacional empreendida pela Fundação Nacional da Qualidade (FNQ), que tem como missão: "promover a conscientização para a busca da excelência na gestão das organizações e facilitar a transmissão de informações e conceitos relativos às técnicas e práticas bem sucedidas, por meio do Prêmio Nacional da Qualidade" (FNQ, 2004).

Nesse sentido, a FNQ defende que o desenvolvimento de uma sociedade, seja do ponto de vista econômico, político, social, tecnológico e ambiental, está ligado diretamente à capacidade de gestão de nossas organizações, independentemente do porte.

De acordo com o Gespol (2010, p. 4):

> Hoje, a rede nacional da gestão "Rumo à Excelência", da FNQ, reúne 54 movimentos regionais e setoriais (22 regionais, 9 setoriais, 23 voltados para as micro e pequenas empresas), todos alinhados ao processo de avaliação do Prêmio Nacional da Qualidade® e de fundamental importância

para a ampliação do universo de organizações que utilizam o Modelo de Excelência em Gestão®.

A Fundação Nacional da Qualidade tem como base os Critérios de Excelência para avaliação e análise do sistema de gestão, que se identificam com organizações de sucesso, denominadas de "Classe Mundial".

Esse processo de avaliação vem sendo desenvolvido no Brasil desde 1992, utilizando os critérios de excelência: a) Liderança; b) Estratégias e Planos; c) Clientes; d) Sociedade; e) Informações e Conhecimentos; f) Pessoas; g) Processos; e h) Resultados, que são continuamente atualizados, para refletir o estado da arte da gestão mundialmente, para a excelência do desempenho e o aumento da competitividade das empresas no país (JUNIOR, 2004).

2.3 Gestão das Micro, Pequenas e Médias Empresas – MPMEs

Em função das atuais imposições de mercado, as micro, pequenas e médias empresas, têm sofrido intensos impactos da competição acirrada. Neste *ranking,* um dos caminhos para se obter vantagem está relacionado à melhoria da gestão.

Carvalho e Moreno (2008) defendem que estas empresas enfrentam uma série de problemas relacionados à gestão deficiente do negócio e que vêm contribuindo para os elevados índices de mortalidade observados até o seu quinto ano de vida. Melhorar a gestão destas empresas é uma questão de sobrevivência, considerando a alta competitividade do mercado.

Diante deste ambiente, a crescente competitividade impulsiona as MPMEs na busca constante por inovações em seus sistemas de gestão, com novas metodologias ou ferramentas que impulsionem os resultados e garantam um diferencial neste cenário altamente competitivo, considerando a importância destas empresas para a economia brasileira.

Neste sentido, buscando contribuir para a implementação de um modelo de gestão voltado para resultados que possa propiciar a sustentabilidade e perenidade das MPEs, a FNQ, o Sebrae, o Movimento Brasil Competitivo (MBC) e o Grupo Gerdau desenvolveram uma ferramenta para avaliação da gestão organizacional para as micro e pequenas empresas, baseado nos Critérios de Excelência do PNQ (FNQ, 2012). Com a participação constante, é possível haver um acompanhamento e orientação para a melhoria da gestão, o que aumenta a competitividade sustentável destas empresas (SEBRAE, 2010).

2.4 Resultados e Análises

Para realizar a comparação, primeiramente foi analisado o caderno dos critérios de excelência e identificados os requisitos que têm relação com os Princípios da OFE, considerando os fatores de análise traduzidos por Hererro (2005). As Figuras 2, 3, 4, 5 e 6 demonstram esta relação.

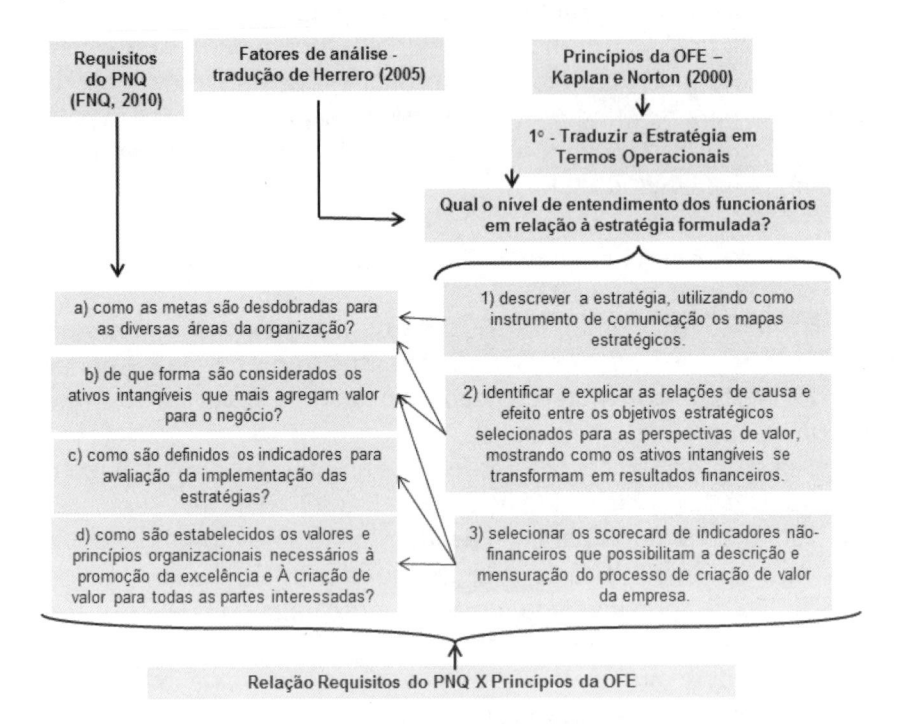

FIGURA 2 – PRIMEIRO PRINCÍPIO - TRADUZIR A ESTRATÉGIA EM TERMOS OPERACIONAIS.
Fonte: Adaptação FNQ (2010), Herrero (2005) e Kaplan e Norton (2000).

O primeiro princípio da OFE, Figura 2, envolve o nível de entendimento dos funcionários em relação à estratégia formulada, no sentido de desenvolver práticas voltadas para a disseminação das informações, conhecimentos, diretrizes e estratégias etc.

Na relação Requisitos do PNQ x Princípios da OFE: o primeiro fator de análise atende a 25% dos requisitos do PNQ identificados no estudo; o segundo fator atende a 50% e, o terceiro fator, atende a 75%.

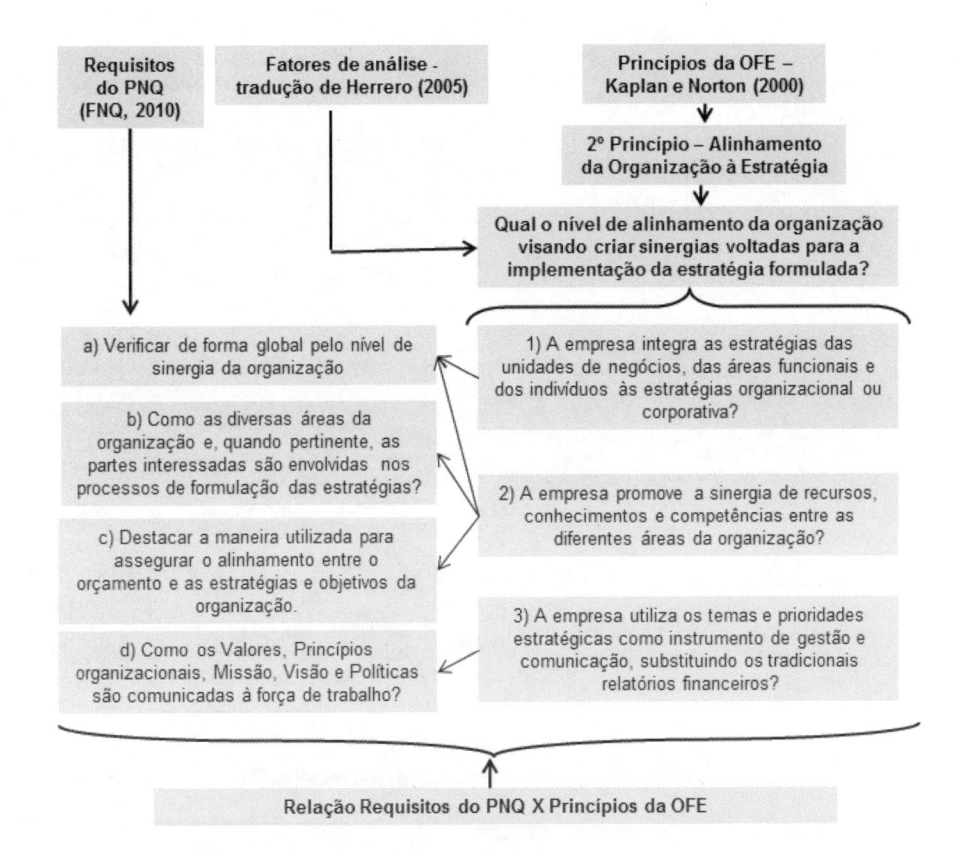

```
┌─────────────┐     ┌──────────────────┐          ┌────────────────────┐
│ Requisitos  │     │ Fatores de análise-│          │ Princípios da OFE –│
│   do PNQ    │     │ tradução de Herrero (2005)│    │ Kaplan e Norton (2000)│
│ (FNQ, 2010) │     └──────────────────┘          └────────────────────┘
└─────────────┘                                              ↓
                                              2º Princípio – Alinhamento
                                              da Organização à Estratégia
                                                             ↓
                                        ┌──────────────────────────────────┐
                                        │ Qual o nível de alinhamento da organização │
                                        │ visando criar sinergias voltadas para a │
                                        │ implementação da estratégia formulada? │
                                        └──────────────────────────────────┘

┌──────────────────────────────┐        ┌──────────────────────────────────┐
│ a) Verificar de forma global pelo nível de │   │ 1) A empresa integra as estratégias das │
│ sinergia da organização      │        │ unidades de negócios, das áreas funcionais e │
└──────────────────────────────┘        │ dos indivíduos às estratégias organizacional ou │
┌──────────────────────────────┐        │ corporativa? │
│ b) Como as diversas áreas da │        └──────────────────────────────────┘
│ organização e, quando pertinente, as │  ┌──────────────────────────────────┐
│ partes interessadas são envolvidas nos │ │ 2) A empresa promove a sinergia de recursos, │
│ processos de formulação das estratégias? │ │ conhecimentos e competências entre as │
└──────────────────────────────┘        │ diferentes áreas da organização? │
┌──────────────────────────────┐        └──────────────────────────────────┘
│ c) Destacar a maneira utilizada para │   ┌──────────────────────────────────┐
│ assegurar o alinhamento entre o │      │ 3) A empresa utiliza os temas e prioridades │
│ orçamento e as estratégias e objetivos da │ │ estratégicas como instrumento de gestão e │
│ organização. │                          │ comunicação, substituindo os tradicionais │
└──────────────────────────────┘        │ relatórios financeiros? │
┌──────────────────────────────┐        └──────────────────────────────────┘
│ d) Como os Valores, Princípios │
│ organizacionais, Missão, Visão e Políticas │
│ são comunicadas à força de trabalho? │
└──────────────────────────────┘

                        Relação Requisitos do PNQ X Princípios da OFE
```

FIGURA 3: FATORES DE ANÁLISE –SEGUNDO PRINCÍPIO - ALINHAR A ORGANIZAÇÃO À ESTRATÉGIA.
Fonte: Adaptação FNQ (2010), Herrero (2005) e Kaplan e Norton (2000).

O segundo princípio, Figura 3, está relacionado ao nível de alinhamento da organização visando criar sinergias voltadas para a implementação da estratégia. Neste aspecto, as empresas devem adotar mecanismos que remetam à criação de sinergia no ambiente organizacional.

Na relação Requisitos do PNQ x Princípios da OFE: o primeiro fator de análise atende a 25% dos requisitos do PNQ identificados no estudo; o segundo fator atende a 75% e o terceiro fator, atende a 25%.

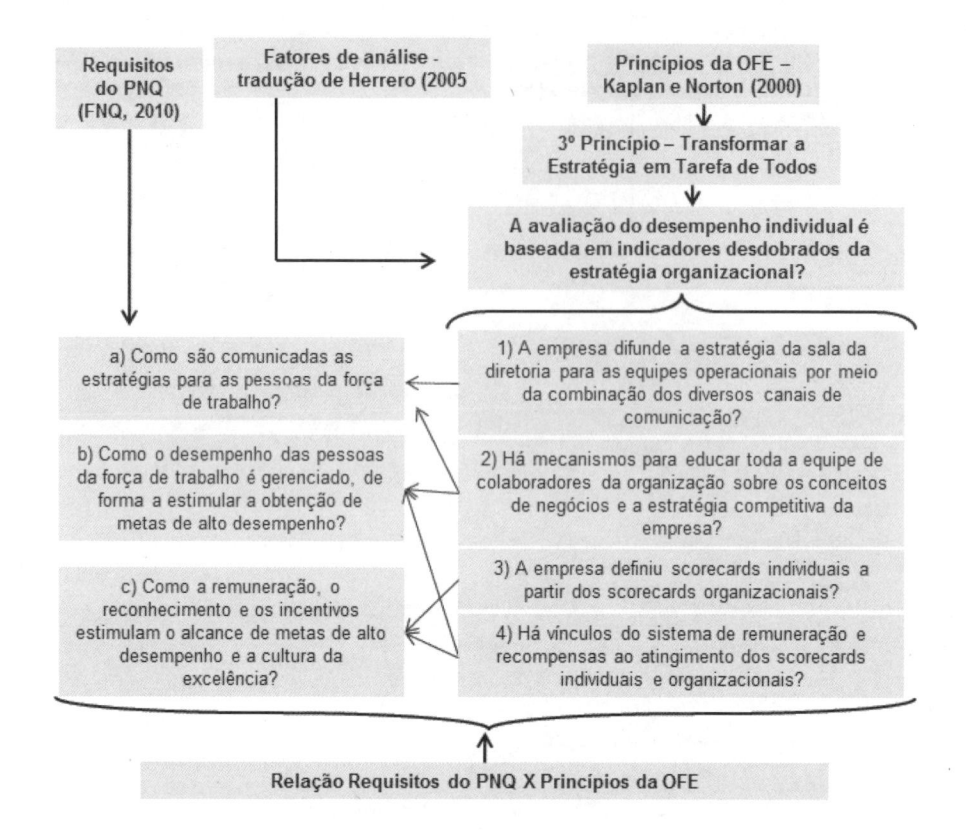

```
Requisitos          Fatores de análise -              Princípios da OFE –
do PNQ              tradução de Herrero (2005         Kaplan e Norton (2000)
(FNQ, 2010)
                                                      3º Princípio – Transformar a
                                                      Estratégia em Tarefa de Todos

                                                      A avaliação do desempenho individual é
                                                      baseada em indicadores desdobrados da
                                                      estratégia organizacional?

a) Como são comunicadas as          1) A empresa difunde a estratégia da sala da
estratégias para as pessoas da força  diretoria para as equipes operacionais por meio
de trabalho?                         da combinação dos diversos canais de
                                     comunicação?

b) Como o desempenho das pessoas    2) Há mecanismos para educar toda a equipe de
da força de trabalho é gerenciado, de colaboradores da organização sobre os conceitos
forma a estimular a obtenção de      de negócios e a estratégia competitiva da
metas de alto desempenho?            empresa?

                                     3) A empresa definiu scorecards individuais a
c) Como a remuneração, o             partir dos scorecards organizacionais?
reconhecimento e os incentivos
estimulam o alcance de metas de alto 4) Há vínculos do sistema de remuneração e
desempenho e a cultura da            recompensas ao atingimento dos scorecards
excelência?                          individuais e organizacionais?

            Relação Requisitos do PNQ X Princípios da OFE
```

FIGURA 4: FATORES DE ANÁLISE – TERCEIRO PRINCÍPIO – TRANSFORMAR A ESTRATÉGIA EM TAREFA DE TODOS.
Fonte: Adaptação FNQ (2010), Herrero (2005) e Kaplan e Norton (2000).

O terceiro princípio, Figura 4, está voltado para a avaliação do desempenho individual, conforme a estratégia da empresa. Transformar a gestão em tarefa de todos deve ser uma preocupação de todas as empresas, independentemente do seu porte.

Na relação Requisitos do PNQ x Princípios da OFE: o primeiro fator de análise atende a 33,3% dos requisitos do PNQ identificados no estudo; o segundo fator atende a 66,6%; o terceiro fator atende a 33,3%; e o quarto fator, atende a 66,6%.

```
    Requisitos              Fatores de análise -              Princípios da OFE –
     do PNQ                tradução de Herrero (2005)         Kaplan e Norton (2000)
    (FNQ, 2010)                                                         ↓
                                                         4º Princípio – Converter a
                                                         Estratégia em Processo Contínuo
                                                                        ↓
                                                    O processo permite o monitoramento do
                                                    progresso em relação à estratégia formulada e
                                                    a adoção de ações corretivas necessárias?

  a) Como a organização define os recursos       1) A empresa elabora o orçamento a
  financeiros para realizar os investimentos que     partir de objetivos e iniciativas
  possam suportar as estratégias e planos de              estratégicas?
                    ação?

  b) Como são avaliadas as estratégias da         2) A empresa avalia periodicamente
                organização?                      (mensal ou trimestral), nas equipes
                                                      gerenciais e operacionais, a
  c) Como a direção avalia o desempenho           consistência da estratégia competitiva
  operacional e estratégico da organização, visando            formulada?
  ao desenvolvimento sustentável?

  d) Como é implementado o aprendizado na         3) A empresa desenvolve uma cultura
  organização? Descrever as principais práticas        organizacional que estimule o
  para estimular o aprendizado.                     aprendizado em todos os níveis da
                                                               organização?
  e) Como é acompanhada a implementação das
  decisões decorrentes da análise do desempenho
            da organização?                       4) A empresa desenvolveu sistemas de
                                                    informação e análise que possibilitem
  f) Como a tecnologia de informação é utilizada      ao usuário criar relatórios para a
  para alavancar o negócio e promover a integração      avaliação do desempenho?
  da organização com as partes interessadas?

                    Relação Requisitos do PNQ X Princípios da OFE
```

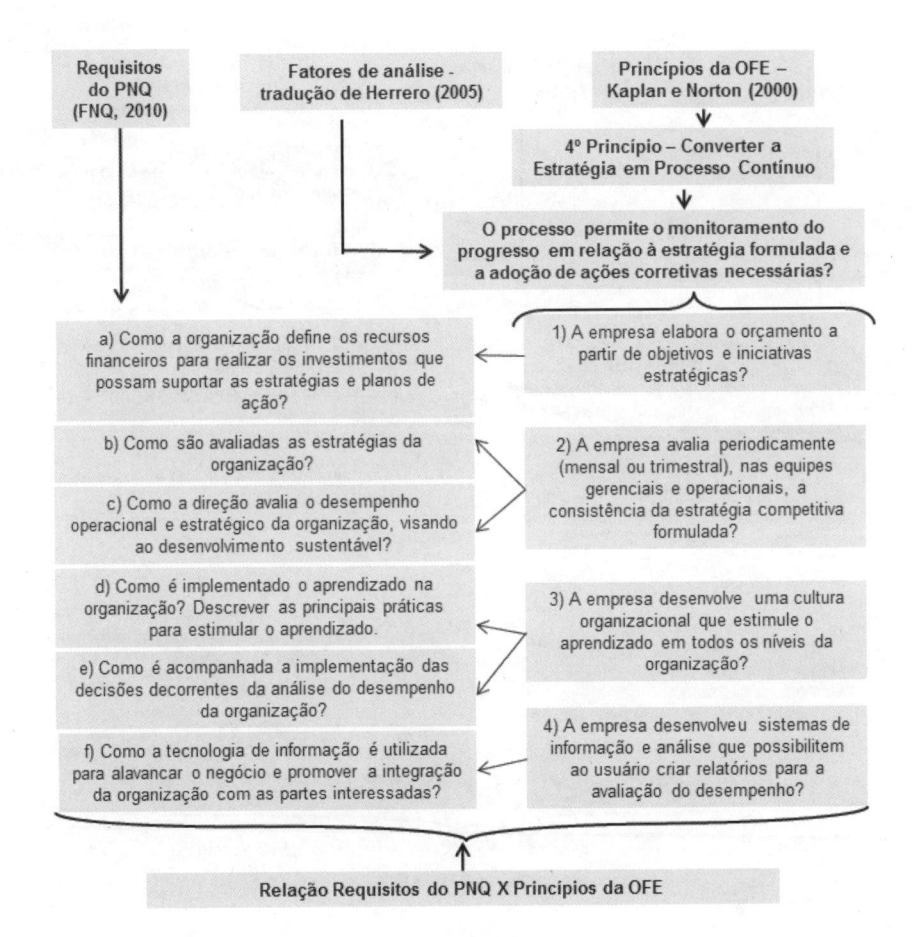

FIGURA 5: FATORES DE ANÁLISE – QUARTO PRINCÍPIO – CONVERTER A ESTRATÉGIA EM PROCESSO CONTÍNUO.
Fonte: Adaptação FNQ (2010), Herrero (2005) e Kaplan e Norton (2000).

O quarto princípio, Figura 5, está relacionado ao monitoramento do progresso da estratégia e à adoção de ações corretivas necessárias. Desenvolver práticas e processos que indicam gestão baseada no aprendizado organizacional contínuo é característica peculiar às organizações que buscam a excelência por meio da melhoria da gestão.

Na relação Requisitos do PNQ x Princípios da OFE: o primeiro fator de análise atende a 16,6% dos requisitos do PNQ identificados no estudo; o segundo fator atende a 33,3%; o terceiro fator atende a 33,3%; e o quarto fator, atende 16,6%.

```
         Requisitos              Fatores de análise -
          do PNQ             tradução de Herrero (2005)        Princípios da OFE –
         (FNQ, 2010)                                         Kaplan e Norton (2000)
                                                                      ↓
                                                      5º Princípio – Mobilização da Mudança
                                                       por meio da Liderança Executiva
                                                                      ↓
                                                      Qual o nível de mobilização da Liderança
                                                       voltada para o sucesso da estratégia?
```

a) Como a Direção exerce a liderança e interage com as partes interessadas, buscando a mobilização de todos para o êxito das estratégias e o alcance sustentado dos objetivos da organização?	1) A iniciativa da realização do BSC tem (ou teve) como patrocinador um executivo da alta administração, que desempenhará o papel de líder em todo o processo?
b) Destacar as principais formas de mobilização da força de trabalho para o êxito das estratégias e o alcance sustentado dos objetivos.	2) Os integrantes das equipes responsáveis pela implementação do BSC foram motivados e tiveram autonomia para atuarem como líderes do processo?
c) Como são identificadas e desenvolvidas as mudanças culturais necessárias para o êxito das estratégias?	3) Houve mobilização da equipe de colaboradores para que adquiram senso de propriedade do processo de BSC?
d) Como é mantido um clima organizacional favorável à criatividade, à inovação e à excelência no desempenho?	
e) Como é implementada a governança na organização?	3) Foi desenvolvido um modelo de Governança inspirado no BSC, entendido como um sistema de gestão estratégica?

Relação Requisitos do PNQ X Princípios da OFE

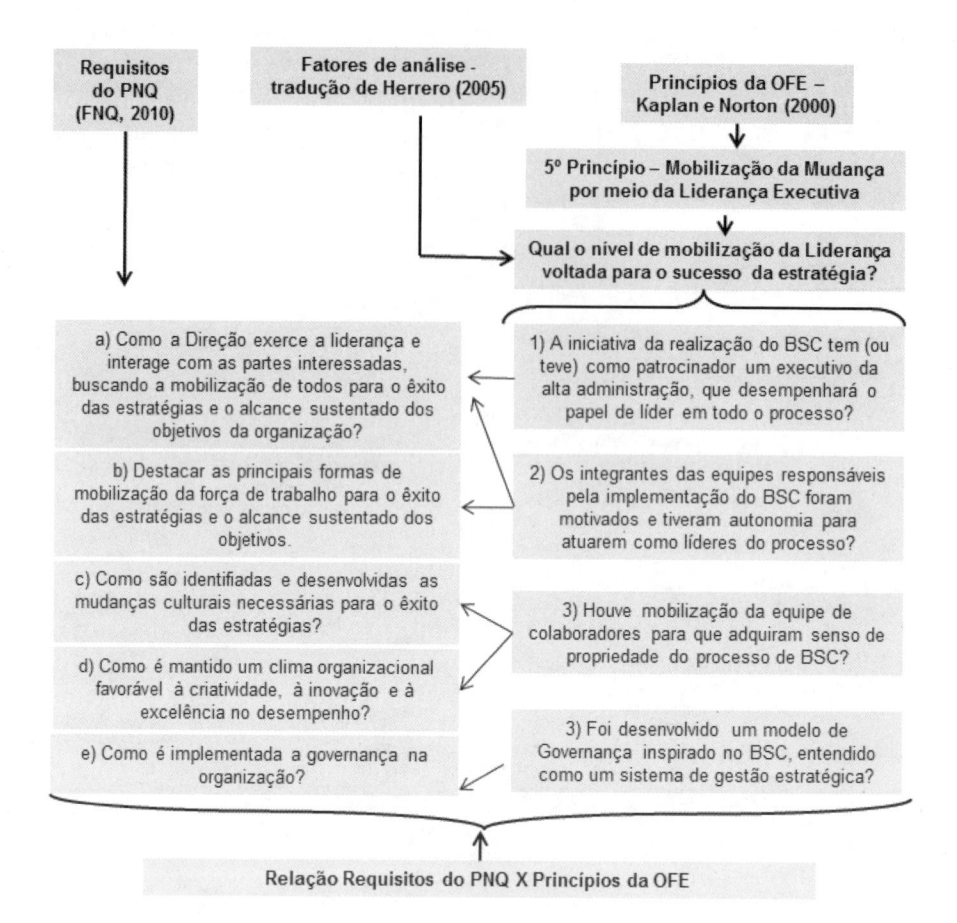

FIGURA 6: FATORES DE ANÁLISE – QUINTO PRINCÍPIO – MOBILIZAR A MUDANÇA POR MEIO DA LIDERANÇA EXECUTIVA
Fonte: Adaptação FNQ (2010), Herrero (2005) e Kaplan e Norton (2000).

O quinto e último princípio, Figura 6, tem relação com o nível de mobilização da liderança voltada para o sucesso da estratégia. A iniciativa de formulação e implementação das estratégias deve partir da alta direção. Deve haver motivação e autonomia dos líderes para mobilizar e estimular o senso de propriedade junto às equipes e demais empregados.

Na relação Requisitos do PNQ x Princípios da OFE: o primeiro fator de análise atende a 20% dos requisitos do PNQ identificados no estudo; o segundo fator atende a 40%; o terceiro fator atende a 40%; e, o quarto fator atende a 20%.

De uma forma geral, foi observado relevante alinhamento dos requisitos do PNQ com os princípios da OFE. Este fator pode indicar que as micro, pequenas ou médias empresas que estão aptas a participar do modelo de Excelência do MEG, naturalmente passam a adotar os princípios da OFE. Todos os fatores de análises dos princípios da OFE estão contemplados em, pelo menos, um dos requisitos dos Critérios de Excelência da FNQ.

Considerações Finais

Tornar uma organização focada na estratégia pode ser considerado uma prática natural, indispensável para as organizações que adotam os Critérios de Excelência da FNQ. O uso desta metodologia de gestão, com constância de propósitos, é uma prática que naturalmente promove este processo de alinhamento.

Toda organização que busca desempenhos superiores por meio dos Critérios de Excelência da FNQ, passa a praticar os princípios da OFE, de forma que todos compreendam e conduzam as suas atividades voltadas para os objetivos organizacionais. De maneira resumida, consiste em envolver todos os níveis e colaboradores no processo, praticar o aprendizado organizacional e promover sinergias, coordenadas por meio da alta liderança, diretrizes comuns aos dois modelos de gestão estudados.

A forte relação existente entre os princípios da OFE e os requisitos dos Critérios de Excelência da FNQ é um fator extremamente relevante, conforme mapeamento feito nas Figuras 2, 3, 4, 5 e 6. Esta descoberta agrega valor ao Modelo de Excelência da FNQ, como mais um elemento importante para a gestão, pois pode proporcionar às organizações que adotam o modelo, o alinhamento aos Princípios da OFE a partir da adesão aos Critérios de Excelência do PNQ.

Neste sentido, considerando esta forte relação existente entre os princípios da OFE e os requisitos dos Critérios de Excelência da FNQ, e o já existente incentivo da FNQ, do Sebrae, do Movimento Brasil Competitivo (MBC) e do Grupo Gerdau, que desenvolveram uma ferramenta para avaliação da gestão organizacional para as micro e pequenas empresas, verifica-se que as MPMEs podem adotar, sem grandes dificuldades, os princípios da OFE a partir da adesão aos Critérios de Excelência da FNQ, adaptando estes elementos à realidade de cada organização.

Além de proporcionar a melhoria da gestão, esta prática busca preparar as MPMEs para enfrentar com maior robustez os intensos impactos da competição acirrada que o mercado impõe. Com constância de propósitos, condução por parte das lideranças e envolvimento das equipes, é possível haver esta melhoria da gestão, aumentando assim a posição no ranking e a competitividade destas empresas.

Exercícios

Visando conhecer o nível de adesão da empresa aos Princípios da OFE, seus pontos fortes e oportunidades de melhorias na gestão, sugere-se realizar junto aos empregados, uma pesquisa baseada em Herrero (2005) envolvendo as seguintes questões:

- Qual o nível de entendimento dos funcionários em relação à estratégia formulada?
- Qual o nível de alinhamento da organização visando criar sinergias voltadas para a implementação da estratégia formulada?
- A avaliação de desempenho individual é baseada em indicadores desdobrados da estratégia organizacional?
- O processo permite o monitoramento do progresso em relação à estratégia formulada e a adoção de ações corretivas necessárias?
- Qual o nível de mobilização da Liderança voltado para o sucesso da estratégia?

Os resultados desta atividade devem ser traduzidos em ações e iniciativas para a melhoria da gestão e acompanhadas sistematicamente de forma a garantir os resultados almejados pela empresa.

Questões para Debates

O Modelo de Excelência da Gestão® está alicerçado sobre um conjunto de conceitos denominados fundamentos. Estes Fundamentos da Excelência se traduzem em práticas encontradas em organizações líderes que buscam se aperfeiçoar e se adaptar às mudanças globais (FNQ, 2010).

Assim, as questões sugeridas para debates que devem nortear a agenda dos líderes das MPMEs estão relacionados ao fundamento Liderança e Constância de Propósitos. A escolha deste fundamento se deve ao fato de que ao longo da descrição deste capítulo, se observa a importância da atuação dos líderes por meio de um compromisso forte e consistente. Estes elementos estão entre as principais ferramentas que podem promover a melhoria da gestão das organizações:

- Os líderes atuam como mentores de suas equipes, visando atingir os objetivos da empresa?
- Os líderes atuam de maneira aberta, democrática e motivando as pessoas?
- Os líderes têm visão sistêmica e abrangente, ultrapassando as fronteiras da empresa e as restrições do curto prazo?
- Existe o comportamento ético, habilidade para negociação e liderança pela exemplaridade na empresa?
- Existe a participação pessoal, ativa e continuada dos líderes de forma a criar clareza e unidade de propósito na empresa?

Sugestões de Pesquisa

------. **Critérios de excelência 2010:** avaliação e diagnóstico da gestão organizacional. São Paulo: FNQ, 2010.

------. **Critérios Compromisso com a excelência e rumo à excelência.** São Paulo: FNQ, 2010.

------. Prêmio para MPEs. 2012. Disponível em: < http://www.fnq.org.br/site/364/default.aspx>. Acesso em 29/01/12.

HERRERO, E. ***Balanced Scorecard* e a gestão estratégica**: uma abordagem prática. 5. ed. Rio de Janeiro: Elsevier, 2005.

KAPLAN, R. S.; NORTON, D. **Organização orientada para a estratégia**: como as empresas que adotaram o *balanced scorecard* prosperam no novo ambiente de negócios. Rio de Janeiro: Campus, 2000.

Palavras-Chave: *Balanced Scorecard;* **Critérios de Excelência; Organização focada na estratégia.**

Referências

ANHESINE, M. W.; CLÁUDIO, P. L.; GUILHERME, L. H. **Desenvolvimento de um BSC para gestão de risco em projetos.** Anais do XXII Simpósio de Administração da Produção, Logística e Operações Internacionais. São Paulo, 26 a 28 de agosto de 2009.

BISCHOF, J.; SPECKBÄCHER, G.; PFEIFFER, T. ***A descriptive analysis on the implementation of Balanced Scorecards in German-speaking countries.*** Elsevier, 2003.

CARVALHO, M.; MORENO, V. **Avaliação do potencial de aplicação do BSC em MPEs:** uma pesquisa ação. Anais do Simpósio de Excelência em gestão e tecnologia de 2008.

CARVALHO, M. M.; FISCHMANN, A. A.; PRIETO, V. C. **Análise comparativa de modelos de alinhamento estratégico.** Elsevier, 2009.

CAVENAGHI, V.; MORENO, J. A. **A aplicação dos Critérios de Excelência do PNQ – Prêmio Nacional de Qualidade:** um estudo de caso da empresa ganhadora do PNQ 2006. Anais do XV Simpósio de Engenharia da Produção de 2007.

FNQ. **Planejamento do sistema de medição do desempenho global:** relatório do comitê temático. São Paulo: FNQ, 2004.

------. **Critérios de excelência 2010:** avaliação e diagnóstico da gestão organizacional. São Paulo: FNQ, 2010.

------. **Critérios Compromisso com a excelência e rumo à excelência.** São Paulo: FNQ, 2010.

------. Prêmio para MPEs. 2012. Disponível em: < http://www.fnq.org.br/site/364/default.aspx>. Acesso em 29/01/12.

GESPOL. Sistema de Gestão da Polícia Militar de São Paulo. 2ª ed. 2010. Disponível em: <http://www.polmil.sp.gov.br>. Acesso em 29/01/12.

HERRERO, E. *Balanced Scorecard* **e a gestão estratégica**: uma abordagem prática. 5. ed. Rio de Janeiro: Elsevier, 2005.

JUNIOR, A. M. **O ideário organizacional e os resultados sistêmicos das empresas de alto desempenho**. Dissertação de Mestrado. Bahia, 2004.

KAPLAN, R. S.; NORTON, D. **Organização orientada para a estratégia**: como as empresas que adotaram o *balanced scorecard* prosperam no novo ambiente de negócios. Rio de Janeiro: Campus, 2000.

------. **Alinhamento**: utilizando o *Balanced Scorecard* para criar sinergias corporativas. Rio de Janeiro: Campus, 2006.

SEBRAE. **Grupo de estudos sobre a capacitação das micro e pequenas empresas.** 2010. Disponível em: < http://www2.camara.gov.br/a--camara/altosestudos/pdf/capacitacao-micro-empresas/sebrae>. Acesso em 29/01/12.

O Marketing e as Pequenas e Médias Empresas

IRINEU LOPES TRIGO

Não existe nada mais prático do que uma boa teoria.[1]
Kurt Lewin

INTRODUÇÃO

O marketing para os pequenos e médios empreendimentos não se limita às fronteiras da sobrevivência inicial das organizações desse porte, mas também as transcendem para a continuidade e sustentabilidade das organizações após esse período. Se for verificado o ambiente de negócio que proporcionou as melhorias nas condições de sobrevivência das MPEs (estabilização econômica; aumento do poder aquisitivo, globalização, aliados, agora, às crises nos mercados europeu e americano) se constatar-se-ão as implicações decorrentes, isto é, um ambiente competitivo, com inovações e novas tecnologias surgindo com frequência cada vez maior, com um consumidor mais informado e exigente, fazendo com que os negócios sejam reconfigurados, em intervalo de tempo cada vez menor. Em um ambiente complexo como esse, o marketing pode atuar como norteador dos negócios, auxiliando o empreendedor na identificação de oportunidades, na criação de novos produtos e serviços sintonizados com as necessidades dos clientes, na compreensão do comportamento do cliente e a estreitar relacionamentos com clientes, parceiros e fornecedores.

Diversos autores atestam a importância do marketing para todo tipo de organização –. Darymple e Parson (2003, p. 1) alegam que o marketing "é uma das mais poderosas ferramentas empregadas pelas or-

---

[1] LEWIN, Kurt. Psicólogo alemão (1890-1947) fundador do Centro de Pesquisa de Dinâmica de Grupo do Instituto de Tecnologia de Massachusetts, (MIT).

ganizações em sua luta eterna pelo crescimento e sobrevivência"; Kotler e Armstrong (2004, p. 3) destacam que o "bom marketing é essencial para o sucesso de toda organização, seja ela grande ou pequena, com ou sem fins lucrativos, nacional ou global"; Cobra (2009, p. 8) apregoa que hoje "o mercado exige uma postura de marketing para qualquer tipo de empresa, independentemente do tipo ou do tamanho" – por que, então, o marketing não é aplicado de forma mais consistente nos pequenos e médios empreendimentos?

Sarquis (2003) compilou razões possíveis para a baixa utilização do marketing pela PMEs, dentre as quais estão: experiência gerencial limitada do empreendedor; motivação pelo empreendimento e senso de realização limitado ao estágio de sobrevivência; crença na dicotomia teoria e prática; o marketing é considerado uma realidade distante ou por acreditarem ser incompatível com as PMEs, ou por ser dispendiosa e de resultados questionáveis ou, ainda, por ser associado exclusivamente à comunicação e por isso restrito à contratação de uma agência de propaganda ou à utilização de ações promocionais através de malas-diretas.

As considerações que envolvem essa questão abarcam, necessariamente, dois outros ângulos quanto ao marketing e sua prática pelas PMEs: uma visão acerca da natureza dos pequenos e médios empreendimentos e do que venha a ser marketing.

I) Características das PMEs e das Práticas de Marketing

Há uma ampla aceitação de que o conceito e instrumentos de marketing são aplicáveis a todo tipo e tamanho de organização. Também é pacífica a questão sobre a existência de características que tornam as PMEs distintas, como expressado por Filho et al. (2009) para quem as bases do marketing se assentam no contexto e realidade das grandes corporações sendo que os pequenos negócios apresentam particularidades que não possibilitam a sua aplicação direta. Hill e Hultman (2006) sugerem que a grande corporação opera, via de regra, em um ambiente consistente, onde as condições de mercado são mais contínuas, com a empresa satisfazendo as necessidades percebidas do consumidor, enquanto que para o pequeno empreendimento as condições de mercado não são contínuas e as necessidades do mercado ainda não são claras.

Como condições que contribuem para o desenvolvimento de vantagem competitiva, Sarquis (2003) compilou características que auferem vantagens às PMEs, destacando que o pensamento das grandes corporações, hoje, é justamente pensar como as pequenas organizações e aponta dentre essas características, as seguintes: por via de regra é o proprietário que dirige as operações e mantém contatos com os clientes; maior proximidade com os clientes possibilitando melhores condições de se ajustar às condições de mercado; maior agilidade e rapidez nas tomadas de decisões, principalmente relacionadas ao mix de marketing; maior capacidade para identificar e aproveitar oportunidades de mercado; possibilidade de desenvolver novos produtos em escala menor; entre outras. Nesse sentido, Neto (1999) e Lezana (1995) consideram inerentes às PMEs o foco em nichos de mercado; a não existência de completo domínio do setor; estrutura organizacional simplificada, com o fluxo de trabalho mais flexível e a comunicação mais informal; gestão pessoal e informal; forte caráter intuitivo na tomada de decisão com a liderança ancorada fortemente no carisma, e o pensamento de curto sobrepondo o de longo prazo.

Todavia, para Carson (2005), o grande diferenciador entre as PMEs e as grandes organizações são os recursos, que no caso daquelas apresentam limitações muito maiores quanto à geração de recursos financeiros para projetos, alocação de pessoas de acordo com a necessidade e aquisição de conhecimento no lugar e na hora exigidas. A falta de recursos financeiros leva a necessidade de o crescimento ser um fator decisivo na sustentação e base de negócios, dominando, assim, o processo decisório. As limitações de recursos humanos resultam em poucos tomadores de decisões gerenciais, concentrando as decisões no proprietário/gerente ou empreendedor. Como consequência os gestores das PMEs se tornam generalistas, acumulam tarefas e decisões que acabam por desviá-los de uma função específica, podendo levá-los à ineficiência no desempenho dessa dada função. Graças a esse perfil, as ações de marketing nos pequenos e médios empreendimentos são limitadas, o que significa que o "marketing eventualmente realizado pode ser minado por não haver dinheiro suficiente para gastar, além de correr o perigo adicional de que mesmo esses recursos limitados sejam usados incorreta ou ineficientemente" (CARSON, 2005, p. 539).

Outro aspecto de destaque que caracteriza as PMEs é o perfil do empreendedor/proprietário-gerente que exerce forte influência sobre a natureza do marketing praticado. Autores como Bonacim et al. (2009), Veit e Gonçalves Filho (2008) e Filion (1999) destacam como características típicas dos empreendedores a inovação, a criatividade, a propensão a riscos, a capacidade para identificar oportunidades, necessidades de realização, entre outras, embora as características como inovação e assunção de riscos, segundo Kraus, Harms e Fink (2009), possam ser questionadas, pois a maioria dos novos empreendimentos inicia-se com uma ideia de negócio estabelecida em um mercado estabelecido. Todavia, Carson (2005) ressalta o individualismo e a intensa concentração no bem-estar da empresa como características que apresentam maior impacto nas tomadas de decisões em marketing, pois considerando as características das PMEs elas serão limitadas pelo conhecimento técnico e, portanto, simplistas, e reativas às circunstâncias, consequentemente, aleatórias e, de certa forma, desestruturadas. Para Kotler (2000) essa prática caracteriza a fase inicial da empresa que, por ser pequena e não dispor de recursos, realiza um marketing informal, aplicado de maneira intuitiva e baseado no conhecimento que possui o empreendedor/proprietário-gerente.

Portanto, formação acadêmica, aliada à experiência profissional e comportamento do gestor, tem grande influência sobre as ações de marketing do pequeno e médio empreendimento. Isso nos leva ao segundo ângulo da questão que envolve o marketing e os pequenos e médios empreendimentos, qual seja, o de haver melhor entendimento do que venha a ser marketing.

II) O Que É Marketing?

O marketing ocorre quando alguém ou uma organização busca trocar alguma coisa com outro alguém ou outra organização. A essência do marketing é a troca, tenha ela dimensão mais econômica ou mais social, e suas ferramentas visam gerar e facilitar trocas no sentido de atender às necessidades e desejos humanos (ETZEL et al., 2001). Portanto, toda organização pratica o marketing. Por que, então, muitos estudantes, empresários, e mesmo consultores que se intitulam especialistas em marketing utilizam o termo marketing restringindo-o à propaganda e/ou vendas? O entendimento do por que desta restrição pode estar na origem e na tradução do termo no Brasil.

Os anos 1950 podem ser considerados como ponto de referência para o marketing no Brasil: o país dava início ao seu processo de industrialização, surgiam os supermercados de autosserviço, era fundada a revista Propaganda e a ADVB (Associação dos Dirigentes de Vendas no Brasil), e foi realizado o I Congresso Brasileiro de Propagandas. Nesses anos surge também o ensino de marketing com a fundação das primeiras escolas de negócios e administração, ESAN (1951) e EAESP (1952), sendo esta a primeira a receber os primeiros professores de marketing, todos de origem estrangeira. É nessa década também que o termo marketing é traduzido por mercadologia (estudo de mercado) e, por não expressar a dinâmica da palavra em inglês (ação no mercado), acabou por não ser incorporada em definitivo nos estudos e aplicações do marketing no

Brasil e, assim como em tantos outros países, permaneceu a expressão original (SELEME et al.; 2009). O emprego etimológico do termo e suas implicações também receberam destaque de Campomar e Ikeda (2006, p.1-8)

> "Não só a palavra "marketing" é objeto de confusão e falácias na sua tradução, mas também há problemas nas suas relações. "Services marketing" é traduzido por "marketing de serviços", "consumer goods" é traduzido por "marketing de bens de consumo". Se for assim que se traduz então "database marketing" que significa o uso de base de dados em marketing, deveria ser traduzido como "marketing de base de dados" (ou de empresas que fornecem base de dados). Da mesma forma "relationship marketing" deveria ser traduzido por "marketing de relacionamento" que seria o "marketing de organizações que fazem relacionamentos (talvez encontros para casamentos)". Na realidade, "relationship marketing" é a procura de manutenção de relacionamentos dentro das atividades de marketing de uma organização, utilizando-se principalmente de processamento eletrônico de dados. Nestes casos, isso tem feito com que pessoas que trabalham em tecnologia de informações pensem que trabalham em marketing em vez de estarem simplesmente fornecendo informações para os verdadeiros profissionais de marketing".

O processo de industrialização iniciado nos anos de 1950 mudou o perfil mais agrícola do país e embora tenha aumentado a oferta de produtos, o marketing integrado (combinação das diferentes ferramentas de marketing) ainda não é praticado. Com o enfoque de 'vender o que se produz' e não 'produzir o que se vende', prevalecem, nesse estágio, as atividades de vendas, cujos resultados são a medida de sucesso de uma empresa e, sequencialmente, a propaganda, uma vez que se tornou necessária a comunicação do produto certo para o público certo, por meio da propaganda e publicidade.

Campomar e Ikeda (2006) sugerem que o marketing ficou com a conotação de apenas uma de suas variáveis – a *Promoção* – porque as demais não tiveram o mesmo peso no contexto brasileiro. No caso da variável produto, pelo fato de os bens serem fabricados por multinacionais, suas concepções e desenvolvimentos ficaram restritos às suas matrizes; o tratamento dispensado ao *preço*, dado sua complexidade e histórico de inflação elevada, também não foi discutido pela área de marketing. Nestas circunstâncias caso cabe ressaltar que condições tais como formulação de preço baseada exclusivamente em custos, políticas governamentais de controle de preços, e casos, não raros, de listas de preços finais originadas nas matrizes no exterior, eram, apenas, convertidas para moeda local, com o devido ajuste tributário, levaram a variável preço para os domínios das áreas contábil e financeira[2]; e a *Distribuição (praça)*, dominada por atacadistas e varejistas, subordinou-se à área de produção, sob a denominação de logística. Restou aos profissionais de marketing, o gerenciamento da variável *Promoção*.

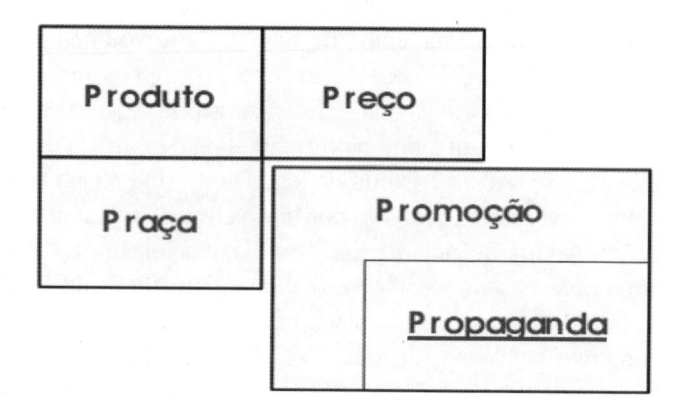

FIGURA 1: O PESO DA PROMOÇÃO NO COMPOSTO DE MARKETING NO BRASIL.
Fonte: Campomar, Ikeda (2006, p. 4).

Portanto, fica claro que o marketing não se restringe à propaganda e venda, sendo estas suas partes mais visíveis. Seu escopo considera um conjunto de atividades que procuram facilitar e / ou estimular o consumo. Nesse contexto, ainda com o objetivo de pacificar o entendimento do que seja marketing, é importante também destacar que ele embute duas dimensões que mantêm uma relação dialética entre elas: a dimensão gerencial (também chamada de orientação gerencial) que considera a orientação que pautará a prática do marketing de uma organização; e a dimensão funcional (também denominada função de marketing) que é responsável pelo planejamento estratégico de marketing, pelo sistema de informação de marketing e pelo gerenciamento do mix de marketing (os 4Ps – produto, preço, praça e promoção).

2.1) Dimensão Gerencial

Apesar de apresentar raízes ao longo da história da humanidade o marketing é um campo de estudo recente se comparado com as demais áreas do saber, sendo que sua evolução histórica é, normalmente,

---
2   Observação nossa.

interpretada na literatura como orientações gerenciais — à produção, às vendas e ao marketing.

Uma melhor compreensão da orientação gerencial à produção pode ter como ponto de partida a revolução industrial ocorrida no final do século XVIII, na Inglaterra, a qual posteriormente, a partir do meado do século XIX, se propagou pelo mundo. Esse processo teve como essência o avanço tecnológico, cujo marco distintivo foi a força motriz do vapor, que proporcionou uma nova fonte de energia, influenciando a indústria, reduzindo custos de produção e de preços, expandindo mercados e alterando a forma de organização e racionalização do trabalho pela fragmentação desse último em tarefas (BAKER, 2005). Quanto a isso, Motta (2001, p. 3) destacou que o surgimento das máquinas "muda a relação do homem com a natureza e leva à paulatina desintegração da sociedade estamental... Duplica em um século a população... multiplicam-se as cidades industriais, e a produção domiciliar e manufatureira dão lugar à fábrica. É um período de grande mobilidade e de grandes deslocamentos sociais".

Esse período é marcado por cenário econômico e social caracterizado por um mundo de oportunidades e recursos. Com surpreendente escalada, a economia apresentou elevada taxa de crescimento, com longos períodos de relativa estabilidade, com países desenvolvidos e grandes empresas à frente dos investimentos em novas tecnologias que impulsionaram o desenvolvimento de serviços e produtos industriais.

Nesse momento as empresas adotam uma orientação empresarial cuja premissa se assenta no desejo dos consumidores por produtos de baixo custo, fáceis de serem encontrados e, por isso mesmo, privilegiam as operações de produção, enfocando a eficiência e o controle interno, ou seja, adota-se uma orientação para a produção para responder a uma sociedade de consumo em massa. Para Kotler e Keller (2006, p. 150), as empresas "passaram a fabricar bens padronizados antecipadamente aos pedidos e deixaram para as pessoas a tarefa de se adequar ao que havia disponível. Os fabricantes mudaram de um processo *built-to-order* (feito sob encomenda) para um processo *built-to-stock* (feito para estoque)".

O início do século XX é marcado pela grande depressão, que mudou as percepções da sociedade; pela inovação organizacional e tecnológica, que gerou excedentes de produção; e pela legislação, de cunho restritivo, aplicada aos monopólios criados pela concentração de poder e riqueza conseguida pelas grandes empresas. Como consequência, a competição se tornou crescente entre fabricantes, levando as empresas a estimularem a demanda pela diferenciação de produtos e pelo aumento dos esforços de distribuição e comunicação, particularmente a venda e a propaganda. Em marketing esse período ficou conhecido por sua orientação gerencial focada nas vendas e na propaganda (BOONE; KURTZ, 2009; BAKER, 2005; ETZEL, WALKER; STANTON, 2001).

Nos anos que se seguem após a segunda Guerra Mundial, as empresas se defrontam com um mercado caracterizado pelo desequilíbrio entre a oferta e a procura, e consequente redução dos gastos dos consumidores, com as mulheres compondo a força de trabalho, com consumidores mais universais, e mais opções de produtos, decorrentes da aplicação, no sistema produtivo, da tecnologia desenvolvida durante a guerra. Esse contexto leva as empresas a reconhecerem que os métodos de persuasão e promoção, até então praticados, já não eram suficientes. Elas teriam que produzir o que os consumidores desejassem (ETZEL, WALKER; STANTON, 2001).

Para Baker (2005) a reconstrução que se seguiu no pós-guerra atrasou a abordagem que substituiria a orientação de produção, uma vez que as orientações gerenciais seguintes eram transitórias sendo que solução real é o marketing.

Orientação de vendas

Produção	Produtos existentes	Vendas / Promoção	Lucro pelo volume de vendas
Pontos de partida	**Focos**	**Meios**	**Fins**
Mercado	Necessidades do cliente	Marketing integrado	Lucro pela satisfação do cliente

Orientação de marketing

FIGURA 2: COMPARATIVO ENTRE ORIENTAÇÃO DE VENDAS E A DE MARKETING.
Fonte: Adaptado de Kotler e Armstrong, 2004, p. 13

Kotler e Keller (2006) expandem o conceito de orientação a marketing dando um caráter mais holístico com uma abordagem que reconhece e harmoniza atividades de relacionamento (construção de relacionamentos de longo prazo mutuamente satisfatório com clientes, fornecedores e parceiros) e atividades de marketing interno, pois considera as ações de marketing dentro de uma organização tão importantes quanto às atividades de marketing dirigidas para fora da empresa.

A dimensão gerencial abordada tem início com a orientação à produção em que os clientes não são diferenciados, possuem as mesmas necessidades e há similaridade de comportamento. Atualmente essa orientação tem pouca aplicabilidade, em geral a produtos classificados como *commodities*[3], e que mesmo assim as respectivas empresas se esforçam para buscar diferenciações. Radicalmente oposta, a abordagem a marketing. é expressa por Baker (2005, p.7), como:

> ... uma orientação de marketing começa e termina com consumidores e requer que seja produzido aquilo que se pode vender e não lutar para vender aquilo que podemos produzir. Mas o marketing não é um exercício de filantropia no qual os produtores dão seus produtos de presente. De fato, o interesse de longo prazo do consumidor requer que eles não façam isso, senão, como acontece quando se come a semente do milho, acabaremos absolutamente sem nada. Quem produz tem direito ao lucro e quanto mais valor agregar e quanto maior a satisfação que proporcionar, mais o cliente estará disposto a pagar por essa satisfação maior. Portanto, marketing trata-se de satisfazer mutuamente relações de troca nas quais o catalisador é a tentativa do produtor de definir e satisfazer melhor a necessidade do cliente.

Portanto, orientação a marketing considera o foco no cliente e nas suas necessidades, e no processo de relacionamento com ele que seja mutuamente satisfatório.

O entendimento da dimensão gerencial precisa ser, agora, convertido em ações operacionais, ou seja, a função de marketing deve estar compromissada com a orientação gerencial, compatível com a natureza da organização e do mercado em que atua, pois, caso contrário, corre o risco de ter sua efetivação comprometida.

2.2) Dimensão Funcional

O marketing enquanto função de negócio é parte integrante do conjunto de funções desempenhada por uma organização assim como produção, finanças, recursos humanos, entre outras. Nesse sentido, uma função organizacional se constitui de tarefas especializadas que auxiliam a organização a atingir seus objetivos.

O conjunto de tarefas que compõem a função marketing tem como objetivo a criação de valor para o cliente e a geração de vantagem com-

---

[3] Termo inglês para mercadoria. Representa produtos básicos, homogêneos e de amplo consumo, especialmente minérios e produtos agrícolas. Por essas características, o termo passou a ser utilizada para designar todo e qualquer produto padronizado, não diferenciado ou de difícil diferenciação.

petitiva duradoura para a empresa e engloba atividades como análise ambiental, planejamento estratégico de marketing, desenvolvimento do mix de marketing e avaliação dos resultados das estratégias e programas implementados. Para essas atividades os instrumentos e práticas de marketing recomendados são: Sistema de Informação de Marketing (S.I.M); o Planejamento Estratégico de Marketing e o composto envolvendo Produto, Preço, Praça (Distribuição) e Promoção (Comunicação).

III) SISTEMA DE INFORMAÇÃO DE MARKETING (S.I.M.)

Crescimento ou estagnação populacional, esgotamento e/ou limitação de recursos naturais, leis mais rigorosas que restringem e estimulam novos produtos e soluções tecnológicas cuja acessibilidade pode mudar atitudes e comportamentos, a concorrência global, além da doméstica. É nesse ambiente dinâmico (Figura 3), de grandes transformações econômicas, políticas, tecnológicas e sociais, que as organizações, independentemente de porte, necessitam criar suas estratégias e programas de marketing com o objetivo de desenvolver e reter vantagem competitiva capaz de gerar valor para seus clientes. Para isso a organização deve ser capaz de monitorar sistematicamente essas variáveis, de forma a se antecipar aos concorrentes, avaliar ameaças e encontrar oportunidades para desenvolver novos negócios e tornar seus relacionamentos com clientes mais longevos e lucrativos. Para Gomes e Braga (2004, p.41):

> "A utilização de Sistemas de Inteligência Competitiva[4] em organizações, seja ela de pequeno, médio ou grande porte, tem os seguintes propósitos, dentre outros: antecipar mudanças no ambiente de negócios; descobrir concorrentes e aprender sobre mudanças políticas, regulatórias ou legislativas que possa afetar seu negócio. Além disso, esse processo também auxilia a abertura e definição de um novo negócio e principalmente aumenta a qualidade das atividades de fusão, aquisição e alianças estratégicas, pois permite obter informações mais precisas sobre as empresas".

---

4 SIC – Sistema de Inteligência Competitiva – termo utilizado em diversa publicações acadêmicas de marketing como parte integrante do S.I.M.

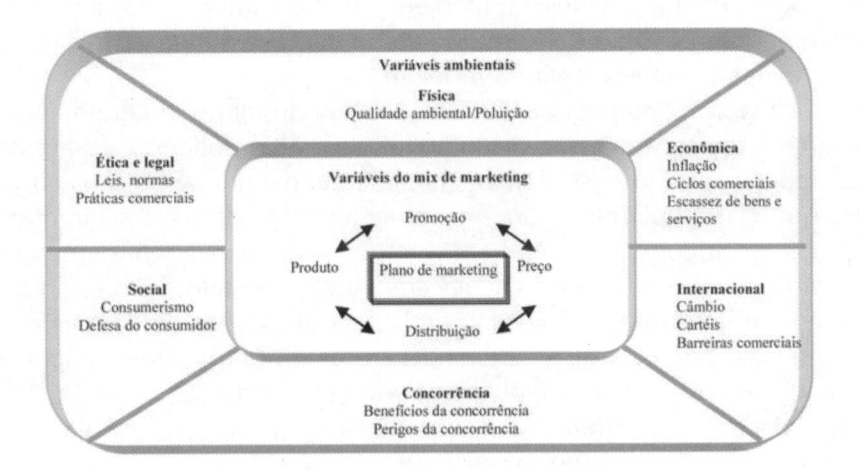

FIGURA 3: AMBIENTE DE MARKETING.
Fonte: Adaptado de Dalrymple at al., 2003, p. 15.

Como se pode notar trata-se de um ambiente complexo e é de fundamental importância para a gestão de marketing conhecer os agentes (fornecedores, clientes, concorrentes, intermediários de marketing), as forças e tendências que atuam nesse ambiente, suas implicações quanto a moldar oportunidades e impor ameaças e a forma como tudo isso se interage. Nesse sentido, um sistema de informação de marketing (S.I.M.) desempenha papel fundamental na estrutura mercadológica fornecendo dados que darão embasamento às decisões de marketing, organizando e gerando o fluxo de informações na empresa. Kotler e Keller (2006, p. 71) definem um S.I.M. como um sistema "...constituído de pessoas, equipamentos e procedimentos dedicados a coletar, classificar, analisar, avaliar e distribuir as informações necessárias de maneira precisa e oportuna para aqueles que tomam as decisões de marketing", sendo que seu núcleo é composto pelos Sistemas Internos, Inteligência de Marketing e Pesquisa de Marketing.

3.1) Sistemas Internos

Os sistemas internos contêm dados das diversas áreas da organização os quais, em sua maioria, podem ser acessados para uso em marketing. Na contabilidade podem ser encontrados dados financeiros, de vendas e de custos; na produção, informações sobre entregas e estoques; a área comercial mantém informações sobre clientes, pedidos, promoções e concorrentes; no marketing encontram-se dados a respeito do comportamento do consumidor, da demografia e indicadores da satisfação dos clientes; e assim por diante.

Uma vez organizados esses dados se constata que geralmente o volume é significativo, sua disponibilidade é alta, podendo ser acessados rapidamente, a custo baixo. Atualmente, devido aos baixos custos de aquisição, implementação e acompanhamento de sistemas informatizados (microcomputadores e *software*) mesmos as pequenas empresas podem organizar suas informações em bancos de dados, isto é, organizar e combinar informações sobre clientes, históricos de vendas e de promoções, produtos etc., reduzindo custos de promoção, compondo as informações para desenvolvimento de novos produtos, complementando dados para estratégias de manutenção de relacionamento com clientes, entre outras ações e programas de marketing.

Todavia, deve-se considerar que muitas vezes esses dados estão parcialmente disponíveis, sendo que outra parte fica distribuída em diversos registros, relatórios e, não raro, na "cabeça" de muitos profissionais da organização. Isso pode ser evitado, ou pelo menos minimizado, com uma forte orientação no sentido de registrar as atividades, ressaltando a importância e as vantagens desse procedimento. Outro aspecto relevante é que muitos desses dados são registrados de forma inadequada às necessidades de marketing em função da sua origem (p. ex.: os dados contábeis devem ser adaptados quando forem utilizados como forma de avaliação de produto, vendas e distribuição).

Finalizando, os dados possuem prazo de validade e deve haver a preocupação em manter as informações atualizadas, integradas e acessíveis.

3.2) Inteligência de Marketing

O objetivo da inteligência de marketing é melhorar a tomada de decisões estratégicas, avaliar os concorrentes e detectar oportunidades e ameaças. Diferentemente das informações geradas pelos sistemas internos, que são baseadas em dados sobre resultados, a inteligência de marketing, segundo Kotler e Keller (2006, p. 73) baseiam-se em eventos e se constitui em um "conjunto de procedimentos e fontes usado por administradores para obter informações diárias sobre eventos no ambiente de marketing".

As fontes para coleta de dados podem originar, mas não se limitar, de universidades, de livros e publicações setoriais, da força de vendas e de outros funcionários; dos revendedores, distribuidores e outros parceiros; de reuniões, painéis com clientes e com especialistas; de levantamentos governamentais e de órgãos de classes; em relatórios informativos e pesquisas realizadas por institutos de pesquisas e associações comerciais e empresariais; ou ainda em fóruns na internet e mídias sociais; entre outras.

Atualmente várias empresas se estruturam ou fortalecem seus departamentos com a inteligência de marketing com o objetivo de aumentar a coleta de informações de marketing gerando arquivos importantes e ajudando seus executivos a avaliarem e qualificarem as informações novas.

Cabe ressaltar que o uso frequente e cada vez maior das informações de marketing, em função da extrema competitividade entre as organizações, leva às considerações sobre ética. Deve-se ter claro que as empresas podem e precisam extrair o máximo proveito das informações desde que estas sejam obtidas obedecendo a um padrão de comportamento ético aceitável, dado a existência de técnicas e de fontes de informações que não requerem o uso de comportamento questionável tanto no campo ético quanto legal.

3.3) Pesquisa de Marketing

Dentro de uma organização a pesquisa de marketing desempenha o papel de alimentar com informações confiáveis e relevantes os tomadores de decisões, orientando e dando suporte ao desenvolvimento de estratégias.

Considerando a complexidade do ambiente de marketing e as decisões de marketing envolvidas, a pesquisa de marketing

> pode ser considerada como os sentidos gerenciais por meio dos quais os gerentes podem ver o mundo exterior então usar os insumos recebidos com seus próprios olhos, ouvidos etc., corporativos para regular esses processos sobre os quais não tem controle e assim atrelar suas ações internas às mudanças ambientais (WEBB, 2005).

A pesquisa de marketing é entendida como sendo "a identificação, a coleta, a análise e a disseminação sistemática e objetiva das informações; e esse conjunto de ações é empreendido para melhorar as tomadas de decisão relacionadas à identificação de problemas (estas também conhecidas como oportunidades) em marketing" (MALHOTRA, 2005, p. 4) e pode ser classificada quanto ao tipo (qualitativa e quantitativa) e finalidade (exploratória, descritiva e explicativa).

A abordagem qualitativa tem como foco o estudo não estatístico que procura identificar e analisar variáveis não mensuráveis como sentimentos, pensamentos, significados, sensações, intenções, motivações etc., pois muitas vezes dados mensuráveis não traduzem a profundidade suficiente para um melhor entendimento do comportamento do consumidor. O estudo qualitativo apresenta, dentre outras, características tais como: caráter exploratório; coleta de dados flexível e dinâmica; abordagem interpretativa na tabulação de dados; amostras pequenas, selecionadas por critérios subjetivos e arbitrários do pesquisador; por não ser um estudo estatístico e seu universo não ser representativo, os resultados não podem ser extrapolados; seu propósito é que os resultados sejam profundos na compreensão do consumidor, identificando hábitos, valores e atitudes.

O estudo quantitativo, por sua vez, procura evidências conclusivas pelo emprego de técnicas estatísticas; busca confirmar se os dados de uma amostra têm validade estatística para o universo do qual a amostra foi gerada. Apresenta, mas não se limita, características como: possibilita o levantamento de grande volume de dados, seu processo de pesquisa, quando comparado ao estudo qualitativo, é mais formal e estruturado; A análise é baseada em estatísticas (médias, modas, desvios-padrão); demanda número elevado de pesquisados; é adequado à mensuração de características e demanda conhecimento suficiente do fenômeno, objeto da pesquisa, para formulação de hipóteses.

Com referência aos tipos, encontram-se: a) a pesquisa exploratória cujo objetivo é possibilitar maior entendimento de um problema, procurando explicitá-lo melhor ou possibilitar a construção de hipóteses; b) a pesquisa descritiva que tem como meta central a descrição das características de um fenômeno ou população ou, então, o estabelecimento de relações entre variáveis, não tem a preocupação de explicar o que descreve e c) a pesquisa explicativa que procura a identificação dos fatores determinantes ou contribuintes para ocorrência dos fenômenos. Aprofunda o conhecimento da realidade, pois procura explicar a razão dos acontecimentos.

A pesquisa de marketing é um processo cuja dinâmica deve trazer resultados consistentes e úteis. Como processo, é composto por um conjunto de atividades que, de acordo com Kotler e Keller (2006), se constituem nas etapas da pesquisa (Figura 4) conforme descrito abaixo:

```
┌─────────────┐   ┌─────────────┐   ┌─────────────┐   ┌─────────────┐
│      A      │   │      B      │   │      C      │   │      D      │
│ Definição do│→  │Desenvolvi-  │→  │Implementação│→  │Interpretação e│
│ problema e  │   │mento do plano│  │do plano de  │   │Apresentação │
│ dos objetivos│  │de pesquisa  │   │  pesquisa   │   │dos resultados│
│ da pesquisa │   │             │   │             │   │             │
└─────────────┘   └─────────────┘   └─────────────┘   └─────────────┘
```

- Identificação das informações
- Coleta de dados
- Coleta de dados primários
- Apresentação do plano de pesquisa

- Fontes de dados comerciais
- Fórum da internet
- IBGE/Sebrae

- Abordagem da pesquisa
- Métodos de contato
- Plano de amostragem
- Instrumentos de pesquisa

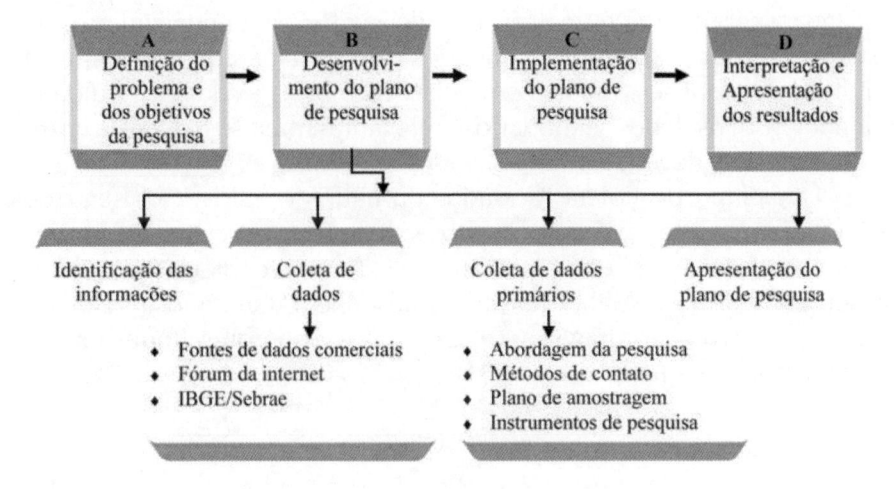

FIGURA 4: ETAPAS DA PESQUISA DE MARKETING.
Fonte: Kotler; Armstrong, 2004. Elaboração do autor.

A) Definição do Problema e dos Objetivos da Pesquisa

Desta etapa dependerá todo o desenvolvimento da pesquisa. Nela ocorre a definição ou identificação do problema ou da oportunidade para, em seguida, estabelecer os objetivos da pesquisa (exploratória, descritiva ou explicativa).

B) Desenvolvimento do Plano de Pesquisa

Esta etapa implica na identificação das informações necessárias, na coleta de dados e na apresentação do plano de pesquisa para a estrutura da empresa envolvida no processo. O plano em questão deve considerar as fontes de dados existentes, o detalhamento das abordagens da pesquisa, métodos envolvidos, planos de amostragem e os instrumentos a serem utilizados na coleta de dados.

b.1) Identificação das informações necessárias

Os objetivos da pesquisa devem ser traduzidos em necessidades específicas de informações.

b.2) Coleta de informações secundárias

Os dados para se obter às informações necessárias podem ser classificados em: a) **dados secundários**: são os já disponíveis em diversas fontes e que foram coletados para outros propósitos e, b) **dados primários**: aqueles coletados para o propósito da pesquisa.

b.3) Planejamento da coleta de dados primários

Para que o projeto de pesquisa de marketing atenda seu propósito principal que é prover os fatos e os direcionamentos necessários às tomadas de decisões, os dados precisam ser bons e todos os cuidados tomados com os dados secundários relevantes, precisos, atuais e imparciais – também devem ser considerados nesta fase.

Um plano de coleta de dados primários considera os seguintes passos: abordagem de pesquisa (observação, grupo de foco, levantamento, experimental, entre outras), métodos de contato (correio, internet, entrevista pessoal), plano de amostragem (tamanho da amostra, procedimento de amostragem) e instrumentos de pesquisa (questionário, instrumento mecânico).

C) Implementação do Plano de Pesquisa

É a etapa em que se coloca o plano de pesquisa de marketing aprovado em ação. Cuidado especial é dado à fase de coleta por ser a mais dispendiosa e a mais sujeita a erros. Após isso, os dados coletados devem ser processados e analisados.

D) Interpretação e Apresentação dos Resultados

Etapa final do processo de pesquisa, após a interpretação dos resultados, as conclusões finais devem ser apresentada às partes interessadas. Nesse sentido Kotler e Armstrong (2004, p. 105) alertam que "a interpretação não deve ser tarefa apenas dos pesquisadores. Os pesquisadores são especialistas em projetos de pesquisa e estatística, mas quem conhece mesmo os problemas e sabe as decisões que devem ser tomadas é o gerente de marketing".

A pesquisa de marketing, pelo exposto, se caracteriza pela sua estrutura e formalidade. Essas características aliadas às restrições financeiras e de conhecimento técnico são limitantes de sua prática pelos pequenos empreendimentos que, de certa forma, acabam efetuando um tipo de pesquisa mais informal, concentrada na obtenção de informações, sem muita preocupação quanto a sua correção e rigor, e que são subjetivamente avaliadas (CARSON, 2005). Todavia, os benefícios obtidos com sua utilização impelem no sentido de um esforço adicional, por parte dos pequenos empreendimentos, para fazerem uso desse instrumento. O caso abaixo reflete essa situação e demonstra a importância do uso desse instrumento de marketing:

Um exemplo de empresa bem-sucedida cuja estratégia utiliza pesquisas para monitorar o seu ambiente é a RICSEN. Uma empresa paranaense que comercializa pantufas, chinelos, mochilas e artigos para armarinhos e atualmente é líder no mercado brasileiro. Em novembro de 1999, a empresa RICSEN realizou a sua primeira pesquisa. Na época estava um pouco receosa pelo investimento que estava fazendo em pesquisa, ou seja, tinha dúvidas quanto ao retorno que a pesquisa iria trazer para a empresa. A pesquisa tinha como objetivo avaliar a imagem e o posicionamento da empresa junto ao canal de distribuição, avaliando os serviços e os produtos (na época pantufas e chinelos). O estudo abrangeu uma amostra de 180 entrevistas junto a clientes localizados em São Paulo, Paraná, Santa Catarina e Rio Grande do Sul. A pesquisa revelou ao empresário Jose Carlos Senden (*in memoriam*) que a maioria dos clientes estava satisfeita com a qualidade dos serviços prestados, apresentando um grau de satisfação de 78%, mas existia uma oportunidade de melhoria, principalmente no Estado do Paraná, em relação à comercialização dos chinelos. Apenas pouco mais da metade (52%) dos entrevistados mostrava-se satisfeito com a comercialização de chinelos, a outra parte não comercializava o produto (oportunidade) porque não lhes era oferecido, embora tivessem interesse... justificado em boa parte pelo fato de que a venda de chinelos é realizada durante todo o ano (oportunidade). Baseada nas informações da pesquisa, a empresa elaborou um planejamento mercadológico e obteve sucesso nas vendas no ano seguinte (2000). A partir desse momento, o empresário passou a utilizar a pesquisa em todas as suas ações estratégicas. Realizou pesquisa de satisfação junto aos seus clientes intermediários (2002), pesquisa para lançamento de novos produtos (2002 e 2003) e pesquisa junto aos representantes (2002 e 2003). A RICSEN soube utilizar a pesquisa de marketing no momento certo, obtendo sucesso em suas ações. Ela cresceu rapidamente, havendo a necessidade de buscar espaço maior para acompanhar o crescimento (SHIMOYAMA, 2004).

Sugere-se que os pequenos empreendimentos utilizem com maior frequência as pesquisas intensificando a utilização das fontes de dados. No caso de dados primários, a internet pode oferecer a custos mais razoáveis, relevando-se o mercado-alvo, as pesquisas *on-line*. Essa modalidade de pesquisa apresenta custos mais baixos na elaboração e envio de questionários (instrumento para coleta de dados primários em pesquisas quantitativas) bem como apresenta taxa de incidência (número de pessoas que respondem a uma pesquisa) maiores quando comparadas a outros instrumentos de coleta de dados. Em se tratando de dados secundários, o uso mais intenso das fontes secundárias (lembrando-se das respectivas limitações e cuidados) auxiliará significativamente para aumentar o conhecimento sobre os concorrentes, para reunir e interpretar informações sobre os clientes. Se possível a organização deve buscar apoio externo ou dedicar recurso específico para esse fim, dando início a uma sistemática que permitirá a estruturação de um sistema de informações.

A competitividade assim como a necessidade de se determinar a aceitação do composto mercadológico pelo mercado-alvo impõe às organizações, independentemente do seu porte, a necessidade de planejar e organizar um fluxo de informações sobre clientes, concorrentes e parceiros, entre outros, que lhes possibilitem responderem, quando não anteverem, as imposições do ambiente de marketing.

IV) Planejamento Estratégico de Marketing

O planejamento estratégico de marketing quando transformado em plano de marketing se constitui em um processo formal e estruturado, dentro de uma sequência lógica de atividades. Não raramente as críticas que recaem sobre o planejamento, de acordo com Sobral e Peci (2008) referem-se à rigidez que é imposta a sua execução, levando à sua inadequação em responder à dinâmica do ambiente assim como à inibição da flexibilidade organizacional. Sarquis (2003) elencou algumas das razões pelas quais os pequenos e médios empreendimentos não realizam planejamento – as demandas diárias dos empreendedores consomem o tempo disponível para o planejamento; ausência de conhecimento e habilidade necessária ao planejamento; falta de dados e informações necessárias ao processo de planejar e descrença na importância real do planejamento, investindo tempo e recursos nas atividades diárias. Outro aspecto relevante é apontado por Filion (1999b) no sentido de haver incompatibilidade entre a forma intuitiva e informal de tomada de decisão do empreendedor/proprietário – gerente das MPMEs e as características inerentes do planejamento de marketing o que, para Carson (2005), demandaria uma adaptação das estruturas-padrão de marketing para aplicação no contexto dos pequenos e médios empreendimentos. Justifica-se essa adaptação ao contexto das MPMEs e, simultaneamente, responde-se às críticas ao planejamento quando se observam os efeitos positivos decorrentes de sua aplicação: na ampliação das possibilidades de sucesso do empreendimento; no auxilio e na avaliação e identificação de oportunidades e ameaças; na melhoria na distribuição dos recursos; no auxílio favorável às relações com intermediários financeiros, de distribuição e de representação; na comunicação entre executivos; no estabelecimento, construção, e manutenção de vantagem competitiva, pois a orientação ao mercado se torna mais focada e mais coerente (McDONALD, 2008; SILVA, 2001). Deduz-se, portanto, que os pequenos e médios empreendimentos devem realizar um mínimo planejamento, considerando as vantagens e benefícios decorrentes do processo. Mas, neste momento, já se torna indispensável o entendimento do que vem a ser planejamento estratégico de marketing.

O uso excessivo e aleatório de certas palavras tende a trazer certo grau de esvaziamento ou, no mínimo, de confusão quando dos respectivos empregos. Certamente é o que ocorre com palavras como "planejamento", "plano", "estratégia" e "objetivo" e, por extensão, quando associadas às questões corporativas e questões de marketing. Para efeito deste texto, é importante esclarecer que as diferenças entre os aspectos corporativos e de marketing, ficarão mais claro ao leitor após o término da leitura deste texto e das considerações sobre estratégias e objetivos corporativos, objetos do capítulo correspondente. Neste sentido, o que será abordado nas próximas linhas corresponde ao planejamento de marketing que, por via de regra, se subordina ao planejamento corporativo, como resume a Figura 5.

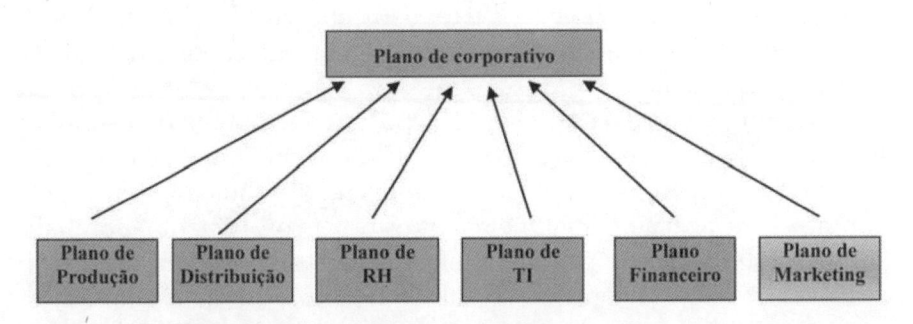

FIGURA 5: ESTRUTURA DE UM PLANO CORPORATIVO.
Fonte: Adaptado de J. Westwood, p. 3.

Ocorre que algumas situações de mercados altamente competitivos acabam impondo o plano de marketing ao plano corporativo, equiparando os objetivos e estratégias de marketing às corporativas. Nesse contexto é importante esclarecer o que é plano de marketing e o que é planejamento de marketing, assim como o que vem a ser objetivos e estratégias de marketing.

Campomar e Ikeda (2010, p. 87) diferenciam planejamento de plano, afirmando que o "planejamento é uma função organizacional, um processo sistemático, um exercício mental, enquanto que o plano é o resultado do planejamento formalizado por um documento escrito". Portanto, planejar é estabelecer um conjunto de atividades e uma sequência lógica que culminam no estabelecimento de objetivos de marketing e na formulação de estratégias para atingi-los (McDONALD, 2008), os quais, formalizados em um documento escrito, se transformam no plano de marketing. Para Westwood (2007, p. 4) "um plano de marketing é como um mapa – mostra à empresa aonde está indo e como chegar lá... deve identificar as oportunidades de negócios mais promissoras para a empresa e descrever em linhas gerais como entrar, conquistar e manter posições em mercados identificados".

Com efeito, o plano de marketing auxilia no entendimento do que vem a ser objetivos e estratégias de marketing. Por objetivo entende-se o ponto ao qual se pretende chegar e no caso do objetivo de marketing trata-se de especificar o que se quer vender e para quem vender, ou seja, objetivos de marketing se relacionam a produtos e mercados o que leva as quatro situações possíveis, postuladas por Ansoff: vender produtos existentes a mercados existentes; estender produtos existentes a novos mercados; desenvolver novos produtos para mercados existentes; e desenvolver novos produtos para novos mercados. Ferrel e Hartline (2010) sugerem ainda que os objetivos expressos em termos quantitativos são mais precisos e mais fáceis de serem implementados após o desenvolvimento da estratégia.

Com referência à estratégia, entende-se que se trata do caminho a ser percorrido para se atingirem os objetivos, o que significa em marketing, os meios (preços, promoção e canais de distribuição) empregados por uma organização para atingir seus os objetivos. Portanto, por planejamento estratégico de marketing entende-se como uma orientação na identificação ou criação de oportunidades promissoras à empresa em consonância com seus recursos e *know-how* (NEVES, 2009; McDONALD, 2008; WESTWOOD, 2007).

Considerando que produto é objetivo de marketing e preço, promoção e distribuição são estratégias de marketing, se faz premente um entendimento acerca do paradigma de marketing conhecido como os 4Ps.

V) Mix de Marketing

Como já abordado, um plano de marketing direciona uma organização na utilização de suas forças e capacidades para atender às necessidades e exigências do mercado visando criar vantagens competitivas e, para isso, a organização deve procurar desenvolver a melhor combinação de mercado-alvo e mix de marketing.

Por mercado-alvo entende-se como o resultado de um processo de segmentação, e posterior seleção, de mercado que a empresa julga ser possível atender da melhor forma possível. De acordo com Evans (2005, p. 174) o "... princípio básico da segmentação de mercado é que os mercados não são homogêneos e que comercialmente faz sentido diferenciar ofertas de marketing para diferentes grupos de clientes".

O processo de segmentação decorre da divisão de um mercado com base nas características ou necessidades similares de um grupo de consumidores potenciais, e respectivo comportamento de compra, utilizando combinações de critérios que podem ser demográficos (idade, sexo, renda); psicográficos (estilo de vida, personalidade); comportamentais (benefícios, frequência de uso, risco percebido); e de dados obtidos de transações em tempo real ou no ponto de compra (leitura de código de barra, radiofrequência (RFID), sequências de acessos em sites de compras eletrônicas etc).

Uma vez segmentado o mercado, deve-se selecionar qual, ou quais, segmento(s) será(ão) atendido(s) avaliando-o(s) quanto ao tamanho (poder de compra do segmento), a perspectiva de longo prazo (taxa de crescimento), a rentabilidade e intensidade competitiva (atratividade). Juntos, segmentação e seleção de mercado, determinarão o mix de marketing mais adequado às escolhas feitas.

O conceito de mix marketing enfoca a manipulação de variáveis que produzem misturas criativas de procedimentos e políticas, com foco na rentabilidade da empresa. Embora iniciado por Borden em 1953, com base no trabalho de James Culliton, foi sintetizado e sedimentado por Jerome McCarthy e tornou-se referencial, prático e teórico, para todos os tipos de organizações, constituindo-se na base das ações de marketing. Para Magalhães e Sampaio (2008, p. 32) o

> marketing mix significa a composição ideal, ainda que relativa e temporária, para avaliar, organizar, definir e fazer cumprir um determinado plano de marketing, otimizando o conjunto formado por produto, distribuição, preço e comunicação capaz de se diferenciar competitivamente da concorrência...

5.1) Produto

O termo produto abrange bens físicos, serviços, experiências, ideias, entre outros e uma estratégia de produto deve considerar seus atributos físicos (tangível), seus serviços (intangível), sua simbologia (perceptuais) e suas extensões como a embalagem, a marca e respectivo posicionamento (como o seu produto se posiciona na mente dos consumidores, comparativamente às dos seus concorrentes). A importância do produto reside no fato, como já mencionado, de ser um dos dois elementos centrais nos objetivos de marketing, pois é ele que deverá, em primeira instância, atender às necessidades e desejos dos consumidores.

Os produtos podem ser categorizados como sendo para uso e satisfação pessoal (produtos destinados ao mercado consumidor – B2C) e produtos para serem revendidos, ou usados nas operações de uma empresa, ou ainda, incorporados à produção de outros produtos (produtos que atendem ao mercado empresarial – B2B).

Para Kotler e Keller (2006) o planejamento de um produto deve considerar diferentes níveis sendo que o 1o deles consiste no **benefício central** do produto, ou seja, o serviço ou benefício que o cliente está comprando; o 2o nível é a transformação do benefício central em um **produto básico**; o 3o nível, o **produto esperado**, ocorre quando se agregam atributos e condições que os compradores esperam encontrar quando compram o produto; o 4º, é denominado de **produto ampliado** porque excede as expectativas do cliente; e no 5º nível está o **produto potencial** abrangendo todas as transformações a que o produto deve ser submetido no futuro. Considerando esses níveis e dependendo da maturidade do mercado, a concorrência se desenvolverá ou no nível de produto esperado ou no de produto ampliado. Nesse contexto, e lembrando que os produtos podem ser serviços e ideias intangíveis, é importante tecer algumas considerações sobre serviços.

Há uma interdependência entre serviços e produtos físicos, ou seja, serviços demandam bens de suporte e os bens exigem serviços de suporte caracterizando todo produto como um mix de bens e serviço onde há, em um extremo, a predominância dos bens, e no outro a prevalência dos serviços. Esse *continuum* é mais bem visualizado no gráfico 2.

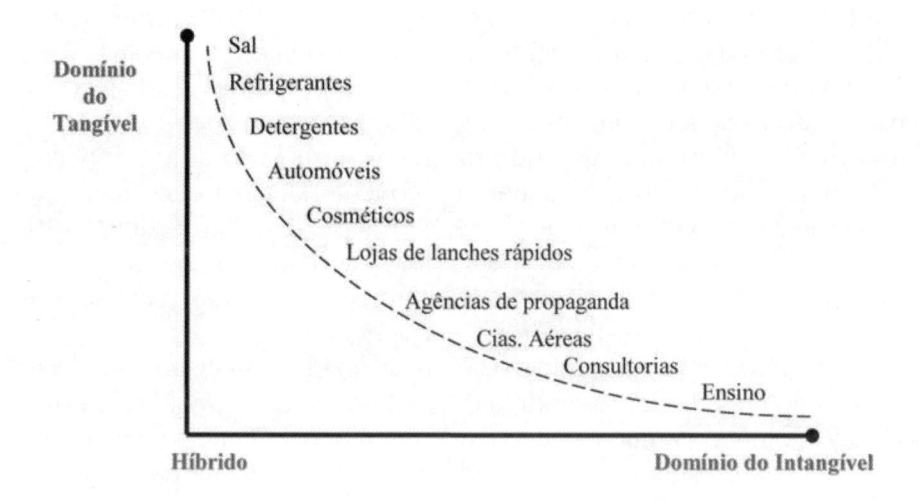

```
Domínio         Sal
   do         Refrigerantes
Tangível       Detergentes
               Automóveis
                Cosméticos
                 Lojas de lanches rápidos
                   Agências de propaganda
                      Cias. Aéreas
                         Consultorias
                                  Ensino

   Híbrido                           Domínio do Intangível
```

GRÁFICO 2: ESPECTRO DA TANGIBILIDADE.
Fonte: Adaptado de Shostack, 1977, p. 77.

Para Etzel et al. (1997, p. 523) "...é útil separar serviços em duas classes. Na primeira estão os serviços que são o propósito ou objeto principal de uma transação. Na segunda classe estão os serviços que apoiam ou facilitam a venda de um bem ou outro serviço".

Outro aspecto importante é compreender que serviços apresentam características não encontradas nos bens físicos, quais sejam: **intangibilidade** (não podem ser vistos, tocados, sentidos, ouvidos ou cheirados antes da compra, razões pelas quais as empresas de serviços procuram tangibilizar os serviços através de evidências físicas); **inseparabilidade** (normalmente serviços não podem ser separados de seus provedores, sejam pessoas ou máquinas. Por isso a interação do prestador de serviço com o cliente é uma característica especial e, ambos, cliente e prestador do serviço, afetam o resultado final); v**ariabilidade** (a qualidade dos serviços depende de quem os fornece, bem como de quando, onde e como são fornecidos); e **perecibilidade** (não podem ser estocados para uso ou venda a posteriori, gerando maiores dificuldades para a empresa de serviço quando há flutuações da demanda). Nesse contexto, Zeithaml e Bitner (2003) sugerem para análise e administração do serviço o triângulo de marketing, reunindo os agentes centrais envolvidos – empresa, executores e clientes – dispostos em três vértices: **marketing interno**, envolvendo a empresa e os executores do serviço que viabilizarão as promessas feitas aos clientes; **marketing externo**, que considera a empresa e o cliente, promovendo as promessas a esses clientes; e o

marketing interativo que abrange os executores e clientes, tendo como objetivo principal a manutenção das promessas feitas aos clientes. O triângulo de marketing sugerido destaca, no composto mercadológico, os papéis representados por três outros elementos: as pessoas (todos aqueles desempenham um papel no processo de execução de um serviço), evidência física (todo e qualquer componente tangível que auxilie no desempenho ou comunicação do serviço) e processo (procedimentos e sistemas de execução e de operação dos serviços).

Decisões estratégicas ainda devem considerar a qualidade do produto e a abordagem relativa à diversificação deles.

A qualidade, em marketing, é determinada e avaliada sob a percepção do cliente, pois o produto deve satisfazer as necessidades explícitas e implícitas do cliente, atendendo tanto o aspecto de conformidade (ausência de defeito) quanto de desempenho (capacidade de o produto desempenhar suas funções); sendo que a empresa deve focar um conceito de melhoria contínua dos produtos, serviços e dos processos envolvidos.

A decisão sobre diversificação de produtos, particularmente para os pequenos e médios empreendimentos, exige muita reflexão, pois se por um lado a ampliação do portfólio de produtos pode acelerar a expansão, vendendo mais para clientes atuais e para novos clientes, pode aproveitar a capacidade de produção ociosa, caso exista e possibilitar níveis de vendas e lucros frente à sazonalidade ou crescimento da concorrência; por outro lado, pode dispersar energia e recursos, demandar aumento significativo no volume de investimentos e ampliar complexidade das ações promocionais e do processo de distribuição.

Feitas as considerações sobre o produto, deve-se, então, estabelecer a estratégia adequada de preços.

5.2) Preço

A importância da precificação é ressaltada quando se constata que o preço é o único elemento do mix de marketing de extração de valor (geração de receita); tem forte impacto no volume de vendas e na participação de mercado; tem forte influência sobre a demanda, podendo ser alterado com relativa rapidez e com capacidade para gerar ou responder às mudanças de preços em menor espaço de tempo, comparativamente aos outros instrumentos de marketing; é comumente utilizado como indicador de qualidade e se constitui no elemento que apresenta a maior capacidade de alavacagem sobre o lucro (DIAMANTOPOULOS, 2005; DOLAN, HERMMANN, 1998).

Todavia, muitas empresas, particularmente os pequenos e médios empreendimentos, não sabem como atribuir preços, têm dúvidas quanto ao melhor método, e acabam por adotar práticas simplistas que enfatizam excessivamente os custos e não se motivam a buscar o melhor preço, aquele que maximizaria o lucro (DIAMANTOPOULOS, 2005). Adicionalmente, Carson, Gilmore, Cummins et al. (1998) indicam, que na prática, os pequenos empreendimentos empregam o sistema de custo-mais-margem considerando um número de efeitos secundários, isto é, as empresas adotam o sistema custo-mais-margem mas são também influenciados pela demanda e pela concorrência. Esses mesmos autores, citando estudos de Hankinson, relatam que atrás da tomada de preços, encontraram distinção entre causas determinantes de preço e influências de preço, sendo o custo o maior determinante de preço, entretanto tendo como influenciadoras as condições de mercado. Nesse contexto, as decisões de preços são dominadas pelos fatores custos e competição, estabelecendo um espectro de preço mínimo, estabelecido pelos custos, e máximo, determinado pela concorrência, onde a escolha de preço, dentro desses limites, permitirá a venda com certo lucro e tendo como método principal de precificação o sistema custo-mais-margem também conhecido como *mark-up*.

O *mark-up* é um método básico de cálculo de preço de venda que consiste em acrescer um valor ou um percentual ao custo unitário total (fixo mais variável) de um produto. Se por um lado esse método apresenta como aspecto positivo sua simplicidade, contra ele pesa diversas desvantagens. Dolan e Hermmann (1998) elencam os seguintes aspectos negativos do método: desconsidera a demanda; ignora o valor percebido do cliente; o custo fixo é determinante no método e, portanto, ocorrendo diminuição das vendas, o preço se elevará e, por decorrência, só funcionará se os níveis de vendas desejados forem atingidos; e adota o preço como uma função dos custos, descartando o desempenho do produto e do valor deste para o consumidor.

As organizações que não aplicam o método *mark-up* tendem a considerar o mercado como referência e fixam seus preços de acordo com ele, ou seja, nesse sistema, a precificação considera o custo como uma função do preço, colocando o cliente em evidência com o objetivo de fazer todo o possível para atender as suas necessidades (Figura 6).

O enfoque de mercado considera na formação de preço o conceito de margem de contribuição (preço de venda menos custo variável unitário) cujo resultado representa quanto cada produto colabora para os custos fixos e para a lucratividade e tem os custos como restrições a diferentes alternativas de preços e não como guias para o estabelecimento deles. Nesse contexto, preço passa a ser uma função de marketing.

```
           PRECIFICAÇÃO BASEADA EM CUSTOS

PRODUTO ►CUSTO ►PREÇO ►VALOR ►CLIENTES

           PRECIFICAÇÃO BASEADA EM VALOR

CLIENTES ►VALOR ►PREÇO ►CUSTO ►PRODUTO
```

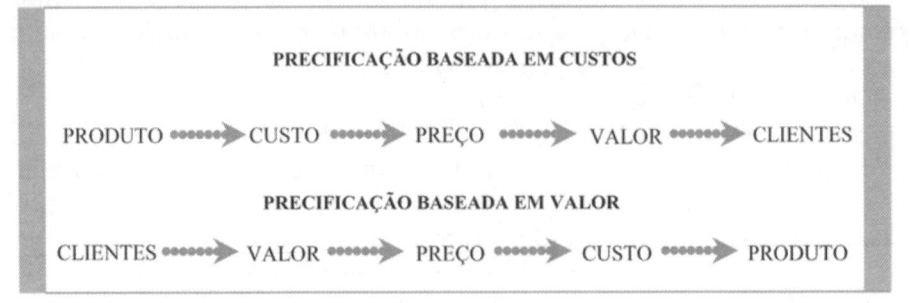

FIGURA 6: PRECIFICAÇÃO BASEADA EM CUSTOS VERSUS BASEADA EM VALOR.
Fonte: Nagle; Hogan, 2008, p. 5.

A referência feita ao valor percebido pelo cliente é bem sintetizada por Bernadi, citado por Beulke e Bertó (2009, p. 325), evidenciando a diferença entre preço e valor: "...o consumidor compra valor, imagem, atendimento, produtos e serviços que reconhece, estima e aprecia, o que é muito mais amplo que preço. Preço é o que se pretende cobrar e valor é o quanto o consumidor acredita que vale a pena pagar".

Dolan e Hermmann (1998) sugerem o cálculo de preço ideal (preço que maximiza a lucratividade) com base no valor percebido pelo cliente. Para os autores o valor percebido é o valor máximo que o cliente está disposto a pagar e o conhecimento desse valor evidencia a troca (*trade off*) entre preço e quantidade. Do preço ideal derivam as demais políticas de precificação tais como preço com desconto, preços sazonais, preço por linha de produtos etc.

Carson, Gilmore, Cummins et al. (1998) consideram que os pequenos e médios empreendimentos devem se atentar para o perfil dos clientes da empresa e o nível de renda do grupo de clientes potenciais, olhando a política de preços como um indicador importante da imagem da empresa e da qualidade de seus produtos, e se atentar para a sensibilidade a preço dos consumidores. Destacam que o número de competidores e respectivos tamanhos também devem ser considerados, pois numa indústria onde há domínio de algumas grandes corporações pode dificultar às PMEs a equiparação de preços e recomendam a diferenciação, não só do produto, mas da oferta total, ou seja, a oferta de um pacote diferenciado em troca do dinheiro adicional.

As empresas com ofertas relativamente indiferenciadas serão, por via de regra, submetidas à concorrência e pressionadas pelos compradores a igualarem ou reduzirem seus preços, por essa razão a busca por diferenciação na oferta total deve ser perseguida e de forma consistente. Isso só será possível oferecendo uma oferta de qualidade a preço mais baixo ou cobrar um preço mais alto, mas adicionando valor que justifique o preço. Nagle e Hogan (2008, p. 31) alertam que

> ...erroneamente acreditam que basta alocar características de performance a uma oferta para se cobrar um preço *premium*. Mas isso não vai acontecer a menos que aquelas características se traduzam em real valor econômico e psicológico para o cliente e valor superior ao da concorrência...

O final do processo de precificação conduz à próxima variável do mix de marketing, qual seja, a distribuição.

5.3) Distribuição

Um produto só poderá ser consumido se estiver disponível no local, na forma e no tempo adequados e a função de marketing responsável por isso é denominada de canal de marketing. Para Rosenbloom (2009, p. 28-31), canal de marketing "....encaixa-se na variável distribuição do composto mercadológico, compreendendo a estratégia de canal e gestão logística" e é constituído de "rede de organizações que cria utilidades de tempo, lugar e posse para consumidores e usuários empresariais". O canal de marketing preocupa-se com os aspectos mercadológicos e comerciais enquanto que o canal de logística preocupa-se com as tarefas especializadas de movimentação e estoque. Kolter e Keller (2006, p. 464) definem canais de marketing como "conjuntos de organizações interdependentes envolvidas no processo de disponibilizar um produto ou serviço para uso ou consumo".

A importância da estratégia de canais reside no fato de que as decisões de marketing são afetadas por ela e a construção e operacionalização de canais de marketing eficientes e eficazes, em última análise, reduzem custos operacionais, criando vantagem competitiva em relação à concorrência. Paralelamente, representa também um custo de oportunidade na medida em que podem transformar expectativas de vendas em vendas concretas, ou seja, auxilia não só no atendimento ao mercado, mas também no desenvolvimento de mercados.

A delegação de funções aos intermediários, de acordo com Kotler e Keller (2006) justifica-se por três razões essenciais: a) os produtores não dispõem dos recursos exigidos para comercializar seus produtos diretamente; b) o retorno sobre o capital é maior se investido no negócio principal e c) a comercialização direta é inviável. Geralmente, os intermediários atingem maior eficiência (Figura 7) na disponibilização em largar escala, considerando que os fabricantes produzem grande quantidade de variedade limitada de produtos, enquanto os consumidores procuram por quantidade limitada de uma grande variedade de produtos.

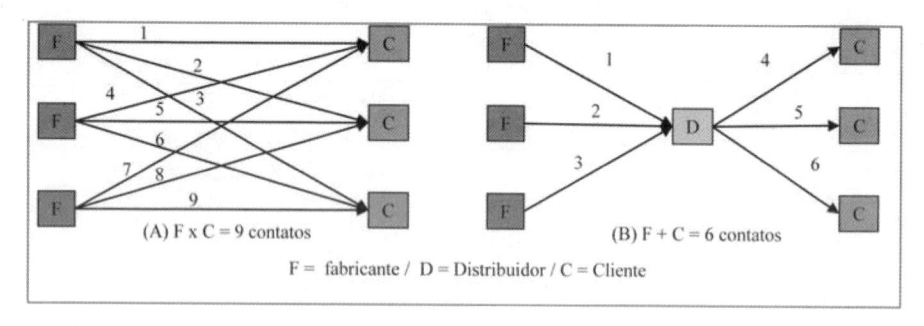

FIGURA 7: REDUÇÃO DE CUSTOS COM A UTILIZAÇÃO DE INTERMEDIÁRIOS.
Fonte: Adaptado de Kotler e Keller, 2006, p. 468.

Como pode ser visto, a utilização de um intermediário resulta em uma economia de custo uma vez que reduz o número de contatos e do trabalho a ser realizado. No sistema (A) três fabricantes vendem diretamente a três clientes, gerando nove contatos, enquanto que, no sistema B, ocorrem apenas seis contatos decorrentes da utilização de um intermediário para os três fabricantes e os três clientes.

A referência na elaboração de uma estratégia de distribuição é a expectativa do cliente com relação aos serviços produzidos pelos canais de marketing. É a partir desse entendimento que são definidos quais os melhores canais para os segmentos que serão atendidos, qual o tipo, número e responsabilidade dos intermediários, a cobertura de mercado ideal e a estratégia de gerenciamento adequada aos intermediários, se estratégia *push* (equipe de vendas e promoções dirigidas aos intermediários para induzi-los a promover e comercializar o produto junto aos consumidores finais), se estratégia *pull* (propaganda e promoção por parte do fabricante, diretamente ao consumidor final, de forma a induzi-lo a procurar o produto no intermediário), ou ainda, uma combinação de ambas as estratégias.

Os elementos essenciais a uma estratégia de canal de marketing podem ser elencadas conforme a Figura 8.

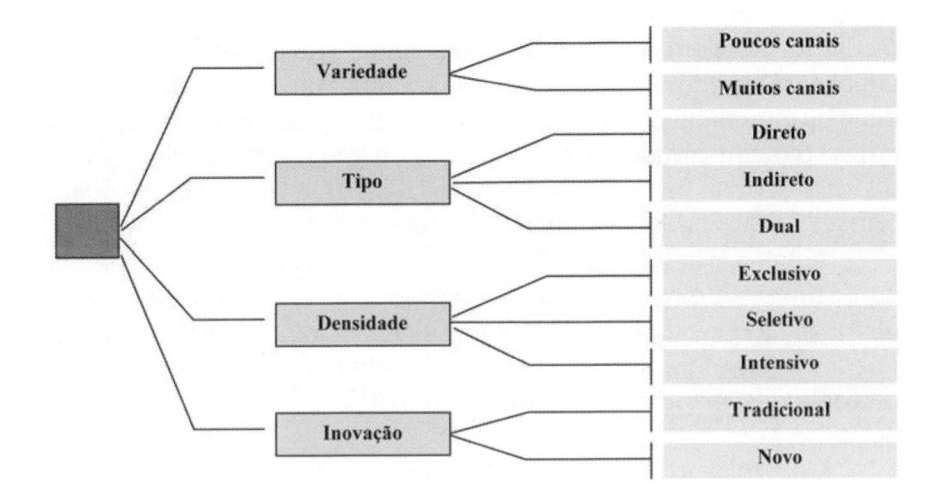

```
                              ┌─── Poucos canais
             ┌── Variedade ───┤
             │                └─── Muitos canais
             │                ┌─── Direto
             │── Tipo ────────┼─── Indireto
             │                └─── Dual
─────┤       │                ┌─── Exclusivo
             │── Densidade ───┼─── Seletivo
             │                └─── Intensivo
             │                ┌─── Tradicional
             └── Inovação ────┤
                              └─── Novo
```

FIGURA 8: ELEMENTOS DA ESTRATÉGIA DE CANAIS DE MARKETING.
Fonte: Adaptado de Hardy e Magrath, 1988, p. 22.

Variedade de Canais: a decisão sobre a utilização de canal único ou múltiplos canais dependerá do espectro de clientes-alvo, das vendas potenciais por canal, do poder de barganha que o produtor tem com relação a cada canal e do possível conflito que poderá ser gerado pela escolha de vários intermediários. A necessidade dos consumidores por múltiplas escolhas e a relação de dependência do produtor com relação ao canal de marketing também devem ser consideradas nessa decisão.

Tipo de Canais: a abordagem exigida neste elemento da estratégia requer escolher se deverá haver venda direta, indireta ou ambas.

O canal direto assume maior importância quando os compradores são poucos em número, grandes em porte, geograficamente concentrados e demandam ações intensivas de pré e pós-venda. Produtos complexos, de baixa frequência e valores mais significativos, frequentemente são disponibilizados por canais diretos. Inversamente, produtos com características menos técnicas, comprados com frequência por muitos consumidores e geograficamente mais dispersos, são mais facilmente distribuídos pelos canais indiretos (atacadistas, distribuidores, revendedores, entre outros). A distribuição dual considera a utilização de mais de um canal para atingir o mercado-alvo e geralmente é utilizada para maximizar a cobertura da empresa no mercado.

Os canais diretos, sem intermediários, são utilizados com maior frequência nos mercados organizacionais (*business to business – B2B*), comparativamente ao mercado consumidor (*business to consumer – B2C*). As vantagens apresentadas pela abordagem direta incluem maior controle do produtor sobre as ações de promoção, de vendas, de preço; e a maior proximidade com o usuário final provê maiores detalhes para o desenvolvimento de relacionamentos de longo prazo. Em contrapartida, essa decisão incorre nos custos necessários à execução das funções que seriam atribuídas aos intermediários.

Ferrel e Hartline (2010) chamam a atenção para o crescimento da distribuição direta e do varejo sem loja, através dos canais não tradicionais que expandiram as oportunidades para uma distribuição mais direta, destacando, além do comércio eletrônico, o marketing direto e de catálogos, máquinas de venda automática (*vending machines*), entre outras.

Com relação à abordagem dual sugere-se o cuidado na sua implementação considerando a distribuição de tempo, dinheiro e esforços em dois ou mais canais, além de aumentar a probabilidade de conflitos entre os canais e da desintermediação decorrente das ações dos consumidores tratando diretamente com os fabricantes, contornando os intermediários (FERREL, HARTILINE, 2010). Nesse contexto, Hardy e Magrath (1988) alegam que o sistema dual funciona melhor quando os mercados são divididos entre a força de venda direta e os intermediários em base visíveis e críveis com tamanho da conta, serviços requeridos e tipo de cliente.

Finalizando, Kotler e Keller (2006) sugerem uma avaliação tendo como base o valor agregado da venda com relação ao custo por transação. Como exemplos citam o telemarketing (canal de baixo valor agregado e baixo custo por transação), os distribuidores (canal de médio valor agregado e custo médio por transação) e a força de venda direta (canal de alto custo de transação e alto valor agregado).

Densidade: Decidida sobre a variedade e tipo de canal pretendido, deve-se definir a densidade da cobertura, ou seja, decidir sobre o número de intermediários em cada nível do canal. Boone e Kurtz (2009), Kotler e Keller (2006), Hardy e Magrath (1988), consideram três estratégias para se atingir esse objetivo: distribuição exclusiva, seletiva ou intensiva.

> *Distribuição exclusiva*: considera um número bastante limitado de intermediários, inclusive com contratos proibindo a venda de produtos concorrentes e com região específica de atuação. Este tipo de acordo tem sentido em casos nos quais é necessário manter controle do nível e da produção de serviços que estão sendo prestados pelo intermediário e também em casos nos quais demandam, por parte do intermediário,

grandes investimentos para estoque ou manutenção de equipes especializadas para os serviços de pós-venda.

Distribuição seletiva: o tipo de cobertura de mercado neste caso é definido pela utilização de determinados intermediários para comercialização de produtos específicos. Os produtos são, em geral, maduros, em termos de ciclo de vida do produto e os intermediários concordam em atuar na mesmo que exista sobreposição de região. Para o fabricante significa não dispersar esforços em muitos pontos de venda, podendo ter uma cobertura de mercado adequada.

Distribuição intensiva: Como o nome sugere, busca-se distribuir um produto por meio do maior número de canais possíveis, ampliando a sua disponibilidade. Trata-se de estratégia frequentemente utilizada com produtos de conveniência como por exemplo cigarros, sabonetes, doces, entre outros.

A sobreposição excessiva entre intermediários do mesmo canal pode causar certo desinteresse na promoção e comercialização das linhas de produtos de seus fornecedores. Também pode resultar em guerra de preços no nível do consumidor, diminuindo a lucratividade, o interesse do intermediário em manter o produto podendo, inclusive, prejudicar a marca. Por outro lado, a pouca sobreposição de intermediários pode levar a lacunas de mercado que permitirão a incursão de novos concorrentes. A cobertura de mercado deve ser adequada para proporcionar a devida entrega de valor aos clientes, proporcionando certo grau de competitividade entre os intermediários, com a devida valorização e reconhecimento destes últimos.

Inovação: os canais de marketing contam com diversos tipos de organizações, sendo que novos formatos continuam surgindo, muito em função do comportamento do consumidor que cada vez mais é multicanal, digital e global, demandando praticidade, experiência agradável de compras, produtos e serviços inovadores e disponíveis.

Para McGoldrick (2005) a evolução e as mudanças nos canais de marketing, particularmente os canais indiretos, podem ser mais bem compreendidos com o auxílio das teorias da "roda do varejo" e do "ciclo de vida do varejo". A "roda do varejo" conceitua que novos tipos de varejistas entram no mercado operando com baixo preço, baixa margem e baixo *status* e no decorrer do tempo, adquirem instalações mais elaboradas, incorrendo em custos operacionais mais altos, deixando de ser competitivos em preço. Amadurecem como varejistas de custos e preços elevados e, dessa forma, tornam-se vulneráveis aos novos entrantes na primeira fase da "roda". O "ciclo de vida do varejo", à semelhança do ciclo de vida do produto, indica que um formato de varejo surge, cresce, atinge a maturidade e então declina. Esse ciclo sugere que os formatos e tipos de organizações vêm apresentando um período cada vez mais curto entre seu surgimento e a respectiva maturidade como por exemplo as lojas de departamento que levaram cerca de 80 anos para amadurecer ao passo que as lojas de fábricas chegaram à maturidade em um décimo desse tempo.

Kotler e Keller (2006) apontam que é sempre recomendável a busca de canais de marketing inovadores, sendo que, às vezes, isso decorre da dificuldade ou do custo de se trabalhar com o canal dominante. É o caso de varejistas que cresceram em tal tamanho e sofisticação que, muitas vezes, superam seus fornecedores, assumindo papéis que ampliam seu domínio sobre o canal de marketing. Esse crescimento, aliado a fatores como excesso de marcas, infidelidade do consumidor, entre outros, alterando a relação de poder no canal de marketing, fez com que fabricantes revissem seus relacionamentos com os intermediários. Desse novo processo, emergiu o *Trade* Marketing, que de acordo com Araújo e D'Andrea (2010, p. 44) é um

> conjunto de práticas de marketing e vendas entre fabricantes e seus canais de distribuição com o objetivo de gerar valor através da satisfação das necessidades e melhoria da experiência de compra dos *shoppers*, podendo beneficiar mutuamente fabricantes e seus clientes conforme as relações de poder entre ambos.

Nesse contexto, considerando o dinamismo dos canais de marketing, é crescente a aceitação de que um sistema coordenado é melhor e pode ajudar todos os participantes em contraposição a um sistema convencional, no qual fabricantes, atacadistas, varejistas, buscam, individualmente, a maximização dos lucros, mesmo que isso reduza a lucratividade do sistema como um todo. Sistemas verticais de marketing, de acordo com Kotler e Keller (2006, p. 483):

> ...é formado pelo fabricante(s), pelo(s) atacadista(s) e pelo(s) varejista(s), todos atuando como um sistema unificado. Determinado membro, o capitão do canal, é dono ou franqueador dos outros ou tem tanto poder que todos cooperam com ele. O capitão do canal pode ser o produtor, o atacadista ou o varejista...

Nos sistemas verticais de marketing todos os integrantes do canal focalizam o mesmo mercado-alvo e, ainda segundo esses autores, surgiram em função de fortes tentativas de os membros do canal de controlarem o comportamento do canal e eliminarem o conflito que ocorre, quando os membros independentes perseguem seus próprios objetivos

Uma vez que a oferta de valor tem sua estratégia de distribuição elaborada, é fundamental que ela seja comunicada ao seu público-alvo.

5.4) Comunicação

A comunicação em marketing é constituída pelos meios que a empresa possui para informar, lembrar e interagir com os consumidores acerca de seus produtos, serviços e marcas, desempenhando funções para o consumidor e para a empresa. De acordo com Kotler e Keller (2006, p. 532) os consumidores podem "conhecer ou ver como e por que um produto é usado, por qual tipo de pessoa, quando e onde; podem receber informações sobre quem o fabrica e o que a empresa e a marca representam...". Do lado da organização, a comunicação "permite às empresas conectar suas marcas a outras pessoas, lugares, eventos, marcas, experiências, sensações e objetos..." contribuindo para a formação do patrimônio de marca.

Ainda segundo esses autores, o mix de comunicação é composto pela propaganda, promoção de vendas, eventos e experiências, relações públicas e assessoria de imprensa, marketing direto e vendas pessoais. Podendo, ainda, ser incorporado à publicidade, o *merchandising* no ponto de venda e as mídias sociais.

> *Propaganda*: Para Predebon (2004, p. 18) a propaganda "é fiel à raiz da palavra: vendem-se tanto mercadorias como ideias, ao se propagarem qualidades e características...". De forma mais específica, para Crosier (2005), trata-se de anúncio que garante a exposição a um público, geral ou específico, pagando-se uma taxa de veiculação ao dono da mídia, além do custo da produção do anúncio. Kotler e Keller (2006) denotam, como qualidades da propaganda, a penetração (repetição da mensagem), o aumento da expressividade (ressalta a empresa e seus produtos com recursos de impressão, cor e som) e impessoalidade (não há interatividade com o público, constituindo-se em um monólogo).
> *Publicidade*: de forma ampla, independentemente da questão semântica que envolve as palavras *advertising* e *publicity* como raízes do termo propaganda e publicidade, a distinção geralmente aceita considera que a publicidade, como forma de divulgação, contrariamente à propaganda, não tem implicações financeiras.

Todavia, do ponto de vista de implicações estratégicas, justifica-se a observação de Crosier (2005) quanto a essa diferenciação não relevar que os usuários da publicidade têm expectativa de gastos baixos, contando com o auxílio de terceiros na transmissão de suas mensagens, enquanto que os patrocinadores da propaganda, com gastos bem mais elevados, garantem o espaço e o tempo, quando e como pretendem, tornando custo e controle intercambiáveis.

Relações Públicas e Assessoria de Imprensa: para Crosier (2005) o foco das relações públicas é mais amplo e corporativo, em contraste com sua aplicação em marketing. Para Kotler e Keller (2006) essas atividades poderiam ser mais bem utilizadas, em coordenação com os demais elementos do mix de comunicação, dada a alta credibilidade que apresenta e por atingir clientes potenciais difíceis de serem alcançados por outros meios de comunicação.

Eventos e Experiências: eventos são caracterizados como feiras, congressos, simpósios, entre outros e, conforme Silva (2008, p. 4), "são ações previamente definidas que geram um acontecimento com a capacidade de reunir o negócio dos patrocinadores com os consumidores reais e potenciais". As experiências, sob o enfoque da comunicação de marketing, consideram as ações que contribuam para maximizar aspectos sensoriais e emocionais decorrentes das experiências de compra, ou seja, tornar as experiências oferecidas pela empresa aos seus clientes um ato prazeroso, agradável e, idealmente, inesquecível.

Marketing Direto: o marketing direto é o processo pelo qual respostas e transações de clientes individuais são registradas e os dados usados para dar subsídios à escolha do alvo, à execução e ao controle de ações que são projetadas para iniciar, desenvolver e prolongar possíveis relacionamentos com clientes. O marketing direto se utiliza de recursos tais como: mala direta, telemarketing, anúncios de resposta direta, catálogos e internet (McCORKELL, 2005).

Promoção e Merchandising: para Costa e Crescitelli (2003), a promoção de vendas e o *merchandising* desempenham papéis-chave no processo de comunicação e comercialização de grande número de produtos. No entanto, essas ferramentas não devem ser vistas apenas como soluções emergenciais, de forma indiscriminada e exagerada, ou ainda, mascarando problemas como a obsolescência de produtos, posicionamentos errôneos, falhas em distribuição e vendas, embalagens fracas etc. Dentro do composto de comunicação, a promoção de vendas e o *merchandising* aparecem como solução estratégica para atingir tanto objetivos de curto prazo (aumento de vendas, bloqueio da concorrência e aumento do giro de produtos) como de médio prazo (fixação da imagem, crescimento na participação de mercado e aumento do grau de preferência e fidelidade de marca). A *Promoção de Vendas* pode ser classificada como sendo de persuasão (age diretamente na ação de compra e venda) ou institucional (apoio na divulgação, formação ou sustentação da imagem da empresa ou do produto), é definida por esses autores (2003, p. 69) como "um conjunto de técnicas de incentivo, impactante, que age no curto prazo, objetivando estimular, os diversos públicos, à compra e venda mais rápida e/ou de maior volume, de produtos e serviços". Entre os instrumentos mais utilizados destacam-se cupons, concursos e prêmios. Cabe abordar que, embora seja considerado um item da estratégia de produto, a embalagem, se bem elaborada, pode criar valor de conveniência e promocional, considerando que será através da embalagem que acontecerá o primeiro contato físico do consumidor com o produto. O *Merchandising* é considerado por esses autores (2003, p. 232-233) como sendo "a arma mais eficaz de que o produto dispõe para que o consumidor decida pela sua marca... seu efeito é maior nos produtos de consumo de massa, de compra por conveniência" e o definem. Citando Joaquim Caldeira da Silva:

É o planejamento e a operacionalização de atividades que se realizam em estabelecimentos comerciais, principalmente em lojas de varejo e autosserviço, como parte do complexo mercadológico de bens de consumo, tendo como objetivo expô-lo ou apresentá-lo de maneira adequada a criar impulsos de compra na mente do consumidor ou usuário, tornando mais rentáveis todas as operações nos canais de marketing.

Os materiais de *merchandising* comumente utilizados são: faixa de gôndola, *display* de ponta de gôndola, de parede, de canto, de balcão, bandeja, cartazes, móbile, folheto, *stopper*, luminosos, relógios digitais de parede ou de teto, dispositivos mecânicos, balcões de degustação, indicadores, balões, letreiros, entre outros.

Vendas Pessoais: a venda pessoal é um processo de comunicação pessoal de informações com o objetivo de persuasão, contrapondo-se à impessoalidade e à comunicação de massa, típicas das demais formas de comunicação. Dentre os seus aspectos relevantes, ela se caracteriza por ser um instrumento flexível, onde se pode adaptar a apresentações de vendas para atender às necessidades e comportamento de cada cliente, tem como objetivo, de fato, efetuar a venda e, por fim, por ser direcionada aos indivíduos ou empresas potenciais, reduz o desperdício de esforços. Quanto mais complexo for o produto e quanto mais serviços de apoio forem demandados, maior será a importância da venda pessoal dentre as ferramentas de marketing, considerando-se que será fundamental a explicação adicional sobre os atributos do produto e a prestação de serviços, que é feita pelo vendedor (CASTRO; NEVES, 2005; FUTRELL, 2003).

Cabe destacar que a venda pessoal pode ser orientada à troca transacional, quando o propósito da empresa é a rentabilidade por pedido, ou à troca relacional, quando a empresa procura estabelecer um relacionamento fornecedor-cliente de longo prazo, mutuamente benéfico, e a rentabilidade das vendas estabelecida com base no ciclo de vida do cliente. Conforme Kotler e Keller (2006, p. 630)

> Quando um programa de gestão de relacionamento é adequadamente implementado, a organização começa a focar tanto a gestão de seus clientes como a de seus produtos. Ao mesmo tempo as empresas devem perceber que, não obstante haja um movimento forte e justificado em direção ao marketing de relacionamento, ele não é eficaz em todas as situações. É preciso julgar quais segmentos e clientes específicos responderão produtivamente ao marketing de relacionamento.

Mídias Sociais: as mídias sociais (*Facebook, Twitter, Orkut, Blogs*, entre outros) vêm alterando a forma como as pessoas se comunicam, influenciando seus comportamentos e tornando um espaço virtualmente rico em informações, como por exemplo, experiências, expectativas, necessidades e hábitos dos consumidores e potenciais consumidores, além de opiniões e conceitos a respeito de produtos e serviços da empresa e/ou de seus concorrentes. Esse cenário pode ser entendido como a perda, mesmo que parcial, do domínio na geração das informações por parte das organizações que necessitam, agora, monitorar e responder a esse novo ambiente.

Para alguns profissionais as mídias sociais se apresentam como opção de comunicação, para outros se trata de um fenômeno que impele as empresas a se tornarem organizações sociais e, por isso, demandando uma estratégia específica de negócio com esse propósito. Nesta última perspectiva, de acordo com Clark (2011, p. 44) "uma organização social é aquela que adota as mídias sociais e as interações com os clientes como parte de sua estratégia global de cliente e de marketing."

Não há dúvida quanto ao crescimento e importância que as mídias sociais vêm apresentando, bastando considerar como um indicador a evolução da tecnologia a elas associadas, particularmente os canais móveis, a exemplos dos *smartpones, tablets,* entre outros. Todavia, a forma e intensidade do uso das mídias sociais pelas organizações devem considerar a estrutura do mercado onde a empresa atua e, principalmente, à semelhança da estratégia do marketing de relacionamento com cliente, a natureza da relação com o consumidor, uma vez que este é quem irá, em última instância, determinar como, quando e quais relacionamentos se estabelecerão, enquanto que a empresa deve ter as práticas necessárias que se ajustem a essa dinâmica, não se limitando a uma forma ou outra, que sejam mutuamente excludentes.

5.4.1) Comunicação Integrada de Marketing (CIM)

Nos anos de 1960 e 1970, as agências de propaganda foram as bases das atividades de comunicação, com seus departamentos atuando como consultorias aos seus clientes, em suas respectivas áreas. A evolução desse processo de comunicação culminou em mudanças que resultaram na fragmentação do próprio processo, surgindo empresas especializadas em cada campo das comunicações de marketing (promoção de vendas, marketing direto etc.) que tratam desde *e-mail* marketing à organização de eventos, de colocação de produto a *design* de embalagem. Paradoxalmente as empresas apresentam capacidade e conhecimento técnico para desenvolver campanhas, considerando diversos formatos e dispositivos de comunicação que praticamente anulam as delimitações da prática especializada (YESHIN, 2005). Isso é mais bem denotado nas palavras de Cook (*apud* Yeshin, 2005, p. 280):

> A sobreposição de disciplinas está tornando indistintas divisões há muito estabelecidas. Está ficando cada vez mais difícil categorizar trabalhos como promoção de vendas ou marketing direto. A maioria das ofertas de marketing direto contém algum tipo de promoção de vendas ou vice-versa. E, com o crescimento da imprensa de resposta direta e da propaganda pela TV, o marketing direto está se aproximando cada vez mais da propaganda convencional.

Nesse contexto, considerando a orientação do mercado, no qual o consumidor é o elemento central de todas as atividades, a comunicação de marketing também deve ser regida sob a perspectiva do comportamento do consumidor, não se preocupando apenas com o conteúdo da mensagem propriamente dita, mas também dando a devida atenção ao veículo que será usado para alcançar o público-alvo, bem como o oportunismo e o teor da mensagem.

As ferramentas abordadas anteriormente são os meios pelos quais uma organização se comunica de diferentes formas com seus públicos e, portanto, é fundamental garantir que esses meios transmitam o mesmo teor de mensagem. Nesse sentido, a *Association of Advertising Agencies* oferece uma clara definição do que vem a ser CIM:

> ...é um conceito de planejamento de comunicação de marketing que reconhece o valor agregado de um plano abrangente, capaz de avaliar os papéis estratégicos de uma série de disciplinas da comunicação – propaganda geral, resposta direta, promoção de vendas e relações públicas, por exemplo – e de combiná-las para oferecer clareza, coerência e impacto máximo por meio de mensagens integradas com coesão.

Não há dúvidas de que a composição do mix promocional, particularmente para os pequenos e médios empreendimentos, será orquestrada pelas limitações orçamentárias, porém, mesmo sob a tutela de custo, os tomadores de decisões devem considerar a contribuição específica de cada instrumento para os objetivos promocionais, combinando-as de forma consistente e integrada. Como auxiliar nesse processo, Crosier (2005) sugere a observação de alguns itens como direcionadores no desenvolvimento do mix promocional (Tabela 2).

TABELA 2: LISTA DE VERIFICAÇÃO DO MIX PROMOCIONAL

Alvo	Esta opção pode atingir o público certo?
Mensagem	Ela pode entregar o teor desejado?
Preço	O que será cobrado para usá-la?
Custo	O que nos custará para produzir o material?
Receptividade	O público aceitará a mensagem?
Modulação	O veículo afetará a "leitura" que o público fará dela?
Mensurabilidade	Podemos avaliar sua eficácia confiavelmente?

Fonte: Adaptado de Crosier, 2005, p. 304.

Finalizando, cabe o alerta de Kotler e Keller (2006, p. 556) quanto à ausência de uma integração nas comunicações de marketing:

> Lamentavelmente, muitas empresas ainda confiam em apenas uma ou duas ferramentas de comunicação. Essa prática persiste apesar da proli-

feração dos novos tipos de mídia, da crescente sofisticação dos consumidores e da fragmentação dos mercados de massa em uma infinidade de minimercados, cada um deles exigindo uma abordagem específica. A ampla gama de ferramentas de comunicação, mensagens e públicos torna obrigatório que as empresas se encaminhem para uma comunicação integrada de marketing. É preciso adotar uma "visão 360 graus" do consumidor para compreender plenamente todas as diferentes formas pelas quais a comunicação pode influenciar seu comportamento cotidiano.

VI) Considerações Finais

Este capítulo foi estruturado tendo como referência a necessidade detectada de maior conhecimento sobre os conceitos de marketing, por parte dos empreendedores e/ou gerentes-proprietários, e por essa razão, abarcou aspectos básicos, mas fundamentais, como entendimento do que seja marketing, a importância de um sistema de informações e os ingredientes (4 Ps) que constituem uma oferta de valor com foco no cliente.

O conteúdo apresentado procurou abordar os pontos iniciais e essenciais acerca da teoria de marketing, pontuando, todavia, as características relevantes e o contexto singular dos pequenos e médios empreendimentos que devem ser considerados quando da sua aplicação, uma vez que influenciam a forma como esses conceitos podem ser aplicados.

Pesquisas do Sebrae (2011) apontam para uma melhora da desempenho das MPMEs, indexando esse desempenho, entre outras razões, ao crescimento na busca por orientações gerenciais, o que reforça a necessidade dos empreendedores e/ou proprietários-gerentes buscarem capacitação pelos mais diversos recursos disponíveis: instituições de apoio como o Sebrae; consultores de marketing; *bureaux* de serviços especializados em ações de comunicação e gerenciamento de campanhas de marketing que oferecem infraestrutura tecnológica e acompanhamento das ações de marketing, entre outros. Todavia, destaco um canal de conhecimento em particular, sem detrimento dos outros citados, mas bastante recomendável aos empreendedores e/ou proprietários-gerentes: cursos específicos de gestão de marketing – hoje é possível ter acesso a instituições de ensino idôneas, com cursos de curta duração (cursos de Tecnologia em Marketing), com equivalência ao terceiro grau, a preços correspondente, com conteúdo que agregará valor aos tomadores de decisão e, certamente, influenciarão positivamente na performance dos respectivos empreendimentos.

Questões para Discussão e Reflexão

1. Como você justificaria a expressão: "A gestão de marketing é gestão de negócios"?
2. Como o entendimento do que vem a ser marketing pode melhorar a sua compreensão de negócios?
3. Quais são as possíveis dificuldades em abordar o planejamento estratégico de marketing na perspectiva dos pequenos e médios empreendimentos?
4. Como a internet pode auxiliar na coleta de dados e nas informações de marketing? Como isso pode ser útil para iniciar uma S.I.M. ?
5. Quais áreas do seu negócio podem ser melhoradas com o conhecimento dos conceitos de marketing apresentados? Por quê?
6. Com base na leitura dos conceitos apresentados, qual(is) ou quais dele(s) você consideraria como sendo mais pertinente(s) para a construção de um diferencial competitivo para o seu negócio?
7. O seu produto ampliado apresenta características que diferem de seus concorrentes? Como isso é constatado junto ao seu consumidor?
8. Qual a importância do valor percebido pelo consumidor na sua precificação atual? Com qual regularidade você monitora a percepção de valor dos seus clientes?
9. Pode-se considerar a precificação de serviços como sendo mais complexa do que a precificação de produtos tangíveis? Como isso você justificaria?
10. No seu campo de atuação, a redução no canal de distribuição pode significar uma redução no preço ao consumidor?
11. Quais são os canais mais utilizados pelos seus consumidores? Como você pode identificá-lo através dos seus canais de distribuição?
12. Dentre as ferramentas de comunicação qual(is) você julga como sendo a(s) mais adequada(s). Justifique.

Palavras-Chave: Mercado, mix de marketing, pesquisa, propaganda, vendas.

Referências

ARAÚJO, Carolina A.; D'ANDREA, Rafael. Origem e evolução do trad. marketing. In: CÔNSOLI, Matheus A.; D'ANDREA, Rafael (Org.). **Trade Marketing -** Estratégias de distribuição e execução de vendas. São Paulo: Atlas, 2010.

BAKER, Michael J. **Administração de Marketing.** 5. ed. Rio de Janeiro: Campus, 2005.

BEULKE, Rolando; BERTÓ, Dalvio J. **Precificação**: sinergia do marketing e das finanças. São Paulo: Saraiva, 2009.

BONACIM, Carlos A. G.; CUNHA, Júlio A. C.; CORRÊA, Hamilton L. Mortalidade dos empreendimentos de micro e pequenas empresas: causas e aprendizagem. **Gestão & Regionalidade.** vol. 25, n.74, 2009, p. 61-78.

BOONE, Louis E.; KURTZ, David L. **Marketing Contemporâneo.** 12ed. São Paulo: Cengage Learning, 2009.

CAMPOMAR, Marcos C.; IKEDA, Ana A. Falácias em marketing no Brasil. In II. Encontro de Marketing da ANPAD, 02 a 05 de maio, Rio de Janeiro, 2006.

CARSON, David. Marketing para pequenas e médias empresas. In: BAKER, Michael J. (Org.). **Administração de Marketing.** 5. ed. Rio de Janeiro: Campus, 2005, p. 538-551.

CARSON, David; CROMIE, Stanley. Marketing planning in smal entrerprises: A model and some empirical evidence. **Journal of Consumer Marketing.** vol 7, n. 3, p. 5-189, 1990.

CASTRO, Luciano Thomé e, NEVES, Marcos F. **Administração de vendas – planejamento, estratégia e gestão.** São Paulo: Atlas/Pensa, 2005.

COBRA, Marcos. **Administração de marketing no Brasil.** São Paulo: Campus, 2009.

COSTA, Antonio. R., CRESCITELLI, Edson. **Marketing Promocional para Mercados Competitivos.** São Paulo: Atlas, 2003.

CROSIER, Keith. Promoção. In: BAKER, Michael J. (Org.). **Administração de Marketing.** 5. ed. Rio de Janeiro: Campus, 2005, p. 296-322.

CLARK, Cynthia. The key to becoming a social organization. In Customer Strategy **–Executive Journal by Peppers & Rogers Group.** vol.3, n.4, p. 43-47, 2011.

DALRYMPLE, Douglas J.; PEARSON, Leonard J. **Introdução à administração de marketing.** Rio de Janeiro: LTC, 2003.

DIAMANTOPOULOS, Adamantios. In: BAKER, Michael J. (Org.). **Administração de Marketing.** 5. ed. Rio de Janeiro: Campus, 2005, p. 243-253.

DOLAN, Robert J.; SIMON, Hermann. **O poder dos preços**. São Paulo: Futura, 1998.

ETZEL, Michael J., WALKER, Bruce J., STANTON, William J. **Marketing**. 11.ed. São Paulo: Makron Books, 1997.

EVANS, Martin. Segmentação de Mercado. In: BAKER, Michael J. (Org.). **Administração de Marketing**. 5. ed. Rio de Janeiro: Campus, 2005, p. 174-200.

FERREL, O. C.; HARTLINE, Michael D. **Estratégia de Marketing**. São Paulo: Thomson, 2005.

FILHO, João Bento de O. et al. **A percepção do marketing empreendedor em micro e pequenas empresas**. XII SEMEAD. Agosto de 2009.

FILION, Louis J. Empreendedorismo: empreendedores e proprietários-gerentes de pequenos negócios. **Revista de Administração**. São Paulo v.34, n. 2, p. 05-28, abr/jun. 1999(a).

____ Diferenças entre sistemas gerenciais empreendedores e operadores de pequenos negócios. RAE - **Revista de Administração de Empresas**. São Paulo, v. 39, n. 4, p. 6-20, out./dez. 1999(b).

FUTRELL, Charles M. **Vendas – Fundamentos e novas práticas de gestão**. Saraiva, 2003.

GOMES, Elisabeth; BRAGA, Fabiane. **Inteligência competitiva**: Como transformar informação em um negócio lucrativo. São Paulo: Elsevier, 2004.

GONÇALVES, Antônio; KOPROWSKI, Sido O. **Pequena empresa no Brasil**. São Paulo: Edusp, 1995.

HARDY, Kenneth. G.; MAGRATH, Allan J. **Marketing Channel Management** - Strategic, Planning and Tatics. USA, Scott, Foreman & CO,1988.

HILLS, Gerald E.; HULTMAN, Claes M. Entrepeneurial Marketing. In: LAGROSEN, Stefan; SVENSON, Göran (Eds). **Marketing**: broadening the horizons. Suécia: Lund, 2006, p. 219-234.

KRAUS, Sascha; HARMS, Rainer; FINK, Matthias. Enterpreneurial marketing: moving beyond marketing in new ventures. **International. Journal of Entrepreneurship and Innovation Management**. vol. 11, n.1, 2010, p. 19-34.

KOTLER, Philip.; KELLER, Kevin L. **Administração de marketing**. 12. ed. São Paulo: Pearson, 2005.

____. ARMSTRONG, Gary. **Princípio de marketing**. São Paulo: Pearson Education do Brasil, 2004.

____. **Administração de Marketing** – 10 ed. São Paulo: Prentice Hall, 2000.

MAGALHÃES, Marcos F.; SAMPAIO, Rafael. **Planejamento de marketing**: Conhecer, decidir e agir – do estratégico ao operacional. São Paulo: Pearson, 2009.

MALHOTRA, Naresh K. et al. **Introdução à pesquisa de marketing**. São Paulo: Pearson do Brasil, 2005.

McCORKELL, Graeme. O que são marketing direto e marketing interativo? In: BAKER, Michael J. (Org.). **Administração de Marketing**. 5. ed. Rio de Janeiro: Campus, 2005, p. 403-417.

McDONALD, Malcom. **Planos de Marketing** - Planejamento e Gestão Estratégica- Como criar e implementar planos eficazes. Rio de Janeiro: Elsevier, 2008.

McGOLDRICK, PETER J. Varejo. In: BAKER, Michael J. (Org.). **Administração de Marketing**. 5. ed. Rio de Janeiro: Campus, 2005, p. 552-573.

MOTTA, Paulo R. M. **Transformação organizacional**: a teoria e a prática de inovar. Rio de Janeiro: Qualitymark Editora, 1997.

NAGLE, Thomas T.; HOGAN, John. E. **Estratégia e táticas de preço**. São Paulo: Pearson, 2008.

NETO, José de Paula B. O processo de formulação estratégica em pequenas empresas de construção de edificações: um múltiplo estudo de caso. Disponível em <http://www.abepro.org.br/biblioteca/ENEGEP1999_A0444.PDF> Acesso em fev/2012.

NEVES, Marcos F. **Planejamento e Gestão Estratégica de Marketing**. São Paulo: Atlas, 2009.

PREDEBON, José. **Curso de propaganda**: do anúncio à comunicação integrada. São Paulo: Atlas, 2004.

ROSENBLOOM, Bert. **Canais de Marketing**: Uma visão gerencial. São Paulo: Atlas, 2009.

SARQUIS, Aléssio B. **Marketing para pequenas empresas**: A indústria de confecção. São Paulo: Senac, 2003.

SHIMOYAMA, Cláudio. A importância da pesquisa de marketing para a micro e pequena empresa. **Revista FAE BUSINESS**. Curitiba, n. 8, p. 47-49, maio de 2004.

SILVA, Mariângela B. R. O evento como estratégia na comunicação das organizações: Modelo de planejamento e organização. Disponível em <http://www.portal-rp.com.br/bibliotecavirtual/eventosecerimonias/0321.pdf >. Acesso em: fev/2012.

SCHMIEMANN, M. Enterprises by size class: overview of SMEs in the EU. Paris: Statistical Office of the European Communities - **EUROSTAT, 2008. 8 p.** (Statistics in focus, 31). Disponível em: http://epp.eurostat.ec.europa.eu/cache/ITY_OFFPUB/ KS-SF-08-031/EN/KS-SF-08-031-EN.PDF . Acesso em: jan/2012.

SEBRAE/DIEESE (2010). **Anuário do Trabalho na Micro e Pequena Empresa: 2009**, São Paulo, 2010. Disponível em www.dieese.org.br/anu/Sebrae_completo2009.pdf. Acesso em jan/2012.

SEBRAE-NA. **Fatores Condicionantes e Taxas de Sobrevivência e Mortalidade das Micro e Pequenas Empresas no Brasil, 2003-2005**. Brasília, ago 2007. Disponível em www.biblioteca.sebrae.com.br/bds/bds.nsf/8F5BDE79736CB99483257447006CBAD3/$ File/NT00037936.pdf. Acesso em jan/2012.

SELEME, Acyr et al. O desenvolvimento do marketing: uma perspectiva histórica. Revista de Gestão USP, São Paulo, v.16, n.1, 2009, p. 89-102.

SILVA H. H. C. **O plano de marketing e a pequena empresa** – Um estudo exploratório sobre o planejamento de marketing em pequenas empresas. 2001. 219 p. Tese (Doutorado em Administração de Empresas). Fundação Getúlio Vargas. São Paulo, 2009.

SHOSTACK, G. Lynn. Breaking Free from Product Marketing. **Journal of Marketing**. April, 1977, p. 73-80.

SOBRAL, Filipe; PECI, Alketa. **Administração: teoria e prática no contexto brasileiro**. São Paulo: Person Education do Brasil, 2008.

STOKES, David. Putting into marketing: the process of entrepreneurial marketing. **Journal of Research in Marketing and Entrepreneurship**. Bradford, v. 2, n. 1, p. 1-16, Spring. 2000a.

____. Entrepreneurial marketing: a conceptualisation from qualitative research. **Qualitative Market Research, Bradford**, v. 3, n.1, p. 47-54, 2000b.

TEIXEIRA, Rivanda M. Gestão de marketing em pequenos empreendimentos hoteleiros. **Revista Turismo em Análise**, USP, São Paulo, vol.15, n.1, p. 40-57, Maio, 2004.

VEIT, Mara R.; FILHO, Cid G. O perfil do potencial empreendedor e o resultado na gestão de pequenos negócios. Disponível em < http://www.redetec.org.br/publique/media/MaraVeit.pdf> . Acesso em: jan/2012.

WEBB, John. Pesquisa de marketing. In: BAKER, Michael J. (Org.). **Administração de Marketing**. 5. ed. Rio de Janeiro: Campus, 2005, p. 122-138.

WESTWOOD, John. **O plano de marketing**. 3. ed. São Paulo: M.Books, 2007.

YESHIN, Tony. A integração das comunicações em marketing. In: BAKER, Michael J.

(Org.). **Administração de Marketing**. 5. ed. Rio de Janeiro: Campus, 2005, p. 280-295.

ZEITHAML, V. A.; BITNER, M. J. **Marketing de Serviços:** a empresa com foco no cliente. Porto Alegre: Bookman, 2003.

Construção de Marca Bem-Sucedida nas MPE
O Passo a Passo Para a Construção de uma Marca Vencedora

HUBERT RAMPERSAD
GERSON DE SOUZA
JONHNES DE CARVALHO NUNES

Podemos construir uma fortuna destruindo uma reputação. Ou construir uma fortuna e, junto com ela, uma péssima reputação. Ou, ainda, construir uma fortuna e uma bela reputação. É uma questão de escolha.
VIEIRA, 2002.

CONCEITO DE MARCA NA HISTÓRIA

A sobrevivência de uma MPE (Micro e Pequena Empresa) depende do poder de sua marca. O objetivo desse capítulo é ajudar o empresário em um ponto crucial, para o sucesso da sua empresa. Trataremos da construção, importância e benefícios de uma marca forte, competiviva e que te diferencie no mercado.

Ao falarmos sobre marcas e tendências, porém esses termos antiguissimo. A marca históricamente falando, está presente desde o surgimento da humanidade. O homem com a necessidade de representar para si e para os demais suas ideias, propriedades e crenças. Com a curiosidade de entender os elementos que o rodeavam como: troca de estações, chuva, fogo, plantações, natureza, ódio, amor, guerra e paz, criava símbolos para especificar cada um desses elementos. Esse processo pré-histórico de marcação é encontrado em todos os tipos de povos, culturas, tribos e grupos do mundo. A partir da organização e interligação desses símbolos gerou o que chamamos de escrita, com o tempo, a escrita foi sendo desenvolvida com a cultura e organização de cada grupo, resultando hoje, em milhares de tipos diferentes.

Os símbolos utilizados pelo homem eram apenas uma representação de algo marcante para alguém. De acordo com a força, importância e relevância, cada símbolo passa a ter mais ou menos valor. A geração de valor foi fator fundamental para a substituição do escambo para o comércio. Com o tempo, os metais, ouros e bens que eram comercializados de acordo com o valor de cada um, passaram a ser trocados por papel-moeda, que nada mais era do que um papel com valor reconhecido por uma convenção, aonde cada parte envolvida no processo se comprometia em honrar o seu dever, perante o acordo.

Entendemos que essa evolução, se deu pela aplicação de um valor intangível gerado por: respeito, credibilidade, força e inteligência de cada grupo participante das trocas. Esses critérios passam a ser inserido na caracterização das cidades, criando assim símbolos perante a sociedade, cada qual com o seu valor. Os símbolos que são utilizados para a criação de marcas, são a representação do verdadeiro valor (NASCIMENTO; LAUTERBORN, 2007).

Vale lembrar, que o verdadeiro valor era considerado pelo o que a sociedade realmente representava. Já que de nada valia um povo dizer que era bom de guerra, que deveria ser respeitado, que era rico, inteligente, caso não conseguissem comprovar isso no dia a dia. A primeira dica desse capítulo é que: o valor deve estar associado ao que a organização, grupo ou empresa, realmente representa, agregando dessa maneira valor genuíno a marca.

A aplicação desses valores através de uma marca se percebe na história antiga, quando eram colocados nomes em mercadorias, para identificar os fabricantes. Prática utilizada no século XVI, quando as destilarias de uísque transportavam as bebidas em barris de madeira, que vinham com o nome do produtor, gravados a fogo (AAKER, 1998).

Um apanhado rápido do que foi introduzido, lembremos então que;

- o homem precisa se diferenciar e entender os elementos que o cercam;
- para isso criou símbolos, que o ajudaram na comunicação com outros grupos;
- com o tempo os símbolos passam a ter valor, que com o tempo foram agregados a transações comerciais;
- valores esses que passam a representar força, respeito e organização de cada sociedade. Refletindo claramente no crescimento ou fracasso de cada uma.

I. Introdução à Marca e Estratégia

O surgimento de marcas na história da humanidade foi devido à necessidade de diferenciação de produtos. Com o tempo, fatores como: qualidade, gosto, autenticidade e benefícios, passam a gerar valor estimado na marca das empresas, criando assim pontos que diferenciam empresas que comercializam o mesmo tipo de produto.

Uma definição clara sobre marca é a utilizada por Aaker (1998) é:

> Uma marca é um nome diferenciado e/ou símbolo (tal como logotipo, marca registrada, ou desenho de embalagem) destinado a identificar os bens ou serviços de um vendedor ou de um grupo de vendedores e a diferenciar esses bens e serviços daqueles dos concorrentes. Assim, uma marca sinaliza ao consumidor a origem do produto e protege, tanto o consumidor quanto o fabricante, dos concorrentes que oferecem produtos que pareçam idênticos.

Para a criação e o sucesso de uma marca, deve-se considerar três propósitos básicos: o primeiro envolve o DNA da empresa, tem que ser respondida pelo empresário a pergunta: o *que é a empresa?* Deve-se pensar em qual o nome, termo, signo, símbolo ou *design*, que representam o motivo da empresa existir. O segundo propósito é sobre a sua *função*, ou para o que serve. Empresas que nascem sem a definição de como irão ajudar, ou criar um tipo de produto ou serviço que resolva algum problema, ou sacie uma necessidade, estão instrinsicamente fadadas ao fracasso. O terceiro propósito está ligado aos *resultados*: A empresa deve se diferenciar para que os consumidores e demais públicos tenham uma razão para preferí-la ao invés de seus concorrentes (TAVARES, 2008).

Considerando a evolução predatória do mercado. É fundamental que os empresários de MPE, tenham em mente a importância do fortalecimento de sua marca pessoal e empresarial. Já que desde a década de 1980, os produtos deixaram de ter diferenças notáveis quanto à importância em si de cada um. Por exemplo, hoje é difícil encontrar uma empresa que comercialize um produto sem concorrentes. Quando um consumidor vai ao supermercado comprar um produto, ele encontra dezenas de opções de marcas, que vendem quase a mesma coisa. É nesse ponto de decisão de compra, que passam a pesar fatores como; força da marca, qualidade, lembrança, posicionamento e imagem que a empresa tem na mente dos consumidores.

É essencial para a sobrevivência de uma empresa, a construção de uma marca forte, que transpareça os benefícios e qualidades. É fundamental para a própria empresa ter uma marca coerente e forte. Uma pesquisa realizada recentemente por Walker Research Institute nos EUA indicou que nessa crise de mercado de 2001/2002, as empresas com boa reputação e imagem, sofreram menos em termos de perda de volume de vendas e de valor de comercialização de produtos e serviços (SAMPAIO, 2002).

Dentro dessa realidade de um mercado complexo, disputado e difícil – gerado pelas inúmeras mudanças e revoluções da sociedade, é muito importante pensar em uma estratégia de negócios, de empresa, de marca, de marketing e de comunicação, que seja clara e integrada.

É importante ter uma estratégia integrada, pois abrir uma empresa com bons produtos, já não é diferencial de mercado. É preciso ter junto ao mix de produtos, uma boa imagem, um bom posicionamento e, uma boa fundamentação empresarial. Apesar de esses fatores parecerem lógicos, poucas são as empresas que desenvolvem suas ações em função deles. Desenvolvendo ações sem rumo e, sem um diferencial competitivo. Caindo muitas vezes na mediocridade e disperdiçando recursos importantes que são aplicados sem sinergia e inteligência (SAMPAIO, 2002).

Para começar o processo de criação da marca da sua empresa, é preciso analisar se a estratégia atende a alguns princípios básicos. É chave também priorize que ela seja executada da forma correta, para que sua empresa alcance os objetivos.

Princípios Norteadores na Construção de Marca Segundo Sampaio (2002):

- **SENTIDO.** Toda estratégia tem que estar alinhada com a estrutura do mercado. A estratégia deve focar em algum objetivo da empresa, com relação ao mercado. A estratégia deve fazer com que a empresa siga as tendências e predominâncias do mercado. Muitas empresas, surgem com boas ideias, porém, não se adequam ao mercado que irão participar. Esse mercado deve ser analisado de maneira segmentada e, as aplicações de cada ação devem ser planejadas de acordo com as particularidades de cada público, estado e país.
- **CONSISTÊNCIA.** A estratégia deve levar em consideranção o passado e o presente da empresa. Se propuser a cumprir algum tipo de serviço ou demanda, que a empresa tem capacidade pode ser um ponto que levará ao fracasso. Claro que, nenhuma empresa é imutável. Porém, mudanças exigem tempo e planejamento. Toda estratégia deve levar a empresa a alcançar algum objetivo, porém, deve ser planejado como se alcançar

esse objetivo, sem que nenhum cliente fique sem atendimento, ou mesmo, que seja atendido de qualquer maneira.
- **INOVAÇÃO.** No ambiente empresarial, inovar é preciso. Copiar estratégias que deram certo em outras empresas, não é sinônimo de sucesso para a sua. É preciso pensar com uma maneira diferente, resolver problemas de maneiras dinâmicas e ter criatividade e coragem para inovar. Existe um sistema simples para se pensar em como planejar uma estratégia inovadora que é:
  - faça as coisas de sempre, com um jeito diferente;
  - planeje coisas novas, com um jeito tradicional;
  - crie coisas novas, com um jeito diferente (o mais indicado).
  - Dicas sobre inovação: inove, surpreenda o consumidor, crie barreiras para a entrada de concorrentes e o mais importante, seja criativo considerando a sua consistência. Empresas vivem de resultados, logo, toda inovação deve facilitar para que esses resultados sejam alcançados.
- **FUNDAMENTAÇÃO.** As estratégias precisam contar com recursos, para que possam ser viabilizadas. Muitas empresas se animam no processo estratégico e, não tomam cuidado em como fazer com que os planos virem realidade. É frustante, elaborar um bom planejamento, sem ter condições de execução. Por isso, ser verdadeiro ou ousado é importante. Caso, tenha convicção que sua estratégia é boa, busque recursos para dar o suporte necessário à execução e desdobramentos táticos.
- **APLICABILIDADE.** Esse princípio trata sobre a execução da estratégia, por meio de táticas ou até de outras estratégias. Discursos vazios, planos infundados, muitas vezes partem de boas ideias. Por isso, deixe claro para sua empresa que: é importante se ter uma boa ideia, mas, é necessário se ter uma ótima ideia para executar a boa. A busca irracional de resultados positivos, geram número falsos, às vezes, até agradáveis, porém, que podem ser prejudiciais à marca, ao longo do processo.
- **MANUTENÇÃO.** É muito importante que se tenha perseverança na aplicação da estratégia. Geralmente, na prática as coisas não saem cem por cento como o esperado, porém, é necessário que seja feito um acompanhamento sobre os resultados da executação. Assim, dando a oportunidade de mudanças, melhorias e até novas ideias. A tenacidade no processo de aplicação, é um valor que o empreendedor deve ter.

- **FOCO.** Toda estratégia levará a empresa a um novo lugar. É necessário nesse processo, abrir mão de boas oportunidades, para que as excelentes sejam alcançadas. O empresário precisa ter paciência, às vezes, por falta de recursos ou competências, da empresa. Ter foco, é um fator primordial para que a empresa não desista ou que não deixe as barreiras mudarem os rumos do planejamento.
- **GERAR VALOR.** Uma ideia que não gere valor a todos os envolvidos com a estratégia, não vai levar a empresa a lugar algum. É preciso criar valor para o consumidor, gerar resultados para a empresa e com os envolvidos no processo. Se uma estratégia não gera valor competitivo no mercado, ela só disperdiçou tempo, mão de obra e recursos da empresa. Disperdício esse que pode levar a resultados muito negativos.

Quanto a geração de valor, pense em como a estratégia irá atender a alguma necessidade do consumidor, o quanto a empresa beneficiará a sociedade em que participa e, o quanto a empresa irá ganhar e crescer com a estratégia.

Outro ponto importante quanto a estratégia de se construir marcas é que pode ser mais interessante quando, externamente, constata-se que o mercado está crescendo, com poucos concorrentes. Criar uma marca para um mercado estagnado e elevado número de concorrentes, exige muito mais da empresa, deve-se levar em consideração se a oferta é vantajosa e apresenta oportunidades relevantes (TAVARES, 2008).

II. A Construção de Marcas e a MPE

Marcas existem há pelo menos mais de 5.000 anos, na época em que utilizam o ferro quente para marcar o couro do gado. Também se tem registros da atividade de "marcar" algo, no Antigo Egito, quando produtores de tijolos marcavam os seus produtos para identificá-los. Isso faz sentido, considerando que a palavra *Brand (marca* em inglês) é derivada de uma antiga palavra nórdica *brandr,* que significa "queimar". Justificando assim o seu uso para marcar a ferro quente ou a fogo o gado e os tijolos (TAVARES, 2008).

É muito importante, no início do processo de construção, entender o conceito de marca. Existem boas definições para o conceito de marca, desde as que envolvem *design*, até as mais elaboradas fórmulas empresariais, que passam por comunicação e marketing (SAMPAIO, 2008). O conceito de marca é elaborado de acordo com a visão dos consumidores ou de como é vista pelas empresas e instituições.

De acordo com os consumidores; Marca é a *síntese das experiências* reais e virtuais, objetivas e subjetivas, vividas em relação a um produto, serviço, empresa, instituição ou, mesmo pessoa. Representando um conglomerado de fatos, sentimentos, atitudes, crenças e valores que se relacionem aos conjuntos de nome(s) e símbolo(s) (SAMPAIO, 2008).

Já para as empresas e instituições, a Marca é o resumo, a visualização da sua franquia junto ao mercado. A marca traz vários benefícios à empresa, já que age como um *facilitador* de escolha, na hora em que o público vai comprar algum produto. Quando os benefícios dos produtos ou serviços se igualam, é a força da marca que ajuda na escolha por um ou outro (SAMPAIO, 2008).

Seguindo a ideia de marcação de alguma propriedade ou produto, conseguimos entender um conceito que está ligado diretamente com a construção de marca, que é o *Branding*. A palavra que tem origem no ato de marcação de gado começou a ser empregada devido a importância que foi dada ao conceito e gestão de marcas. Passando a ser usada por vários autores, quando precisavam designer tarefas envolvendo processos de desenvolvimento, criação, lançamento, fortalecimento, reciclagem e expansão de marcas. Podemos definir *branding* como o **conjunto de tarefas de marketing** – incluindo suas ferramentas de comunicação – **destinadas a otimizar a gestão de marcas** (SAMPAIO, 2008).

A partir de uma análise de *branding* e de *marketing,* podemos tirar vinte pontos que definem claramente o que é marca e suas definições. Esses vinte pontos servirão para introdução ao processo de construção e posicionamento de marca.

1. **Marca faz parte de toda a empresa.** Todos os funcionários devem ter claramente o que a marca da empresa em que trabalham, faz, vende ou serve. Essa definição clara, ajudará a empresa a se postar coerentemente no mercado.
2. **Uma marca sempre tem um nome, símbolo ou logotipo.** Devem-se passar conceitos e atributos através deles, para facilitar a compreensão pelo consumidor.
3. **A marca é todo portfolio** de produtos ou serviços da empresa.
4. **As extensões de todos os fatores de venda, produtos complementares,** fazem parte de uma visão total da marca de uma empresa.
5. **O design, embalagem e forma de comunicação**, carrega o peso de identificar valores da marca perante os consumidores.

6. Uma marca pode ser construida pelo **conjunto de lojas** de uma empresa
7. A marca tem relação com o **faturamento da empresa**, já que qualquer ponto negativo em relação à mesma, pode trazer prejuízos para a empresa.
8. Uma marca é **lucro**, deve ser rentável.
9. Uma marca forte é a garantia de **sucesso e lucros no futuro**.
10. A marca representa o **valor econômico** de uma empresa, em caso de aquisição ou fusão.
11. A marca é um conjunto de **símbolos, expressões e sentimentos** tidos pelo público. Sentimentos que podem ser positivos ou negativos podem trazer orgulho ou vergonha do público pela mesma.
12. A simpatia com que o público tem pela marca quando essa é lembrada, pode ser um fator fundamental para a escolha da mesma. É o **valor de preferencialidade** das pessoas.
13. **Marcas são lembradas**. É importante buscar um posicionamento positivo, para quando isso aconteça.
14. A marca é o resultado das **experiências** adquiridas pelo consumidor quando esse entra em contato com algum produto ou serviço.
15. A marca é o **valor dessas experiências**.
16. A marca é o **valor da frequência** com que os consumidores entram em contato com ela. Mensagens coerentes e leais quanto aos benefícios dos produtos ou serviços, podem facilitar quanto ao impacto dessas mensagens.
17. Uma marca deve ser **reconhecida orgulhosamente perante a sociedade** em que atua.
18. Marcas devem ter **conceitos sólidos**, porém, nunca podem ser inflexíveis às mudanças.
19. Com o tempo, uma marca é **sinônimo de segurança** na escolha do consumidor por determinado produto.
20. Uma marca é o **valor da confiabilidade** que permite as empresas venderem seus produtos, obterem e expandirem seus capitais.

Esses 20 pontos nos levam a uma conclusão otimista e simples: devemos construir uma marca que tenha e passe valores. Que venda. Que conquiste e fidelize o público. E que viabilize a expansão de capitais da empresa. Marcas que não se adequam a esses objetivos surgem no mercado com a data de validade já vencida.

Considerando os 20 pontos, vamos dar o primeiro passo para criar e manter uma marca forte, que deve ser dado muito antes do que a maioria dos profissionais faz. Esse passo envolve a base da empresa. Uma marca forte é o reflexo de uma cultura empresarial forte e concreta. Indo além, tentar divulgar uma marca "de vidro" ou seja, que não esteja de acordo com o DNA da empresa, é um risco muito grande e, pode levar bons projetos ao fracasso. O processo se inicia de dentro pra fora, para assim, de maneira coerente seja adquirida e ganhe confiança do público, conforme Sampaio (2008):

> O primeiro passo para criar, lançar e manter uma marca forte, deve ser dado bem antes do que pensa e costuma fazer a maioria dos profissionais de marketing e comunicação. Esse passo é essencial está na própria organização empresarial da qual deriva a "base da cultura" que servirá de solo e nutrient para plantar a semente das marcas que terão chances reais não apenas de florescer de forma efêmera, mas de permanecer ao longo do tempo.

Antes de você se preocupar em criar uma marca forte, de obter reconhecimento, de aumentar as vendas ou qualquer tipo de objetivo, é necessário analisar alguns pontos estruturais dentro da sua empresa. Os elementos estruturais são a base da sua marca. Quando as pessoas buscarem pela sua essência, ou até quando você for exigido por isso no mercado, é, essa estrutura que mostrará a coerência e credibilidade da sua empresa.

Segue abaixo um modelo de "Pirâmide Estrutural", divulgada por Cahen no seu livro "Tudo que seus gurus não lhe contaram sobre Comunicação Empresarial".

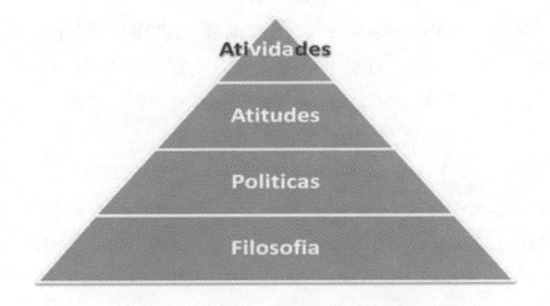

FIGURA 1: PIRÂMIDE ESTRUTURAL.
Fonte: Roger Cahen (2009).

- **ATIVIDADES.** A ponta da pirâmide é vista pelos consumidores. É fundamentada em três bases importantíssimas. Muitas empresas, abrem as portas pensando somente nas atividades que irão desenvolver, não se planejam, não estabelecem políticas, não acreditam e nascem sem saber para onde ir, na verdade, a maioria dos empresários acreditam que o único objetivo de uma empresa é ganhar dinheiro, por vezes até brilham, crescem e ganham dinheiro, porém uma hora são obrigados a descobrirem o que realmente são, nessa hora, mais importante do que ganhar dinheiro, é ter uma base estrutural sólida e coerente.
- **ATITUDES.** Essa é uma área importantíssima da pirâmide estrutural. Qualquer falha de atitude pode colocar tudo a perder. Um grande erro cometido por empresários é investir apenas em capital físico, estrutural e se esquecem das pessoas que trabalham por eles, no caso os funcionários. Os funcionários ou colaboradores, são responsáveis por fazerem a engrenagem funcionar. Muitas vezes são o primeiro contato entre o público e a marca. Empresas que investem em Publicidade, dizendo que possuem um ótimo atendimento e não investem nos funcionários para que esses façam o ótimo atendimento, estão dando um tiro no pé. Porque quando o público entrar em contato, receberão um atendimento não condizente com o prometido. Falha no planejamento, que atingirá negativamente a marca. Muitas empresas precisam investir menos em propaganda e, mais nos funcionários.

  Os funcionários precisam ter atitudes que espelham o espírito da empresa. Em meio as atividades, políticas, precisam estar de acordo com a primeira base da pirâmide que são as filosofias. Regras, códigos e leis, não garantem atitudes positivas e pró-ativas, filosofia e cultura de trabalho sim.
- **POLÍTICAS.** As políticas empresariais podem ser ruins, mas, pior é ficar sem. Políticas não devem servir para obrigar ninguém e, sim para colaborar com o trabalho. Por exemplo: uma empresa tem a política que os funcionários precisam chegar às 8 horas da manhã. Essa regra, é aplicada, para que a empresa consiga melhores resultados. Quando um funcionário quebra essa regra, ele começa a sair do caminho da empresa. Caso tenha uma boa justificativa, que possa vir a otimizar os serviços, a empresa deve estar sempre aberta a ouvir. Políticas não po-

dem ser engessadas, devem ser criadas para o bom andamento da empresa, não complicar ou até atrapalhar o processo.
- **FILOSOFIAS.** Uma empresa que existe por existir, que contraam funcionários que trabalham sem um ideal ou conduta, corre grande risco de contradição ou de se perder no caminho. Boas filosofias, criam ambientes de trabalho mais simples, justos e claros. As filosofias de uma empresa devem aclopar todos os funcionários, sem distinção de cargo ou importância.

Fenômeno do futebol mundial, muito se fala sobre a *filosofia de jogo do Barcelona ou Futbol Club Barcelona (Clube de futebol espanhol)*. Tricampeão do futebol espanhol dos anos de 2009, 2010 e 2011; Campeão da Champions League (Campeonato de clubes da Europa) nos anos de 2009 e 2011 e Campeão do torneio mundial de clubes nos anos de 2009 e 2011.

Uma das filosofias do time pode parecer simples, porém muito eficiente. Que é a de ter a posse de bola. Os jogadores raramente erram um passe e, ao invés de chutões ou dribbles desnecessários, trabalham em uma equipe em que todos participam do processo. Com mais posse de bola, a equipe ataca massivamente o adversário sem expor a sua defesa. O time do Barcelona vem trabalhando com esta filosofia de jogo já há muitos anos, e nos primeiros anos foram muitas derrotas para começarem a chegar as vitórias significativas.

As filosofias dentro de uma empresa, devem servir para otimizar os resultados. Um ponto interessante, é que não podem ser abandonadas de acordo com os primeiros problemas que possam surgir. Mudanças são fundamentais, porém, os empresários precisam ter convicção no que fazem. Criar filosofias coerentes e objetivas, ajudam a construir uma marca forte.

A construção dessa pirâmide estrutural será fundamental para todo o processo de *branding* executado na empresa. Para orientar a execução desse processo, iremos seguir uma ordem lógica do que foi proposto até aqui, considerando que;

- o mercado está a cada dia mais cômodo. Os produtos ficam a cada dia mais parecidos e, os benefícios parecem ser iguais;
- os consumidores diante desse cenário, passa a ser mais crítico, a buscar por mais informações e a concorrência mais complexa, selvagem e acirrada;
- para sobreviverem a esse mercado, as empresas precisam se diferenciar, criar acessórios e zelar por uma boa imagem;

- as empresas então passam a vender o valor dos seus produtos;
- importante lembrar que a estratégia e o processo é desenvolvido pela empresa, mas a definição da imagem é feita pelos consumidores;
- minimalizando o conceito, as empresas são "sistemas de valores";
- as marcas passam a ser o símbolo desse sistema;
- e para o consumidor, não importa o que a empresa fale de sí mesma, a marca final será a síntese da experiência de valor, que ele teve com a mesma.

A partir desse cenário, precisamos entender que a marca não é a única dimensão da empresa. Ela é a soma de todas as dimensões internas e externas da empresa, que tem conexões com aspectos objetivos e subjetivos e, contam com suportes fundamentais para a sua estruturação (SAMPAIO, 2008). Gerir de maneira criativa e eficaz essas dimensões e suporte é em sí, o processo de *Branding* em uma empresa.

Em geral existem 13 dimensões que participam do processo de construção de marca. Sampaio (2008) lista essas treze dimensões que nos ajuda a entender de maneira clara esse processo:

1. **Essência:** a essência faz parte de um campo mais lógico e objetivo que pode ser controlada pela empresa. Consiste no que a empresa faz, o que o produto traz de benefícios ou, como são prestados os aos consumidores.
2. **Nome, sobrenome e extensões:** a fase de dar nome a sua empresa é de muito importante para todo o processo. O nome pode ajudar ou atrapalhar nas vendas, pode facilitar ou dificultar o processo de posicionamento ou seja, tem total influência em toda perspectiva da empresa.
3. **Embalagem:** a embalagem devem conter informações específicas e que diferenciem o produto. Construídas de maneira planejada ajudam para que o consumidor tenha uma decisão favorável, em escolher os produtos ou serviços da empresa. Vale lembrar que a construção dessa embalagem, está totalmente no controle da empresa, porém, os resultados obtidos por essa construção, são dados pelos consumidores.
4. **Design:** o design é a forma visual da empresa. Por meio do seu desenvolvimento, a empresa é estampada em: camisetas, cartões, sites, frotas, letreiros, anúncios. É a maneira como a empresa é percebida visualmente pelos consumidores. É muito

importante que profissionais sejam envolvidos nesse processo, já que a escolha de uma fonte ou cor pode alinhar ou desalinhar a identidade da empresa. Identidade essa que transparece a essência da empresa. Muitas empresas possuem bons produtos, bons serviços, bom atendimento, bons profissionais, porém, não conseguem vender tudo isso por meio de design.

5. **Propaganda:** a propaganda juntamente com o nome, embalagem e design da empresa é, uma das maneiras mais utilizadas de externar a empresa. A propaganda deve falar sobre o que a empresa é ou representa. Pode ser colaboradora de vendas, aquisições. Como também pode ajudar a criar uma falsa imagem da empresa, complicando assim o sucesso da mesma no mercado. Os empresários devem ser claros, honestos e conscientes, ao tentarem explorar algum ponto da empresa com a propaganda. Essa se for feita de maneira transparente, ajuda no processo de posicionamento de marca na cabeça do consumidor, no final, tudo é uma questão de seriedade do empresário com o público.

6. **Merchandising:** merchandising são as ações realizadas no local aonde o consumidor adquire os produtos ou serviços. Auxiliam no fator de decisão, por estarem relacionados ao ambiente de compra. O merchandising por muitas vezes está conectado com as promoções, essas, visam à escolha rápida dos consumidores um período determinado de tempo. Podem auxiliar no descobrimento dos consumidores por novos produtos, ou para vender através de um melhor preço.

7. **Posicionamento:** posicionamento é como a empresa está guardada na mente dos consumidores. É o que o consumidor sente por uma marca e, qual a diferença que ela faz na mente dele, na hora da escolha.

8. **Preço e distribuição:** por mais que a empresa possa controlar essas duas dimensões, elas estão diretamente ligadas com o comportamento do mercado. A adaptação a esse comportamento, facilita ou dificulta o modo como a empresa lida com crises ou oportunidades que o mercado possa criar.

9. **Licenciamento:** uma das opções para se abrir um novo negócio, é utilizer uma marca que já existe. Que já tem uma boa imagem e gera resultados positivos no mercado. Então se abre uma franquia licenciada de alguma empresa já existente no mercado.

10. **Conexões com consumidores:** Essa dimensão envolve a ma-

neira com que a marca se relaciona com os seus consumidores e que estabalece conexões com os mesmos.
11. **Responsabilidade social:** foram os tempos em que as empresas faziam o que bem entendiam quanto à ética, ecologia e sociedade. A partir do momento que o consumidor passa a ter mais informações, esse começa a ser mais critic quanto às ações das empresas. As empresas passam a serem avaliadas pelo público e por orgãos de regulamentação. Levado pelos alertas globais, a sustentabilidade passa a ser pauta nas corporações. As empresas por interesse ou até filosofia passam a contribuir de maneira mais responsável nos processos de produção e vendas de produtos.
12. **Macrotendências:** as macrotendências são as oportunidades que a empresa pode aproveitar para crescer ou, que precisam lutar para sobreviver. Vale lembrar que esses fatores não podem ser controlados pelas empresas. Surgem naturalmente. O que os empresários podem fazer, são medidas de amenizar ou aproveitar os impactos dessas ondas.
13. **Reputação:** a reputação é o resultado do gerenciamento das outras 12 dimensões. São resultados obtidos com o tempo e experiências, tanto dos consumidores quanto de mercado. A reputação positiva de uma marca é o resultado de um processo coerente, transparente e de uma boa estratégia feita pela empresa. É como afirma Vieira (2002):

Podemos construir uma fortuna destruindo uma reputação. Ou construir uma fortuna e, junto com ela, uma péssima reputação. Ou, ainda, construir uma fortuna e uma bela reputação. É uma questão de escolha.

Além das dimensões, deve-se levar em consideração sete suportes, que auxiliam no processo de criação ou manutenção de uma marca. Esses suportes têm por objetivo sustentar a marca e, até algumas das dimensões. Os sete suportes serão explorados de maneira individual, para que o processo fique claro, como vemos abaixo:

- **Suporte número 1:**

    Pesquisa de mercado: a pesquisa de mercado é uma maneira de mensurar ou compreender a ideia que o público tem ou pode ter da marca. É uma ferramenta fundamental para que o gestor de marca, entenda os pontos que precisam ser trabalhados ou mantidos na marca.

- **Suporte número 2:**

    Conexões com fornecedores: a conexão com os fornecedores que podem ser de: comunicação, tecnologia, suprimentos e matérias-primas, trazem resultados diretos positivos ou negativos na gestão das dimensões e força competitiva da marca.

- **Suporte número 3:**

    Conexões com os transformadores: é uma forma de potencializar as franquias licenciadas e de relacionamento com a tendência de *networking*.

- **Suporte número 4:**

    Legal: é essencial para a manutenção e controle de fatores de propriedades da marca, tais como as dimensões de; nome, design, licenciamento, propaganda, merchandising, embalagem e posicionamento.

- **Suporte número 5:**

    Certificações: tem grande importância no processo de construção de marca. Já que assim adquiridos pela marca, podem facilitar a compra de um produto ou contratação de um serviço. Acelerando o processo de aceitação e posicionamento da marca pelos consumidores. Tem relação com a dimensão de *Responsabilidade Social* de uma empresa, já que a empresas passaram a ser obrigados a contar com selos e certificados de; qualidade, sustentabilidade, durabilidade, acessibilidade, mão de obra utilizada, entre outros. Os consumidores agora mais críticos, passam a escolher produtos de acordo com a certificação dos mesmos.

- **Suporte número 6:**

    Internet: dominadora do processo de escolha de grande parte da população, a internet passou a fazer parte do dia a dia dos consumidores. Foi o tempo em que as empresas precisavam apenas estar na internet, hoje, elas além de estarem presentes precisam se relacionar com o público. Um fator macroambiental, quanto a internet na empresa, é o que se fala dela na internet. Com o tempo os internautas que são consumidores em potencial de milhares de produtos e serviços passaram a se organizar em comunidades ou redes. A formação dessas redes sociais, passam a ser um suporte ou agravante de uma marca. Já que a voz dos consumidores ganhou força nesses canais. Podemos colocar então as redes sociais como um suporte 6B, já que elas passaram a influenciar diretamente em grande parte dos consumidores.

- **Suporte número 7:**

  Network (rede de interesses): o *network* envolve em uma rede, todos os envolvidos com a construção de produtos ou serviços. Inclusive, em alguns casos, fazem parte do network empresarial os concorrentes, já que esses podem contribuir compartilhando conhecimentos, para o amadurecimento e crescimento de um mercado em comum.

III. CONSTRUÇÃO DA IDENTIDADE E IMAGEM

Essas dimensões e suportes, criam a identidade e imagem das empresas. Nota-se que o alinhamento de todos esses fatores, contribuem para que as empresas sigam linhas coerentes de posicionamento. Já, que a mesma mensagem é vendida ou proposta desde um simples anúncio em jornal, até a pintura das empresas.

A identidade da empresa é a manifestação de sua realidade, que deve ser transmitida com um alinhamento cuidadoso, considerando todos os fatores acima. Esse alinhamento cria percepções, curiosidades e desejos no público. Não é difícil de entender que uma empresa que desperta desejo na mente do consumidor e depois comprova através de qualidade o que era esperado, passam a ter públicos fidelizados e leais.

Intercalar as treze dimensões com os sete suportes, é um caminho para se ter uma marca de sucesso. Porém, mostra a dificuldade e complexidade de ser planejar, executar e gerir o processo de construção de marca. Não podem ser evitados, porque eles já estão no ambiente da marca. A melhor opção é estudar como utilizar cada dimensão, com cada suporte, para criar uma marca forte no mercado. O mecânismo que permite e viabiliza o processo básico de criação de marca é justamente o fato de pensar, planejar e gerir a execução das dimensões.

Existem dois pilares que possibilitam a construção de uma marca forte, e ambas são empregadas para assegurar uma abordagem completa e holística. A primeira ordem trata sobre os **atributos reais, racionais e objetivos** de marca. Dão-se quando as empresas pensam na ideia e na função de cada serviço ou produto e, são os valores adquiridos à marca gerados pela combinação dos aspectos apontados.

A segunda ordem trata sobre valores subjetivos. Mexe com a imaginação e sentimendo do consumidor perante a marca. Nessa área, começamos a tratar no valor adquirido pela marca em sí. É o nome utilizado, a expressão e linguagem com qual se usa para comunicação com o público e, o significado ampliado, que é o resultado do uso dessa ordem de atributos.

Os objetivos para construção de uma marca devem estar ligados à ambição da empresa. Devem ser trabalhados em cima do estabelecimento das forças e manutenção das fraquezas, deve ser traçados linhas entre as oportunidades e ameaças, quanto ao mercado e concorrentes para que gerem resultados (RAMPERSAD, 2008). Para isso é preciso refletir nas seguintes questões:

- O que a marca da minha empresa deve conseguir?
- Como queremos ser reconhecidos e o que queremos que nossos clientes pensem de nós?
- Que emoções nossa marca proporcionarão aos clientes?

Como vimos a construção de uma marca envolve fatores externos e internos da empresa. Os fatores internos são os que podem ser controlados pela mesma. São atividades que podem ser planejadas para alcançar objetivos e metas. A partir da fase de execução de marca, quando essas são divulgadas ou lançadas no mercado, a imagem que adquirem pelos consumidores pode ser dada pelas ações propostas nas estratégias, pelos benefícios dos produtos, necessidade ou desejo dos produtos, que somadas irão possibilitar experiências.

IV. Associações e Processo de Posicionamento de Marca

Através dessas experiências, o público passa a fazer associações de elementos, símbolos ou qualidades únicas de um produto. As assossiações são feitas por experiências que as pessoas já viveram. Às vezes o cheiro, sabor, cor, textura ou som de um produto, tenha relação com alguma experiência vivida pelo consumidor posteriormente. Essas experiências não são sinônimas de vendas, mas, de posicionamento. Já em caso dessas associações serem feitas a algum produto utilizado pelo consumidor, o resultado pode ser positivo e durador.

O conjunto dessas associações gera a imagem de marca, ao passo que o valor resultandte do nome de uma marca é frequentemente o seu conjunto de valor. As associações podem ser utilizadas de maneira significativa pela empresa. Boas associações criam imagens positivas, o mesmo acontece negativamente. Por isso é importante que tudo o que faz parte de uma marca, esteja corretamente alinhado. A empresa pode investir milhares de dólares em consultorias, planejamentos e estratégias. Contratar os melhores escritórios de design para a construção do logotipo e identidade visual, mas, se na hora que o consumidor for até ela, acontecer alguma coisa negativa, todo o processo é jogado fora.

As associações criam imagens. Imagens essas que contribuem ou complicam a vida de empresas. Porém, as empresas podem planejar com o que querem ser assossiadas. Possuem a possibilidade de planejar como querer ser vistas e posicionadas na mente dos consumidores. A construção desse posicionamento deve ser sempre em busca de competitividade da empresa no mercado em que atua.

As associações são fundamentais para as empresas, já que participam do processo de criação de valor para as marcas. As associações representam bases importantes para os negócios, já que participam desde as decisões de compra, até campanhas de fidelização de clientes. As associações ajudam a processar ou achar informação, diferenciar e posicionar marcas, criam razões de compra, atitudes positivas e extensões, como disse AAKER (1998):

> Uma marca bem-posicionada terá uma atraente posição competitiva, suportada por fortes associações. Ficará muito bem colocada com um atributo desejável, como serviço amigável, ou ocupará uma posição distinta daquela dos concorrentes.

A empresa precisa decidir e planejar como deseja ser percebida pelos consumidores, perante seus produtos e serviços. Toda a estrutura de conhecimentos referentes à marca serão construidos a partir dessa decisão. O posicionamento será o resultado da imagem, experiência e associações feitas pelos consumidores quanto à marca.

Os principais difusores do tema posicionamento de marca foram Ries e Trout (1986). Os autores categorizaram esse tema em três eras. A era do produto que foi na década de 1950 quando o publicitário ou comunicador criava campanhas focando nos benefícios e aspectos dos produtos. Criando campanhas e anúncios com foco descritivo.

A segunda era foi a da imagem, que surgiu em 1960. Foi dado um passo muito importante quanto ao tema. Porque as pessoas que planejavam o posicionamento de marcas, entenderam que todo o processo estava ligado a reputação e a imagem que as marcas possuíam na mente dos consumidores. A grande figura dessa era foi David Ogilvy, que afirmou "cada anúncio é um investimento em longo prazo na imagem de uma marca". Foi nessa era que as marcas começam a ter personalidades.

Então, veio a era do posicionamento. Essa foi uma era de constatação, passou-se a estudar quais fatores poderiam contribuir para posicionar uma marca na mente dos consumidores. Esse posicionamento tem a ver com as experiências vividas pelas pessoas. Já que, quando uma empresa era mal posicionada, seus anúncios ou mensagens não possuíam valor algum, eram e são descartados pela mente do público. As mensagens passam a ser mais coerentes.

Partindo de um conceito moderno, posicionamento é um processo abordado em três dimensões: como processo social, estratégico ou como recurso analítico e de decisão. Cada processo possui um conteúdo significativo perante as empresas e o público. Conteúdos que distinguem as marcas entre sí e influenciam nas escolhas do consumidor.

Como base para a construção de um posicionamento de marca, iremos analisar cada tipo de processo:

1. **Posicionamento como processo social:** o processo social é composto por várias teorias e conceitos. Entre eles podemos citar as redes associativas de memória e a teoria da percepção. As marcas se vinculam a uma estratificação social. Procuram se alinhar com as características, crenças, valores, costumes e linguagem dos consumidores, para que consigam uma sintonização com os mesmos, para que esses possam se identificar e preferir para a sua marca. Para isso, inove sempre, busque uma roupagem única, preste serviços qualificados. Eliminando os concorrentes na mente do seu público, mesmo que eles existam. Essa preferência é fundamental para o sucesso do seu negócio.
2. **Posicionamento como estratégia:** a essência do posicionamento de marca, é que se crie uma vantagem competitiva pela empresa no mercado em que atua. Essa vantagem deve dar ao consumidor razões para que ele escolha a sua marca, no meio de tantas outras. Essas vantagens competitivas podem ser criadas por preço ou diferenciação. O posicionamento como estratégia, foca-se no triângulo estabelecido entre; consumidor, concorrente e marca. Fatores que devem ser analisados, para que sigam a lógica de posicionamento que é; tendo-se uma marca forte, podemos conquistar o consumidor e criar barreiras para o concorrente.

   A estratégia tem necessidade de adotar alguns passos fundamentais; Compreensão das características, atributos, benefícios e associações inerentes a cada classe de produtos; Importância atribuída a esses aspectos; Valorização de determinadas partes desses aspectos presentes e distintivos na oferta da empresa por determinado mercado-alvo em relação às ofertas disponíveis (TAVARES, 2008). É importante no processo estratégico, que as empresas escolham mercados únicos de atuação e que entendam esses mercados. Ter uma visão clara dos gostos e preferências do consumidor, contribui para que a empresa atenda a necessidades e demandas, que irão trazer benefícios para empresa.

3. **Posicionamento como recurso analítico e de decisão:** a perspectiva estratégica do posicionamento é tida como recurso analítico para orientar o processo de decisão. Os definidores gerais partem do ponto que as marcasm estabelecem conexões na mente das pessoas, essas conexões se dão por símbolos e associações significativas. Por exemplo; Uma marca de carro que pretende vender seus veículos para um público mais jovem, tende a partir de conceitos de liberdade, autoafirmação, confiança, sonhos. Quando uma empresa que irá focar em um público de mais idade, tende a focar mais em segurança, confiança e conforto. Os índices de conexão, variam de acordo com o público e mercado-alvo.

A necessidade de identificar esses definidores, entre as principais questões, iremos considerar:

- Quem usa o produto?
- Quais as características, benefícios e associações feitas pelo produto?
- Onde usam?
- Por que usam?
- Quando usam?
- Como usam?

Essas perguntas ajudam na produção de estratégias centradas no consumidor. Essas estratégias devem definir conexões entre os consumidores e a marca, para gerar associações e posicionamento. A utilização dessas conexões para atingir o posicionamento, mapeia o ciclo da vida das pessoas, possibilitando posicionar a marca em diferentes fases. Por exemplo; Pessoas na terceira idade tendem a buscar marcas que "vendam" conforto, ao mesmo tempo em que jovens preferem comprar "independência". Outros conceitos que são aplicadas ao processo de posicionamento são; segurança, confiança, praticidade, senso de propósito, interação social (inclusive *on-line),* sensualidade e romantismo, jornada segura, experiência, nostalgia, estilo de vida.

É fundamental que sua empresa alinhe as propostas de comunicação, com esses fatores citados a cima. A chance de alinhamento com o público-alvo é muito maior, quando utilizados conceitos que cercam cada fase do público. Não adianta uma empresa focada em mulheres, tentar vender a ideia de força, coragem ou até bravura, já que esses são definidores fortes do público masculino. Cada mensagem deve ser trabalhada de maneira segmentada, para cada tipo de público.

Essas alternativas e ideias de posicionamento, não são suficientes para assegurar sua efetividade. O ponto de parte deve ser na análise dos consumidores e dos concorrentes. A empresa, antes de trabalhar qualquer tipo de alternativa quanto ao público, deve ter claramente para si, alguns pontos que irão contribuir para a efetividade das conexões. Devemos considerar:

- **Relevância** – o público deve classificar como significativo o que está sendo proposto pela empresa
- **Distintividade** – o produto precisa ser único, ou ao menos ter distinção dos outros já encontrados no mercado.
- **Confiança** – Um produto para ser efetivo precisa passar credibilidade. Produtos novos tendem a enfrentar problemas com isso, ao passo que certificações de órgão regulamentadores e o compartilhamento das percepções dos consumidores, quanto a um produto, podem ajudar nesse processo de credibilidade.

V. Branding e Marketing Integrados

Partindo para a conclusão, iremos entender a responsabilidade do *branding* e do *marketing*, na construção de marcas fortes e posicionadas. Todo esse processo vem contribuindo para o posicionamento das mesmas na mente dos consumidores, partir de bases estruturais fortes. Entretanto, esse é um processo integrado. Trabalhar apenas o marketing da empresa, sem um processo de *branding* pode ser um tiro pela culatra, da mesma maneira, que investir apenas em um processo de *branding* solitário, pode trazer prejuízos gigantes na imagem das empresas. Por isso, precisamos entender a responsabilidade que essas duas áreas, possuem, em relação às empresas.

Nos dias de hoje, os dois elementos vão muito além dos seus papéis. O marketing, por exemplo, vai muito além de apenas vender. Está relacionado ao modo como a empresa se relaciona e comunica com os públicos. Como se porta perante a concorrência e até no ambiente virtual. O *branding* envolve os processos de gestão de marcas, as marcas que tem dimensões importantes quanto à economia e finanças das empresas.

Uma marca forte dá aos seus proprietários segurança de crescimento e geração de caixa para o futuro, ao passo que marcas fracas, se perdem no mercado. São compradas apenas por serem *commodities* na vida das pessoas, ou pela questão de preços. Se comoda ou barata, não garante a permanência de nenhuma empresa no mercado. Resultados rápidos, não combinam com processos longos e estruturados de marketing e *branding*. É preciso que quem faz esses processos, acreditem nas estratégias traçadas, e caso as métricas e resultados sejam positivos, que continuem no processo até o surgimento dos resultados positivos. Para a obtenção desses objetivos positivos o marketing e o *branding* possuem responsabilidades. Augusto Sampaio classifica os quarto principais, que são interessantíssimos para toda empresa. São eles;

Primeira Responsabilidade de Entusismar Funcionários: voltamos a tratar novamente o início de qualquer processo de marketing, branding, construção de marca ou de identidade corporativa, partindo de dentro para fora. Verifique na sua empresa quais são as ações para motivarem os funcionários. Esqueça aquelas palestras motivacionais e pensem nas ações para criar líderes fortes na empresa. Verifique se os funcionários estão satisfeitos não apenas com o salário que recebem, mas também com o papel que desenvolvem. Saiba se esses tem vontade de crescer na empresa, ou, apenas pretendem atuar na empresa por um período determinado, fazendo parte do seu processo individual de crescimento. Os funcionários dão mais dinheiro, produzem mais e são mais confiáveis, quando trabalham entusiasmados.

Esse entusiasmo está diretamente ligado com a coerência da empresa. O planejamento estratégico é de muita importância para essa construção. Os funcionários percebem quando os quadros de *missão, visão e valores* não passam de meras formalidades, vindas dos CEOs e presidentes. A identidade corporativa começa a ser alinhada no chão da fábrica. Empresas coerentes, transparentes e que valorizam os funcionários, assumem automaticamente uma vantagem competitiva muito grande no mercado.

Segunda Responsabilidade de Encantar Clientes Finais e Intermediários: a segunda responsabilidade trata sobre os clientes finais ou o consumidor. Porém, não importando em qual parte da cadeia de consumo o público esteja, é necessário criar valor aos produtos. Sua empresa precisa oferecer produtos que atendam a uma necessidade de um mercado. Atender essa demanda deve ser feita a partir de estudos sobre o mercado e sobre os concorrentes. É preciso estar atendo ao que os concorrentes estão fazendo, para se mandar atualizado nas práticas a ações. Criar valor em cima do portfólio de produtos da empresa faz com que os consumidores fiquem felizes com a sua marca. Esse será o ponto que os levará a recomprarem e a comentarem sobre a sua marca com amigos e sua rede de contatos. Lembre-se sempre de que não é a sua empresa que tem os clientes, são os clientes que possuem sua empresa.

É necessário encantar toda a cadeia de compra de um produto. Isso acontece frequentemente no segmento de brinquedos. Já que não as crianças que efetuam as compras, porém, os pais também precisam estar conectados com as promessas dos produtos.

Existem dois modos clássicos de criar uma estratégia para esse processo:

1. **Encantar pelos preços baixos:** práticas normais na briga por consumidores de supermercados. Como a maioria dos produtos é de usos diários dos consumidores, os mercadistas apelam quase sempre para a diferenciação através dos preços baixos. Enquanto poderiam trabalhar o ambiente, criar fantasias em cima das lojas preferem apenas abaixar o preço e soltar anúncios varejistas no mercado.
2. **Diferenciação por valor agregado:** planejar em cima de diferenciação faz com que a marca contenha uma boa imagem. Geralmente é trabalhada essa diferenciação pela personalidade de marca. Produtos dos mesmos segmentos, mesmos benefícios primários, porém com valores agregados diferentes, é o que determina a escolha do consumidor.

Terceira Responsabilidade de Enlouquecer os Concorrentes: focar as ações de posicionamento da marca da sua empresa apenas nos consumidores é um risco muito grande. A medida com que o mercado muda e seus concorrentes inovam, é preciso que você acompanhe essas mudanças e inovações. Aliás, os mesmos clientes que sua empresa tem hoje, podem passar para o concorrente amanhã, basta que esse apresente novas características, ou melhor, preço. Se sua empresa não incomoda os concorrentes, para o cliente, é porque talvez seja apenas mais uma opção no mercado, não representando valor adicional algum ao cliente.

É importante tentar criar mercados únicos, que sejam de difícil entrada pelos concorrentes, para que a divisão dos lucros seja pouca. Essa análise deve ser feita partindo de uma linha simples: não se considere melhor que o concorrente, lute sempre para ser, mas deixe que o consumidor tire suas conclusões finais. Conclusões que devem ser acompanhadas e aplicadas, caso sua empresa esteja ficando para trás no mercado.

Mesmo, tendo um ritmo acelerado. É preciso analisar com cuidado cada oportunidade. Consumidores podem optar por preços ou promoções, mas, os símbolos significativos sempre terão valor. A utilização desses símbolos trabalhando com a associação feita na mente dos consumidores, irá ajudar a sua marca ter diferenciais competitivos além apenas de preços. Sua marca pode passar a representar uma fase da vida do consumidor, a essa fase serem adicionados orgulho, realização de um desejo ou de outro fator, assim, muitas vezes o consumidor preferirá pagar mais caro, para obter o seu produto.

Quarta Responsabilidade de Enriquecer a Todos: *claramente falando, todo processo de branding,* marketing, construção de marketing, elaboração de identidade visual, deve levar as empresas a uma coisa; enriquecer. Enriquecer não apenas a empresa, mas todos os envolvidos com ela. Vale lembrar que esse enriquecimento deve também conter conceitos aplicados ao bem da sociedade. Os valores devem ser agregados a toda linha envolvida no segmento da empresa.

As empresas e marcas devem criar riqueza e não apenas extrair riqueza da natureza e da sociedade. Os consumidores conscientes do mundo todo estão dizendo em alto e bom som, e até mesmo em sites: "Basta de marcas extrativistas!", diz Sampaio (2008).

O valor das empresas vai muito além de relatórios financeiros. Esses valores devem ser compartilhados com a natureza, sociedade e organizações. Empresas que apenas crescem e não compartilham, correm o risco de terem a imagem manchada por tamanha ganância. Os valores abrangem a cultura das empresas, suas capacidades de ajudar pessoas e de gerar ganho para os empresários. Enfim, todos precisam obter ganhos. Não importa se são financeiros, profissionais ou intelectuais. O mundo deve ganhar com a valorização da marca da sua empresa.

Considerações Finais

Como amplamente demonstramos, a construção de uma marca envolve muito mais do que uma logo marca ou o marketing que uma empresa faz de seus produtos ou serviços. A construção de uma marca envolve a honestidade de seus empresários e colaboradores, inclui a qualidade e eficácia dos produtos, a capacidade de produção e de entrega, o nível de excelência no atendimento ao cliente, resolução dos problemas e relacionamento pós-vendas.

No final das contas, concluímos que "marca é uma cultura e uma dinâmica de relação entre a empresa/produto e a comunidade que cria valor para todos os integrantes do seu ecossistema", como afirmaram Guimarães e Pinheiro (2008), citando Thymus.

Quando uma empresa chega a ter uma empresa no Brasil alcança uma marca centenária, ou bicentenária, é porque ela é uma empresa viva, como Geus (1999) afirmou, nesse estágio de marca forte e valiosa, ela já venceu a morte prematura, superou a obcessão unicamente pela lucratividade a despeito de tudo o mais que é importante, conseguiu evoluir juntamente com o ambiente externo, alcançando a longevidade continuada que supera a vida dos seus fundadores e leva benefícios para gerações futuras.

Assim, a marca será a representação de toda a harmonia e sinergia entre todos os fatores que são necessários para que a empresa não apenas "seja percebida como", mas que seja e viva o seu propósito e missão, enriquecendo assim a todos os envolvidos e onde todos saem ganhando com a sua existência no planeta.

As micros e pequenas empresas têm uma facilidade muito maior para corrigir os seus cursos de marca negativa e focar na construção de uma grande marca, e assim, o sucesso dessas marcas, 98% das empresas brasileiras, fatalmente significará o sucesso de uma nação inteira, de sua economia e o benefício de milhões de famílias. Assim, na persistência com conhecimento, corrigindo o percurso conforme a necessidade está à forma mais sábia de alcançar o sucesso e a felicidade geral.

Atividades Aplicadas na Construção da sua Marca

Nessa atividade fizemos um passo a passo para o processo de construção da sua marca. A atividade consiste em você preencher as etapas do processo, com os dados da sua marca ou da marca que pretende criar. Faça isso com o auxílio de três pessoas, para que tenha mais opiniões e visões sobre sua marca.

TABELA 1: Etapa um para construção da marca

ATIVIDADE PARA CONSTRUÇÃO DE MARCA		
Etapa 1	Atividade	Quantos envolvidos: 1
Pesquisa	Questionário	Nessa primeira fase você responde as perguntas
Perguntas		
1- Qual o seu negócio (O que sua empresa faz?). Seja claro.		
2- Qual o nome da sua empresa		
3- Qual o símbolo que utilizam?		
4- Qual o objetivo da sua marca?		

TABELA 2: Etapa dois para a construção da marca

ATIVIDADE PARA CONSTRUÇÃO DE MARCA				
Etapa 2	Atividade	Quantos envolvidos: 3		
Pesquisa	Questionário	Nessa segunda etapa você pergunta para três pessoas		
Perguntas		Pessoa 1	Pessoa 2	Pessoa 3
1- As pessoas entendem a maneira como você fala sobre seu negócio?				
2- O nome da empresa tem relação com o que ela faz?				
3- O que acharam do símbolo?				
4- Qual a primeira coisa que veio na cabeça deles quando viram o símbolo?				

TABELA 3: Etapa três para a construção de marca

ATIVIDADE PARA CONSTRUÇÃO DE MARCA			
Etapa 3	Atividade	Quantos envolvidos: 1	
Construção	Questionário	Nessa primeira fase você responde as perguntas	
Perguntas			
1- Nome da sua marca			
2- Possui embalagem?	SIM:		NÃO:
3- O design é atraente e tem alinhamento com a essência da sua empresa?	SIM:		NÃO:
4- Já anunciou o seu produto? (Campanhas de propaganda)	SIM:		NÃO:

5-	Já fez alguma promoção nos pontos de venda? (Merchandising)	SIM:	NÃO:
6-	Como sua empresa deseja ser lembrada?		
7-	Pretende abrir franquias?	SIM:	NÃO:
8-	Como sua empresa se relaciona com o dia a dia do consumidor? (Conexões com o consumidor)		
9-	Como sua empresa beneficia a sociedade em que atua?		

TABELA 4: ETAPA QUATRO PARA CONSTRUÇÃO DE MARCA

ATIVIDADE PARA CONSTRUÇÃO DE MARCA		
Etapa 4	Atividade	Quantos envolvidos: 1
Associações	Questionário	Nessa primeira fase você responde as perguntas
Perguntas		
1- Com o que a sua empresa é associada hoje?		
2- Com o que pretende associar sua marca? (símbolos, conceitos, pessoas etc.)		
3- De acordo com as respostas feitas na pergunta 2 da etapa 2, existe uma relação entre como as pessoas veem sua empresa e, como você gostaria que elas vissem?		

TABELA 5: ETAPA CINCO PARA CONSTRUÇÃO DE MARCA

ATIVIDADE PARA CONSTRUÇÃO DE MARCA		
Etapa 5	Atividade	Quantos envolvidos: 1
Posicionamento	Questionário	Nessa primeira fase você responde as perguntas
Perguntas		
1- Quem usa os produtos ou serviços da sua empresa?		
2- Quais as características principais?		
3- Quais os benefícios principais do seu produto ou serviço?		
4- Onde as pessoas usam o seu produto ou serviço?		

5- Por que usam esses produtos ou serviços?	
6- Por que deveriam usar os produtos ou serviços da sua marca?	
7- Quando usam?	
8- Como usam?	

TABELA 6: ETAPA SEIS PARA A CONSTRUÇÃO DE MARCA.

ATIVIDADE PARA CONSTRUÇÃO DE MARCA		
Etapa 6	Atividade	Quantos envolvidos: 1
Responsabilidades do Branding e Marketing	Questionário	Nessa primeira fase você responde as perguntas
Perguntas		
1- Sua marca tem o poder de entusiasmar seus funcionários?	SIM:	NÃO:
1.1 O que você pode fazer para que ela começe a entusiasmá-los?		
2- Sua marcar encanta os clientes?	SIM:	NÃO:
2.1 O que você poderia fazer para que ela começasse a encantá-los?		
3- Sua marca enlouquece os concorrentes?	SIM:	NÃO:
3.1 Qual o ponto principal ou diferencial que você poderia aplicar na marca, para que ela comece a enlouquecê-los?		
4- Como sua marca irá enriquecer a sociedade em que atua, empresa, consumidores e pessoas relacionadas com o processo?		

Palavras-Chaves: marcas, construção de marcas, branding, posicionamento, imagem.

REFERÊNCIAS

AAKER, D. **Marcas Brand Equity** – gerenciando o valor da marca. 2. ed. Rio de Janeiro: Elsevier, 1998.

GEUS, Aire. **A empresa viva**. Publifolha/Campus. Rio de Janeiro: 1999.

GUIMARÃES, Ricardo. PINHEIRO, Romulo. ZANINI, Marco Tulio (Org.). Branding, identidade, relações e valor de mercado. In: **Gestão In-**

tegrada de ativos intangíveis. Rio de Janeiro: FDC/Qualitymark, 2008.

LAUTERBORN, R.; NASCIMENTO, A. Os 4 Es de Marketing e Branding. 2. ed. Rio de Janeiro: Elsevier, 2007.

PAUL, A.A. **Comunicação empresarial.** 1. ed. Rio de Janeiro: Elsevier, 2006.

RAMPERSAD, H. **Balanced scorecard pessoal. O caminho para a felicidade individual, integridade pessoal e eficácia organizacional.** 1 ed. Rio de Janeiro: Qualitymark, 2007.

RAMPERSAD, H. **O DNA da sua marca pessoal: Um novo caminho para construir e alinhar uma marca vencedora.** 1. ed. Rio de Janeiro: Elsevier, 2008.

RAMPERSAD, H. **Scorecard para performance total. Alinhando o capital humano com estratégia e ética empresarial.** 1 ed. Rio de Janeiro: Campus, 2003.

RAMPERSAD, H. **Seja o CEO da sua vida. A fórmula autêntica final para ser uma marca pessoal e se destacar na multidão.** 1 ed. Rio de Janeiro: Qualitymark, 2003.

RIES, A.; TROUT, J. **Posicionamento – A batalha por sua mente.** 20. ed. São Paulo: Pearson Education do Brasil, 2002.

SAMPAIO, R. **Marcas de A a Z.** 6. ed. Rio de Janeiro: Campus, 2002.

TAVARES, C.M. **Gestão de marcas** – Construindo marcas de valor. 1. ed. São Paulo: Harbra, 2008.

VIEIRA, S. **Marca**: O que o coração não sente os olhos não vêem. 3. ed. São Paulo: Loyola, 2002.

Proposta de Marketing para as Pequenas Empresas

Edmir Kuazaqui

O marketing além das fronteiras nacionais cria desafios que no passado só poderiam ser gerenciados lucrativamente por grandes empresas.
(LODISH, MORGAN; KALLIANPUR)

1 Introdução

As empresas oferecem importantes contribuições à sociedade. Sob o ponto de vista econômico, contribuem para a criação da renda e, consequentemente, para o desenvolvimento que dela decorre. Sob o ponto de vista social, possibilitam, a partir do desenvolvimento econômico, a democratização de oportunidades e aprimoramento da população, que pode ter acesso a ensino e educação. Por fim, sob o ponto de vista empreendedor, a possibilidade de empreender, criar e inovar.

As microempresas estão inseridas neste contexto, porém com características e contribuições diferenciadas, em virtude de seu porte e dinâmica. Uma das grandes dificuldades desta categoria de empresa é melhor se inserir e se desenvolver no mercado em razão da limitação de receitas que influenciam no *budget* e na intensidade de marketing. Desta forma, a dinâmica de comunicação e estratégias de marketing fazem-se diferenciadas em relação às empresas de médio e principalmente de grande porte.

Este capítulo, então, procurará desenvolver os principais conceitos de marketing aplicados pelas microempresas dentro de uma breve contextualização de um plano de marketing. O desenvolvimento e a evolução teórica partiram de pesquisa bibliográfica e da pesquisa de campo e observacional do autor deste capítulo. O objetivo não é esgotar o assunto nem tampouco construir um Plano de Marketing, mas sim de contribuir para a discussão, o aprendizado e a utilização do marketing mix no segmento das microempresas de forma mais assertiva.

2 - O Plano de Marketing e o Mercado Consumidor

Nenhuma empresa pode sobreviver sem um bom plano de marketing. Isso significa dizer que todo empresário que deseja obter os melhores resultados deve ter claramente quais necessidades do mercado atenderá e como o fará. O fluxo financeiro que possibilitará o atendimento das necessidades da empresa e, ao mesmo tempo, garantirá o crescimento de forma sustentada, será, assim, obtido a partir da oferta de um pacote de benefícios reconhecidos.

Dentro desta perspectiva, o ponto de partida para o desenvolvimento de um plano estratégico é a limitação de suas competências a partir da criação da missão, visão, objetivos e valores corporativos. Depois, faz-se necessária a construção identificada de um marketing mix que possa atender, de forma pontual, as diferentes carências do mercado.

As microempresas, no Brasil, geralmente nascem a partir de diferentes situações. Uma das mais comuns é a perda de atividade remunerada, o que faz com que o profissional procure uma solução de curto e médio prazo para equilibrar o fluxo de caixa pessoal. Outra situação é quando ocorre o desdobramento de atividades que um profissional já exerce por meio de terceirização; outra, ainda, decorre do próprio perfil empreendedor, sendo normal o processo sucessório – de pai para filho, em pequenos negócios. Desta forma, é compreensível que empresas de pequeno porte não possuam claramente um planejamento estratégico mais elaborado, mas é inaceitável que se acomodem e trabalhem sem um bom plano de negócios e de marketing. Sem um bom plano de marketing, a empresa poderá até obter resultados, mas sem a certeza de resultados mensuráveis; com ele, a empresa poderá obter resultados de forma mais organizada e passível de gerenciamento.

2.1 O Consumidor como Principal Foco da Empresa

Todo negócio se inicia a partir do que o mercado pode oferecer em termos de oportunidades de negócios. Desta forma, toda organização deve ser criada a partir do atendimento das necessidades e desejos do mercado. O termo *consumidor* pode ser definido como todo aquele que pode comprar, alugar, utilizar ou usufruir de um produto ou serviço oferecido por uma empresa ou profissional. Conforme Foxxall (apud BAKER, 2005, p. 87), "O processo decisório do consumidor é usualmente descrito como cognitivo. O consumidor se conscientiza de uma necessidade ou desejo e de um possível meio de satisfazê-lo, normalmente anunciado na propaganda de uma nova marca".

De modo geral, como os consumidores estão pulverizados no mercado, uma das grandes dificuldades iniciais da microempresa é a limitação de seu grau de alcance. Empresas deste tipo costumam crescer a partir de demandas regionais, atendendo pontualmente a determinadas carências dos consumidores. E, como a oferta de produtos e serviços é feita por empresas de portes diferentes, as microempresas enfrentam dificuldades para facear os apelos de marketing que as médias e grandes empresas fazem ao consumidor. Por outro lado, Hawkins, Mothersbaugh e Best (2007, p. 17) afirmam que:

> O resultado mais óbvio do processo de consumo para um indivíduo, quer a compra seja realizada ou não, é algum nível de satisfação da necessidade que iniciou o processo de consumo (...) Dois processos fundamentais estão envolvidos – a satisfação real da necessidade e a satisfação percebida da necessidade.

Mesmo com todas as limitações, as microempresas devem estar atentas ao comportamento do consumidor, que pode ter uma grande mobilidade e contato com diferentes empresas de portes diferentes. Assim, uma das formas de sobrevivência dessas empresas é a utilização dos incentivos de longo e curto prazo, de que se tratará mais adiante.

Um dos maiores desafios é que o consumidor faça sua primeira compra e depois a recompra, tornando-se, assim, cliente. Cliente é todo aquele que tem um vínculo, por vezes comercial, com uma empresa ou um profissional. Neste contexto, o marketing categoriza dois níveis de cliente:

- Cliente interno ou público interno, que se resume aos colaboradores da empresa. Neste sentido, estratégias de marketing como *endomarketing* servem como ações que visam ao envolvimento e comprometimento deste com os objetivos e metas da empresa.

- Cliente externo, que se caracteriza como aquele que vai adquirir o produto ou serviço. A empresa deve mensurar sua demanda de forma quantitativa e qualitativa. A primeira dará uma perspectiva de consumo e a segunda o perfil, que moldará as estratégias de marketing da empresa.

2.2 A Segmentação de Mercado como Principal Estratégia para as Microempresas

Devido às suas particularidades, tais como limitação de recursos e alcance geográfico, recomenda-se que as microempresas utilizem, de forma pontual, as estratégias de segmentação de mercado. Sob o contexto do marketing, a técnica de segmentação de mercado considera de extremo valor as características do mercado no qual a empresa deseja atuar. A segmentação de mercado preconiza a ideia de que o mercado é heterogêneo em relação às suas características e consequentemente necessidades, desejos e anseios. Desta forma, a técnica de segmentação exige a identificação e a mensuração das diferenças e as agrupa em categorias de consumo. Existem três formas de categorizar as estratégias de segmentação de mercado:

- A estratégia de marketing indiferenciado considera que o mercado é homogêneo em relação às suas características e necessidades. A empresa pode oferecer um marketing mix sem nenhuma diferenciação. Considerando a Teoria de Maslow, pode-se empregar esta estratégia para produtos e serviços que atendem às necessidades básicas, como água, por exemplo, e a prestação de serviços gerais;
- A estratégia de marketing concentrado considera que o mercado pode ter particularidades que a empresa pode atender. Desta forma, ela pode concentrar seus esforços em um único segmento de mercado. Neste caso, a regionalidade se antecipa como uma das principais variáveis, bem como particularidades e características de onde a empresa se encontra; e finalmente.
- A estratégia de marketing diferenciado, em que a empresa identifica segmentos nos quais deseja atuar e desenvolve um marketing mix direcionado para cada um deles. Neste caso, a empresa tem um portfólio de estratégias para cada tipo de grupo de clientes.

A seleção da melhor estratégia de segmentação implica:

- Por parte da empresa, permite a otimização de recursos econômicos, financeiros e humanos, envolvendo qualquer das estratégias citadas. Não havendo a diferenciação, existe a possibilidade de poder de barganha devido aos volumes transacionados. Se diferenciada, possibilita a aquisição de lotes compatíveis com a demanda.
- Por parte da demanda, existe a opção pelo produto ou serviço que melhor atenda a suas necessidades, podendo ocorrer então a fidelização e consequentemente a compra de lotes periódicos.

A segmentação de mercado decorre das necessidades das empresas de bem atenderem a seus clientes, o que faz dela uma forma sustentada de fidelização; de outro lado, se todas as empresas pensarem do mesmo modo, as mesmas estratégias se tornam formas de diferenciação competitiva. Baker (2005, p. 44) afirma que a segmentação: "...não somente é dinâmica e incerta, como também diversa: empresas são heterogêneas, assim como a natureza da demanda".

Pode-se afirmar categoricamente, portanto, que uma das principais técnicas de marketing que uma empresa pode aplicar e com a qual obterá retorno mais eficaz é a segmentação de mercado, pois:

- a empresa, com o conhecimento detalhado do mercado, pode entender melhor suas características, necessidades e carências. A partir da compreensão das características quantitativas e qualitativas históricas, é possível uma análise referencial de consumo;
- a partir da *correta interpretação de dados e informações, a empresa deve formular o melhor* marketing mix *que vise a atender de forma pontual e sustentada o segmento que pretende atingir*. Pela própria essência do sistema de marketing, o marketing mix é reflexo das características do potencial do mercado;
- de acordo com a demanda e oferta, possibilita e mensuração, otimização e gestão de recursos necessários para melhor atender o segmento, em razão das próprias necessidades da empresa;
- permite flexibilizar as estratégias de acordo com as possíveis mudanças, mesmo que rápidas e sutis, deste e de outros nichos complementares.

A aplicação dos Sistemas de Informação – Sistemas de Informação em Marketing e Pesquisa de Mercado essencialmente – é primordial para a identificação dos nichos de mercado e respectivas características e necessidades que devem ser atendidas. A pesquisa de mercado identifica quantitativa e qualitativamente a demanda, referenciando o potencial de mercado. Por sua vez, os sistemas de informação em marketing possibilitam a retroalimentação de dados e informações a partir de dados secundários. A atualização desses dados e informações é importante para proporcionar à empresa os elementos básicos para a adequação das estratégias de marketing conforme o ciclo de vida do produto (CVP) ou serviço a ser analisado. Embora as microempresas tenham recursos limitados, entende-se que podem utilizar os sistemas de forma pontual, com a utilização de dados secundários a partir de fontes confiáveis.

A carteira de clientes de uma empresa pode ser categorizada de acordo com o perfil de consumo de seus clientes ativos:

- carteira com clientes *light users*, que são aqueles que compram pequenos volumes. Trazem grande custo operacional e contribuem individualmente pouco em relação às necessidades de capital de giro da empresa. Entretanto, podem garantir a manutenção do negócio, se agrupados devidamente. Uma pequena cafeteria pode ter um volume diário de receitas a partir da participação do famoso cafezinho;
- carteira com clientes *medium users*, que compram periodicamente e em certo volume. Um restaurante por quilo pode diversificar seu cardápio periodicamente no sentido de fidelizar seus clientes; e
- carteira com clientes *heavy users*, que compram grandes volumes, porém sem uma periodicidade. A empresa deve estar preparada para atender grandes lotes e consequentemente arcar com as despesas de estoque. Uma empresa de eventos pode aproveitar pequenas oportunidades de negócios, mas deve se concentrar em eventos específicos, como formaturas de cursos de graduação, que trazem semestralmente uma receita alta, o suficiente para atender às necessidades de capital de giro da empresa no ano inteiro.

Uma empresa, se adotar uma estratégia mista, deverá compatibilizar seus serviços no sentido de bem atender todas as classes de clientes. Uma empresa de pequeno porte, por exemplo, deverá ter uma carteira diversificada de clientes com diferentes contribuições. Neste caso, deverá compatibilizar seus recursos e ter boas ferramentas de gestão e controle.

3 - O Marketing Mix das Microempresas

A sobrevivência de uma empresa está diretamente relacionada ao aceite do que ela oferece ao mercado por parte do consumidor. McCarthy e Perreualt (1999, p. 43) citam que o composto de marketing é o conjunto de "variáveis controláveis que a empresa reúne para satisfazer esse grupo-alvo" (consumidores). Essas variáveis controláveis, também conhecidas como marketing mix, podem ser categorizadas como os quatro Ps: produto, preço, ponto de distribuição e promoção. A empresa, de forma geral, deve oferecer um mix que ofereça ao seu mercado soluções para as necessidades de seus consumidores. Por outro lado, o mercado deve retribuir a oferta de soluções por meio de pagamentos que garantam a sustentabilidade da empresa.

Também como variáveis controláveis, além do ambiente interno, há os fornecedores de matéria-prima e serviços, concorrentes e distribuidores, que serão analisados em conjunto com a análise do marketing mix. Optou-se também por evitar a análise do macroambiente, que pode ser categorizado como variável incontrolável, como o ambiente econômico, tecnológico, demográfico, entre outros. Desta forma, mantém-se o foco no marketing mix. O primeiro a ser analisado será o produto.

3.1 Produto

No marketing mix, está aquilo que é ofertado ao mercado de forma material. Kotler e Armstrong (2008, p. 200), como base para todo o composto de marketing, definem

> ...um produto como algo que pode ser oferecido a um mercado para apreciação, aquisição, uso ou consumo e que pode satisfazer um desejo ou uma necessidade. Produtos incluem objetos físicos, serviços, eventos, pessoas, lugares, organizações, ideias ou um misto de todas essas entidades.

As microempresas possuem características e particularidades que influenciam o produto ofertado, conforme Quadro 1:

Quadro 1 – Características de produto

Item Analisado	Particularidade	Análise e Recomendação
Fornecedores de matéria-prima e serviços	Por ter os recursos econômicos e financeiros limitados, a empresa pode ter dificuldade para adquirir matéria-prima ou serviços a preços competitivos.	Pode-se optar pelas cooperativas de compra, em que matérias-primas iguais podem ser adquiridas em volume, aumentando o poder de barganha junto aos fornecedores.
Produção	A empresa pode ter dificuldade para produzir ou simplesmente vender em grandes quantidades.	Pode tentar a terceirização de processos e concentração na sua carteira de clientes.
Distribuidores	A empresa geralmente comercializa seus produtos de forma regional, dentro de sua capacidade de alcance.	Pode tentar a negociação, concentrando de forma intensiva a distribuição do que comercializa.
Concorrentes	A empresa pode ter diferentes tipos de concorrência, de acordo com as suas particularidades, tais como porte e composição do que comercializa.	Deve ser elaborado um monitoramento agressivo em relação aos concorrentes diretos e indiretos.

Desta forma, as microempresas deverão procurar alternativas, a fim de aumentarem as vendas por intermédio do aumento de sua capacidade de produção e, consequentemente, sua produtividade e economia de escala. Existem dois pontos cruciais para que consiga crescer de forma sustentada:

- obter a produtividade e economia de escala significa dizer o aumento de seu retorno financeiro e diminuição de custos e despesas; e
- obter diferenciações competitivas a partir de inovações graduais. Empresas de pequeno porte devem apresentar produtos ou serviços diferenciados ao mercado, apesar de suas limitações em pesquisa e desenvolvimento. As inovações oriundas de pequenas empresas podem representar uma forma de descentralizar o poder – naturalmente centrado nas grandes empresas.

Um bom exemplo de estratégia é o da planilha *Excell*, que faz parte do pacote do *Windows*. Anteriormente essa planilha de cálculo era conhecida como Lótus e a empresa que a desenvolveu não tinha condições de comercializá-la em nível internacional. Optou, então, pelo registro de patente e concessão para a Microsoft. Assim, o produto pôde ser comercializado globalmente, independente do porte e recursos da empresa em questão.

Uma solução à falta de recursos a ser adotada pela microempresa é valer-se da oferta de recursos financeiros por parte de entidades como o Banco Nacional de Desenvolvimento Econômico e Social, BNDES, bem como da orientação de entidades como o Serviço Brasileiro de Apoio às Micro e Pequenas Empresas, SEBRAE. Além disso, as instituições de ensino superior, por meio de suas empresas juniores e incubadoras podem se constituir em caminhos para obtenção de inovação de produtos e serviços, e para a própria gestão do negócio.

A seguir, serão analisados os canais de distribuição em uma ótica mais orgânica.

3.2 Canais de Relacionamento

Na perspectiva do marketing mix, estão também os canais de distribuição, que inicialmente podem ser definidos como as entidades que propiciam a troca entre fabricantes e consumidores. Entretanto, numa visão mais orgânica, essas entidades desempenham diferentes e importantes papéis no processo de troca. Conforme Kotler e Armstrong (2008, p. 304),

Gerar um produto ou serviço e disponibilizá-los aos compradores requer a construção de relacionamentos não somente com os clientes, mas também com fornecedores e revendedores na cadeia de suprimento da empresa. Essa cadeia de suprimento consiste em parceiros "nos níveis acima" e "nos níveis abaixo".

No nível acima, estão os fornecedores e, no nível abaixo, o canal de distribuição, representado pelos atacadistas e varejistas. De acordo com o número de participantes, existem os seguintes níveis de canal:

- nível zero: caracterizado pela comercialização direta com o cliente. Neste caso, a empresa pode obter melhor retorno financeiro por não ter despesas de distribuição e comercialização, mas deverá absorver os custos operacionais e de transação,
- nível um: há a presença de varejistas, que podem ser definidos como organizações especializadas nas transações de troca

e que incrementam o alcance da empresa junto ao mercado consumidor; e

- nível dois: há a presença de atacadistas, que compram em volume e revendem aos varejistas e/ou clientes finais. Geralmente, há pouca possibilidade de atuação das microempresas neste nível, em razão da limitação de produção, à exceção de negociações e contratos específicos.

Enfim, toda empresa precisa ter uma visão integrada dos participantes de seu negócio, bem como o quê cada entidade agrega em relação ao valor percebido pelo seu consumidor.

QUADRO 2 – CARACTERÍSTICAS DE DISTRIBUIÇÃO

Item analisado	Particularidade	Análise e Recomendação
Volumes Transacionados	A empresa não tem poder de barganha junto ao canal de distribuição.	A empresa poderá optar por uma negociação que propicie uma frequência mais efetiva em detrimento do aumento do custo e de despesa de distribuição e de comercialização.
Logística	A empresa pode ter dificuldades no recebimento, no estoque e na comercialização do produto.	Deverá ter uma gestão que possibilite um planejamento racional a partir de suas limitações.

As estratégias de distribuição podem ser categorizadas em intensiva, seletiva e exclusiva:

- as estratégias de distribuição intensiva implicam capacidade de distribuição forte em todo o mercado e com grande alcance geográfico. Pelas suas limitações, as microempresas não conseguem este nível de intensidade;
- as estratégias de distribuição seletiva indicam que a empresa pode optar por determinados revendedores, de acordo com as suas limitações de produção, bem como o acesso a diferentes categorias de consumidores; e
- as estratégias de distribuição exclusiva indicam que o microempresário optou por uma categoria de empresa para a comercialização de sua produção, o que lhe proporciona melhor controle e foco de suas vendas.

Empresas na área de alimentação, como, por exemplo, as pizzarias contornam as limitações geográficas por meio da terceirização de suas entregas. Outro fator importante é a possibilidade de dispersão geográfica. Um bom exemplo é o do Girafa's, que obteve crescimento considerável e está também presente internacionalmente.

Nos últimos tempos, as áreas de logística – interna e externa – e de distribuição física se tornaram um dos maiores objetos de análise. De nada vale ter um bom produto se ele não for passível de distribuição ou se houver atraso na entrega. A solução para as microempresas é uma boa gestão a partir da criação de indicadores. Se por um lado a introdução de indicadores de gestão, como o *Balanced Score Card* (BSC) pode, num momento inicial, gerar barreiras, em virtude da padronização de procedimentos e processos, possibilitará à empresa ter uma visão mais completa do negócio e também dos canais de relacionamento.

A seguir, as estratégias de precificação de produtos tangíveis.

3.3 Conceitos Iniciais de Precificação

Toda empresa deverá cobrar por aquilo que oferece ao mercado; todo consumidor deverá pagar e entender que está recebendo algo de determinado valor. Assim, Kotler e Armstrong (2008, p. 258) observam que

> No sentido mais estrito, preço é a quantia que se cobra por um produto ou serviço. De maneira mais ampla, preço é a soma de todos os valores que os consumidores trocam pelos benefícios de obter ou utilizar um produto ou serviço. Historicamente, o preço tem sido o principal fator que afeta a escolha do comprador.

A formação do preço ao consumidor final é uma das mais difíceis decisões do composto de marketing, uma vez que envolve diferentes variáveis que, por vezes, não são de conhecimento do microempresário. Ela pode e deve envolver aspectos relacionados a custos de produção e comercialização, fixos e variáveis, e margem de lucro, ou seja, deve estar contextualizada com toda a cadeia de valores da empresa e objetivos corporativos. Complementando com McCarthy e Perreualt (1999, p. 275): "os objetivos de preço devem fluir e estarem ajustados à empresa e a seus objetivos de marketing. Devem ser explicitamente declarados porque têm efeito direto sobre as políticas de preço, bem como os métodos usados em sua determinação."

De acordo com o planejamento estratégico de uma empresa, as estratégias de preço podem ser:

- elite ou desnatamento, em que a empresa oferece ao mercado um produto ou serviço a um preço elevado, entendendo que este tem alto valor agregado, e que existe um mercado consumidor interessado e com renda suficiente; e
- piso ou de introdução, em que a empresa oferece ao mercado algo a um preço baixo, entendendo que o produto ou serviço não tem atributos suficientes que levem o consumidor a pagar um valor mais elevado por ele.

A seleção das estratégias de preço decorre de várias situações, envolvendo as categorias de produtos e serviços ofertados, concorrência, fornecedores, nível de concorrência e expectativa de retorno do investimento inicial e capital de giro. Na maioria dos casos, as microempresas oferecem um produto ou serviços a um nível competitivo, preocupadas principalmente com um retorno de curto prazo.

A seguir e encerrando a análise do mix, as diferentes formas de comunicação, informação e promoção de seus negócios, empresas, produtos e serviços.

3.4 Ferramentas de Promoção para a Microempresa

Para informar e comercializar seus produtos e serviços, todas as empresas devem utilizar um composto de promoção. Conforme Kotler e Armstrong (2008, p. 357),

> A criação de bons relacionamentos com o cliente exige mais do que apenas desenvolver um bom produto, atribuir-lhe um preço competitivo e colocá-lo à disposição dos clientes-alvo. As empresas também precisam comunicar suas proposições de valor aos clientes.

O composto de promoção é formado por incentivos de longo e curto prazo, a fim de motivar o consumidor a comprar produtos e serviços no momento, mas também objetivam gerir o inicio e promover a manutenção dos relacionamentos comerciais. Os incentivos de longo prazo podem ser a propaganda e as relações públicas; e os incentivos de curto prazo podem ser categorizados como promoção de vendas e venda pessoal.

Quadro 3 – Características e aplicações do composto de promoção

Item do Composto	Particularidade	Análise e Recomendação
Propaganda	Estímulo de longo prazo que visa a informar e gerar relacionamentos, principalmente com o público-alvo. Geralmente utiliza veículos de comunicação impressa, eletrônica e virtual.	Em virtude do custo e amplitude, em geral, a microempresa deixa de optar por esta alternativa de promoção ou mesmo a opção por veículos mais regionalizados, como jornais de bairros e similares.
Relações Públicas	Estímulo de longo prazo que visa à geração de relacionamentos com diferentes públicos, inclusive o do mercado-alvo. Tem como ferramentas o *new* e o *press release*.	Em virtude da diversidade de formas de gerar os estímulos, pode ser uma importante ferramenta de exposição junto a públicos próximos da empresa.
Promoção de Vendas	Estímulos de curto prazo, que visam a transformar a ação em venda, como descontos, pacotes promocionais, entre outros.	É um dos estímulos mais indicados para as empresas de pequeno porte, pela facilidade e por não ter custos elevados de desenvolvimento.
Venda Pessoal	Estímulo de curto prazo que visa à contribuição da força de vendas.	É um dos estímulos mais utilizados pelas empresas de pequeno porte, pela própria natureza de suas operações.

As microempresas devem combinar as diferentes ações, de acordo com suas metas e objetivos, bem como em concordância com a expectativa e respectivo orçamento. De forma geral, a empresa deve, assim, gerar estímulos de longo prazo, divulgando o seu nome e promovendo seus respectivos produtos e serviços. Além disso, deve promover estímulos de curto prazo para concretizar a venda e ter o consequente retorno de seus investimentos. No caso específico das microempresas, é natural a utilização maior dos incentivos de curto prazo pela própria necessidade de retorno financeiro.

Uma opção contemporânea é a utilização da internet para a divulgação da empresa, bem como para a comercialização e venda de seus produtos e serviços. Lodish, Morgan e Kallianpur (2002) ressaltam a importância e relevância da *web* nos negócios das empresas e destacam o marketing viral.

Algumas empresas podem obter exposição gratuita, cedendo parte de seus produtos e serviços. É natural que restaurantes cedam cortesias em troca de exposição em jornais e revistas.

Complementando com pesquisa realizada e atualizada pelo autor em conjunto com Teresinha Covas Lisboa e Fernando Brasil da Silva (2011), observa-se em alguns segmentos de pequenos negócios na cidade de São Paulo, a existência certo desconhecimento das ferramentas e estratégias de marketing conforme a tabela a seguir:

TABELA 1: CONHECIMENTOS ADMINISTRATIVOS.

Instrumento	Conhecem	%	Desconhecem	%	Total	%
Fluxo de caixa	35	48,61	37	51,39	72	100,00
Preço de venda	56	77,77	16	22,23	72	100,00
Técnicas de vendas	66	91,66	06	8,34	72	100,00
Contabilidade	15	20,83	57	79,17	72	100,00
Marketing	27	37,50	45	62,50	72	100,00
Jurídico	18	25,00	54	75,00	72	100,00
	217		215			

Fonte: KUAZAQU; LISBOA; SILVA, 2011, p. 7.

Tais desconhecimentos por parte dos microempresários derivam de vários motivos, tendo como principais a falta de formação especifica em administração e marketing, bem como nas áreas especificas de gestão.

Concluindo a análise do marketing mix, as pequenas empresas deverão analisar seus recursos e possibilidades de expansão e crescimento a partir das características do mercado onde desejam atuar. A administração e gestão de recursos com uma visão integrada do mercado podem propiciar à empresa uma visão de futuro mais clara, possibilitando-lhe um planejamento estratégico mais forte e que garanta a sua sustentabilidade.

Concluindo o capítulo, serão analisadas, brevemente, as tendências de marketing com foco na responsabilidade social e sustentabilidade.

4 - TENDÊNCIAS DE MARKETING PARA AS MICROEMPRESAS

As microempresas contribuem de forma significativa para a economia nacional, mas são influenciadas pelas variáveis externas, tais como ambiente internacional, econômico, social, tecnológico, demográfico, geográfico, entre outros.

De acordo com o Sebrae, tem crescido a quantidade de microempresas no país, o que denota também certo nível de empreendedorismo. Talvez fosse menor o número de novos pequenos negócios, se a decisão de abertura envolvesse somente os aspectos financeiros e tangíveis; mas o espírito empreendedor impulsiona o empresário a pensar diferente e agregar mais força ao seu negócio. Como consequências diretas, há a geração de postos de trabalho, que traduzem o ganho social direto, além da possibilidade da criação de novas tecnologias e inovação. Oliveira (2008, p. 3) afirma que:

> O campo da responsabilidade social não trata somente de empresas multinacionais, que têm impacto global. Empresas pequenas têm uma atuação econômica importante em nível local em muitos lugares do mundo. Além disso, muitas têm uma relação muito próxima com a sociedade, investindo em projetos sociais, mesmo que não sejam reconhecidos como ações de responsabilidade social.

Em contraponto, Ghemawat (1999) desenvolve interessante teoria sobre a gestão a partir da utilização de recursos (sejam eles limitados ou não) para um crescimento sustentado. Finalmente, destaca-se, aqui, um texto do *Guia Exame* (2011, p. 88), segundo o qual,

> Em todo o mundo, a busca por uma economia mais sustentável transformou-se numa das grandes esperanças de retomada do crescimento. Novas tecnologias terão de ser criadas, métodos de produção terão de ser revistos e é possível que a forma com que lidamos com os recursos naturais passe por uma mudança radical. De onde a inovação brotará? Difícil dizer. Se o exemplo da revolução tecnológica se repetir, muito das novidades virão de empresas nascentes, geradas por empreendedores visionários. É isso, além de outros fatores, que vem unindo pequenas companhias com apelo sustentável e grandes negócios, interessados em melhorar seus próprios indicadores de desempenho nas áreas social e ambiental.

Desta forma, entende-se a importância atual das microempresas e sua significância num contexto mais amplo, visionário, dentro da ótica da responsabilidade social integrada e sustentabilidade ambiental.

Considerações Finais

É inegável a importância das microempresas para qualquer país. Sua contribuição reside principalmente na inserção econômica e social. Deve-se frisar que as microempresas são as grandes responsáveis pela geração de empregos em nosso país, denotando seu destaque sob a ótica social e ecológica. Mais do que uma forma transitória de ganhar dinheiro, a realidade das microempresas deve ser analisada como um fenômeno econômico e social capaz de gerar crescimento regional e, consequentemente, global.

Atividades e Exercícios

1. A partir de pesquisa observacional, identifique oportunidades de negócios para microempresas em seu bairro. Levante as empresas já existentes e converse de forma exploratória com pessoas de seu bairro. Analise a viabilidade da abertura de um novo negócio, dificuldades e oportunidades, e elabore um pequeno plano de marketing que vise à informação para todo o bairro do início de suas atividades.
2. Quais características e diferenças as empresas citadas no estudo de caso a seguir possuem e como podem ser equacionadas para o crescimento sustentado?

Questões para Debate

1. Quais produtos e serviços você associa ao segmento de microempresas?
2. Quais dificuldades você considera que as microempresas têm para o desenvolvimento de produtos e serviços?
3. Quais dificuldades você considera que as microempresas têm em relação à precificação de seus produtos e serviços?
4. Que dificuldades as microempresas têm em relação aos canais de distribuição?
5. Que limitações as microempresas têm em relação ao composto de promoção?
6. A partir das respostas às quatro perguntas imediatamente anteriores: o que as microempresas podem fazer para se diferenciarem no mercado?

7. Quais são os pontos positivos das microempresas em relação ao marketing?
8. Que contribuições as microempresas podem proporcionar às empresas de grande porte?
9. Considerando o que foi afirmado neste capítulo, é possível que as microempresas possam utilizar a segmentação de mercado de forma a atenderem pequenos nichos de mercado?

Sugestões de Pesquisa

Pesquise o panorama de microempresas no Brasil e identifique a distribuição por setor. Escolha um dos setores e justifique a inserção de pequenos negócios no segmento econômico e perspectivas de crescimento para o próximo ano.

Estudo de caso: Bar de periferia. Bar de região central.

Para a construção deste estudo de caso comparativo, foi aplicada a técnica observacional participativa, em que houve a observação direta de detalhes de produtos, serviços, preço e atendimento. Posteriormente, foi realizada uma entrevista não estruturada disfarçada com os proprietários, como objetivo de complementar e consolidar os dados e informações observacionais.

O bar de periferia tem um histórico comercial de mais de 20 anos de existência na mesma região. Apresenta em seu portfólio de produtos aqueles de rápido consumo como salgados e lanches, com um valor médio entre R$1,50 e 3,00, com ticket médio de consumo unitário de R$5,00. Os salgados são adquiridos de fornecedores (que também atendem os concorrentes) e os lanches são produzidos no local. Houve durante um período a oferta de almoço, porém o custo operacional e o valor cobrado não permitiram manter o serviço. O ticket médio cobrado era de R$8,50. O bar tem um giro médio de 1.800 salgados e de 900 lanches por mês, além de bebidas alcoólicas e matinais.

O bar da região central da cidade tem um histórico de dez anos, oferecendo um portfólio de produtos e serviços mais diversificados, incluindo salgados, lanches e refeições com um ticket médio de R$12,00 e um retorno financeiro cinco vezes maior do que o do bar da periferia.

Nos dois exemplos de negócios, os consumidores e a própria concorrência ditam as regras.

De forma direta, pode-se entender que o bar da periferia tenha maiores riscos; entretanto, a própria homogeneidade de seus clientes, bem como a habitualidade e periodicidade podem manter o negócio, mesmo com baixo nível de retorno individual, onde a estrutura de fornecedores, por exemplo, estão preservados.

Por outro lado, o bar da cidade incorre em maiores investimentos para manter seu negócio.

Palavras-Chaves: microempresas, marketing, marketing mix.

Referências

BAKER, Michael J. **Administração de marketing**. 5 ed. São Paulo: Campus, 2005.

GHEMAWAT, Pankaj. **A estratégia e os cenários dos negócios**. Porto Alegre: Bookman, 1999.

GUIA EXAME 2011. Sustentabilidade.

HAWKINS, Del I.; MOTHERSBAUGH, David L.; BEST, Roger J. **Comportamento do consumidor**. Construindo a estratégia de marketing. 10 ed. São Paulo: Campus, 2007.

KOTLER, Philip; ARMSTRONG, Gary. **Princípios de marketing**. 12 ed. São Paulo: Pearson, 2008.

KUAZAQUI, Edmir. **Marketing internacional**. Construindo conhecimentos e competências em cenários globais. São Paulo: M. Books, 2007.

_____; LISBOA, Teresinha Covas; SILVA, Fernando Brasil. **A contribuição regional das feiras de artesanato na cidade de São Paulo**. Rio de Janeiro: SEGET, 2011.

_____; _____; GAMBOA, Márcia. **Marketing e gestão estratégica para empresas privadas e públicas**. São Paulo: Nobel, 2006.

LODISH, Leonard; MORGAN, Howard Lee; KALLIANPUR, Amy. **Empreendedorismo e marketing.** Lições do Curso de MBA da Wharton School. São Paulo: Campus, 2002.

MALHORTA, Naresh. **Pesquisa de marketing**. Foco na decisão. 3 ed. São Paulo: Pearson, 2009.

McCARTHY, E. Jerome; PERREAULT Jr., William D. **Marketing essencial**. Uma abordagem gerencial e global. São Paulo: Atlas, 1999.

OLIVEIRA, José Antonio P. de. **Empresas na sociedade**. Sustentabilidade e responsabilidade social. São Paulo: Campus, 2008.

SEBRAE. Serviço Brasileiro de Apoio às Micro e Pequenas Empresas. Disponível em: <www.sebrae.gov.br.>. Acesso em: 13 Fev. 2012.

Formação, Capacitação e Motivação de Equipe de Vendas das PME

MARGARETH BIANCHINI C. DE MORAES

O futuro pertence àqueles que acreditam na beleza de seus sonhos.
Elleanor Roosevelt

INTRODUÇÃO

A mim, coube o desafio de escrever sobre formação, capacitação e motivação de equipe de vendas, e só poderia iniciar dizendo que você pode ter a melhor matéria-prima, a melhor tecnologia, mas se não tiver as melhores pessoas trabalhando com você, acredite, você não tem nada. O verdadeiro potencial de uma organização é medido pelo potencial de seus seres humanos.

Mas como identificar a pessoa certa para o seu negócio? Como remunerá-la? Como capacitá-la e principalmente como motivá-la? Como manter os talentos na sua empresa? Sobre esses pontos estratégicos que escrevo para você, meu caro leitor.

Livros com modelos de gestão de pessoas há bastante, minha proposta foi a de escrever a estratégia desse assunto para que você possa adequá-la ao seu negócio.

Qualquer equipe de vendas deve estar alinhada com a estratégia da organização, que por sua vez, tem que ter bem definida e comunicada a sua missão e sua visão.

A missão fará com que seus vendedores entendam o motivo da existência da empresa, a visão mostrará possibilidades de novos ganhos à médio e longo prazo motivando a equipe de vendas. O vendedor entenderá seus diferenciais competitivos, qual cliente poderá ser o cliente dele, quais produtos podem fazer parte do portfólio e consequentemente terá orgulho da empresa. Portanto, se você empresário quer ter colaboradores comprometidos terá que ter além de um bom motivo (o lucro), a estratégia.

```
            Missão
              |
        Estratégia
        Gestão de
         Pessoas
   Visão           Estratégia da
                   Organização
```

1. Formação de Equipe

Formar uma equipe é sempre um desafio, nunca se sabe a intenção e a expectativa de quem está sendo contratado. Portanto, se você quer ter uma equipe de sucesso deverá sempre iniciar com uma pergunta ao candidato: "Qual é a expectativa em relação à empresa?", pois se o colaborador pretende fazer "carreira" na organização e dentro da sua estrutura atual da empresa, esse cenário está longe de ser realizado o ideal é que você seja sincero com o candidato e mostre a ele o prazo em que está previsto o início desta ação ou se ela não existirá, assim você estabelece uma relação de confiança com o candidato deixando clara a intenção da organização e promove um espaço para que esse candidato resolva continuar no processo seletivo ou não. A sinceridade e a transparência na comunicação irá criar laços de respeito, comprometimento e lealdade entre o funcionário (que a partir de agora será chamado quando oportuno de colaborador) e a sua gestão.

Enfatizo muito a Missão e a Visão estratégica da Organização, por que é nela que está identificado o "código de comunicação" que vem a ser o estilo de imagem que a empresa passa ao mercado, a sua cultura, seus símbolos, suas preferências em processos administrativos. Simplificando, se a sua empresa foi criada para ser moderna, o logotipo, o mobiliário, a tecnologia, os processos administrativos e a gestão também serão modernos. Logo, nessa empresa não cabe ter vendedores que se vistam com roupas da década de 1960 que tem dificuldades em utilizar aparelhos eletrônicos (*tablets, smartphones*) e estão ultrapassados, concordam?

A contratação do profissional ideal para a sua empresa deve ser feita de maneira muito criteriosa, pois lembramos que em negócios não existem romances, o que existe é uma identificação do perfil profissional com o alinhamento estratégico da organização. Portanto, o candidato pode ser seu vizinho, ter vários filhos e está desempregado há muito tempo, mas você deverá ser "forte" o suficiente para solicitar que ele passe pelo processo seletivo com outra pessoa que não seja você para saber as reais habilidades que ele tem.

Em uma primeira análise deverá ser diagnosticado nos candidatos, com muito critério, a "embalagem" (aparência, como ele(a) se veste). Se no dia da entrevista a colaboradora vai de minissaia e com um profundo decote em uma blusa transparente, pode ter certeza de que ela não mudará seu estilo de se vestir no decorrer do tempo, porque, o hábito de vestimentas dela é assim e será difícil adaptar-se a uma empresa de cultura tradicional. Outro fator importante na formação de uma equipe são as competências* (Capítulo 10), necessárias que o candidato deve ter. É importante que você estabeleça graus mínimos necessários que o candidato tem que ter em cada competência, porém, se você perceber a inexistência da competência não será bom que você efetue a contratação.

Quadro 1: Competências básicas de um vendedor

COMPETÊNCIA	CARACTERÍSTICAS DA COMPETÊNCIA
Capacidade de Realização	O importante a ser identificado nesta competência, é a capacidade que o vendedor/colaborador tem de concretizar as vendas. Já tive a capacidade de conhecer vendedores/colaboradores que se empenhavam em visitar, mas não em concluir a venda, esse perfil estava mais para um profissional de relacionamento do que para vendas.
Compromisso com o Resultado	De nada adianta ter um colaborador que conquistasse muitos amigos do que clientes. Portanto, esse profissional deve manter o foco em seus objetivos, que é a abertura de um novo cliente. Conheci uma vendedora que uma vez me disse: "Nossa, esse mês fiz oitenta visitas!", minha resposta foi e quantas vendas você abriu? O foco está nas vendas ou nas visitas?

Criatividade e Inovação	Seu colaborador tem que ter criatividade para buscar novos clientes, abrir os caminhos das vendas que estão sendo quase impossíveis, com novas abordagens (*approch*), novas argumentações, enxergar novas soluções com os produtos/serviços que ele está oferecendo.
Trabalho em Equipe	De nada adiantará o seu colaborador "abrir" um novo cliente, vender e não conseguir entregar. Provavelmente, essa venda seria realizada uma única vez. Portanto, o profissional em questão tem que aceitar que outros profissionais também terão contato com o cliente dele, que na verdade é o cliente da empresa. Atender ao cliente como se fosse o cliente dele e não simplesmente porque não está ganhando comissão ou terá que dividi-la transferir esse descontentamento pessoal ao cliente.
Liderança	Um dos grandes problemas de gestão é que o bom vendedor acaba sendo promovido à gerente sem ter noções de liderança. E a área acaba ficando sem o bom vendedor e com um péssimo gerente. Podemos desenvolver a liderança nas pessoas, desde que esse vendedor goste de lidar com pessoas.
Orientação para o Cliente	Essa questão é muito simples, como o vendedor reagiria sabendo que o produto/serviço que o cliente está comprando não atenderá as necessidades? Será que o vendedor pensará só em seu bolso ou terá uma visão de longo prazo e orientará ao cliente o que deve ser feito?
Visão Estratégica	Revela quanto um vendedor pensa estrategicamente sobre o negócio em que está inserido enquanto organização, os *prospects* (futuros clientes), novas soluções, novas ideias (inovação), ou seja, pensa em crescimento e soluções para o negócio dele que é vender. O vendedor que foca só nas suas vendas perde muito com as oportunidades de mercado.

Fonte: A autora

Ressaltamos que a abordagem utilizada para as competências citadas cobre as necessidades de conhecimentos, habilidades e atitudes de um vendedor são para vendedores de atacado e varejo, para um vendedor que exerça a função de um especialista, essas competências deverão ser ampliadas.

Quantidade de vendedores. Quantos vendedores a empresa precisará

Para formar uma equipe, inicie identificando a necessidade da quantidade de vendedores e para isso você terá que analisar seu portfólio de produtos, sua rede de clientes, a forma de distribuição utilizada e somente depois disso você poderá dimensionar a quantidade de vendedores. Outro ponto que tem que ser considerado é o produto que "gira" mais rápido, pois o vendedor poderá se "viciar" na venda daquele produto.

Alguns formatos de segmentação:

a) **Por Tipo de Cliente**: crie setores diferentes por tipo de clientes. Muitas vezes a segmentação de vendas por setor geográfico acaba sendo cruel com o vendedor, pois cada região difere em função do hábito de consumo da própria demanda daí inovou-se a segmentação oferecendo o segmento de setores diferentes por tipo de cliente.

Essa segmentação poderá criar novos canais de vendas, dependendo do produto, por exemplo, bares, padarias, restaurantes, supermercados, indústria farmacêutica, indústria de cosmética, hotelaria (vai depender do seu tipo de produto/serviço) . Neste tipo de segmentação, existe uma redução natural do número de itens trabalhado por cada vendedor, pois nem todos os produtos são indicados para todos os canais.

b) **Por Giro de Produtos/Serviços**: essa segmentação propõe a separação da equipe de vendas em duas: a) uma equipe para o produto/serviço "Líder" b) uma equipe de vendas para produtos "Margem" onde serão inclusos todos os demais produtos/serviços do portfólio. Evidentemente que os percentuais de comissão deverão ser diferentes para tornarem-se atrativos.

c) **Por Categoria:** supondo que o que você tem para vender seja serviço de desenvolvimento de pessoas, os vendedores poderão vender, por exemplo, consultoria e palestra da categoria de capacitação profissional, você deverá analisar as sinergias de cada categoria.

d) **Por Canal de Comunicação:** você poderá alocar um vendedor para prospectar clientes via, site, desenvolvendo promoções nas redes sociais como, por exemplo, pelo *Twitter, Facebook, Orkut* e tantas outras mídias. Evidentemente que a comissão deverá ser muito bem analisada, pois diferentemente do vendedor externo, ele trabalhará com mais conforto não necessitando estar no trânsito sendo pressionado pela pontualidade.

e) **Definindo Territórios:** é importante entender que em princípio *nunca se deixa um cliente sem atendimento* por que "não é território do vendedor", começa-se a identificar a importância do entendimento da Missão da empresa por parte do vendedor.

O tamanho dos setores deve ser definido de maneira que o vendedor tenha que vender todos os produtos e não somente os de maior giro.

Diante dessas análises você saberá quantos vendedores deverão ser contratados e reitero que esse profissional deverá ir ao encontro da Missão da empresa.

Conheci um vendedor que nasceu para vender, muito bem articulado, simpático, mas não gostava de trabalhar em equipe, e quando estava no escritório acabava contaminando os colegas negativamente com o intuito de que eles fossem embora da empresa deixando os clientes para ele, ora, se houvesse um trabalho de identificação e alinhamento da Missão da organização, esse jovem profissional iria perceber que a proposta daquela empresa era de respeitar, por exemplo, a cadeia de *stakholders* que qualquer empresa tem que são seus acionistas, colaboradores, clientes, e com atitudes de praticar sempre a ética.

Reitero, que quando bem divulgada a **Missão** da empresa as pessoas pensam em suas atitudes e nos seus comportamentos.

Capacitação da Equipe de Vendas

Após a seleção, passaremos para a ação de capacitação da equipe de vendedores. As capacitações que devemos realizar são de cunho técnico e comportamental.

Tudo que realizamos na área de gestão de pessoas deve ser estratégico, portanto em capacitação não seria diferente.

O ideal seria que a cultura viesse escrita em um livro de boas-vindas. Este livro deveria conter a estória do nascimento da empresa, seus fundadores, o estilo de roupa permitido, como se portar com os clientes, valores de presentes permitidos e previamente estipulados pela empresa (tanto para oferecer quanto para receber), políticas de emendas de feriado, retiradas de férias, plano de carreira, em fim, tudo aquilo que gostaríamos de saber antes de ter que perguntar.

Os benefícios também devem ser divulgados no livro de boas-vindas. O que se utiliza muito, são livros com a última página como bolsa

Os benefícios também devem ser divulgados no livro de boas-vindas. O que se utiliza muito, são livros com a última página como bolsa canguru e no início do ano a área de Recursos Humanos inclui quais serão os treinamentos previstos para aquele ano e essas informações serão impressas em uma lâmina, é prático e atualizável. Neste momento você deve estar pensando, eu não tenho verba para tudo isso! Mas, esse é o segredo, temos que ter sonhos na mente para que um dia eles deixem de ser apenas sonhos passem a ser realidade!

Um modelo ideal da área de recursos humanos está dividido por processos administrativos que são eles:

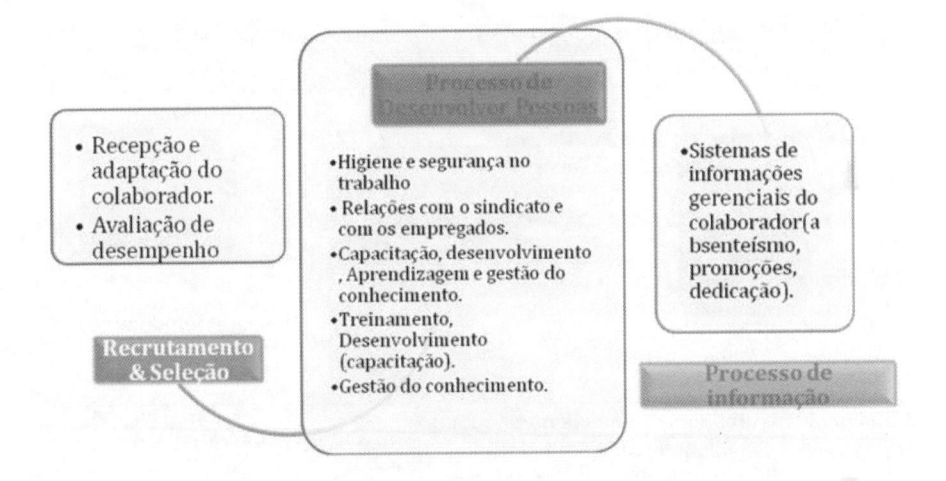

Processo de Desenvolver Pessoas
- Higiene e segurança no trabalho
- Relações com o sindicato e com os empregados.
- Capacitação, desenvolvimento, Aprendizagem e gestão do conhecimento.
- Treinamento, Desenvolvimento (capacitação).
- Gestão do conhecimento.

- Recepção e adaptação do colaborador.
- Avaliação de desempenho

Recrutamento & Seleção

- Sistemas de informações gerenciais do colaborador(a bsenteísmo, promoções, dedicação).

Processo de informação

FIGURA 10.1.: PROCESSOS ADMINISTRATIVOS DE RECURSOS HUMANOS.

Portanto, capacitar faz parte de qualquer organização que se preze. E se você achar que não precisa investir em colaborador porque a sua empresa é de pequeno porte, gostaria que você refletisse por quanto tempo você ficará no mercado sem crescer? Sim, porque nenhuma empresa cresce se as pessoas que estão nela não se atualizam! E pior, a sua concorrência vai crescendo e provavelmente atrairá o seu colaborador que percebe que o investimento no capital humano não está no plano da organização.

Walt Disney perguntava: quanto custa manter um colaborador que precisa de atualização e de aperfeiçoamento na sua organização?

Portanto, mesmo achando que não adianta, que o colaborador vai embora mesmo, que o ser humano é difícil, acredite: a capacitação gera um sentimento de "a empresa olha por mim" e a partir daí começa-se a gerar um sentimento de orgulho em relação à organização e os sentimentos e atitudes começam a ser alterados.

Será que consegui te convencer? É a minha experiência como consultora, tenho visto mudanças desde o aspecto técnico até o comportamental de pessoas que todos acreditavam que não teria mais solução.

O quadro abaixo sugere alguns tipos de capacitação para o vendedor, evidentemente que no primeiro contato, o primeiro dia de trabalho, o vendedor passará por uma integração e nela deveremos receber o vendedor da melhor maneira possível mostrando a ele a cultura da organização.

QUADRO 2: SUGESTÕES DE CURSOS DE CAPACITAÇÃO

Técnico	Comportamental
Negociação: capacitações focadas no assunto de negociação. Lembrando que o sucesso do seu negócio está quando ocorrem vendas ganha a ganha, onde ganha o vendedor, a empresa e o cliente.	Como se portar em reuniões.
Relacionamento com o cliente: busca o aprendizado de novos tipos de relacionamento. Desenvolver relacionamentos duradouros com os clientes é fundamental para o sucesso do vendedor.	Como otimizar o tempo nos dias de hoje.
Qualidade no atendimento ao cliente: apurar a percepção do que é qualidade em sua opinião e como o cliente vê a qualidade dos seu serviço.	Como se vestir em dias de *casual day*.
Finanças utilizando calculadora HP: tão importante quanto o relacionamento é o uso da calculadora para argumentar com o cliente os cálculos utilizados em uma negociação.	O uso correto (profissional) das redes sociais.
Liderança: para vendedores que querem formar sua equipe de vendas para no futuro ser um gerente de vendas.	Como se portar em festas da organização ou festa de confraternização do cliente.
Estratégia: como desenvolver o raciocínio lógico e como desenvolver estratégias.	
Comunicação: como entender os estilos de diferentes personalidades para compreender melhor o cliente.	

Planejamento de Treinamento

Segundo as normas da ISO 10015, o Processo de Treinamento deve ser dividido em quatro etapas:
1. Identificação das necessidades de treinamento.
2. Planejamento e programação do treinamento.
3. Execução do treinamento.
4. Avaliação dos resultados do treinamento.

Identificação das Necessidades de Treinamento

A identificação das necessidades também tem que estar alinhada ao planejamento estratégico. Porém, ao analisar a necessidade de capacitação devemos levar em conta alguns aspectos que podem interferir no processo de aprendizagem e consequentemente na avaliação dos resultados do treinamento.

1. Nível socioeconômico dos vendedores.
2. Nível de escolaridade.
3. Autoeficácia (crença de que são capazes de obter sucesso).
4. Comprometimento com a carreira e com a organização.
5. Prazer e pressão psíquicos percebidos no ambiente de trabalho.
6. Autodesenvolvimento (uso de estratégias comportamentais de aprendizagem, busca de materiais didáticos para autoaperfeiçoamento).
7. Motivação pessoal para aprender.
8. Interesse em aplicar no trabalho o que foi aprendido.

Com o conhecimento dos pontos mencionados acima, o desenvolvimento do plano instrucional (plano de treinamento) tem outra conotação.
Principalmente porque a proposta de capacitação será desenvolvida para desenvolvimento da habilidade necessária e serão avaliadas em termos de aprendizagem e resultado do processo de capacitação.
Além do que, a motivação em aprender está intrinsecamente ligada ao sucesso dos treinamentos anteriores, ou seja, se o vendedor que participou de uma capacitação conseguiu aumentar seus resultados, provavelmente nos próximos encontros ele estará muito mais aberto a participar e isso gera uma ação contagiante com os demais vendedores, porém, se a capacitação não agregar valor à rejeição dos vendedores

para os próximos encontros será muito grande, eles podem até participar, mas o presenteísmo (quando só fica o corpo, pois a mente está em outro lugar) será de 100%.

Planejamento e Programação do Treinamento

Desenvolvimento do Plano Instrucional de Capacitação

Chamamos de plano instrucional o plano que irá conter todo o planejamento, desenvolvimento, utilização, a gestão da avaliação dos processos e dos recursos de aprendizagem do treinamento.

Representação gráfica das etapas do planejamento instrucional

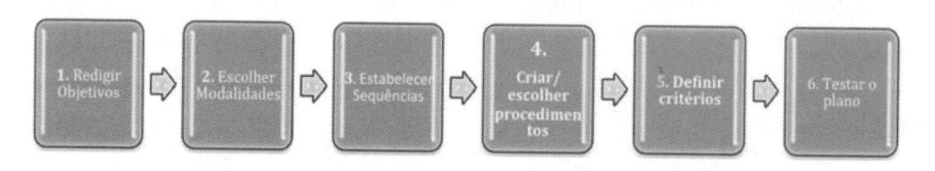

1. Redigir Objetivos ⇨ 2. Escolher Modalidades ⇨ 3. Estabelecer Sequências ⇨ 4. Criar/escolher procedimentos ⇨ 5. Definir critérios ⇨ 6. Testar o plano

Para a realização deste, será necessário considerar algumas variáveis para o desenvolvimento com foco na aprendizagem. As estratégias utilizadas são:

1. Sequência da capacitação dos objetivos.
2. Pré-apresentação dos objetivos para os vendedores participantes.
3. Clareza e precisão desses objetivos.
4. Nível de complexidade das competências identificadas nos objetivos.
5. Uso desses objetivos.
6. Existência de ocasiões onde os pré-requisitos são relembrados.
7. Tipo de direcionamento da aprendizagem (demonstrações, instruções verbais, casos reais).
8. Apresentação de conceitos e prática.
9. Utilização de aulas expositivas completadas por debates.
10. Adequação sistemática dos materiais didáticos.
11. Formação de *dashbords* (painéis de discussões).

Por experiência digo que a pré-apresentação dos objetivos que foram previamente e claramente formulados pode elevar expectativas dos participantes, além de resultar em níveis mais elevados de aprendizagem, ao final da capacitação o instrutor deverá fazer o fechamento lembrando quais eram os objetivos iniciais. Quando o participante identifica que compreendeu o assunto desenvolvido na capacitação, nas próximas ele participará com mais interesse.

A proposta é que no item objetivo, sejam descritos as necessidades de treinamento. O objetivo deve explicitar o que, exatamente, o aprendiz será capaz de dizer ou fazer, após a capacitação.

Segundo Mager (1976), um objetivo bem formulado deve apresentar três características básicas: a) desempenho, b) condição c) critério.

Outro ponto importante que deve ser levado em conta na hora do desenvolvimento do plano instrucional é que o plano deve ser realizado com foco no sujeito de ação, isso fará toda a diferença na descrição dos objetivos. Exemplo:

Supondo um objetivo instrucional como: "conscientizar os vendedores sobre a importância do relacionamento com o cliente", porque o sujeito de ação está focado no cliente e não no aprendiz. Veja a diferença: Descrever como melhorar o relacionamento com o cliente. Portanto, evite utilizar verbos como sensibilizar, apreciar, entender, pois não indicam ações observáveis e sim ações comportamentais.

Quadro 3: Plano Instrucional (Etapa 1 – Redigir Objetivos)

Título da Capacitação:	Datas:	
9.3.1. Redigir os objetivos: (resultados de aprendizagem sempre composto por um verbo).		
9.3.2. Transformar necessidades em objetivos: (descrição das ações humanas voltadas para metas identificáveis, observáveis e passível de julgamento).		
9.3.3. Especificar os componentes dos objetivos: (composto por um verbo e um objeto de ação).		
9.3.4. Avaliar a qualidade de objetivos: (como e com grau de eficiência).		
9.3.5. Especificar os níveis de análise: (específico, intermediários, gerais) – descrição a seguir:		
Específico: Refere-se ao desempenho esperado ao final da capacitação.	**Intermediários**: Agrupam vários objetivos específicos.	**Gerais**: Resumem o conjunto de desempenhos ou competências que se espera dos participantes.

ETAPA 2 – Escolher Modalidades:

Ao planejar a escolha das modalidades, você deverá levar em conta o valor disponível para investimento, quantidade de pessoas a serem capacitadas e o tempo disponível para capacitação.

O investimento refere-se à disponibilidade de realizar um treinamento à distância e com isso haverá a necessidade de investimentos tecnológicos que em um primeiro momento parecerá oneroso, mas posteriormente esse custo se desfaz. Um especialista no assunto poderá ajudá-lo.

ETAPA 3 – Estabelecer Sequência de Objetivos e Conteúdos

Este item propõe apurar o plano instrucional que poderá envolver outros procedimentos que poderão solicitar uma revisão no formato definido das modalidades.

Na sequência de conteúdos estão às abordagens de hierarquia de resultados, o que quer dizer que um resultado depende do outro. Por exemplo, não podemos capacitar um vendedor na competência raciocínio lógico se ele não foi capacitado pela visão do negócio.

Categorizar o objetivo instrucional de acordo com os resultados de aprendizagem.

Definição da sequência (hierarquização) dos objetivos e conteúdos instrucionais.

No projeto de capacitação de vendedores trabalharemos dois tipos de categoria de domínio **cognitivo** e **afetivo**.

Quadro 4: ETAPA 3: Estabelecer Sequência de Objetivos e Conteúdos			
Domínio	Resultado de Aprendizagem	Proposta	Níveis ou Categorias
Cognitivo	Atividades de conhecimento envolvidas no processo de aprendizagem.	Indica o grau de complexidade que devemos expor aos processos intelectuais.	Compreensão, conhecimento, prática, análise, síntese e avaliação.
Afetivo	Atitudes, valores, interesses e tendências emocionais, crenças existentes no processo ensino-aprendizagem.	Grau de internalização.	Receptividade, resposta, valorização, organização, caracterização.

Fonte: Adaptado de Rodrigues Jr. (1997).

ETAPA 4 - Criar/Escolher Procedimentos

Esta etapa pretende selecionar e criar a situação de aprendizagem adequada à proposta do plano instrucional.

Percebam que o sucesso desta etapa depende da boa execução das etapas anteriores, pois se o plano instrucional foi planejado em base de "suposições" sem uma análise mais rigorosa, a escolha dos procedimentos ficará comprometida.

Outro ponto importante, é que o gestor deve saber o que o vendedor está aprendendo para depois poder acompanhar oferecendo *feedback* da aplicação do aprendizado.

O cargo de vendedor é um profissional que normalmente não tem o hábito de permanecer muito tempo parado em um mesmo lugar (físico), com as alternativas de comunicação, (email, redes sociais, mensagens instantâneas) essa inquietação aumenta bastante, portanto, a capacitação deve ser bem dinâmica para conseguir reter a atenção do colaborador.

Sugerimos alguns exemplos de estratégias, procedimentos, técnicas ou ainda abordagens instrucionais.

QUADRO 5: DESCRIÇÃO DE ABORDAGENS	
Palestra Oral	Apresentação do assunto por um profissional preparado.
Brainstorm	Esforço de um grupo em gerar novas ideias para solucionar o problema.
Problem Basic Learning	Técnica americana em que o participante diante de um problema consegue pensar em uma solução factível.
Debate	Técnica combinada juntamente com a palestra oral. Após a explanação os participantes formam grupos e defendem argumentos opostos em relação ao tema.
Jogo	Pode ser utilizado por equipes sob o mesmo assunto com a proposta de identificar comportamentos. Por meio lúdico o participante deixa aflorar suas atitudes.
Estudo de Caso	Tipo de simulação realizada para oportunizar ao vendedor o tipo de tomada de decisão e pode ser completada com a intervenção do instrutor e do gestor a fim de transferir às situações reais da organização.

9.6.2. Material Didático

Tão importante quanto uma capacitação que desperte o interesse do participante é a qualidade dos materiais didáticos. Se o curso for presencial, o material escrito será uma consequência da fases anteriores do planejamento instrucional e servirá para apoiar a instrução. Se for um curso a distância, o próprio material será transformado na instrução.

Em determinadas capacitações será necessário o uso do equipamento prático, por exemplo, como treinar um vendedor que atuará no *call center* sem ao menos mostrar os produtos, as telas do sistema operacional. Não pode jogar o vendedor em frente a um terminal e pedir que ele consiga vender. Portanto, capacitar é visualizar todas as possibilidades de venda antes de estar frente ao cliente.

Outro ponto fundamental a ser analisado são as instalações fornecidas pela organização para se aplicar os treinamentos. Está comprovado que a concentração aumenta em ambientes adequados em termos de iluminação, ventilação e conforto anatômico.
Deve-se respeitar também o horário em que o vendedor será liberado para realizar a capacitação. Se ele estiver descansado, o aproveitamento com certeza será melhor.

ETAPA 5 – DEFINIR CRITÉRIOS

Os critérios de avaliação devem ser os mais claros, mensuráveis e específicos possíveis.
Esses critérios devem ir ao encontro dos objetivos redigidos na Etapa 1. Por serem coletados ao final da capacitação, o resultado servirá principalmente para aprimorar os próximos treinamentos.
Como estamos focados em vendedores devemos realizar testes mensuráveis no aspecto de habilidades e comportamento. Que podem ser feitas por teste direto do desempenho esperado do participante ou análise de indicadores (o mais adequado) testes com produção de resultados de aprendizagem (portfólios, simulações de vendas, relatórios).
O fundamental nesta etapa e partindo do princípio que essas capacitações serão fundamentais para o desenvolvimento do colaborador é importantíssimo que se dê o *feedback* do resultado da capacitação, colocando claramente ao participante onde foi a maior curva de aprendizado e o que precisa ser melhorado.

ETAPA 6 - TESTAR O PLANO INSTRUCIONAL

Muitas vezes essa etapa fica ignorada, porém a capacitação poderá ter um melhor aproveitamento se após o desenvolvimento do plano instrucional forem observados os seguintes itens:
Os objetivos foram escritos em linguagem clara e compreensível?
A modalidade de ensino escolhida (presencial, semipresencial, distância) é compatível com a rotina dos participantes?

A sequência do conteúdo facilitou a absorção de aprendizagem?
As estratégias escolhidas facilitaram a assimilação do conteúdo?
Os materiais apresentados motivaram o participante a estudarem os conteúdos, facilitaram a memorização?
Os instrumentos de avaliação de aprendizagem mostraram-se compatíveis com os objetivos redigidos? Tiveram caráter instrucional ou foram punitivas?

Convencendo o Investimento a Ser Feito em Capacitação

Todo programa de capacitação para ser bem desenvolvido precisa primeiramente ser "vendido" internamente na empresa, para isso, você deverá transformar o que eu chamo de "linguagem de romance para linguagem empresarial", isso significa que para conseguir convencer as pessoas a investirem em capacitação será necessário comprovar o retorno do investimento. A apuração do retorno de investimento que não difere muito do conceito de ROI (*Return on Investment*) empregado para as demais áreas da empresa.

Em qualquer análise de resultados se faz a necessidade de desenvolver indicadores para depois poder mensurá-los. Além dos indiciadores puramente financeiros, Steiner (1997) descreve quesitos para desenvolvimentos de indicadores de longo prazo, são eles:

- **Estar atrelado** ao propósito da organização (missão e valores), contribuindo para que se mova para o direcionamento certo.
- **Ser passível** de ser mensurado durante certo espaço de tempo.
- **Ser factível** no sentido de que será atingido, evitando objetivos não realistas e que só servem para deixar os gestores pouco motivados.
- **Ser aceitável** pelas pessoas da organização, pois deverá ser implementado a partir da definição de responsabilidades.
- **Ser flexível** no sentido de que pode ser modificado, caso alguma contingência apareça.
- **Ser motivador,** já que são as pessoas que irão desenvolver suas atividades e proporcionar os resultados esperados.
- **Ser compreensível,** ao menos no conceito.

No caso do cálculo de *ROI* para a área de treinamento a partir do investimento feito em programas de Treinamento & Desenvolvimento demandam o cálculo de três aspectos: *a) o valor da discrepância ou business gap, b) o valor dos benefícios, c) o valor dos benefícios e o percentual de efetividade desses programas.*

Normalmente, a dificuldade é calcular o valor dos benefícios gerados com a capacitação. Para esse cálculo, se faz necessário o levantamento das demandas que não estão sendo atendidas pela organização, o mercado existe, mas por algum motivo sua equipe de vendas não está conseguindo atender a essa triste ação damos o nome de **"business gap"**. É como se fosse uma lacuna não atendida no mercado.

Calcula-se o *business gap* da seguinte maneira:

QUADRO 6: O CÁLCULO DO *BUSINESS GAP*

Business gap = (valor em R$ corresponde ao mercado não atingido) x (% devido à performance humana) x (% da performance que pode ser modificada com o desenvolvimento dos CHAs).

Uma forma de calcular esses benefícios seria levar em conta o valor dos negócios potenciais perdidos pela empresa, ou seja, quanto ela deixa de faturar no mercado. Esse valor pode ser obtido a partir do *Market Share* da empresa (percentual que é obtido pela divisão do mercado atingido pela empresa pelo mercado-alvo total da empresa), também chamada de fatia de participação de Mercado.

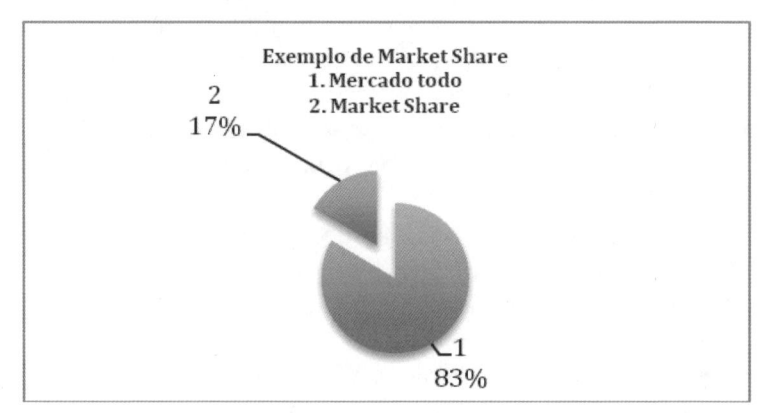

FIGURA 1 - EXPLICAÇÃO DE *MARKET SHARE*.

Facilitando a compreensão, do mercado todo que deve ser conquistado, quanto à empresa já conseguiu? O que falta deve ser convertido em unidades monetárias para que sejam calculados os benefícios que aqueles programas podem gerar.

Não podemos atribuir a conquista parcial de todo mercado somente a falta de capacitação da mão de obra, assim, deve-se calcular o percentual da *performance* a partir do trabalho do desenvolvimento das competências (conhecimento, habilidades e atitudes), ou seja, que percentual dessa performance poderia ser modificado? Esse cálculo só poderá ser feito em reuniões com a área de recursos humanos e deve ser feita uma análise minuciosa dos CHAs dos vendedores. Uma das propostas é que seja aplicada a gestão por competências com o acompanhamento dos respectivos indicadores. (Ver Capítulo 10.)

Quadro 7: O cálculo do *benefícios*

Benefícios = (valor do business gap) x (efetividade dos programas de capacitação).

Para descobrir o cálculo do percentual de efetividade dos programas de capacitação será necessário conhecer qual é o custo do capital e o valor total investido nos programas que serão avaliados. Observe o exemplo abaixo:

A empresa Gama investiu 100.000 em programas de capacitação no ano de 2010. O faturamento da empresa é de 240.000,00 por ano e detém 25% do mercado. A empresa sabe que poderia alcançar 35% de participação do mercado, isto é o valor do seu business gap.

Quadro 8: Percentual da efetividade dos programas de capacitação

Normalmente os programas atingem 60% de performance humana, e 80% da performance pode ser avaliada com a aplicação do CHA. Usaremos o cálculo de efetividade do programa (quando bem aplicado) de 50% de aproveitamento.

O cálculo de retorno busca utilizar indicadores de médio e longo prazos usados no desenvolvimento do plano estratégico da organização. Esses indicadores, em última análise, estão relacionados ao monitoramento de quanto à organização tem conseguido cumprir a sua missão e os seus objetivos estratégicos.

A forma de cálculo considera o investimento realizado, e não somente o resultado no período de patrimônio líquido, levando em conta também o custo de capital. O custo do capital é um aspecto importante porque o investimento realizado em programas de treinamento e desenvolvimento (capacitação) poderia ser direcionado a outras áreas, inclusive a investimentos financeiros.

Portanto, deve ser subtraído, do resultado do valor do benefício, o valor do investimento.

$$ROI = \frac{\text{Benefício - Investimento [(Investimento)(Custo do Capital)]}}{\text{Investimento}}$$

Os benefícios gerados também precisam levar em conta a efetividade dos programas de capacitações.

Cálculo do ROI aplicada em Treinamento

$$ROI = \frac{\text{Benefício - Investimento [(Investimento)(Custo do Capital)]}}{\text{Investimento}}$$

$$ROI = \frac{\text{Benefício} - 100.000,00 - [(100.000)(10\%)]}{100.000,00}$$

$$ROI = \frac{\text{Benefício} - 100.000,00 - 10.000,00}{100.000,00} = \frac{\text{Benefício} - 90.000,00}{100.000,00}$$

Benefícios = (*business gap*) x (efetividade dos programas de capacitação)
Benefícios = (*business gap*) x 50%

Business gap = (valor em R$ correspondente no mercado não atingido) x (% devida à performance humana) x (% da performance que pode ser modificada com novos conhecimentos, habilidades e atitudes).

Business gap = (R$ 00.000) x 60% x (80%)
Business gap = (   )
Valor dos Benefícios = R$ x 50% =
ROI = $\frac{\text{Benefício} - 90.000}{90.000}$ = $\frac{-90.000}{90.000}$ =

Nesse exemplo, a empresa Gama teria obtido retorno de ____% sobre o investimento que fez em capacitação.

Motivação

As pessoas iniciam o seu trabalho motivadas e se desmotivam de acordo com a gestão exercida. Até porque, àquela empresa apresentada no primeiro dia parece ter ficado só no primeiro dia.

Então no papel de empresário como você deve fazer para deixar sua equipe motivada? Reconheço que gerar motivação é um desafio, mas boas notícias, descobrimos algumas técnicas que o auxiliaram nesta empreitada.

Os profissionais contratados têm interesses contínuos sobre aquelas situações que são intrinsecamente satisfatórias e a essa ação nomeamos de "motivos". Os motivos diferem de uma pessoa para outra e existem três motivos sociais que têm um impacto significativo no comportamento dos indivíduos na organização.

Todos os indivíduos têm esses motivos, mas o que difere uns dos outros no aspecto dos motivos sociais é justamente a intensidade de cada motivo.

Quando esses motivos surgem, os indivíduos pensam como envolver-se em atividades em que:

possam pôr à prova e se tornar *experts* em tais atividades;

possam se envolver, estabelecer e/ou manter relacionamentos interpessoais próximos; possam causar impacto ou exercer influência sobre a outra pessoa.

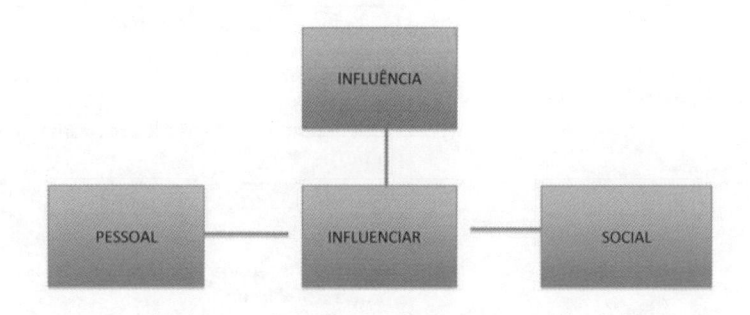

Figura 2 - Três motivos.

O pensamento é o mesmo, influenciar o comportamento é diferente.

Após anos de pesquisas sobre a relação entre necessidade e os desempenhos das pessoas nas organizações foram identificados os motivos sociais: **Necessidade de Realização, Necessidade de Afiliação e Necessidade de Influência.**

MOTIVO	
NECESSIDADE DE REALIZAÇÃO	FAZER MELHOR QUE OS OUTROS

MOTIVO	
AFILIAÇÃO	RELAÇÕES PRÓXIMAS E HARMONIOSAS

MOTIVO	
INFLUÊNCIA	INFLUENCIAR, IMPACTAR E CONTROLAR

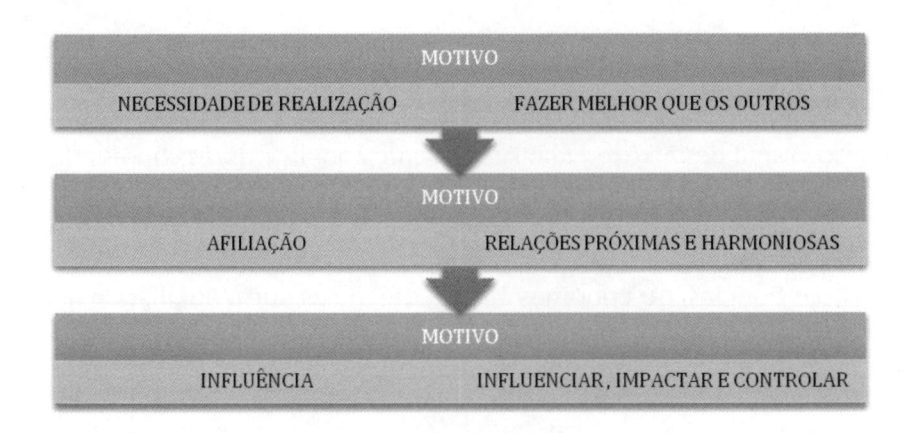

FIGURA 3 - MOTIVOS SOCIAIS.

Dentro do aspecto dos Motivos Sociais, cada colaborador terá um estilo. Veja os critérios de cada Motivo:

MOTIVOS	CRITÉRIOS
REALIZAÇÃO	Superar os próprios padrões de excelência. Superar padrões de excelência de terceiros. Fazer algo inédito, singular e criativo. Planejar metas de longo prazo.
AFILIAÇÃO	Estabelecer, restaurar ou manter relacionamentos afetivos. Evitar separações, conflitos, mal-entendidos ou rupturas. Participação em atividades de convívio com outras pessoas.
INFLUÊNCIA	Persuadir, controlar, disciplinar e causar impacto. Influenciar oferecendo ajuda, conselho e apoio não solicitados. Provocar fortes emoções nos outros. Buscar situações que confiram reputação e *status*.

FIGURA 4 - OS TRÊS MOTIVOS SOCIAIS.

A motivação é o seu objeto de estudo focado nos desejos humanos. Existem profissionais que têm a motivação intrínseca (buscam a motivação internamente) e outros necessitam de elogios para se sentirem motivados. O desafio da gestão está em descobrir qual dos dois tipos de motivação o seu colaborador tem.

Existem algumas teorias relacionadas à motivação, mas vamos nos ater às mais clássicas que são a Teoria de Maslow e a Teoria de Herberg.

```
                    AUTOREALIZAÇÃO

                        ESTIMA
              Reconhecimento e aprovação
                   por parte dos outros

                       SOCIAIS
               Contato com outras pessoas

                      SEGURANÇA
                   Ausência de medo

                     FISIOLÓGICAS
        Contato humano; proteção; alimentação; sexo.
           Necessidades "instintivas" do ser humano
```

FIGURA 5 - HIERARQUIA DAS NECESSIDADES HUMANAS DE MASLOW.

Na teoria de Maslow o foco está na satisfação de cada etapa e que todas as necessidades estão presentes e a sua importância variam de um nível mais baixo para um alto e essa definição é individual conforme o padrão de vida se eleva.

Já a teoria do professor Frederick Herberg, da Universidade de Chicago diz que a motivação é influenciada por dois tipos diferentes de fatores, os quais ele chamou de fatores que levam à satisfação e fatores que levam à insatisfação.

Por exemplo, sentimos insatisfação com certas situações, como uma remuneração que não esteja adequada ou ambiente de trabalho desagradável, uma cultura organizacional permeada de conflitos tendo a fofoca como ponto principal entre as pessoas. É importante eliminar os pontos de insatisfação, entretanto, a simples retirada dos motivos que levam a pessoa a ficar insatisfeita não irá, necessariamente, motivá-los e gerar novos estímulos de trabalho.

Para que os colaboradores se sintam motivados se faz necessário inserir outros tipos de fatores que levam à satisfação, como, por exemplo, aumentar a autonomia do colaborador, reconhecer o trabalho quando é feito corretamente, estabelecer nova metas de acordo com o potencial de cada colaborador.

Quando pensamos dessa forma fica claro que os colaboradores não ficam motivados meramente pela satisfação de suas necessidades fisiológicas e de segurança. Os cinco tipos de necessidades estão sempre presentes. Para motivar as pessoas, embora também seja importante satisfazer as necessidades de níveis mais baixos (isto é remover os fatores que levam à insatisfação), é crucial atender às necessidades de níveis mais elevados por meio do fornecimento de fatores adequados que levem à satisfação.

Algumas dicas de insatisfação que reconhecemos nas empresas:

1. Clima organizacional.
2. Liderança despreparada.
3. Falta de autonomia.
4. Falta de visão estratégica.
5. Falta de bom senso.
6. Remuneração.
7. Falta de desafios.
8. Em empresas familiares – divergências de opiniões fazendo com que o funcionário tenha que "tomar partidos".
9. Desrespeito.
10. Falta de *feedback*.

Percebemos pelas dicas acima que o problema da desmotivação está ligado à gestão. Mas como resolver a questão?

Hoje, os empresários estão buscando os clientes e fornecedores para alimentar esse processo interno de satisfação dos vendedores. O *Facebook* (site de relacionamentos na internet), traz usuários de todo o país para falar com seus engenheiros e contar como voltaram a ter contato com parentes e amigos graças ao site. Cadeia de restaurante americano, os gestores dividem com o pessoal cartas de clientes contando como decidiram comemorar datas importantes no restaurante.

Efeitos dessas ações:

a) O colaborador percebe, por si só, que o produto/serviço que ele vende beneficia aos outros;

b) O colaborador se sente valorizado elo usuário final (cliente ou fornecedor);

c) O colaborador percebe o mecanismo da empatia e adquirem uma noção das necessidades dos clientes sentindo-se altamente motivado por ter o produto ou serviço que irá ajudar ao cliente.

Com a participação ativa dos vendedores, conforme descrito acima o vendedor sentir-se-á motivado e passará a ter o seguinte comportamento:

a) Maior oportunidade para agir livremente e tomar decisões de descontos, prazos de pagamentos.
b) Aumento da responsabilidade pessoal.
c) Oportunidade para liderar e desenvolver equipes (pensando em promoção de cargo).
d) Contato próximo com os clientes.

Considerações Finais

O segredo do sucesso do seu negócio é: quanto mais visão estratégica focada em pessoas você tiver, mais serão as chances de crescimento.

A contratação eficaz é aquela que se baseia que existe a pessoa com o perfil certo para a função certa, e que escolhe o colaborador que não esteja no ponto máximo de competências, porém, que ele tenha o mínimo requerido para conseguir entregar os resultados esperados.

Um funcionário poderá estar capacitado, ter todos os recursos necessários, ter um bom ambiente de trabalho, mas isso não garante que ele executará a contento a sua tarefa.

Se você quiser ter uma equipe de sucesso terá que promover o desenvolvimento do capital humano e para isso tem que ter a consciência da importância que são os treinamentos que faz com que o seu colaborador fique cada vez mais comprometido com os resultados da sua organização. Se você fizer um planejamento de treinamentos bem feito será possível sim implementar ações de capacitações, que por sua vez elevarão o moral da sua empresa e consequentemente dos colaboradores.

Trabalhar em uma pequena ou média empresa onde os funcionários têm o investimento de serem capacitados é vistos por eles como benefício diferenciado no mercado.

Evidentemente, que se a sua empresa primar pelo desenvolvimento do capital humano o seu funcionário fará um pacto com você de alcançar sempre o sucesso.

Questões para Discussão

1. Cite cinco aspectos importantes na motivação no trabalho e comente-os.
2. Qual é a importância de calcular a *ROI* no plano de capacitação?
3. Desenvolva um plano instrucional para capacitação da competência Negociação.
4. Explique quais cuidados necessários devem ser observados ao elaborar objetivos instrucionais.
5. Quais ações você pode fazer para motivar a sua equipe?

Sugestão de Pesquisa

BOOG, Gustavo e Magdalena. **Manual de Gestão de Pessoas e Equipes – estratégias e tendências**. vol. 1. São Paulo: Gente, 2002.
http://www.guiatrabalhista.com.br

Palavras-chave: Capacitação em vendas, desenvolvimento de equipes, motivação.

REFERÊNCIAS

MAGER, R.F. **A formulação de objetivos de ensino**. Porto Alegre: 1976.
MINICUCCI, Agostinho. **Psicologia aplicada à administração**. São Paulo: Atlas: 1995, p. 214.
MOURÃO; BORGES-ANDRADE; SALLES apud STEINER, G.A. **Strategic planning: what every manager must Know**. New York: Free Press, 1997.
RODRIGUES. JR.J.F.A. **A taxonomia de objetivos educacionais**: um manual para usuários 2. ed. Brasília: Universidade de Brasília, 1997.

Gestão Estratégica Organizacional e Gestão por Competência nas Micro e Pequenas Empresas

Como Criar um Altíssimo Diferencial Competitivo com as Pessoas

Maria Rita Gramigna
Gerson de Souza
Preciosa do Vale

*O profissional mais caro da empresa
é o incompetente de qualquer cargo ou função.*
Alexander Pope[1]

Estratégia Organizacional e Gestão Estratégica de Pessoas

Aumento de lucratividade, diminuição de custos, conquista e fidelização de clientes internos e externos, marca forte, crescimento constante em vendas, clima organizacional saudável, são resultados produzidos por profissionais competentes que compõe times de altíssima performance nas empresas. E como atrair e desenvolver tais pessoas? Como contratá-las, integrá-las, treiná-las, capacitá-las, desenvolvê-las, tratá-las, estimulá-las e recompensá-las de forma que esses talentos sejam retidos e produzam cada vez mais e melhor? Essas são preocupações de empresários de empresas de qualquer porte bem como da área de Recursos Humanos (RH) ou Gestão de Pessoas (GDP).

No entanto, o RH ou a GDP correm o risco de serem apenas Departamentos de Pessoas (os DPs que cuidavam da folhas de pagamentos, benefícios, contratação e desligamento de funcionários). E para que os

RHs e GDPs tenham um *upgrade* e se tornem Gestão Estratégica com Pessoas (GEP) é necessário que consigam vincular e alinhar as pessoas à estratégia organizacional.

A eficácia das pessoas, por meio da eficiência dos processos, alcançará e sustentará a efetividade dos serviços e do produto das empresas. E essa eficácia é alcançada quando todas as pessoas, dentro de seu grau de potencialidade e possibilidade transformada em alta performance, participam da construção e execução da estratégia. Por conta da importância dessa gestão participativa é que usaremos aqui o termo Gestão Estratégica *com* Pessoas, em vez de Gestão Estratégica *de* Pessoas.

A estratégia organizacional compõe o sistema nervoso da empresa, a parte mais sensível do processo de crescimento e desenvolvimento da empresa. O que é estratégia? A palavra grega *stratos*, significa exercito. A palavra grega *ago* significa liderança, comando. Assim, a palavra *stratègos*, significa a "a arte do general". A estratégia tem tudo a ver com a visão da liderança. O erro na estratégia do general significava a derrota do seu exercito. O erro de estratégia empresarial significa a derrota da empresa e dos ganhos, inclusive financeiro, de todos os envolvidos. Por isso, Mintzberg (HERRERO, 2005) diz que "todo fracasso de implementação também é, por definição, um fracasso na formulação".[2] Por isso, a falta de competência na construção da estratégia é tão ruim quanto a falta de competência na sua execução.

Muitos empresários das Micro e Pequenas Empresas (MPE), mesmo não conhecendo a teoria da formulação estratégica, possuem uma estratégia, ainda que essa seja inconsciente ou intuitiva para eles. E o que é fundamental para o sucesso da empresa é a tomada de consciência da importância de uma formulação precisa da estratégia de negócio. Há vários tipos de estratégias, citaremos a seguir as duas mais enfatizadas no meio acadêmico e comercial: A Estratégia da Vantagem Competitiva e a Estratégia do Oceano Azul.

Se a estratégia da empresa é a competitiva, isso significa que a criação de riquezas e valor se dará a partir da superação dos concorrentes. Michael Porter (HERRERO, 2005), diz que o pontapé inicial do desenvolvimento de uma estratégia competitiva eficaz é ter em mente o objetivo correto, traduza essas palavras como, obter um excelente retorno sobre o investimento para os *stakeholders* (sócios, gerentes, colaboradores, investidores e demais envolvidos com a empresa).

A empresa então construirá a estratégia que a leve ter capacidade de alcançar a "vantagem competitiva" de seus produtos e serviços acima dos seus concorrentes, seja pela capacidade de oferecer produtos similares aos dos concorrentes a um custo mais baixo que os dele ou o fornecimento de benefícios únicos para o cliente com o mesmo custo ou inferior dos concorrentes.

A outra estratégia foi concebida por outros dois magos da administração, Kim e Mauborgne (2005). Eles defendem a construção da estratégia por outro viés que a sugerida por Michael Porter: é a Estratégia do Oceano Azul, cujo pensamento estratégico foge do embate com a concorrência, que é chamada por esses dois autores de mar vermelho. O mar vermelho é o mercado em que a competição entre tubarões faz com que as empresas, devido a similaridade de seus produtos, tenham que baixar seus preços cada vez mais, diminuindo assim o seu sangue, ou seja, o lucro.

Fugindo dessa competição acirrada, Kim e Mauborgne (2005) apostam na exploração de mercados inexplorados que tornem assim a concorrência irrelevante. Eles dão o exemplo do Cirque Du Soleil, que ao perceber que as crianças choravam para ganhar PlayStations, mas não para assistir um circo ambulante, eles decidiram não concorrer mais com outros circos, em vez disso eles criaram um novo espaço de mercado inexplorado, com características inconfundíveis, que tornou irrelevante a concorrência. Para isso, focaram em um novo público-alvo – adultos e clientes empresariais, que estavam dispostos a pagar preços várias vezes superiores aos praticados pelos circos tradicionais, por uma experiência de entretenimento sem precedentes.[3]

Mas, independentemente da estratégia adotada pela empresa, como ela pode promover a sinergia entre a Estratégia Organizacional e a Gestão Estratégica com Pessoas na empresa? Fleury e Fleury (2001) apresentam a ideia de que "ao definir a estratégia competitiva [ou do oceano azul], a empresa identifica as competências essenciais do negócio e as competências necessárias a cada função."[4] E o que são competência essenciais? Competências essenciais do negócio é o conjunto de conhecimento, habilidades, atitudes, influência e capacidade de provimento das necessidades do cliente e aproveitamento de oportunidades percebidas ou criadas no mercado. São as competências necessárias para que a empresa ofereça o que ela se propõe a oferecer ao cliente.

Qual a competência essencial da Pirelli? Produção de pneus e cabos elétricos. Qual a competência essencial da Apple, produção de altíssima tecnologia. Qual a competência essencial da Nestlé? Produção de alimentos. A competência essencial de uma floricultura é a produção, venda e entrega de arranjos florais e produtos afins. A competência essencial de uma padaria é a produção e/ou venda de massas, artigos de lanchonete e conveniência. Qual é a competência essencial da sua empresa? A partir da estratégia adotada, das competências essenciais da empresa e a percepção de necessidades e oportunidades do mercado, pode ser construído o planejamento estratégico da empresa, definindo o propósito e rumo da empresa.

Escolhida a estratégia, aclarada as competências essenciais, definida a missão, a visão, e os valores, a função ou área de Gestão Estratégica com Pessoas (GEP), terá como missão comprometer as pessoas, alinhar as competências e melhorar a performance dos colaboradores à estratégia. E a principal ferramenta de apoio da GEP é a Gestão por Competências, e com foco nas competências necessárias para a consecução da estratégia empresarial, a GEP irá recrutar, selecionar, contratar, integrar, desenvolver, suprir, acompanhar, avaliar e remunerar, reter e gerir talentos. Mesmo com seu menor porte, em comparação com as médias e grandes empresas, as MPE também enfrentam desafios com a GEP.

REALIDADES E DIFICULDADES DAS MICRO E PEQUENAS EMPRESAS E GESTÃO COM PESSOAS

Na realidade das micro e pequenas, normalmente, o proprietário/empreendedor assume todos os papéis de liderança sob o guarda-chuva de diretor geral, e sob à sua responsabilidade ficam as áreas de finanças, produção ou serviço, comercialização e cobrança. Ele pensa, planeja, gerencia e operacionaliza os processos. Para ele, a gestão com pessoas é mais um desafio. A definição de questões básicas como o perfil necessário para os cargos, a política contração, de treinamento e desenvolvimento, as ferramentas de avaliação de desempenho, e que diante de tantas outras pressões, são deixadas para segundo plano.

A Gestão com Pessoas não ultrapassa a execução mínima do antigo Departamento de Pessoal: contratação (geralmente de conhecidos ou parentes), o cumprimento de questões legais fiscalizadas e cobradas pela delegacia do trabalho, como pagamento de salário e benefícios, desligamento. Resultado: empresário e colaboradores ineficazes e insatisfeitos e processos ineficientes, pois não conseguem os resultados almejados.

Nas médias e grandes empresas o cenário muda um pouco pela maior quantidade de colaboradores e maior quantidade e complexidade dos processos para administrar, surgindo então a necessidade de um departamento de RH ou Gestão *de* Pessoas, sendo assim estabelecido um setor específico para tratar das questões trabalhistas. Nas médias e grandes empresas, o diretor executivo, ou diretor presidente, tem certa influência na contratação de profissionais especialistas para conduzir a área de RH e fica com a tarefa de partilhar a estratégia escolhida com o gestor de RH, esperando que ele trabalhe, juntamente com sua equipe multifuncional, o alinhamento dos colaboradores à estratégia mercadológica da empresa.

Gestão por Competências e Valorização das Pessoas na MPE

Pensar nas pessoas como o principal fator para o sucesso da organização é uma grande inovação nas MPE. Mas não apenas nela, Skinner (PRAENDEX INCORPORATED, 2006), disse: "O que há de errado? Por que tão poucas organizações fazem uso da melhor e mais competitiva de todas as armas? O HOMEM. Com sua motivação, energia, cooperação e autoconfiança?"[5] Os colaboradores ainda continuam sendo o tesouro a ser descoberto dentro das empresas.

Gramigna (2007), reforça a importância de se investir em pessoas: "sem as pessoas, qualquer tecnologia, por mais necessária e inovadora que seja não funciona; pessoas tem o dom de fazer o sucesso ou o fracasso de qualquer empresa; pessoas tem necessidade de integrar seus sonhos a um projeto coletivo e pessoas são leais àqueles que as respeitam, abrem oportunidades e as valorizam."[6]

Os empresários ainda descobrirão que, conforme afirmou Fitz-enz (2001): "a organização que tornar o trabalho o mais aprazível possível irá desenvolver e reter os trabalhadores mais produtivos e desfrutará dos clientes mais leais."[7] Na busca pelos resultados, máquinas e equipamentos são comprados, os processos são organizados, as estruturas são definidas, no entanto, pouco ou nada é reservado no orçamento para o investimento no treinamento, capacitação e incentivos dos colaboradores.

Dutra (2006) enfatiza a troca sinérgica entre os trabalhadores e a empresa: "À empresa cabe o papel de estimular e dar o suporte necessário para que as pessoas possam entregar o que têm de melhor, ao mesmo tempo em que recebem o que a organização tem de melhor a oferecer-lhes."[8] Esse estímulo e suporte aos colaboradores, auxiliará a liderança a catalisar a energia dos colaboradores para o objetivo comum, e através da Gestão de Talentos e Gestão por Competências transformar o talento e potencial dos colaboradores em performance.

Mas como o empresário, empreendedor ou gestor de pessoas poderá gerir os talentos e transformar o potencial de seus colaboradores em ações sincronizadas de altíssima performance, que trarão alto valor para a empresa e seus clientes internos e externos? Através da Gestão por Competências.

Os Benefícios da Gestão por Competências para as MPEs

As pesquisas de Gramigna (2007) a partir de experiências europeias e brasileiras sobre a Gestão por Competências, iluminam o caminho para que, o que é comumente é aplicado nas grandes empresas, possa ser aplicado também nas MPE. Afinal, a Gestão por Competências pode propiciar uma série de benefícios para as MPE: integração das equipes de trabalho, a extração do melhor de cada profissional, o desenvolvimento de seus potenciais, a melhora dos processos, a conquista credibilidade dos clientes, o aumento do nível de satisfação dos colaboradores, um clima de trabalho mais agradável e mais humano, também promove a retenção dos talentos internos e atrai os talentos externos, identificação de profissionais com potencial para possíveis sucessões e formação de massa crítica, gerando assim o desenvolvimento de práticas inovadoras na empresa. E é possível mensurar o alcance desses benefícios por meio de indicadores estabelecidos tanto em níveis financeiros, de relacionamento com o cliente, dos processos produtivos, quanto de satisfação, aprendizagem e produtividade das pessoas.

Planejamento Estratégico e Gestão por Competências na MPE

A implantação de Gestão por Competências na MPE inicia-se com a construção do Planejamento Estratégico, pelo qual as competências estarão a serviço. E o planejamento estratégico poderá iniciar por um diagnóstico externo (necessidades e oportunidades x capacidades, e possíveis ameaças) ou interno (capacidades x necessidades e oportunidades, pontos fortes e fracos). Dois exemplos simples: 1) Se pode iniciar com um estudo de necessidades não satisfeitas ou oportunidades não aproveitadas no mercado e a conferencia interna na empresa para saber se, há capacidades internas para suprir essas necessidades ou aproveitar essas oportunidades, ou se há necessidade de parcerias externas para aumentar a sua capacidade de suprimento ou aproveitamento; ou 2) Iniciar com a conferência das competências essenciais presentes na empresa e sua capacidade para suprir as necessidades ou aproveitar as oportunidades do mercado.

Independente de qual viés escolhido é importante que, para haver alinhamento entre estratégia organizacional e o modelo de Gestão por Competências adotado, haja as seguintes definições mínimas:

- definição do negócio;

- diagnóstico de necessidades de mercado x capacidade de atendimento;
- definição da missão;
- definição da visão de futuro;
- identificação dos valores organizacionais;
- objetivos, indicadores, metas, projetos, tarefas e atividades.

Não vamos aprofundar este assunto, pois foi tratado em capítulos anteriores (Planejamento Estratégico e *Balanced Scorecard*), mas é necessária a clareza da dependência da Gestão por Competências dos fatores indicados acima. O *link* entre a estratégia, o planejamento e as pessoas se dá quando, definidos os objetivos, indicadores, metas, projetos, tarefas e atividades, (elementos básicos do *Balanced Scorecard*) haja uma definição das competências necessárias para a execução desses projetos estratégicos.

É o planejamento estratégico e o *Balanced Scorecard* quem estabelecerão diretrizes específicas para definir o processo de implantação da Gestão por Competência e focar as ações das pessoas, e possibilitando à liderança uma maior segurança na condução da execução da estratégia.

Com o mapa estratégico definido e claro, a Gestão com Pessoas, seja ela feita pelo empresário ou por outra pessoa, passa a ser estratégica, pois poderá escolher, integrar, desenvolver, estimular as pessoas certas para a função certa, para realizarem os melhores processos, totalmente alinhados à estratégias.

Talvez por falta de recursos financeiros a MPE não tenha como contratar uma pessoa específica para a função de Gestão com Pessoas (ou RH), e o próprio empresário tenha que assumir as tarefas dessa área, no entanto, como a sua função de líder estrategista, cedo ou tarde necessitará alocar uma pessoa da empresa ou contratar alguém de fora para essa função.

O Que São Competências

Segundo Brandão e Borges-Andrade (2007), as competências humanas, são reveladas quando as pessoas agem ante as situações profissionais com as quais deparam. Elas servem como ligação entre as condutas individuais e a estratégia da organização. Assim, agregam valor, econômico ou social, a indivíduos e organizações, posto que contribuem para a consecução de objetivos organizacionais e expressam o reconhecimento social sobre a capacidade das pessoas, equipes e organizações.[9]

Tradicionalmente, competências são definidas como CHA: Conhecimento, Habilidade e Atitude. Porém, Brandão e Borges-Andrade (2007), acrescentam um novo elemento a essa combinação: O, de Oportunidade. Pois não adianta o colaborador crescer em conhecimento, transformá-lo em habilidades e quer colocá-los em prática (atitude), se não houver a oportunidade de colocá-los em prática. Somente esse conjunto de competências em alta performance trará a efetividade dos resultados.

Tipos de Competências

Gramigna (2007) diferencia cinco tipos de competências:

- **Competências Técnicas:** exigidas para que um profissional possa assumir suas responsabilidades no cargo ou função que exerce. Geralmente são relacionadas ao saber fazer (habilidades).
- **Competências diferenciais:** consideradas estratégicas, estabelecem a vantagem competitiva da empresa. São identificadas no estabelecimento da missão empresarial e descritas de forma genérica. São constituídas por um conjunto de capacidades que auxiliam a empresa a alcançar seus resultados e fazer o diferencial no mercado.
- **Competências essenciais:** são as identificadas e definidas como as mais importantes para o sucesso do negócio e devem ser percebidas pelos clientes.
- **Competências básicas:** necessárias para manter a organização funcionando, são percebidas no ambiente interno; além disso, estimulam e alicerçam o clima de produtividade.
- **Competências de suporte:** pode ter foco nas pessoas e nos processos, agrega valor às competências técnicas, permite que o profissional se diferencie dos restantes. Quando relacionada às competências da organização, possibilita a diferenciação no mercado.

Visão Geral da Implantação da Gestão por Competências na MPE

Antes de apresentarmos um passo a passo para uma segura implantação de Gestão por Competências na MPE, oferecemos abaixo algumas dicas gerais do processo:

1. Busque conhecimento através de cursos ou consultoria sobre a implantação de Planejamento Estratégico, *Balanced Scorecard* e Gestão por Competências.
2. Construa do Planejamento Estratégico (Negócio, Missão, Visão, Valores, Objetivos) e traduza-o em detalhamentos estratégicos através do *Balanced Scorecard* (Objetivos, indicadores, metas, projetos, tarefas, atividades; com planilhas do: o que, quem, como, quando, onde, quanto);
3. Defina os processos de trabalho, do geral para o especifico, ex.: área de venda, processos de vendas, tarefas para haver as vendas, atividades diárias para as vendas.
4. Mapeie e defina os perfis necessários para a execução das tarefas e atividades, definindo e descrevendo as funções por Gestão por Competências.
5. Defina as expectativas/metas de entrega/produção, aprendizagem e desenvolvimento, relacionamento com colegas e clientes, mensurando o desempenho individual e da equipe através de avaliações e análise 360º, ligando-as à política de recompensas, benefícios, promoção, carreira e recolocação (demissão) com base nas competências.
6. Verifique a situação atual de cada colaborador em relação ao perfil traçado para a função, sua capacidade, sua entrega/produção e veja quais são as necessidades individuais (e da equipe) de movimentação, treinamento (questões técnicas) e capacitação (questões comportamentais), buscando assim o realinhamento de pessoas e funções, por competências (nesta fase inicia-se a formação do banco de talentos interno, com base no potencial de cada colaborador).
7. Estruturada a estratégia e a tática, o campo de trabalho, o time, o público, as regras do jogo, agora é hora do *show time*, ou seja, a hora do show, a hora da liderança e execução com excelência.

Etapas da Implantação da Gestão por Competências

Baseado em uma metodologia que amplamente testada em empresa brasileiras publicas e privadas, de norte a sul, Gramigna (2007), abaixo seguem as etapas, passo a passo, da implantação de um prático e dinâmico modelo de Gestão por Competências:

- 1º Etapa: Sensibilização e Estruturação
a) **Objetivo:** buscar o envolvimento, adesão e comprometimento das pessoas chave da administração e postos de trabalho.
b) **Como fazer:** promover reuniões de apresentação e discussão do modelo, participação em seminários, palestras, cartazes, visitas a sites sobre o tema para que todos conheçam.
c) **Tarefas para a sensibilização:**

Tarefa 1: Disseminar o tema por meio das reuniões ordinárias, murais, jornais internos, distribuir textos, promover atividades que fomentem o conceito de competências.

Tarefa 2: Organizar reuniões para coletar, analisar e alinhar a missão, visão e valores individuais dos colaboradores com os organizacionais. Rampersad (2008) afirma que, quanto maior for o alinhamento das expectativas e sonhos individuais com as expectativas e sonhos organizacionais, maior será a motivação, lealdade, criatividade, produtividade.[9]

1. **Exemplo:** Visão individual de um analista financeiro: "ser um executivo de sucesso com carro do ano na garagem".

a) *Missão organizacional:* "fornecer alimentos, insumos e serviços com qualidade, antecipando as necessidades de clientes e fornecedores e atendendo as expectativas de acionistas, colaboradores e comunidade".
b) *Visão organizacional:* "melhorar a vida, aperfeiçoando a cadeia global de alimentos e agronegócio".
c) *Valores:* busca de excelência, criatividade e inovação, comportamento ético, responsabilidade social, ambiental e com a segurança e saúde, satisfação dos clientes, trabalho em equipe e valorização das pessoas.
d) *Análise:* a visão da empresa é de expansão no mercado, ela reconhece e valoriza os colaboradores e está expresso em seus valores conclui-se que o analista financeiro poderá alcançar sua visão individual.

2. **Observação:** É muito importante que o empresário ou a direção participe desta etapa de *link* com a estratégia empresarial,

da análise, da definição de perfil e funções competências, isso é decisivo para o desenvolvimento do projeto.

3. **Sugestão de como conduzir a reunião:** Apresentar conceito de missão, visão e valores. Solicitar que todos participantes expressem por escrito e por imagens (desenho ou colagem), que comuniquem o que querem expressar. Para auxiliar na definição de valores apresente para o grupo uma relação aleatória de valores. Racionalizar com o grupo os pontos em comum e as possibilidades em relação ao resultado das tarefas individuais e a missão, visão e valores da organização. Os valores em comum a todos devem ser alinhados aos da organização.

4. **Sugestão de relação aleatória de valores:**

Ambiente saudável	Experiência	Liberdade	Responsabilidade
Amizade	Felicidade	Lucro	Sensibilidade
Amor	Harmonia	Paz	Simplicidade
Coerência	Honestidade	Poder	Sucesso
Conhecimento	Humildade	Reconhecimento	Tolerância
Cooperação	Inovação	Relacionamento	Unidade
Criatividade	Lealdade	Respeito pelas diferenças	Comprometimento
Respeito	Alegria	Ética	Etc.

Após o alinhamento é interessante fazer um contrato de compromisso com os dos valores comuns do grupo e a responsabilidade de dar andamento ao trabalho de implantação do modelo por competências, explicando e tirando dúvidas do restante da força de trabalho.

5. **Exemplo de Contrato de Compromisso**

Nós da empresa Lunar Foguetes nos comprometemos com os seguintes valores:

1º (Grupo Executivo – listar componentes) listar valores.

2º (Grupo Marketing, Atendimento e Vendas - listar componentes) listar valores.

3º (Grupo Produção/Serviços - listar componentes) listar valores.

4º (Grupo Financeiro - listar componentes) listar valores.

Tarefa 3: Definição de perfis: Organizar funções por grupos.
Exemplo:

Gerencial	Diretores e gerentes de todas as áreas.
Técnicos	Líderes de processos, encarregados, coordenadores, supervisores, profissionais técnicos.
Analistas	Analistas das diversas áreas se houver.
Operacional	Assistentes, auxiliares e demais cargos operacionais.

- Exemplo de tabela de apoio para desenvolver a atividade, conforme modelo.

Grupo	Títulos dos cargos do grupo

Tarefa 4: Competências da organização (competências essenciais) e das pessoas

Baseado no negócio, missão, visão, diretriz e políticas da organização definir competências essenciais ou organizacionais. Nesta fase do trabalho devem ser feitas: validação da missão x competências essenciais ou organizacionais; comprovação de que as atividades dos postos de trabalho estão descritas objetivamente; discutir possíveis dificuldades na implantação da gestão por competências; definir estratégias para minimizar riscos; analisar custos e resultados almejados; negociar responsabilidades, participação direta e apoio da direção.

Com o compromisso do grupo (contrato) e o conteúdo citado em mãos definem-se as competências técnicas e competências de suporte.

Exemplo:
Competências técnicas – negócio.
    Exemplo: Produzir transformadores elétricos.

Competência de suporte.
    Exemplo: negociação, relacionamento interpessoal,
        capacidade empreendedora, comunicação, cultura da qualidade

a) **Em relação às competências pessoais ou profissionais:**
1. ***Competências técnicas:*** são as que compõem o perfil profissional para ocupar o cargo. *Exemplo:* gestor financeiro = ter competências de gestão de finanças.

Competências técnicas devem ser definidas em razão da missão setorial x missão organizacional e podem ser organizadas utilizando a tabela a seguir:

- Exemplo de competências técnicas:

Competências Técnicas	
Gestão dos processos de informática	Capacidade de usar e aplicar adequadamente as ferramentas de informática adotadas na organização.
Alcance de metas com uso correto de metodologias	Capacidade de atingir e/ou superar as metas e resultados, com uso adequado de metodologias e instrumentos, garantindo a manutenção destes resultados a médio e longo prazos.
Gestão de projetos	Capacidade para desenhar projetos, articular recursos, implementar, acompanhar e avaliar resultados.
Gestão de recursos e processos	Capacidade gerencial para aprender e usar ferramentas adequadas no gerenciamento de recursos materiais e processos organizacionais para o pleno desenvolvimento de suas atividades.
Melhoria e inovação das tecnologias e metodologias existentes	Capacidade para propor e implementar melhorias para as tecnologias e metodologias existentes na organização.

Fonte: Gramigna (2007).

Leme (2005) orienta que para mapear competências técnicas, deve-se: Fazer leitura das descrições de funções atualizadas; entrevistar o superior imediato e colaboradores que executam a função e utilizar formulários para coleta de dados.[10]

2. ***Competências de suporte:*** são as que agregam valor às técnicas e que fazem a diferença no perfil profissional das pessoas. *Exemplo*: gestor financeiro = capacidade empreendedora, liderança e sabe trabalhar em equipe.

3. ***Competências referências e o desdobramento em Habilidade, Conhecimento e Atitude:*** Gramigna (2007) listou, a partir de suas pesquisas em empresas brasileiras, uma listagem de quinze Competências de Referências, e abaixo elas são desdobradas em três blocos de indicadores: Habilidades: saber fazer; Conhecimentos: saber; e Atitudes: querer fazer, como segue:

1. Autodesenvolvimento e gestão do conhecimento:

Capacidade de aceitar as próprias necessidades de desenvolvimento e de investir tempo e energia no aprendizado contínuo.

Habilidades	Conhecimento	Atitudes
Saber identificar necessidades próprias	Sobre os cursos de sua área oferecidos na empresa e pelo mercado	Toma a iniciativa
Participar de eventos de desenvolvimento	Sobre fontes de leitura para o autodesenvolvimento	Gosta de participar de treinamentos e eventos de desenvolvimento
Tem o hábito de ler	Acerca das exigências do cargo	Gosta de aprender coisas novas
Aprende coisas novas	A respeito do perfil de competências do cargo	Gosta de ler
Mantém atualizado	Sobre as próprias necessidades de desenvolvimento	Procura conhecer seus pontos fortes
Identifica ações para desenvolvimento		Procura conhecer suas dificuldades
Sabe usar as críticas recebidas para se desenvolver		Apresenta humildade para reconhecer que precisa de desenvolvimento
Pergunta o que não sabe		
Conhece seus pontos fortes		
Conhece seus pontos fracos		

2. Capacidade de Adaptação e Flexibilidade

Habilidade para adaptar-se oportunamente às diferentes exigências do meio, sendo capaz de rever sua postura diante de novas realidades.

Habilidades	Conhecimento	Atitudes
Posiciona-se de acordo com seus princípios e valores respeitando os outros	A respeito dos contextos da atualidade, fatos e informações da empresa e do mercado em geral	Disposição para rever e mudar de opinião quando necessário (quebra paradigmas)
Convive e enfrenta as mudanças, mantendo qualidade e produtividade (desempenho)		Demonstração de respeito por ideias contrárias
Adapta-se a situações adversas		Abertura ao novo
Muda de posicionamento quando percebe que o ganho para o todo é mais importante que o ganho individual, mantendo o comprometimento com resultados		Disponibilidade para mudar as referências pessoais (mudança de processos, local de trabalho, equipes, funções etc.)

3. Capacidade Empreendedora

Capacidade para identificar novas oportunidades de ação e capacidade para propor e implementar soluções aos problemas e necessidades que se apresentam de forma assertiva e adequada ao contexto.

Habilidades	Conhecimento	Atitudes
Estabelece objetivos e metas realistas e oportunos	A respeito de informações estratégicas da empresa e/ou mercado	Toma a iniciativa, é proativo, busca informações
Coloca em prática os planos elaborados	Sobre cenários e tendências de mercado	Revela interesse, disponibilidade e comprometimento
Implementa suas ideias, acompanhando as atividades e promovendo melhorias	Ferramentas de análise de problemas	Demonstra energia e entusiasmo

Habilidades		Atitudes
Sabe criar alternativas novas e eficazes para a solução dos problemas detectados		Não desanima quando algo dá errado (persistência)
Apresenta iniciativa própria para estabelecer parcerias e negociações, a fim de alcançar os resultados pretendidos		Mostra gostar de vencer, alcançar metas e obter resultados (dinamismo)
Motiva-se diante de problemas, barreiras e desafios (resiliência)		Demonstra ser persistente na implantação de soluções
Age com autonomia e responde pelos riscos assumidos e resultados atingidos		Propõe-se a realizar atividades desconhecidas

4. Capacidade Negocial

Capacidade para se expressar e ouvir o outro, buscando o equilíbrio e soluções satisfatórias nas propostas apresentadas pelas partes.

Habilidades	Conhecimento	Atitudes
Prepara antecipadamente os planos de negociação	Básicos das técnicas de negociação	Valoriza o planejamento e a organização de informações antes de iniciar a negociação
Informa-se sobre o conteúdo da negociação	Acerca do produto ou do serviço a negociar	Demonstra flexibilidade
Ouve os argumentos da outra parte com tranquilidade e argumenta com propriedade	Sobre o mercado e os concorrentes	Interessa-se em conhecer estratégias e táticas de negociação
Age com persuasão (ouve, percebe as nuances e acha a chave para ligar os fatos)		Valoriza resultados ganha-ganha
Diante das objeções, indica os benefícios da negociação		Inspira confiança
Obtém a melhor negociação para a empresa, com postura de empatia		

5. Comunicação e Interação

Capacidade de interagir com as pessoas, apresentando facilidade para ouvir, processar e compreender a mensagem. Facilidade para transmitir e argumentar com coerência e clareza, promovendo *feedback* sempre que necessário.

Habilidades	Conhecimento	Atitudes
Apresenta a comunicação falada, escrita ou gráfica de forma organizada e correta	Sobre o processo de comunicação	Adota postura de escuta e interesse pelo que os outros falam
Comunica-se por meio de argumentos, fatos e dados coerentes	Acerca de técnicas de expressão verbal	Busca informações e pergunta quando tem dúvidas
Mantém sua equipe atualizada, informando fatos novos	Sobre tecnologia da informação utilizada na empresa	Nas discussões, esclarece seus pontos de vista quando os outros solicitam
Sabe ouvir, fornecer e receber *feedback* de forma educada e Cortez	Sobre língua portuguesa	Reage de forma natural a *feedback* que inclui critica
Quando se comunica, os outros entendem		Oferece *feedback* com propriedade, cortesia e respeito pela outra parte (mesmo quando este inclui a critica)
Interpreta a comunicação com propriedade (entende)		Busca aproximação com as pessoas e é receptivo aos contatos
Não é prolixo (subjetivo e cansativo)		Procura expressar-se com clareza e objetividade

6. Criatividade e Inovação

Capacidade para conceber soluções inovadoras, viáveis e adequadas para as situações apresentadas.

Habilidades	Conhecimento	Atitudes
Usa a imaginação para resolver problemas	A respeito de técnicas de resolução de problemas	Busca formas diferente de trabalho
Usa analogias, comparações e/ou materiais	Sobre ferramentas da criatividade	Apresenta facilidade em gerar novas ideias

Coloca as ideias em ação	Tem disponibilidade pra ouvir e aproveitar as ideias dos outros
Estrutura as ideias novas de forma que os outros entendam	Mantém atitude espontânea
Usa estratégias criativas para resolver problemas	Demonstra estabilidade emocional e bom humor
Adota métodos diferenciados para situações especificas	Propõe formas diferentes de trabalho
Propõe novas formas de trabalho	Demonstra autoconfiança

7. Cultura da Qualidade

Postura orientada para a busca contínua da satisfação das necessidades e superação das expectativas dos clientes internos e externos.

Habilidades	Conhecimento	Atitudes
Sabe estabelecer indicadores de desempenho das metas e acompanhá-los	Sobre as ferramentas da qualidade adotadas na empresa	Demonstra reconhecer o real valor do cliente para o negócio da empresa
Sabe ouvir criticas sugestões e solicitações de clientes	Sobre o funcionamento e a estrutura de uma empresa, compreendendo a inter-relação e a interdependência entre as partes	Interessa-se em conhecer as necessidades dos clientes internos e externos, procurando meios de atendê-las (ver pela ótica do cliente)
Usa com propriedade o marketing de relacionamento	Básico de estatística	É receptivo a críticas, sugestões e às solicitações dos clientes
Age com exatidão e agilidade no atendimento das necessidades do cliente		Procura acertar sempre e corrigir as falhas
Atende de forma correta, deixando o cliente satisfeito		Dá importância aos indicadores de desempenho das metas e os acompanha
Cria canais de comunicação com o cliente		É persistente na implantação de soluções
Age com foco em resultados que favoreçam as partes		

8. Liderança

Capacidade para catalisar os esforços grupais de forma a atingir ou superar os objetivos organizacionais, estabelecendo um clima motivador, a formação de parcerias e estimulando o desenvolvimento da equipe.

Habilidades	Conhecimento	Atitudes
Consegue manter a equipe comprometida com resultados e metas	Acerca das funções e papéis da liderança de vanguarda: apoiar, acompanhar, orientar, delegar, treinar etc.	Respeita as pessoas
Cria um clima de entusiasmo e envolvimento	Sobre estilos de liderança assertivos, que geram resultados satisfatórios; e estilos não assertivos, que impedem o alcance de resultados	Demonstra satisfação com resultados alcançados em grupo
Tem facilidade para convencer o grupo a seguir suas orientações	A respeito do próprio trabalho (competências técnicas)	Vibra e passa energia para o grupo
Obtém a atenção e o respeito das pessoas	Acerca do negócio como um todo	Valoriza resultados e metas
Acompanha e participa do andamento dos trabalhos, colocando-se disponível caso haja necessidade	Sobre as principais funções do papel de liderança	Incentiva o desenvolvimento das pessoas
Adota palavras de estímulo, reconhecendo resultados e desempenho	Sobre o perfil das competências de liderança esperadas pela empresa	
Avalia e, se necessário, reorienta as ações, obtendo a colaboração das pessoas		
Age com foco nas atividades e projetos das equipes na busca dos objetivos organizacionais		

9. Motivação e Energia para o Trabalho

Capacidade de demonstrar interesse pelas atividades que vai executar, tomando iniciativas e mantendo atitude de disponibilidade.

Habilidades	Conhecimento	Atitudes
Atende as demandas com prontidão, assertividade e rapidez.	Sobre técnicas de automotivação	Busca nova alternativa diante de problemas reais.
Incentiva as pessoas a atingir as metas.	Básicos sobre motivação.	Inicia o trabalho.
Informa os progressos do grupo e ao grupo		Apresenta prontidão para o trabalho.
Elogia colegas e demonstra alegria quando estes atingem resultados		Interessa-se pelo trabalho.
Obtém a cumplicidade do grupo		É receptivo e disponível
Mantém comportamentos que indicam motivação		Demonstra satisfação com o trabalho (entusiasmo)
Levanta o moral do grupo		Apresenta postura de aceitação (nos gestos e na fala)

10. Orientação para Resultados

Capacidade de trabalhar sob a orientação de objetivos e metas, focando os resultados a alcançar.

Habilidades	Conhecimento	Atitudes
Atua de acordo com os planos	Sobre o negócio	Valoriza resultados
Obtém resultados	Sobre o mercado	Enxerga-se como dono do negócio
Mantém padrão de qualidade em seu trabalho	A respeito das ferramentas de gestão disponíveis na empresa	Apresenta posturas que indicam seu comprometimento com resultados
Cumpre metas	Acerca dos processos de trabalho	Mantém o foco nas metas e nos resultados
Persegue objetivos		
Analisa contextos, identificando indicadores favoráveis a resultados		

11. Planejamento e Organização

Capacidade para planejar as ações para o trabalho, atingindo resultados por meio do estabelecimento de prioridades, metas tangíveis, mensuráveis e dentro de critérios de desempenho válidos.

Habilidades	Conhecimento	Atitudes
Analisa contextos de forma objetiva, lógica e correta	Básicos sobre planejamento tático e operacional	Valoriza o planejamento
Estabelece objetivos e monta estratégias para colocar os planos em ação	Outros: técnicas de reunião, uso da agenda (de papel e eletrônica), informática	Demonstra gosto pela organização do local onde trabalha
Define com propriedade metas que sejam mensuráveis e atingíveis		Busca informações sobre recursos disponíveis
Usa instrumentos de acompanhamento (monitoramento de resultados por intermédio de gráficos, ferramentas, controles visuais etc.)		Valoriza planos e estratégias
Define padrões de desempenho com lógica		Prioriza o planejamento antes da ação
Realinha metas quando estas vão em direção contrária aos objetivos da organização		Demonstra assumir compromissos com as metas traçadas
Identifica e corrige desvios em tempo hábil		
Obtém resultados dentro dos prazos estabelecidos		
Avalia o que é urgente e importante		
Administra o tempo		

12. Relacionamento Interpessoal

Habilidade para interagir com as pessoas de forma empática, inclusive diante de situações conflitantes, demonstrando atitudes assertivas, comportamento maduro e não combativo.

Habilidades	Conhecimento	Atitudes
É agradável nos contatos e angaria a simpatia do grupo	Acerca da dinâmica e do funcionamento dos grupos	Mantém bom relacionamento com equipe, usuários e fornecedores
Contorna situações conflitantes com propriedade e flexibilidade	Sobre princípios da inteligência emocional	Demonstra comportamentos não combativos
Interage com as pessoas de maneira espontânea		É bem humorado
Estabelece clima de confiança		É receptivo (a) à aproximação das pessoas
Mantém bom relacionamento		Mostra-se disponível para ajudar e cooperar com os grupos
Consegue a colaboração e o respeito das pessoas de sua equipe		Reage de forma educada às provocações
		Nas discussões, adota postura de escuta e de interesse pelo que os outros falam
		Quando se dirige às pessoas, age com flexibilidade e empatia

13. Tomada de Decisão

Capacidade para selecionar alternativas de forma sistematizada e perspicaz, obtendo e implementando soluções adequadas diante de problemas identificados, considerando limites e riscos.

Habilidades	Conhecimento	Atitudes
Toma decisões relativamente rápidas visando à melhoria contínua	A respeito do próprio trabalho	Pensa e pondera antes de agir
Enfrenta situações arriscadas com assertividade e responsabilidade	Sobre sistemas gerenciais que envolvem a decisão	Considera o contexto que envolve a decisão (Cenários, tendências, variáveis, indicadores etc.)
Analisa o contexto da tomada de decisão calculando os riscos	Acerca de metodologias para a solução de problemas e tomada de decisão	Demonstra bom senso e segurança
Toma decisões orientadas para os clientes internos e externos		Demonstra autoconfiança
Consegue argumentar e convencer as pessoas em relação à pertinência da decisão (capacidade de persuasão)		Gosta de desafios e enfrenta riscos com tranquilidade
Adota métodos e critérios específicos para tomar decisões		Assume as responsabilidades pelas decisões tomadas
Percebe quando o emocional está interferindo nas decisões		Estimula o debate, evitando colocar-se como o dono da verdade
		Demonstra não se deixar levar pelas emoções em situações de tensão
		Demonstra possuir valores construtivos, tais como ética, honestidade e justiça

14. Trabalho em Equipe

Capacidade para desenvolver ações compartilhadas, catalisando esforços por meio da cooperação mútua.

Habilidades	Conhecimento	Atitudes
Obtém a colaboração, a participação e o comprometimento do grupo na busca de resultados	Sobre a dinâmica e a estrutura de funcionamento dos grupos	Demonstra disponibilidade para ajudar os outros
Participa ativamente dos trabalhos, deixando espaço para a participação dos demais	A respeito das técnicas de comunicação e do relacionamento humano	Respeita os pontos de vista das pessoas e as diferenças individuais
Avalia sua participação e também do restante do grupo, considerando os resultados esperados		Sabe expor seus pontos de vista sem desvalorizar os dos outros
Descontrai o ambiente e preserva o humor mesmo diante de dificuldades		Coloca-se no lugar do outro e compreende eventuais dificuldades (empatia)
Integra novos membros na equipe		Busca a colaboração/ comprometimento do grupo em prol de objetivos comuns
		Tem interesse pela coesão do grupo
		É aberto às opiniões alheias
		Acredita no comprometimento/ colaboração para o andamento dos trabalhos
		Tem transparência de atitudes/ ética

15. Visão Sistêmica

Capacidade para perceber a interação e a interdependência das partes que compõem o todo, visualizando tendências e possíveis ações capazes de influenciar o futuro.

Habilidades	Conhecimento	Atitudes
Percebe a inter-relação das partes	Informações do mercado	Demonstra interesse e curiosidade pelos negócios, clientes e mercado
Visualiza perspectivas para os negócios	A respeito da cultura e da política da empresa/instituição	Instiga as pessoas a refletir sobre as oportunidades existentes
Percebe e analisa as situações, gerando informações estratégicas para os negócios antes de tomar decisões	Amplas informações acerca do próprio segmento de seu negócio	Orienta antecipadamente as pessoas sobre os riscos e oportunidades no contexto global
Estabelece interface de negócios entre a sua área e os objetivos empresariais		Valoriza os resultados macro
Acompanha mudanças e tendências de mercado		Valoriza o todo e a interdependência das áreas
Analisa ações que agregam valor ao negócio		Busca informações
Analisa e seleciona informações, estabelecendo conexões necessárias ao desenvolvimento do trabalho		Orienta-se pela visão de longo prazo
Percebe sua posição na cadeia dos processos internos e as consequências das ações tomadas		

- **Tarefa 4: Estabelecimento de escala de relevância das competências por função**

Organize uma reunião com a diretoria e líderes de processos, separe o grupo por setores da empresa, apresente a relação com as competências de suporte e inicie uma discussão sobre as competências comuns para o setor e funções do setor. Solicitem que cada um apresente uma lista de pelo menos cinco competências para a função, tabular o resultado, selecionar os que se repetem e estabelecer pesos de acordo com o grau de importância para a missão do setor.

TABELA SUGESTIVA DE ESTABELECIMENTO DE ESCALA DE RELEVÂNCIA:

Nº de indicações	Percentual
1	12,5
2	25
3	37,5
4	50
5	62,5
6	75
7	87,5
8	100

Fonte: Gramigna (2007).

Gramigna (2007) sugere que sejam definidas de cinco a seis competências comuns por grupo. É interessante que se estabeleça pesos para as competências comuns estabelecidas em função da importância no cumprimento da missão do setor, como exemplo:

Peso	*Status* de Importância
3	Muito importante
2	Importante
1	Pouco importante
0	Não é importante

Fonte: Gramigna (2007).

Exemplo:

COMPETÊNCIAS DO DIRETOR EXECUTIVO		PESOS
COMUNS	Comunicação e Interação	3
	Planejamento, organização e execução	2
	Relacionamento Interpessoal	3
	Criatividade e Inovação	2
	Liderança	3
	Tomada de Decisão	2
	Visão Sistêmica	1

Fonte: Gramigna (2007).

Para analisar é necessário pensar em relação à *quantidade* de importância.

2º Passo: Valorização e Reconhecimento das Pessoas

Com a informação de quais competências são necessárias para conduzir os processos é necessário verificar a situação de cada colaborador em relação ao perfil desejado e montar um banco de talentos.

O banco de talentos vai proporcionar a identificação do potencial da equipe e dos indivíduos, irá tornar mais precisa as necessidades de treinamento e capacitação, facilitará realocação de talentos em funções e tarefas adequadas ao potencial, além de fornecer dados para promoções futuras e projetos de sucessão.

- **Tarefa 5: Mapeamento das competências dos colaboradores**

Para o mapeamento das competências da força de trabalho deve ser organizado um evento em que sejam propostas algumas atividades – jogos empresariais – e os envolvidos devem ser avaliados de acordo com as competências comuns para o grupo. Para esta atividade é necessário a participação de observadores, que façam anotações durante as atividades.

No final das atividades faz-se uma reunião de alinhamento com o condutor do processo e os observadores que devem comparar as anotações e preparar relatório para fazer *feedback* com o avaliado.

Em um ambiente adequado (privativo) os observadores devem dar o *feedback*, individualmente, para todos, as observações anotadas e os avaliados devem assinar o relatório de competências com as anotações necessárias.

- **Tarefa 6: Organização do banco de talentos**

Montar um banco de dados com todos da força de trabalho e as competências encontradas e as necessárias de desenvolvimento.

3º Passo: Desenvolvimento de Competências

A oportunidade de melhoria está nessa fase em que o empresário tem a oportunidade de desenvolver sua equipe justamente no que ela precisa.

- **Tarefa 7: Controle de Competências Essenciais e Profissionais**

Utilize um controle para registro e análise das Competências Necessárias X Competências Existentes x Competências a Desenvolver, sugerimos o formulário a seguir:

Suporte para Plano de Treinamento e Capacitação			
Colaborador:			Data da avaliação:
Competência essencial necessária	Competência essencial existente	Competência profissional atual	Competência profissional a desenvolver (Gap ou lacuna)

Fonte: Souza e Valle, baseado em Gramigna (2007).

- **Tarefa 8: Plano de Desenvolvimento por Competências**

Baseado no Controle de Competências Essenciais e Profissionais, monte um plano de desenvolvimento de competências. Para isso, analise no banco de talentos as competências que precisam ser adquiridas e pesquisar no mercado a oferta de cursos, treinamentos, capacitações que podem atender a necessidade.

Para montar este plano é de relevante importância a participação do colaborador, e para firmar parceria e o comprometimento do colaborador solicite que preencha o formulário a seguir:

Escolha três competências que atualmente você precisa desenvolver. Em seguida, sugira as três ações que podem contribuir para o desenvolvimento dessas competências
1 – Competência:
2 – Competência:
3 – Competência:
Ações de aprendizagem continuada: ☐ Participar de seminários/ palestras temáticas ☐ Engajar-se em grupos de estudo ☐ Participar de cursos específicos ☐ Realizar leituras orientadas ☐ Participar de reuniões ☐ Visitar outras áreas da empresa ☐ Visitar outras empresas do mercado ☐ Receber orientação profissional ☐ Fazer parte de projetos ou times de trabalho ☐ Participar de programas corporativos ☐ Outras gestões..

Avaliação e Gestão de Desempenho

Existem no ambiente organizacional diversas formas de avaliar o desempenho que estão descritas em literatura passíveis de serem analisadas e postas em prática. Independente da metodologia de avaliação escolhida deve-se oferecer antes a oportunidade de desenvolvimento para os colaboradores. Sugere-se um espaço de pelo menos seis meses entre a formação do banco de talentos e a aplicação da avaliação. A seguir demonstramos uma dinâmica de avaliação e seu impacto na satisfação ou insatisfação do colaborador:

Processo Motivacional

Desempenho → Recompensas Econômicas Sociais Psicológicas → Percepção de equidade justas injustas → Satisfação ou insatisfação

Esforço ← Envolvimento maior ou menor

Fonte: Souza, Mattos, Sardinha e Alves (2005:111)

Reforçando o modelo apresentado anteriormente, Souza, Mattos, Sardinha e Alves (2005) disseram: "Nas organizações, a satisfação das pessoas está diretamente vinculada ao *feedback* do desempenho obtido."[12] O modelo de avaliação de desempenho que proporciona o maior evento de *feedback* é a avaliação 360º, cujo objetivo principal é promover o desenvolvimento das pessoas. Consiste em um processo no qual os participantes fazem uma autoavaliação e recebem simultaneamente *feedbacks* estruturados de seus superiores, pares, subordinados. Proporciona uma análise sistemática do desempenho do profissional em função das atividades que realiza, das metas estabelecidas, dos resultados alcançados e do seu potencial de desenvolvimento.

Gramigna (2007) apresenta sete passos para a implantação da avaliação em rede:

1. **A capacitação vem antes da avaliação.** Antes de implantar o processo, a empresa oferece oportunidades de desenvolvimento aos empregados. Sugere-se um espaço de pelo menos seis meses entre a formação do banco de talentos, que também

é um processo avaliativo, e a avaliação em rede. Nesse espaço de tempo acontecem a capacitação e as ações de desenvolvimento aconselhamento e acompanhamento.
2. **A avaliação ocorre no cotidiano.** Na elaboração dos instrumentos de avaliação constam as competências definidas no perfil e outros indicadores de desempenho que só são passíveis de mensuração no cotidiano empresarial. Atendimento a prazos, ética no trabalho e comprometimento com resultados são, por exemplo, indicadores de difícil avaliação na fase do banco de talentos, pois dependem da observação direta na função e da convivência diária.
3. **Sensibilizar para avaliar.** A sensibilização de toda a empresa para essa nova fase é condição essencial para a aceitação e o envolvimento de todos no projeto. As estratégias variam de palestras a reuniões de trabalho.
4. **Projeto piloto.** A realização de um projeto-piloto auxilia no realinhamento da ferramenta e no enriquecimento de seu conteúdo. É recomendável institucionalizar o processo somente após a realização de algumas redes de teste.
5. **Feedback da avaliação.** Uma entrevista de retorno é fator de credibilidade e de estímulo à motivação dos colaboradores. Preparar e garantir um número de profissionais para conduzir essa fase é papel da área de Gestão com Pessoas.
6. **Informatização dos dados.** Uma base de dados informatizada permite o acompanhamento e o controle do processo durante a implantação e depois, durante as entrevistas de retorno.
7. **Processo natural da avaliação em rede.** Após a sistematização e institucionalização do projeto, as redes funcionarão naturalmente, com o apoio e o gerenciamento da área de recursos humanos.

No site a seguir encontramos orientações práticas de como trabalhar com a avaliação 360º: http://www.administradores.com.br/informe-se/artigos/implantando-avaliacao-360-graus/21555/. É possível garimpar na internet alguns modelos de avaliações interessantes. Sugerimos alguns outros sites:

- http://guiadeteresina.files.wordpress.com/2008/06/modelo-av10206.pdf
- http://equestiona.com/cliente/P.aspx?SurveyID=96KM7o70
- http://pt.scribd.com/doc/6089583/Avaliacao-de-Desempenho-360-Graus

Considerações Finais

As Micro e Pequenas Empresas podem perfeitamente adotar e implantar o modelo de Gestão de Talentos e Gestão por Competências. Para isso necessita definir a sua Estratégia de ação, construir o seu Planejamento Estratégico e desdobrá-lo em Objetivos, Indicadores, Metas, Projetos, Tarefas, Atividades, e em Planilhas de Apoio com a descrição do Que, do Como, do Quem, do Onde, do Quando, do Quanto, e monitorar a execução. A partir dessas definições, a implantação de gestão por competências proporciona ganhos em melhorias nos processos, desenvolvimento da força de trabalho e satisfação do mercado.

Mas, como todo projeto inovador e estratégico se faz necessário montar um plano de trabalho para a sua implantação, considerando a importância do domínio da metodologia e a parceria com a liderança e direção. Esse plano é uma oportunidade para cada área ter seu espaço para opinar, contribuir, criticar e enriquecer o resultado final.

Na leitura das necessidades e oportunidades do mercado, a empresa poderá perceber as competências essenciais ou organizacionais que necessita para dar conta de competir ou inovar para suprir as necessidades e/ou aproveitar as oportunidades. A partir das competências essenciais que necessita ter para se manter e crescer, a empresa irá mapear as competências profissionais que necessita, definir as funções de trabalho com base nessas competências e avaliar o grau de competências que os atuais colaboradores possuem para preencher essas funções. O resultado do mapeamento das competências e da avaliação pode ser demonstrado através de gráficos que devem ser partilhados com os interessados para que o colaborador possa se comprometer em se desenvolver.

A organização com o resultado desse trabalho terá dados de quem são os talentos (alto potencial e desempenho correspondente ao esperado), os futuros talentos (alto potencial e desempenho abaixo do esperado), mantenedores (potencial abaixo do esperado e bom desempenho) e os abaixo da média (baixo potencial e baixo desempenho), possibilitando investir em desenvolvimento para o grupo que dará retorno.

O desafio está posto. Ouse inovar em sua Micro ou Pequena Empresa, experimente fazer melhor. É melhor tentar, falhar (ou acertar) e aprender, do que continuar na mesmice, amargando prejuízos e invejando os ousados. Como escreveu Millôr: "Como são admiráveis essas pessoas que conseguem atravessar a vida sem fazer nada de admirável!" Tente, se arrisque a fazer melhor e levar sua empresa a ter as pessoas e equipes mais competentes do mundo. Sucesso rumo ao seu sucesso.

Atividades E Exercícios

1. Faça as Tarefas indicadas neste o capítulo (Tarefas 1 a 8) e depois elabore um pequeno projeto ou agenda para acompanhar o desenvolvimento das competências em sua organização.

Palavras-Chave: competências, gestão por competências, desenvolvimento de competências, desempenho, avaliação de desempenho.

Referências

[1] RESENDE, Enio. **O livro das competências**. Desenvolvimento das competências: a melhor autoajuda para pessoas, organizações e sociedade. Rio de Janeiro: Qualitymark, 2000.
[2] HERRERO, Emílio. **Balanced Scorecard e a Gestão Estratégica** – uma abordagem prática. 8. ed. Rio de Janeiro: Campus, 2005.
[3] KIM, W. Chaw.; MAUBORGNE, Renée. **A estratégia do oceano azul** – como criar novos mercados e tornar a concorrência irrelevante. 19. ed. Rio de Janeiro: Campus/Symnetics, 2005.
[4] FLEURY, Afonso. FLEURY, Maria Tereza Leme. **Estratégias empresariais e formação de competências**. Um quebra-cabeça caleidoscópio da indústria brasileira. 2. ed. São Paulo: Atlas, 2001.
[5] SKINNER, Wickham. **Manage People, Not Personnel**. Harvard Business Review. In Predictive Index. Arquitetura Humana. São Paulo: 2006.
[6] GRAMIGNA, Maria Rita. **Modelo de competências e gestão dos talentos**. 2 ed. São Paulo: Pearson Prentice Hall, 2007.
[7] FITZ-ENZ, Jac. **Retorno do investimento em capital humano** – medindo o valor econômico do desempenho dos funcionários. São Paulo: Makron Books, 2001.
[8] DUTRA, Joel Souza. **Gestão de pessoas** – modelo, processos, tendências e perspectivas. São Paulo: Atlas, 2006.
[9] BRANDÃO, Hugo Pena. BORGES-ANDRADE, Jairo Eduardo. **Causas e efeitos da expressão de competências no trabalho**: para entender melhor a noção de competência. RAM – Revista de Administração Mackenzie. V. 8, N. 3, 2007, p. 32-49.
[10] RAMPERSAD, Hubert. **O DNA da sua marca pessoal** – um novo caminho para construir e alinhar uma marca vencedora. Rio de Janeiro: Campus, 2008.

[11] LEME, Rogério. **Aplicação prática de gestão de pessoas**: mapeamento, treinamento, seleção, avaliação e mensuração de resultados de treinamento. Rio de Janeiro: Qualitymark, 2005.

[12] MOURA, Ana Rita de Macedo. CARVALHO, Maria do Carmo Nacif de. **Libere sua competência**: transformando angústia existencial em energia motivacional e produtividade. Rio de Janeiro: Qualitymark/ABRH Nacional,1999.

[13] SOUZA, Vera Lucia de. MATTOS, Irene Badaró. SARDINHA, Regina Lúcia Lemos Leite. ALVES, Rodolfo Carlos Souza. **Gestão de desempenho**. Reimpressão. Rio de Janeiro: FGV, 2005.

[14] FERNANDES, Millôr. **Artes & Espetáculos**. Veja. Edição 2263. São Paulo: Abril, 2012.

Cargos e Salários e Sistema de Remuneração Estratégica

MARCELO ANTONIO TREFF

*À medida que o sistema de remuneração é alinhado
ao contexto e à estratégia da organização,
constitui um componente de motivação
e harmonização de interesses...*
João Pereira Filho e Thomaz Wood Jr.

Palavras-chave: remuneração, avaliação de cargos, política salarial.

INTRODUÇÃO

Historicamente, a administração salarial sempre foi concebida como uma atividade crítica no contexto das organizações, em virtude da falta de sistematização das estruturas de remuneração, e em virtude da consequente falta de compreensão dos trabalhadores para com os métodos utilizados pelas empresas. E, embora se remunere pessoas desde os primórdios do sistema capitalista de produção, a sistematização da administração salarial surgiu somente depois da Primeira Guerra Mundial, sobretudo durante a década de 20, período que marca o aumento da complexidade no ambiente organizacional, concomitante ao crescimento das corporações (HIPÓLITO, 2002).

Outro complicador histórico é a crença de que todas as atividades da área de recursos humanos, em especial as relacionadas à remuneração, são sigilosas e devem ser mantidas sob um absoluto sistema de segurança, evitando assim o acesso a informações confidenciais.

Há evidências da vinculação histórica dos sistemas de remuneração tradicional com os princípios tayloristas-fordistas de produção: a divisão do trabalho; o controle excessivo; a especialização; a separação fazer/pensar e a ênfase no aumento da eficiência, visto que, esperava-se dos trabalhadores a "fiel" reprodução de um conjunto de tarefas rotineiras focadas no cargo e, quanto melhor e mais rápido o fizessem, mais estariam contribuindo para o sucesso organizacional (HIPÓLITO, 2002 e 2006; ALBUQUERQUE, 1992; MARRAS, 2011).

A partir da abertura comercial de 1990 e da consequente intensificação da competição em alguns segmentos, muitas empresas se viram obrigadas a rever seus sistemas de remuneração, a fim de transformá-los em importante ferramenta gerencial de atração e retenção de talentos.

1. Cargos e Salários

Em pleno século XXI, apesar do aumento da competição e em decorrência da evolução nos sistemas de remuneração, muitas empresas, sobretudo as PMEs, continuam remunerando pessoas com base em sistemas de administração salarial alicerçado em cargos, o chamado modelo funcional. Isso se dá porque, em muitos casos, as atividades estão alinhadas à necessidade de reprodução de uma série de procedimentos previamente definidos. No entanto:

> ...à medida que as organizações mudam (ou são pressionadas a mudar) e passam a utilizar seus profissionais de outra forma, com muito mais flexibilidade, autonomia e delegação de responsabilidades, cai por terra a base de sustentação dos sistemas funcionais de remuneração (HIPÓLITO, 2002, p. 90).

Para as PMEs, que mantêm sistemas funcionais de remuneração em descompasso com a realidade organizacional, em termos de expectativas dos profissionais, Emerson aponta uma série de restrições, tais como:

> a. Inflexibilidade, reduzindo a agilidade da organização para acompanhar as mudanças internas e do mercado de trabalho.
> b. Desalinhamento em relação aos objetivos estratégicos da empresa, por ser definido a partir de configurações organizacionais momentâneas.
> c. Inviabilidade de descentralizar as decisões de recompensa para os gestores, uma vez que os critérios utilizados na maior parte das vezes são complexos e restritos à área de compensação.
> d. Alto custo de atualização do sistema, típico da utilização de métodos comparativos (HIPÓLITO, 2002, p. 90).

Ao se estabelecer *a priori*, as atividades pelas quais cada profissional é responsável, define-se seu espaço de atuação na organização e, portanto, o valor agregado pelo seu trabalho. Assim, o que se estabelecia na descrição de cargo passava a ser o parâmetro para a determinação da recompensa.

Por **cargo** entende-se o conjunto de atividades a ser desempenhada por uma (ou mais) pessoa (s), em uma determinada área e/ou seção de uma organização.

Já **descrição de cargo** é o processo que sistematiza, padroniza e descreve, por meio de estudo, observação e redação, os elementos, especificações e características que compõem o perfil de um cargo, a partir das informações coletadas. Pode-se bem compreender, também, pela organização das tarefas e atividades, com respectivas qualificações/ exigências necessárias para o bom desempenho das mesmas.

Importante ressaltar que um "formulário de descrição de cargo" pode conter os métodos de trabalho, as relações estabelecidas na estrutura organizacional, além dos requisitos mentais e físicos, as responsabilidades e as condições de trabalho, conforme modelo que segue.

Formulário de Descrição do Cargo[1]

Divisão/Departamento	RECURSOS HUMANOS
Local	SÃO PAULO
Cargo	ASSISTENTE FINANCEIRO

Gerente	JOÃO B. CAMARGO	Cargo	GERENTE FINANCEIRO
Nível/ Graduação		Tipo de emprego: Horário integral Meio-expediente Fornecedor Estagiário	Horas_____ / semana Isento Não isento

Descrição Geral

1. Emite extratos bancários diários, utilizando senhas, e distribui para a equipe.

2. Executa a cobrança diretamente aos clientes e/ou representantes, com base nos controles do sistema e bancos, das cobranças amigáveis iniciais até a fase de pós-cartório. Transmite para o setor jurídico os casos de inadimplência e acompanha os processos.

3. Faz a inserção de descontos concedidos a clientes no banco, utilizando senha bancária, de acordo com orientações do setor comercial e da gerência financeira. Faz o desmembramento ou prorrogação de datas dos títulos renegociados, conforme definido pelo comercial.

4. Faz a transferência de títulos entre carteiras, de acordo com as classificações: cobrança cheque, protestos, devolução etc.

5. Faz o fechamento de comissões de representantes, com base em relatório do sistema. Faz verificação da correção dos mesmos, dá o valor final de cada representante e notifica os setores responsáveis dos valores das notas-fiscais.

6. Administra a carteira de devoluções, analisando quais as melhores condições de abatimento de títulos a serem pagos. Em caso de não disponibilidade de títulos a serem compensados, mantém contato com o cliente para obter dados bancários para o ressarcimento.

7. Controla títulos via depósito bancário com pagamentos à vista, extraindo relatórios diários de pagamentos. Monitora os depósitos por meio de contatos com o setor comercial.

Requisitos de experiência profissional

1. experiência de pelo menos dois anos em área financeira

2. pacote *office*

3. *microsiga* módulo financeiro (desejável)

---

[1] Informações meramente ilustrativas.

Divisão/Departamento	RECURSOS HUMANOS		
Local	SÃO PAULO		
Cargo	ASSISTENTE FINANCEIRO		
Gerente	JOÃO B. CAMARGO	Cargo	GERENTE FINANCEIRO

Requisitos educacionais

1. superior cursando (desejável)
2. inglês intermediário
3. rotinas financeiras: cálculos financeiros básicos (juros, taxas etc.)

DATA DE PUBLICAÇÃO	
DATA DE CONTRATAÇÃO	

Descrever um cargo é uma atividade muito importante no processo de definição da política salarial e se faz mediante: a relação do que o ocupante faz; como faz; sob quais condições faz e por que faz, conforme mostra a Figura 1.

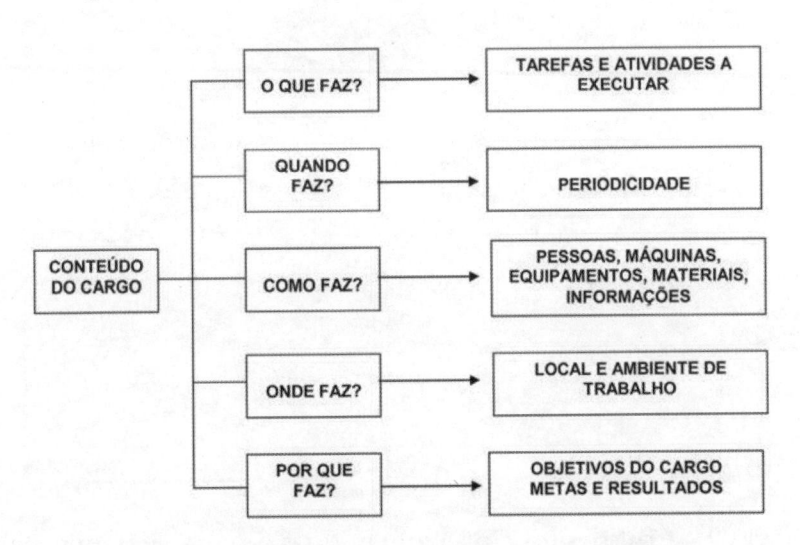

FIGURA 1: O CONTEÚDO DO CARGO SEGUNDO A DESCRIÇÃO DE CARGOS.
Fonte: Adaptado de Chiavenato (2008, p. 218).

1.1 Plano de Compensação

Por Plano de Compensação entende-se a efetivação do "planejamento de recompensas", resultante do agrupamento de informações coletadas por meio de levantamentos sistematizados e hierarquizados, conforme demonstrado a seguir:

- **ANÁLISE DE CARGOS** – consiste em reunir e organizar as informações-base para a Avaliação dos Cargos.
- **DESCRIÇÃO DE CARGOS** – enumeração das tarefas ou atribuições e requisitos que compõem um cargo (o que faz, como faz e por que faz).
- **AVALIAÇÃO DE CARGOS** – mensuração do valor relativo do cargo dentro da organização, a partir de critérios e metodologias adotados pela empresa.

As informações coletadas nessas etapas do sistema de recompensas culminarão na Política Salarial (Apêndice I), estabelecendo um importante instrumento que deverá nortear todas as ações organizações envolvendo salários e benefícios, conforme mostra a Figura 2.

FIGURA 2 – COMPONENTES E RESULTADO DE UM PLANO DE CARGOS E SALÁRIOS.
Fonte: Hanashiro, Teixeira e Zacarelli (2008).

O "planejamento de recompensas" tem como principal objetivo sistematizar e formalizar a "estrutura de remuneração" da empresa, a fim de estabelecer "equilíbrio interno e equilíbrio externo". E tem, ainda, os seguintes objetivos:

- Manter a equidade dos salários.
- Atrair e manter talentos.
- Recompensar o desempenho.
- Vincular o futuro desempenho das pessoas às metas organizacionais.
- Estimular o comportamento para a realização de metas/objetivos.

Por "equilíbrio interno" compreende-se a manutenção da equidade,[2] coerência e igualdade na composição dos salários, ao ponto de os colaboradores perceberem e aceitarem as reais diferenças entre o valor relativo dos cargos dentro da própria empresa, visando estabelecer uma "consistência interna". Por "equilíbrio externo" entende-se o reconhecimento e a aceitação, por parte dos colaboradores, da estrutura salarial como coerente diante dos mesmos conjuntos de cargos, de outras empresas do mesmo segmento ou de segmentos afins, e do mesmo porte, visando estabelecer "competitividade externa", conforme demonstrado no Quadro 1.

Consistência Interna	Competitividade Externa
• Adequada avaliação de Cargos de forma a manter uma hierarquia, visto que, na maioria das vezes, a insatisfação com a remuneração advém da diferença da remuneração entre cargos e pessoas.	• Adequação salarial frente ao Mercado de Trabalho (segmento).
• Análise, avaliação e classificação de cargos.	• Pesquisa salarial

Quadro 1 – Equilíbrio Interno e Equilíbrio Externo.
Fonte: Elaborado pelo autor.

---

[2] Sobre **Isonomia Salarial**, a CLT, em seu artigo 461 aponta que "sendo idêntica a função, a todo trabalho de igual valor, prestado ao mesmo empregador, na mesma localidade, corresponderá igual salário, sem distinção de sexo, nacionalidade ou idade".

A fim de garantir a "consistência interna" e a "competitividade externa", os gestores devem utilizar os chamados "métodos de avaliação de cargos". Esses métodos têm como objetivo estabelecer o valor relativo de um cargo comparativamente a outro cargo, na mesma organização, culminando, dessa forma, numa "hierarquia de cargos", minimizando, assim, as arbitrariedades.

Existe mais de um modelo de Avaliação de Cargos e a escolha deverá ser feita a partir da análise, pela organização, das reais necessidades em termos de estrutura salarial. Podem-se dividir os modelos em dois grupos: "métodos não quantitativos" e "métodos quantitativos".

O primeiro passo, em um sistema de avaliação de cargos, deve ser a formação de um "comitê", composto por pessoas-chave da empresa; é desejável, sobretudo, o envolvimento de membros da alta administração e, se possível, a participação de um especialista em remuneração, para que todo o processo ganhe credibilidade e, evidentemente, aceitação posterior da maioria. Os mais utilizados são:

1.1.1 Métodos Não Quantitativos

Nesses métodos, os cargos-chave são comparados aos pares, um diante do outro, culminando em uma hierarquização. Os métodos dividem-se em:

a) **Escalonamento Simples** – permite a hierarquização a partir da tomada de decisão do Comitê, após avaliação e análise de cargos-chave. É o método mais simples, porém, bastante subjetivo.

Como um dos mais referenciados autores no assunto, Benedito R. Pontes (2006) afirma que o método "escalonamento simples" permite a hierarquização dos cargos, avaliando-os de forma abrangente, em função da complexidade das atividades. Para Pontes (2006, p. 175), "é o método mais simples de avaliar cargos".

b) Comparação Binária – os cargos-chave são comparados pelo comitê aos pares, de forma que cada cargo seja analisado e avaliado perante outro, resultando, assim, em uma hierarquização.

Segundo Pontes (2006), para facilitar o processo, comumente é utilizada a tabela de dupla entrada, mostrada no Quadro 2. Na sequência, afirma o autor, "de posse da tabela, cada avaliador compara os cargos das linhas com os cargos das colunas, procurando estimar aquele de maior peso, registrando-o com o sinal (+)" (PONTES, 2006, p. 76).

Quando na comparação, o cargo da linha for inferior ao do cargo da coluna, aquele recebe o sinal (-). Terminada a comparação dos pares, somam-se os sinais obtidos por cada cargo nas linhas e adiciona-se 1, resultando no escalonamento ou grau.

	Auxiliar Administrativo	Assistente de Recursos Humanos	Analista de Sistemas	Analista Contábil	Analista Financeiro	Analista de Marketing	Analista de Custos	Adição de 1	Escalonamento
Auxiliar Administrativo								+1	
Assistente de Recursos Humanos								+1	
Analista de Sistemas								+1	
Analista Contábil								+1	
Analista Financeiro								+1	
Analista de Marketing								+1	
Analista de Custos								+1	

QUADRO 2 – MÉTODO DE COMPARAÇÃO BINÁRIA.
Fonte: Elaborado pelo autor.

1.1.1 Métodos Quantitativos

Na visão de vários autores como Albuquerque (1992); Hipólito (2002); Pontes (2006) e Marras (2011), os métodos quantitativos são, em geral, os mais utilizados pelas empresas, por ser reconhecidamente mais objetivos, mais analíticos, precisos e de fácil aplicação. Além disso, tendem a ter maior adesão do corpo de colaboradores, por serem menos subjetivos. Em especial o "método baseado em pontos".

a) Método de Avaliação por Pontos – Avaliação de cargos mediante atribuição de pontos com base em valoração de fatores predefinidos pelo Comitê, com foco no negócio. Segundo Pontes (2006, p. 195), "os fatores constituirão "réguas" de avaliação que permitirão mensurar as múltiplas dimensões de cada cargo".

a. Esse método é constituído de várias etapas, tais como:
b. Escolha dos fatores
c. Atribuição de peso aos fatores
d. Seleção de cargos-chave
e. Avaliação de cargos-chave
f. Ponderação dos fatores de avaliação
g. Determinação das faixas salariais

A "escolha dos fatores" de avaliação deve ser realizada pelo comitê e deve refletir as reais necessidades da empresa, em termos de eficiência e eficácia. Para Marras (2011, p. 86), "não há um número ideal exato de fatores nem fatores específicos predeterminados a sugerir".

> Cada empresa possui as suas peculiaridades e especificidades próprias, contudo, como informação podermos afirmar que a maioria dos planos de avaliação de cargos contempla um conjunto que varia entre um mínimo de cinco e em máximo de dez fatores (MARRAS, 2011, p. 86).

Em suma, o mais importante ao se definir os fatores é o foco no negócio, nas competências essenciais da empresa (core competencies)[3] e nas competências individuais.

Corroborando com a perspectiva de foco no negócio, Pontes (2006, p. 196), entende que:

> A escolha dos fatores de avaliação requer uma análise acurada, uma vez que são escolhidos aqueles comuns à maioria dos cargos, de certo plano, mas que, ao mesmo tempo, sirvam para diferenciar as peculiaridades de cada um dos cargos avaliados.

---

[3] Hamel e Prahalad (1995) definem uma core competence, como uma combinação de tecnologias individuais e habilidades de produção que possibilitam a uma empresa sustentar uma variada linha de produtos. O domínio de um determinado conjunto de core competencies irá definir em quais produtos a empresa pode buscar participação no mercado com possibilidade de sucesso. As core competencies agem não só restringindo, mas também focalizando o horizonte de atuação competitiva da empresa, adicionando à questão das decisões de diversificação uma nova dimensão de análise.

Para esse autor, a graduação dos fatores de avaliação determina a extensão da mensuração do fator, necessária para que possam ser avaliadas as diferentes exigências de cada cargo, conforme o Quadro 3:

FATOR 1: Escolaridade

A	Segundo grau completo
B	Técnico de nível médio completo (Contabilidade, Química, Proces. de Dados etc.)
C	Superior incompleto
D	Superior completo
E	MBA / Especialização *Lato Sensu* / *Stricto Sensu*

FATOR 2: Experiência (na carreira)

A	Vivência prática de até 6 meses.
B	Vivência prática superior a 6 meses até 1 ano.
C	Vivência prática superior a 1 ano até 2 anos.
D	Vivência prática superior a 3 anos até 4 anos.
E	Vivência prática superior a 4 anos até 6 anos.
F	Vivência prática superior a 6 anos até 8 anos.

FATOR 3: Idiomas

A	Noções
B	Bons conhecimentos (L/E/C)
C	Fluência

FATOR 4: Perfil Profissional

A	Perfil comum que demanda algumas habilidades técnicas, mas que se encontra no mercado com facilidade.
B	Perfil diferenciado, com habilidades técnicas em um campo especializado de atuação, nem sempre disponível no mercado.
C	Perfil diferenciado, com uma acentuada habilidade técnica em um campo especializado de atuação, pouco disponível no mercado.

FATOR 5: Perfil de Comando

A	Ocupante que não exerce posição de comando, apenas em nível de execução e liderança técnica.
B	Ocupante em início da carreira de chefia, com habilidade para responder por estruturas simples, envolvidas diretamente com nível de execução, onde as técnicas gerenciais são praticamente indispensáveis.
C	Ocupante já iniciado na carreira de chefia, capaz de responder por estruturas simples, onde as técnicas gerenciais já têm alguma aplicação, embora de modo incipiente.
D	Ocupante consolidado na carreira de chefia, capaz de responder por estruturas de médio porte e complexas, onde as técnicas gerenciais são correntemente necessárias.
E	Ocupante amplamente consolidado na carreira de chefia, com grande habilidade, capaz de responder por grandes e complexas estruturas, onde as técnicas gerenciais são estrategicamente imprescindíveis.

FATOR 6: Complexidade

Considera a complexidade no desenvolvimento das soluções/atividades do cargo, bem como o grau de autonomia do mesmo.

A	O cargo apresenta situações e trabalhos rotineiros, bem cobertos por precedentes e referenciais, que requerem apenas cuidado e atenção para evitar erros.
B	O cargo apresenta com certa frequência, algumas situações novas com alguma complexidade, implicando análise de alternativas.
C	O cargo apresenta com bastante frequência, situações novas e complexas tendo de empregar raciocínio e estudo para encontrar soluções.
D	O cargo apresenta situações inusitadas e sem precedentes, muito complexas, que exigem o desenvolvimento de soluções inovadoras, uso de novas tecnologias, análise e parecer sobre assuntos de difícil solução.

FATOR 7: Impactos

Considerar a amplitude das ações do cargo e sua interferência nos resultados da empresa. (Patrimônio, Recursos Financeiros, Imagem, Informações, Documentos etc.)

A	As ações do cargo estão delimitadas a sua área de atuação e impactam apenas em nível interno, não interferindo nos resultados da empresa.
B	As ações do cargo estão delimitadas a sua área de atuação e impactam tanto interna quanto externamente, pouco interferindo nos resultados da empresa.
C	As ações do cargo estão na sua gerência/diretoria e impactam tanto interna quanto externamente, interferindo razoavelmente nos resultados da empresa.
D	As ações do cargo estão na sua gerência/diretoria e impactam tanto interna quanto externamente, interferindo de forma significativa nos resultados da empresa.
E	As ações do cargo afetam a empresa como um todo e impactam tanto interna quanto externamente, interferindo de forma significativa nos resultados da empresa.

Quadro 3 – Graduação de Fatores de Avaliação
Fonte: Elaborado pelo autor.

Escolhidos e aprovados os "fatores de avaliação", o passo seguinte é a determinação do peso específico de cada fator e o valor numérico correspondente. Segundo Marras (2011, p. 94):

Isso se consegue criando uma tabela de avaliação de cargos, por meio da qual será fixado o peso percentual com que cada fator contribui para o total do valor do cargo (100%) e o valor em pontos para cada um dos graus de cada fator.

Cabe ressaltar que essa distribuição de pesos (somando 100%) também deverá ser realizada pelo comitê, considerando-se o negócio da empresa, conforme mostra o Quadro 4.

Fatores	Peso	A	B	C	D	E	F
Escolaridade	18					180	
Experiência	16						160
Idioma	10			100			
Perfil Profissional	17			17			
Perfil Comando	14					140	
Complexidade	12				120		
Impactos	13					130	

QUADRO 4 – DISTRIBUIÇÃO DE PESOS AOS FATORES.
Fonte: Adaptado de Marras (2011, p. 97).

Para a elaboração do quadro que norteará a "avaliação de cargos", inicia-se fixando a amplitude do primeiro ao último termo (quadro de fatores). O primeiro termo (A^1), representado pela letra A, repetirá o peso e o último termo (An), será dez vezes (10x) maior que o primeiro, conforme quadro anterior.

Exemplo:

Escolaridade: peso = 18
A^1 = 18
An (letra E) = 180

Para calcular os valores dos graus intermediários, entre o primeiro e o último grau de cada fator, utilizar-se-á a fórmula da PA (Progressão Aritmética). Desse modo, para encontrar a razão **(r)**, deve-se fazer uso da sequência: "o último termo de cada fator (An), menos o primeiro termo de cada fator (A¹), deverá ser dividido pelo número de termos (N) menos um", conforme esquema a seguir:

$$r = \frac{An - A^1}{N - 1}$$

Ex.: $\frac{180-18}{5-1} = 162 / 4 = 40,5$

Após encontrar a razão dos fatores, deve-se aplicar a PA, somando-se o termo à razão e o resultado da soma à razão novamente, de forma progressiva. Assim, o quadro de avaliação ficará completo, conforme Quadro 5.

Fatores	Peso	A	B	C	D	E	F	Razão
Escolaridade	18	18	58,5	99	139,5	180		40,5
Experiência	16	16	44,8	79,6	102,4	131,2	160	28,8
Idioma	10	10	55	100				45
Perfil Profissional	17	17	76,5	170				59,5
Perfil Comando	14	14	45,5	77	108,5	140		31,5
Complexidade	12	12	48	84	120			36
Impactos	13	13	42,25	71,5	100,75	130		29,25

QUADRO 5 – VALORES DOS NÍVEIS DE CADA FATOR (TABELA COMPLETA).
Fonte: Adaptado de Marras (2011, p. 98).

Definidos os valores do "quadro de avaliação", a etapa seguinte é a "avaliação dos cargos", momento em que o comitê atribui pontos aos cargos, tendo como referência a graduação dos fatores, de sorte que na coluna da direita, ao final de cada fator, se obterá um total de pontos. A partir daí, poderá se definir a "hierarquia de cargos", atribuindo-se pontos a todos os cargos de tabela, demonstrando-se, assim, o valor relativo de cada cargo na organização, conforme Quadro 6.

Fatores >>> CARGOS	Escolaridade	Experiência	Idioma	Perfil Profissional	Perfil Comando	Complexidade	Impactos	Total de Pontos
Analista Contábil	99	102,4	10	170	45,5	84	71,5	582,40
Assistente de Recursos Humanos	99	79,6	10	76,5	45,5	48	42,25	397,85
Analista de Sistemas	99	79,6	55	170	45,5	120	71,5	640,60
Auxiliar Administrativo	58,5	44,8	10	17	14	12	42,25	198,55
Analista de Custos	139,5	102,4	55	170	108,5	120	100,75	796,15
Analista Financeiro	139,5	102,4	55	170	108,5	120	100,75	796,15
Analista de Marketing	99	102,4	55	170	77	84	71,5	658,90

QUADRO 6 – ATRIBUIÇÃO DE PONTOS AOS CARGOS (VALOR RELATIVO DE CADA CARGO).
Fonte: Elaborado pelo autor.

No Quadro 7 verifica-se a "atribuição de pontos" do Analista Contábil, um dos cargos do quadro de avaliação.

Cargo: Analista Contábil		
Fatores	Graus	Pontos
Escolaridade	C	99
Experiência	D	102,4
Idioma	A	10
Perfil Profissional	C	170
Perfil Comando	B	45,5
Complexidade	B	48
Impactos	C	71,5

QUADRO 7 – EXEMPLO DE ATRIBUIÇÃO DE PONTOS AOS CARGOS.
Fonte: Adaptado de Marras (2011, p. 99).

Da mesma forma como foi elaborado o quadro de avaliação dos cargos e com base em fatores, determina-se a amplitude (1–10) e aplica-se novamente a fórmula da PA, para o cálculo de faixa, por pontos, conforme exemplo a seguir. Respeitando-se, então, a "tabela de avaliação dos cargos", a pontuação se inicia em 100 e termina em 1000, considerando a amplitude definida pelo comitê no início do processo.

$$r = \frac{A_n - A^1}{N - 1}$$

Ex.: $\frac{1000-100}{11-1} = 900 / 10 = 90$

Realizado o cálculo de faixa, elabora-se o Quadro das Faixas Salariais, considerando-se que todos os cargos foram avaliados entre 100 e 1.000 pontos, a fim de se definir a localização dos mesmos na tabela, com as respectivas pontuações, conforme Quadro 8.

Nível	Pontos	Cargos	Tabela Salarial			
			A	B	C	D
1	100 – 190					
2	191 – 280	Auxiliar Administrativo				
3	282 - 370					
4	371 – 460	Assistente de RH.				
5	461 – 550					
6	551 – 640	Analista Contábil Analista Marketing				
7	641 – 730	Analista de Sistemas				
8	731 – 820	Analista de Custos Analista Financeiro				
9	821 – 910					
10	911 - 1000					

QUADRO 8 – FAIXAS SALARIAIS.
Fonte: Elaborado pelo autor

2. Pesquisa Salarial

Já é sabido que o "plano de compensação" visa manter o "equilíbrio interno", a fim de garantir consistência interna; e o "equilíbrio externo", de modo a manter a competitividade externa. O "primeiro" é obtido pela correta e coerente avaliação de cargos, conforme demonstrado em todas as etapas do processo de "avaliação", desde a escolha do método até a "hierarquia de cargos". Já o "segundo" deverá ser obtido por meio de "pesquisa salarial", para verificar o comportamento de outras empresas do mesmo segmento (ou segmentos afins), do mesmo porte e com cargos-chave semelhantes. Na interpretação de Marras (2008, p. 99):

> Pesquisa salarial é o instrumento gerencial que possibilita conhecer, por meio da coleta e da tabulação estatística de dados, as práticas e os valores salariais médios praticados em determinado mercado.

De posse dos dados da "pesquisa salarial" deve-se seguir a sequência normal de uma pesquisa, para que a mesma torne-se válida, a ponto de servir como parâmetro para a tomada de decisão, visto que na visão de Pontes (2006, p. 245):

A pesquisa salarial não difere das demais pesquisas e, portanto, deve conter as fases de coleta, tratamento estatístico e análise dos dados, para propiciar tomadas de decisões.

Portanto, entendendo "pesquisa salarial" como o estudo do comportamento salarial praticado em determinado segmento, por empresas de determinado porte, Pontes (2006, p. 253), observa que o instrumento deve conter as seguintes fases:

a. Seleção dos cargos a serem pesquisados.
b. Seleção das empresas participantes.
c. Preparação do Manual de Coleta de Dados.
d. Coleta de Dados.
e. Tabulação dos Dados.
f. Análise do resultado e recomendações.
g. Relatório aos participantes.

Então, realizada a pesquisa, os resultados devem ser demonstrados para posterior análise e tomada de decisão com relação à situação atual dos salários na empresa.

No Quadro 9 apresentam-se os dados informados (mercado real) e informações ajustadas a um "tempo zero" (mercado ajustado). Vale lembrar que se trata de um modelo meramente ilustrativo para o cargo de "analista contábil".

ANALISTA CONTÁBIL					
CÓDIGO EMPRESA	SALÁRIO MÉDIO AJUSTADO (R$)	FREQUÊNCIA	CÓDIGO EMPRESA	SALÁRIO MÉDIO REAL (R$)	FREQUÊNCIA
G	2.387,92	3	G	2.381,02	3
D	2.257,89	1	D	2.062,00	1
E	2.119,92	3	E	2.113,79	3
B	2.048,00	1	B	2.000,00	1
J	2.007,35	6	J	1.712,76	6
I	2.002,84	7	I	1.785,06	7
Q	1.834,46	5	Q	1.690,74	5
M	1.835,59	15	M	1.792,57	15
L	1.794,19	1	L	1.638,53	1
N	1.641,75	6	N	1.637,00	6
H	1.524,67	1	H	1.520,26	1
S	1.348,40	4	S	1.344,50	4
K	1.250,04	1	K	1.141,59	1
O	1.224,75	2	O	1.221,21	2
A	1.099,72	2	A	1.014,50	2
P	1.098,09	2	P	1.073,02	2
U	974,98	1	U	853,00	1

	800,36	Menor salário	700,10
	1.542,09	1º quartil	1.530,43

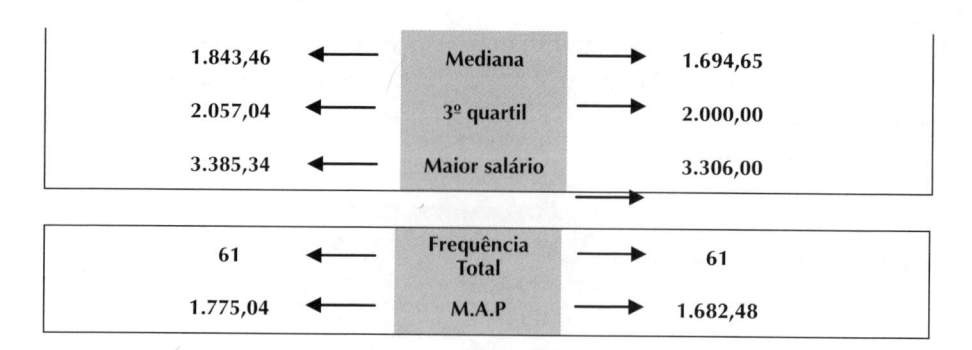

1.843,46 ←	Mediana →	1.694,65
2.057,04 ←	3º quartil →	2.000,00
3.385,34 ←	Maior salário →	3.306,00

61 ←	Frequência Total →	61
1.775,04 ←	M.A.P →	1.682,48

QUADRO 9 – MODELO DE FOLHA DE RESULTADOS DE PESQUISA SALARIAL.
Fonte: Marras (2011, p. 103).

Marras (2011, p. 104) afirma que "por mais que se realize uma análise cuidadosa dos perfis dos cargos pesquisados, haverá sempre diferenças salariais que extrapolam indevidamente os valores médios do mercado". Ocorrendo esse fenômeno, devem ser tomadas algumas medidas para que a pesquisa não seja distorcida e, consequentemente, para que os dados não sejam desperdiçados.

As medidas envolvem:

a. Maior salário da amostra
b. Menor salário da amostra
c. Mediana
d. 1º quartil
e. 3º quartil
f. Frequência total
g. Média aritmética ponderada da amostra
h. Média aritmética ponderada das empresas
i. Frequência cargo a cargo das empresas

Segundo o referido autor, esse problema pode ser eliminado trabalhando-se estatisticamente todo o universo de dados, seguindo os passos:

a. Calcular a mediana de todo o universo
b. Decidir quanto à largura de faixa que se deseja utilizar (dois desvios-padrão ou, por exemplo, 50% acima da mediana e 50% abaixo etc.).

c. Eliminar do universo inicial os salários que estão além dos limites estipulados pela faixa escolhida e iniciar, com a nova amostra, os cálculos finais de pesquisa.

Com os valores em pontos do quadro definidos (Quadro 8), devem ser igualmente definidos os valores em R$ (reais) dos salários (à direita). Para tanto, há necessidade de se utilizar os dados obtidos na Pesquisa Salarial e, a partir daí, se define o salário inicial da faixa **(A)** e, posteriormente, a amplitude **(30%)**[4], conforme Quadro 10.

Nível	Pontos	Cargos	Tabela Salarial 30%			
			A	B	C	D
1	100 – 190					
2	191 – 280	Auxiliar Administrativo	R$ 840,54			R$ 1.092,70
3	282 - 370					
4	371 – 460	Assistente de RH.	R$ 1.230,00			R$ 1.599,00
5	461 – 550		R$ 1.650,00			R$ 2.145,00
6	551 – 640	Analista Contábil/ Analista de Marketing	R$ 2.150,00			R$ 2.795,00
7	641 – 730	Analista de Sistemas	R$ 2.800,00			R$ 3.640,00
8	731 – 820	Analista de Custos Analista Financeiro	R$ 3.650,00			R$ 4.745,00
9	821 – 910					
10	911 - **1000**					

QUADRO 10 – DEFINIÇÃO DOS SALÁRIOS.
Fonte: Elaborado pelo autor.

Definidos o primeiro (A) e o último valor (D), em R$, de cada faixa, utilizando-se a amplitude de 30% (aleatória), recorre-se, mais uma vez, a fórmula da PA, para calcular os valores intermediários (B e C), conforme exemplo:

$$r = \frac{A_n - A^1}{N - 1}$$

---
4 Número Aleatório.

Ex.: $\dfrac{1.092,70 - 840,54}{4 - 1} = 252,16 / 3 = 84,05$

Encontrada a razão (r), no exemplo do "Assistente Administrativo", aplica-se aos termos para completar o Quadro. Deve-se repetir o procedimento utilizado na **Faixa 2** nas demais faixas, com aplicação da PA aos termos seguintes, concluindo, dessa forma, o "quadro das faixas salariais". Com o Quadro completo, efetiva-se o Plano de Compensação e, assim, estabelecem-se os critérios de promoção horizontal e vertical, conforme o Quadro 11.

Nível	Pontos	Cargos	Tabela Salarial			
			A	B	C	D
1	100 – 190					
2	191 – 280	Auxiliar Administrativo	R$ 840,54	924,60	1008,65	R$ 1.092,70
3	282 - 370					
4	371 – 460	Assistente de RH	R$ 1.230,00	1.353,00	1.476,00	R$ 1.599,00
5	461 – 550		R$ 1.650,00	1.815,00	1.980,00	R$ 2.145,00
6	551 – 640	Analista Contábil/ Analista de Marketing	R$ 2.150,00	2.365,00	2.580,00	R$ 2.795,00
7	641 – 730	Analista de Sistemas	R$ 2.800,00	3.080,00	3.360,00	R$ 3.640,00
8	731 – 820	Analista de Custos Analista Financeiro	R$ 3.650,00	4.015,00	4.380,00	R$ 4.745,00
9	821 – 910					
10	911 - **1000**					

QUADRO 11 – DEFINIÇÃO DOS SALÁRIOS POR FAIXAS (PROGRESSÃO NA CARREIRA).
Fonte: Elaborado pelo autor.

Considerações Finais

Os sistemas funcionais de remuneração estiveram presentes na grande maioria das empresas que, durante o século XX, estruturou esquemas de remuneração. Nesse modelo, o trabalho das pessoas sempre foi determinado pelo conjunto de atividades que lhes eram atribuídas, a fim de manter a equidade na remuneração de todos que exercessem a mesma função e/ou funções semelhantes.

No entanto, com a intensificação da competição nos mais variados segmentos empresariais e com o aumento da complexidade de muitas atividades, as empresas, incluindo-se as PMEs, passaram a lidar com um trabalhador mais competente e, consequentemente, mais exigente em termos de políticas de remuneração. Por isso, tornou-se um imperativo a muitos gestores a adoção de metodologias de remuneração mais sofisticadas e mais adequadas a esse novo perfil, a fim de atraí-los e retê-los, contribuindo assim para o sucesso organizacional.

Atividades e Exercícios

Assinale a alternativa correta.
1. Como Gestor de Pessoas, você afirma ser importante o Desenvolvimento e a Satisfação das pessoas, porque pode contribuir para que a empresa desenvolva suas competências essenciais. Por conta disto, você acredita que um PROGRAMA DE REMUNERAÇÃO ESTRATÉGICA é uma ferramenta gerencial que:

    (A) Garante o sucesso empresarial, já que sem ele os empregados raramente estão prontos para as oportunidades que surgem.

    (B) Desenvolve as ofertas externas de talento e, por conseguinte, garante menor rotatividade de empregados.

    (C) Promove a rotatividade de empregado, a política de demissões voluntárias e gera mais lealdade para com a organização.

    (D) Procura conciliar o desenvolvimento da empresa e das pessoas, definindo trajetórias de carreira e especializações importantes para a manutenção ou incorporação de Vantagem Competitiva.

2. Uma empresa acaba de instituir um programa de remuneração por competências. A ação prioritária de gestão de pessoas na implementação desse programa será

(A) Ampliar o sistema de benefícios.
(B) Reduzir o quadro de pessoal.
(C Alterar as descrições de cargo.
(D) Criar o planejamento de carreira.

3. Uma empresa, na busca do estabelecimento de vantagem competitiva, decidiu implementar um novo sistema de remuneração, baseado em resultados. Esse modelo vincula a remuneração ao alcance de metas pré-negociadas, de tal forma que as metas individuais estejam alinhadas às grupais, que, por sua vez, são desdobradas das metas empresariais. Essa forma de remuneração constitui um poderoso aliado do desempenho organizacional por que:

(A) Utiliza modelos padronizados que podem ser aplicados a diferentes ramos de atividades.
(B) Possibilita o maior comprometimento com os objetivos organizacionais.
(C) Independe da cultura organizacional, pois o valor da recompensa é baseado no cargo ocupado.
(D) É de fácil modelagem, pois prescinde de indicadores de desempenho.

Questões para Discussão

1. Com quais princípios estão vinculados os sistemas tradicionais de remuneração, em especial os funcionais?
2. Considerando o cargo como principal referência dos sistemas funcionais de remuneração, defina o que é descrição de cargos?
3. Quais são os dois principais objetivos de um sistema de remuneração?
4. Considerando que as discussões sobre remuneração, assim como a base das discussões sobre teoria das organizações se deu alicerçada no aumento da eficiência, em que esteve alicerçada a evolução dos sistemas de remuneração?

5. Especialistas em administração da remuneração têm observado que o mercado de trabalho está sujeito ao que os economistas chamam de "ilusão do dinheiro", que faz com que as pessoas percam um pouco a noção dos ganhos, em relação à inflação. Portanto, um dos grandes desafios dos gestores de pessoas se relaciona com a implementação de um sistema de compensação que tenha como principal objetivo a coerência. Para manter coerência. Esse sistema necessita atingir dois grandes objetivos, considerados premissas para qualquer sistema de recompensa. Quais são eles?
6. Quais são os principais componentes de um sistema de remuneração?

Referências

ALBUQUERQUE, Lindolfo G. **Competitividade e Recursos Humanos**. São Paulo: FEA-USP, 1992 (trabalho apresentado no Concurso de Professor Titular).
CHIAVENATO, Idalberto. **Gestão de Pessoas**. Rio de Janeiro: Elsevier-Campus, 2008.
HAMEL, Gary; PRAHALAD, C. K. **Competindo pelo Futuro.** Rio de Janeiro: Campus, 1995.
HANASHIRO, Darcy M. M.; TEIXEIRA, Maria L. M.; ZACCARELLI, Laura M. **Gestão do Fator Humano**: uma visão baseada em *Stakeholders*. São Paulo: Saraiva, 2008.
HIPÓLITO, José A. M. **Administração Salarial:** a remuneração por competências como diferencial competitivo. São Paulo: Atlas, 2006.
_____. Sistemas de Recompensas. In: FLEURY, Maria T. L. (Org.). As **Pessoas na Organização**. São Paulo: Gente, 2002.
MARRAS, Jean P. **Administração de Recursos Humanos**. São Paulo: Saraiva, 2011.
PONTES, Benedito R. **Administração de Cargos e Salários**. 16 ed. São Paulo: LTr, 2006.

APÊNDICE I
(MODELO DE POLÍTICA DE REMUNERAÇÃO)

EMPRESA X	MANUAL DE RECURSOS HUMANOS

Capítulo	Data da atualização	Arquivo
CARGOS E SALÁRIOS	Dezembro/2012	MRH - 01

Políticas
1. As políticas salariais, instituídas neste documento, serão extensivas a todos os funcionários da EMPRESA X, exceto gerentes, os quais terão procedimentos específicos.
2. Os procedimentos a serem criados poderão ser diferenciados, para atender as particularidades e características próprias de cada grupo ocupacional.
3. A política salarial será do conhecimento de todos os funcionários, especialmente no tocante aos critérios de evolução na carreira. Exceção será feita quanto às informações salariais – listagens, tabelas, pesquisas – as quais serão restringidas ao conhecimento do RH e de cada gestor, exclusivamente relacionadas às suas respectivas equipes.
4. Todos os cargos deverão possuir suas correspondentes descrições de cargos, as quais deverão ser atualizadas periodicamente pelo RH e com a participação direta dos respectivos gestores.
5. As descrições de cargos deverão discriminar tarefas e competências típicas de cada cargo, de forma tal que não impeça a flexibilização ou inclusão de atividades extras ocasionais ou não. As competências deverão ser entendidas como condições desejadas, a serem adquiridas pela maturidade no cargo ou através de atividades de treinamento.
6. A estratégia de retenção de talentos e dos postos estratégicos da empresa deverá ser baseada em plano formal de carreira, sustentado por programas de treinamento e desenvolvimento, criteriosamente elaborados.
7. A estrutura de cargos deverá ser planejada de forma a permitir níveis hierárquicos ajustados ao real perfil da empresa, além de inibir a proliferação de nomenclaturas de cargos ou títulos.

Liderança Gerencial Estratégica, Liderança de Equipes e *Coaching*

Gerson de Souza

*Nenhuma empresa é melhor do que
a que seu administrador permite*
Peter Ferdinand Drucker[1]

Introdução

O cenário econômico brasileiro hoje se apresenta muitíssimo favorável para as MPEs (Micro e Pequenas Empresas), segundo os indicadores do Sebrae-SP.[2] Em 1998 o faturamento médio das MPEs em São Paulo, coração econômico do país, era de 24 bilhões de reais. Em 2003 caiu para 15 bilhões de reais. Isso aconteceu porque nesse período houve várias crises: 1998 houve a crise da Rússia, o que fez com que a taxa Selic chegasse a 43% a.a, dificultando o crédito; em 1999 houve mudança do regime cambial; em 2001 houve racionamento de energia; em 2002 houve crise Argentina, a taxa Selic chegou a 26% a.a; em 2002 a taxa de desemprego chegou a 11,7% (IBGE) e em 2003 a taxa de desemprego chegou a 14,5% (IBGE). Esses fatores e o impacto geral que eles causaram na economia do país refletiram na queda de faturamento das MPEs. No entanto, em 2007 o faturamento das MPEs subiu para 16 bilhões, em 2010 chegou em 18 bilhões de reais, e em 2011 ficou em 24 bilhões de reais.[3] O desemprego no Brasil em 2010 ficou em 6,7% e em 2011 em 6%,[4] enquanto nos EUA a taxa de desemprego está em 8,8% e na Europa 9,9% em 2011.[5]

E mais, as Classes C, D e E, juntas detêm 55,89% do poder de compra no Brasil, superando as Classes A e B que juntas detêm 44,11%. Só a Classe C, que possui 94,9 milhões de brasileiros, injetou 881 bilhões de reais na economia (dados de 2009),[6] essa é a nova classe média do Brasil. E as classes D e E injetam na economia brasileira a renda provinda dos programas sociais do Governo Federal. Juntas, as Classes C, D e E, são os clientes cativos das micro e pequenas empresas. E o que todos esses números significam? Significam que o cenário econômico brasileiro está excelente e isso beneficia extremamente as MPEs. Se o ambiente externo está favorável às MPEs, então o que elas precisam para desenvolver-se e crescer? Ajustar e inovar o ambiente interno da MPEs e isso tem a ver com as o desenvolvimento de habilidades empreendedoras e com a formação ou desenvolvimento do proprietário ou gerente em liderança gerencial.

Há diferença entre liderança e gestão? Sim, Liderança tem a ver com pessoas. Gestão ou Administração tem a ver com processos e recursos. Gerencia ou chefia tem a ver com um cargo, uma função ou poder conferido a alguém que está no comando de um grupo de pessoas em uma empresa. Empresário é a pessoa que é proprietária de uma empresa, seja ela: Micro, Pequena, Média ou Grande Empresa.

1. Liderança Gerencial nas Micro e Pequenas Empresas

a. Liderança Gerencial e habilidades empreendedoras

Mesmo com um cenário econômico favorável, muitas MPEs estão estranguladas com seu alto nível de endividamento e dificuldades de negociação com credores, custos fixos altos, inabilidade de captação, retenção e desenvolvimento de talentos, problemas com a sua gestão tributária e o eterno desafio de conseguir mais crédito ou investimento. Apesar desses gigantes, há outro fator maior: a falta de conhecimentos e habilidades empreendedoras na liderança gerencial do negócio.

O crescimento da capacidade de liderança gerencial do empresário ou gerente da MPEs impactará no desenvolvimento interno da empresa (planejamento, execução, liderança e desenvolvimento das competências das pessoas, a gestão dos processos e da sustentabilidade financeira) e crescimento externo (aumento das vendas, conquista e fidelização de clientes, expansão de fatia de mercado, manutenção dos melhores fornecedores etc.). Essa necessidade de formação e desenvolvimento em liderança gerencial é chave para que o empresário contribua para dar vida longa ao seu negócio. E por que isso é necessário? Porque o grande desafio para a maioria dos empresários de MPEs, é que eles *são* a empresa, ou seja, se *ele* adoece e pára, a empresa pára, se *ele* morre, a empresa morre com ele. A falta de desenvolvimento em liderança gerencial faz com que ele não tire férias, não tenha tempo e dinheiro para desfrutar da vida com a sua família, não consiga abrir outros negócios, pois é empregado de si mesmo.[7]

Em reportagem, Daltro (2011), apresenta uma pesquisa do Sebrae, de que são abertas 10 mil MPE por semana no Brasil.[8] Destas, 73% sobrevivem ao primeiro ano, 63% chegam ao segundo ano, 54% alcançam o terceiro ano, 50% comemoram o quarto ano e apenas 42% alcançam ao quinto ano. O Sebrae[9] procurou saber qual o segredo desses 42% de micro e pequenos empresários cujos negócios deram certo. E o segredo era que todos aprenderam a agregar dez habilidades empreendedoras em sua liderança gerencial, que abaixo estão descritas. Meça o seu grau de competência em cada uma delas:

Faça um ponto (•) no número que indica o seu grau de domínio da prática em sua liderança gerencial de cada uma das habilidades empreendedoras abaixo, sendo que [0] representa nenhum domínio da habilidade, e [5] domínio total da habilidade*:

HABILIDADES EMPREENDEDORAS	0	1	2	3	4	5
1. Eu busco oportunidades e tomo iniciativas: não espero os negócios acontecerem. Me antecipo a eles e aproveito todas as oportunidades, se não há, crio-as e depois as aproveito. Desenvolvo novos produtos ou serviços, gero novos negócios, proponho soluções inovadoras, busco novos clientes para os nossos negócios, ajo proativamente.						
2. Eu sou persistente: aprendi o "caminho das águas". Faço como o córrego ou riacho, que quando desce uma elevação, desvia-se de pedras, árvores, e obstáculos pelo caminho, contornando cada obstáculo até chegar ao seu objetivo: o mar. Assim enfrento obstáculos de forma determinada, busco soluções e não desisto até o negócio alcançar sustentabilidade, adequando, lógico, a estratégia de acordo com as circunstâncias.						
3. Eu corro riscos calculados: não ajo por impulso, ao contrário, calculo tudo antes de tomar qualquer decisão. Aprendi e faço planejamento estratégico financeiro de forma precisa para dispor de condições para tomada de decisões e assim poder assumir desafios ou riscos moderados, dentro de minha capacidade de resposta a eles ou condições de pagamento.						
4. Eu sou rigoroso com a qualidade e busco a eficiência: consegui desenvolver a cultura da excelência na empresa. Eu procuro entregar o produto ou serviço com altíssima qualidade, buscando satisfazer ou superar as expectativas dos clientes, prazos e padrões de qualidade.						

5. Eu sou comprometimento: caminho a segunda milha, a terceira se for necessário. Faço sacrifícios pessoais, dou um passo mais para completar uma tarefa. Auxilio os funcionários a terminar o trabalho, colocando a satisfação dos clientes e o ganho a longo prazo acima do lucro a curto prazo.					
6. Eu busco de informações: procuro ler, conversar, pesquisar, participar de feiras, congressos, eventos. Busco me informar sobre meus clientes, fornecedores, concorrentes, para saber como fabricar um produto ou prestar um serviço inovador, através de consultoria técnica ou assessoria comercial, ou ainda fazendo cursos para me especializar e treinar meu pessoal.					
7. Eu planejo e executo sistematicamente: defino a estratégia, planejo,transformo-a em objetivos, indicadores, projetos, tarefas, atividades, defino cronogramas, responsáveis e lidero a execução, monitorando os resultados obtidos e ajustando o curso das ações mudando conforme as circunstancias; mantenho atualizado os registros financeiros e utilizo-os para tomada de decisões.					
8. Eu lidero e motivo o meu pessoal: capacito e desenvolvo competências da equipe com foco na estratégia. Lidero-a e recompenso-a para manter o comprometimento e a motivação em alta, em busca do crescimento das vendas e da produtividade.					
9. Eu comunico-me e alimento uma ampla rede de contatos: procuro ampliar minha rede de relacionamento, participo de eventos, me comunico constantemente, pessoalmente, através de site, via e-mail, torpedos, Orkut, Facebook, Linkedin, procurando influenciar ou persuadir as pessoas, buscando fortalecer nossa marca, conquistar parceiros e clientes e assim atingir nossos objetivos estratégicos.					
10. Eu mantenho a autoconfiança ao mesmo tempo em que a interdependência: creio em minha capacidade de complementar uma tarefa ou de enfrentar desafios, busco autonomia, mantenho meus pontos de vista quando sei que estou certo, mesmo diante da oposição ou de resultados desanimadores, mas também busco a interdependência, ou seja, procuro pensar e trabalhar junto com outras pessoas e assim alcançar resultados melhores e maiores.					

Quadro 1

Fonte: Gerson de Souza, baseado na apostila Orientação para Pequenos Negócios, Sebrae, 2000.
*Após colocar um ponto no valor correspondente ao seu grau de domínio da prática em cada habilidade, trace uma linha única de cima abaixo, ligando ponto a ponto, com o seu imediato abaixo, sem interromper. Ao final veja quais os elementos estão mais voltados com a ponta para a esquerda, esses são os que você precisa dar prioridade de desenvolvimento através de cursos, *coaching*, leituras etc.

Essas habilidades empreendedoras podem ser desenvolvidas e agregadas à liderança gerencial. Como escreveu Peter Drucker acima citado, "Nenhuma empresa é melhor do que a que seu administrador permite", ele é um dos principais fatores limitantes ou estimulante do potencial de crescimento e desenvolvimento de sua MPE. Por isso aprender sobre Liderança Gerencial é essencial. Ela é composta por duas competências que se casam: a liderança e a gestão. Ambas são essenciais para o sucesso efetivo do negócio. E o que é liderança?

b. Liderança: o lado humano da Liderança Gerencial.

Liderança é a capacidade de influenciar pessoas.[10] Todos, em maior ou menor grau, têm certa influência sobre outros. É o que afirma um especialista na área da Liderança, John Maxwell (1996). A liderança tem a ver com pessoas, com a estratégia, com o rumo que a organização irá tomar. Ser líder é muito mais que ser chefe ou ser patrão.

Para quem pensa que conseguirá construir e manter uma equipe aos berros, dando soco na mesa, dando bronca em todo mundo e sendo durão para que todos lhe obedeçam, se engana. A construção de uma equipe de alta performance exige que o líder seja capaz de construir um relacionamento duradouro, na qual os liderados talentosos vejam o líder como um parceiro na realização de seus sonhos. Os melhores líderes são aqueles em que tem interesse autentico no bem estar de seus liderados.

Uma pessoa pode ser o patrão por ser o dono do empreendimento, ou chefe porque foi contratado pela empresa, ou é parente, ou amigo dos proprietários. Mas isso não significa que conseguirá liderar, ou seja, influenciar, despertar e extrair o melhor dos funcionários, pois, como disse Covey (2002) o salário pago compra a mão de obra, ou seja, o cumprimento de horário, a prática das regras, o "sim senhor" e "não senhor". Mas não compra: a lealdade, a criatividade, a produtividade efetiva, a dedicação. Isso o funcionário oferece de graça quando encontra um líder no trabalho que realmente se importa com ele, que lhe inspira, lhe respeita e lhe estimula adequadamente,[11] pois é assim ele deixa de ser um funcionário e passa ser um verdadeiro colaborador para o sucesso permanente e crescente da empresa.

A liderança não é um privilégio de poucos dotados de talento nato, ou seja, que já nasceram líderes. As habilidades que compõe a liderança como uma competência pode, e deve ser aprendidas, desenvolvidas e consolidadas. Há sim pessoas, que nascem com o talento de liderança, isso é possível perceber quando um grupo de crianças está brincando. Porém, como na fábula da corrida da lebre e da tartaruga, se a pessoa que nasceu com o talento de liderança, não buscar conhecer, desenvolver e tomar atitudes de liderança poderá ser superada por aquela pessoa que se esforçou para aprender e para desenvolver as habilidades necessárias para melhorar seu desempenho e alcançar os resultados almejados.

A liderança também tem a ver com vontade, ou seja, é necessário *querer* ser líder[12] e ocupar o poder que a função exige. Pois se quem está com a função de liderança não exercer o poder, ele fica no vácuo e outro que tenha a liderança natural o assumirá.

Muitos líderes fracassam em sua condução organizacional devido a razões externas, como por exemplo, concorrência desleal, por não preverem ou não acompanharem as necessidades e mudanças do mercado ou ainda por não inovarem. No entanto, Leider (2003), citando Robert Greenleaf,[13] pai do conceito da liderança servidora, popularizada por James Hunter[14] no livro *O monge e o executivo*, fala do uso do poder da liderança como meio de servir as pessoas. Por isso mesmo ele afirma que a diferença real entre sucesso e o fracasso de uma empresa são por razões internas, e uma das principais é a capacidade do líder engajar os corações e almas de seus liderados, e que o gerente só consegue isso sendo um líder servidor.

Para Kouzes e Posner (2003) esse engajamento e comprometimento se alcançam, não importa se seja de um ou de mil, será porque a liderança foi exercida com foco no relacionamento entre aqueles que aspiram liderar e aqueles que optam por segui-los. Para esses professores de liderança, o que mais prejudica a liderança de alguns executivos é a sua insensibilidade e incapacidade de compreender as perspectivas dos seus liderados.[15]

Essa incapacidade de focar a perspectiva dos outros e confirmada por Morgan (1996), que citando Maturana e Varela, afirma que isso é devido a dois fatores: autocentrismo e inabilidade de leitura e adaptação com o ambiente ao seu redor.[16] O autocentrismo é o foco em si mesmo, nas suas necessidades, nas suas ambições, na sua família, nos seus interesses, no seu negocio. A inabilidade de leitura e adaptação com o ambiente ocorre exatamente como uma consequência do da sua autorreferência ou do foco em si mesmo, fazendo com que a pessoa "não tenha olhos" para ver a necessidade, os objetivos, os interesses dos outros. E esses outros não apenas com relação aos seus colaboradores, mas também os clientes, os fornecedores, o mercado, o governo.

Se engajamento e comprometimento são produtos caros para alcançar a sustentabilidade do negócio, e se esses produtos são conquistados pelo relacionamento, o relacionamento é feito de coração para coração. Não há como liderar pessoas por e-mails, torpedos e telefonemas e ainda falando apenas do que eles têm ou não que fazer. Os colaboradores precisam de uma causa, de um sentido, de um propósito para manterem-se engajados e comprometidos.

E dar sentido e propósito ao trabalho, é uma das missões do líder. Ele precisa se certificar que seus liderados estão percebendo a grandeza do propósito naquilo que fazem. Veja o exemplo do personagem do ator Russel Crowe, o general Máximus Décimus Meridius no filme *Gladiador* (USA – Reino Unido, 2000),[17] um dos melhores filmes sobre liderança. O general Máximus, antes da batalha contra a expansão dos bárbaros Germanos, estimula seus liderados dizendo: "Senhores, o que fazemos na vida ecoa para a eternidade." O que ele estava fazendo? Estava dando um sentido para aquilo que não tem sentido: a guerra. Ele também estimulava a visão de um futuro desejável: "O que vocês estarão fazendo daqui a três semanas? Eu vou fazer a minha colheita de trigo". Assim pode ser na empresa, o líder pode demonstrar para os liderados onde está o propósito do negócio que desenvolvem, e aclarar o alcance do futuro desejável para todos. O sentido ou propósito do trabalho e a visão de um futuro desejável comum, é um elemento que alimenta o relacionamento líder-liderado e trás paz produtiva.

Kouzes e Posner (2000), também apontaram outros fatores chave para a construção e manutenção de um relacionamento líder-liderado bem sucedido: 1) estabelecer normas claras; 2) manter a melhor expectativa; 3) dar o exemplo.

O relacionamento com os liderados também é facilitado quando são construídas normas claras. Rainer e Geiser (2011), escrevendo sobre a importância para a clareza do processo organizacional, faz a seguinte comparação: assim como para a construção de um edifício empresarial é necessário ter uma planta arquitetônica do projeto, assim a empresa precisa, não apenas saber *o que quer*, mas também *como quer*.[18]

Assim como uma planta arquitetônica mostram os detalhes de como tudo vai ser, assim também o negócio necessita de uma descrição clara do que e como ele deve operar. Isso é essencial, pois se *o que* e *como*, está só na mente do empresário, o negócio está refém dele, pois como foi dito anteriormente, se ele adoece e para, a empresa para, se ele morre, o negócio morre. Ter normas claras é mapear o processo do negócio e definir claramente as funções e os comportamentos e atitudes para o desempenho dessas funções. Por vezes o empresário se preocupa em fazer um folder para vender o negócio para os clientes externos, mas não descreve detalhadamente o negócio para vender para os seus clientes internos.

Da mesma forma que o construtor não vende um edifício só com o folder, e necessita da planta para facilitar a visualização dele, assim o empresário não vende um sentido ou um propósito do negócio para os seus liderados só com ordens costumeiras, ele necessita descrever claramente o que quer e como quer e ouvir as sugestões dos seus colaboradores (que por vezes sabem mais do que o empresário) de como melhorar o negócio.

Quando os colaboradores sabem claramente o que precisam fazer, agora é a hora do empresário ou gerente garantir que sejam feitas, não por que seus líderes estão presentes, mas porque, além de ser o trabalho que os remuneram, possuem também uma causa ou um propósito comum. Os melhores colaboradores são aqueles que possuem autoliderança. Mas mesmo aqueles que se autoliderança necessitam que seus líderes lhes deem *feedback* de suas metas e performance das tarefas executadas. E quando há clareza dos processos e normas fica muito mais fácil também para o líder, que pode fazer a prestação de contas das ações com os funcionários com base na clareza de um combinado prévio. Isso norteia o rumo de trabalho dos funcionários e os auxilia a se desenvolverem continuamente, pois eles precisam saber se estão progredindo ou apenas patinando, além da prestação de contas, a prestação de contas também alimenta o relacionamento entre líder e liderado.

Após estabelecer normas claras, é necessário manter acesa as melhores expectativas, tanto consigo mesmo quanto com relação aos colaboradores. Os colaboradores tem a incrível resposta à expectativa que temos deles. Se o consideramos descomprometidos, desonestos, preguiçosos, eles o serão. Se a nossa expectativa é que eles possuem grande potencial, que são esforçados, que íntegros, que são espertos e altamente capazes, eles o serão. Há um ditado popular que diz: "trate-me como eu sou e serei duas vezes pior do que eu sou. Trate-me como eu posso ser e eu me tornarei três vezes o que eu posso ser".

No entanto, a leitura que o empresário faz dos seus colaboradores é a leitura que ele pode estar fazendo de si mesmo, e isso pode ser inconsciente. Nossos avós já diziam: "Quanto mais uma pessoa desconfia da outra, menos confiança merece". Assim, para manter alta a expectativa com os colaboradores, é necessário que o empresário mantenha alta a expectativa sobre si mesmo. Que creia no seu próprio potencial, que cresça em competência, caráter e paixão pelo seu negócio. Que ele próprio perceba o sentido e propósito no que empreende. E confie que, ao oferecer capacitação, ferramentas e recursos, seus colaboradores poderão sim alcançar a excelência e a produtividade com alta qualidade.

A manutenção da expectativa em alta exige também compensações pelo esforço empenhado, recompensas pela meta alcançada, elogio pelo trabalho bem feito. Sabendo que, as recompensas espirituais ou intangíveis – reconhecimento, elogio em público, agradecimento, gratidão, admiração, confiança, estima –, tem um maior poder de levar satisfação ao colaborador que apenas o salário e os benefícios. Mesmo assim, a compensação financeira pelas metas alcançadas, pela diminuição de custos e/ou aumento do faturamento, levando a maior lucratividade, precisa ser recompensada tangivelmente (ou através de participação nos lucros, ou através de prêmios proporcionais, dias de folga, participação em cursos ou viagens pagas com a família), conforme empregador e colaboradores acharem melhor.

Dar o exemplo é o último dos três elementos proposto por Kouzes e Posner (2000) que pode levar os colaboradores ao engajamento e comprometimento, e talvez este seja o mais forte trunfo da liderança, por se tratar do ser e não do fazer do líder. Pois isso terá a integridade e maturidade, os dois principais elementos que faz um caráter confiável, que é o intangível mais valioso que um líder pode ter, pois a confiança dos colaboradores só pode se consolidar nele se ele for confiável.

Os colaboradores precisam ver os valores tais como a honestidade, o comprometimento, a espiritualidade, a solidariedade, a compreensão, o respeito, a pontualidade, dedicação, trabalho com qualidade, a coragem, a firmeza, a veracidade funcionando na prática da vida cotidiana do líder para que eles sejam estimulados a praticá-los no cotidiano uns com os outros, com a empresa, no trato com os clientes e fornecedores. "As palavras do líder convencem, mas o exemplo arrasta", diz um provérbio popular. O exemplo tem maior poder de influência quando embasado em três fatores: um caráter íntegro, a alta competência e a personalidade agradável. Unidos esses três elementos formam a confiabilidade do líder, que é a base para que os colaboradores depositem sua confiança. Nenhum líder pode exigir que seus colaboradores confiem nele se ele não é confiável, se não dá o exemplo daquilo que cobra dos outros. A confiabilidade é uma questão do líder consigo mesmo e a confiança é uma questão dos colaboradores para com o líder. Podemos encontrar grandes exemplos de líderes confiáveis como foi a de Nelson Mandela, Martin Luther King, José de Alencar, Zilda Ars. Mas em todos os lugares podemos também encontrar exemplos de má liderança.

Os consultores em liderança norte-americanos Thrall, McNicol e McElrath (2005), citam um desses exemplos de má liderança: a de Edward J. Smith, o capitão do navio *Titanic*.[19] Antes da viagem fatal ele já havia manchado seu currículo com uma colisão do navio *HMS Hawke*.

Após o concerto deste, ele o danificou novamente ao navegar sobre os destroços de um naufrágio. E o comando da primeira viagem do *Titanic* era a sua oportunidade para limpar sua reputação. Assim, durante a viagem, a norma náutica dizia claramente de que a velocidade deveria ser moderada e conforto máximo.

Pensando em si mesmo, ele mandou acelerar, querendo com isso ganhar o mérito por chegar antes do horário previsto, mesmos sabendo que o navio passaria por uma região de *icebergs*, e que estes eram capazes de afundá-lo. O resultado da história é o que você já conhece, o *Titanic* afundou, matando 1.522 pessoas, inclusive o capitão Edward J. Smith. Ele procurou subir a escada do sucesso da liderança, mas faltaram fatores básicos, fundamentais, degraus de outra escada que o conduziria ao topo, e assim ele deixaria um grande legado em liderança.

A contribuição que Thrall, McNicol e McElrath (2005) apresentam a partir da história do capitão Edward J. Smith, é que um líder pode até subir a escada da capacidade sucesso pessoal, e percorrer os seguintes degraus: 1) da capacidade, do saber e fazer. 2) Das descobertas das suas potencialidades; 3) Do desenvolvimento das suas habilidades empreendedoras e gerenciais. 4) da assunção de funções compatíveis com as suas competências. 5) da Busca de perceber e antecipar-se as necessidades do mercado, inovando e ampliando assim a capacidade de aproveitar as oportunidades de criação de novos produtos ou serviços, ou de fazer melhor o que já está aí. Esses cinco degraus também fazem parte da escada da competência gerencial.

É certo que esses degraus são essenciais para desenvolver a competência dos empreendedores ou gerentes das MPEs, mas há outros degraus que antecedem, são eles: 1) A criação de um ambiente agradável no trabalho, de promoção da liberdade de expressão e possibilidade de erro (quando este é cometido procurando o acerto). 2) A promoção de relacionamentos de aceitação, perdão e respeito mútuo no ambiente de trabalho. 3) A cultura da humildade, em permitir que todos aprendam com todos, inclusive o líder aprender com os colaboradores e confiar na sua equipe de trabalho; 4) A permeabilidade, que é o envolvimento e relacionamento significativo com os colaboradores, permitindo-se ser influenciado por eles; 5) A disciplina da integridade, ou seja, estar disposto a pagar o preço da ética e do moral, sendo um líder de moral ilibada, mesmo quando pressionado por fora e por dentro, afinal, "a ética é o melhor negócio".[19] 6) E a maturidade emocional e social, que é expressa pela sabedoria de que, para levar o empreendimento ao sucesso, não é necessário lutar, ferir, prejudicar, lesar ou manipular outras pessoas. É compreensão de que é possível enfrentar os reveses de forma serena e agir por princípio e não por impulso, tendo autocontrole das emoções e domínio próprio mesmo sob pressão. Agindo com responsabilidade pensando no impacto que suas atitudes, comportamentos e decisões terão sobre os outros. Esses seis degraus formam a escada do caráter, que deve vir antes da escada da competência.

É bem provável que, se o capitão Smith, do *Titanic*, buscasse chegar ao sucesso percorrendo a escada do caráter antes da escada da competência, o *Titanic* não teria naufragado e centenas de pessoas não teriam sido prejudicadas. O mesmo teria acontecido com a Eron, mega empresa norte-americana do setor energético que faliu devido à corrupção de sua liderança maior. Se os seus líderes tivessem subido a escada do caráter antes da escada da competência não teriam levado prejuízo para milhares de pessoas, dos seus funcionários e fornecedores aos seus acionistas.

Abaixo, teste o seu nível de caráter e competência, marcando com um X os "degraus" do caráter e da competência você já subiu, ou já pratica no seu cotidiano:

DEGRAUS DO CARÁTER	Marque com um X no degrau que você já percorreu e os mantém
1) Crio um ambiente agradável no trabalho através da promoção da liberdade de expressão, iniciativa e erro, quando este é cometido procurando acertar.	
2) Estimulo de relacionamentos de aceitação, perdão e respeito mútuo no ambiente de trabalho.	
3) Sou humilde, me deixo ensinar e busco aprender, além de confiar na equipe;	
4) Sou permeável, ou seja, me relaciono com as pessoas de forma significativa, permitindo-me além de influenciá-las, ser influenciado por elas;	
5) Pratico a disciplina da integridade, ou seja, estou disposto a pagar o preço de ser ético e moral, sendo uma pessoa integra, mesmo quando pressionado pelas circunstâncias ou por desejos pessoais escusos, pois eu sei que afinal, "a ética é o melhor negócio"?[20]	
6) Ajo com maturidade emocional e social, ao praticar a sabedoria, sei que, para levar o empreendimento ao sucesso, não preciso lutar, ferir, lesar ou manipular outras pessoas. Aprendi a enfrentar os reveses de forma serena, sabendo que se eu agir por princípio e fizer o que tem que ser feito de direito, no *time* certo do processo, dentro do procedimento padrão, o grande resultado virá. Por isso ajo com responsabilidade e penso no impacto que minhas atitudes, comportamentos e decisões terão sobre os outros.	

DEGRAUS DA COMPETÊNCIA	Marque com um X
7) Busco me desenvolver profissionalmente sempre, através de *descobertas de minhas novas potencialidades*, através de avaliações psicométricos, *coaching* e novas experimentações para descobrir meus talentos e vocação para novos negócios.	
8) Procuro ampliar minha *capacidade* atual para atender os clientes internos ou externos com a máxima excelência e busco informações e conhecimentos teórico e prático para transformar minhas potencialidades e vocação em relacionamentos e negócios reais.	
9) Procuro conhecer, adquirir e melhorar o desempenho de habilidades empreendedoras e gerenciais através de cursos, treinamentos, leituras, participação de palestras e congressos da área.	
10) Assumo funções compatíveis com as minhas competências, aceitando apenas responsabilidades que posso executar com excelência. As que eu não posso, eu delego a quem tem maior competência ou tempo de que eu para fazê-la.	
11) Busco perceber e antecipar-me as necessidades do mercado, inovando e ampliando assim a minha capacidade de aproveitar as oportunidades de criação de novos produtos ou serviços, ou de fazer melhor o que já está aí.	

QUADRO 2
Fonte: Gerson de Souza, baseado em Thrall, McNicol e McElrath (2005).

Thrall, McNicol e McElrath (2005), sugerem o desenvolvimento de dentro para fora, do caráter para a competência do líder. Dessa forma, o empresário ou gerente da MPE pode passar da chefia para a liderança ultrapassando o nível de respeito que os colaboradores têm pelo poder que exerce, para o nível do relacionamento e autoridade da confiabilidade de seu caráter e competência. Nesse nível ele dá oportunidade para o diálogo e ouve mais seus colaboradores, seus clientes e fornecedores. Pede sugestões sobre como servi-los melhor, pondera e procura colocar em prática superando continuamente as expectativas deles.

Associado à liderança, acrescente agora uma estratégia bem pensada e construída, processos mapeados e padronizados, uma equipe capacitada, alinhada e dotada de condições para alcançar e até superar os resultados almejados. É aqui que o papel de líder une-se ao papel de gestor ou administrador. Essas duas competências são os pilares da liderança gerencial. Mas o que é gestão e como o empresário ou gerente das micro e pequenas empresas pode desenvolvê-la?

1. A gestão: o lado exato da liderança gerencial

Gestão ou administração tem a ver com recursos e processos. A liderança sozinha não basta para que o empreendimento tenha sucesso, assim como a gestão sozinha não basta para que o negócio vá avante e permaneça. É a união e interação de ambas. Por isso aqueles que são fortes em liderança precisam desenvolver as habilidades de gestão. Aqueles que são fortes em gestão precisam fortalecer a sua liderança. O despreparo em liderança ou/e gestão para o exercício da liderança gerencial é sinônimo de incompetência. "A incompetência desconhece a barreira de tempo e de lugar",[21] disse Raymond Hull (2003).

Se ele está certo, então a incompetência pode estar presente também na MPE, em específico na liderança gerencial do gestor (ou na falta dela). A incompetência pode ser um ponto cego, um fator percebido, não apenas em liderança – de relacionamento, estímulo, delegação e influência sobre todos os envolvidos; mas também em gestão – processos, recursos, da marca, de marketing e de vendas, da produção ou serviço, de forma padronizada que garanta assim, a longevidade da empresa com lucratividade.

Descrevendo o tipo de liderança gerencial que constrói empresas feitas para vencer, Jim Collins (2001), apresenta os níveis que o líder precisa ascender em gestão e liderança para dar real contribuição para a sua empresa:[22]

1. **Indivíduo altamente capacitado:** nessa fase, o líder partilha seu talento, conhecimento, técnicas e bons hábitos de trabalho. O gestor aqui além de conhecer sua própria potencialidade, enriqueceu-a através de leituras, cursos, treinamentos, *coaching*. É uma pessoa altamente capacitada, que conseguiu transformar a informação adquirida em práticas, técnicas e bons hábitos de trabalho.
2. **Membro colaborador da equipe:** contribui, com suas capacidades individuais, para que sejam atingidos os objetivos da empresa, trabalhando de forma eficaz com outras pessoas, numa atmosfera de equipe. Se envolve com a equipe como um semelhante, apoia, oferece ferramentas e recursos. Trabalha de forma criativa e cooperada com a equipe.
3. **Gerente competente:** organiza as pessoas e os recursos na direção da busca efetiva e eficiente de objetivos predeterminados. O gestor aplica o principio do seringueiro. O seringueiro, primeiro coloca a "cuia" na árvore Seringueira, faz os cortes na árvore convergentes à "cuia". O látex escorre então pelos

cortes e enche a "cuia". É uma ilustração simples para mostrar como o líder gestor trabalha: ele visualiza o futuro desejável, diagnóstica a situação atual em seus pontos fortes, pontos fracos, oportunidades e ameaças. Planeja as respostas estratégicas para consolidar os pontos fortes, para eliminar os pontos fracos, para aproveitar as oportunidades e para neutralizar as ameaças. Assim, ele pensa os melhores processos, recruta, seleciona, contrata, integra, treina, capacita as pessoas, procurando acertar no desenho dos projetos estratégicos que tragam os melhores resultados para a empresa.

4. **Líder eficaz:** catalisa o comprometimento com uma visão clara e forte, bem com a busca vigorosa dessa visão, estimulando padrões mais elevados de desempenho. O líder eficaz se diferencia da multidão de gerentes por conta de uma visão atraente e apaixonante. Ele dá sentido à missão empresarial e leva a equipe a estar comprometida com o cumprimento da missão e o alcance da visão, estimulando cada colaborador a oferecer o seu melhor e a superar as suas limitações alcançando maiores e melhores padrões de desempenho.

5. **Executivo de nível 5:** constrói excelência duradoura, por meio de uma mistura paradoxal de humildade pessoal e força de vontade baseada no profissionalismo. O executivo nesse nível reúne as características dos quatro níveis anteriores: competência, relacionamento, gestão, liderança. Acrescente a essa formula então a humildade, que nesse caso é o foco nas pessoas, na organização, na missão como uma causa e não em si mesmo. O seu trabalho faz parte de seu propósito de vida e procura assim deixar um legado não apenas à empresa, aos acionistas, aos funcionários, mas principalmente à sociedade. É o caso de Michael Dell. Melhorar a sociedade para ele está acima do lucro: "Não se trata de dinheiro apenas. Se quisesse, poderia ter me aposentado há quinze anos. Não tenho a menor intenção de tornar-me um novo Henry Ford. Trabalho para que a economia seja mais eficiente."[23]

Cada etapa rumo à liderança nível 5 é fundamental. Nenhuma delas pode ser desprezada, por isso, confira como você está em cada uma delas. Verifique a seguir. Marque um X no valor de 1 a 5 pontos, em como você avalia que está em cada um dos níveis de Liderança Gerencial apresentado por Collins:

Níveis de Liderança Gerencial	Pontos				
	1	2	3	4	5
1. **Indivíduo altamente capacitado:** partilho meu talento, conhecimento, técnicas e meus bons hábitos de trabalho.					
2. **Membro colaborador da equipe:** contribui, com suas capacidades individuais, para que sejam atingidos os objetivos da empresa, trabalhando de forma eficaz com outras pessoas, numa atmosfera de equipe.					
3. **Gerente competente:** organiza as pessoas e os recursos na direção da busca efetiva e eficiente de objetivos predeterminados.					
4. **Líder eficaz:** catalisa o comprometimento com uma visão clara e forte, bem com a busca vigorosa dessa visão, estimulando padrões mais elevados de desempenho.					
5. **Executivo de nível 5:** constrói excelência duradoura, por meio de uma mistura paradoxal de humildade pessoal e força de vontade baseada no profissionalismo.					
Peso de cada coluna:	x 1	x 2	x 3	x 4	x 5
Resultado parcial;*					
Resultado final:**					

QUADRO 3
Fonte: Gerson de Souza, baseado em Collins (2001).

*Cálculo do resultado parcial: conte quantos X foram marcados na coluna e multiplique pelo peso dela. Coloque o resultado da multiplicação abaixo do peso dela. Ex. Nas competências 2 e 5 foram marcados X na coluna 2, então temos dois X, vezes 2, igual quatro. O número quatro então é colocado embaixo do x 2.
**Cálculo do resultado final: some o resultado parciais de x 1 a x 5 e coloque no espaço ao lado do Resultado final.

A excelência do negócio requer que os gestores da MPE alcancem 25 pontos. Essa tabela é uma alegoria da necessidade da liderança gerencial para MPE crescer em competência gerencial. Ela serve como roteiro para o desenvolvimento crescente do nível mais básico da formação e da capacitação à grandeza de espírito que envolve a humildade e a persistência no propósito de transformar um sonho em realidade.

E qual é o seu sonho? É a pergunta que faz o Cesar Souza (2009): "qual é o tamanho do seu sonho"?[24] Qual é o tamanho do seu sonho para você, para sua família, para sua empresa, para o seu país? Vieira (1983) já dizia: sonhos sonhados são realidades vividas.[25] A concretização dos sonhos para a MPE crescer, se desenvolver, passa pela construção da estratégia, dos processos, da liderança das pessoas, da gestão da marca, do planejamento comercial, de marketing, vendas e relacionamento com o cliente, criando assim um sistema, ou seja, um conjunto de processos mapeados, padronizados e registrados que garante longevidade da empresa independente da vida ou morte do proprietário. Isso é o sonho da liderança gerencial efetiva. No entanto, a empresa se faz com pessoas e não apenas com sistemas e recursos. Essas pessoas encontrando uma liderança capacitadora ou uma liderança *coaching*, poderá tornar-se uma equipe de altíssima performance. Mas como isso pode acontecer?

2. Liderança de Equipes e *Coaching*

a. Liderança de Equipes

Qual a semelhança entre essas empresas: Toyota, John Deere, Boeing, HP, Ford, Shell, Apple, Johnson & Johnson, 3M? Todas elas trabalham em equipes. Há grande diferença entre um grupo de trabalho e uma equipe de trabalho. Segundo Robbins (2007), um grupo é definido como dois ou mais indivíduos, interdependentes e interativos, que se juntam visando à realização de objetivos específicos.[26] Uma equipe é muito mais que um grupo. Enquanto o objetivo de um grupo de trabalho é estar junto para facilitar o trabalho individual, no grupo se compartilha informações entre os membros da equipe visando a consecução da meta pessoal, *quando há* compartilhamento.

Na equipe o objetivo é o desempenho coletivo. O foco não é no ganho individual ou na meta pessoal e sim no todo da empresa. Na equipe não há "um estrela" que se aproveita do desempenho dos outros para se promover e promover o seu trabalho, seguindo em frente com seu negócio ou carreira e abandonando seus colaboradores ou liderados. O que há é o emprenho de todos crescerem e se desenvolverem e juntos se tornarem uma constelação. Enquanto no grupo a sinergia é neutra, ou seja, a cooperação criativa de trabalho não acontece, na equipe ela é positiva e constante. A equipe celebra: a diversidade social, de personalidade, de gênero, de religião, de região, de formação e habilidades, e juntos cooperam valendo da criatividade e conhecimento de cada um para criarem e manterem produtos e serviços inovadores focados no cliente, melhor do que se fosse cada um por si.

A responsabilidade no grupo é apenas individual, cada um sendo cobrado pelo seu serviço e assim defendendo só o seu lado. Na equipe a responsabilidade é também individual, mas também é mútua, ao mesmo tempo em que cada um necessita apresentar serviço sem espaço para folga, isso é, para sobrecarregar o outro da equipe por não estar fazendo a sua parte, também há responsabilidade mútua, pois os resultados são cobrados da equipe.

A formação da equipe pode ser feita de forma rápida, sem perda de tempo, afirma Goldsmith (2003). [27]

Robbins (2007) nos oferece luz sobre como tornar a equipe eficaz. O empresário ou gerente necessita primeiro definir o portfólio de projetos de trabalho para a consecução do objetivo estratégico de curto, médio ou longo prazo. Qual é o portfólio de serviços? Necessitarão de projetos de produção e/ou serviços? Ou projetos de marketing? Ou projetos de vendas e atendimento ao cliente? Definido os projetos, será necessário E aclará-lo, detalhá-lo para equipe. Essa definição e aclaramento é o "o que" deve ser feito. Nessa fase são levantadas as habilidades necessárias para a execução das tarefas e é delimitada a autonomia necessária à consecução delas. Quando a equipe tem claro "o que" fazer e a autonomia necessária, monitorada por prestação de contas das metas é feita Essa é a arquitetura prévia necessária.

Definido o "o que" a ser feito, vem agora o "quem" fará. Com o mapa de habilidades necessárias que cada projeto requer em mãos, é hora de definir a composição da equipe de execução: para essas habilidades, quais papéis ou funções serão necessários? A diversidade e personalidade dos componentes da equipe são compatíveis? Eles se aceitam e trabalham bem juntos? Qual o tamanho ideal da equipe para dar conta das tarefas do projeto? Como um técnico de um time de futebol define quais os jogadores estão mais aptos para cada partida, assim também o líder gestor poderá escolher os melhores colaboradores para compor a equipe de execução dos projetos.

Definido o "o que" e o "quem", agora é hora de prover o "onde" e o "como" à equipe, oferecendo assim o ambiente necessário para conseguirem ter sucesso na execução do projeto. O "onde", além de provisão de local, transporte e equipamentos adequados de trabalho, inclui também ferramentas e recursos na quantidade suficiente. O "como" envolve a prática das habilidades empreendedoras e das competências de liderança e de gestão vistas anteriormente. Isso significa que no papel de gestor, o empresário, gerente ou diretor executivo, precisará definir o propósito comum da equipe, aclarar as metas da empresa e da equipe que estão envolvidas no projeto, as tarefas específicas da equipe e de cada membro dela, a forma de mensura da performance individual, da equipe, os resultados a serem alcançados e as formas de recompensa da equipe. É melhor recompensar a equipe do que individualmente, pois assim todos procuram manter o comprometimento de todos, cuidando assim da folga social que acontece em todas as equipes. A folga social é o membro ineficaz e moroso que se aproveita do esforço da equipe, já que as contribuições individuais muitas vezes nem sempre podem ser claramente identificadas.

As equipes coesas e eficazes, e líderes gestores preparados, não permitem que a folga social aconteça, cobrando assim tanto a responsabilidade individual quanto da equipe. Aparece então a necessidade do papel de líder que o empresário, gerente ou diretor executivo necessitará exercer, não permitindo a folga social, estimulando a equipe a manterem-se unida e automotivada, auxiliando-as a resolver os problemas e a gerir os conflitos. Esses elementos auxiliará a equipe a alcançar a eficiência (que é fazer o que é certo, no local certo, no *time* certo, com as pessoas certas e metodologia certa) e a eficácia (que é os resultados da ótima eficiência). Mas como superar continuamente a performance individual e da equipe e sustentar os ótimos resultados alcançando a efetividade? Através da liderança *coaching*.

b. Desenvolvimento de equipes de altíssima performance através da liderança *coaching*

Alguns times de futebol conseguem melhores resultados nos campeonatos quando o técnico tem a sua disposição a melhor estratégia, tática e os melhores jogadores. Se ele não tem os melhores jogadores, então ele tem o desafio de transformar jogadores medianos em jogadores de alta performance. Assim acontece com o empresário, gerente ou diretor executivo da MPE, que para ter o encantamento e fidelização de seus cliente, e uma excelente lucratividade no exercício do seu ano fiscal, precisa aprender como contratar, treinar e capacitar os membros de sua equipe. Necessita fazer bem feito os processos básicos de RH (Recursos Humanos): recrutar, selecionar, contratar, integrar, treinar e capacitar pessoas, geralmente semipreparadas, e transformá-las em melhores profissionais para compor a sua equipe de trabalho. Não que ele vá executar esses processos, mais é importante saber para poder delegá-los ou até mesmo executá-los.

O requisito mínimo que qualquer empresa exige na contratação é a formação técnica para a função que a pessoa se propõe realizar. Se o empresário consegue realizar a contratação de profissionais ao menos tecnicamente preparados, resta a ele capacitá-lo para a realização do seu negócio. Por isso, Covey (2002) descreve liderança como a arte da capacitação. Para ele capacitação é a aptidão para reforçar o poder das pessoas, mediante o aproveitamento de seus recursos físicos, mentais, sentimentais e espirituais. Assim, o líder auxilia os seus colaboradores a desenvolverem o que eles têm de melhor, estimulando-os a utilizar com excelência o tempo e os recursos que estão a sua disposição para alcançar os resultados em que todos os envolvidos no negócio serão beneficiados.

Após o empresário, gerente ou diretor executivo da MPE, fazer o levantamento do "o que", "porque" (propósito, objetivo), do "quem", do "onde", e do "como" é que o líder gestor faz o mapa de treinamento, capacitação e *coaching* necessários para que ele próprio e os membros de sua equipe estejam preparados para a execução das tarefas dos projetos.

O treinamento é voltado para a aprendizagem técnica e tecnológicas do processo de trabalho (digitação, operação de sistemas ou máquinas, como planejar e executar, técnicas de vendas etc.). A capacitação é focada na questão comportamental e atitudinal (liderança de equipe, relacionamento interpessoal, atendimento ao cliente, resolução de problemas e gerenciamento de equipes, estimulo e motivação etc.). Depois que o indivíduo já tem o conhecimento técnico, comportamental e atitudinal, mas não consegue coloca-lo em prática, então é a hora do *coaching*, que pode ser realizado pelo gerente, empresário ou diretor executivo ou por um *coach* externo.

1. Surgimento do Coaching

Há 600 anos, numa pequena cidade da Hungria, chamada Kocs, foi desenvolvida uma carruagem bem maior que as utilizadas na época, que eram pequenas e apertadas, para no máximo quatro pessoas. A novidade húngara, que acomodava confortavelmente oito passageiros, recebeu o nome de *koczi szetér*, ou "vagão de kocs".

Rapidamente copiada em toda a Europa, a koczi fez tanto sucesso que logo virou sinônimo de carruagem, de qualquer tamanho. Franceses e espanhóis adaptaram a pronúncia para coche, de onde derivou o inglês *coach*, que deu origem a uma série de outras palavras, desde a americana *stage-coach* - as "diligências" dos filmes de bangue-bangue - até a classe "turista" dos aviões, a *coach class*.

Nas universidades inglesas do século XV, frequentadas apenas pela fina flor da nobreza britânica, os alunos iam para as aulas de *coa-*

ch, conduzidos por um cocheiro - o *coacher* - e daí o nome virou gíria estudantil para gozar os professores e depois, seriamente, para batizar técnicos esportivos.

O *coach*, portanto, ensina e conduz, tendo atuado inicialmente no ambiente esportivo, onde alguns profissionais se destacaram por conseguirem obter dos atletas um desempenho melhor que outros e o grande diferencial não estavam nas técnicas esportivas, mas sim na motivação do atleta, na maneira com que ele encarava a competição e seus adversários. Os resultados do *coaching* no meio esportivo foram tão grandes que sua atuação foi se expandindo para os outros tipos de *coaching*.

A variação líder *coach* é a aplicação interna à empresa, do que um *coach* realiza com executivos e outros clientes. A diferença é que o líder *coach* trabalha como um elemento catalisador entre os colaboradores, envolvendo-os para comprometê-los a se engajarem na busca da constante realização dos propósitos da organização. O líder *coach* procura trazer a tona o que há de melhor nos colaboradores. Daí, o significado básico de "transportar uma pessoa valiosa de onde ela está para onde ela quer ir".[28] O líder *coach* é um desenvolvedor de potenciais humanos transformando-os em altíssima performance de trabalho. Mas o que pode auxiliar o colaborador se superar? Treinamento, capacitação ou *coaching*?

2. Treinamento, capacitação ou coaching?

Randy Di Stephano (2006) citando um artigo, trás uma reflexão interessante que desde a década de setenta já era feita sobre a conjugação do treinamento e do *coaching*. A questão era o quer era mais eficaz: Treinamento ou *coaching*? No artigo, publicado no *Training and Development Journal*, em novembro de 1979, ficou evidenciado a diferença de resultados entre treinamentos que são prosseguidos por *coaching* e outros que não são. O que ficou patente foi que em grupos que participam de treinamento, mas não recebem *coaching* com foco nos novos comportamentos ou ideias treinadas, a tendência é rapidamente diminuir o uso do que foi aprendido, até que eventualmente o grupo volve aos mesmos hábitos que tinha antes do treinamento. Isto acontece por dois motivos:

1. Pela tendência natural de o cérebro humano continuar a fazer o que já está neurologicamente programado.
2. Pela ansiedade gerada devido à tentativa de implantação de métodos ou hábitos novos. Quando se instala algo novo, os resultados iniciais são geralmente piores do que os resultados

que se tinha com os métodos antigos. Esta baixa temporária acontece por causa do processo da "curva de aprendizado", onde uma pessoa tem temporariamente resultados piores do que antes, enquanto está aprendendo o novo. Sem incentivo contínuo, a tendência é voltar para o conforto do que já se conhecia e aos resultados garantidos. Por outro lado, aquela que atravessa a curva de aprendizado consegue ter resultados muito melhores comparados aos que teria se simplesmente tivesse permanecido com os hábitos antigos.

Para o grupo que teve *coaching* após o treinamento, os hábitos novos foram implantados e mantidos. "Também passaram pela curva de aprendizado, mas, com o *coaching* constante, conseguiram permanecer no processo, solidificar o que foi aprendido no treinamento e obter resultados superiores ao que tinham antes".[29]

Como Collins (2001), e mais especificamente Maxwell (1996) escreveram, o líder gestor necessita galgar do degrau mais elementar do cargo e da função de gerente, onde os colaboradores o respeitam pelo poder de sua função, passando pelo segundo degrau do relacionamento, onde mantém ótimo relacionamento e clima organizacional, na sequencia sobe o terceiro degrau da produção, onde conclui os projetos com excelência, alcança as metas, mas não desenvolve pessoas e nem um sucessor. O quarto degrau é do desenvolvimento do potencial humano transformando-os em ótima performance e formando assim futuros sucessores de sua função, o liberando para o exercício de outras funções mais complexas e que lhe poderão melhorar os seus rendimentos e lucratividade. Esse é o nível do líder *coach*. E após anos desenvolvendo pessoas, ele alcança o quinto degrau, que é o nível do líder mitológico como Jack Welk, que em vinte anos de GE, a General Eletric, multinacional norte-americana, ele conseguiu treinar e capacitar mais de 15 mil líderes, inclusive o seu sucessor, agregando assim altíssimo valor à empresa no seu período de Presidente Mundial da GE e deixando a sua marca na história empresarial como o melhor líder do século XXI. Jack Welk foi um líder *coach*.

3. A prática da liderança coaching
Para alcançar resultados tais como: maior produtividade, melhor comunicação com a equipe e entre ela, melhor relacionamento no trabalho, melhor qualidade de vida no trabalho, maior reconhecimento da marca da empresa, maior foco no cliente, é necessário que o líder transforme uma equipe com alto potencial em uma equipe de alta performance.

Para que o líder gestor saia da abordagem tradicional de liderança e inove sendo um líder *coach*, é essencial que desenvolva nos colaboradores dois conceitos básicos de *coaching*: a consciência e a responsabilidade. Whitmore (2010) Consciência é ter a lucidez de que suas ações contribuem ou atrapalham o crescimento da empresa, é atenção direcionada, concentração e clareza de propósito e do que se tem a fazer. A Responsabilidade acontece quando verdadeiramente o colaborador aceita, escolhe ou assume a responsabilidade de sua ação ou omissão no alcance dos resultados da empresa. É só quando o colaborador sente que é responsável pelos resultados por ele gerado e recebe o bônus ou o ônus correspondente é que melhorará a sua performance. Caso contrário, ele poderá ouvir, até realizar o trabalho por conta da ameaça implícita se a tarefa não for feita. Mais a ameaça não otimiza a performance.

É quando o colaborador considera como sua a visão, missão, valores e participa da construção dos objetivos estratégico da empresa, é que ele realmente se sente responsável. Mesmo que ele chegue à empresa após a construção do planejamento estratégico da empresa, o colaborador só terá alta performance real, se ele *escolher* livremente (adotar) como dele os projetos, metas e tarefas estratégicas. Mas como praticar o *coaching*?

O líder *coach* bem preparado não é aquele que tem as melhores respostas para os problemas trazidos pelos colaboradores, e sim aquele que tem as melhores perguntas, pois através das perguntas auxilia o colaborador a alcançar autoconsciência e responsabilidade. As perguntas precisam ser abertas e não fechadas, pois elas impedem as pessoas de pensarem. As perguntas fechadas estimulam respostas tais como: sim, não, "ahã", "uhun", ou seja, monossílabos. Deve-se evitar também os por quês, já que perguntas com esta palavra estimula a justificativas, desculpas, e não melhoram a performance.

Por outro lado, perguntas abertas envolvem palavras, tais como: O que, Quando, Onde, Como, Quanto, Quem. Vamos a um exemplo de um encontro de *coaching* entre o líder *coach* e o seu liderado:

- (Líder *coach*): Por quais resultados do projeto do Venda Mais e Melhor você é responsável?
- (Liderado): Pela captação e fidelização de novos clientes.
- (Líder *coach*): Como está o projeto hoje?
- (Liderado): Está na mesma. Ainda não consegui nenhum novo cliente.
- (Líder *coach*): "Qual é o seu maior desafio nesse projeto?"

- (Liderado): "Tem sido marcar a agenda de apresentação dos serviços com o novo cliente".
- (Líder *coach*): "Explique melhor".
- (Liderado): "Eu ligo para a listagem de potenciais clientes, me apresento, apresento a empresa, digo que quero marcar uma data e horário para conversar e a resposta é que a pessoa não tem interesse ou que não tem tempo."
- (Líder *coach*): "Ok. Qual é a meta e em quanto tempo você precisa alcançá-la?"
- (Liderado): "Minha meta é 80 novos clientes mês. É plenamente alcançável, mas não estou conseguindo."
- (Líder *coach*): "Então, eu quero que você imagine o futuro desejável, sem pensar nos obstáculos ou nas dificuldades. Imagine que chegou o fim do mês, e você bateu a sua meta! Aliás, você superou a sua meta! Acontecendo assim, o que isso te trás?"
- (Liderado): "Alegria, satisfação, conforto financeiro, autoconfiança."
- (Líder *coach*): "Perfeito! Quais seriam algumas pequenas ações que você pode estar fazer e que pode potencializar a sua marcação de agenda?"
- (Liderado): "Talvez se eu trabalhasse com as indicações dos atuais clientes satisfeitos ficasse mais fácil agendar com novos."
- (Líder *coach*): "Onde você pode conseguir a listagem de atuais clientes satisfeitos?"
- (Liderado): "Com o diretor comercial, eu posso pedir essa listagem para ele."
- (Líder *coach*): "Quando você pode pegar essa listagem com ele?"
- (Liderado): "Assim que terminarmos nossa conversa".
- (Líder *coach*): "Ótimo então! E depois, o que você irá fazer com ela?"
- (Liderado): "Vou fazer a solicitação de dois empresários amigos de nossos clientes e oferecer a eles um pequeno brinde pela indicação, depois ligar para eles e solicitar uma agenda."
- (Líder *coach*): "É isso aí! Você alcançará um grande sucesso. Na próxima semana sentaremos por cinco minutos para uma prestação de contas e ver como você se saiu na primeira semana. Vá lá, faça o seu melhor!"

Nesse diálogo, o líder *coach* alcança o colaborador onde ele se encontra: preso pela força inerciante. Quer alcançar a meta, mas não consegue. Força inerciante em *coaching* é a distância entre o que o indivíduo sabe o que tem que fazer e o que realmente faz. Quanto maior à distância, maior a força que o detém.

O líder *coach* explora a situação presente de limitação do colaborador sem julgamento ou censura, fazendo-o sentir-se seguro e o leva assim a perceber que seu líder gestor torce pelo seu sucesso e está ao lado para apoiá-lo, afinal, o sucesso de cada colaborador é o sucesso de toda a empresa e do empresário consequentemente.

O líder *coach* tira o seu liderado do seu presente desanimador, auxiliando-o a visualizar o futuro ideal e possível, para onde ele deve caminhar, e então extrai dessa visão de futuro os valores que serão os verdadeiros elementos motivadores para impulsioná-lo a excelência na performance na execução de sua função. Na sequencia, faz as perguntas certas para estimular o colaborador a traçar a sua estratégia para alcançar a sua meta e da sua equipe.

A prestação de contas semanal é essencial para que o colaborador tenha a pressão necessária para realmente realizar o que acordou que faria, ao mesmo tempo para corrigir o curso de ação do colaborador a tempo, se for necessário, e manter em alta a sua motivação. Entretanto não precisa ser para sempre, ou seja, poderá ser combinada mutuamente, determinada quantidade de encontros de *coaching*, por um tempo necessário para que a intenção se torne em ação que tragam resultados.

Considerações Finais

O ambiente econômico no Brasil está excelente para as Micros e Pequenas empresas, o mercado está rico em oportunidades e cheio de necessidades de ofertas de produtos e serviços com alta qualidade e baixo custo, campo próprio para a MPE. No entanto, não adianta haver oportunidades se não há capacidade de aproveitamento delas. E o fator principal para que as MPE sejam ágeis e aproveite ou crie novas oportunidades é uma liderança gerencial bem preparada. O empresário ou o gerente necessita desenvolver competências gerenciais empreendedoras e crescer tem competências tanto de liderança quanto de gestão, convergindo assim para o surgimento do líder *coach*, o líder transformador de potencial humano e profissional de seus colaboradores em altíssima performance e automotivação.

O objetivo do líder *coach* é a criação de hábitos de eficácia e alcance de sustentáveis e crescentes resultados globais para todos os envolvidos da empresa, até que os hábitos de eficácia se tornem em cultura de eficácia em toda equipe e empresa, para que assim clientes, colaboradores, fornecedores, empresários, governos e a sociedade, todos juntos sejam beneficiados, construindo assim, um Estado de bem comum.

Atividades e exercícios

1. Elabore um plano de ação pessoal para desenvolver suas habilidades empreendedoras conforme resultados obtidos após o preenchimento do Quadro 1. Procure estabelecer metas específicas, mensuráveis, atingíveis, realistas e uma data para conclusão. Foque inicialmente nas competências que julgar mais necessárias de desenvolvimento em um primeiro momento, pois tentar fazer tudo de uma só vez não leva a lugar algum.

2. Elabore um plano de ação pessoal para subir os degraus do caráter e das competências conforme resultados obtidos após o preenchimento do Quadro 2. Procure estabelecer metas específicas, mensuráveis, atingíveis, realistas e uma data para conclusão. Foque inicialmente nos pontos que julgar mais relevantes, pois tentar fazer tudo de uma só vez não leva a lugar algum.

3. Elabore um plano de ação pessoal para aumentar seu nível de liderança gerencial conforme resultado obtido após o preenchimento do Quadro 3. Procure estabelecer metas específicas, mensuráveis, atingíveis, realistas e uma data para conclusão. Foque inicialmente nos pontos que julgar mais relevantes, pois tentar fazer tudo de uma só vez não leva a lugar algum.

Questões para Debate

1. Como o *coaching* pode alavancar o trabalho em equipe e contribuir para a melhoria dos resultados de uma PME?
2. Qual o melhor para minha empresa: treinamento, capacitação ou *coaching*?

Sugestão de Pesquisa.

Em seu livro, Empresas feitas para vencer, Jim Collins cita o exemplo de vários líderes nível 5. Pesquise a biografia de um desses líderes e elabore um pequeno relatório das coisas que um líder de uma PME pode fazer igual ou semelhante.

Palavras-Chave

Liderança gerencial, Liderança Estratégica, Liderança de Equipes, *Coaching*.

REFERÊNCIAS

[1] ttp://www.administradores.com.br/informe-se/artigos/frases-de-peter-drucker-para-o-seu-dia-a-dia-empresarial/1452/. Acessado em 20/02/2012.
[2] http://revistapegn.globo.com/Revista/Common/0,,EMI225384-17180,00-CRESCE+FATURAMENTO+DAS+MICRO+E+PEQUENAS+EMPRESAS+DE+SP.html. Acessado em 20/02/2012.
[3] http://www.ibge.gov.br/home/presidencia/noticias/noticia_visualiza.php?id_noticia=2074&id_pagina=1&titulo=Desocupacao-fica-em-4,7%-em-dezembro-e-fecha-2011-com-media-de-6,0%. Acessado em 20/02/2012.
[4] http://www.ibge.gov.br/home/presidencia/noticias/noticia_visualiza.php?id_noticia=2087&id_pagina=1&titulo=Em-janeiro,-desocupacao-foi-de-5,5%
[5] http://www.advivo.com.br/blog/luisnassif/o-desemprego-na-europa. Acessado em 20/02/2012.
[6] http://www.sae.gov.br/novaclassemedia/?page_id=58. Acessado em 20/02/2012.
[7] MATOS, Antonio Carlos de. **Cenários das Micro e Pequena Empresas**. Palestra no Fórum de Fornecedores do Sebrae. Campo Grande, 2011.
[8] DALTRO, Ana Luiza; OYAMA, Érico. **A lição dos vencedores**. Revista Veja, Edição 2245, 30/11/2011.
[9] SEBRAE. **Orientação para Pequenos Negócios**. Programa Brasil Empreendedor. Apostila do aluno. Brasília, 2000.
[10] MAXWELL, John C. **Desenvolva sua liderança**. Rio de Janeiro: Record, 1993.

[11] COVEY, Stephen R. **Liderança baseada em princípios**. 7. ed. Rio de Janeiro: Campus/FranklinCovey, 2002.
[12] GAUDENCIO, Paulo. Superdicas para se tornar um verdadeiro líder. Saraiva. São Paulo. 2008.
[13] LEIDER, Richard J. O espelho da liderança: por que eu deveria segui-lo? In GOLDSMITH, Marshall; LYONS, Laurence; FREAS, Alyssa (Org.). *Coaching* – o exercício da liderança. Campus/DBM. Rio de Janeiro. 2003.
[14] HUNTER, James. **O monge e o executivo**. Rio de Janeiro: Sextante, 2004.
[15] KOUZES, James M.; POSNER, Barry Z. Quando os líderes são *coaches*. In GOLDSMITH, Marshall; LYONS, Laurence; FREAS, Alyssa (Org.). *Coaching*: o exercício da liderança. São Paulo: Campus/DBM, 2003.
[16] MORGAN, Gareth. **Imagens da organização**. São Paulo: Atlas, 1996.
[17] CROWE, Russel. *Gladiador*. Scott Free Productions, Red Wagon Entertainment. Estados Unidos e Reino Unido, 2000.
[18] RAINER, Thom S.; GEIGER, Eric. **Igreja Simples**. Brasília: Palavra, 2011.
[19] THRALL, Bill. McNICOL, Bruce. McELRATH, Ken. **A escalada de um líder**. São Paulo: Mundo Cristão, 2005.
[20] MAXWELL, John C. **Ética é o melhor negócio**. São Paulo: Mundo Cristão, 2007.
[20] HULL, Raymond; PETER, Laurence. **O princípio de Peter**. A estranha mania de se promover funcionários até que se tornem incompetentes. Rio de Janeiro: Campus, 2003.
[22] COLLINS, Jim. **Empresas feitas para vencer – Good to great**. Por que apenas algumas empresas brilham. 8. ed. Rio de Janeiro: Campus, 2001.
[23] SALGADO, Eduardo. **O mago do computador**. Veja, edição 1.757, de 26/06/2002. São Paulo: Editora Abril.
[24] SOUZA, Cesar. **Qual é o tamanho do seu sonho?** Editora Ágora.
[25] VIEIRA, Galdino Nunes. **Sonhos sonhados, realidades vividas**. Santo André: Casa Publicadora Brasileira, 1983.
[26] ROBBINS, Stephen P. **Fundamentos do comportamento organizacional**. 7 ed. São Paulo: Person Prentice Hall, 2007.
[27] GOLDSMITH, Marshall. LYONS Laurence. FREAS, Alyssa (Org.). *Coaching*: o exercício da liderança. São Paulo: Campus/DBM, 2003.
[28] CAMBIAGUI, Norma. Apostila: **O líder coach**. Curso promovido pela Crescer Brasil Pesquisa e consultoria. Campo Grande, 2006.
[29] DI STEPHANO, Randy. **Líder coach**. Líder formando líderes. Rio de Janeiro: Qualitymark, 2006.

[30] WHITMORE, Jonh. **Coaching para performance**. Aprimorando pessoas, desempenho e resultados. Competências pessoais para profissionais. Rio de Janeiro: Qualitymark, 2010.

Controles Financeiros em Micro, Pequenas e Médias Empresas

KLEBER TEIXEIRA

Poucas pessoas compreendem que a sorte é criada, assim como dinheiro.
Robert T. Kiyosaki

INTRODUÇÃO

Em um cenário cada vez mais competitivo a manutenção da liquidez, onde os recursos em caixa são suficientes para honrar as dívidas, é fundamental para continuidade dos negócios. A ausência de controles adequados pode gerar descasamentos de caixa e utilização de fontes de recursos inadequadas, levando a empresa à situação de insolvência e por consequência findar suas atividades.

Controles financeiros adequados possibilitam a tomada eficiente de decisões em questões como: adequações no prazo de recebimento das vendas efetuadas, expansão ou retração de estoques, negociações para obtenção de prazos para pagamentos de fornecedores e ainda aumento ou diminuição das margens operacionais.

O objetivo deste capítulo é demonstrar a importância dos controles financeiros e os meios para operacionalizá-los.

1. CONTROLES BÁSICOS

Os controles básicos estão associados às atividades financeiras primárias, mas são fundamentais para elaboração de indicadores mais estruturados, pois não adianta a empresa utilizar meios avançados de gestão, se os dados de origem não estão confiáveis. Os controles básicos estão diretamente associados à escrituração das atividades financeiras da empresa. Neste quesito podemos destacar cinco:

a. Diário de caixa: registra todas as entradas e saídas de recursos e tem por objetivo validar as movimentações de recursos da empresa. Cada transação financeira é transcrita de forma clara e objetiva e eventuais discrepâncias são apontadas prontamente. Exemplo:

1. Dois sócios decidem abrir uma loja e para isto juntam suas economias, perfazendo um capital inicial de R$ 500.000,00.
   Deve-se creditar a conta capital e debitar a conta caixa no mesmo valor.
   Caixa a Capital = R$500.000,00.
2. Resolvem imobilizar R$ 300.000,00 adquirindo um imóvel.
   Deve-se creditar a conta caixa e debitar a conta imóvel no mesmo valor.
   Imóvel a Caixa = R$300.000,00.
3. Com R$50.000,00 formam o estoque de matéria-prima.
   Deve-se creditar a conta caixa e debitar a conta matéria-prima.
   Matéria-prima a Caixa = R$300.000,00.
4. Gastam R$ 100.000,00 com a compra de móveis, sendo 10% à vista e o restante financiado em parcelas iguais e subsequentes.
   Nesta situação há abertura de um financiamento, pois não houve o pagamento integral. Sendo assim, deve-se creditar as contas caixa e financiamentos e debitar a conta móveis e utensílios.
   Móveis e utensílios a Caixa = R$10.000,00.
   Móveis e utensílios a financiamentos = R$90.000,00.

Note que para todas as fontes ou destino dos recursos deve-se fazer um registro. A fonte do recurso deve receber um crédito e o destino deve receber um débito e todas as transações devem ser escrituradas formalmente.

É importante ressaltar que o diário de caixa é apenas registro, não é uma ferramenta para mensurar o grau de eficiência na gestão econômica financeira da empresa.

b. Controle bancário: registra todas as movimentações bancárias. Atenção, este controle não deve ser confundido com um extrato bancário, seu objetivo primordial é justamente validar as informações fornecidas pelos bancos, efetuar uma dupla checagem e desta forma, qualquer lançamento indevido – por exemplo, um débito não procedente – será prontamente identificado, podendo a empresa reclamar o valor.

c. Controle de contas a pagar e receber: registra as obrigações e os direitos da empresa. Gera o fluxo financeiro que é a diferença entre as entradas (recebimentos) e as saídas (pagamentos). Com este simples controle é possível determinar a necessidade ou a sobra de caixa. Em um cenário normal, o ideal é que as contas a receber possuam vencimentos inferiores aos das contas a pagar, do contrário, a empresa aumenta sua necessidade em investimento no capital de giro, tópico que vamos ver mais adiante.

d. Controle do volume de vendas: este controle fornece o direcionamento estratégico, permitindo que o empresário direcione todas as suas atividades, desde ações de vendas à aquisição de estoques. É um grande balizador das atividades gerais da empresa. Em função do desempenho comercial decisões serão tomadas e ajustes efetuados. Sem um efetivo controle de vendas, todo o fluxo de caixa da empresa fica comprometido, pois nesta situação não há como criar uma programação de utilização dos recursos financeiros.

e. Controle de Estoques: este controle permite otimizar as decisões de compras e gastar recursos apenas no que é realmente necessário, além de fornecer o exato valor do montante financeiro gasto na efetiva formação dos estoques e relacionar os itens disponíveis. O controle de estoques é fundamental para criação de uma política de preços e vendas, dado que com ele é possível estimar com precisão os custos das mercadorias vendidas.

2. Índices Contábeis

Os índices contábeis constituem um importante instrumento de controle financeiro, estes são largamente difundidos, de fácil aplicação e entendimento.

Matarazzo (1998) caracteriza os índices como uma relação entre contas contábeis, cujo principal objetivo é demonstrar a situação econômica ou financeira da empresa. Os índices contábeis estão divididos em dois grandes grupos: existem os índices que são direcionados a dar uma visão da situação financeira da empresa e os voltados para analisar a situação econômica.

Situação Financeira → Estrutura de Capital / Liquidez

Situação Econômica → Atividade / Rentabilidade

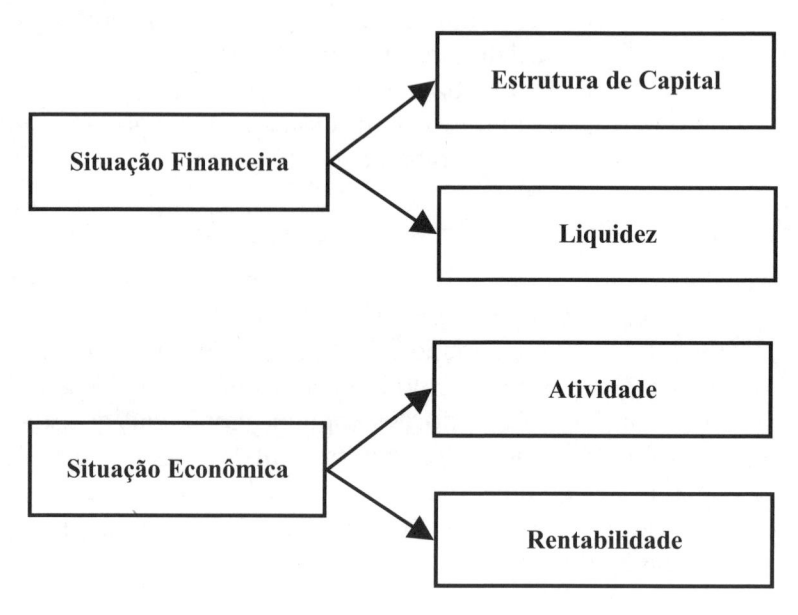

Figura 14.1: Índices contábeis.

Para fornecer um panorama sobre a situação financeira da empresa, foram criados alguns índices que analisam a estrutura e a liquidez da empresa; já para fornecer a visão econômica são focados os níveis de atividade e rentabilidade.

Os índices voltados para analisar a estrutura têm por objetivo verificar o grau de eficiência das decisões financeiras direcionadas para constituição de capital. Em todas as empresas as fontes de financiamento são o patrimônio líquido, que são os recursos "próprios" injetados pelos sócios/acionistas e o capital de terceiros, que são representados nos balanços sob as rubricas do passivo circulante mais o exigível em longo prazo.

Os índices de estrutura buscam evidenciar/demonstrar como os recursos da empresa foram aplicados e mais, qual a participação destes na estrutura da empresa. Ao analisar os índices de estrutura, é importante observar alguns fatores intrínsecos à empresa, como por exemplo, o ramo de atividade, as circunstâncias econômicas, o ciclo operacional etc.

Com base nestes fatores, a empresa deverá estabelecer qual a composição adequada de capital para sua atividade.

Para analisar a estrutura de capital de micro, pequenas e médias empresas é possível destacar os seguintes índices:

a. Endividamento: Capital de Terceiros / Patrimônio Líquido

Este índice demonstra a relação entre o capital próprio e o de terceiros. É uma relação direta entre o capital investido e os recursos obtidos com terceiros. Quanto maior for a utilização de recursos de terceiros, maior deverá ser a rentabilidade do empreendimento, pois o custo de oportunidade do capital de terceiros, normalmente, é superior ao custo do capital próprio. Quanto maior for este índice, maior será a utilização do capital de terceiros, por consequência, maiores deverão ser as taxas de retorno do empreendimento e taxas de retorno superiores, estão diretamente relacionadas a riscos operacionais maiores, portanto, esta simples relação é muito importante para gestão financeira da empresa, pois custos elevados de capital vão requerer margens operacionais elevadas, podendo tornar o negócio inviável.

b. Composição do endividamento: Passivo Circulante / Capital de Terceiros

Estabelece a relação entre as obrigações de curto prazo e as obrigações totais. A função básica deste índice é demonstrar o perfil da dívida. Quanto maior o índice, maiores serão as obrigações com vencimento no curto prazo, por consequência, maior a necessidade de gerar caixa no curto prazo e aumento do risco operacional – menor horizonte de tempo para obter as receitas operacionais necessárias.

c. Imobilização do Patrimônio Líquido: Ativo Permanente (Patrimônio Líquido + Exigível em Longo Prazo).

Evidencia a relação entre o imobilizado e o Patrimônio Líquido.

Paula Leite (1994) afirma que o objetivo dos índices de liquidez é verificar a capacidade que a empresa tem de honrar seus compromissos no curto prazo. Matarazzo (1998) atribui aos índices de liquidez a capacidade de demonstrar a situação financeira, mas também esclarece que os índices de liquidez não devem ser confundidos com indicadores da capacidade de pagamento, uma vez que estes não são extraídos do fluxo de caixa. Para expressar a liquidez de uma empresa destacam-se os seguintes índices:

a. Liquidez Geral: (Ativo Circulante + Realizável em Longo Prazo) / (Passivo Circulante + Exigível em Longo Prazo).

Demonstra a relação entre os direitos (recebimentos) e as obrigações (pagamentos).

b. Liquidez Corrente: Ativo Circulante / Passivo Circulante.

Estabelece a relação entre as dívidas vencíveis em curto prazo e os ativos realizáveis em curto prazo.

c. Liquidez Seca: (Ativo Circulante – Estoques) / Passivo Circulante.

O uso deste índice tem o mesmo objetivo que o uso do índice de liquidez corrente, só que é um pouco mais conservador, pois para apuração do mesmo somente são considerados os ativos realizáveis em curto prazo (duplicatas a receber e as disponibilidades: valores em bancos, aplicações etc.). Apesar de ter uma formulação mais severa, a liquidez seca, quando comparada à corrente, tende a ter menos poder explanatório, ou seja, uma empresa com um bom índice de liquidez corrente, mas com um péssimo índice de liquidez seca, normalmente é considerada em condições financeiras satisfatórias. Neste caso, sendo a baixa liquidez seca apenas um indicativo de grandes volumes de estoques. É importante observar que altos índices de liquidez podem estar associados à perda de rentabilidade, uma vez que pode existir excesso de recursos não correntes aplicados no ativo circulante.

Os índices de atividade, em suma, buscam demonstrar qual a capacidade/eficiência que as empresas possuem em controlar seus ativos. Podemos destacar os seguintes índices:

a. Giro do ativo: Vendas Líquidas / Ativos

   Este indicador estabelece uma relação entre vendas e investimento realizado. A utilização deste possibilita verificar qual a eficiência com que a empresa utilizou seus ativos para gerar vendas.

b. Índices de Prazo Médio

   Os índices de prazo médio devem ser aplicados em empresas com volume de vendas e compras uniformes, pois para empresas com picos ou concentrações de volumes de compra e venda, a utilização de índices de prazo médio acarreta distorções, podendo prejudicar totalmente a análise realizada. Os três índices básicos de prazo médio são:

Prazo médio de recebimento: busca medir o tempo consumido entre a venda e o recebimento. Quanto maior o prazo de recebimento, maior é a necessidade de fontes de financiamento de capital de giro. Sua fórmula básica é:
(Equação: 14.1)

$$PMR = \frac{Duplicatas\_a\_Receber}{Vendas\_Médias\_Diárias}$$

Sendo as vendas médias diárias iguais a:

(Equação: 14.2)

$$VMD = \frac{Vendas\_Anuais}{360}$$

O prazo médio de recebimento exerce um impacto direto nos investimentos requeridos, e não no fluxo de caixa, pois alterações neste prazo irão requerer aumento ou diminuição dos investimentos externos.

- Prazo médio de estocagem: a apuração deste índice é diferente para empresas comerciais e industriais, porque a empresa comercial não transforma materiais em mercadorias; neste caso o que simplesmente ocorre é a revenda de produtos já acabados. Neste capítulo vamos nos ater às fórmulas usadas em empresas comerciais.

Para apurar o prazo médio de estocagem, o primeiro passo é determinar o custo da mercadoria vendida, onde:
(Equação: 14.3)
CMV = EI + C - EF
Sendo:
CMV – Custo da mercadoria vendida
EI – Estoques iniciais
C – Compras
EF – Estoques finais

O segundo passo é determinar a rotação dos estoques.
(Equação: 14.4)

$$Rotação = \frac{CMV}{Estoque\ Médio}$$

E por último:
(Equação: 14.5)

$$PME = \frac{360}{Rotação}$$

O prazo médio de estocagem demonstra qual o período de tempo consumido em cada rotação dos estoques.

- Prazo Médio de Pagamento: este índice demonstra o período entre o recebimento da mercadoria e o efetivo pagamento.

(Equação: 14.6)

$$PMP = \frac{Duplicatas\_a\_Pagar}{Compras\_Médias\_Diárias}$$

Sendo as compras médias diárias:
(Equação: 14.7)

$$CMD = \frac{Compras}{360}$$

Os índices de rentabilidade têm por objetivo demonstrar o rendimento do investimento realizado. Através do uso destes indicadores é possível verificar a lucratividade da empresa. Os principais índices de rentabilidade são:

a. Margem Líquida: Lucro Líquido / Vendas Líquidas

    Cria uma relação entre margem e vendas; pode ser considerado um índice de retorno. Este índice fornece uma clara noção do nível de rentabilidade da atividade.

b. Rentabilidade do Ativo: Lucro Líquido / Ativo

    Relaciona a obtenção de lucro com a utilização do ativo, ou seja, demonstra qual o grau de eficiência na utilização dos ativos para obtenção de lucro. Com este índice é possível fazer uma comparação direta com o custo de oportunidade do capital, e assim dar um direcionamento estratégico. Nos casos onde a rentabilidade do ativo for inferior ao custo de oportunidade do capital, a atividade deve ser revista, pois não há sentido continuar com este empreendimento – a rentabilidade obtida deve ser superior ao custo de oportunidade de capital.

Não existe um consenso dos autores sobre a utilização dos índices, na verdade há uma grande discussão sobre quais índices são os mais importantes e quantos são necessários para realizar uma boa análise de uma empresa. Matarazzo (1998) afirma que, para se realizar uma boa previsão da situação da empresa, são necessários no mínimo quatro índices e no máximo onze. Em estudos recentes foi observado que em análises baseadas em índices, na medida em que se aumenta o número de índices utilizados, há uma diminuição da capacidade explanatória marginal, isto é, cada índice acrescentado explica menos que o anterior.

Os índices contábeis basicamente podem ser avaliados através de três critérios:

- significado intrínseco;
- comparação em diferentes períodos de tempo;
- comparação de padrões.

Para empresas de micro, médio e pequeno porte os índices apresentados neste capítulo podem ser obtidos facilmente e darão uma clara noção do estado da saúde financeira da empresa.

3. Ciclo Operacional

Pode-se dizer que o ciclo operacional demonstra o prazo de investimento e é obtido pela soma do prazo médio de estocagem com o prazo médio de recebimento.

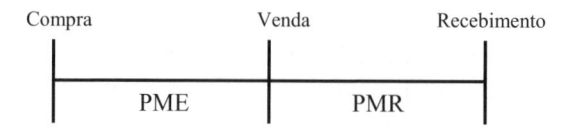

```
Compra           Venda          Recebimento
  |---------------|---------------|
  |      PME      |      PMR      |
```

FIGURA: 14.2: CICLO OPERACIONAL.

Note que até realizar o pagamento aos fornecedores, a empresa não precisa se preocupar com as fontes de financiamento, uma vez que as mercadorias são entregues em contrapartida de um pagamento futuro.

O período compreendido entre o pagamento da mercadoria adquirida e o recebimento da mercadoria vendida é conhecido como ciclo financeiro, que pode ser obtido pela diminuição do prazo médio de pagamento do ciclo operacional. Quanto maior for o ciclo financeiro, maior será o custo da empresa. Caso a empresa consiga obter um prazo médio de estocagem inferior ao prazo médio de pagamento, os fornecedores, além de financiar os estoques, também estarão financiando as vendas. O inverso implica que a empresa está financiando a formação de estoques e aumentando a necessidade de investimento em capital de giro.

```
         Compra           Venda          Recebimento
           |---------------|---------------|
           |      PME      |      PMR      |
                                   Ciclo Financeiro
  |-----------------------|---------------|
  |          PMP          |               |
```
Financiamento das vendas pelos fornecedores

```
  |-------|-------------------------------|
  |  PMP  |        Ciclo Financeiro       |
```
Empresa financiando a formação de estoques

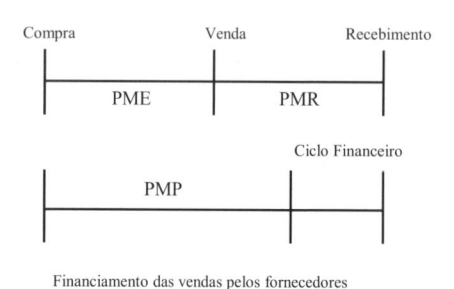

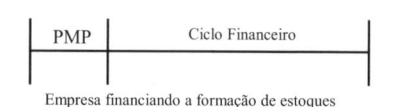

FIGURA: 14.3: CICLOS OPERACIONAIS DESCASADOS.

3.1 Necessidade de Investimento em Capital de Giro (NIG)

Assaf Neto e Silva (1997) atribuem a NIG uma grande precisão técnica no que diz respeito a avaliar e conhecer a estrutura financeira de uma empresa. A necessidade de investimento em capital de giro também é conhecida como NCG (necessidade de capital de giro). Matematicamente, pode-se obter a NIG pela seguinte fórmula:
(Equação: 14.8)
NIG = Ativo Circulante Operacional − Passivo Circulante Operacional

		Ativo	Passivo
Circulante	Financeiro	Caixa e Bancos Aplicações Financeiras	Empréstimos bancários Financiamentos Duplicatas Descontadas
	Operacional	Duplicatas a Receber Estoques	Fornecedores Salários e Encargos Impostos e Taxas

FIGURA 14.3: BALANÇO PATRIMONIAL.

É importante observar que, tanto o ativo quanto o passivo circulante financeiro possuem natureza errática, ou seja, não possuem vínculo direto com o ciclo operacional da empresa, e sim um relacionamento direto com a conjuntura econômica e com o nível de risco que a empresa deseja assumir. Já os ativos e os passivos circulantes operacionais possuem uma estreita relação com as atividades produtivas das empresas, logo estão diretamente relacionados com o ciclo operacional.

Quando o ativo circulante operacional é maior que o passivo circulante operacional existe a necessidade de investimento em capital de giro; já quando o passivo operacional supera o ativo operacional há uma sobra de recursos provenientes das atividades operacionais.

Ao verificar o balanço, é possível perceber que existem basicamente três tipos de financiamento da NIG. São eles:

- capital circulante próprio;
- empréstimos e financiamentos bancários de longo prazo;
- empréstimos bancários de curto prazo.

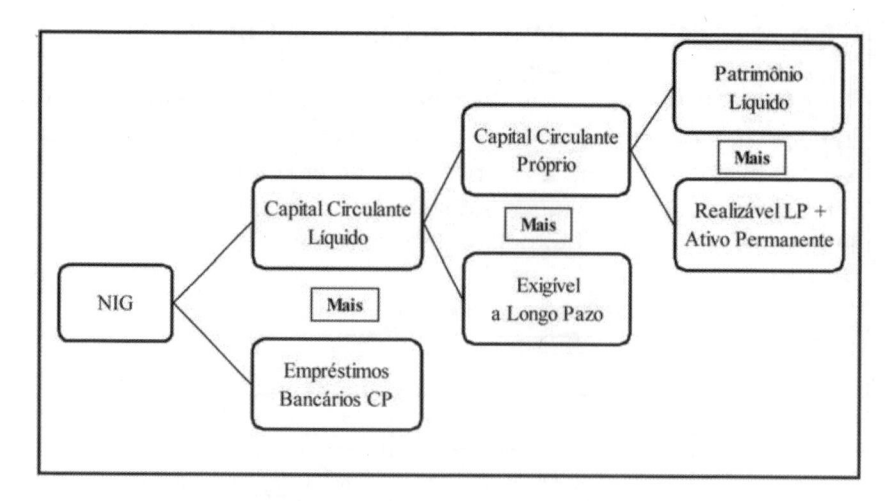

FIGURA: 14.4: FONTES PARA FINANCIAMENTO DA NIG.

O conceito da NIG é muito semelhante ao do capital circulante líquido, a diferença básica é que, enquanto o CCL engloba todo o passivo e o ativo circulante, a NIG engloba somente a parte operacional.

3.1.1. A Volatilidade da NIG

Para Assaf Neto e Silva (1997), a princípio a necessidade de investimento depende de três fatores: volume de produção, volume de vendas e ciclo financeiro. Os volumes de produção e vendas irão determinar o nível de atividade da empresa, e o ciclo financeiro será determinado pela natureza do negócio.

Toda atividade produtiva irá requerer financiamento permanente. Segundo Assaf Neto e Silva (1997), com o passar do tempo, as empresas passam a apresentar uma necessidade de investimento em capital de giro constante, um comportamento muito semelhante aos investimentos permanentes, só que uma parte da NIG sempre terá um comportamento sazonal. Cabe ressaltar que a necessidade permanente de NIG sempre deve ser coberta por passivos permanentes, pois caso contrário a empresa tem um aumento de seu risco de insolvência.

Existe um fenômeno associado ao conceito da NIG conhecido por *overtrading*. Este fenômeno ocorre quando há uma grande expansão da atividade da empresa sem o mesmo crescimento do volume de recursos disponíveis. Em cenários de "overtrading" há uma maior demanda por investimentos, gerando aumento da NIG e com o passar do tempo a NIG tende a superar o CCL, fato que origina o chamado efeito tesoura, onde as necessidades permanentes de capital de giro são cobertas por financiamentos de curto prazo, o que eleva drasticamente os custos das empresas e torna as mesmas extremamente dependentes deste tipo de capital. É importante observar que não só o aumento dos níveis de atividade pode provocar um efeito de "overtrading"; um cenário econômico inflacionário ou uma redução do capital de giro líquido ou até mesmo políticas de imobilização podem desencadear o fenômeno.

Considerações Finais

O sucesso na administração de micro, pequenas e médias empresas está diretamente associado aos controles financeiros. Não basta ser empreendedor, é imperativo ter controles adequados e utilizar recursos compatíveis com a necessidade de capital – investimentos de longo prazo devem ser financiados com recursos de longo prazo. As atividades empresariais, via de regra, não devem ser financiadas com recursos de curto prazo.

A gestão do capital de giro esta diretamente associada ao sucesso do empreendimento, pois as fontes de captação de recursos são escassas e os custos são elevados. Ao utilizar fontes indevidas há um aumento considerável no custo de capital, forçando a empresa a correr mais riscos – em busca de maiores retornos – prejudicando suas atividades e diminuindo suas vantagens competitivas. Quanto maior for o custo de capital, menor será a margem para praticar políticas de preços, prazos para pagamento de fornecedores e recebimento de clientes.

Os controles financeiros não devem impactar a atividade da empresa. O foco da empresa deve ser a atividade produtiva, mas os controles são imperativos para o sucesso empresarial e em hipótese alguma, devem ser relegados a segundo plano. Os controles devem estar diretamente associados ao plano estratégico, ser de fácil elaboração e entendimento, pois estes podem fazer a diferença entre o sucesso e fracasso do empreendimento.

Exercícios

1. Qual o objetivo do diário de caixa?
2. Que instrumento básico de controle gera o fluxo financeiro da empresa?
3. Qual controle básico fornece o direcionamento estratégico?
4. Quais são as funções básicas do controle de estoques?

5. Quais são os grandes grupos dos índices contábeis?
6. Quais são as fontes de financiamento das empresas?
7. Qual o impacto de um índice de endividamento elevado?
8. Qual a diferença entre o índice de liquidez corrente e o de liquidez seca?
9. O que buscam demonstrar os índices de atividade?
10. O que é ciclo financeiro?

Questões para Debates

1. Qual a importância dos controles básicos?
2. Os índices contábeis são significativos para todos os tipos de empresa?
3. Qual a composição ideal de capital para uma empresa? Existe um ponto máximo para utilização de capital de terceiros?
4. Qual índice de liquidez – corrente ou seca – possui um maior poder explanatório da condição financeira da empresa?
5. Quantos índices são necessários para fornecer um cenário da condição financeira da empresa?
6. Existe um ciclo financeiro máximo para cada empresa?
7. Qual a importância da gestão adequada da necessidade de investimento em capital de giro (NIG)?
8. É possível controlar a volatilidade da NIG?
9. Toda expansão da atividade empresarial pode gerar o fenômeno de "overtrading"?

Sugestão de Pesquisa

CAOUETTE, Jonh B.; ALTMAN, Edward I.; NARAYANAN, Paul. **Gestão do Risco de Crédito**. Rio de Janeiro: Qualitymark, 1999.

HOPP, João Carlos; LEITE, Helio de Paula. **O mito da liquidez.** São Paulo: Revista de Administração de Empresas, outubro/dezembro, 1989.

Palavras-Chave: Finanças, controle financeiro, ciclo operacional, NIG (Necessidade de investimento em capital de giro), Overtrading.

Referências

LEITE, Helio de Paula. **Introdução à Administração Financeira**. São Paulo: Atlas, 1994.
MATARAZZO, Dante C. **Análise Financeira de Balanços.** São Paulo: Atlas, 1998.
NETO, Alexandre Assaf; SILVA, César Augusto Tibúrcio. **Administração do capital de giro**. São Paulo: Atlas, 1997.
SANTOS, José Odálio dos. **Análise de Crédito – Empresas e Pessoas Físicas**. São Paulo: Atlas, 2000.
SAUNDERS, Anthony. **Medindo o risco de crédito**. Rio de Janeiro: Qualitymark, 2000.

Logística e Controle de Estoques, para Micro, Pequenas e Médias Empresas: *fatores críticos de sucesso no empreendimento*

SIDNEI DOMINGOS

A linha entre a desordem e a ordem está na logística.
Sun Tzu

1. INTRODUÇÃO

A atividade empresarial é digna de reconhecimento pela disposição do empresário em assumir risco. O risco aqui está no receio de perder alguma posição patrimonial, obtida com muita labuta e certo nível de privações e/ou escolhas. Quando a questão é risco o dono do dinheiro sabe que o alto risco pode gerar elevado retorno – mercado de ações, atividade empreendedora etc., e pequeno risco, baixo retorno – poupança, aplicações no tesouro direto etc. A grande maioria da população tem aversão ao risco, sendo uma brutal evidência, o volume que temos em aplicação da caderneta de poupança, a mais popular – conservadora, das aplicações financeiras do Brasil. Por outro lado, há os ousados que buscam maior retorno, com foco na economia real – produtos e serviços e, como consequência, assumem maior nível de risco. A economia do Brasil tem nas Micro, Pequenas e Médias seu ponto de relevância, visto que aproximadamente 98% das atividades empresariais existentes, tem a presença desses visionários. Participam com cerca de 20% do PIB nacional e empregam 57% da mão de obra do mercado. O propósito de mercado – produto, serviço, nível de faturamento etc., e a estruturação – processos, pessoas, prédios, máquinas, estoque, logística etc., acabam sendo os ingredientes que vão fazer parte do sucesso do empreendedor. Nesse texto vamos dispensar uma atenção maior para os estoques e logística. A Federação das Indústrias do Estado de São Paulo (Fiesp) vem desenvolvendo esforços hercúleos nas esferas municipal, estadual e federal, com o lídimo compromisso de apoiar esses intrépidos guerreiros empresariais, no que tange à minimização do custo Brasil – tributação, obrigações, burocracias etc. Ressaltamos que o Governo Federal tem oferecido excelente suporte em termos de gestão empresarial, por meio do Serviço Brasileiro de Apoio às Micro, Pequenas e Médias Empresas (Sebrae).

Palavras-chave: capital de giro, logística, estoque, clientes e preço.

2. Variáveis que Estão Atreladas à Responsabilidade do Empreendedor

O empreendedor tem por missão precípua garantir a sobrevivência da empresa. Se a empresa não prosperar, não há retorno do capital empregado, não há contribuição social ao país – produto e/ou serviço que a sociedade está disposta a adquirir, emprego da mão de obra etc., e, nem econômica – contribuição para a formação do Produto Interno Brasileiro (PIB), que se traduz na medição da riqueza do país. Nos dias atuais não podemos deixar de colocar na mira das ações empresariais: aspectos ambientais, produtos ecologicamente corretos – recicláveis, recuperáveis etc., enfim de baixo impacto ambiental. Em economia há o conceito de externalidade: positiva – quando há reflexos favoráveis para a sociedade: p. ex.: Uso de catalisadores nos veículos da empresa, e negativa – quando há impacto negativo para a sociedade: p. ex.: Descarte de lixo industrial em mananciais, sem o devido tratamento dos resíduos sólidos e efluentes. O empreendedor além de garantir a sobrevivência do empreendimento deve primar pela manutenção do futuro do planeta. O *triple bottom line*, ou seja, o tripé da sustentabilidade, que enfoca os aspectos *econômico, social e sustentável*, já está na agenda do mundo empresarial.

3. Qual É o Negócio da Empresa?

As preocupações em definir os aspectos básicos do negócio, passam pela análise do empresário, como também pelo cliente, que, sempre estará avaliando qual é a proposta da firma – nível de serviço, qualidade do produto, nível de profissionalismo etc., conforme resumo a seguir:

Preocupações do Empresário.	Ponto para Reflexão.	O que o Cliente Deseja da Empresa?
Definir o propósito.	Produto ou Serviço? Temos a competência essencial para fornecer com excelente nível de qualidade? O segmento de mercado foi avaliado? Temos um plano de negócios? Temos uma estratégia?	O cliente quer comprar o que a sua empresa oferece? A sustentabilidade do planeta está sendo considerada?
Quais recursos financeiros deverão ser utilizados?	Recursos próprios ou de terceiros? O fluxo de caixa está projetado? Qual é a taxa de retorno do capital?	Que o preço seja de mercado, não sofrendo a interferência da pressão da estrutura de recursos.
Qual será o foco?	Meta de Crescimento ou de manutenção de faturamento ou redução de custos?	O mercado é severo e o cliente sempre compara preços. Se reduzir custos, reavalie o preço de venda.
Qual será a logística?	Como será o fornecimento? Frota própria ou terceirizada?	Produto no ponto de venda com entrega no prazo.
Qual é a mão de obra?	Operacional, de gestão própria ou terceirizada?	Excelente qualidade no atendimento.
Qual será o foco do treinamento?	Operacional, qualidade e de cortesia.	Qualidade de produto e máxima cortesia.
Definição de metas.	Metas factíveis e com certo nível de desafio, sem risco de perda de qualidade.	Que o cumprimento de metas interfira na qualidade (produto ou serviço).

Fonte: Quadro elaborado pelo autor.

Em muitos casos não é o custo que determina o preço de venda, mas o inverso. O preço de venda necessário determina qual deve ser o custo. Qualquer economia, resultando em redução de custo de compra, que é uma parte de despesa de operação de uma indústria, é 100% lucro. Os lucros das compras são líquidos (HENRY FORD – Estimulador do modelo T, o famoso Ford Bigode).

4. Estoque: um Interessante "x" da Questão

Quando se trata de estoque, os donos do capital, ou seja, os proprietários necessitam estar atentos para que o giro do estoque efetivamente ocorra. Estoque parado é dinheiro que não trabalha para a empresa. Se o estoque não girar é o mesmo que perder a possibilidade de alocação de desse recurso em outra atividade – é a análise do custo de oportunidade (é a renúncia do uso do recurso em alguma outra atividade que poderia gerar outro resultado). Lembrando que o ciclo operacional da firma começa no caixa – no momento da compra de insumos de produção ou de mercadorias para revenda. Em seguida acontecem: divulgação, vendas à vista, vendas a prazo/faturamento, devoluções, despesas com salário, despesas com impostos, outros gastos e despesas mensais e o recebimento pelas vendas – momento que o dinheiro retorna para o caixa. Durante esse ciclo, ocorrências inesperadas podem surgir: inadimplência de clientes, majoração dos preços de insumos ou mercadorias pelos fornecedores, necessidade de novo equipamento ou nova planta etc. Se não houver um planejamento financeiro – principalmente o fluxo de caixa – adequado entre o gasto com insumos ou produtos, despesas em geral, novos investimentos e a efetiva entrada de receitas, sob a forma de uma gestão concreta, a empresa poderá ter que lançar mão de novos recursos próprios ou de terceiros – notadamente dos bancos, obrigações de longo prazo, com possibilidade de colocar em risco a sobrevivência do empreendimento. É importante determinar: a) *"o quê"* deve permanecer em estoque. Quantidade de itens; b) determinar *"quando"* se devem reabastecer os estoques. Periodicidade; c) determinar *"quanto"* de estoque será necessário para um período pré-determinado e a quantidade de compra; d) acionar o setor de compras para executar aquisição de estoque; e) receber, armazenar e atender os materiais estocados de acordo com as necessidades; f) controlar os estoques em termos de quantidade e valor, e fornecer informações sobre a posição do estoque; g) manter inventários periódicos para avaliação das quantidades e estados dos materiais estocados; e, h) identificar e retirar do estoque os itens obsoletos e danificados. Vale lembrar que quando se fala em estoque, temos: insumos de produção, produtos semiacabados, produtos acabados, componentes etc.

O estoque, no balanço patrimonial da empresa, se situa no ativo circulante – bens e direitos da empresa, porém é a conta com maior dificuldade em se transformar em dinheiro, que precisa girar para fazer caixa – recebimentos à vista e contas a receber (duplicatas a receber), visto que do outro lado do balanço (Passivo circulante: os exigíveis de curto prazo/**CP**) temos os credores da empresa, conforme quadro a seguir:

Ativo Circulante (Bens e Direitos)	Passivo Circulante (Obrigações)
Disponibilidade de caixa (CP). Contas a receber (Duplicatas etc. (CP) Estoques (CP).	Salários (CP). Fornecedores e outros débitos (CP). Impostos e outras obrigações (CP).
Ativo realizável de longo prazo.	Passivo exigível de longo prazo.
Ativo permanente.	Patrimônio líquido.

CP= Curto Prazo.
Fonte: Elaborado pelo autor.

A seguir relatamos pontos para a reflexão por parte do empresário:

Contexto do Estoque	Ponto de Relevância	Fator Crítico de Sucesso
Tempo entre o pedido e o recebimento do insumo/produto do fornecedor.	Redução do tempo.	Evitar que o cliente fique sem o produto. Se o cliente perceber que há falta do produto, a concorrência será beneficiada. A informática é um bom instrumento de apoio. *E-procurement* poderá será útil.*
Evidencie que o estoque está disponível.	Produto no ponto de venda, divulgação externa e força de vendas ativada.	A cadeia de suprimento da firma necessita estar com boa estruturação.
Aumentar vendas ou administrar melhor o estoque?	Se há mercado pujante, deve-se aumentar as vendas e gerir bem o estoque.	Reavaliar sempre o estoque médio. Evitar estoque parado. Selecionar os melhores fornecedores.

* É a aquisição de bens e serviço, por meio da internet – compra/venda eletrônica. Poderá ser realizado por processo manual ou com a utilização de sistema de gestão.

Fonte: Elaborado pelo autor.

A título de ilustração, com os Correios em greve, o consumidor não tem o serviço de encomendas disponível – estoque do serviço, em sua totalidade, face ao movimento paredista. Essa condição faz com que o consumidor verifique opções no mercado concorrencial de encomendas e se utilize dos serviços de um operador privado – transportadoras, companhias aéreas, motoboys, ônibus etc. O incremento dos gastos com propaganda, em TV, rádios, jornais e revistas, por muitos operadores privados é notório nesse período. A insatisfação do consumidor diante de um segmento de prestação, seja produto ou serviço, pode gerar a possibilidade de perda de receita e, até mesmo a migração definitiva do mesmo para a concorrência. Manter clientes é algo importante. Conquistar novos clientes é um caminho árduo. Perdê-los poderá significar o início da falência do empreendimento. O estoque de produto e/ou serviço disponíveis, em quantidades adequadas para o cliente é um grande diferencial na gestão empresarial, face à percepção positiva da imagem da empresa.

A seguir, temos uma visão geral do ciclo operacional, em que o **PMP** (Prazo Médio de Pagamento) se iguala ao **PMR** (Prazo Médio de Recebimento).

Esse cotejo entre os prazos médios de pagamento e de recebimento se faz necessário semanalmente. Em caso de **PMP < PMR**, o ***CCL (Capital Circulante Líquido = Ativo Circulante/direitos de curto prazo – Passivo Circulante/obrigações de curto prazo),*** da empresa estaria negativo – dificuldades no capital de giro para fazer os desembolsos de curto prazo.

Data Zero Até 30 Dias	30 Dias em Diante	45 Dias	60 Dias
Compra de mercadoria.	Venda.	Pagamento de fornecedor.	Pagamento de fornecedor.
Rotação dos estoques.	Venda à vista e a faturar – Duplicatas.	Recebimento de duplicatas.	Recebimento de duplicatas.
Prazo Médio de Pagamento (PMP)			
	Prazo Médio de Recebimento (PMR)		
Ciclo Econômico	Ciclo Financeiro		
Ciclo Operacional			

Fonte: Elaborado pelo autor com base em informações coletadas em eventos da Fiesp.

O fluxo de caixa para um período projetado de seis meses poderá ser visualizado, supondo que os custos fixos mensais são de R$ 25.000,00 e custo de aquisição de estoque de R$ 40.000,00/Mês. No final do semestre ao invés de Necessidade de Capital de Giro – NCG, teremos Sobra de Capital de Giro – SCG. Isso se dá, em razão de maior prazo médio de pagamento, no caso em tela, igualado ao prazo médio de recebimento. No entanto, observe que nos dois meses iniciais do fluxo, os recursos próprios foram necessários, no caso, o nível máximo foi de R$ 25.000,00. Em caso de não dispor de recursos próprios, a alternativa será buscá-los nos bancos/financeiras, o que costuma ser oneroso devido ao *spread* – percentual adicional que o emprestador – banco ou financeiras, adiciona na composição da taxa de juros para garantia do empréstimo. Verificar outras opções de financiamento pelo governo.

QUADRO 15.1: FLUXO DE CAIXA SIMPLIFICADO (EM MILHARES DE REAIS)

	JAN	FEV	MAR	ABR	MAI	JUN
Saldo Inicial	0	(25)	(10)	5	20	35
(+) Entradas	0	80	80	80	80	80
= Total	0	55	70	85	100	115
(-) Saídas	(25)	(65)	(65)	(65)	(65)	(65)
= Saldo	(25)	(10)	5	20	35	50

Fonte: Quadro elaborado pelo autor, a partir de anotações em eventos da Fiesp.

O custo total anual do estoque também é algo que merece uma verificação pelo empresário no aspecto genérico, conforme fórmula (MARTINS et al., 2003, p. 146) abaixo de ampla utilização nos livros sobre o tema:

$$CT \text{ (custo total anual)} = \frac{(C_a + i \cdot P_{uc})}{2} \cdot \frac{D}{Q} + C_p \cdot + C_{fi} + D \cdot P_{uc}$$

Onde temos: C_a = Custo anual de armazenagem; i = Taxa de juros de mercado; P_{uc} = Preço unitário de compra; Q = Quantidade do LEC (ver p. 13 e 14, sobre o lote econômico de compra) ou **Qtde**. alternativa adquirida; C_p = Custo por pedido; D = Demanda anual; e, C_{fi} = Custos fixos independentes. C_C = Custo de carregamento = $C_a + i \cdot P_{uc}$

Vamos calcular o custo total do estoque, com base nos dados a seguir:

Demanda anual = **D = 10.000**
Custo do pedido = C_p = **R$ 90,00**
Preço unitário de compra = P_{uc} = **R$ 19,00**
Custo de armazenagem = C_a = **R$ 1,90**
LEC (lote econômico de compra) = **528** (ver p. 14)
i = taxa de juros de **24%** a.a
C_{fi} = Custos fixos independentes = **R$ 200,00**
Custo do capital = $i \cdot P_{uc}$ (juros e depreciação do capital)
(0,24 . 19) = **R$ 4,56** C_c = 1,90 + 4,56 = 6,46

$$CT\ (528) = (1{,}90 + 0{,}24 \cdot 19) \cdot \frac{528}{2} + 90 \cdot \frac{10.000}{528} + 200 + 10.000 \cdot 19 = 193.609{,}98_{\text{a.a.}}$$

Portanto, a gestão financeira do estoque é de suma importância para que a empresa logre êxito. A gestão financeira deve ser feita com base em dados confiáveis, de preferência originados em sistemas informatizados, sugerindo que os inventários devem ser periódicos, para cotejar o estoque físico com o escritural. Se a produção da firma for norteada por encomenda, com diversos fornecedores, vale a pena estudar o *Sistema JIT – estoque necessário para o momento certo de utilização, muito utilizado pelos Japoneses e disseminado no planeta*. Se o empresário adquire o estoque para o exato (ou próximo do) momento de uso, a administração do caixa se torna mais flexível, mitigando a necessidade de capital de giro, de forma a avaliar se os custos adicionais de transporte não impactam na lucratividade do empreendimento. Os custos da falta de estoque devem ser evitados. Veja maiores detalhes na bibliografia mencionada no final do texto.

4.1. Giro de Estoque

O giro de estoques mede quantas vezes, por determinado tempo, o estoque girou ou se renovou, ou seja, mede a atividade real da empresa.

$$\text{Giro de estoques} = \frac{\text{Valor consumido no período}}{\text{Valor do estoque médio no período}}$$

Vamos supor os seguintes dados hipotéticos de estoque:

Mês	EI	Entradas	Saídas	EF	(EI + EF)/2	Estoque Médio Mensal
Jan	100	110	50	160	(100+160)/2	130
Fev	160	80	120	120	(160+120)/2	140
Mar	120	150	130	140	(120+140)/2	130
Abr	140	90	70	160	(140+160)/2	150
Mai	160	180	160	180	(160+180)/2	170
Jun	180	85	75	190	(180+190)/2	185
--x--	----x---	----x----	605	--x--	-------x------	905

EI = Estoque Inicial EF = Estoque Final. Dados do estoque em unidades. Pode ser calculado também em valores, ou seja, com uma visão do montante financeiro investido. Fonte: Quadro elaborado pelo autor.

O estoque médio do período será: 905/6 meses = 150,83.

O giro de estoque: 605/150,83 = 4,01. (Um giro muito baixo para o estoque da firma a priori. Sempre, devemos analisar o giro médio do segmento da firma. Existem dados disponíveis no Sebrae e Fiesp.)

Além do giro de estoque, outro conceito interessante para o empresário é o de cobertura dos estoques.

4.2. Cobertura dos Estoques

A cobertura dos estoques indica o nº de unidades de tempo, em dias, que o estoque médio será suficiente para atender a demanda média.

$$\text{Cobertura (dias)} = \frac{\text{Número de dias do período}}{\text{Giro}}$$

Para o caso, temos: número de dias do período: 6 meses vezes 30 dias = 180 Dias e o Giro de 4,01, já calculado anteriormente.

$$\text{Cobertura (dias)} = \frac{180}{4,01} = 44,89 \text{ dias}.$$

É relevante abordarmos que:

- O giro do estoque está muito baixo. Se a força de venda incrementar as vendas em 50%, o giro de estoque será de 9,68 (141,39% de incremento). O giro nos estoques quanto mais elevado será melhor para a empresa, principalmente, quando se opera com vendas de varejo, vendas ao consumidor, vestuário ou segmento alimentício, entre outros. Em uma empresa de produção, conforme seu segmento, o giro de estoque pode ser relativamente elevado, porém, deve-se pensar na aquisição da matéria prima e/ou insumos necessários para o período, considerando o ramo de atividade – fabril, varejo, componentes e insumos etc. O cuidado especial é não pensar apenas no giro. Deve-se pensar no capital de giro necessário para manter a empresa produzindo e/ou atendendo a demanda – vendas e produção precisam de sincronização no dia a dia, de forma a se obter boa lucratividade. De preferência utilizar o capital de giro próprio, sem cair na conta garantida do banco, cujo juro é relativamente alto (no mercado financeiro se diz que a conta garantida é o cartão de crédito das empresas).

4.3. A Curva ABC

A análise da curva ABC – baseada na análise de Vilfredo Pareto, no século XIX, de origem Italiana (definiu a relação aproximada de que 20% de determinadas ocorrências têm efeito em 80% de outras variáveis de um processo – lei das proporções inversas. Um exemplo que ocorre nas empresas: 20% dos maiores clientes de uma empresa são responsáveis por 80% das receitas, em tese). A curva ABC proporciona uma verificação, em ordem decrescente de importância do estoque. Com base nos percentuais de participação, os itens de estoque são classificados em: **classe A** (mais importantes para a empresa), **classe B** (itens intermediários) e **classe C** (menos importantes), conforme dados hipotéticos a seguir.

Item	Consumo Anual (Qtde.)	Custo por Unidade (R$)	Custo Total (R$)	Valor Consumido/Valor total	%	% Acumulado	Classe
003	4100	8,00	32.800,00	32.800/67667	48,47	48,47	A
009	1400	7,00	9.800,00	9800/67.667	14,48	62,95	A
002	1800	3,00	5.400,00	5.400/67.667	7,98	70,93	B
004	2100	2,50	5.250,00	5.250/67.667	7,76	78,69	B
008	1200	3,70	4.440,00	4.440/67.667	6,57	85,26	B
010	550	8,00	4.400,00	4.400/67.667	6,50	91,76	C
006	700	4,00	2.800,00	2.800/67.667	4,14	95,90	C
005	300	5,00	1.500,00	1.500/67.667	2,22	98,12	C
001	300	4,00	1.200,00	1.200/67.667	1,77	99,89	C
007	25	3,10	77,50	77,5/67.667	0,11	100,0	C
--x--	--------x----	----x----	67.667,00	--------x-------	---x--	-------x-------	----x---

Fonte: Elaborado pelo autor.

O gráfico básico sugere uma representação aproximada da curva ABC, na qual 62,95% dos itens encontram-se na faixa "A".

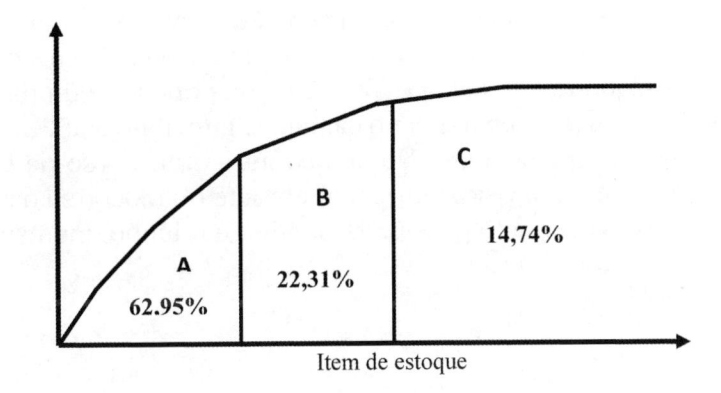

Consulte a bibliografia indicada e obtenha mais informações sobre a curva ABC.

4.4. Níveis de Estoque

4.4.1. Curva Dente de Serra

No gráfico a seguir temos a movimentação (entrada e saída) de item de estoque, supondo que: o ciclo seja repetitivo e constante (DIAS, 1988, p. 57), não ocorram falhas de pedido (administrativas do solicitante) e nem do fornecedor (no que respeita à entrega do pedido) e, sem rejeito pelo controle de qualidade do solicitante. Esse seria o melhor dos mundos do fornecimento. Na sistemática *Just In Time* (JIT) pode ser factível, com o cuidado de avaliar se o custo de transporte e outros fatores, *devido a diversos fornecimentos,* não têm influência no preço de venda.

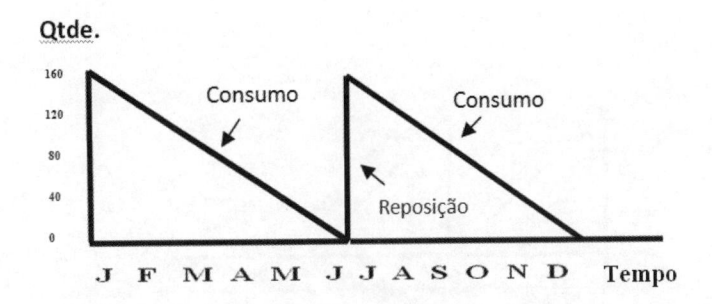

4.4.2. Curva Dente de Serra de Ruptura

Se ocorrerem falhas de fornecimento, a empresa solicitante sofrerá as consequências – falta de insumos, componentes ou produtos, (DIAS, 1988, p. 58) problemas com o capital de giro, perda de vendas e clientes para a concorrência etc. No gráfico a seguir o atraso de fornecimento fica evidenciado, visto que apenas em setembro ocorreu o fornecimento de 80 itens. O ponto de ruptura ocorreu em junho, momento que o estoque chegou à zero.

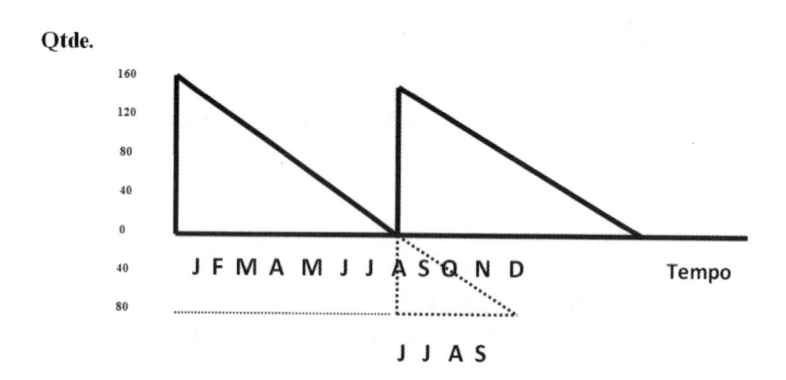

4.4.3. Dente de Serra com Estoque Mínimo de Segurança

Para evitar as surpresas com o fornecimento, o estoque mínimo ou de segurança pode ser estabelecido (DIAS, 1988, p. 59), para o caso hipotético, de 20 itens, conforme a seguir. *O estoque de segurança, na verdade é capital de giro adicional que o empresário necessita dispor.* O estoque máximo aqui é de 160 itens.

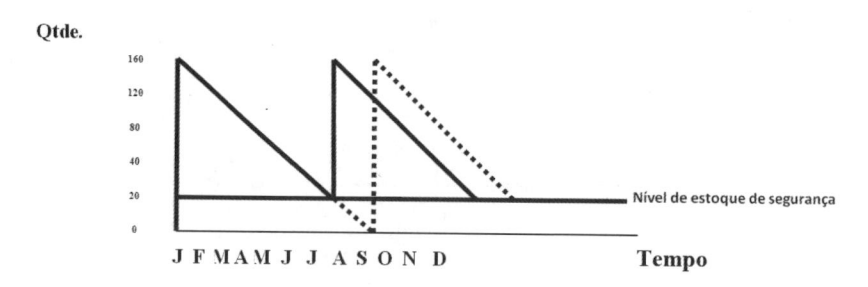

4.4.4. Determinação do Estoque Mínimo ou de Segurança

Para o cálculo do estoque mínimo – de segurança, vamos lançar mão de três fórmulas básicas simples:

(1) **Estoque Mínimo = Er + d . t**

(1) Onde: **Er** = Estoque de reserva, **d** = Consumo médio mensal ou diário do item e **t** = Tempo (mês ou dia) de espera para receber o item.

Supondo que a empresa consome 90 itens por mês, o que gera uma quantidade diária de 3 unidades. Para realizar o fornecimento, a quantidade de dias é de 35. O empresário estimou uma reserva de 10 itens.

O estoque mínimo poderá ser calculado:
Estoque Mínimo = 10 + 3 . 35 = 115 itens.

(2) **Estoque Mínimo = C . K**

(2) Onde: **C** = Consumo médio mensal e **K** = Fator arbitrário, decorrente de decisão gerencial ou com apoio da estatística (DIAS, páginas 73, 74, 75, 76 e 77, 1988) que auxilia na estimação do grau de atendimento – supondo que o empresário, de forma simples, queira que, em apenas 5% das vezes, no mês, o estoque do produto ou peça seja zero, sendo o consumo mensal de 80 peças, o **fator K** seria de 0,95%. Portanto: **Estoque Mínimo = 80 . 0,95 = 76 peças.**

(3) **Estoque Mínimo com o método da raiz quadrada = $\sqrt{C.TR}$**

(3) Nessa forma de determinação do estoque, mais precisa, somente deverá ser utilizado se: *o consumo durante o tempo de reposição for menor que 20 itens, o consumo do item for irregular e a quantidade requisitada seja igual a 1*. Vamos supor: 30 itens de consumo mensal, quantidade requisitada de uma unidade/dia e tempo de reposição de 40 dias, teremos: **Estoque Mínimo = 30 . 40 = $\sqrt{1.200}$ = 34,64 = 35 unidades.**

4.4.5. Determinação do Ponto de Pedido (pp)

A composição do ponto de pedido (DIAS, 1988, p. 60-61) é dada por:

PP = C . TR + E.min, onde: **PP**= ponto de pedido, **C** = Consumo médio mensal, **TR** = Tempo de reposição e **E.min** = Estoque mínimo.

Em um gráfico, temos:

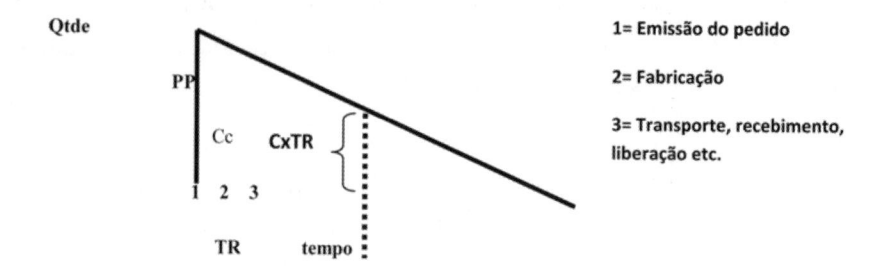

4.4.6. Cálculo do Lote Econômico de Compra

A fórmula consagrada para a estimação do lote econômico de compra, sem e com o custo de capital, amplamente publicada (DIAS, 1988, p.100 e/ou MARTINS et al., 2003, p. 142 e 175) na literatura que aborda o tema relacionado ao estoque, está mencionada a seguir:

$$LEC = \sqrt{\frac{2 \cdot D \cdot C_p}{C_a}} \quad \text{ou} \quad LEC = \sqrt{\frac{2 \cdot D \cdot C_p}{C_c}} \longrightarrow (C_a + i \cdot P_{uc})$$

Onde temos: **LEC** = Lote Econômico de Compra, **D** = Demanda do item no período, C_a = Custo de armazenagem do estoque, por item e por período, obtido da aplicação de um % sobre o custo unitário, C_p = Custo do pedido e $C_c = (C_a + i \cdot P_{uc})$, onde ($i \cdot P_{uc}$) é igual ao custo de capital do estoque (Juros, depreciação etc.).

Exemplificando: O consumo de determinado item é de 10.000/ano. O custo de manter o item em estoque é de R$ 1,90/ano (10% do valor unitário R$ 19,00) e o custo de pedir (por pedido) é de R$ 90,00. Taxa de juros de 24% a.a.

$$LEC = \sqrt{\frac{2 \cdot 10.000 \cdot 90}{1,90}} = \sqrt{947.368,42} = 973 \text{ unidades/sem o custo de capital.}$$

Calcule com o custo de capital (C_c). Resposta = **528 unidades**

Para definir a quantidade de pedidos, temos para o exemplo acima:

NP (Número de pedidos) = Demanda do período, dividida pelo **LEC**:

NP = $\frac{10.000}{973}$ = 10,27 pedidos durante o ano ou **18,94**, com **custo de capital.**

Podemos calcular o intervalo (em dias) entre os pedidos:

Intervalo entre pedidos (dias) = $\frac{360}{10,27}$ = 35 dias ou **19** dias com *custo de capital.*

Para um maior aprofundamento do tema estoques – lote econômico de produção, lotes com restrições etc., a bibliografia, citada no final do capítulo, poderá ser consultada com o fito de agregar conhecimento para o sucesso do empreendedor. Há software para controle de estoque disponível no mercado.

5. Logística: Fator Relevante para a Disponibilização de Produtos no Mercado

Você já imaginou que em um país como o Brasil, de dimensões continentais, a arquitetura logística é algo fascinante. Padecemos ainda pela pequena malha ferroviária, bem como, pela ínfima malha hidrográfica. No Brasil predomina o modal rodoviário. Os Correios apresentam boa participação nas entregas de encomendas até 30 kg – segmento de cargas fracionadas (encomendas) e contam com grande suporte do modal rodoviário. Os Correios, em breve, devem rever sua estrutura de tratamento e transportes, visto que o grande foco será: coleta, tratamento, transporte e distribuição de encomendas, segmento concorrencial. A capilaridade dos Correios – abrangência nacional dos municípios brasileiros, com entregas nos domicílios ou em pontos de atendimento, é um diferencial competitivo relevante. Uma das preocupações dos empresários é fazer chegar o produto ao ponto de venda, recorrendo à frota própria, frota terceirizada – prestando serviço exclusivo ou recorrendo aos operadores de transporte com foco em cargas fracionadas.

> Em pesquisa recente realizada pelo Ibope Inteligência, sob encomenda do Instituto de Movimentação e Armazenagem de Materiais (Imam) abrangendo 70 empresas, de 14 segmentos diferentes, em 5 grandes regiões do Brasil, 56% operam com frota própria e 44% terceirizam as entregas. Desses 44%, aproximadamente 30% deixam de 6% a 10% das entregas sob responsabilidade dos operadores logísticos (Fonte: **www.pacer.com.br**, conforme notícia postada em 04.08.2011).

Segundo Ballou (1993), "a logística empresarial está relacionada com todas as atividades de movimentação e armazenagem, que facilitam o fluxo de produtos e informações do ponto de aquisição da matéria-prima até a distribuição do produto final, providenciando níveis de serviços adequados a um custo razoável aos clientes".

No ponto de distribuição final está o cliente, aquele que gera o resultado para a empresa, ou seja, quem proporciona a sobrevivência do empreendimento. O cliente adquire o produto, porém, avalia a eficiência do mesmo. Em logística, a medição da prestação do serviço é uma das obrigações do operador, ou seja, os indicadores são estabelecidos e passam a refletir o nível de serviço apresentado. O empresário que contrata os serviços do operador logístico deve monitorar e incluir cláusulas indenizatórias no contrato, em caso de perda do padrão negociado, forma a proporcionar proteção empresarial e condições favoráveis para que a finalidade precípua seja atingida. O operador logístico deve fornecer um relato periódico sobre a qualidade dos indicadores. A seguir temos uma amostra de possíveis indicadores que o operador logístico pode apresentar. De acordo com as necessidades do negócio, indicadores específicos poderão ser estruturados.

Indicador	Descrição	Cálculo	Medidor
Taxa de atendimento do pedido.	Mede o % de pedidos na quantidade e especificações do cliente.	Pedidos atendidos Total de pedidos expedidos	Sugestão: 99,6%. Verificar as melhores práticas do segmento.
% de pedidos completos e no prazo.	Entregas no prazo e de acordo com a especificação do pedido.	Entregas 100% corretas Total de entregas realizadas	Sugestão: 99,5%. Verificar as melhores práticas do segmento.
Acuracidade do inventário.	Corresponde à diferença entre o valor do estoque físico e a informação contábil.	Valor (R$) do estoque Valor contábil do estoque	Sugestão: 99,5%. Verificar as melhores práticas do segmento.

Fonte: Quadro elaborado pelo autor.

5.1. Atividades Básicas de um Operador Logístico

Em caso de opção pelo operador logístico, lembramos as suas atividades básicas para análise: armazenagem, condições especiais de armazenagem, consultoria e customização de projetos, controle de estoque, transporte, distribuição em pontos indicados pelo empresário (tem a opção porta – a – porta), logística reversa (devolução de produtos, resíduos sólidos ou partes componentes para evitar contaminação do meio ambiente etc.), montagem de remessas e conjuntos customizados, embalagem, monitoramento do nível de serviço – indicadores, gerenciamento intermodal – interface com diversos meios de transporte, milk run – rota de coleta de itens junto aos diversos fornecedores em apoio à atividade produtiva da empresa, suporte fiscal, JIT (atendimento de remessas de partes componentes e insumos para o momento da produção, apregoado pelo sistema *Just In Time*), desembaraço aduaneiro (Importação e Exportação) e relatórios diversos (performance operacional, qualidade etc.).

Dessas atividades básicas, armazenagem, controle de estoque e transferência merecem uma atenção especial face ao elevado grau de importância, visto que a empresa depende, sobremaneira, dessas variáveis para fazer chegar o produto no ponto de venda ou receber a matéria-prima ou insumo de produção para manter a atividade do empreendimento.

Armazenagem.	- Necessidade de instalações adequadas para movimentação do estoque – área, empilhadeiras, paletes, prateleiras, mesas para manuseio, paleteiras, comunicação por rádio, sistema prático de localização de itens etc. - Recepção e expedição de produtos. - Seguro para produtos e instalações. - Exigências legais para armazenagem/Condições especiais de armazenagem. - Controle de qualidade nos processos do armazém. - Tecnologia para gestão (código de barras, leitura ótica, rádio frequência etc.). - Mão de obra qualificada.
Controle de estoque.	- Definir uma política de estocagem com o cliente. - Controle e segurança do estoque. - Acompanhamento do nível de estoque e localização. - Emissão de relatórios periódicos. - Proporcionar a rastreabilidade do produto.
Transferência (Transporte).	- Estruturar frota, inclusive com o apoio de rastreadores. - Qualificar e homologar transportadoras. - Operar com valores competitivos de fretes. - Negociar o nível de serviço com a transportadora. - Conferência e pagamento de fretes. - Medir e controlar o desempenho da transportadora. - Emitir relatórios sobre o níveis de serviço – qualidade do serviço prestado.

Fonte: Quadro elaborado pelo autor.

5.2. Razões para Terceirizar as Atividades Logísticas

Muitas vezes, o empresário quer priorizar a atividade principal, ou seja, manter o foco no negócio em que a firma tem realmente um diferencial de competência – fazer bem o produto que o mercado quer, ou seja, quer primar pela competência essencial. De outro lado, podemos ter a necessidade de maior flexibilidade no processo logístico – produto com demandas especiais, às vezes para atender a um projeto especial. A redução de custos conforme região de atuação é uma das preocupações do empresário – cotejo entre o custo de ter o veículo e o custo do operador logístico, ou seja, qual é a relação custo x benefício? Um melhor atendimento ao cliente poderá requerer a contratação do operador logístico. Muitas vezes, o negócio principal se expande de tal forma que a área de armazenagem precisa ser liberada para a produção – nesse caso, o operador logístico poderá ser uma opção. A atuação em novos mercados, com aumento de cobertura de área geográfica, pode ter como solução o operador logístico. Ressaltamos que a relação custo x benefício deverá ser um ponto de análise do empresário, lembrando que a opção de remessas pelos Correios, com remessas até 30 kg (carga fracionada), dependendo do volume operacional, poderá ser objeto de contrato Firma/Correios, com prazo médio de pagamento de 45 dias.

Na avaliação das alternativas de solução para o problema logístico aparecem, quase sempre, variáveis quantitativas (custos, investimentos, prazos de entrega), junto com variáveis qualitativas (satisfação do cliente, imagem da empresa). Se todas as variáveis pudessem ser convertidas em único valor resultante, quantificável, a comparação entre as alternativas seria bastante mais fácil (ALVARENGA; NOVAES, 1994).

5.3. Critérios Básicos para Seleção do Operador Logístico

Quem vai prestar serviços de logística necessita estar estruturado para atender o mercado. O empresário que busca essa opção no mercado fará uma reflexão sobre os seguintes pontos:

- Visita do empresário às instalações do operador e conhecer o perfil da força de trabalho.
- Qual é a experiência de mercado do operador? Ele atende a necessidade da empresa?
- As instalações físicas e equipamentos em uso estão conservados e atualizados?
- Os métodos e processos operacionais são adequados aos produtos da firma?
- Os custos do operador estão competitivos no mercado? A avaliação custo x benefício permite esse desembolso pela firma?

- O operador apresenta bom nível de TI – Tecnologia da Informação? WMS: *Warehouse Management System* – Sistema de Administração do Armazém está ativado?
- O operador logístico opera de forma integrada – logística de abastecimento (sistemas, transportes, seguro etc.), logística interna (estoque e respectivo controle, sistemas, seguro etc.) e logística de distribuição (rastreamento, seguro etc.)?
- Qual é a estrutura financeira do operador logístico?
- O operador logístico apresenta consistência – quais firmas já operam com ele, e, se existem planos de crescimento do operador no mercado? Há histórico favorável dos indicadores e respectivas performances?
- Há missão, visão e valores, indicadores de resultado, certificações – ambientais, de processo de produção, e evidências de relações com as partes interessadas (clientes, governo, sociedade, empregados e acionistas)?

Para aprofundar os conceitos de logística consulte as referências.

"Muitas vezes nós medimos tudo e não entendemos nada. As três coisas mais importantes a medir em um negócio são: a satisfação dos clientes, a satisfação dos empregados e o fluxo de caixa" (JACK WELCH, ex-CEO da GE).

6. Conclusão

Para o micro, pequeno e médio empresário, a gestão do estoque, seja para produção, material de apoio ao negócio, revenda de produtos, entre outros, será um ponto primordial das atenções com o empreendimento. Como vimos, o estoque necessita de giro, visto que estoque parado é o mesmo que capital de giro aplicado a juro negativo, face à taxa de inflação que permeia a economia. O controle de estoque necessita ser efetivo, sem erro, de preferência com o apoio de informática. A área de vendas necessita estar integrada com a produção ou estoque de insumos, lembrando que os estoques são constituídos de matéria-prima, material auxiliar (insumos), material de escritório, peças em processo, produtos acabados, entre outros. Na curva ABC, os estoques com maior participação no contexto da empresa poderão ser visualizados, a título de subsídios para a decisão sobre a política de aquisição. Um fator importante é o cliente. O cliente quer preço, percepção de que a sustentabilidade está no foco da empresa, qualidade dos produtos e pós-venda.

Quem define o preço é o mercado – o cliente. Cabe ao empresário atuar nos custos e respectivo nível de lucro. Tradicionalmente, o foco era: Preço = Lucro + custo. Hoje essa equação (SHINGO, 2007, p. 109) se altera: Lucro = Preço (mercado/cliente) – custo (ação nos processos, melhores aquisições de insumos e produtos, maior eficiência na gestão da empresa, maior nível de consciência pela força de trabalho quanto à necessidade de executar o trabalho com excelente qualidade, boa qualidade de vida para a força de trabalho, salários de mercado, foco no tempo de atravessamento/ menores tempos de produção dos produtos, reciclagem ou reprocessamento de materiais, troca de experiência junto das empresas no segmento – é o importante *benchmarking*, ou seja, o padrão referencial de comparação a ser igualado ou superado etc.). Essa equação também poderá ser: Custo = P (mercado = cliente) – Lucro. O custo é o alvo da análise, face à alta concorrência na atualidade. Projetar margem de lucro, mas não se esquecer de que o mercado (cliente) tende a ditar o preço.

Um ponto de relevância é não descuidar do prazo médio de recebimento e o prazo médio de pagamento. Um PMP < PMR poderá causar uma deterioração das finanças da empresa, de forma a ameaçar a sobrevivência do empreendimento.

Para fazer chegar o estoque ao ponto de produção ou no ponto de venda, o aspecto logístico deve ser analisado em detalhes:

- Compensa ou não ter frota própria?
- Há possibilidade de adaptar a solicitação de suprimento ao sistema JIT (SHINGO, 1996, p. 103) para atender a produção?
- Compensa operar no JIT quando se fala em custos?

Se a conclusão for contratação de um operador logístico, analisar todas as variáveis inseridas no contexto de seleção do operador logístico, de forma que a análise custo – dispêndio x benefício – retorno, seja favorável à empresa, ou seja, contribua para a lucratividade do empreendimento.

Para finalizar, o empresário, deve sempre refletir sobre os fatores críticos elencados a seguir:

- Visão clara do negócio – ter um projeto viável, que atenda às necessidades do mercado. Pesquisar, inovar e prover soluções que o mercado ainda não oferece. De nada adianta estocar o que o mercado não quer. Conforme pesquisa Sebrae em 2005 (citada por AIDAR, 2007, p. 7), 8,0% fecharam as portas por

falta de clientes. O que foi idealizado no plano de negócios?
- Gestão eficaz (pessoas participativas e comprometidas com a missão, visão e valores da firma, metas e mensuração de resultados, sistemas de apoio – manual ou informatizados, informações para todos envolvidos no negócio, recursos financeiros para tocar a empresa – recursos próprios ou de terceiros, preços competitivos de venda, lucratividade, processos enxutos de produção e de comercialização, logística adequada, bons controles de estoque, visão de longo prazo para possível abertura do capital da firma, busca de novos conhecimentos, inovação efetiva, treinamento da força de trabalho etc.) do empreendimento.
- Seleção adequada do operador logístico – aquele que atende os requisitos do empreendimento e custos favoráveis, além de contemplar as variáveis estratégicas.
- Não descuidar do estoque – controle eficiente, evitar perdas e obsolescência, saber definir a quantidade a ser pedida, giro, cobertura, estoque médio, custo de capital do estoque, selecionar fornecedores, curva A, B, C, escolha adequada do operador etc. O estoque é um grande demandante de capital de giro e pode afetar o retorno do capital do empreendedor.
- Manter foco no cotejo entre o prazo médio de pagamento (PMP) e o prazo médio de recebimento (PMR). Alongue o PMP o mais que puder em relação ao prazo médio de recebimento (PMR) – reduza a necessidade de capital de giro.
- Foco na redução de custos e eliminação (SHINGO, 1996, p. 225) de perdas – muitas perdas permeiam os processos da empresa, a saber: *perdas por superprodução* – produção maior que a necessidade entre uma fase e outra do processo; *perdas por transporte* – transportes desnecessários por problemas de planejamento da planta de produção; *perdas por itens defeituosos* – problemas de qualidade na execução; *perdas por espera* – material em espera para ser processado; *perdas por movimentação* – arranjo físico com fluxo não favorável; *perdas por processamento em si* – projeto do produto com falhas ou rotina da posição produtiva com atividades desnecessárias; e, *perdas por estoque* – produto em grande quantidade no armazém. Ao colocarmos a lupa nos processos, as melhorias são inevitáveis.

Questões para Reflexão

1. Uma empresa vende 18 unidades por semana do produto Tecnolinka, cujo custo unitário é de R$ 60,00. O custo de colocação do pedido é de R$ 45,00. Manter o produto em estoque durante o ano custa 2% do custo unitário. A taxa de juros do mercado é 24% a.a. O custo fixo independente a.a é de R$ 200,00. A empresa opera em 52 semanas por ano. São colocados pedidos de 350 unidades do Tecnolinka, para reduzir o número de pedidos.

Pede-se: a) Cálculo do lote econômico de compra com C_a e com C_c, b) O número de pedidos, c) intervalo entre os pedidos, e d) Calcular o custo total anual do pedido para 73, 265 e 350 unidades.

2. Considere os dados do exercício anterior e reflita sobre o pedido de 350 unidades em relação a 73 e 265, para a redução do número de pedidos. Há vantagem nessa sistemática? Faça simulações de um fluxo de estoque e de caixa (receitas, fornecedor e custo fixo da semana) considerando: custo do produto vendido e fornecedores para 14 semanas (vendas semanais à vista) com preço de venda de R$ 84,00 e pagamento do fornecedor em 10 parcelas a partir da segunda semana. Considere o custo fixo independente (R$ 200,00 a.a) alocado, proporcionalmente, em cada semana.

3. O capital empatado em estoque não apresenta risco para a manutenção dos gastos de curtíssimo prazo da empresa (Capital de Giro)? Comente.

4. Correlacione as colunas a seguir.

A.	Armazenagem, Milk run, logística reversa, transporte e controle de estoque.	( ) Indicador de desempenho logístico.
B.	Necessidade de aumentar a área de produção e liberar espaço na planta da firma.	( ) Fator que deve ser analisado para proporcionar que o preço de venda seja competitivo.
C.	Nível de TI – Tecnologia da informação, do operador logístico.	( ) Atividades do operador logístico.
D.	Remessa até 30 kg via Correio (Carga fracionada = Encomendas).	( ) Critério para seleção do operador logístico.
E.	Frete competitivo em termos de valores.	( ).Opção para remessa em nível nacional – alta capilaridade.
F.	Erros em ordens de compra Ordens de compras auditadas	( ) Razão para terceirizar a atividade de logística.

5. Com base nos dados a seguir, calcule: a) Estoque mínimo; b) Ponto de Pedido (**PP**), com tempo de entrega de três dias; c) Giro de estoque; d) Cobertura do estoque. Considerar a semana de seis dias; e, e) Ponto de ruptura.

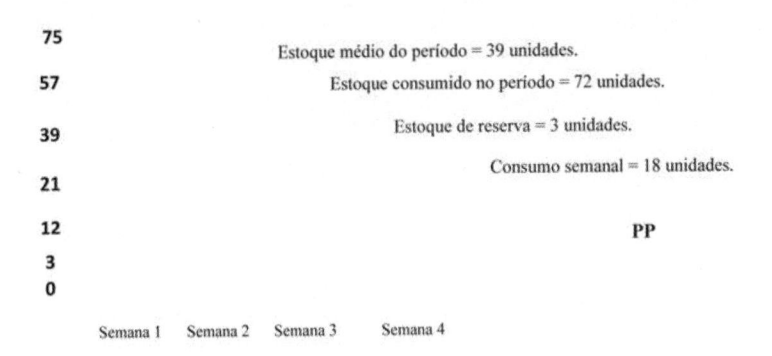

```
75
                    Estoque médio do período = 39 unidades.
57                  Estoque consumido no período = 72 unidades.
39                  Estoque de reserva = 3 unidades.
                    Consumo semanal = 18 unidades.
21
12                                        PP
3
0
    Semana 1  Semana 2  Semana 3  Semana 4
```

Palavras-Chave: logística, cadeia de suprimento, estoques, gestão de estoques.

REFERÊNCIAS

AIDAR, Marcelo Marinho. **Empreendedorismo**. 1 ed. São Paulo: Thomson, 2007. 145 p.

ALVARENGA, Antonio Carlos; NOVAES, Antonio Galvão. **Logística e distribuição física**. 3. ed. São Paulo: Pioneira, 1994, 210 p.

BALLOU, R. H. **Transporte, administração de materiais e distribuição física.** 1. ed. São Paulo: Atlas, 1993, 392 p.

DIAS, Marco Aurélio Pereira. **Administração de materiais:** edição compacta. 2. ed. São Paulo: Atlas, 1988, 270 p.

DOLABELA, Fernando. **O segredo de Luiza**. 30. ed. São Paulo: Editora de Cultura, 2006, 304 p.

FLEURY, PAULO FERNANDO; WANKE, PETER; FIGUEIREDO, KLEBER FOSSATI. **Logística Empresarial: A Perspectiva Brasileira.** 1ª ed. 10ª reimpressão. São Paulo. Atlas. 2008. 369 p.

MARTINS, Petrônio Garcia; ALT, Paulo Renato Campos. **Administração de materiais e recursos patrimoniais.** 5. ed. São Paulo: Saraiva, 2003, 353 p.

SHINGO, Shigueo. **O sistema Toyota de produção**. 2. ed. Reimpressão em 2007. Porto Alegre: Bookman, 1996, 291 p.

Gestão de Operações em PME

CARLOS ALBERTO SAFATLE

O consumo é a única finalidade e o único propósito de toda produção.
Adam Smith

INTRODUÇÃO

A gestão das operações relaciona-se com a maneira como as empresas geram seus produtos e serviços. Tudo que vestimos, comemos, sentamos sobre, usamos, lemos, chega até nós, graças à gestão de operações que tem como finalidade organizar a produção. Como diz Slack (2009), todo livro que pegamos na biblioteca, todo atendimento que recebemos no hospital, todo atendimento nas lojas e toda aula que assistimos – todos foram produzidos.

Assim, organizar produção envolve recursos e habilidades e não está relacionada apenas com a fabricação de produtos, mas vai muito além, pois envolvendo projetos, serviços, operações de infraestrutura, programação, controle, manutenção e até melhoria de produção.

De fato, uma boa organização da produção e das operações é imprescindível para o sucesso e crescimento de qualquer empresa, principalmente para as pequenas e médias.

1. GESTÃO DE OPERAÇÕES EM PME

Define-se gestão de operações como sendo a atividade de gerenciar recursos destinados à produção e disponibilização de bens e serviços (SLACK; CHAMBERS; JOHNSTON, 2009).

Segundo Slack, Chambers e Johnston (2009), as funções centrais são:
- Função de desenvolvimento do produto: que interage com a função de operações, com novas ideias de produtos/serviços.
- Função de marketing: que interage com a função de operações, por meio das preferências de mercado.

1.1. Funções de Apoio

As funções de apoio são:

- Função de RH: que interage com a função de operações, pela seleção e treinamento de mão de obra.
- Função de sistema de informações: que interage com a função de operações, através do planejamento e controle de melhorias.
- Função de finanças e contabilidade: que interage com a função de operações, através do provimento de recursos financeiros.
- Função técnica: que interage com a função de operações, por meio da tecnologia de processos.
- Qualquer atividade produtiva envolve os seguintes processos:

Entradas (*Inputs*):
- de recursos transformados (consumidores, materiais, informações);
- de recursos de transformação (mão de obra, instalações, máquinas, edifícios);
- processos (transformação).

Saídas (*Outputs*):
- de bens/serviços, cujo objetivo final é o atendimento das necessidades do consumidor.

Os recursos de entrada que vão ser transformados são de três tipos:

a) Materiais: ao processar materiais há a transformação de suas propriedades físicas como, por exemplo, uma empresa de transporte de carga.
b) Consumidores: essas transformações são semelhantes às anteriores, alterando suas propriedades físicas como, por exemplo,

uma clínica de cirurgia plástica. Podem alterar também seu estado psicológico (p. ex.: um parque temático) ou seu estado cultural (p. ex.: uma universidade).

c) Informações: essas operações transformam suas propriedades (p. ex.: uma empresa de contabilidade) ou sua localização (p. ex.: uma empresa de telecomunicações).

São recursos de entrada que vão transformar:
a) Mão de obra: os funcionários que dão vida ao processo de transformação ao operacionalizarem a produção.
b) Instalações, máquinas, equipamentos e edifícios: usados no processo de produção.

1.2. Saídas do Processo: Bens e Serviços

As diferenças entre um bem e um serviço dão-se por meio das seguintes características:
a) Tangibilidade: um bem é tangível (p. ex.: aparelho de TV) e um serviço é intangível (p. ex.: a informação através do aparelho de TV).
b) Estocagem: um bem pode ser estocado; um serviço não.
c) Qualidade: a qualidade de um bem é objetiva (p. ex.: esse produto pesa tantos quilos). A qualidade de um serviço é subjetiva (p. ex.: gostei, ou não gostei dessa aula).
d) Participação do consumidor durante o processo de produção:

O consumidor participa diretamente no processo de operações de um serviço como, por exemplo, para consumir uma aula o aluno deve estar presente nela.

Durante o processo de produção de um bem, raramente o consumidor estará presente.

Hoje em dia, dificilmente o consumidor irá adquirir só um bem ou só um serviço. O consumo se dá através do que se convencionou chamar de "pacotes", ou seja, um conjunto de bens e serviços consumidos ao mesmo tempo (p. ex.: ao comprar um carro, que é um bem, está comprando também o seguro, o financiamento e até a marca do veículo que são serviços e que compõem o "pacote").

2. Os Processos

2.1. Os Processos de Transformação

Slack, Chambers e Johnston (2009) classificam os diferentes tipos de processos de transformação, seguindo os seus *outputs*. São eles:

a) Volume de *output*.
b) Variedade de *output*.
c) Variação da demanda de *output*.
d) Grau de visibilidade dos consumidores durante a operação.

2.2. As Dimensões

a) Dimensão Volume

As PME apresentam baixos volumes de *outputs*. Isso implica em um processo de transformação com baixo grau de repetições das operações e, em consequência, uma baixa sistematização do trabalho.
Daí, seus custos unitários de produção serem mais altos.

b) Dimensão Variedade

As PME atuam nessa dimensão com pequena variedade.
Suas atividades são bem definidas exigindo pouca flexibilidade de operação, acarretando custos unitários baixos. Suas operações são rotineiras e regulares.

c) Dimensão Variação

Nessa dimensão, as PME operam com alta variação de demanda de suas operações. Isso exige delas muita flexibilidade em suas capacidades de produção, alterando seu quadro de funcionários de acordo com as variações. Portanto, em função disso, seus custos unitários são maiores e com capacidade mutante ajustada à variação.

d) Dimensão Visibilidade

Significa o quanto da operação está exposta ao consumidor.
Há dois tipos de PME nessa dimensão:
- As que predominantemente procuram consumidores – como as clínicas odontológicas ou os escritórios de advocacia – com alta exposição aos consumidores; nessa situação há exigência de alta qualificação e alta flexibilidade da operação.

- As que predominantemente procuram materiais – como as metalúrgicas – com baixa, ou nenhuma, exposição aos consumidores.

Nesse caso, tanto a qualificação quanto a flexibilidade não são tão elevadas.

Existe outra dimensão que podemos chamar de "operações mistas" como são os casos, por exemplo, dos restaurantes e lanchonetes.

Nessa dimensão, as operações dividem-se em dois tipos:
- A chamada "linha de frente" (*front office*) de um restaurante, constituída pelos garçons, maitries e recepcionistas, para a qual exige-se qualificação e flexibilidade elevadas no trato com os consumidores.
- A chamada "retaguarda" (*back office*), composta pela cozinha, de baixo contato com os consumidores. Portanto, dispensam qualificação da mão de obra no trato com consumidores.

3. Objetivos de Desempenho da PME

Slack, Chambers e Johnston (2009) explicam os objetivos de desempenho como aqueles que relacionam sua tarefa básica em satisfazer às exigências dos consumidores.

São cinco os objetivos de desempenho:

- <u>Objetivo qualidade</u>: quando a PME faz certo as coisas, ou seja, não comete erros (zero defeito) e atende às necessidades dos consumidores. Por exemplo: num pequeno pronto socorro é o paciente receber o tratamento adequado e ser consultado sobre o andamento do processo.
- <u>Objetivo velocidade</u>: quando você minimiza o tempo entre a solicitação do consumidor e a sua disponibilização. Por exemplo: no caso de um taxista é atingir o seu percurso no menor tempo possível.
- <u>Objetivo confiabilidade</u>: quando você entrega o pedido no prazo combinado. Por exemplo: em uma pequena mercearia o tempo do consumidor na fila é mínimo.
- <u>Objetivo flexibilidade</u>: quando você está preparado para mudar sua capacidade de operação. Por exemplo: no caso da pequena mercearia é a introdução de novos bens ou serviços.

- Objetivo custo: quando você faz as coisas a um custo mais baixo.

4. As Estratégias de Operações

4.1. Decisão Estratégica

Uma decisão estratégica é aquela que define a PME em relação ao seu ambiente (SLACK; CHAMBERS; JOHNSTON, 2009).
A estratégica é composta de:

- Conteúdo: define o papel, os objetivos e a atividade da produção.
- Processo: método adequado ao conteúdo.

As estratégias podem ser:
- De cima para baixo: o que a PME deseja fazer.
- De baixo para cima: quando a operação da PME sinaliza o que é adequado a se fazer.
- De requisito de mercado: quando os consumidores sinalizam à operação, o que fazer.
- Da capacidade dos recursos de produção: quando os processos utilizados definem o que deve ser feito.

5. Tipos de Processos

5.1. Em manufatura e em Serviços

Os processos são classificados de acordo com a combinação volume/variedade.

a) Em manufatura

Alta ← Variedade —— Baixa

Baixo —— Volume → Alto

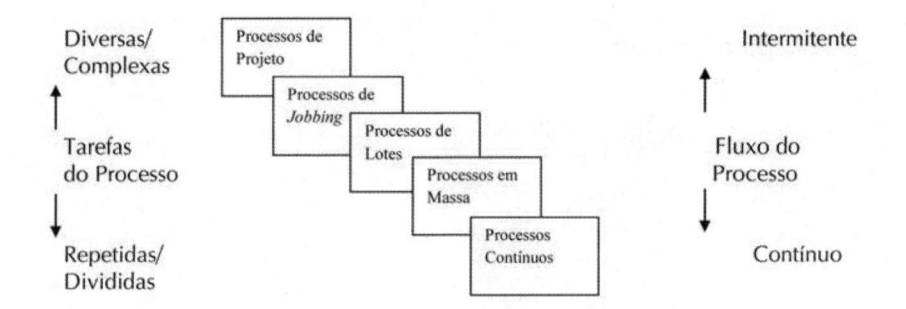

FIGURA 16.1: TIPOS DE PROCESSOS.
Fonte: Adaptado de Slack, Chambers e Johnston (2009).

Pela própria definição, a PME trabalha com baixo volume e baixa variedade também, o que coloca em classificações próximas a *JOBBING*, LOTE ou MASSA.

b) Em serviços

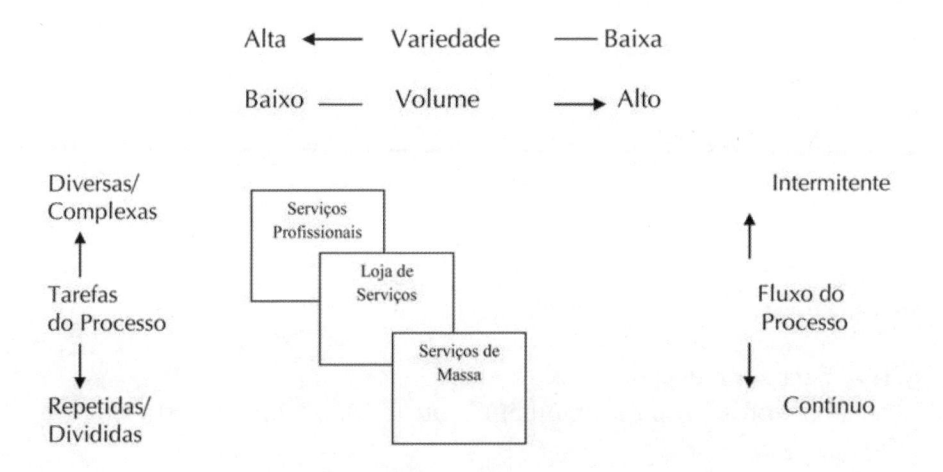

FIGURA 16.2: TIPOS DE PROCESSOS EM SERVIÇOS.
Fonte: Adaptado de Slack, Chambers e Johnston (2009).

Em serviços, as características da PME também são de baixo volume e baixa variedade, sendo suas atuações classificadas como serviços profissionais (consultórios contábeis, jurídicos ou médicos) ou loja de serviços (pequenos empórios ou pequenas lojas de roupas).

5.2. Símbolos de Mapeamentos dos Processos

a) Em manufatura

◯ Operação (atividade que agrega valor)

☐ Inspeção (conferência)

⇨ Transporte (movimentação)

◗ Atraso

▽ Estoque

Exemplo: Produção de um sanduíche.

Matéria-prima — Montagem — Estoque sanduíche — Transporte para loja — Venda — Pagamento

▽ → ◯ → ▽ → ⇨ → ◯ → ◯

6. Projeto

6.1. Aspectos do Projeto

Todo projeto, para manufatura ou serviços, é composto por três aspectos:

    a. Um conceito: para que serve o que vai ser projetado.

    b. Um pacote de produtos e serviços: conjunto de bens e serviços que irá produzir os benefícios definidos no conceito.

    c. O processo: a maneira como será operacionalizado.

6.2. Previsão de Demanda

O método mais utilizado pelas PME para previsão de demandas é o método da média móvel.

$$Ft = \frac{At\text{-}1 + At\text{-}2 + At\text{-}3}{3}$$

Por exemplo:

QUADRO 16.1: MÉTODO DA MÉDIA MÓVEL

Semana	Demanda Atual	Previsão
20	31,5	
21	30,0	
22	34,2	
23	35,8	31,9
24	32,3	33,3
25	39,0	34,1
26		35,7

Fonte: Elaborado pelo autor.

7. Programação Linear

Para modelarmos uma situação, em que a PME precisa definir sua escolha de produção ótima entre dois produtos, podemos utilizar técnicas de programação linear.

As variáveis na montagem do problema são:

a. Variáveis de decisão: são as escolhas que devem ser feitas para a produção de dois bens.
b. Função objetivo: como nosso objetivo será atingido (maximizar receita ou minimizar custos), de acordo com as variáveis de decisão.
c. Restrições do modelo: não podemos contar com recursos infinitos tanto de matéria-prima, quanto de mão de obra e de mercado.

Segue exemplo adaptado de Medeiros et al. (2010):

Uma PME deseja escolher as quantidades ótimas de produção de dois produtos P1 e P2. O lucro unitário de P1 é de R$ 18,00. Serão utilizadas 30 horas/máquina para produzir cada unidade de P1 e 45 horas/máquina para cada unidade de P2. O tempo total das máquinas disponível para a produção é de 2000 horas.

O mercado utiliza uma demanda máxima de 50 unidades para P1 e de 40 unidades para P2.

Qual será a programação de produção de P1 e P2 para que a empresa maximize seus lucros?

a. Variáveis de decisão:
Chamado de X1 a quantidade de P1 e X2 a quantidade de P2.

b. Objetivo: escolhe o ótimo de X1 e X2 para maximizar lucro.
O lucro total vem de:
Lucro de P1   X1 x 10,00
Lucro de P2 →   X1 x 18,00
Portanto:
Maximizar lucro total = 10X1 + 18X2

c. Restrições
- do sistema
Horas máquinas disponíveis = 2000
Horas máquinas necessárias para
P1 = 30 X1
P2 = 45 X2
Portanto: 30 X1 + 45 X2 ≤ 2000

- do mercado
Demanda máxima
para P1 = 50
X1 ≤ 50
para P2 = 40
X2 ≤ 40

Modelagem do problema:
Maximizar L = 10X1 + 18X2
Sujeito às restrições:
30 X1 + 45 X2 ≤ 2000
X1 ≤ 50
X2 ≤ 40

Como são duas variáveis, utilizamos o método gráfico:

Traçamos as equações das retas de cada restrição; para isso transformando as inequações em equações e achando dois pares de pontos para cada uma:

Primeira restrição
$30 X_1 + 45 X_2 = 2000$

X1	X2
0	44,44
66,66	0

Segunda restrição
$X_1 = 50$

Terceira restrição
$X_2 = 40$

Fazemos para a função objetivo o mesmo procedimento para definirmos a equação da reta.

$10 X_1 + 18 X_2 = 180$ (igualamos a um valor igual ao produto dos coeficientes de X1 e X2 para facilitar os cálculos).

X1	X2
0	10
18	0

Colocamos todos os pares de pontos no gráfico.

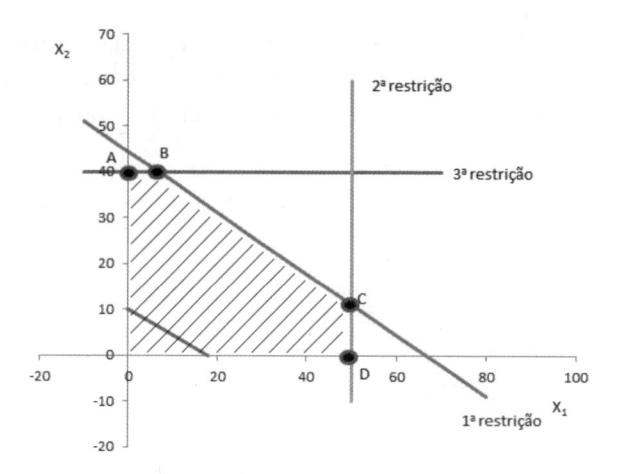

GRÁFICO 16.1: PARES DE PONTOS.
Fonte: Elaborado pelo autor.

Definidas as áreas de solução (área hachurada no gráfico) vemos que a resposta está nos pontos A, B, C ou D. Para isso, marcamos a função objetivo e vamos com ela subindo paralelamente até o último ponto, no caso o ponto B.

Vamos achar as coordenadas de B:
Cruzamento de primeira restrição com terceira
1ª) 30 X1 + 45 X2 = 2000
3ª)   X2 = 40
Resolvendo o sistema:
30 X1 + 45 X 2 x 40= 2000
30 X1 = 200
   X1 = 6,6

Portanto a resposta é:
X1 (produção de P1) = 6,6 unidades
X2 (produção de P2) = 40 unidades

Lucro máximo
L = 10 X1 + 18 X2
L = 10 x 6,6 + 18 x 40
L = 786,00

Teste

- se fosse o ponto A:
$X1 < 0 \quad X2 = 40$
$L = 10 \times X1 + 18 \times X2$
$L = 10 \times 0 + 18 \times 40$
$L = 0 + 720 < 786$

- se fosse o ponto C:
$X1 = 50$
X2 está no cruzamento de $X1 = 50$
$30 \times X1 + 45 \times X2 = 2000$
$30 \times 50 + 45 \times X2 = 2000$
$45\ X2 = 2000 - 1500$
$X2 = 11,11$

$L = 10\ X1 + 18\ X2$
$L = 10 \times 50 + 18 \times 11,11 = 698 < 786$

8. Teoria da Decisão

8.1. Critérios para Tomada de Decisão

Para o administrador da PME tomar uma decisão, este tem que definir critérios.

A Teoria da Decisão é um conjunto de ferramentas que ajuda o administrador a formatar e solucionar problemas.

O administrador trabalha em três ambientes distintos:

a. Ambiente de certeza: nesse ambiente, como já se sabe o resultado, não há necessidade do uso de ferramentas de decisão.

b. Ambiente de risco: nesse ambiente são conhecidas as probabilidades de mercado, tornando necessário recorrer à Teoria da Decisão para auxiliar na escolha de alternativas oferecidas.

c. Ambiente de incerteza: nesse caso não são conhecidas as probabilidades do mercado. Existe uma série de instrumentos para essa situação.

8.2. Matriz de Decisão

Para uso das ferramentas é necessário elaborar uma matriz, chamada "matriz de decisão" e composta por três elementos:

a. Elementos internos à empresa, que são as diferentes estratégias que o administrador tem que escolher. São informações colocadas nas linhas da matriz.
b. Elementos externos à empresa, que são chamados de **estados da natureza** e que, comumente, são as situações de demanda dos produtos da empresa. São colocados nas colunas da matriz.
c. Do cruzamento das informações das linhas (estratégias) com as informações das colunas (estados da natureza) temos os RESULTADOS.

Apresentamos a seguir um exemplo para decisão em um ambiente de risco:

Uma empresa ao preparar o lançamento de um novo produto está diante de duas estratégias a serem seguidas: produzir internamente ou terceirizar sua produção.

Seu departamento de Marketing prevê as seguintes situações de demanda para seu produto: há 30% de probabilidade para uma demanda baixa; 30% de probabilidade para uma demanda média e 40% de probabilidade para uma demanda alta. Para cada estratégia foi estimada uma expectativa de resultados, de acordo com a demanda e é dada pela matriz de decisão abaixo:

		Estados da Natureza Demandas		
		Baixa (0,30)	Média (0,30)	Alta (0,40)
ESTRATÉGIAS	Produzir	100	130	170
	Terceirizar	- 20	70	190

Qual estratégica é a melhor?

Vamos utilizar a Regra de Decisão de Bayes que calcula o VEA (Valor Esperado da Alternativa).

$VEA_{produzir} = 100 (0,30) + 130 (0,30) + 170 (0,40) = 30 + 39 + 68 = 137$
$VEA_{terceirizar} = -20 (0,30) + 70 (0,30) + 190 (0,40) = -6 + 21 + 76 = 91$

Portanto, por esse instrumento, escolhemos o $VEA_{produzir} = 137$

Apresentamos um exemplo para decisão em ambiente de incerteza:

É dada a matriz de decisão:

	DEMANDA GRANDE	DEMANDA PEQUENA
Produzir	200	50
Terceirizar	250	- 20
Alugar	220	150

Os critérios para esse ambiente são:

MAXI MAX – O máximo entre os máximos
Produzir 200
Terceirizar 250
Alugar 220
Escolhe-se o critério terceirizar = 250

MAXI MIN – O máximo entre os mínimos
Produzir 50
Terceirizar – 20
Alugar 150
Escolhe-se alugar = 150

Mínimo arrependimento – na matriz de arrependimento adota-se o critério <u>MAXI MIN</u>

Exemplo: Caso a demanda fosse grande, a melhor escolha seria 250.

Se a escolha fosse <u>produzir</u> haveria um arrependimento de 250 - 200 = 50.
Caso a escolha fosse terceirizar, o arrependimento seria 250 - 250 = 0
Se a escolha fosse alugar, o arrependimento seria 250 - 220 = 30.

O mesmo para demanda pequena.
Se a escolha fosse produzir, o arrependimento seria 50 – 50 = 0.
Se a escolha fosse terceirizar 50 - (- 20) = 70.
Se a escolha fosse alugar, o arrependimento seria 50 – 15 = 35.
Portanto, a matriz de arrependimento seria:

	DG	DP	PIOR ARREPENDIMENTO
Produzir	50	0	50
Terceirizar	0	70	70
Alugar	30	35	35

Escolhe-se o MENOS RUIM dos arrependimentos, alternativa alugar = 35.

Considerações Finais

A boa gestão da produção influencia, cada vez mais, na lucratividade e nos objetivos da empresa. Somente com a eficácia e a eficiência das operações é possível às pequenas empresas terem condições de galgar horizontes promissores e competirem de igual para igual com empresas de grande porte. O empreendedor inteligente fará bom uso deste capítulo prevendo necessidades e problemas para que possam controlar sua produção a fim de reduzir custos e melhorar a qualidade.

É importante ressaltar que sem uma gestão de operações equilibrada os riscos da empresa aumentam consideravelmente podendo comprometer o sucesso de determinado produto no mercado e, até mesmo, de toda a empresa.

Questões

1. O que é administração da produção?

2. Descreva quais são os processos nas seguintes operações:
a) Lanchonete
b) Salão de beleza
c) Empresa de serviços de manobrista em estacionamentos.

3. Quais as funções dos gerentes de operações? Qual é a sua importância?

4. Descreva as características dos processos produtivos em:
a) Empresa de táxi.
b) Lanchonete.
c) Pequeno hotel.
d) Restaurante *fast food*.

5. Quais os objetivos de desempenho da função produção na PME?

6. Descreva o objetivo de desempenho qualidade em um pequeno armazém de bairro.

7. Descreva o objetivo de desempenho velocidade em uma estação de rádio no interior de São Paulo.

8. Descreva o objetivo de desempenho flexibilidade em um salão de beleza.

9. Explique o que é estratégia de operações em PME e quais são os seus componentes?

10. Das quatro perspectivas de estratégias de operações, quais são as mais utilizadas pelas PME?

11. Descreva fatores críticos de sucesso em PME.

12. Quais são os instrumentos para tomar decisão em PME?

13. Dos instrumentos apresentados qual (is) você considera mais importantes para PME?

Palavras-chave: sistema de transformação, objetivos de desempenho, Teoria da Decisão.

Referências

MEDEIROS, Ermes; MEDEIROS, Elio; GONÇALVES, Valter; MUROLO, Afranio. **Pesquisa Operacional**. São Paulo: Atlas, 2010.

MOREIRA, D. A. **Pesquisa Operacional**. São Paulo: Thomson, 2007.

SILVA, E. M.; GONÇALVES, V.; MUROLO, A. C. **Pesquisa Operacional**. São Paulo: Atlas, 2009.

SLACK, N.; CHAMBERS, S.; JOHNSTON, R. **Administração da Produção**. 3. ed. São Paulo: Atlas, 2009.

Atendimento e Relacionamento com o Cliente

CLAUDIA PIERECK DA CUNHA

*Não existem indústrias de prestações de serviços.
Há apenas indústrias nas quais o componente de prestação de serviços é
mais ou menos importante do que em outras.
Todos nós prestamos serviços.*
Theodore Levitt

A única coisa que conta é um cliente satisfeito.
Jan Carlzon

INTRODUÇÃO

A capacidade de desenvolver e manter bons relacionamentos com os clientes e, consequentemente, de prestar um bom atendimento é fator determinante para diferenciar uma empresa dos seus concorrentes independente do porte ou do setor de atividade da empresa. Segundo um estudo publicado pela revista americana *US News and World Report* e citado por Soares e Corrêa (1994), 68% dos clientes não continuam a comprar determinado produto ou serviço devido à má qualidade do atendimento e dos serviços prestados.

No início do século XX, nos primórdios da Revolução Industrial, os fatores de sucesso empresarial se concentravam na capacidade de produzir bens em quantidade suficiente para atender a demanda do mercado. Contudo, isso foi mudando ao longo do tempo. À medida que os mercados foram sendo atendidos, as empresas começaram a preocupar--se com questões como produtividade e qualidade. Seguiram-se diversas inovações tecnológicas que aumentaram a velocidade da informação e, consequentemente, o processo de globalização. Atualmente produtos tornam-se disponíveis mundialmente em curtíssimo espaço de tempo e logo após seu lançamento. Devido ao aumento na produtividade das empresas e ao fácil acesso às novas tecnologias esses produtos podem ser facilmente reproduzidos e vendidos a preços reduzidos.

A concorrência deixa de ser local para tornar-se global. Os clientes têm opções de escolha; não mais só no seu bairro ou cidade, mas no mundo inteiro por meio da internet. Podem comparar as condições de venda, os preços dos produtos e serviços onde estiverem utilizando seus *laptops, iPads* ou *smartphones*. Hoje é possível encomendar, por exemplo, um bolo de Natal na Alemanha – ou em qualquer outra loja ou padaria da cidade ou do país – que será entregue na casa do cliente. Isso é realidade para quase qualquer produto ou serviço.

Com base nisso, para que uma empresa tenha sucesso no mercado atual, estas precisam fazer mais do que investir em qualidade, produtividade, inovação tecnológica e preço. Sem dúvida todos esses fatores são importantes, porém, podem ser copiados e superados pelos concorrentes. Mais difícil de copiar é o relacionamento que a empresa estabelece ao longo do tempo com os seus clientes e que faz com que esses escolham fazer negócio com uma empresa em vez de em outra por que é bom para eles. Esse relacionamento é fruto da boa qualidade das interações com os clientes que garante a fidelidade dos mesmos e a repetição das compras, seja no caso de um fabricante de bens, um estabelecimento comercial ou um prestador de serviços. Dentro deste contexto, o atendimento ao cliente merece destaque, especialmente para as pequenas e médias empresas que, muitas vezes, podem não ter o capital nem os recursos tecnológicos de grandes empresas para obter uma vantagem competitiva sobre as mesmas.

Neste capítulo abordaremos a importância da adoção de ações voltadas para a qualidade do atendimento a clientes como parte de uma estratégia de prestação de serviços como diferencial competitivo. Iniciamos discorrendo sobre as vantagens de uma estratégia focada em serviços. Depois discorremos sobre que são serviços e no que consiste a qualidade em serviços. Em seguida sugerimos medidas práticas que podem ser adotadas para garantir a fidelidade do cliente e, consequentemente, a lucratividade e a perenidade da empresa seja ela micro, pequena ou média.

1. Estratégia Focada em Serviços como Diferencial Competitivo

Christian Grönroos, autor do livro *Marketing gerenciamento e serviços – A competição por serviços na hora da verdade* (1993), professor e chefe do Centro de Educação Gerencial da Escola Sueca de Economia e Administração de Empresas, internacionalmente respeitado como especialista em marketing e gestão de serviços afirmou em seu livro que as empresas podem adotar quatro opções estratégicas básicas:

1. Estratégia da Qualidade Técnica: é a manutenção de uma qualidade superior à concorrência. Porém, é uma estratégia que se mostra falha caso a competência técnica dos concorrentes cresça e eles passem a oferecer soluções técnicas similares.
2. Estratégia de Preço: geralmente não pode ser mantida em longo prazo como vantagem competitiva. Preços baixos, além de poderem ser igualados pela concorrência – como é o caso de produtos chineses oferecidos a preços muito reduzidos – corroem as margens de lucro tornando mais difícil o investimento em qualidade técnica do produto ou qualidade no atendimento ao cliente.
3. Estratégia de Imagem: é a imagem criada pelo posicionamento da empresa no mercado por meio de anúncios e outros meios de comunicação. É o que a empresa projeta na imaginação dos consumidores em relação aos seus produtos ou serviços. De acordo com Grönroos (1993, p. 22) "esta estratégia é, em certo sentido, equivalente à estratégia de preço porque algo sem substância real é acrescentado à oferta para alcançar uma vantagem competitiva".
4. Estratégia de Serviços: significa enfocar o relacionamento com os clientes adotando ações estratégicas voltadas para servir os clientes de forma competitiva. A empresa assume como sua competência básica e prioridade estratégica, a prestação de serviço aos clientes, não importando se seu produto principal será a produção de um bem físico ou a prestação de um serviço no sentido tradicional.

Grönroos (1993) afirma, igualmente, que a estratégia de serviços pode funcionar como uma *barreira à entrada* de concorrentes e cita Lele (1993, p. 23): "uma estratégia de serviços não apenas permite que a empresa diferencie sua oferta e crie um valor agregado para seus clientes, mas também ajuda a manter os concorrentes longe desse relacionamento com clientes".

A adoção de uma estratégia de serviços não está condicionada ao tipo de produto produzido pela empresa. Está relacionada com o pensamento estratégico dos principais dirigentes e donos do negócio e como estes o traduzem para o dia a dia; ou seja, é direcionar todos os esforços buscando compreender o que os clientes esperam e valorizam como qualidade dos seus produtos e serviços e ter como foco satisfazê-los e superar suas expectativas. É entender que a razão de ser da empresa é servir aos clientes, pois são eles os compradores de seus produtos e serviços. Quem adota essa estratégia prioriza tanto o relacionamento com clientes quanto o atendimento que lhe é dado. O oposto disso está em concentrar esforços apenas em diminuir custos de processos e de produção, sem levar em consideração a opinião dos clientes. Nesse caso, a empresa só conseguiria vender seus produtos ou serviços e manter-se lucrativa se não houver concorrência uma vez que os clientes não teriam opção de escolha. Tal constatação, numa época de concorrência acirrada como a atual, pode ser o divisor de águas entre o sucesso ou o fracasso de uma empresa.

2. Definição de Serviços

Para adotar uma estratégia de serviços e compreender quais ações podem ser tomadas para garantir um bom atendimento e relacionamento com os clientes é importante entender o que são serviços e no que consiste a qualidade em serviços.

Existem várias definições de serviços. A definição de Grönroos é uma das mais abrangentes. Grönroos (1993, p. 36):

> Serviço é uma atividade ou uma série de atividades de natureza mais ou menos intangível – que normalmente, acontece durante as interações entre clientes e empregados de serviço e/ou recursos físicos ou bens e/ou sistemas do fornecedor de serviços – que é fornecida como solução ao(s) problema(s) do(s) cliente(s).

Esta definição inclui vários conceitos sobre o significado de serviços, ou seja:

- <u>Serviço é uma atividade ou uma série de</u> atividades, não é apenas uma coisa ou um bem e, por conseguinte, gerenciar qualquer tipo de serviço tem sempre algum grau de complexidade. Prestar um serviço com qualidade significa buscar qualidade

em cada etapa do processo, como em todos os momentos em que o cliente entra em contato com a empresa ou os momentos da verdade sobre os quais discorremos mais adiante.
- <u>Serviços são de natureza mais ou menos intangível.</u> Mais ou menos porque há sempre algum grau de intangibilidade em serviço, embora a oferta possa conter também bens tangíveis. Intangibilidade dos bens significa que o parâmetro de qualidade do bem também é intangível, ou seja, depende da percepção do consumidor e não de parâmetros ditados pelo empresário ou por engenheiros de qualidade de produção. É o cliente quem dá esse parâmetro. Se a empresa não buscar informação sobre o que seu cliente percebe e deseja como qualidade e não buscar adequar os seus produtos às expectativas dos clientes, certamente ficará fora do mercado. Atualmente é muito difícil que um produto não tenha um serviço associado e, consequentemente, algum grau de intangibilidade e interação com clientes, nem que seja um e-mail para contato ou um *call center*.
- <u>Serviços normalmente acontecem durante as interações entre clientes e empregados de serviço e/ou recursos físicos ou bens e/ou sistemas do fornecedor de serviços.</u> Isso significa que os clientes fazem parte do processo de produção deste tipo de bem ou serviço. Eles estão presentes quando a totalidade ou parte do bem ou serviço está sendo produzida. Esse é um fator que, em muito, diferencia a produção de um bem físico da produção de um serviço. Por exemplo, uma ferramenta pode ser produzida em uma fábrica distante do cliente. A limpeza das instalações, o clima de trabalho entre os operários desta fábrica, a roupa dos operários não são visíveis para os clientes e, portanto, a gerência só precisa se preocupar com a gestão da operação fabril em si. Por outro lado, a loja que vende essa ferramenta tem que ser limpa e organizada, oferecer estacionamento ou fácil acesso aos clientes, ter seus funcionários vestidos de forma adequada e, acima de tudo, que saibam se relacionar com os clientes.

Sempre que há prestação de serviços tanto de forma presencial ou por qualquer meio eletrônico há interação com clientes. Por conseguinte, o comportamento dos funcionários e a qualidade das instalações jamais podem ser negligenciados. Atenção especial deve ser dada aos funcionários, pois são eles que interagem e prestam atendimento aos clientes que estão lá avaliando cada momento desta interação.

Tendo em vista que os serviços são produzidos parcial ou totalmente na presença dos clientes, adotar uma estratégia de serviços com foco em servir os clientes e investir na qualidade do atendimento representa um grande diferencial competitivo.

3. QUALIDADE EM SERVIÇOS

A qualidade em serviços pode se apresentar em duas dimensões, como segue.

3.1. Duas Dimensões da Qualidade em Serviços

Dadas as características dos serviços, especialmente devido a sua intangibilidade e o fato dos clientes estarem presentes pelo menos em parte do processo de produção, qualidade em serviços não pode ser avaliada como se avalia a qualidade de um bem físico, ou seja, apenas de acordo com normas técnicas, padrões de produção etc. Segundo Grönroos (1993), a qualidade em serviços possui duas dimensões, a dimensão técnica e a dimensão funcional.

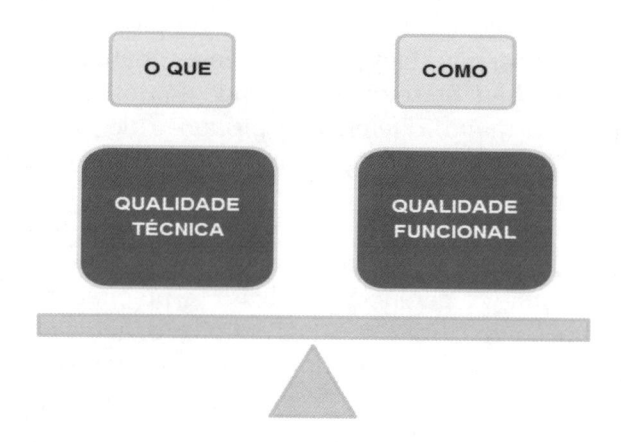

FIGURA 17.1: DUAS DIMENSÕES DA QUALIDADE EM SERVIÇOS.
Fonte: Adaptada de Grönroos (1993).

A <u>Qualidade Técnica</u> refere-se ao produto em si, se for um bem físico como a qualidade de uma peça de roupa; ou a qualidade da solução, se for um serviço, como, por exemplo: - se o técnico de informática obteve sucesso em resolver o problema do computador do cliente; - se o mecânico teve êxito no conserto do defeito no carro do cliente; - se o vendedor da loja mostrou o produto solicitado pelo cliente; se o taxista conduziu o cliente ao destino desejado; se o cabeleireiro cortou o cabelo conforme a solicitação do cliente; - se o médico fez um diagnóstico eficaz etc.

A Qualidade Funcional refere-se a como o produto é vendido e a solução entregue, ou seja, à qualidade da interação entre o estabelecimento, empresa ou prestador de serviço. Em outras palavras, refere-se à qualidade do atendimento. Estão inclusos aqui alguns itens como: atenção, cordialidade, empatia, confiabilidade, agilidade na resposta, entre outros.

Exemplos de qualidade funcional podem ser encontrados nas cinco dimensões da qualidade que os clientes valorizam e que foram identificadas por pesquisadores de marketing, de acordo com Fitzsimmons e Fitzsimmons (2004, p. 146-147). São elas:

Confiabilidade: é cumprir o que foi prometido no prazo e da forma prometida.

Responsabilidade: é a prontidão para atender. Não negligenciar o cliente ou deixá-lo esperando. É assumir a responsabilidade por uma falha cometida e corrigi-la prontamente. A correção de falhas, normalmente gera percepções positivas e inclusive aumento na fidelização. O cliente não gosta de erros, mas obviamente entende que a empresa pode errar. Ao assumir o erro e saná-lo, a empresa comprova na prática que é confiável que valoriza o cliente. Esse é um momento da verdade dos mais importantes.

Segurança: é a segurança que o cliente sente ao perceber que os funcionários da empresa têm conhecimento e competência, bem como tratam os clientes com cortesia e respeito.

Empatia: é entender o cliente, colocar-se no lugar dele, ter sensibilidade para escutá-lo e ajudá-lo no que necessita. É utilizar e praticar a expressão "eu compreendo como se sente" e "vou ajudá-lo."

Aspectos Tangíveis: é o que é tangível aos olhos, como a aparência das instalações, dos equipamentos e dos funcionários, a limpeza e organização, os materiais de comunicação etc.

Imagine as duas dimensões supracitadas como uma balança. Os clientes dão peso a cada uma das dimensões. Não adianta o técnico solucionar o defeito no computador do cliente ou o vendedor efetuar a troca do produto conforme estipulado em garantia ou ainda o dentista ser tecnicamente competente se a forma como trataram o cliente ficou aquém do que o cliente gostaria que fosse. Ou ainda, um cliente pode não confiar na qualidade de uma clínica médica ou restaurante, por melhor que seja a reputação dos mesmos, se as instalações estiverem sujas.

Da mesma forma, quando se trata de um bem tangível como, por exemplo, uma peça de máquina ou uma bicicleta, mesmo que o cliente fique satisfeito com o bem em si pode não querer comprar mais produtos desta empresa se não conseguir entrar em contato com a mesma para pedir alguma informação ou se não ficar satisfeito com a assistência técnica oferecida.

Existem empreendedores e prestadores de serviços que dão mais valor à qualidade técnica e não se preocupam em como o atendimento é prestado. Em muitos casos isso se deve ao fato de alguns gestores de negócios terem um modelo mental preconcebido daquilo que o cliente valoriza e, muitas vezes, tal modelo mental não corresponde à realidade. A consequência é a perda de clientes e isso acontece em qualquer tamanho de negócio.

Quando os clientes ameaçaram mudar de fornecedor, uma grande empresa multinacional no ramo de comunicações e mundialmente conhecida por sua competência técnica, iniciou um programa de qualidade em serviços que incluiu capacitar todos os gerentes e funcionários, a maioria engenheiros, que lidavam diretamente com clientes em vários países na América Latina. Durante a capacitação desses funcionários ficou visível que, para uma parte deles, era difícil entender porque precisavam prestar um bom atendimento ao cliente, uma vez que imaginavam que o produto técnico era o que importava. Por esse motivo, para os clientes dessa empresa faltava equilibrar a balança de qualidade com um bom atendimento.

Em outra ocasião, em um curso de pós-graduação em marketing de serviços, um empresário, franqueado de uma rede de farmácias, teve dificuldade em aceitar que a qualidade do atendimento fideliza clientes, mesmo tendo acesso a várias pesquisas e estudos de caso que comprovavam isso, pois segundo ele, clientes valorizam apenas preço. A consequência desse tipo de preconceito é a perda de cliente para concorrentes que compreendem e atendem as expectativas dos clientes de forma mais eficaz. Segundo Grönroos (1993, p. 22) "usar o baixo preço como principal argumento (de venda) não ajuda a empresa a construir relações duradouras". Os clientes vão procurar outra opção caso o preço não seja mais baixo. Além disso, quando os preços são semelhantes, a qualidade do atendimento costuma ser o que diferencia um estabelecimento de outro.

Cabe ressaltar que uma estratégia de serviços leva em consideração todas as dimensões de qualidade. O estabelecimento comercial, empresa ou prestador de serviço deve procurar entender o que o seu cliente espera e o peso que dá a cada uma das dimensões para que haja satisfação; não do ponto de vista do fornecedor ou vendedor, mas sim do ponto de vista do cliente.

É o que observamos em seguida quando discorremos sobre a percepção do cliente como medida de qualidade.

3.2 A Percepção do Cliente como Medida de Qualidade

Em serviços – e isto também se aplica a qualquer empresa que adota a estratégia de serviços – qualidade é medida pela percepção do cliente e não pela percepção do empresário ou seus gerentes. E isso é o que faz toda a diferença. Fitzsimmons e Fitzsimmons (2004, p. 146) afirmam que "a avaliação da qualidade em serviços se dá ao longo do processo de prestação do serviço. Cada contato com o cliente é referido como sendo um **momento da verdade**, uma oportunidade de satisfazer ou não o cliente."

Gronröos (1993) define hora da verdade como sendo todo e qualquer momento no qual o cliente entra em contato com o estabelecimento, empresa ou fornecedor de serviços e obtém uma impressão. Momentos ou hora da verdade, portanto, acontecem em todos os momentos em que o cliente entra em contato com qualquer aspecto da empresa ou fornecedor, incluindo o atendimento pessoal, por telefone, e-mail ou qualquer outra forma de contato ou, ainda, quando usa um produto ou serviço do fornecedor. O cliente está avaliando a qualidade a todo o momento.

Momentos ou horas da verdade de um cliente em um restaurante poderiam ser, por exemplo:

1. Quando faz a reserva e avalia a rapidez e a cordialidade do atendimento.
2. Quando chega ao restaurante e observa a facilidade, ou não, de estacionamento, assim como o serviço de manobristas.
3. Quando entra no restaurante e observa a decoração, limpeza e organização das instalações.
4. A rapidez e maneira como é recepcionado por um funcionário e encaminhado à mesa.
5. A qualidade dos móveis, mesas e cadeiras.
6. A qualidade e limpeza das roupas e uniformes dos funcionários.
7. A competência, a cordialidade e a atenção dos garçons.

8. A qualidade da comida e da bebida.
9. Ao utilizar o banheiro e verificar os cuidados com a decoração e condições de limpeza dos mesmos.
10. A agilidade e correção da conta quando solicitada.
11. A atenção dispensada quando se faz uma sugestão ou reclamação.
12. A agilidade e prontidão na correção de alguma falha cometida pelo restaurante.
13. A saudação dos garçons e funcionários ao sair do restaurante.
14. A rapidez com que seu carro é entregue pelos manobristas e o grau de cordialidade dos mesmos.

Cada item deste é um momento da verdade e o dono do restaurante deve preocupar-se com cada um. Não adianta ter garçons competentes se o serviço de manobristas deixar a desejar ou se a comida for boa, mas o banheiro estiver sujo. O cliente avalia tudo e qualquer deslize pode fazer com que este mude o seu conceito sobre a qualidade de toda a experiência que teve no restaurante, mesmo que tenha sido boa.

Todo empreendimento tem seus momentos da verdade que acontecem sempre que há interação com os clientes. O ideal é que o empresário ou prestador de serviço analise os momentos da verdade do seu negócio e crie processos para assegurar a qualidade e evitar falhas de cada um. Muitos negócios são mal avaliados pelos clientes porque seus donos ou gerentes não sabem avaliar e agir em relação a todos os seus momentos da verdade.

De acordo com Fitzsimmons e Fitzsimmons (2004, p. 146):

A satisfação do cliente com a qualidade pode ser definida pela percepção do serviço prestado com as expectativas do serviço desejado. Quando se excedem as expectativas, o serviço é percebido como de qualidade excepcional, e também como uma agradável surpresa. Quando, no entanto, não se atende às expectativas, a qualidade do serviço passa a ser vista como inaceitável. Quando se confirmam as expectativas pela percepção do serviço, a qualidade é satisfatória.

```
           ┌─────────────┐
           │  QUALIDADE  │
           │    TOTAL    │
           │  PERCEBIDA  │
           └─────────────┘
            ↗           ↖
┌─────────────┐     ┌─────────────┐
│  QUALIDADE  │ ↔   │  QUALIDADE  │
│   ESPERADA  │     │ EXPERIMENTADA│
└─────────────┘     └─────────────┘
```

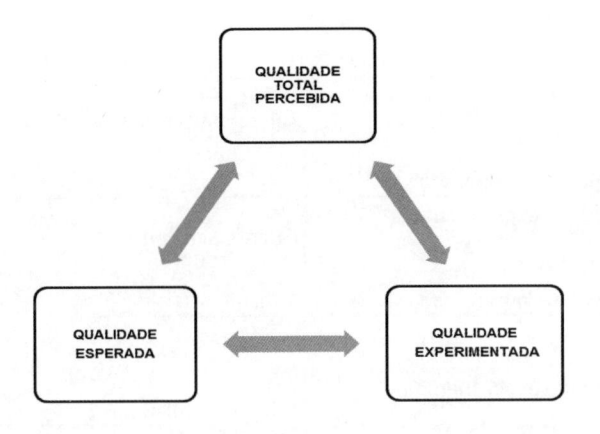

FIGURA 17.2: QUALIDADE PERCEBIDA PELO CLIENTE.
Fonte: Adaptada de Grönroos (1993).

As expectativas que os clientes têm são geradas a partir da propaganda e de todos os tipos de comunicação com o mercado, comunicação boca a boca, experiências passadas que o cliente teve com aquele estabelecimento, empresa, fornecedor de serviços ou similar e necessidades pessoais. O estado emocional do cliente também influencia na sua percepção.

É provável que um cliente avalie melhor um serviço recebido se seu estado de espírito for negativo. Ele estará mais predisposto a perceber os aspectos positivos e relevar as falhas. Um cliente cujo estado emocional está negativo pode prestar mais atenção nas falhas. Por isso é aconselhável sempre tentar contribuir para que o estado emocional do cliente seja positivo. Isto significa focar em fazer com que o cliente saia da sua loja, estabelecimento ou consultório se sentindo melhor do que quando entrou (porque teve seu problema resolvido e/ou comprou algo que gostou e/ou recebeu uma informação relevante e foi bem tratado). Isso inclui saber lidar com clientes irritados e zangados e conseguir reverter seu estado de espírito para um estado positivo e de satisfação.

Então:

Qualidade experimentada > Qualidade esperada	Cliente Encantado, super satisfeito J
Qualidade experimentada = Qualidade Esperada	Cliente Satisfeito K
Qualidade experimentada < Qualidade Esperada	Cliente Insatisfeito L

FIGURA 17.3: SATISFAÇÃO DO CLIENTE.
Fonte: Adaptada de Fitzsimmons e Fitzsimmons (2004).

Exemplo: um cliente recebe uma indicação de um amigo sobre um restaurante e resolve checar a indicação do amigo. Este será o momento da verdade em que o cliente irá constatar se a reputação do restaurante é verdadeira ou não. O cliente ouviu do seu amigo que a comida do restaurante é maravilhosa e que o serviço é impecável.

O cliente quando vai até o restaurante pode experimentar três tipos de situações:

1. O prato que pediu veio mal preparado, o serviço estava apenas regular. A conta veio errada. Como se sentirá o cliente? Neste caso estará insatisfeito, pois a qualidade que ele experimentou, no momento da verdade foi aquém da sua expectativa.

2. O prato que pediu estava bom, o serviço foi atencioso, o cliente não observou nada especial. Como se sentirá o cliente? Neste caso, satisfeito, pois comeu bem e foi bem tratado. Ele esperava que o restaurante fosse bom, baseado na recomendação do amigo. É possível que retorne ao restaurante, mas, como não experimentou nada especial talvez não indique a outros amigos.

3. O prato que pediu estava simplesmente m-a-r-a-v-i-l-h-o-s-o, um dos melhores que o cliente já provou. O serviço então, superou as suas expectativas em todos os momentos, quando ligou para fazer uma reserva, ao ser recepcionado pelos manobristas que iam estacionar o seu carro, no tratamento que recebeu da *hostess* ao entrar, no serviço

dos garçons que conheciam o cardápio, fizeram excelentes sugestões e estavam sempre atentos quando ele necessitava. Ele ficou encantado e achou justo o preço que pagou pelo serviço que recebeu. Com certeza vai retornar e irá recomendar aos seus amigos.

É muito importante ter cuidado com a comunicação com o mercado e com as promessas que são feitas. Os clientes irão comprovar a veracidade dessas promessas nos momentos da verdade.

4. Por Que É Importante Reter e Buscar a Satisfação dos Clientes?

Lovelock e Wright (2001, p. 116) afirmam que:

> Clientes altamente satisfeitos disseminam informações positivas e, na verdade, tornam-se um anúncio ambulante e falante para uma empresa, o que reduz o custo de atrair novos clientes. Isso é particularmente importante para fornecedores de serviços profissionais (como dentistas, advogados, engenheiros e contadores) porque a reputação e a comunicação verbal são fontes de informação fundamentais para atrair clientes novos.

Os autores apontam como benefícios da satisfação do cliente e qualidade do serviço:

1. Isola os clientes da concorrência.
2. Encoraja clientela constante e fidelidade.
3. Pode criar vantagem sustentável.
4. Amplia/promove boca a boca positivo.
5. Reduz os custos de falhas.
6. Reduz os custos de atração de novos clientes (LOVELOCK; WRIGHT, 2001, p. 116).

Não reter clientes custa caro. Reichheld e Sasser (1990, p. 105) estudaram o impacto da retenção de clientes nos lucros das empresas, publicaram suas descobertas em um artigo na *Harvard Business Review* e afirmam que:

> A deserção de clientes (*customer defections*) causa maior prejuízo do que economias de escala, percentual de participação no mercado ou custos de produção. À medida que o tempo de relacionamento do cliente com a empresa aumenta os lucros também aumentam. Empresas podem aumentar os lucros em até 100% se reterem pelo menos 5% dos seus clientes.

No caso de uma loja de serviços para automóveis, eles constataram que o lucro com um cliente, no quarto ano de relacionamento é três vezes maior do que no primeiro ano. Essa estimativa inclui utilização de mais serviços da loja, indicação para terceiros etc.

De acordo com Kotler (2000), um cliente satisfeito conta para três pessoas sua experiência positiva, mas um cliente insatisfeito conta para 11 pessoas sua experiência negativa. Atualmente este número pode ultrapassar a casa das centenas ou até milhares de pessoas, em virtude da internet e das redes sociais.

Nunca o boca a boca teve tanta importância e repercussão. Sites como o *Reclame Aqui* (www.reclameaqui.com.br) é um fórum para reclamações de clientes, de fácil acesso a qualquer pessoa que queira consultar a reputação da empresa ou estabelecimento antes de frequentá-lo ou efetuar alguma compra. E os consumidores de fato o fazem.

Comentários postados no *Facebook* ou no *Twitter* podem ser vistos simultaneamente por milhares de pessoas. É comum atualmente frequentadores de restaurantes postarem comentários via *Twitter* ou *Facebook* sobre a sua experiência na hora em que estão vivenciando, com fotos do estabelecimento e do prato que estão comendo. Apenas um cliente insatisfeito pode fazer um vídeo reclamando a sua experiência negativa e colocar no site *YouTube* (www.youtube.com), como aconteceu com a companhia aérea americana *United Airlines*. O vídeo feito por um passageiro foi visto por milhares de pessoas em todo o mundo. Depois disso a empresa ofereceu compensação ao cliente por ter danificado o seu violão durante o transporte, mas o estrago à imagem já estava feito. Para assegurar a sobrevivência e o sucesso de um negócio recomenda-se buscar a satisfação e, melhor ainda, superar as expectativas de 100% dos clientes.

5. Medidas Práticas para Assegurar a Satisfação do Cliente

O que fazer, então, para assegurar um atendimento que proporcione satisfação ao cliente? Discorremos a seguir sobre as ações que o empresário ou prestador de serviços podem adotar para assegurar a qualidade no atendimento aos clientes.

5.1. Adotar como Missão e Estratégia de Negócio Satisfazer e Superar as Expectativas dos Clientes.

É de fato implantar uma cultura de serviços e fazer com que razão de ser da empresa, estabelecimento ou fornecedor de serviços, seja servir aos clientes.

Grönroos (1993, p. 304) define cultura empresarial como sendo "o padrão de valores e crenças compartilhados que adotam os membros de uma organização com um significado e fornecendo-lhes as regras de comportamento na organização."

Os líderes devem definir valores e crenças a serem adotados por todos, bem como o que deve ser feito, para quem e como, e com quais recursos e que benefícios devem ser oferecidos aos clientes. Isso tem que ser comunicado com clareza, para que seja entendido por todos os funcionários.

Como exemplo, citamos o caso de Timothy Firnstahl, dono de uma cadeia de quatro restaurantes em *Seattle*, nos Estados Unidos, e autor do artigo "Meus funcionários são a garantia de meus serviços" (1997). No seu artigo, o autor alega que a sua empresa tem somente um objetivo – "agradar as pessoas". Essa é a missão do seu negócio. Ele diz ter descoberto que "satisfazer os clientes é o segredo para crescimento e lucro" e afirma ainda que "a cada vez que não conseguimos melhorar o humor de um cliente com boa comida, serviços agradáveis e uma atmosfera tranquila, falhamos no cumprimento de nossa tarefa" (FIRNTAHL, 1993, p. 125).

Firnstahl desenvolveu uma estratégia para garantir a satisfação dos clientes, que começa por dar uma garantia a esses clientes de que eles ficarão satisfeitos com os produtos e serviços do restaurante. Ele criou um sistema, com algumas regras simples, que dá total responsabilidade e autoridade aos funcionários para fazer com que tal garantia se mantenha e também um processo para identificar quando a garantia dada ao cliente falha por problemas da gestão, treinamento etc. e, então, agir sobre elas. Como resultado, Firnstahl tem funcionários e clientes satisfeitos.

5.2. Compreender a Importância do Papel dos Líderes do Negócio para o Sucesso da Estratégia:

Os líderes é que fazem a cultura acontecer. Sem um apoio ativo e contínuo por parte de todos os gerentes e supervisores, os valores que caracterizam uma cultura de serviços não podem se espalhar por toda a empresa.

A cultura se faz de cima para baixo por meio das estratégias formuladas pelos líderes e dos exemplos dos seus comportamentos. Funcionários não seguem o que está escrito como valores e normas de comportamento. Eles copiam os comportamentos dos chefes e gerentes. Se a empresa disser que tem como norma o cliente em primeiro lugar, mas o gerente não retorna a ligação dos clientes, com certeza os funcionários também não o farão. Líderes e donos de estabelecimentos e empresas devem acreditar no que pregam para os seus funcionários e praticar no dia a dia.

Daniel Goleman autor de diversos livros sobre inteligência emocional afirma que "o modo como os funcionários avaliam o clima no ambiente de trabalho guarda uma relação direta com a satisfação do cliente". E que "para cada melhoria de 1% no clima de serviços, ocorre um aumento de 2% na receita" (GOLEMAN; BOYATZIS; MCKEE, 2002, p. 15). O fator que mais afeta o clima de uma empresa é o líder. Estes são responsáveis por 50% a 70% de como os funcionários percebem o clima de suas organizações.

> Quanto mais exigente for o trabalho em termos emocionais, mais empatia e assistência o líder terá que proporcionar. Os líderes determinam o clima do atendimento e, portanto, a predisposição dos funcionários a satisfazer aos clientes (GOLEMAN; BOYATZIS; MCKEE, 2002, p. 17).

Portanto, os líderes devem prestar bastante atenção nas suas ações e na forma como tratam os funcionários, pois isso afeta diretamente o clima de trabalho e a maneira como os funcionários prestam atendimento, especialmente se estes interagem diretamente com os clientes. O líder é como o espelho para onde os funcionários olham buscando um modelo de comportamento.

5.3. Priorizar a Gestão dos Recursos Humanos

O título do artigo de Firnstahl (1995) citado no item anterior "Meus funcionários são a garantia de meus serviços" é bastante sugestivo. Como afirma Firnstahl (1995, p. 133): "o cliente está ali para passar momentos agradáveis e está sob os cuidados do funcionário". Qualquer empresa para ter sucesso na satisfação dos clientes, especialmente se o seu produto ou serviço exige muita interação com clientes deve saber se esforçar para fazer uma boa gestão de recursos humanos. Isso significa recrutar e selecionar pessoas, treinar, avaliar e remunerar.

Recrutar e selecionar pessoas são partes de uma tarefa algumas vezes negligenciada pelos donos de negócio. Porém, se são os funcionários que vão proporcionar o atendimento ao cliente na hora da verdade, não podem ser recrutados ao acaso.

Segundo Lovelock e Wright (2001, p. 398) "os critérios de recrutamento devem refletir dimensões humanas do cargo além dos requisitos técnicos". O dono de uma lanchonete, por exemplo, ao contratar um funcionário, além de se certificar que ele sabe manejar a máquina de café, deve assegurar que o candidato à vaga possui habilidades interpessoais para se relacionar com os clientes. Um bom atendimento pode ser o diferencial, motivo pelo qual os clientes preferem tomar café em uma lanchonete e não em outra.

Lovelock e Wright (2001, p. 399) afirmam, igualmente, que a disposição para servir, a cordialidade e a empatia não podem ser ensinadas, mas fazem parte de um conjunto de crenças que foram aprendidas na infância. Quem não gosta, ou não quer servir pessoas não deve trabalhar em funções com muito contato com clientes. "Portanto, os proprietários e gerentes devem ser cuidadosos ao contratar funcionários, para perceber se essas pessoas possuem intrinsecamente essas características" (CUNHA; ROQUE, 2003, p. 150).

Proporcionar treinamento aos funcionários também é fundamental. Muitas falhas no atendimento acontecem por falta de conhecimento sobre produtos, serviços e processos da empresa. Além disso, todos devem conhecer e praticar a missão e valores da empresa e, por isso, devem receber informação e treinamento sobre esse tema. Tais procedimentos facilitam o *empowerment* dos funcionários. Aos funcionários deve ser dada autonomia e responsabilidade para encontrar soluções e tomar decisões apropriadas sobre questões levantadas pelos clientes, sem ter que buscar a aprovação de um supervisor. Clientes buscam agilidade no atendimento e, geralmente, não gostam de ouvir a frase "isso não é comigo, sou apenas um atendente".

Firnstahl (1993) afirma que a qualidade dos funcionários de seu restaurante chama a atenção das pessoas que, muitas vezes, o perguntam sobre o segredo de ter funcionários tão maravilhosos. Ele responde:

> Nossos funcionários são melhores do que a maioria porque têm o poder e a obrigação de resolver o problema dos clientes por eles mesmos e na mesma hora. Dar-lhes completa liberdade de ação sobre como fazem isso também lhes incute orgulho (FIRNSTAHL, 1993, p. 134).

Os gerentes devem avaliar os funcionários periodicamente e dar *feedback* sobre o seu desempenho. A remuneração deve ser justa e deve estar atrelada às metas de satisfação de clientes. Citando ainda o caso de Firnstahl (1993), este recompensa seus funcionários por elogios e prêmios em dinheiro para mantê-los motivados. Por exemplo: ele dá uma boa bonificação para ser dividida entre os funcionários do restaurante que diminuírem as taxas de reclamação de clientes, bem como premia os funcionários que ajudarem a encontrar e corrigir falhas do sistema. Adotando essas regras básicas, o empresário tem maiores condições de reter bons funcionários e reduzir custos de alta rotatividade. Geralmente os empresários que reclamam que não conseguem encontrar e reter bons funcionários estão falhando nessas práticas de gestão.

5.4. Desenvolver Processos Voltados para a Satisfação do Cliente

Para melhor atender seu público-alvo todo negócio deve ter, pelo menos, alguns processos que o auxilie a melhorar a relação com os clientes. Alguns desses processos são:

- CRM: algum sistema de *Customer Relationship Manager* ou gerenciamento de Relacionamento com Clientes. Não precisa ser um sistema sofisticado, mas que seja uma base de dados com informações sobre os clientes. Não só dados cadastrais, mas também comportamento de compra e preferências. Assim, a empresa pode fazer ofertas personalizadas de acordo com as preferências do cliente, ajustar a forma, atender e negociar de acordo com a personalidade, as necessidades e as características do cliente, enviar presentes e brindes personalizados em datas especiais, fazer o cliente sentir-se valorizado por ter sido lembrado em pequenos detalhes. Um exemplo disso é um cabeleireiro que tem escrito na sua base de dados sobre um cliente, além dos dados cadastrais: "cliente não gosta de atrasos e prefere utilizar os serviços dos seguintes profissionais...". Esse tipo de informação ajuda a manter o cliente satisfeito e fiel. O importante é que o sistema não seja apenas um banco de dados só para constar, mas que seja fácil de ser utilizado pelos profissionais da empresa e ajude a melhorar a relação com o cliente. O ideal é que os profissionais de contato com o cliente sejam encorajados a fazer observações e anotações durante os encontros com os clientes para que fique registrado e, com isso, outros profissionais da empresa possam utilizar em um próximo contato com o cliente.
- SAC: algum Sistema de Atendimento a Clientes, ou alguma forma do cliente entrar em contato para solicitar informações sobre os produtos e serviços e também para sugestões e reclamações. Telefone, e-mail, chat, página no *facebook,* caixa de sugestões, são alguns exemplos. É aconselhável escolher os canais mais fáceis de serem gerenciados. Este é um momento da verdade importantíssimo e se a resposta não for rápida o cliente vai impactar negativamente a percepção que tem da empresa.

- Fazer pesquisas periódicas de satisfação: perguntar sempre aos clientes se estão satisfeitos com os produtos e serviços e o que pode ser melhorado.
- Um sistema de detecção de falhas: é ouvir as reclamações e queixas dos clientes, feitas diretamente aos funcionários, ou através das pesquisas de satisfação, SAC ou por outro meio de comunicação. Buscar entender o que motivou as reclamações e saná-las. Os gerentes devem incentivar os funcionários a ouvir e registrar as reclamações dos clientes. Além de ser uma fonte de informação preciosa, esse gesto é apreciado por todos os clientes, pois se sentem ouvidos e respeitados. Ninguém gosta de ouvir frases do tipo: "isto não é comigo" ou pior ainda "eu concordo com o que está dizendo, mas não posso fazer nada a respeito."

Ouvir as reclamações dos clientes é uma maneira eficiente de fazer ajustes para garantir a satisfação e fidelização dos mesmos. Alguns empresários acreditam que se os clientes não reclamam é porque está tudo bem. Porém, esse raciocínio não é correto. De acordo com Kotler (2000) apenas 5% dos clientes reclamam e 95% deixam de fazer negócio com a empresa sem dizer o motivo. As pessoas só reclamam quando querem continuar no relacionamento. Caso contrário, preferem não se dar ao trabalho.

> Clientes cujas reclamações são resolvidas de modo satisfatório acabam se tornando mais fiéis à empresa do que aqueles que nunca ficaram insatisfeitos. Aproximadamente 34% dos clientes que registram sérias reclamações voltam a recorrer à empresa se tiverem seu problema resolvido, e esse número cresce para 52% para os casos de reclamações menos sérias. Se o problema for sanado rapidamente, entre 52% (reclamações mais sérias) e 95% (reclamações menos sérias) dos clientes comprarão novamente os produtos da empresa (KOTLER, 2000, p. 462).

6. Considerações Finais

Dedicar esforços em atender bem o cliente é uma questão de sobrevivência nos dias atuais. As pessoas estão cada vez mais conectadas e podem comparar e escolher comprar onde for melhor para elas. Com a internet a concorrência não é mais local e sim global, não só para grandes empresas, mas também para as pequenas e médias. Têm maiores condições de sucesso as empresas que entenderem que servir aos clientes é a única razão de sua existência e, nesse sentido, adotarem medidas efetivas para isso.

Vale destacar o papel do dono e dos gerentes das empresas no sentido de contratar, gerenciar, treinar e dar *feedbacks* constantes aos seus funcionários, principalmente os que estão em contato direto com o cliente. Afinal, são eles que representam a empresa no dia a dia, seja servindo um cafezinho, vendendo qualquer produto, atendendo atrás do balcão em uma clínica médica ou em um *help desk* de produtos tecnológicos. Esta deve ser a mais importante missão das lideranças das empresas, sem a qual não é possível honrar a promessa de um bom atendimento para os clientes nas horas da verdade.

Atividades e Exercícios

1. Por que a estratégia focada em serviços é um diferencial competitivo?
2. Qual é o impacto para a gestão das empresas na afirmação: "serviços normalmente acontecem durante as interações entre clientes e empregados de serviço e/ou recursos físicos ou bens e/ou sistemas do fornecedor de serviços."
3. Qual é a diferença entre qualidade técnica e qualidade funcional?
4. Descreva um caso prático em que você presenciou as cinco dimensões da qualidade sendo praticadas.
5. O que são horas ou momentos da verdade? Enumere os momentos da verdade de uma empresa ou estabelecimento comercial.
6. Explique o comentário: "a satisfação do cliente com a qualidade pode ser definida pela percepção do serviço prestado com as expectativas do serviço desejado."
7. Comente porque é importante para as empresas investir na retenção de clientes.
8. Explique o que significa adotar como missão estratégica "servir aos clientes".
9. Qual é a importância do papel dos donos e gerentes para o sucesso da empresa em satisfazer os clientes e como deve ser feita a gestão de pessoas?
10. Dê exemplos de processos que podem ser utilizados pelas empresas no intuito de monitorar e melhorar a qualidade de sua relação com os clientes.

Palavras-Chave: atendimento ao cliente, relacionamento com o cliente, CRM, qualidade no atendimento.

Palavras-chave: Atendimento a clientes, marketing e gestão de serviços, marketing de relacionamento, gestão de relacionamento com clientes, competitividade.

Referências

ALBRECHT, Karl. **Revolução nos serviços**. São Paulo: Pioneira, 2000.

CARLZON, Jan. **A hora da verdade**. 4. ed. Rio de Janeiro: Sextante, 2005.

CUNHA, Claudia Piereck; ROQUE, Andréia. Um estudo sobre o papel estratégico dos recursos humanos e das lideranças para o sucesso dos empreendimentos no turismo no meio rural. *In:* **O turismo como vetor do desenvolvimento rural sustentável.** Anais do 4º. Congresso Brasileiro de Turismo Rural: 2003: Piracicaba, São Paulo.

FITZSIMMONS, James A.; FITZSIMMONS, Mona J. **Administração de serviços:** operações, estratégias e tecnologia da informação. 4 ed. Porto Alegre: Bookman, 2005.

FOURNIER, Susan; DOUBSHA, Susan, MICK, David Glen. Preventing the Premature dealth of relationship marketing. In: **Harvard Business Review on Customer Relationship Management**. Boston, Massachusetts: Harvard Business School Press, 2002.

GOLEMAN, Daniel; BOYATZIS, Richard; MCKEE, Annie. **O poder da inteligência emocional**. Rio de Janeiro: Campus, 2002.

FIRNSTAHL, Timothy W. Meus Funcionários são a garantia de meus serviços. *In:* **Atuação espetacular**: a arte da excelência em serviços. Harvard Business Review Books. Rio de Janeiro: Campus, 1997.

GRÖNROOS, Christian. **Marketing:** gerenciamento e serviços: a competição por serviços na hora da verdade. 5. ed. Rio de Janeiro: Campus, 1993.

KOTLER, Philip. **Administração de marketing**: a edição do novo milênio. 10. ed. São Paulo: Prentice Hall, 2000.

LEVITT, Theodore. **A imaginação de marketing**. São Paulo: Atlas, 1985.

LOVELOCK, Christopher; WRIGHT, Lauren. **Serviços, marketing e gestão**. São Paulo: Saraiva, 2001.

RECLAME AQUI. Disponível em http://www.reclameaqui.com.br. Acesso em Jan 2012.

REICHHELD, Frederick; SASSER, Earl W, Jr. *Zero defections: quality comes to service*. **Harvard Business Review**. Boston, Machassutts: Harvard Business School Press: setembro-outubro, 1990, p. 105-111.

SOARES, Fabrício; CORRÊA, Valentino. **Serviços 5 estrelas:** uma introdução à qualidade nos serviços. Rio de Janeiro: Qualitymark, 1994.

O Processo de Negociação

JAYR FIGUEIREDO DE OLIVEIRA

Os negócios, mais do que qualquer outra ocupação, são um cálculo contínuo, um exercício instintivo de previsão.
Henry R. Luce (1898-1967)
Fundador das revistas
"Time" e "Fortune"

INTRODUÇÃO

A Negociação ocorre nos mais diversos planos da vida de um indivíduo, a nível pessoal, econômica, social e organizacional. Trata-se do processo através do qual as partes que se encontram em disputa tentam alcançar uma decisão conjunta nos assuntos em questão. A negociação faz parte do nosso dia a dia: O comprador negocia com o vendedor, os trabalhadores e a administração de uma empresa negociam as condições de prestação de serviços, um jovem negocia a sua hora de voltar para casa junto aos seus pais.

A necessidade de negociar está presente no nosso dia a dia podendo surgir a qualquer momento. Apesar das negociações se realizarem diariamente não é fácil fazê-las bem, onde as estratégias conhecidas de negociação podem deixar as pessoas insatisfeitas, exaustas ou indiferentes. Perante este dilema existem duas formas gerais de negociar: ou são flexíveis ou inflexíveis. O negociador flexível tenta evitar o conflito pessoal o que por vezes o pode fazer sentir explorado. O negociador inflexível encara qualquer situação como um confronto de vontades, no qual assume uma posição de querer ganhar, o que pode dar origem a uma resposta igualmente agressiva causando assim a sua relação com a parte contrária.

O conflito está presente em todos os relacionamentos humanos e em todas as sociedades. As disputas acontecem entre pessoas de uma mesma família, vizinhos, grupos religiosos e esportistas, organizações e governo, cidadãos, dentre outros. Podem ser das áreas trabalhista ou comercial, sendo constituídas por múltiplos participantes e múltiplos critérios. Devido aos altos custos físico, emocional e financeiro que resulta de uma situação conflituosa, os indivíduos têm buscado maneiras de resolver suas discordâncias e diferenças de pontos de vista. Ao buscar administrar e resolver as diferenças tem-se procurado estabelecer procedimentos que atendam aos interesses das partes envolvidas, minimizando o desgaste e os gastos desnecessários.

Negociação é a possibilidade de se fazer algo melhor por meio de uma ação conjunta; por outro lado, não deverá ser surpresa caso as ações de não negociação provêm ser o meio superior de realizar algo (SEBENIUS E LAX, 1987).

Negociação é um processo de atualização, revisão, realização de perguntas relevantes, proporcionando um aprendizado conjunto, com o objetivo de minimizar as diferenças na definição de valor.

A negociação é ainda o modo mais eficiente de conseguir algo que se deseja. Negocia-se quando existem alternativas a serem escolhidas, e essas alternativas envolvem a própria pessoa ou terceiros. Para ambos os lados, as diversas alternativas apresentam interesses comuns e interesses conflitantes, expressando a complexidade das relações.

Resta também refletir que a negociação é um processo complexo que ocorrer no cotidiano de todos, consoante as origens culturais em que cada pessoa está inserida, isto vale para as organizações e, é isto que este capítulo irá trabalhar.

1 A Fase da Preparação

A relação entre uma boa preparação e uma negociação de sucesso geralmente é mal-entendida e subestimada. Com frequência, os problemas que surgem em muitas negociações são consequência da falta de preparação de uma ou mais partes.

Uma boa preparação não precisa demorar muito. O pensamento claro e alguns minutos de concentração podem melhorar significativamente sua eficácia. Uma abordagem sistemática ajuda qualquer um a sair-se bem nas negociações e a entender plenamente o que está em jogo. Nossa premissa básica, em qualquer negociação, é que há sete elementos essenciais para serem considerados: alternativas, interesses, opções, legitimidade, compromissos, comunicação e relacionamento.

O tempo sempre é um recurso escasso para o executivo. Por isso, classificamos nossas técnicas de preparação em três categorias:

- *Preparação rápida*: consiste em uma rápida passada pelo mapa da negociação. Isso deve ajudá-lo a ter uma ideia do que trata a negociação e para onde ela pode caminhar.
- *Preparação por prioridades*: é útil quando você precisa concentrar-se apenas em certos elementos da negociação.
- *Preparação completa*: é uma preparação abrangente, indicada para negociações complexas.

12.1.1 A Preparação Básica

Essa forma de preparação tem por objetivo fornecer uma ajuda rápida, para quando o executivo não dispuser de muito tempo ou para negociações breves. É uma boa maneira de iniciar uma preparação mais aprofundada e pode ser, por si só, suficiente para aquela negociação de cinco minutos pelo telefone. A preparação rápida exige apenas alguns minutos para que o executivo sistematize seu pensamento e clareie as ideias em relação à negociação.

A preparação rápida se concentra em quatro dos sete elementos de uma negociação — interesses, opções, legitimidade e alternativas —, respondendo a cinco perguntas:

Interesses
1. Com que realmente me importo — meus desejos, necessidades, preocupações, esperanças e temores?
2. Com que, em minha opinião, a outra parte realmente se importa — seus desejos, necessidades, preocupações, esperanças e temores?

Opções
3. Quais são todos os acordos possíveis a que podemos chegar?

Legitimidade
3. Quais são os padrões externos ou precedentes que poderiam convencer um de nós ou a ambos de que o acordo proposto é justo?

Alternativas
5. O que posso fazer para obter o que quero de outra forma, se não conseguir chegar a um acordo?

1.2 A Preparação por Prioridades

Nem toda negociação é igual. Os elementos de importância variam conforme a situação. Há situações em que as partes desconfiam umas das outras e momentos que envolvem assuntos múltiplos e complexos. Em certos casos, pode ser útil concentrar o máximo possível do tempo de preparação em algumas áreas-chave, em lugar de fazer uma análise completa dos sete elementos básicos da negociação.

Um diagnóstico da negociação ajudará o executivo a decidir como investir seu tempo e quais elementos priorizar. Sugerimos as seguintes perguntas para esse processo:

Interesses: Estamos *brigando* por causa de nossas posições? Por quê? Eu priorizei os assuntos? Estou confuso a respeito deles? Levei em consideração o que gostaria de obter, se estivesse no lugar dele?

Opções: A situação parece ser do tipo em que um tema tem de ganhar e o outro perder? Chegamos a um impasse? Os interesses são compatíveis? Deveríamos fazer um levantamento conjunto das possibilidades?

Alternativas: Eu acho que deveríamos chegar a um acordo? Eu parto da suposição de que ele tem de fazer um acordo? Eu **sei** que ambos faremos se não chegarmos a um acordo?

Legitimidade: Estou preocupado em poder ser *esfolado*? Estou sendo tratado com justiça? Algum de nós vai ter de explicar a outros por que aceitamos o acordo, qualquer que seja ele?

Comunicação: Estou pronto para ouvir atentamente o que eles disserem? Eu sei o que quero ouvir? Sei como falar de forma que faça com que eles queiram ouvir?

Relacionamento: É provável que o relacionamento de trabalho seja difícil? Será que vai ser difícil falar de dinheiro com eles? Essa negociação poderia estragar nosso relacionamento?

Compromissos: Está chegando a hora de tomar uma decisão? Há mais coisas que fazer depois de ambos dizerem sim? Está claro para mim quem tem autoridade para assumir um compromisso.

Se uma ou mais dessas perguntas parecerem fundamentais para a negociação, o executivo deve concentrar sua preparação nos elementos que corresponderem a elas. O processo descrito a seguir pode ajudá-lo a estudar em profundidade os elementos que lhe parecerem mais relevantes.

1.3 A Preparação Completa

Quando o que está em jogo em uma negociação iminente é grande, a preparação assume importância ainda maior. No mínimo, recomendamos a preparação rápida ou a preparação por prioridades.

Em alguns casos, essas duas estratégias podem não ser suficientes, embora sejam um bom começo. Para negociações complexas, de alto risco e altos valores envolvidos, é essencial uma preparação minuciosa, com a análise em profundidade de cada um dos sete elementos básicos. Veja, a seguir, algumas diretrizes de uma preparação completa.

Interesses

Todo mundo que entra em uma negociação tem interesses. Os interesses são diferentes das posições — estas são apenas uma das maneiras de satisfazer os interesses. Se ficar muito preso a suas posições, o negociador limitará as muitas outras maneiras pelas quais pode ter seus interesses satisfeitos. Portanto, discutir demais uma posição acaba por desviar a negociação do assunto principal: satisfazer os interesses de cada uma das partes.

A maioria das pessoas se concentra em posições, e não em interesses, fechando-se em uma exigência inicial. Essa exigência inicial torna-se o foco das negociações, desviando as partes do objetivo real: seus interesses.

Quando uma das partes pensa somente no que ela quer, provavelmente os interesses da outra parte não serão satisfeitos e ela não se verá incentivada a chegar a um acordo. Pensar nos interesses da outra parte contribui para que os dois lados cheguem a um acordo mutuamente aceitável.

Três Passos para Concentrar-se nos Interesses

1. Para compreender melhor os interesses em jogo, é importante identificar todas as partes envolvidas na negociação — direta ou indiretamente. Todas as pessoas e todos os grupos que sejam atingidos pelo processo, incluindo os amigos, a família, o chefe etc., podem exercer alguma influência sobre seu desfecho. É conveniente, portanto, considerar essas pessoas e esses

grupos desde o início, para evitar surpresas no futuro.
2. Após identificar todas as pessoas envolvidas, é hora de esclarecer os interesses de cada uma das partes — os próprios, os da(s) outra(s) parte(s) e os de terceiros. É importante perguntar-se: "O que é importante para mim, para a(s) outra(s) parte(s) e para os outros?", mesmo como exercício de adivinhação, pois isso ajudará a identificar os possíveis interesses das diferentes partes. Em seguida, devem-se agrupar os interesses por afinidade.
3. Uma vez esclarecidos todos os interesses, deve-se estudar cada um deles. Para cada interesse individual, deve-se perguntar "por quê?" e "com que objetivo?", até descobrir os reais interesses subjacentes. Devem-se atribuir pontos aos próprios interesses, de 0 a 100, de acordo com sua importância relativa, e também aos da outra parte. Isso vai ajudar o negociador a priorizar seus interesses e a imaginar o que o outro lado achará mais importante.

Os Sete Elementos Básicos de uma Negociação

1) Alternativas. Alternativas são as possibilidades de caminho que cada parte tem, se não chegar a um bom termo. O acordo obtido à mesa sempre deve ser comparado às alternativas existentes fora da negociação.

2) Interesses. Interesses não são posições, uma vez que posições são exigências das partes. Subjacentes às posições estão as razões pelas quais elas estão exigindo algo: necessidades, preocupações, esperanças, desejos e temores. Quanto mais um acordo satisfizer esses interesses das partes, melhor o negócio.

3) Opções. Opções são a gama completa de possibilidades pelas quais as partes poderiam, teoricamente, chegar a um acordo. As opções são, ou poderiam ser, colocadas na mesa. Um acordo é melhor se for a melhor de muitas opções, principalmente se explorar todo o ganho mútuo potencial da situação.

4) Legitimidade. Legitimidade refere-se à percepção de quão justo é um acordo. Um acordo fará as duas partes se sentirem tratadas com justiça, na medida em que se basear em parâmetros, critérios ou princípios externos, além da vontade de cada uma das partes. Esses parâmetros podem ser leis e regulamentações, normas do setor, a praxe habitual ou alguns princípios gerais com reciprocidade ou precedentes.

5) Compromissos. Os compromissos são declarações verbais ou escritas sobre o que uma das partes fará ou deixará de fazer. Eles podem ser feitos no decorrer de uma negociação ou incorporados ao acordo obtido ao final dela. Em geral, o acordo será melhor, se as promessas feitas tiverem sido bem planejadas e bem arquitetadas, de forma a ser práticas, duráveis, facilmente entendidas por aqueles que as forem cumprir e verificáveis, se necessário.

6) Comunicação. A qualidade da comunicação em uma negociação depende tanto do nível de entendimento mútuo como da eficiência do processo. Na comunicação de alta qualidade, as mensagens entendidas pelos receptores têm o sentido pretendido pelos emissores. Ou seja, as partes entendem uma à outra, mesmo que discordem. A comunicação de alta qualidade também é mais eficiente, na medida em que os negociadores minimizam os recursos gastos para tomar a decisão final — seja ela chegar ao acordo ou desistir dele.

7) *Relacionamento.* As negociações mais importantes são com pessoas ou instituições com quem já negociamos antes e negociaremos novamente. Em geral, um forte relacionamento de trabalho dá poder às partes para negociarem bem suas diferenças. Qualquer transação deve melhorar a capacidade das partes de trabalharem juntas novamente — jamais piorar.

Opções

As opções são as diferentes maneiras ou soluções pelas quais é possível satisfazer os interesses. Em geral, o negociador se apega a uma posição e, assim, acaba despreparado para trazer à mesa de negociação ideias diferentes, que poderiam satisfazer tão bem ou até melhor seus interesses.

Outro erro é ver as negociações como uma tentativa de resolver diferenças ou chegar a um consenso, levando as partes a soluções do tipo *mínimo denominador comum.* Perde-se, assim, o benefício que se poderia ter criado a partir das diferenças.

Para evitar erros como esses, o negociador deve mudar seu posicionamento mental de *como posso conseguir a maior parte* para *como poderíamos ganhar mais juntos.* Ter uma compreensão clara dos interesses em jogo ajudará o negociador a criar mais valor e, consequentemente, melhores opções. Algumas maneiras de criar valor são:

- criar economia de escala, caso as partes compartilhem capacitações e recursos semelhantes;
- combinar capacitações e recursos diferentes para criar algo que nenhuma das partes conseguiria sozinha;
- levar em conta opções para benefício mútuo em todas as situações, ao contrário de benefício isolado ou independente.

Algumas das diferenças que permitem a criação de valor são:

Risco: algumas pessoas cobram dinheiro para correr risco; outras pagam para evitá-lo.

Oportunidade ou timing*:* o que é caro hoje pode ser barato amanhã — depois da liquidação de Natal, por exemplo.

Percepção: manter um segredo e não criar um precedente podem encarecer a negociação.

Valor marginal do mesmo item: alguém que fabrica sapatos pode trocar um par extra por comida, em lugar de ter dúzias de pares e morrer de fome.

Dois Passos para Criar Melhores Opções
1. Criar opções que atendam os interesses. Como negociador, o executivo deve listar todos os interesses, próprios e da(s) outra(s) parte(s), em ordem de importância. A seguir, deve elaborar possíveis opções que levem em consideração todos os interesses.
2. Maximizar os ganhos conjuntos. O negociador deve fazer um levantamento de todas as capacitações e recursos que cada uma das partes possui e deve tentar explorar tanto as semelhanças como as diferenças para criar valor, conforme mostrado acima.

Alternativas
Diferentemente das opções, as alternativas atendem seus interesses fora da negociação. Como nem sempre é possível chegar a um acordo, deixar a negociação optando pela alternativa é um desfecho que se deve levar em consideração. Uma alternativa pode ser melhor ou pior do que o acordo negociado. Por isso, um acordo negociado é bom, se satisfaz seus interesses de forma melhor do que suas alternativas.

Faz parte de uma boa preparação avaliar a *melhor alternativa* em relação a um acordo negociado, para determinar quanto ela satisfaz os próprios interesses.

A maioria das pessoas tende a ignorar sua *melhor alternativa* e entra em uma negociação sem saber o que vai fazer, se não chegar a um acordo. Outras supõem que conhecem a *melhor alternativa* e perdem a chance de pensar de forma mais criativa sobre ela — como os sindicatos, que sempre pensam na greve como sua *melhor alternativa* e deixam de considerar outras iniciativas, como *lobby*, relações públicas, operação-tartaruga ou operação-padrão.

A *melhor alternativa* pode ser uma ferramenta poderosa, se utilizada corretamente. O negociador deve conhecer a sua *melhor alternativa* e levar em consideração a da outra parte. Isso o auxiliará a se concentrar naquilo que realmente quer e nas diferentes maneiras de consegui-lo, além de ser um alarme contra maus negócios.

Embora o negociador possa nunca saber ao certo qual é a *melhor alternativa* dos outros, é bom levá-la em conta, para entender melhor quais são as chances de eles abandonarem a negociação.

Quatro Passos para Entender as Próprias Alternativas
1. Pense em todas as suas alternativas para um acordo negociado. Enumere seus interesses e o que poderia satisfazê-los fora da negociação. É importante ponderar os prós e os contras de todas as possíveis alternativas.
2. Faça o mesmo para a outra parte.
3. Selecione a sua *melhor alternativa* entre aquelas listadas anteriormente. Escreva por que essa é a sua *melhor alternativa* e alguns passos concretos para melhorá-la, antes de entrar na negociação.
4. Determine a *melhor alternativa* deles entre aquelas que você relacionou. Escreva o que você faria no lugar deles. E pergunte-se como, de forma legítima, você poderia piorar a *melhor alternativa* deles.

Legitimidade

Uma vez que os interesses sejam inevitavelmente conflitantes, é aconselhável ter bons argumentos para entrar em uma negociação. Já está provado que é mais persuasivo ter argumentos justos do que simplesmente ser teimoso. O objetivo de utilizar argumentos justos não é parecer bonzinho; eles efetivamente funcionam como uma espada para persuadir e como um escudo para impedir que você seja tratado injustamente.

Resultados justos são provenientes, muitas vezes, de padrões externos de justiça. Esses padrões externos dão legitimidade ao processo e evitam quedas de braço entre as partes. Eles também facilitam a explicação que os negociadores têm de dar àqueles que representam.

Justo não significa necessariamente igualitário. Os processos *justos* são maneiras de decidir que possuem um apelo intrínseco para as duas partes, pois parecem evitar uma vantagem injusta para uma delas. Prepare-se para dar à outra parte padrões que também pareçam legítimos e persuasivos, de forma que eles de bom grado cumpram o acordo.

Três Passos para Aprimorar a Própria Legitimidade
1. Descubra padrões externos que possam ser utilizados como espada e escudo. Enumere os principais assuntos em jogo e os possíveis padrões relacionados a cada um deles. Ordene os padrões do menos favorável ao mais favorável. Em seguida, liste outros padrões relevantes, que exijam pesquisa posterior.

2. Se você não concordar com as respostas que receber, prepare-se para usar a justiça do processo como instrumento de persuasão. Experimente o teste de reciprocidade, analisando se é adequado aplicar os padrões de comportamento utilizados pela outra parte, quando ela se encontra em uma situação semelhante à sua.
3. Ofereça-lhes uma forma atraente e argumentos para que possam explicar o acordo àqueles que eles representam.

Comunicação

Em uma negociação, a comunicação é a arte e a ciência de escutar e falar de maneira eficaz. Com uma boa comunicação, evitam-se os mal-entendidos e as negociações tornam-se mais fáceis e eficientes. Se gastarmos tempo pensando em maneiras eficientes e claras de transmitir nossas mensagens e de escutar as deles, a negociação provavelmente será mais rápida e simples.

As pessoas tendem a decorar falas como preparação para a negociação, o que acaba tornando a comunicação mais rígida e desvia a atenção. Um erro é ignorar o impacto — diferente do pretendido — que nossa mensagem, tanto em palavras quanto em atitudes, terá sobre os outros. Ninguém jamais conseguirá prever todas as possíveis reações à própria mensagem, mas estar ciente disso já é um grande passo.

Em tese, todo negociador deveria preparar-se para um processo de comunicação de mão dupla, mas frequentemente ele negligencia a preparação para ouvir. Assim, fica sem saber o que esperar da outra parte ou como reconhecer uma mensagem diferente, que vá confirmar ou questionar suas premissas. Negociar é conversar, e conversar implica descobrir maneiras de convidar a outra parte a escutá-lo, facilitando as coisas para que ela lhe dê atenção. Isso pode exigir que você reformule suas afirmações, até poder transmitir com precisão o que pretende.

Dois Passos para a Melhor Comunicação

1. Questione suas premissas e identifique *coisas para ouvir*. Liste suas premissas e, depois, anote algumas possíveis *coisas para ouvir* da outra parte, que possam ajudá-lo a questionar as próprias premissas.
2. Reformule suas afirmações para ajudar a outra parte a entendê-las. Escreva algumas delas, em especial as que tendem a exprimir melhor seus interesses. Tente ver como a outra parte poderia reagir a suas declarações, começando com "sim, mas...". Por fim, experimente expor seus interesses de dife-

rentes formas, até sentir que a outra parte consegue ouvi-lo melhor.

Relacionamento

Em geral, o elemento que causa mais ansiedade em uma negociação é o relacionamento de trabalho. Para conseguir um bom relacionamento de trabalho, as pessoas devem ter a capacidade de lidar com suas diferenças de maneira eficiente; não é necessário que as diferentes partes gostem uma da outra, nem que tenham os mesmos valores ou interesses. Entre as iniciativas para construir uma relação de trabalho eficaz, estão aumentar a compreensão mútua, inspirar confiança e respeito, encorajar a persuasão mútua — e não a coerção —, permitir que se conservem a razão e a emoção equilibradas e aprimorar a comunicação.

As pessoas frequentemente confundem questões de relacionamento com o assunto em pauta e acabam tentando resolver problemas de relacionamento fazendo concessões ao que está em jogo e vice-versa. Ao não se abordar cada aspecto separadamente, ensina-se a outra parte a manipular o relacionamento, a fim de obter concessões.

Supor que o relacionamento está *garantido* e que qualquer problema é *culpa deles* permite que você se exima da responsabilidade de melhorar a situação contraproducente.

Um negociador deve preparar-se para abordar de forma independente o relacionamento — confiabilidade, aceitação mútua, emoções etc. — e o assunto em questão — dinheiro, prazos, datas e condições.

Dois Passos para Melhorar o Próprio Relacionamento

1. Separe, inicialmente, o que diz respeito ao relacionamento e o que está ligado ao assunto em questão, descrevendo seu relacionamento com o máximo de adjetivos. Então, separe os diferentes problemas em duas listas, uma para relacionamento e outra para o que está em jogo. Feito isso, liste as possíveis soluções para cada item.
2. Prepare-se para construir um bom relacionamento de trabalho. Inicialmente, escreva "o que pode estar errado agora?", como as causas de mal-entendidos, desconfiança, sentimentos de coerção, desrespeito ou irritação. Então, descubra "o que se pode fazer", ou seja, entendê-los melhor, demonstrar confiabilidade, concentrar-se em persuasão, mostrar respeito e balancear emoção e razão.

Compromissos

Os compromissos surgem na conclusão de uma negociação. Os bons compromissos são claros, bem planejados e duráveis. Para estabelecer compromissos melhores, os negociadores deveriam ir à mesa de negociação com uma ideia de onde gostariam de chegar.

Em geral, as pessoas estabelecem compromissos sem saber o que significa *concluído*. Elas supõem que todo o mundo sabe sobre o que vai ser a reunião e, consequentemente, deixam de determinar as ações necessárias para chegar a um acordo. Muitas descobrem, no decorrer de uma negociação, que havia muito mais tópicos do que o previsto e, ao mesmo tempo, que as partes envolvidas tinham expectativas divergentes quanto ao que seria o resultado da reunião. Sem saber para onde e como ir, o negociador não será capaz de prever a sequência de ações que o levarão a um acordo. Uma decisão nem sempre se traduz em ação; os passos necessários para torná-la real têm de ser muito bem pensados.

Uma boa preparação para uma negociação deve incluir um plano dos compromissos operacionais, com uma lista completa, mas flexível, de tópicos e do que será necessário para implantar os acordos que surgirem a partir desses tópicos. Antes de cada reunião, esclareça seu propósito e seu processo, de forma que as pessoas possam compreender. Não haverá perda de tempo e energia com assuntos não pertinentes à reunião específica.

Planeje o processo para chegar a um compromisso. Planeje a sequência de uma negociação para aprimorar a coordenação e a comunicação. Elabore uma minuta operacional do acordo e de como você poderia costurá-lo. Colocar em sequência as iniciativas necessárias o ajudará a organizar-se.

Dois Passos para Obter o Compromisso

1. Identifique os tópicos que podem ser incluídos no acordo. Descreva a finalidade geral e o resultado esperado da negociação — inclusive a minuta operacional de um possível acordo. Escreva, então, a finalidade específica e o resultado tangível da próxima reunião, se houver.
2. Planeje os passos para o acordo, ao descobrir de início quem são os verdadeiros tomadores de decisão. Descubra quais são as informações necessárias para concluir o acordo, os implementadores que precisam ser consultados, os possíveis obstáculos e as maneiras de lidar com eles. Por fim, coloque no papel os passos necessários para chegar ao acordo e os objetivos de cada reunião:

- acordo preliminar sobre os tópicos;
- esclarecimento dos interesses;
- discussão das opções;
- minuta com esqueleto do acordo;
- elaboração conjunta de uma minuta de trabalho do possível acordo;
- texto final para ser assinado.

Preparação Conjunta

Nosso último conselho é que o negociador encare a negociação como se fosse uma sessão conjunta de preparação. A negociação, nesse caso, torna-se uma reunião de resolução de problemas, na qual ambas as partes podem usar as ferramentas de preparação descritas aqui para encontrar o melhor resultado possível para todos.

2 As Estratégias do Negócio

2.1 O Foco nos Negócios

> Empresas que se vangloriam de se concentrar no *business* e acabam fazendo de tudo podem estar com problemas.

Muitas empresas têm dificuldades em definir seu core business para acertar seus caminhos estratégicos e táticos. Por quê? Como concentrar sua estratégia de forma a permitir maiores resultados? E como fazer quando a definição implica abandono de negócios bem-sucedidos, mas periféricos ao core business?

Para definir *core business*, a empresa precisa avaliar em quais negócios tem mais chances de atuar e competir. Se atua em diversos segmentos, vai buscar aquele no qual suas chances são maiores — não necessariamente no qual é mais bem-sucedida.

Grandes conglomerados já estão se autoavaliando e direcionando seu foco. Para isso, é necessário entender demandas, fatores críticos e vantagens competitivas de cada mercado: o *core business* está diretamente relacionado ao *core competency* (competências básicas ou o que a empresa faz melhor). Pode-se concluir que uma empresa seja boa em marketing e desenvolvimento, mas não em manufatura; nesse caso, o ideal é passar essa área para um terceiro, que tenha essa competência. Hoje, muitas empresas estão apenas prestando serviços, é uma cadeia de valor que começa a ser segmentada para cada um se diferenciar de seu concorrente.

Prioridade é entender mercados e segmentos em que quer atuar, necessidade desse mercado, o que é relevante para atuar no segmento. Quem não puder competir, caia fora. Pode implicar abrir mão de algo com que se está ganhando dinheiro. Dependendo do segmento, pode exigir grande investimento para continuar a competição; dependendo da escala, está fadado ao fracasso. É melhor sair enquanto está lucrando e investir recursos em outra área.

Essa avaliação deve valer em longo prazo, levando em conta se a empresa vai manter suas vantagens competitivas, para definir aplicações de capital em longo prazo em áreas nas quais a empresa realmente possa se beneficiar.

Um estudo realizado por mais de 1.800 empresas abertas nos grandes países industrializados atesta que só 9% atingiram suas metas de crescimento em dez anos, apesar dos *booms* econômicos ao longo do período.

Seja na velha ou na nova economia, o crescimento, muitas vezes, não é traduzido por criação de valor sustentado. Quando comparamos empresas que tiveram sucesso com crescimento sustentado — de maneira rentável durante um longo período —, surge uma característica comum: foco em seu *core business*. Mesmo reagindo às novas demandas e à revolução de mercado, tiveram consciência ao longo do tempo e maturidade para incorporar ou eliminar novos negócios.

Quase 80% das empresas bem-sucedidas tinham um ou mais *core business*, com definição clara de liderança de mercado. Não saíram do foco, mesmo comprando outras empresas. A empresa de publicidade Saatchi & Saatchi adquiriu, em 1988, a empresa de pesquisa Gartner Group, para criar uma *one-stop-shop* de pesquisa de mercado e consultoria. Desapontada com as margens de 10% da Gartner, dois anos depois revendeu-a para um grupo de investidores. Com foco em coleta, processamento e distribuição de informação de alto valor agregado, a Gartner saltou de um faturamento de 55 milhões para 734 milhões de dólares, em 1999, e suas margens triplicaram. Para crescer, muitas empresas partem para novos negócios, sem explorar ao máximo o potencial de seu *core business*. Muitas falham por desconhecer o poder de uma liderança de mercado. A Grainger, líder em distribuição de produtos, cresceu muito nos anos 1980 e assumiu que havia chegado ao seu limite. Mas, quando testou as fronteiras de seu *core*, descobriu que tinha subestimado seu potencial: um mercado estimado em três bilhões de dólares na verdade valia 30 bilhões.

As empresas enfrentam um desafio: como acompanhar a evolução de mercado, realizar crescimento sustentado e manter a lucratividade sem *desfocar* de seu negócio principal. As de tecnologia sofrem esse desafio constantemente. Muitas colocam *novos* negócios em entidades separadas tradicionais, limitando a interação entre elas, para fomentar os novos negócios e permitir que executivos dos negócios tradicionais concentrem-se em objetivos de *performance* e rentabilidade. Os líderes dos negócios tradicionais sabem que os negócios serão financiados por operação do *core* e que as novas iniciativas poderão, eventualmente, substituir seus negócios.

Para aumentar o distanciamento, algumas empresas criaram unidades legalmente distintas. Mas dois terços das empresas estabelecidas adotaram para operações de Internet o modelo de subsidiária sob seu comando, dando-lhes responsabilidade e autoridade em uma estrutura descentralizada.

Cabe às empresas administrar com maturidade e disciplina a exploração do máximo potencial de seu *core business*, a redefinição de seu *core* para acompanhar a evolução do mercado, a expansão e a eventual eliminação de novos negócios.

Algumas empresas se deparam com dificuldades em definir o *core business* para acertar caminhos estratégicos e táticos por não ter precisado qual o ramo em que estão inseridas. Como circulam muitas informações, é comum a empresa encarar novas oportunidades que fogem de seu objetivo, abrir o leque de serviços e produtos e perder o foco. Muitas vezes, a empresa é boa e tem *expertise* em um tipo de negócio, mas resolve investir em novos rumos e torna-se mediana em tudo, por não focar um objetivo único. Quando percebe, ataca várias frentes sem se sobressair em nenhuma.

À medida que a empresa se especializa em um determinado negócio e foca esforços em qualidade, cria vantagens competitivas. A definição e a fidelidade ao *core business* rendem ganhos de custos. Isso implica recusar propostas de negócios fora do *core*, direcionando-as a empresas parceiras.

É preciso pensar: "Seremos bons no mercado em que estamos", definindo linhas de investimentos e direcionando esforços para melhorias de qualidade — e, principalmente, definir *market share* e público-alvo. É possível inovar sem sair do *core business*. A empresa precisa enxergar onde tem *expertise* para ser competitiva e concentrar-se nessa gama de produtos/serviços. Muitas vezes, empresas bem-sucedidas investem em novos ou descontinuam alguma linha de produtos/serviços com péssimos resultados. Uma estratégia de negócio bem definida evita esses equívocos.

A dificuldade de muitas empresas em definir seu *core business* reside no fato de a definição ser resultante de um processo de pensamento estratégico — que pressupõe um conjunto integrado, e compartilhado, de ações, que, por sua vez, resultam no posicionamento estratégico de uma empresa, de uma unidade estratégica de negócio ou até de um produto.

Um posicionamento estratégico preciso é o ativo principal na arena competitiva. Na estratégia militar, o general que não conhece sua posição em relação ao inimigo — em termos geográficos, de conhecimento do potencial, de linhas de suprimento, e outros fatores como previsões meteorológicas — está condenado à derrota. Posicionar estrategicamente uma empresa pressupõe conhecer seu ambiente competitivo, a dinâmica da cadeia de valor em que o negócio se insere e a atratividade relativa do mercado-alvo.

Para conhecer o ambiente, é preciso escopo produto-mercado bem definido, mercado-alvo segmentado estrategicamente e perfil detalhado do mercado e seus participantes. O primeiro define fronteiras estratégicas relevantes em que as áreas de negócio competem. A segmentação estratégica embasa a definição de oportunidades para diferenciação e vantagens de custo. Um bom perfil histórico (e principalmente prospectivo) do mercado abrange valores como volumes, preços e *market share*. Ao analisar a concorrência, é preciso considerar a concretização de objetivos estratégicos por parte de concorrentes *versus* a capacidade de realização efetiva desses objetivos. Já a dinâmica da cadeia de valor permite relacionar tendências de mercado (oportunidades e ameaças) e projeções às necessidades que os negócios estarão sujeitos a gerir. Por fim, a atratividade relativa de um determinado mercado permite vislumbrar o potencial de geração de valor do negócio.

Até aqui tratamos de duas dimensões: quem será satisfeito e o que constitui o objeto da necessidade a ser satisfeita. A terceira dimensão, e mais importante, é como atender essas necessidades. É a vez da *core competence* (competência básica), condição essencial para superar expectativas no atendimento de uma necessidade, que alavanca toda a cadeia de geração de valor, iniciando em si própria e criando produtos e serviços de funcionalidade ímpar — ou que o mercado ainda nem se deu conta de sua necessidade —, além de prover acesso a uma série de mercados, contribuir para que o mercado perceba o benefício no produto final da cadeia e ser difícil de copiar.

Alguns exemplos:
- a Matsushita chegou a ter mais de 45% de participação em componentes de videocassete, enquanto suas marcas JVC e

Panasonic atingiam, no máximo, 20% de participação no mercado. Também está em mais de 40% dos compressores, embora a participação de mercado de sua marca de ar-condicionado e refrigeradores seja mínima;
- a Canon chegou a ter 85% de participação em motores de impressoras a *laser*, mas suas impressoras nunca foram páreo para a HP e a Epson.

Ao definir seus *core business*, muitas empresas consideram abandonar negócios *periféricos*, até bem-sucedidos. Mas a decisão pode não estar ligada a pertencer ao *core business*, mas antes se o negócio agrega o valor esperado para seus acionistas, se o futuro prospectado é aderente com a intenção estratégica dos negócios e se a competência básica necessária ao sucesso está disponível na empresa ou a custos competitivos. Essa decisão deve ser de gestão de *portfólio* de negócios, não de exercício de definição de negócios.

3 Os Pecados Mortais dos Negócios

Nos últimos anos, uma série de empresas outrora dominantes perderam suas posições: General Motors, Sears e IBM, dentro outras. Segundo Drucker,[11] em todos os casos, a causa principal foi pelo menos um dos cinco pecados mortais dos negócios — erros evitáveis, que causam danos às empresas mais poderosas.

O *primeiro pecado* e, de longe, o mais comum é o culto às margens de lucro e ao *preço alto*. O melhor exemplo de para onde isso leva é o quase colapso da Xerox nos anos 1970. Tendo inventado a copiadora — e poucos produtos da história industrial tiveram sucesso maior em tão pouco tempo —, a Xerox logo começou a acrescentar novas características às máquinas, elevando os preços com o objetivo de conseguir a máxima margem de lucro. Os lucros da Xerox aumentaram, o mesmo acontecendo com os preços das suas ações. Mas a grande maioria dos consumidores, que necessitavam somente de uma máquina simples, tornaram-se cada vez mais dispostos a comprar de um concorrente. E quando a Canon japonesa lançou essa máquina, dominou imediatamente o mercado americano. A Xerox mal sobreviveu.

Os problemas da GM — e de toda a indústria automotiva americana — resultam, em grande parte, da fixação na margem de lucros.

---

1 [1] Citação feita na videoconferência proferida por Drucker, realizada pela HSM Management, de São Paulo, 2002.

Em 1970, o *Volkswagen Beetle* (Fusca) havia conquistado quase 10% do mercado americano, mostrando que havia, nos Estados Unidos, demanda por um carro pequeno e de baixo consumo. Alguns anos mais tarde, depois da primeira crise do petróleo, aquele mercado havia se tornado muito grande e crescia rapidamente. Contudo, os fabricantes americanos, por muitos anos, haviam deixado o segmento para os japoneses, pois as margens de lucro dos carros pequenos pareciam ser muito inferiores àquelas dos carros grandes. Essa impressão em pouco tempo mostrou ser ilusória, como normalmente acontece. A GM, a Chrysler e a Ford tiveram, cada vez mais, de subsidiar seus compradores de carros grandes com descontos, abatimentos e bônus em dinheiro. No final, é provável que as três grandes tenham dado mais em subsídios do que lhes teria custado o desenvolvimento de um carro pequeno competitivo (e lucrativo).

A lição: o culto aos preços altos sempre cria um mercado para o concorrente, as altas margens de lucro não significam maximização dos lucros. O lucro total é a margem de lucro pelo número de unidades vendidas. Portanto, o lucro máximo é obtido pela margem de lucro que produz o maior fluxo de lucro *total*, e normalmente essa é a margem que produz uma posição ótima de mercado.

O *segundo pecado* mortal está intimamente relacionado ao primeiro: fixar erradamente o preço de um novo produto, cobrando *aquilo que o mercado irá suportar*. Isso também cria uma oportunidade isenta de risco para a concorrência. Essa é uma política errada, mesmo se o produto estiver protegido por patentes. Se o incentivo for suficiente, um concorrente em potencial irá encontrar um meio para contornar a patente mais forte.

Hoje, os japoneses dominam o mercado de máquinas de fax porque os americanos, que a inventaram, desenvolveram e primeiro produziram, cobraram aquilo que o mercado iria suportar: o preço mais alto possível. Os japoneses, entretanto, lançaram a máquina nos Estados Unidos, dois ou três anos depois, a um preço 40% mais baixo, conquistando, assim, o mercado virtualmente da noite para o dia. O único fabricante americano que sobreviveu foi uma pequena empresa, que fez um produto especial em quantidades reduzidas.

Por outro lado, a DuPont permaneceu a maior produtora mundial de fibras sintéticas porque, em meados dos anos 1940, ofereceu ao mercado mundial seu *nylon*, novo e patenteado, ao preço pelo qual ele teria de ser vendido depois de cinco anos, para se garantir contra a concorrência. O preço era cerca de dois quintos inferior àquele que ela poderia ter conseguido com os fabricantes de meias e roupas íntimas femininas.

Esse movimento da DuPont retardou a concorrência em cinco ou seis anos, mas também criou imediatamente mercados para o *nylon* que ninguém na empresa havia imaginado (por exemplo, em pneus para carros), os quais, em pouco tempo, se tornaram maiores e mais lucrativos que o mercado de roupas femininas jamais poderia ter sido. Portanto, a estratégia produziu para a DuPont um lucro total muito maior do que a cobrança daquilo que o mercado pudesse suportar. E a DuPont manteve os mercados, quando surgiram os concorrentes.

O *terceiro pecado* mortal é fixar o preço com base nos custos. O que funciona é o preço ditando os custos. A maioria das empresas americanas e praticamente todas as europeias chegam aos seus preços somando os custos e adicionando uma margem de lucro. E, então, logo depois que lançam o produto, elas precisam começar a reduzir o preço, reprojetar o produto com enormes despesas, sofrer prejuízos e, com frequência, abandonar um produto perfeitamente adequado porque teve seu preço incorretamente fixado. O argumento delas é: "Precisamos recuperar nossos custos e ter lucro".

Isso é verdade, porém, irrelevante, já que os clientes não acham que têm de garantir um lucro aos fabricantes. A única maneira sensata de fixar preços é começando com aquilo que o mercado está disposto a pagar — supondo que é isso que a concorrência irá cobrar — e fazer o projeto com base nessa especificação de preço.

O preço ditado pelo custo é a razão do desaparecimento da indústria americana de eletrônicos de consumo. Ela possuía a tecnologia e os produtos, mas operava com o preço ditado pelos custos e os japoneses praticavam o custeio ditado pelos preços. O preço ditado pelos custos também quase destruiu a indústria de máquinas operatrizes dos Estados Unidos e deu aos japoneses, que mais de uma vez usavam o custeio ditado pelos preços, a liderança no mercado mundial. O recente (e ainda modesto) retorno da indústria americana resulta de ela ter, finalmente, passado para o custeio ditado pelos preços.

Se a Toyota e a Nissan conseguirem expulsar os fabricantes alemães de carros de luxo do mercado americano, isso se deverá ao fato de elas usarem o custeio ditado pelos preços. É claro que começar pelo preço e então reduzir os custos dá mais trabalho inicialmente. Mas, no final, o trabalho será muito menor do que começar errado e passar anos com prejuízos até conseguir custos adequados — e muito melhor do que perder um mercado.

O *quarto pecado* mortal é sacrificar a oportunidade de amanhã no altar de ontem. Foi isso que aconteceu com a IBM. Sua queda foi causada, paradoxalmente, por um sucesso único: reagiu, quase da noite para o dia, quando a Apple lançou o primeiro PC, em meados dos anos 1970. Mas, então, quando havia conquistado a liderança no novo mercado de PCs, ela subordinou esse negócio novo e em crescimento ao seu velho e lucrativo negócio: o computador de grande porte.

A alta direção praticamente proibiu que o pessoal dos PCs vendesse a clientes em potencial de computadores de grande porte. Isso não ajudou, como nunca ajuda, o negócio de computadores grandes, mas retardou o crescimento do negócio de PCs. Tudo o que essa política fez foi criar vendas para os *clones* de máquinas IBM, garantindo, assim, que a empresa não colhesse os frutos da sua realização.

Essa foi a segunda vez que a IBM cometeu esse pecado. Há 40 anos, quando fez seu primeiro computador, a alta direção decretou que esse não deveria ser oferecido onde pudesse concorrer com a possível venda de cartões perfurados, sendo essa fonte de lucros da empresa. A IBM foi salva por uma ação antitruste do Departamento de Justiça contra seu domínio de mercado de cartões perfurados, que forçou a direção a abandonar os cartões — e salvou o recém-nascido computador. Porém, na segunda vez, a providência divina não veio em seu auxílio.

O *último pecado* mortal é alimentar problemas e matar de fome as oportunidades. Há muitos anos, temos perguntado aos novos clientes quais são seus funcionários de melhor desempenho. E, a seguir, perguntamos: "Em que eles estão trabalhando?". Quase sem exceção, as pessoas de melhor desempenho estão designadas para problemas — para o velho negócio que está afundando mais depressa do que havia sido previsto; para velhos produtos que estão sendo sufocados pelos novos oferecidos pela concorrência; para velhas tecnologias — por exemplo, interruptores análogos, quando o mercado prefere os digitais. Então, perguntamos: "E quem cuida das oportunidades?". Quase invariavelmente, elas são deixadas por sua própria conta.

Tudo o que se pode conseguir com a *resolução de problemas* é a contenção dos danos. Só as oportunidades produzem resultados e crescimento e elas são tão difíceis e exigentes quantos os problemas. Faça primeiro uma lista das oportunidades que a empresa tem diante de si e certifique-se de que cada uma receba pessoal e suporte adequados. Só depois podemos fazer uma lista dos problemas e nos preocupar a respeito de quem irá cuidar deles.

Suspeitamos que, nos últimos anos, a Sears vem fazendo o oposto — matando de fome as oportunidades e alimentando os problemas — em seu negócio de varejo; suponhamos que isso esteja sendo feito pelas grandes empresas europeias (como a Siemens alemã), que vêm perdendo terreno no mercado mundial. O procedimento correto tem sido demonstrado pela GE, com sua política de se livrar de todos os negócios — mesmo os lucrativos — que não oferecem crescimento em longo prazo e de cultivar oportunidades para que a empresa seja a número um ou a número dois no mundo inteiro. E, então, ela coloca seu pessoal de melhor desempenho nos negócios que oferecem oportunidades.

Tudo o que falamos neste item é conhecido há gerações e foi amplamente comprovado por décadas de experiência. Portanto, não há desculpa para que os dirigentes das empresas tolerem os cinco pecados mortais. Eles são tentações às quais é preciso resistir.

Considerações Finais

Um negociador preparado considera que tudo é negociável, e é flexível o suficiente para reagir quando o processo de negociação valida ou invalida as hipóteses. O renomado cientista Albert Einstein, em um passeio com seu assistente em 1942, ilustrou essa ideia. Depois de ter aplicado uma prova na turma de alunos de graduação em Oxford, o assistente perguntou: "Dr. Einstein, nós não acabamos de dar para essa classe o mesmo exame que demos a esse mesmo grupo no ano passado?" Einstein balançou a cabeça e respondeu: "Sim, sim, foi o mesmo teste – as mesmas perguntas que nós fizemos no ano passado. Mas, veja você, as respostas mudaram".

As respostas estão mudando em seus negócios também. Pratique a arte da negociação. Nem sempre você estará no poder para conseguir aquilo que você quer; frequentemente, você precisará influenciar a tomada de decisões sem ter a supremacia da situação. Negociar ajuda você a conseguir aquilo que você quer mesmo que você não possua o domínio de poder, dinheiro, informação ou posição. Negociar sempre com satisfação mútua em mente desenvolve confiança nas relações. As pessoas sempre têm a maior consideração – ou seja, realizam seus melhores negócios – com pessoas de quem elas gostam e nas quais confiam.

Questões para Revisão

1. Como deve ser a preparação para uma negociação?
2. Quais são e o que dizem os elementos básicos de uma boa negociação?
3. Em uma negociação, a comunicação é saber escutar e falar de maneira eficaz. O que pode ser feito para que isso ocorra?
4. O que a empresa precisa para definir o seu "core business"?

5. Um dos pecados mortais do negócio é fixar os preços com base nos custos. Como isso pode ser visto?
6. Existem vários instrumentos que podem ser utilizados na solução de conflitos. Qual é a maior vantagem do processo de negociação em relação a esses outros instrumentos?
7. Por que o resultado percebido como ganha-ganha é o ideal numa negociação?
8. Se o resultado assimétrico perde-ganha conduz os resultados das negociações futuras para uma relação perde-perde, por que as pessoas ainda insistem em negociar querendo levar vantagem em tudo?

Questões para Debates

1. Imagine a seguinte situação: uma cliente chega à sua lavanderia dizendo que lhe estragaram uma blusa, só tendo reparado quando chegou a casa. Tem sido uma boa cliente, mas você tem a certeza que a blusa não foi estragada lá. Ela pretende uma blusa nova, você não lhe quer dar dinheiro.
2. Identifique variáveis com que pode negociar para alargar o âmbito do processo (ou seja, com que pode negociar para além da blusa?)
3. Durante a negociação a cliente começa a utilizar chantagem emocional, recordando-lhe como ela tem sido uma cliente fiel, sempre cumpridora nos pagamentos, sem nunca mudar de lavanderia...como reagiria a esta situação?

Sugestões para Pesquisa

www.wikipedia.org
www.colorado.edu
www.pertinent.com/articles/negotiation/
www.negotiationskills.com/articles.html

Caso CDES

Este case foi elaborado por HARDT, M; NEGRI, A. **Empire.** *Harvard University Press, 2001 e, traduzido e adaptado pelo autor.*

É um desafio conseguir ter acesso aos resultados das negociações, uma vez que alguns itens ainda não foram votados (construção de consenso) apesar de discutidos.

Utilizaremos o caso do Conselho de Desenvolvimento Econômico Social (CDES), órgão de assessoramento do Presidente da República do Brasil, Luis Inácio Lula da Silva, para o estudo das reformas tributária, trabalhista e previdenciária, ocorrida no ano de 2003, que contou com uma metodologia desenvolvida pelo Consensus Building Institute (CBI) em conjunto com o Programa de Disputas Públicas do Massachussets Institute of Technology (MIT) e da Universidade de Harvard, através da Escola Brasileira de Administração Pública e Empresarial (EBAPE) da Fundação Getúlio Vargas (FGV) para, de forma aplicada, apresentar os métodos de avaliação da matriz de negociações Complexas.

A metodologia desenvolvida por estas instituições foi utilizada no treinamento dos mediadores, com técnicas para construção de consenso e geração de ganhos mútuos. Durante o curso de 6 meses, feito pela FGV para formar os mediadores, foram desenvolvidas estruturas conceituais e analíticas relacionadas às negociações das reformas tributária, trabalhista e previdenciária. Todas as negociações, necessárias para o desenvolvimento das condições adequadas no CDES e necessárias para a realização dos seus objetivos finais junto ao governo e à sociedade civil, foram conduzidas através do enquadramento proporcionado pela Matriz de Negociações Complexas.

Métodos de Avaliação de Negociações: Caso do Conselho Desenvolvimento Econômico Social – CDES

O CDES constituiu-se em uma agência de assessoramento ao Presidente da República do Brasil, que utilizou os métodos de construção de consenso sobre assuntos de grande importância para o país. Na condução das negociações complexas, O CDES reuniu em um único fórum o Estado, as universidades, as ONGs, os sindicatos, os ministérios, as indústrias, dentre outros, que representavam diversos interesses em um processo de negociações complexas. O CDES atuou como um mediador que facilitava a urgência das proposições consensuais, no que se referia às reformas trabalhista, previdenciária e tributária.

Fisher e Ury (1991) sustentam que as pessoas negociam para obter um resultado melhor do que o resultado que obteriam caso não negociassem. O objetivo das negociações complexas, no âmbito do CDES, foi o de facilitar que cada ator abandonasse a sua **racionalidade limitada**, e por meio do diálogo facilitasse uma melhor **avaliação dos riscos** e da tomada de decisão.

Outro desafio das negociações complexas no âmbito do CDES foi de natureza cognitiva. As pessoas tendem a ignorar as informações que colocam em questão suas crenças. As informações, mesmo exatas, quando são produzidas unilateralmente podem ser completamente desacreditadas. Susskind e Field (1997) sugerem, então, a realização de uma pesquisa sobre as demandas, por um especialista neutro, como por exemplo, a Fundação Getúlio Vargas, como ocorreu no CDES, para aperfeiçoar a qualidade das demandas, aumentar a confiança dos conselheiros e reduzir as percepções divergentes baseadas em diferentes informações. A intervenção da FGV, nesse caso, constituiu-se em um instrumento eficaz para reduzir a indecisão e facilitar a tomada de decisão coletiva. Desta forma, contribuiu para levar confiança e aprofundar os relacionamentos dentro do CDES. A pesquisa comum de demandas criou um clima propício ao *brainstorming,* e transformou o quadro de uma negociação competitiva em uma negociação cooperativa, criando valor.

O CDES corresponde a um órgão de meta-mediação, que englobou múltiplos mediadores dentro de um mesmo espaço (Rawls, 1997), visando, por meio do consenso, estabelecer, para um maior número possível, **regras equitativas e satisfatórias**. A explicitação dessas regras constitui um processo para eliminar por antecipação as possibilidades de diferenças entre as partes.

A complexidade do processo de negociação das reformas legislativas no CDES estava presente na combinação de diferentes fatores: na racionalidade restrita dos conselheiros, nas dificuldades para facilitar a circulação de informações, na promoção de uma maior diversidade de percepções e na criação de conhecimento compartilhado.

Assim, o CDES admitiu que deveria reduzir o problema da **racionalidade limitada** e do processo de decisão racional, facilitando a comunicação e criando um conhecimento comum para que os 90 participantes tivessem a oportunidade de criar uma compreensão relevante a respeito das possibilidades para alcançar um acordo. A abordagem de ganhos mútuos, sugerida pelos mediadores do CDES facilitou o sentido da criação de valor. Como sugere Max Bazerman

(2004), é irracional discutir por horas a fio trabalhando sobre um acordo fraco.

O **risco** foi mais bem administrado graças aos ministros experientes, economistas e acadêmicos que puderam informar, prover cenários e oferecer um assessoria em **desenvolvimento sustentável**. Esse foi o meio utilizado para revisar e atualizar crenças, adotar estratégias de aversão ao risco (Kahneman e Tvesky, 1982), considerar os ganhos para os bens públicos e o risco de algumas decisões sobre as futuras gerações. Foi realizada uma palestra da FGV para os participantes alertando-os sobre pensar não somente para obter benefícios imediatos, mas também sobre o impacto das suas decisões sobre futuras gerações. Esse princípio ético, sugerido por Michael Hardt e Antonio Negri (2001) está associado com o enfoque de John Rawls (1997) na sua Teoria da Justiça.

A ideia de **honestidade e justiça** é também um critério de avaliação que deve ser considerado ao longo do processo de negociação. O desafio reside no fato de encontrar um melhor equilíbrio na distribuição de valor entre o interesse do bem-estar público e de cada grupo de interesse representado no fórum. As negociações no fórum multi-partite como o do CDES são conversações difíceis (Patton, 1992) onde os mediadores tiveram que lidar com intensas **emoções** (Varela, 1999).

O controle do tempo, que foi igual para todos os membros, foi um fator tão importante quanto a **produtividade**, que permitiu que fossem formatadas propostas para quatro ministérios em menos de seis meses, em questões tão delicadas como pensões, trabalho e reformas tributárias.

Palavras-Chaves: Negociação, gestão de negócios, conflitos, interesses, comunicação.

REFERÊNCIAS

ARROW, K. *et al*. **Barriers to Conflict Resolution**. New York, W.W.Norton: 1995.
BAKHTIN, M. **Problems of Dostoevsky's Poetics**. Edited and translated by C. Emerson, Minneapolis: University of Minnesota Press: 1985.
BATEMAN, B. W. DAVIS, J. B. **Keynes and Philosophy**. Essays on the Origin of Keynes's Thought. Great Britain, Ipswick Book Co. Ltd: 1991.
BAZERMAN, M.H. **Processo Decisório.** Rio de Janeiro: Elsevier, 2004.

CHANLAT, J. F. **O Indivíduo na Organização. Dimensões Esquecidas.** 3ed.Vol.III. São Paulo, Atlas: 1996.

COHEN, H. (1980). **Você pode negociar qualquer coisa.** Record, Brasil.

FISHER, R.; URY, W.; PATTON, B. **Como chegar ao sim.** A negociação de acordos sem concessões. 2ed. Imago, Rio de Janeiro:1994.

GULLIVER, P. H. **Disputes and negotiations.** San Diego, California Academic Press: 1979.

KAHNEMAN, D.; TVERSKY, A. Psycology of Preferences. **Scientific American**, n. 246, p. 161-173, 1982.

MATURAMA, H R.; VARELA, F. **A árvore do conhecimento: as bases biológicas da compreensão humana.** São Paulo, Palas Athena: 2000.

_____, Humberto R.; VARELA, F. **Autopoiesis and Cognition.** Dordrecht, Holland, D.Riedel: 1980.

_____, Humberto R;. VARELA, F. **Autopoiesis and Cognition.** Dordrecht, Holland, D.Riedel: 1980.

MILLS, H. **Negociação. A arte de vencer.** São Paulo, Gower e Makron Books:1993.

MINC, A. **Les Prophetes Du Bonheur; Une Histoire Personnelle De La Pensee Economique.** Paris, Grasset et Fasquelle: 2004.

MNOOKIN, R.; SUSSKIND, L. **Negotiating on Behalf of Others.** New York, Sage Publications, Inc:1999.

MORGAN, G. **Imagens da organização.** São Paulo, Atlas: 1996.

NEGRI, Antonio. HARDT, Michael. **Empire.** Boston, Harvard University Press: 2001.

OLIVEIRA, J. F. **Gestão de negócios.** Saraiva: São Paulo, 2005.

PATTON, B. **How to manage difficult conversations.** Harvard Negotiation Project. USA, Penguin Books: 1992.

RAWLS, J. **Teoria da Justiça.** São Paulo, Martins Fontes:1997.

SEBENIUS, J.; LAX, D. **The Manager Negotiatior. Bargaining for Co operation and Competitive Gain.** New York, The Free Press : 1987.

SUSSKIND, L.; FIELD, P. **Dealing with an Angry Public. The mutual gains approach to Resolving Disputes.** New York, The Free Press: 1996.

VARELA, F. **Ethical Know-how. Action, wisdom, and cognition.** Stanford University Press, 1999.

Confiabilidade, Confiança e Responsabilidade Social nas Micro e Pequenas Empresas

A construção do bem mais valioso: a confiança dos clientes.

GERSON DE SOUZA

*Não há nada que faça você se
Arrepender mais profundamente
Do que ser apanhado no ato.*
Millor Fernandes[1]

INTRODUÇÃO

O que pode levar as pessoas a perceberem, admirarem, respeitarem, confiarem, consumirem produtos ou serviços e fidelizarem-se a uma Micro e Pequena Empresa (MPE)? A sua reputação de empresa confiável. E há alguma vantagem para essa empresa, em ser confiável e ter uma reputação de confiabilidade? Segundo Almeida (2008), sim: "A reputação de uma empresa é uma vantagem competitiva sustentável que lhe permite a diferenciação em relação aos concorrentes."[2]

E ainda há muito muitos benefícios e vantagens para as empresas percebidas como confiáveis: fidelização de melhores clientes, melhores preços para os seus produtos e/ou serviços, maior facilidade para obtenção de crédito, maior facilidade de negociação com os credores, redundando tudo isso em aumento de faturamento, diminuição de custo, crescimento em lucratividade e aumento de riquezas para os *stakeholders* (empresário, colaboradores, comunidade e demais envolvidos).

A confiabilidade empresarial é composta de integridade, domínio de competências essenciais ou organizacionais, capacidade de produção e entrega, e paixão, cujo resultados permitem conquistar e manter sólido relacionamento com o cliente e alto nível de excelência produtiva. Assim, confiabilidade empresarial é a capacidade da empresa entregar o que promete e satisfazer as necessidades dos clientes, sendo percebida como empresa honesta, que oferece produtos e/ou serviços de qualidade, em tempo razoável e preço justo.

II. Qual o Valor da Confiabilidade nas Micro e Pequenas Empresas (MPE)?

Quando nos referimos à confiabilidade empresarial, ou seja, a integridade, competências e capacidade, podemos dar a entender que a empresa é realmente um indivíduo com personalidade, emoções e pensamentos independentes, beirando à inteligência artificial. No entanto, a empresa é formada por gente, e a sua confiabilidade (integridade, competências, capacidade e paixão) depende da confiabilidade (integridade, competências, capacidade e paixão) dos indivíduos que nela trabalham, a começar com o proprietário, visto que na MPE ele é quem define pelas suas palavras, atitudes e exemplo a cultura da confiabilidade da empresa.

Tratando da Liderança por Princípios, Covey (2002) nos lembra de como há poder a influencia do caráter, da competência e da capacidade de um indivíduo: "A confiabilidade baseia-se no caráter, naquilo que você é como pessoa, e na competência, naquilo que você pode fazer."[3]

Nas palavras de Covey, traduza caráter por integridade. Sem a integridade do empresário e dos colaboradores, não existirá confiança no relacionamento interpessoal e produtivo interno da empresa. E a falta de confiabilidade das pessoas da empresa refletirá na sua própria falta de confiabilidade. Se uma empresa não é honesta e/ou se não é capaz de produzir e entregar o que promete, não haverá confiança negocial e comercial com os clientes.

Isso é confirmado por Zanini (2008): "A qualidade das relações humanas, avaliada pelo nível de confiança existente entre os membros de uma empresa, pode representar a competência distinta de sua gestão e um diferencial competitivo no mercado que dificilmente será copiado por outra empresa."[4] Na Figura 19.1 representamos o impacto sistêmico da força da confiabilidade pessoal sobre os negócios:

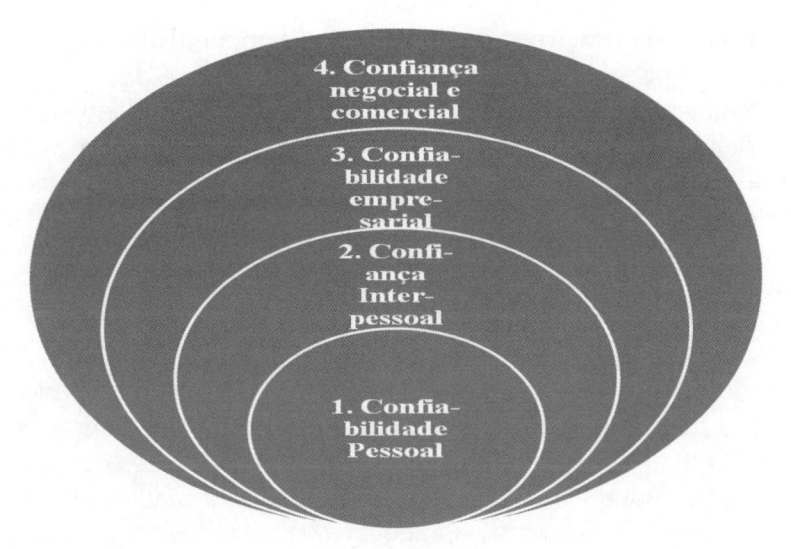

FIGURA 19.1: REPRESENTAÇÃO DA DINÂMICA DO IMPACTO DA CONFIABILIDADE PESSOAL.
Fonte: Souza (2012), baseado em Covey (2002)

Há um ingrediente essencial que necessita ser percebido para haver sabor na confiabilidade empresarial: paixão. Integridade, competências e capacidade constituem os ossos, a carne e o sangue da corporação, no entanto a energia que dá vida à empresa é a paixão.

A paixão está presente quando o empresário e colaboradores veem sentido e significado no que fazem. Sentido tem a ver com a utilidade da empresa, dos seus serviços e/ou produtos, sendo percebidos como agregadores de valor na visão dos clientes. O empresário e os colaboradores sabem que, de alguma forma está fazendo o bem para o cliente e assim, melhorando um pouquinho o mundo com o seus produtos ou serviços.

O significado organizacional tem a ver com o senso de a construção sequencial e histórica do negócio e da marca, com a eterna preocupação em levar satisfação e agregar valor ao cliente e ao mesmo tempo alcançar retornos tangíveis (financeiro, fidelização de clientes) e intangíveis (reputação, retenção de talentos).

Assim, uma empresa composta de pessoas integras, competentes, capazes e apaixonadas pelo que fazem e em servir ao cliente, redundará em uma empresa confiável. Demonstraremos a seguir como funciona a dinâmica entre a integridade, competências, capacidade e paixão, que resulta em confiabilidade.

1. Integridade: o Primeiro Lado do Tripé da Confiabilidade Empresarial.

A palavra ética é comumente utilizada como integridade, quando, por exemplo, se diz: "Fulano é ético" ou "Sicrano é antiético", e "Esta empresa é ética" ou "Esta empresa não é ética". Assim, distingue-se o caráter das pessoas e empresas como éticas ou antiéticas. No entanto, tanto na prática quanto na teoria, pode-se ter vários tipos de éticas e não apenas uma, a virtuosa, ao qual se procura referir-se a ela como significando integridade.

Referindo-se ao mundo da ética dos políticos, Gomes (2006) disse: "O mundo político tem a sua própria ética".[5] Por isso o provérbio alemão diz: "Quem faz linguiça, não come linguiça". O que Gomes estava dizendo? Que as éticas são variáveis, adquirem conteúdos diferentes a cada cultura, dependendo dos valores e crenças de cada uma. Dessa forma a ética da política profissional é uma delas. Mas a ética não é uma só, universal e atemporal? Ser ético não é a mesma coisa que ser íntegro?

Buzzell (2004) elucida essa questão dizendo: "quando falamos de integridade hoje, geralmente usamos termos próximos como 'ética' e 'moralidade'. Mas o conceito de integridade exige a compreensão correta dessas três palavras. Cada uma tem um significado distinto." Usadas de forma apropriada, elas esclarecem um aspecto essencial para a construção da confiabilidade empresarial. Buzzell (2004) distingue ética, moral e integridade da seguinte forma:

- A ética refere-se a um padrão definido de certo e errado, de bem e mal. Ética é a verdade que a pessoa crê.
- A moralidade é o padrão vivido de certo e errado, de bem e mal. Moral é a verdade que a pessoa vive.
- Integridade significa "são", "completo", "integrado". Se a ética e a moralidade estão integradas à vida da pessoa, ela tem integridade. Caso contrário, tal pessoa não é integra. Integridade é o casamento da ética com o moral.[6]

Veja essa história para ilustrar essa distinção: imagine que Zeca tem uma mercearia, e ele crê que para ter lucro, precisa enganar o cliente, sonegar impostos e ser desonesto com os funcionários, isso significa o que ele tem um baixo nível ético.

Se ele pratica o que crê, ele é antiético e imoral, mas é integro – por mais estranho que pareça essa integridade, porque a sua moralidade é coerente com a sua ética. Se Zeca fala que engana o cliente, sonega impostos e é desonesto com os funcionários, mas na verdade não faz nada disso, ele age com moralidade na prática, mas lhe falta a integridade, pois sua moralidade está desconectada com sua ética, com a sua vida interior.

A palavra ética vem do grego *ethós,* que também significa dobradiça. E esta é composta de três elementos: as duas chapas de encaixe, geralmente de metal, e o pino. Qual a função do pino? Dar sustentação duradoura para a união das duas chapas. O que e ética então? Ética é o pino que une as duas partes, é o acordo bilateral ou coletivo e o cumprimento dele.

Mas a que se refere à ética universal? Certo e errado? Para quem? Veja a fala deste ex-deputado: "Não é que é errado, o que muitos chamam de corrupção, propinagem, 'toma-lá-dá-ca' como alguns políticos fazem política no Brasil, é apenas uma forma diferente deles verem e fazerem as coisas." Ele confirma o que Gomes (2006) disse sobre as éticas.

Pensando na ética virtuosa, ou universal, surge a necessidade de colocá-la acima das éticas culturais, para que ela não fique solta, ao bel prazer de cada um, servindo a qualquer intuito, ainda que mal. Aqui nivelaremos o conceito de Ético com o de Integro, conforme Sá (2001) defende, casando Ética com a Virtude, dando consistência ao conceito de Integridade:

Na conduta ética, a virtude é condição basilar, ou seja, não se pode conceber o ético sem o virtuoso como princípio, nem deixar de apreciar tal capacidade em relação a terceiros. [...] Para o campo da ética a virtude está atada à qualidade do ser, em uma prática de atos morais, essenciais, íntimos da alma.[7]

O nível ético de uma pessoa pode ser alto (vinculado à virtude, ou seja, a princípios universais) ou baixo (desvinculado a princípios universais), a pessoa pode ser moral (praticar valores baseados em princípios) ou imoral (praticar valores nocivos a si e aos outros). A escolha é de cada um. Mas se o empresário decide ser integro, terá que escolher a sua ética (seu conjunto de valores) baseada em princípios universais e viver de acordo com ela, pois para que o relacionamento com os colaboradores, clientes, parceiros, fornecedores e governo seja sustentável, é preciso ser acordados ou contratados elementos relacionais que torne as atitudes e comportamentos previsíveis. A Figura 19.2 procura demonstrar a interação entre a ética e moral e o caráter pessoal/empresarial:

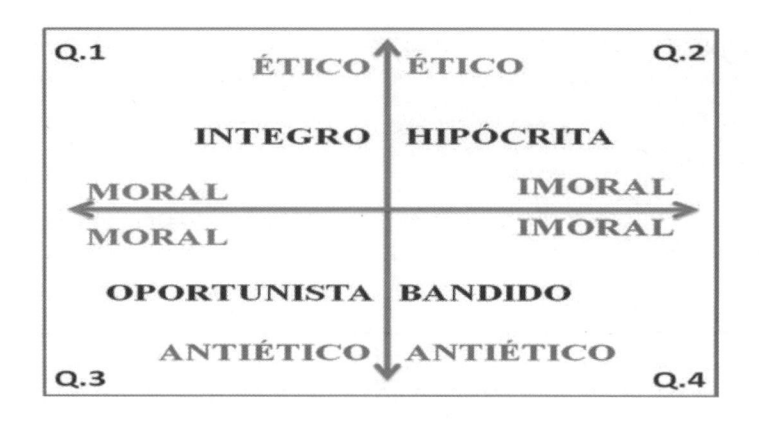

FIGURA 19.2: QUADRO DINÂMICO ENTRE ÉTICA, MORAL E CARÁTER PESSOAL/EMPRESARIAL.
Fonte: Barros e Souza (2012).

Conforme o quadro acima, no Quadrante 1 (Q1), uma pessoa/empresa cuja ética (verdade que se crê baseada em princípios universais) se alinha com o moral (verdade que se vive e é aceita pela sociedade), essa pessoa/empresa é integra. No Quadrante 2 (Q2), quando uma pessoa/empresa parece ser e/ou se propaga ser ética, mas é imoral (a verdade que se vive ofende ou lesa a outros), ela é hipócrita. No Quadrante 3 (Q3), quando uma pessoa/empresa, é antiética (egoísta, individualista, maléfica), mas ela é moral (vive uma aparente vida de honestidade, mas apenas espera o momento certo de levar vantagem sobre o outro. Como o ditado diz: "a ocasião faz o ladrão". Por outro ângulo, há ainda a malandragem, ou "o jeitinho brasileiro", que são aceitos pela sociedade, como por exemplo: "rouba mais faz", "se não sonegar não tem lucro"), então é uma pessoa oportunista. No Quadrante 4 (Q4), quando uma pessoa/empresa é antiética e imoral (corrupta, ladra, promiscua, falsária) ela é bandida.

A escolha da vivência de qualquer um dos quadrantes é livre, mas as consequências e impacto sobre a vida, os negócios e a reputação das pessoas e da empresa é inevitável. Há uma lei espiritual que rege todo universo, independentemente de crença religiosa ou ateísta: "Tudo aquilo que semear, isso mesmo colherá".[8] Os princípios tem consequências naturais vinculadas a eles. Há consequências positivas, quando vivemos em harmonia com eles. Há consequências negativas, quando os ignoramos. É a lei da colheita, como disse um fazendeiro:

Uma das coisas que aprendemos através dos anos, e eu já não sou mais jovem, é o fato de que a mãe natureza não perdoa se violamos suas regras. [...] A tentação de fazer as coisas de um jeito mais fácil ou rápido às vezes parece melhor, mas aprendemos que não podemos fazer isso. [...] A qualquer hora que violarmos a lei da colheita por assim dizer, somos condenados ao fracasso apesar de todo avanço que vimos surgir.[9]

A integridade tem como alicerce a prática de valores alinhados com princípios universais (honestidade, liberdade, valorização à vida etc.), aos quais passam a ser os elementos balizadores das escolhas, atitudes e tomadas de decisões. Como Covey (2004): "Os princípios são verdades profundas, fundamentais, verdades clássicas, denominadores comuns genéricos. Eles são linhas estreitamente interligadas, tecendo a vida com exatidão, consistência, beleza e força."[10]

Com base nos princípios universais, o empresário da MPE pode definir os valores pessoais e empresariais que pautarão seus relacionamentos e negócios em todas as esferas. A vivência da integridade protegerá o empresários, seus colaboradores, seu negócio e a sua empresa, e trará a confiança mútua necessária internamente e externamente, como disse Brian Tracy (Rampersad, 2010): "A 'liga' que mantém todos os relacionamentos unidos – inclusive o existente entre o líder e o liderado – é a confiança, e esta é baseada na integridade."[11] Mas não basta ser íntegro, a competência também é fundamental para a confiabilidade pessoal e empresarial.

2. Competência e Capacidade: o Segundo Lado do Tripé da Confiabilidade Empresarial

Quando uma empresa abre as portas e se propõe entregar determinado serviço e/ou produto, o cliente crê que ela é capaz de entregar o que sua fachada, propaganda ou indicação anunciou. E quais os problemas que a falta de competência pode ocasionar ao cliente? A falta de competência ou de atenção devida pode variar desde a insatisfação e perda de clientes até matar pessoas, dependendo da esfera de ação, como conta a notícia abaixo:

Treze pacientes que ocuparam o mesmo leito na UTI do hospital de [...], no [...], morreram após receber ar comprimido no lugar de oxigênio. Segundo relatório da unidade, obtido pelo Jornal Nacional, a tubulação do leito 19 foi invertida durante a instalação. De acordo com médicos, enfermeiros e técnicos que trabalham na UTI, os pacientes internados neste leito apresentavam sempre mais dificuldade de recuperação. Até que eles desconfiaram que o problema estava nos tubos de oxigênio e de ar comprimido. A troca da tubulação só foi confirmada seis meses depois da inauguração da nova UTI e o leito foi bloqueado.[12]

E se uma pessoa de sua família, familiares, parente ou amigo próximo estivesse internado nesse hospital e ficasse nesse leito e viesse a óbito, como você se sentiria? Agora como fica a confiança na empresa que instalou esse aparelho? E a credibilidade do hospital que se utilizou desse serviço e ainda levou seis meses para detectar a falha? E as famílias que perderam pessoas amadas?

A confiança dos *stakeholders* se consolida na confiabilidade da empresa, se esta não é competente para cumprir suas promessas, a confiança do cliente ruirá. O cliente poderá experimentar o produto/serviço uma única vez e nunca mais consumirá. Além das implicações legais e judiciais que ele poderá mover contra a empresa, ele ainda poderá fazer propaganda depreciativa da empresa.

Para a empresa ter excelência nas competências essenciais organizacionais, é fundamental a competência do seu pessoal. E a competência pessoal é uma interação entre conhecimento, habilidade, atitude e oportunidade de demonstrá-la ou colocá-la em ação. O conjunto de competências dos indivíduos comporá o conjunto de competências essenciais da empresa.[13] Elas darão legitimidade à oferta de serviços e/ou produtos que supram as necessidades de seus clientes e até os encante. Sá (2001) argumenta como a competência se vincula com a ética (focando o conceito de ética-integridade):

> A ausência de conhecimento caracteriza a incompetência, o mau uso, a desonestidade, e a omissão, o relaxamento ou negligência. O profissional incompetente, para realizar uma tarefa, tende a cometer erros que prejudicam seus clientes. Aquele que utiliza maldosamente sua competência visa beneficiar alguém e prejudicar terceiros. O omisso pode causar danos irreparáveis e também acaba por ser prejudicial, quer o faça por intenção ou não. Em todos os casos há sempre lesão ao bem de terceiros e à obra realizada, em virtude de infrações contra o dever ético de competência. [...] O profissional tem o dever ético de guiar seu cliente e de conduzi-lo ao limite máximo de aproveitamento da tarefa, com segurança, serenidade e teor humano, durante todo o tempo que necessário for à eficácia da prestação de serviços.[14]

Assim, a ética, ou no sentindo universal, a integridade, tem tudo a ver com a crescente competência e o melhor de si e da empresa oferecido aos *stakerholders* (todos os envolvidos). Um profissional ou uma empresa que oferece um produto ou serviço "meia boca", é como se praticasse uma forma de furto, onde recebe o dinheiro ou permuta algo com o cliente mas não entrega o correspondente recebido.

Não é apenas o cliente que por vezes é lesado com a incompetência dos colaboradores, a própria empresa é prejudicada por causa baixa competitividade por causa da incompetência e do baixo profissionalismo dos seus colaboradores, que nesse caso, são empregados, pois não colaboram com nada na empresa, como o próprio nome diz estão em um prego, dependurados em sua função fazendo de qualquer jeito o trabalho, fingindo que trabalha, roubando horas da empresa que depois exigirão que sejam pagas. Nesse caso, por causa da incompetência e falta de profissionalismo, são prejudicados os clientes, a empresa e o empresário.

Por certo, a competência tem tudo a ver com profissionalismo. No Brasil temos a cultura de que o trabalho bem feito vale mais, e se o cliente não paga o preço, então é feito na proporção do que ele paga. No entanto isso não é profissionalismo, como explica Castro (2011):

> Acostumamo-nos com a ideia de que, se pagamos mais ou menos, conseguimos algo mais ou menos. Para a excelência, pagamos generosamente. [...] Essa incursão na história das corporações serve para realçar que nem só de mercado vive o mundo atual. Aqueles países com forte tradição de profissionalismo disso se beneficiam vastamente. Nada de fiscalizar para ver se ficou benfeito. O fiscal severo e intransigente está de prontidão dentro do profissional. É pena que sindicatos, herdeiros das corporações, pouco se ocupem hoje da qualidade e virtuosismo. Se pagarmos com magnanimidade, o verdadeiro profissional executará a obra com perfeição. Se pagarmos miseravelmente, ele a executará com igual perfeição. [...] Existe relação entre o que pagamos e a qualidade obtida . Mas não é só isso. O profissionalismo define padrões de conduta e excelência que não estão à venda. Verniz sem rugas traz felicidade a quem o aplicou. Juntas não têm gretas, mesmo em locais que não estão à vista. Ou seja, foram feitas para a paz interior do marceneiro e não para o cliente, incapaz de perceber diferenças. A lâmina do formão pode fazer a barba do seu dono. O lanterneiro fica feliz se ninguém reconhece que o carro foi batido. Onde entra uma chave de estria, não se usa chave aberta na porca. Alicate nela? Nem pensar! Essa tradição de qualidade nas profissões manuais é caudatária das corporações medievais. Mas sobrevive hoje,

em maior ou menor grau, em todo o mundo do trabalho. O cirurgião quer fazer uma sutura perfeita. Para o advogado, há uma beleza indescritível em uma petição bem lavrada, que o cliente jamais notará. Quantas dezenas de vezes tive de retrabalhar os parágrafos deste ensaio? [...] Tudo funciona melhor em uma sociedade que domina o profissionalismo de sua força de trabalho. Mas, isso só acontecerá como resultado de muito esforço em lapidar os profissionais. Isso leva tempo e custa dinheiro.[15]

A confiabilidade é construída com integridade e a competência que se transforma em profissionalismo, um profissionalismo que não negocia a qualidade do seu produto/serviço. Mesmo que na cultura brasileira os clientes estão dispostos a pagar mais pela excelência, a incompetência ainda corre solta no trabalho de muitas MPE, como afirma Peter e Hull (2003): "Observei que, com poucas exceções, os homens sempre deixam tarefas por terminar. A incompetência prolifera e triunfa. Já vi uma ponte enorme ruir no mar porque, apesar das inúmeras verificações, alguém fizera um conserto malfeito em um dos pilares de sustentação".[16]

A incompetência pode ser um dos motivos do porque, de cada 100 empresas que são abertas no Brasil, apenas 42% alcançam ao quinto ano de vida,[17] e as outras 58%? Fecham as portas. O que falta? Crédito? Clientes? Impostos mais baixos? Talvez sim, no entanto o maior problema para as MPE não está fora e sim dentro dela mesma: o nível de profissionalismo de seus colaboradores e de competência e capacidade da MPE.

Por isso, o crescimento em competência e o atendimento na medida em que sua capacidade permite é chave para que a MPE chegue ao nível de altíssimo profissionalismo exige aprendizagem, como Senge, Ross, Smith, Roberts e Kleiner (1995) afirmaram: "A longo prazo, a única fonte permanente de vantagem competitiva da organização é a capacidade de aprender mais depressa do que os concorrentes. Nenhuma força externa pode lhe subtrair o ímpeto dessa vantagem."[18]

Isso significa que o empresário não pode reclamar da concorrência porque à medida que a empresa aprende e coloca em prática rapidamente o que aprendeu (pois a competição hoje ocorre em nível de velocidade de aprendizagem e aplicação na prática), consegue inovar e tornar irrelevante a concorrência,[19] a empresa pode ampliar sua venda vertical (vender mais para os mesmos clientes) ao mesmo tempo em que ampliar sua venda horizontal (conquistar novos clientes a partir dos testemunhos dos atuais clientes). Pode haver integridade, profissionalismo e alta competência essencial na MPE, porém, há necessidade também de paixão, pois sem ela a empresa não terá a energia, o bom humor e a persistência necessária para alcançar as metas.

3. Paixão: o Terceiro Lado do Tripé da Confiabilidade Empresarial

A paixão, como dissemos anteriormente, está presente no negócio e no trabalho cotidiano quando o empresário e colaboradores veem sentido e significado no que fazem. Sentido tem a ver com a certeza da utilidade dos seus serviços e/ou produtos para os clientes. O significado tem a ver com o senso de a construção histórica e sustentável de uma marca que leva satisfação ao cliente ao mesmo tempo em que lhes rende retornos tangíveis (financeiro, fidelização de clientes) e intangíveis (reputação, retenção de talentos).

Em tudo na vida a paixão é importante, e na organização não é diferente. A paixão organizacional é percebida pelo entusiasmo com que as equipes enfrentam os desafios e os tempos de "vacas magras", com a prontidão com que atende um pedido ou resolve um problema do cliente, com a satisfação com que realiza suas atividades, ainda que rotineiras. A paixão organizacional alimentada pelo comprometimento com a vivência dos valores, pela busca de concretizar uma visão de futuro e pela vontade de cumprir com sua missão, pode gerar um firme propósito de melhorar um pouquinho o mundo através do seu trabalho por estar se beneficiando dele.

Na MPE geralmente a pessoa mais apaixonada é o empresário, e a sua frustração é não ver os seus colaboradores e sua família tão apaixonados quanto ele. O que ocorre é que não poucas vezes, o sonho é dele e não da família e nem dos colaboradores, sendo necessário o empresário desenvolver o seu lado vendedor, para vender o seu sonho para a sua família e para os colaboradores, mostrando como o sucesso da empresa redundará no sucesso para eles e deles. Para eles porque receberão dividendos e deles porque serão ajudados na realização dos seus sonhos.

Como isso pode ser feito? Através da busca do alinhamento dos sonhos da família e dos colaboradores com o sonho do empresário. Iniciando a abordagem com a família, sem esse alinhamento ela não compreenderá a demora do enriquecimento, não cooperará com a economia nos gastos e não colaborará com o melhor de si para que o negócio dê certo. O mesmo vale para os colaboradores, enquanto eles não visualizarem que a MPE pode colaborar de forma decisiva para a realização de seus sonhos e suprimento de suas necessidades, não trabalharão com paixão. É como escreveu Rampersad (2010):

A experiência nos ensina que, de modo geral, os funcionários desejam trabalhar para a consecução dos objetivos da organização e se dedicam quando há correspondência entre suas ambições pessoais e a ambição compartilhada da organização. Portanto, é recomendável estimular gerentes e funcionários a formular suas ambições pessoais e deixá-los refletir sobre o equilíbrio entre suas próprias ambições e a ambição compartilhada.[20]

O alinhamento da empresa começa com o alinhamento dos sonhos, valores e intenções pessoais com a ambição compartilhada da organização. Sem uma sintonia de alma não existe sincronia produtiva. A seguir, na Figura 3, temos uma representação dessa ideia.

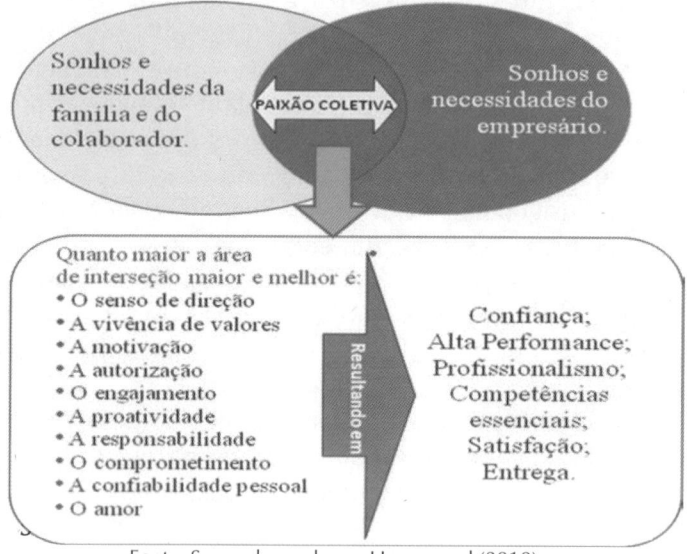

Fonte: Souza, baseado em Hampersad (2010).

Assim, a ótima sinergia na interação entre integridade, competências, capacidade e paixão resultará em confiabilidade pessoal e organizacional, que por sua vez, gerará relacionamentos de confiança mútua duradoura, com benefícios sustentáveis a todos os envolvidos. A confiabilidade gerará confiança nos clientes externos da empresa. No entanto, a confiabilidade do empresário ou da liderança da MPE gerará confiança nos clientes internos também.

III. Responsabilidade Social nas Micro e Pequenas Empresas

1. A Irresponsabilidade Social e Ambiental das empresas

Responsabilidade social é um conceito segundo o qual, as empresas decidem, voluntariamente, contribuir para uma sociedade mais justa e para um ambiente mais limpo.[19] No entanto responsabilidade social não é apenas para fora, é também interna, por isso a confiabilidade de uma MPE faz parte de sua responsabilidade social. Afinal, o cliente ao contratar seu serviço ou comprar um produto está confiando na MPE, o que é uma questão social e não apenas comercial.

Pode-se imaginar uma empresa como uma Igreja e os consumidores como Fiéis. Geralmente os fiéis confiam em suas instituições religiosas crendo que elas são do bem, servem a um propósito nobre, tem uma grande missão na Terra e que seus líderes são pessoas confiáveis (integras, competentes, capazes e apaixonadas). Porém, diariamente milhares de pessoas se decepcionam com suas instituições religiosas ou com seus lideres religiosos, eles depositaram a sua fé, seu tempo e seus recursos e não foram correspondidos em seus anseios.

Com a empresa o agravo é maior devido à falta de vinculo afetivo-comunitário entre as empresas e seus clientes internos ou colaboradores. Foi o que Wagner (2003) observou:

> Creio que é porque as estruturas empresariais jamais poderão produzir comunidades. As pessoas sentem-se usadas pelas empresas ou corporações, não nutridas por elas. Os empregados de uma empresa sabem que seu único propósito é tornar outra pessoa rica e bem-sucedida, por isso eles não se sentem parte dela. Muitas vezes eles se prestigiados. Ouvem de um superior que "nós somos uma família", mas eles veem essas famílias sendo reduzidas a torto e a direito pelos cortes e os benefícios de suas famílias sendo eliminados. Existe pouca lealdade numa empresa. Por quê? Porque é difícil ser leal a uma máquina![22]

As redes sociais hoje trazem uma lição sobre as pessoas às empresas, que às vezes são resistentes em aprender: elas querem relacionamento. Mas não qualquer tipo de relacionamento, elas querem um relacionamento de afetividade (querem sentir-se importantes para a empresa), confiança (querem consumir produtos e serviços confiáveis) e reciprocidade.

Mas as empresas hoje se aproximam da imagem de máquinas do que de comunidade. Empresas máquinas pensam apenas em si mesma, só nas suas engrenagens, só no que facilita seus processos internos e o que interessa é o que trás lucro para elas, como alertou o sábio chinês Chuang-tzu, do século IV a.C., citado por Morgan (1995):

> Aquele que usa máquina no seu trabalho faz o seu trabalho como máquina. Aquela que usa máquina no seu trabalho faz o seu trabalho como máquina. Aquele que faz seu trabalho como máquina, desenvolve o seu coração como máquina e aquele que carrega o coração de máquina no seu peito perde a sua simplicidade. Aquele que perdeu a sua simplicidade torna-se inseguro nas lutas de suaalma.[23]

Na insensibilidade dos empresários e gerentes da empresa máquina, as pessoas, sejam os clientes internos ou externos, são apenas peças de uma engrenagem. Quando se trata de uma máquina, uma peça quando quebra, se desgasta ou envelhece, o que se faz com ela? Joga-se fora, pois há milhares de outras peças no mercado.

A empresa-máquina a estilo de Fayol, Ford e Taylor, burocrática e rotineira, perdeu forças nos últimos 60 anos devido à ineficiência de foco no cliente e alimento do relacionamento com ele, levando a um movimento de evolução (mudança essencial de um ser para o outro) e não apenas progressão (apenas uma melhora de si mesma), e assim muitas empresas se transformaram de empresa-máquina para empresa-corpo, tornando-se orgânica, onde as pessoas e o meio ambiente são mais valiosos do que as coisas.

Uma empresa-máquina, focada nela mesma, não será social e nem ambientalmente responsável: a oficina mecânica irá jogar óleo de motor no solo, a pastelaria irá derramar no ralo da pia o óleo de soja usado das frituras, a padaria não pagará horas extras aos padeiros, o escritório de advocacia não irá depositar o FGTS e o INSS, a empresa de dedetização não pagarão o adicional de insalubridade, a obra de construção não fornecerão EPI (Equipamento de Proteção Individual) aos seus funcionários, a borracharia não tomará cuidado com a água parada dos pneus etc. Muitas organizações possuem uma face repugnante, como observou Morgan (1996):

> As indústrias alimentícias e de fumo gastam bilhões de dólares anuais com propagandas de produtos que fazem mal à saúde e que contribuem para a elevada incidência de câncer e de doenças dos rins, fígado, coração e pulmão. [...] Todos os dias organizações industriais espelem milhões de toneladas de resíduos tóxicos em reservatórios de água ou na atmosfera, ou então os enterram em recipientes que podem apresentar vazamen-

to. [...] Trabalhar em muitas organizações pode também ser perigosos. A cada ano milhares de pessoas no mundo inteiro morrem em acidentes de trabalho ou então devido a doenças relacionadas ao trabalho. [...] Seja intencional ou não, as organizações frequentemente apresentam um grande impacto negativo no mundo em que vivemos. Embora se encoraje considerar as organizações como empresas racionais, que perseguem objetivos que aspiram satisfazer a todos, existe muitas evidencias que sugere que esta visão é mais uma ideologia do que uma realidade.[24]

O que e mais importante para uma organização? A serviço do que e de quem afinal ela está? A desconfiança é que as empresas existe para enriquecer os proprietários ou os investidores e acionistas, onde o lucro é o objetivo mais importante. Mas a que custo? A um custo altíssimo do sócio-ambiental? O objetivo da construção das Pirâmides do Egito era que servissem de túmulos para a alguns poucos homens sagrados. A que custo? Ao custo da escravidão e da morte de mais de 20 mil pessoas.

Hoje o empresário possui pressões externas (sua sobrevivência financeira, de sua família e de sua empresa) e internas (inveja, ganância, desejos, vontades, assim como virtudes), e se ele não tomou a decisão de pautar suas atitudes, comportamentos e decisões em princípios universais, com muita facilidade ele irá corromper o seu caráter, de sua família, bem como de seus funcionários.

A formação do caráter, conforme disse Heráclito,[25] é o próprio destino do homem. Como disse Smiles (2005): "Semeie um pensamento e colha uma ação. Semeie uma ação e colha um hábito. Semeie um hábito e colha um caráter. Semeie um caráter e colha um destino".[26] Tudo se inicia pelos valores, que quando adotado por um indivíduo ou empresa se torna crença. A crença influencia o pensamento, que por sua vez estimula as emoções. As emoções provocam a atitude, que geram os comportamentos, que se transformam em hábitos, que formam o caráter que definirá o destino de cada um.

Além do fator pessoal dos impulsos internos do desejo de ganho individualista, do egoísmo, da ilusão de vantagens e benefícios fáceis, do sucesso sem trabalho ou sacrifícios, há o impacto cultural. Sennett[27] observou que até as década 50 e 60 um indivíduo valorizava a vida rotineira e trabalho burocrático, ele sabia quando e quanto ia se aposentar, sua meta era formar os filhos, seus valores era: honra, o nome, caráter; valorizava a vida em família, cultivava as mesmas amizades por anos a fio, a vida rotineira se constituía na construção de uma história e de um caráter.

Na nossa era, a era do conhecimento, o movimento capitalista leva as pessoas a terem aversão à burocracia e à rotina, a desvalorizar a história e o passado, o foco é na sua vida, na sua profissão, nos seus objetivos. Amigos e colegas são os da hora, do momento, da rede, onde estiver. A ambição vem antes da ética, do caráter, da família e dos amigos. Sua conclusão é que o capitalismo flexível de nossa época levou à corrosão do caráter das pessoas, e elas nem se apercebem disso, é a lei da vantagem, do que eu ganho com isso.

Porém, a pessoa pode escolher construir seu caráter sobre a virtude (princípios universais), e não se deixar levar pela cultura. Dessa forma, essa pessoa será uma fonte de benefícios para os indivíduos e para a sociedade. Como disse Martin Luther King: "Eu tenho um sonho: de que um dia meus filhos serão julgados não pela cor de sua pele, mas pelo seu caráter."[28] O caráter é sim competente para qualificar um indivíduo, e se o caráter for virtuoso, sempre será ético.[29] A vivencia de valores baseados em princípios universais que levam à confiabilidade pessoal e à confiança mútua com outros, pode ter duas fontes: a interna e a externa.

O executivo de uma MPE cedendo às pressões, sejam elas internas ou externas, acabará fazendo com que ele administre a empresa em prol de si mesmo, e no final perca a confiança de todos, como observou Handy (2005):

> Confiança também é algo frágil. Tal como uma xícara de porcelana: uma vez trincada, nunca mais será a mesma. Hoje, a confiança depositada pelo público em empresas e seus dirigentes está trincando. Para muitos, a impressão é que um executivo já não administra a empresa em prol do consumidor, nem mesmo dos acionistas e funcionários. Visa antes à ambição pessoal e ao proveito financeiro próprio.[30]

O prejuízo da imagem ou marca pessoal no final pode ser maior do que o ganho. Mesmo diante das pressões, o custo benefício não compensa. Não estamos atrás de uma liderança moral heroica em que a pessoa troca a sua vida por uma causa, mesmo porque a maioria das pessoas não fazem isso, como diz Badaracco (2005): "pois cada pessoa tem suas vidas, interesses e compromissos que não estão dispostas a arriscar. Para quem precisa pôr comida na mesa, cruzadas e martírios não são opção."[31]

Diante do paradoxo humano, Badaracco (2005) sugere uma canalização das energias internas (sejam boas ou más) para que a ação moral:

> Portanto, embora seus motivos não fossem de modo algum autênticos, ainda assim lhe deram força para perseverar. Na verdade, quando se defronta com um desafio moral difícil, o grau de motivação da pessoa pode

ser mais importante do que a pureza dos motivos. Isto porque os verdadeiros líderes extraem sua força de uma variedade de motivos – nobres e espúrios, conscientes e inconscientes, altruístas e egoístas. O objetivo não é suprimir o interesse próprio ou os motivos espúrios, mas explorá-los, canaliza-los e direcioná-los. Se Ayer [uma pessoa citada por ele], tivesse sido motivado apenas pela empatia, acho que seria menor a probabilidade de que partisse para a ação.[32]

É como disse o Bruce (Christian Bale) em *Batman Begin* (2005): "Não é o que sou por dentro o que me define, e sim o que eu faço".[33] Não é uma questão de oportunismo (moral sem ética), é uma questão de escolha da integridade (moral pela ética) ainda que as pressões internas pulse rumo à imoralidade (atitudes ou ações contrárias ao bem social e ambiental). É a opção pela responsabilidade, responsabilidade social, ou seja, pelo melhor impacto sistêmico para todos, o que é redundante dizer, mas que vale a ênfase, pois nossas ações são como bumerangue, vão e voltam para nós com a mesma ou maior intensidade.

Na busca pela vantagem competitiva ou de outro benefício para que aumente a lucratividade em detrimento do social e do meio ambiente, é possível até mesmo que as empresas façam lobby às bancadas políticas para que sejam formuladas leis para tornar legal o que é bom para alguns e não para todos, é a legalidade imoral (a lei a serviço de interesses de um grupo e em detrimento de outros), tornando legal a conduta antiética.

Mas, como Sá (2001) já havia citado: "Se a conduta é boa para um grupo, as não o é, em geral, para terceiros, perderá sua qualidade ética." Se as formulações legais não forem para benefícios generalizados, serão uma forma legal de burlar a justiça. Como disse Millôr: "A Advocacia é a forma legal de burlar a Justiça".[34] Podemos substituir Advocacia por Legislação. E assim alerta Sá (2001): "As leis éticas não se constroem ao sabor dos ambientes particulares, nem dos consensos empíricos, mas da universalidade da conduta humana volvida ao bem".[35]

A responsabilidade social envolve o cotidiano organizacional, seus relacionamentos interpessoais, sua forma de contração, integração e desligamento de pessoas, sua forma de negociação, sua forma de lidar com os resíduos de sua produção e não apenas as grandes ações socioambientais.

As MPE podem lucrar e crescer tendo o foco em todos e não apenas em parte dos interessados, ainda que a tentação do empresário seja de ganhar sozinho. Jacomino (2000), citando uma Pesquisa de Harvard University, mostra as empresas que buscam servir os *stakeholders* (todos aqueles que têm vínculo com a empresa, como fornecedores, consumidores, empregados e comunidades) geram entre quatro e oito vezes mais empregos do que as que focam apenas os acionistas.[36] Ou seja, elas vendem mais, necessitam de mais mão de obra, remuneram mais pessoas, e consequentemente todos são beneficiados. Esse é o relacionamento ganha-ganha, onde todos ganham e praticam a Responsabilidade Social holística, global, integral.

2. Responsabilidade Social na Prática das Micro e Pequenas Empresas

Como foi dito anteriormente, responsabilidade social é um conceito segundo o qual, as empresas decidem, numa base voluntária, contribuir para uma sociedade mais justa e para um ambiente mais limpo.[37] A popularização da sua eficácia (retorno tangível e intangível) fez com que muitas grandes empresas aderisse a elas e implementassem ações tais como: tratamento de bacias hidrográficas, projetos de escolarização em massa, investimentos em produções artísticas, valorização das pessoas da Terceira Idade, inclusão no mercado de trabalho de menores aprendizes e deficientes físicos, acesso à tecnologia e inclusão digital etc. Essas ações são fantásticas e levam grandes benefícios à sociedade.

No entanto, foram muitas dessas grandes empresas e muitos governos que também praticam grandes ações de irresponsabilidades sociais e ambientais, como pontua Sá (2001):

> Algumas empresas de grande porte chegam a atos abusivos contra a sociedade, contra o ser humano, o mesmo ocorrendo com o Estado, conforme se tem comprovado, em decorrência do poder que possuem e da capa protetora que lhes envolve, especialmente a de uma impersonalidade aparente.[38]

Mais do que receber os benefícios do marketing social, é necessário garantir os resultados efetivos, como Gomes e Moretti (2007) observam: "Sobram marketing e regulamentações e faltam resultados concretos que comprovem aprimoramento das relações humanas e sociais. Então, o que realmente motiva as empresas a se preocuparem com a responsabilidade social?"[39] O lucro de ser bem vistas ou o lucro pela atração de clientes preocupados com esse tema? Há integridade ou oportunismo nas grandes empresas? Há pecado na busca do lucro e ganhos com imagem na prática da Responsabilidade Social? Não, ao contrário, será excelente ganhar muito se os resultados forem efetivos e não apenas aparentes e no final, todos ganharem muito. E na MPE? Ela pode unir responsabilidade social e ganho para todos seus *stakeholders*?

A vocação das empresas não é resolver todos os problemas da sociedade e sim levar soluções de alta qualidade em sua área de competência e esfera de ação, cobrando um preço justo pelo custo benefício que oferece, na visão do cliente. Quem tem a vocação de resolver os grandes problemas da sociedade é o Governo, que atualmente diminui a sua ação direta e amplia as políticas públicas.

Mesmo assim, as MPEs podem colaborar para tornar seu mundo um pouquinho melhor por estar se beneficiando dele. Na prática, a MPE pode diminuir a injustiça, a corrupção, melhorar a qualidade de vida, ao menos de seus *stakeholders*, através de pequenas ações cotidianas que estão ao seu alcance, que além de serem legais, trazem também retorno em termos de satisfação e aumento de produtividade dos colaboradores, trarão conformidade com a lei e com as normas de segurança e meio ambiente, diminuição no custo e aumento da lucratividade, por exemplo: registro em carteira de seus funcionários, recolhimento e pagamento dos impostos trabalhistas, pagamento dos impostos gerais, equipamentos ergométricos para seus funcionários, ambiente limpo e seguro, relacionamento respeitoso, economia de energia elétrica, água e papel, planejamento de produção, repasse dos benefícios fiscais governamentais e descontos dos fornecedores, cuidado e devido tratamento de resíduos (sólidos, líquidos, gasosos, sonoros etc.) bem como seu descarte etc.

A ingenuidade se estabelece quando é imaginado que não são as empresas quem estabelecem as suas políticas de gestão com pessoas (RH), as políticas econômicas, comerciais, sociais, ambientais. Como dizem os caixas de lojas quando se pede um desconto: "O sistema não permite". Como se o sistema fosse uma pessoa. Assim acontece com as políticas organizacionais e governamentais, pois na verdade, quem as constitui são os líderes que nelas possuem o poder de decisão, ou seja, "pessoas".

Se as referidas políticas ferem a integridade e demonstram falta de confiabilidade da empresa, se a legislação é burlada, ou mesmo se essa legislação violam a ética universal e o meio ambiente, são pessoas quem as constroem e cometem a irresponsabilidade social, ambiental, ainda que sob a capa de "empresas" ou "governo". Enquanto a mudança de uma cultura empresarial do ganho unilateral e governamental de vantagem para grupos de interesse, não for substituída por ganhos para todos, corremos o risco de em muito breve não termos mais pessoas disponíveis ou mesmo o planeta para continuar os negócios. Handy (2005) defende essa ideia:

> Precisamos nos associar a uma causa a fim de dar um propósito à nossa vida. Trabalhar por uma causa não deve ser prerrogativa das instituições

de caridade e do setor sem fins lucrativos. E a missão de melhorar o mundo não transforma uma empresa numa entidade de assistência social. Ao criar novos produtos, difundir tecnologias e elevar a produtividade, melhorando a qualidade e aprimorando serviços, as empresas sempre foram agentes ativos do progresso. Elas ajudam a tornar as coisas boas da vida disponíveis e acessíveis a uma parcela cada vez maior da população. Esse processo é impulsionado pela competição e estimulado pela necessidade de oferecer um retorno adequado aos que arriscaram seu dinheiro e sua carreira; mas é, em si, uma causa nobre. Deveríamos valorizá-lo mais. Tal como fazem as instituições de caridade, deveríamos medir o sucesso em termos do resultado para os outros, assim como para nós mesmos.[40]

E a MPE pode ter como sua causa empresarial ser confiável e responsável social e ambientalmente. E isso só ira trazer benefícios não apenas para os outros, mas principalmente para si mesma, que será a principal beneficiada. Mas esse propósito precisa sair da mente do empresário para se tornar uma cultura em toda a empresa, esse será o principal ativo da organização e lhe trará grandes resultados financeiros. O que fazer então para que esse propósito deixe de ser um sonho e passe a ser uma realidade? O empresário poderá lançar mão de estratégias de gestão e liderança baseada em valores. Como na prática isso pode acontecer? Abaixo demonstramos graficamente a prática do Modelo de Gestão por Valores:

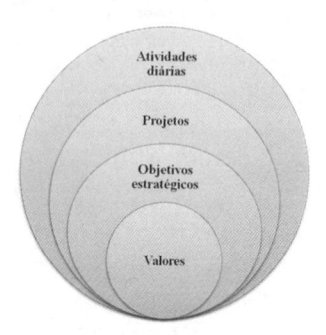

FIGURA 19.4: MODELOS DE GESTÃO POR VALORES.
Fonte: Souza, baseado em Snead & Wycoff, (2012).

FIGURA 19.5: PLANEJAMENTO POR VALORES.
Fonte: Souza, baseado em Snead & Wycoff, (2012).

Segundo Snead & Wycoff,[41] a eficácia organizacional parte do eleição e pacto dos valores a serem vivenciados pelas pessoas na empresa, exemplo: inovação, produtividade, sustentabilidade financeira, proatividade, qualidade etc. Escolhido os valores, então define-se os objetivos estratégicos e os projetos a serem executados para alcançá-los e estes por sua vez serão detalhados em uma planilha de atividades onde poderão conter: O que, quem, como, quando, onde. Nossa sugestão é que haja um monitoramento semanal, quinzenal ou mensal pelo empresário ou pelo gerente das ações acordadas. Migueles (2008), reforça a importancia da Gestão Estratégica por Valores: "Valores hierarquizam as ações e ajudam a estabelecer prioridades, fortalecendo a ética empresarial que conduz a jogos cooperativos." Os jogos cooperativos que ela se refere atitudes e comportamentos coletivos em que todos ganham, ou como ela enfatiza, "jogos ganha-ganha, onde ambos ganham".[42]

Considerações Finais

Da construção da confiabilidade, da confiança, da liderança e gestão eficazes, da Responsabilidade Social depende a existência das Micro e Pequenas Empresas. A história do Bambu Chinês[43] ilustra bem a importância da confiabilidade para que haja a sustentabilidade da confiança: o Bambu Chinês após quatro anos plantado cresce um metro para cima, enquanto isso, cresce quilometricamente para baixo, estendendo as suas raízes. No quinto ano alcança a sua plenitude de vinte e quatro metros. Por que ele levou tanto tempo para crescer? Porque estava firmando a base, o alicerce. Assim, é com o caráter pessoal e organizacional. A construção do caráter confiável inicia-se com o empresário que dá o tom da cultura da confiabilidade, da confiança e da Responsabilidade Social e Ambiental do seu empreendimento.

Sua busca e prática da integridade, da competência, da capacidade e da paixão gerará confiança mútua e levará a empresa e seus *stakeholders* (todos os envolvidos mesmo que alguns não estejam comprometidos) alcançarem e desfrutarem do seu maior patrimônio: uma marca forte e confiável e uma imagem admirável. Nessa marca e imagem estão embutidos todos os elementos de excelência que a conduziram até a esse patamar, redundando em altíssima, crescente e sustentável lucratividade.

Porém, como escreveu, o Marquês de Vauvenargues (França, 1747): "A utilidade da virtude é tão manifesta que os maus a praticam por interesse."[44] A afirmação feita por Vauvenargues permanece. E por qual motivo você e seus colaboradores praticarão a virtude? Nossa sugestão é que seja por um mundo melhor, a começar pelo mundo ao seu entorno. Como disse Georg Eliot: "Afinal, para que estamos aqui, senão para tornar a vida menos difícil uns dos outros?" Sucesso, Saúde e felicidade.

Atividades e Exercícios

1. Discorra sobre o valor da confiabilidade para as PME.
2. Explique o tripé da confiabilidade empresarial.
3. Discorra sobre a responsabilidade social nas PME.

Questões para Debate

1. Por que tantas empresas, de todos os tamanhos, sucumbem ao caminho aparentemente mais fácil da corrupção e da falta de ética?
2. O que falta em nosso país para que organizações de todos os tamanhos mantenham uma postura ética em seus negócios?
3. Sonegar impostos é ilegal, também antiético, mas muitos empresários alegam que os impostos são muito altos e não podem pagar. Essa alegação tem fundamento? Existe desculpa ou justificativa para a ilegalidade e a falta de ética?

Sugestões de pesquisa.

Consulte jornais e revistas atuais e selecione uma notícia sobre uma situação em que uma empresa foi envolvida em uma situação de falta de ética ou de corrupção. Elabore um pequeno relatório sobre o caso e acrescente suas recomendações para que PME se blindem contra situações semelhantes.

Palavras-Chave: ética, integridade, responsabilidade social, confiança, confiabilidade.

REFERÊNCIAS

[1] FERNANDES, Millôr. Memórias. Revista **Veja**. Edição 2263. São Paulo: 04/04/2012.
[2] MIGUELES, Carmem. ZANINI, Marco Tulio. Gestão integrada de ativos intangíveis. Qualitymark/FDC. Rio de Janeiro. 2008.
[3] COVEY, Stephen R. **Liderança baseada em princípio**. 7ª. Reimpressão. Rio de Janeiro: Elsevier, 2002.
[4] ZANINI, Marco Túlio. **Gestão integrada de ativos intangíveis**. Rio de Janeiro: Qualitymark/FDC, 2008.
[5] GOMES, Adriano. **Custos Empresariais**. MBA de Liderança e Gestão Estratégica. São Paulo: Unisa, 2006.
[6] BUZZELL, Sid. **A Bíblia do executivo**: Valdemar Kroker. Tradução Nova Versão Internacional. São Paulo: Vida Nova, 2004.
[7] SÁ, Antonio Lopes de. **Ética Profissional**. 4. ed. São Paulo: Atlas, 2001.
[8] ALMEIDA, João Ferreira de. **A bíblia sagrada**. Antigo e Novo Testamentos. Revista e atualizada no Brasil. 2. ed. Barueri: Sociedade Bíblica do Brasil, 1993.
[9] FRANKLINCOVEY. **A lei da colheita**. DVD – O 8º Hábito – da eficácia para a grandeza. Rio de Janeiro: Campus, 2005.
[10] COVEY, Stephen R. **Os 7 hábitos das pessoas altamente eficazes**. Lições poderosas para uma transformação pessoal. 29. ed. Rio de Janeiro: Best Seller, FranklinCovey, 2004.
[11] RAMPERSAD, Hubert K. **Balanced scorecard pessoal**: o caminho para a felicidade individual, integridade pessoal e eficácia organizacional. Tradução: Celso Roberto Paschoal. Rio de Janeiro: Qualitymark, 2010.
[12] http://radioglobo.globoradio.globo.com/noticias/2012/04/13/INSTA-LACAO-ERRADA-MATA-PESSOAS.htm.
[13] FLEURY, Afonso. FLEURY, Maria Tereza Leme. **Estratégias empresariais e formação de competências:** um quebracabeça caleidoscópio da indústria brasileira. 2. ed. São Paulo: Atlas, 2001.
[14] SÁ, Antonio Lopes de. **Ética profissional**. 4. ed. São Paulo: Atlas, 2001.
[15] CASTRO, Claudio de Moura. **O profissionalismo como religião**. Revista Veja. Edição 2219. São Paulo: Editora Abril, 1º/06/2012.

¹⁶PETER, Laurence; HULL, Raymond. **O princípio de Peter**. A estranha mania de se promover funcionários até que se tornem incompetentes. Rio de Janeiro: Campos, 2003.
¹⁷DALTRO, Ana Luiza; OYAMA, Érico. **A lição dos vencedores**. Veja, Edição 2245, 30/11/2011.
¹⁸SENGE, Peter M.; KLEINER, Art.; ROBERTS, Charlotte; ROSS, Richard B; SMITH, Bryam J. **A quinta disciplina:** caderno de campo: estratégias e ferramentas para construir uma organização que aprende. Tradução: Antonio Roberto Maia da Silva. Rio de Janeiro: Qualitymark, 1995.
¹⁹KIM, W. Chan; MAUBORGNE, Renée. **A estratégia do oceano azul**. Como criar novos mercados e tornar a concorrência irrelevante. 19. ed. Rio de Janeiro: Campus, 2005.
²⁰RAMPERSAD, Hubert K. **Balanced scorecard pessoal**: o caminho para a felicidade individual, integridade pessoal e eficácia organizacional. Tradução: Celso Roberto Paschoal. Rio de Janeiro: Qualitymark, 2010.
²¹http://pt.wikipedia.org/wiki/Responsabilidade_social. Acessada em 19/04/2012.
²²WAGNER, Glenn. Igreja S/A. **Dando adeus à igreja-empresa**, recuperando o sentido da Igreja-rebanho. São Paulo: Vida, 2003.
²³, ²⁴, ²⁵MORGAN, Gareth. **Imagens da organização**. São Paulo: Atlas, 1996.
²⁶FranklinCovey. **Apostila versão 3.0**: Os sete hábitos das pessoas altamente eficazes. Programa Clássico. São Paulo: 2005.
²⁷SENNETT, Richard. **A corrosão do caráter** – consequências pessoais do trabalho no novo capitalismo. Rio de Janeiro: Record, 2003.
²⁸http://pt.wikipedia.org/wiki/Eu_Tenho_um_Sonho. Acessado em 25/04/2012.
²⁹SÁ, Antonio Lopes de. **Ética profissional**. 4. ed. São Paulo: Atlas, 2001.
³⁰HANDY, Charles. Para que serve uma empresa? In: **Ética e responsabilidade social nas empresas**. Harvard Business Review. Tradução: Afonso Celso da Cunha Serra. Rio de Janeiro: Elsevier, 2005.
³¹BADARACCO, Jr. Joseph L. Não precisamos de outro herói. In: **Ética e responsabilidade social nas empresas**. Harvard Business Review. Tradução: Afonso Celso da Cunha Serra. Rio de Janeiro: Elsevier, 2005.
³²_____. Não precisamos de outro herói. In: **Ética e responsabilidade social nas empresas**. Harvard Business Review. Tradução: Afonso Celso da Cunha Serra. Rio de Janeiro: Elsevier, 2005.
³³NOLAN, Christopher (Diretor). **Batman Begins**. DC Comics. Reino Unido/EUA, 2005.

[34] FERNANDES, Millôr. Memórias. Revista **Veja**. Edição 2263. São Paulo. 04/04/2012.
[35] SÁ, Antonio Lopes de. **Ética profissional**. 4. ed. São Paulo: Atlas, 2001.
[36] JACOMINO, Dalen. Você é um profissional ético? Revista **Você SA**. Editora Abril. 25/07/2000.
[37] http://pt.wikipedia.org/wiki/Responsabilidade_social. Acessada em 19/04/2012.
[38] SÁ, Antonio Lopes de. **Ética profissional**. 4. ed. São Paulo: Atlas, 2001.
[39] GOMES, Adriano; MORETTI, Sérgio. **A responsabilidade e o social**: uma discussão sobre o papel das empresas. São Paulo: Saraiva, 2007.
[40] HANDY, Charles. Para que serve uma empresa? In: **Ética e responsabilidade social nas empresas**. Harvard Business Review. Tradução: Afonso Celso da Cunha Serra. Rio de Janeiro: Elsevier, 2005.
[41] SNEAD, Lyanne; WYCOFF, Joyce. **Execução eficaz** – comece e conclua com sucesso seus projetos pessoais e profissionais. Rio de Janeiro: Elsevier/FranklinCovey, 2005.
[42] MIGUELES, Carmem; ZANINI, Marco Tulio (Org.). **Gestão integrada de ativos intangíveis**. Rio de Janeiro: Qualitymark/FDC, 2008.
[43] COVEY, Sean. **Os 7 hábitos dos adolescentes altamente eficazes**. Rio de Janeiro: Best Seller, 2005.
[44] SÁ, Antonio Lopes de. **Ética profissional**. 4. ed. São Paulo: Atlas, 2001.

Inovação e Mudança

CRISOMAR LOBO DE SOUZA

A inovação é o instrumento específico dos empreendedores, o meio pelo qual eles exploram a mudança como uma oportunidade para um negócio diferente ou um serviço diferente. Ela pode ser apresentada como uma disciplina, ser apreendida e ser praticada. Os empreendedores precisam buscar, com um propósito deliberado, as fontes de inovação, as mudanças e seus sintomas que indicam oportunidades para que uma inovação tenha êxito. E os empreendedores precisam conhecer e pôr em prática os princípios da inovação bem sucedida.
Peter Drucker (2005, p. 25)[1].

INTRODUÇÃO

Ao decidir começar um negócio o empreendedor espera criar uma empresa de sucesso. Inicialmente o empreendedor estará envolvido com o planejamento, implantação e administração do negócio. À medida que a empresa cresce novos desafios irão surgir. Uma das preocupações é em aumentar o *market share*, isto significa conquistar novos clientes. Surge então um novo desafio: como crescer de maneira sustentável para atender aos desejos dos consumidores?

Para as micros e pequenas empresas (MPEs) serem competitivas no mercado elas necessitam, de alguma forma, agregar valor aos seus produtos ou serviços. A inovação pode estar por trás de um produto, processo, mudanças organizacionais ou novas práticas de marketing que agregaram valor. Em um debate realizado no evento *World Trade Center*

---

[1] DRUCKER, P. F. Inovação e espírito empreendedor (entrepreneurship): prática e princípios. São Paulo: Pioneira Thomson Learning, 2005.

Association General Assembly 2011 em outubro, o diretor superintendente do Sebrae afirmou que as MPEs inovadoras conseguem dobrar o faturamento em relação as que não investem em inovação.

Alguns pequenos empresários e empreendedores acham que para praticar a inovação necessitam de altos investimentos ou que é necessário emprego de novas tecnologias. Na verdade a inovação é um processo de criar valor para o negócio, através de ideias novas que serão implementadas, sendo que estas ideias podem ser desde algo simples como uma mudança de configuração de uma máquina para obter mais ganho de produção ou mesmo na mudança da forma de atender aos clientes. Portanto, é possível ter inovações geradas de uma ideia com baixos investimentos e sem novas tecnologias, o qual trará resultados e sustentabilidade para os negócios.

Este capítulo pretende ajudá-lo a descobrir como através de uma estratégia de inovação se pode criar produtos, serviços ou novos processos que possibilitem as MPEs serem competitivas no mercado.

1 INOVAÇÃO

Um dos primeiros autores a escrever sobre a inovação foi Joseph Schumpeter. Para este autor a inovação era usada pelas empresas para obter vantagens estratégicas. Entretanto, estas vantagens poderiam ser copiadas por outras empresas forçando-as a buscarem sempre algo novo, repetindo-se assim o ciclo de inovação. A este processo de renovação da inovação Shumpeter denominou de "destruição criativa". Para o autor o empreendedor constituía um fator essencial para as mudanças da economia através da introdução e ampliação da inovação (Schumpeter, 1982).

Outras definições sobre inovação surgiram mais tarde. Dosi (1988) afirmou que a inovação está relacionada à descoberta, à experimentação, ao desenvolvimento, à imitação e à adoção de novos produtos, novos processos de produção e novos arranjos organizacionais. Clark e Wheelwright (1993), consideraram que uma inovação tecnológica poderia ser considerada uma inovação apenas para a empresa, e não precisaria ser necessariamente uma novidade para o mercado. Já Utterback e Affuah (1995) afirmaram que a incerteza da inovação é tanto maior quanto é seu grau de inovação o que provocaria uma diferenciação na condição da empresa. Essa incerteza provocaria a modificação de forma adaptativa ou radical em um produto ou serviço, criando um valor que poderia ser sustentado e que poderia fazê-la obter vantagem competitiva. Para Tidd, Bessant e Pavitt (2008) inovação era algo novo que agregasse valor social e riqueza. Deveriam ser novidades que gerassem um ganho para quem as pusesse em prática, ou seja, que gerasse lucro. O Manual de OSLO que é parte de uma série de publicações da instituição intergovernamental Organização para Cooperação Econômica e Desenvolvimento (OCDE) define inovação como:

> Uma **inovação** é a implementação de um produto (bem ou serviço) novo ou significativamente melhorado, ou um processo, ou um novo método de marketing, ou um novo método organizacional nas práticas de negócios, na organização do local de trabalho ou nas relações externas (MANUAL DE OSLO, 2006, p. 55).

Outros autores de grande influência como Peter Drucker e Clayton também contribuíram para a definição de inovação. Peter Drucker (1986), afirmou que quando um produto ou serviço diferente proporcionava uma satisfação ao cliente era uma inovação. Assim associava a inovação à geração de valor. Clayton Christensen tinha uma visão semelhante à de Peter Drucker em relação aos clientes. Para ele as empresas deveriam ouvir seus clientes, romper com as formas tradicionais de fazer negócios e adotar inovações disruptivas. Para o autor inovação disruptiva é a transformação de recursos em produtos e serviços de grande valor agregado, provocando grandes mudanças no mercado. A Kodak (EXAME, 2008) enfrenta dificuldades para se reposicionar no mercado por que deu pouca importância para as câmeras digitais, em um momento em que estava havendo uma ruptura das câmeras de filme para as digitais.

1. 1 Invenção e Inovação

O termo invenção e inovação são frequentemente confundidos como um mesmo entendimento. A invenção é definida como geração de novas ideias, é o resultado de uma ação onde será criado algo novo para atender uma finalidade específica ou inexistente. Entretanto, nem sempre uma invenção se torna uma inovação. A inovação é a oportunidade de colocar em prática de uso o desenvolvimento dessas ideias. Porém, para que seja colocado em prática, é necessário que haja uma disseminação dessa inovação para o mercado potencial e este processo de disseminação é conhecido como difusão. Portanto, o processo da inovação pode ser definido em fases como na Figura 20.1, em que há o processo inicial de criação de ideias, seguido da invenção, que se transforma em inovação, para então ser difundida no mercado. Por isso, a invenção só é considerada inovação quando esta é incorporada em um produto ou serviço e introduzida no mercado.

Exemplificando o exposto anteriormente, imagine que você frequentemente entre no *Facebook*, depois de muitas navegações você acha que este site de relacionamento é entediante e resolve pensar em iniciar um novo site de relacionamento. Depois de algumas ideias e conversas com outras pessoas você desenvolve um novo site onde não tem nada haver com o *Facebook*. Você acha que seu site é um sucesso e resolve colocar na internet, passam-se dias, anos e somente umas poucas pessoas acessaram. Seu site partiu de uma ideia nova? Ele foi desenvolvido, criado? Sim, portanto ele é uma invenção. Seu site foi disseminado? Obteve retorno financeiro? Você até poderia ter gasto muito dinheiro para divulgá-lo, mas o fato de somente algumas pessoas aderirem e não ter tido retorno financeiro, não o classifica como inovação. Por isso, a inovação antes de ser aplicada pelo empreendedor deve ser compreendida para então desenvolvê-la. Portanto, uma invenção nem sempre se transforma em inovação, nem sempre uma inovação tem a garantia de retorno.

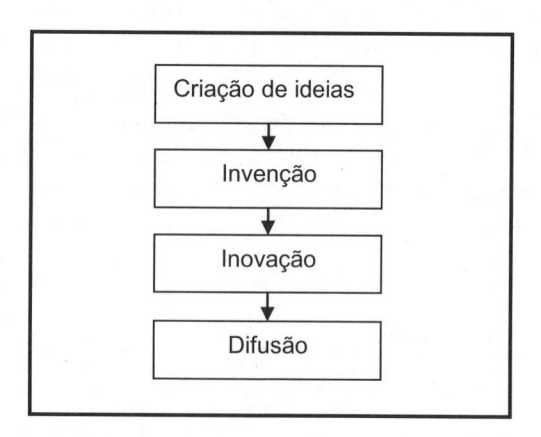

```
┌─────────────────────┐
│  Criação de ideias  │
└──────────┬──────────┘
           ▼
┌─────────────────────┐
│      Invenção       │
└──────────┬──────────┘
           ▼
┌─────────────────────┐
│      Inovação       │
└──────────┬──────────┘
           ▼
┌─────────────────────┐
│       Difusão       │
└─────────────────────┘
```

FIGURA 20.1: FASES DE UM PROCESSO DE INOVAÇÃO
Fonte: Elaborado pelo autor.

1.2 Tipos de Inovação

As inovações desenvolvidas pelas empresas têm como finalidade aumentar seus lucros e tem como alvos os consumidores que são influenciados a desejarem novidades ou produtos diferentes dos que estavam habituados. Neste contexto Schumpeter desenvolveu cinco casos:

1- o desenvolvimento de um novo produto ou uma nova implementação de características no produto existente que o diferenciam do primeiro;
2- a introdução de um novo processo, seja ele de produção, comercial ou outros;
3- a exploração de um novo mercado em que o setor não esteja presente ainda, seja este mercado com potencial já existente ou criando este potencial;
4- a busca de novas fontes de matérias-primas ou semifaturados, podendo essas fontes ser criadas caso elas não existissem ainda; e
5 - o desenvolvimento de novas áreas ou reorganização destas.

Com base na definição de inovação desenvolvida por Schumpeter, diversas variações surgiram configurando um amplo conjunto de inovações possíveis. Uma inovação pode ser categorizada por mais de um tipo de inovação, pode-se ter uma inovação de produto e de marketing por exemplo, uma empresa tradicional de varejo que ainda não esteja na internet pode criar um novo produto e decidir vender este produto pela internet, o que pela definição do Manual de Oslo uma inovação deve ser nova para a empresa (ou significativamente modificada) e disseminada no mercado.

Para o estudo deste livro as definições que iremos adotar é a do *Manual de Oslo* por ser uma das definições mais usadas para pesquisa e por ser um manual que tem a proposta de ajudar a mensurar as inovações nas organizações. Assim, as inovações podem ser divididas em quatro tipos:

a) inovação de produto é a introdução de um bem ou serviço novo ou significativamente melhorado no que diz respeito a suas características funcionais ou facilidades de usos;

b) inovação de processo é a implementação de um método de produção ou distribuição novo ou significativamente melhorado, visando reduzir custo de produção ou distribuição e melhorar a qualidade ou que sejam significativamente melhorados;

c) inovação de marketing é a implementação de um novo método de marketing com mudanças significativas na criação e posicionamento do mix de marketing[2]. Tem como objetivo

---

2 Mix marketing são os 4Ps do marketing: produto, preço, promoção e distribuição (distribuição,

atender as necessidades dos consumidores, aumentar o *marketing Share*, reposicionar seus produtos ou marca e aumentar as vendas;

d) inovações organizacionais é a implementação de um novo método organizacional nas práticas de negócios da empresa, ou com suas relações externas. Visam à melhoria do desempenho de uma empresa por meio da redução de custos administrativos.

As inovações também são classificadas como inovação radical e inovação incremental. As inovações radicais produzem rupturas mais intensas, pode ser um novo produto, processo, a reorganização da empresa ou novas formas de distribuição. Geralmente este tipo de inovação rompe com os padrões estruturais existentes ocasionando o surgimento de novas indústrias, setores e mercados. Algumas invenções foram consideradas inovadoras radicais porque tiveram grande impacto na economia mundial e sociedade, como, por exemplo, a invenção da imprensa por Gutenberg e também a máquina a vapor que muito contribuiu para a revolução industrial. A inovação radical também significa redução de custo sem a perda da qualidade, mas sim o aumento desta em produtos já existentes. A Dell Computers através da reconfiguração da sua cadeia de suprimentos quando permitiu que seus clientes através de compra pela internet montassem o seu equipamento de acordo com suas necessidades e respondendo quase que imediato aos pedidos. Em doze anos a empresa saiu de uma situação de empresa de fundo de quintal para uma empresa com faturamento de doze bilhões de dólares. As inovações incrementais dão continuidade ao processo de mudança na empresa, geralmente é uma melhoria significativa de produto ou processo existente sem grandes ou nenhuma alteração de sua estrutura industrial ou organizacional. Nem sempre as inovações incrementais são percebidas pelo consumidor. Algumas são inovações que terão como consequência o aumento da produtividade através de redução de custos, aumento de qualidade ou mudanças que permitirão aplicações de otimização de processos de produção. A Havaianas conseguiu uma inovação radical quando redesenhou e reposicionou as suas sandálias no mercado. O lançamento de novos modelos com *desing* diferente são inovações incrementais, pois mantém as mesmas funções básicas da sandália. Tidd, Bessant e Pavitt (2008) também são enfáticos em afirmar que existem diferentes graus de novidades, conforme mostra a Figura 20.2. Para es-

---

lugar: tradução do inglês place).

tes autores essas mudanças são comuns em alguns setores ou atividades, mas outras conseguem mudar a própria base da sociedade quando são tão radicais, como no caso da Revolução Industrial. Essas mudanças podem ocorrer no nível mais baixo do sistema, nível de componente, como no caso das empresas, que são as mudanças internas em setores e atividades, ou em um nível de sistema mais complexo, como o mercado e a sociedade.

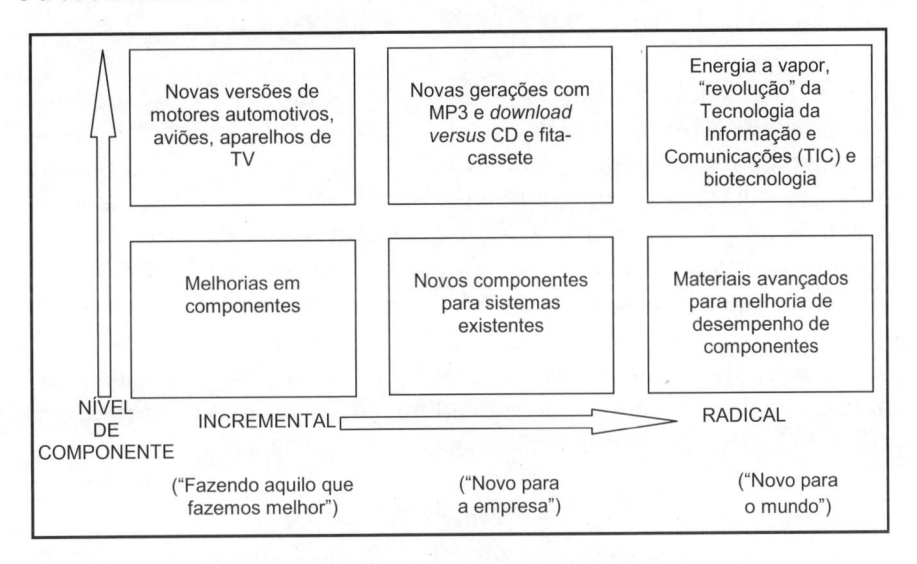

NÍVEL DE COMPONENTE			
	Novas versões de motores automotivos, aviões, aparelhos de TV	Novas gerações com MP3 e *download* *versus* CD e fita-cassete	Energia a vapor, "revolução" da Tecnologia da Informação e Comunicações (TIC) e biotecnologia
	Melhorias em componentes	Novos componentes para sistemas existentes	Materiais avançados para melhoria de desempenho de componentes
	INCREMENTAL ⟶		RADICAL
	("Fazendo aquilo que fazemos melhor")	("Novo para a empresa")	("Novo para o mundo")

FIGURA 20.2: DIMENSÕES DA INOVAÇÃO.
Fonte: Tidd; Bessant e Pavitt (2008, p. 32).

1.3 Inovação e Vantagem Competitiva[3]

Descobrir qual tipo de inovação não é tão importante quanto identificar como as inovações contribuem para a conquista e a sustentação da vantagem competitiva. Em mercados cujo ciclo de vida do produto é reduzido, a inovação é essencial, pois assegura a sobrevivência da empresa por meio do atendimento das necessidades emergentes dos mercados. Para Tidd, Bessant e Pavitt (2008), a inovação é um processo-chave do negócio da empresa, associado com a renovação e a evolução do negócio. Percebe-se uma correlação entre o desempenho mercadológico e a inserção de novos produtos. Para Treacy e Wieserma (1995) a estratégia de liderança em produto, é suportada pela inovação de produto

---

3 **Vantagem competitiva** é uma vantagem que uma empresa tem em relação aos seus concorrentes, geralmente demonstrada pelo desempenho econômico sistematicamente superior ao dos demais.

cuja competitividade das empresas baseia-se no fornecimento constante de novas ofertas para clientes. Teigland, Fey e Birkinshaw (2000) consideram que a capacidade de criar vantagem competitiva por meio da introdução de inovações tecnológicas deve fazer parte da estratégia da empresa para obter sucesso.

2. O Cenário Brasileiro das MPEs e a Inovação

Uma pesquisa realizada em 2008 com 4.200 MPEs (1/3 indústria, 1/3 comércio e 1/3 serviços) pelo Sebrae para avaliar a questão da inovação e da competitividade no universo das micro e pequenas empresas (MPEs) brasileiras, identificou que das 4200 MPEs brasileiras, gráfico 1, 47% inovam sendo que destas 43% são inovadoras e 4% são muito inovadoras, o restante 53% não fazem nenhum tipo de inovação. Destas, 17% inovaram em marketing, 24% inovaram e produto ou serviço novos e 25% inovaram em processos, Gráfico 20.2. Outro dado, também interessante, mostra que as médias e pequenas empresas brasileiras mais inovadoras em relação as não inovadoras investem muito mais no processo de inovação e por isso são mais competitivas, Gráfico 20.3.

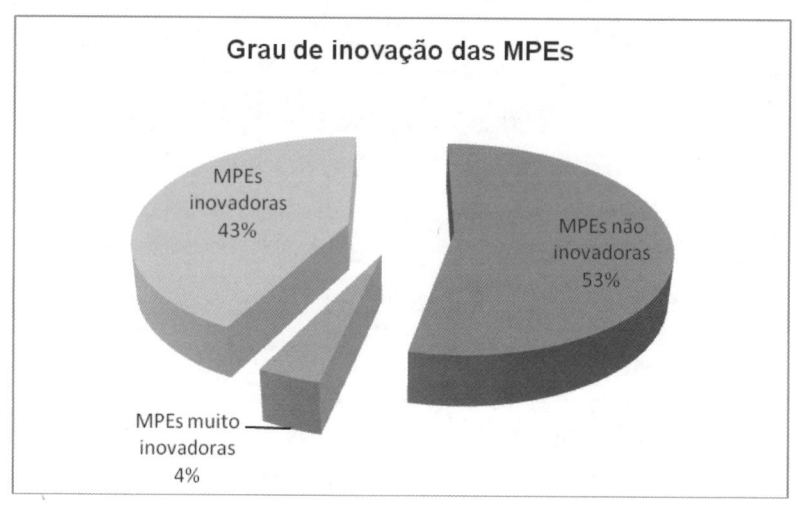

Gráfico 20.1: Grau de inovação das MPEs.
Fonte: Sebrae (2012).

Ainda é baixa a taxa de inovação nas MPEs brasileiras se considerarmos que muitas vezes, para inovar, o empreendedor não precisa de muitos recursos, só precisa ter boas ideias. Comparada com as grandes empresas, a MPEs levam desvantagem na inovação em relação ao conhecimento técnico, a quantia de investimento em P&D, dificuldade em obter uma linha de crédito, estrutura e pessoas adequadas.

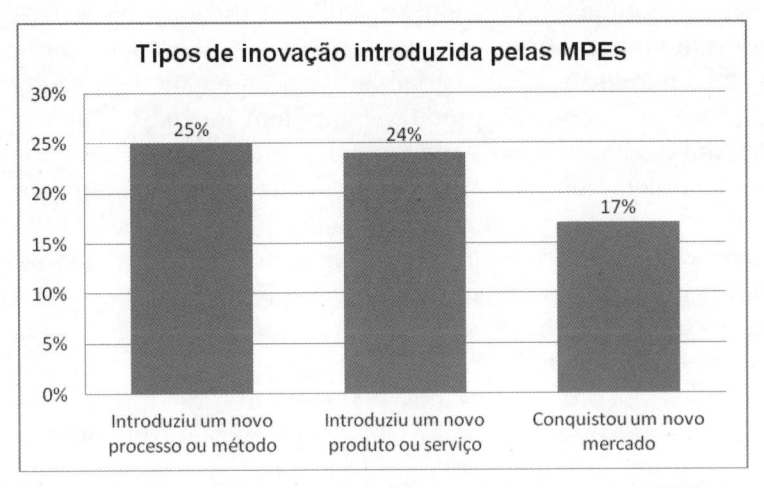

GRÁFICO 20.2: TIPOS DE INOVAÇÃO INTRODUZIDA PELAS MPES.
Fonte: Sebrae (2012).

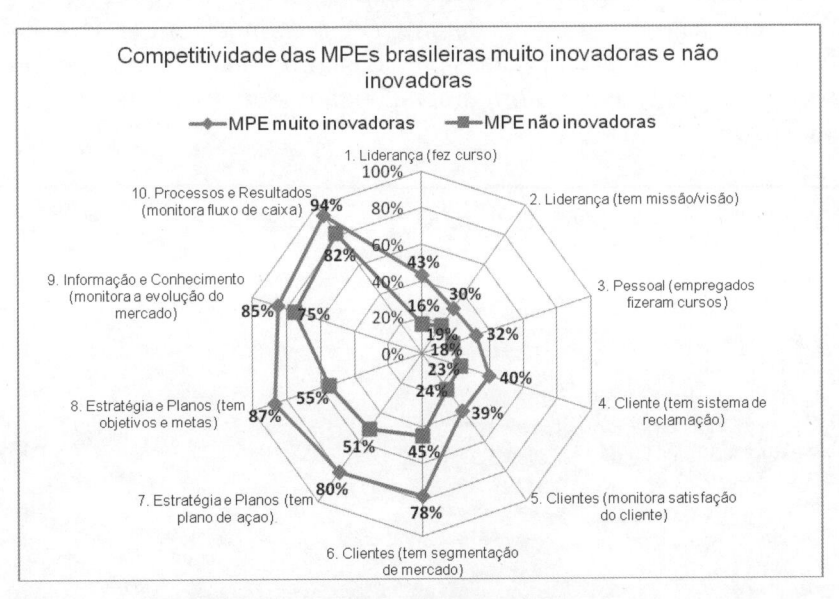

GRÁFICO 20.3: COMPETITIVIDADE DAS MPES BRASILEIRAS MUITO INOVADORAS E NÃO INOVADORAS
Fonte: Sebrae (2012).

Entretanto, a MPEs possuem vantagens em relação às grandes empresas para inovar, pois são flexíveis, sua estrutura é formada com pouca hierarquia, sem muitas regras rígidas e são mais abertas a mudanças. Sua maior flexibilidade e produção de baixa escala permitem atender clientes que necessitam de produtos em menor quantidade o que facilita o atendimento imediato às demandas do mercado. A facilidade de adaptação e alterações de produtos permitem ter mais agilidade para acompanhar as mudanças de mercado e de seus clientes, além de favorecer um ambiente propício à inovação. Torna-se mais fácil para médias e pequenas empresas eliminar desperdícios, reduzir atividades que não agreguem valor ao cliente e resultados financeiros. Deste modo estarão realizando inovações no seu processo produtivo. Os Gráficos 20.4, 20.5 e 20.6 mostram como as médias e pequenas empresas brasileiras conseguiram inovar com pouco investimento.

Estudos encomendados pelo Sebrae mostram que as empresas consideradas inovadoras crescem 20% mais do que as concorrentes, e que as empresas percebem, em relação às não inovadoras, um aumento no volume de produção, aumento de faturamento e produtividade por funcionário. Outro estudo da Associação Nacional das Empresas Inovadoras (Anpei) concluiu que 70% das MPE reconheciam que inovar era uma das formas mais importantes para concorrer no mercado. Portanto, quem inova mais, tem maior competitividade e melhores resultados financeiros.

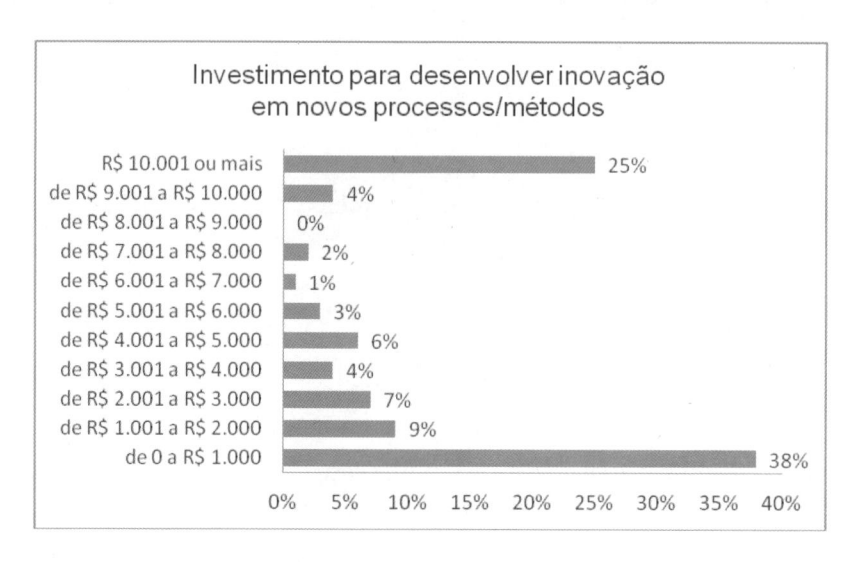

Investimento para desenvolver inovação em novos processos/métodos

Faixa	%
R$ 10.001 ou mais	25%
de R$ 9.001 a R$ 10.000	4%
de R$ 8.001 a R$ 9.000	0%
de R$ 7.001 a R$ 8.000	2%
de R$ 6.001 a R$ 7.000	1%
de R$ 5.001 a R$ 6.000	3%
de R$ 4.001 a R$ 5.000	6%
de R$ 3.001 a R$ 4.000	4%
de R$ 2.001 a R$ 3.000	7%
de R$ 1.001 a R$ 2.000	9%
de 0 a R$ 1.000	38%

GRÁFICO 20.4: INVESTIMENTO PARA DESENVOLVER INOVAÇÃO EM PROCESSOS
Fonte: Sebrae (2012).

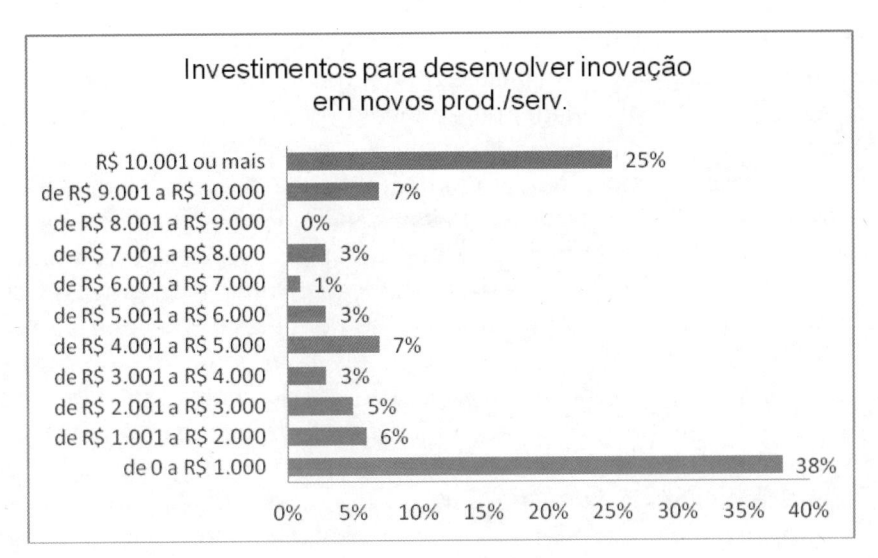

Investimentos para desenvolver inovação em novos prod./serv.

Faixa	%
R$ 10.001 ou mais	25%
de R$ 9.001 a R$ 10.000	7%
de R$ 8.001 a R$ 9.000	0%
de R$ 7.001 a R$ 8.000	3%
de R$ 6.001 a R$ 7.000	1%
de R$ 5.001 a R$ 6.000	3%
de R$ 4.001 a R$ 5.000	7%
de R$ 3.001 a R$ 4.000	3%
de R$ 2.001 a R$ 3.000	5%
de R$ 1.001 a R$ 2.000	6%
de 0 a R$ 1.000	38%

GRÁFICO 20.5: INVESTIMENTO PARA DESENVOLVER INOVAÇÃO EM NOVOS PRODUTOS.
Fonte: Sebrae (2012).

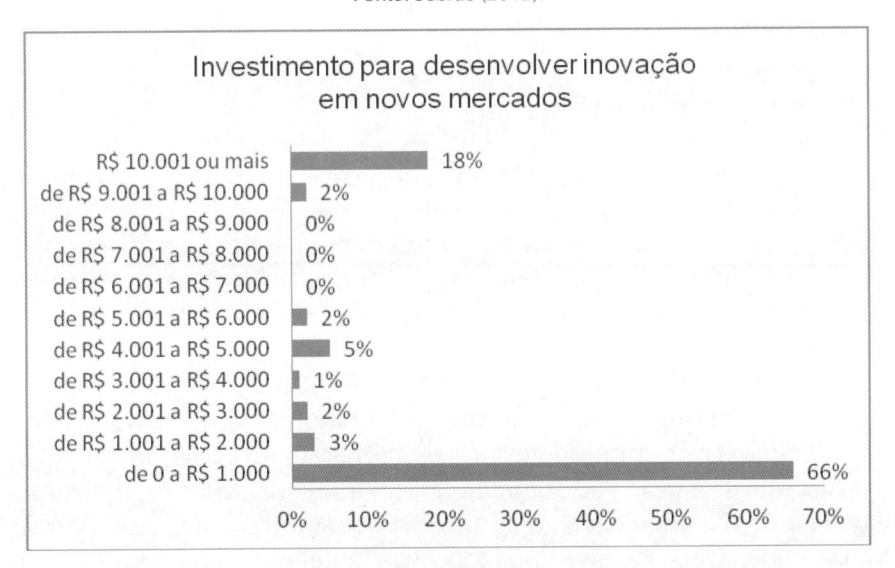

Investimento para desenvolver inovação em novos mercados

Faixa	%
R$ 10.001 ou mais	18%
de R$ 9.001 a R$ 10.000	2%
de R$ 8.001 a R$ 9.000	0%
de R$ 7.001 a R$ 8.000	0%
de R$ 6.001 a R$ 7.000	0%
de R$ 5.001 a R$ 6.000	2%
de R$ 4.001 a R$ 5.000	5%
de R$ 3.001 a R$ 4.000	1%
de R$ 2.001 a R$ 3.000	2%
de R$ 1.001 a R$ 2.000	3%
de 0 a R$ 1.000	66%

GRÁFICO 20.6: INVESTIMENTO PARA DESENVOLVER INOVAÇÃO EM NOVOS MERCADOS.
Fonte: Sebrae (2012).

3. DECIDINDO INOVAR NAS MPES

Mesmo as empresas que já inovam, precisam continuar sempre inovando para crescer ou manter-se no mercado. Por isso elas buscam com a inovação aumentar o seu desempenho através do aumento da demanda criando novos mercados ou diferenciando-se dos concorrentes, aumentando a qualidade, o que lhes proporcionará uma vantagem competitiva com uma margem mais elevada que seus concorrentes.

As empresas movem a economia mudando e criando novos mercados. Na maioria dos casos por trás das MPEs, está a figura do empreendedor, este considerado agente de mudanças, pois ele é responsável pela criação ou mudanças destes mercados através do processo de inovação. É fato que para inovar é preciso de ideias novas, mas não se concretizará como inovação se não houver uma cultura voltada para a inovação, que seja incentivada e adotada pelos dirigentes e funcionários da empresa. Para que se crie um ambiente motivacional para a inovação devem ocorrer mudanças comportamentais em todas as áreas e todos os níveis, e implementada uma nova filosofia de trabalho, alinhada aos valores organizacionais. Entretanto nem todos explorarão a oportunidade da mesma forma, pois, em uma organização, que é formada por pessoas, possuem diferenças individuais que influenciarão na exploração de uma oportunidade.

Embora a figura do empreendedor seja muito importante para o processo de inovação, a empresa deve considerar cada funcionário muito importante valorizando-o pelo seu potencial e a forma como ele contribui para o ambiente inovativo, agregando desta forma um compromisso de longo prazo para ter um ambiente de estabilidade e lealdade. Além das pessoas que trabalham na organização, as empresas devem também considerar o meio externo à organização onde são também encontradas as fontes de diferentes tipos de informações e conhecimentos ligados ao processo de geração e difusão de inovações.

Estabelecido um clima de inovação dentro da empresa, o passo seguinte é determinar para qual direção a empresa deve inovar. A empresa pode inovar em produto, processo, marketing ou organizacional. Para as MPEs, inovar não significa necessariamente criar produtos que envolvam um grande dispêndio inicial, o que o tornam inviáveis para as MPEs. Pode-se inovar questionando quais as necessidades dos clientes internos e externos. Uma inovação para uma necessidade interna da empresa poderá ter reflexo no resultado. As inovações em processos ou organizacionais podem ser discutidas visando pontos de melhorias, reorganização ou novos processos a serem implementados de acordo com as necessidades internas, As inovações em processos geralmente trás um ganho por meio da redução de custos obtendo uma vantagem competitiva devido ao aumento das margens em relação aos preços. Com relação às necessidades dos clientes externos, as MPEs podem discutir sobre quais reais benefícios os clientes desejam dos produtos ou serviços. Há produtos com características em que o cliente dificilmente usaria e, portanto não é considerado um benefício, logo esta característica pode ser eliminada e consequentemente baixar o custo do produto ou serviço. Uma pequena mudança ou implementação no produto, ou mesmo na embalagem pode provocar uma mudança favorável no comportamento de compra do consumidor em relação ao produto. Assim a inovação pode agregar mais valor aos seus produtos e processos não só conferida ao desenvolvimento de novos produtos, mas também a novos modelos de negócio e relacionamentos com o mercado.

4 Planejando a Inovação

Em um processo de inovação cada empresa tem suas particularidades, porém as variações e o padrão subjacentes das etapas de inovação permanecem constantes. O processo de inovação (TIDD; BESSANT; PAVITT, 1997) tem evoluído de uma visão estritamente sequencial para uma abordagem mais interativa. A capacidade de inovação consiste em um conjunto de fatores e nos modos de combiná-los de maneira eficiente. Entretanto, de acordo com Rosemberg (1994) a característica essencial da inovação é ser uma atividade envolvida em incerteza, o que significa uma inabilidade de prever o resultado do processo de prospecção ou de determinar o melhor caminho para uma meta particular o que implica em limitações para seu planejamento. Fatores gerenciais organizacionais e tecnológicos, segundo Rothwell (1992; 1994), foram identificados como tendo contribuído para maior velocidade e eficiência na inovação. Portanto, os fatores gerenciais organizacionais nas MPES propiciam um ambiente mais favorável para a geração e introdução de inovações, uma vez que não tem regras rígidas, possui pouca hierarquia, são flexíveis e mais propensas às mudanças.

Após tomar consciência da importância da inovação para a competitividade da sua empresa, o próximo passo para o empresário da MPE é o planejamento. Portanto, nesta primeira fase inicial do planejamento as pessoas envolvidas no processo de inovação devem em primeiro lugar compreender os conceitos relativos à inovação, seus tipos e etapas do processo de inovação. No planejamento devem ficar claro os objetivos, recursos, tempos e indicadores para acompanhar cada etapa do processo de inovação. Importante ainda nesta fase, escolher um responsável pela gestão de todo o processo da inovação. Este gestor poderá ser definido para um determinado projeto de inovação ou para todos os projetos de inovação da empresa. O mais importante é que se tenha um responsável pela inovação. Após o planejamento e a escolha do gestor, passa-se para a etapa de estímulo à inovação no ambiente da empresa. É nesta etapa que a inovação deve ser difundida. A fase seguinte é a implementação da estratégia definida no planejamento. Esta fase inicia com a criação que é a etapa de elaboração, coleta e discussão das ideias. O processo de implementação passa por várias etapas até chegar à inovação propriamente dita, quando se dá a difusão da mesma.

Durante todo o processo é necessário uma constante monitoração através de indicadores que servirão como parâmetros para uma tomada de decisão. Também a capacitação dos funcionários é considerada um recurso-chave de uma empresa inovadora, pois é através da capacitação de funcionários que se melhora o desempenho da empresa e consequentemente aumenta a capacidade de inovação das empresas que estão inseridas no processo inovativo. Sem trabalhadores capacitados, a empresa não conseguirá dominar ou inserir-se às mudanças dos processos ou novas tecnologias e, muito menos, inovar. Portanto, indentificou-se alguns fatores importantes na MPE para o sucesso de inovações, que são:

1. planejamento (visão de futuro, objetivos, metas e ações);
2. comunicação interna efetiva;
3. integração de todas as áreas da empresa;
4. criar um ambiente de cooperação e participação dos funcionários e direção;
5. controle de todas as etapas da inovação;
6. compromisso por parte dos executivos com o desenvolvimento de inovações;
7. direção aberta a novas ideias;
8. estrutura organizacional dinâmica e flexível; e
9. redes de cooperação externa (universidade, governo e entidades de fomento a inovação);
10. envolvimento dos clientes atuais e potenciais no processo de inovação.

Na inovação é importante criar e gerenciar um processo de inovação, bem como estimular a cultura da inovação e o espírito criativo das pessoas. Mas como iniciar este processo de inovação? Para responder esta questão é preciso criar uma estrutura que realmente pense sobre a inovação. As seguintes sete questões ajudam a empresa a estruturar-se para a inovação.

Por que inovar?
Onde inovar?

O quê inovar?
Como inovar?
Quem deve participar do processo de inovação?
Quando inovar?
Quanto custará inovar?

Estas perguntas servirão de base para criação de uma estrutura geral para a inovação. As questões são simples, porém as respostas não aparecem de imediato, é preciso discuti-las para se chegar a um ponto final.

Por que inovar? Esta questão muito simples nos leva a examinar a natureza estratégica da inovação. Sabemos que a inovação é uma necessidade estratégica porque o objetivo da inovação é garantir que a empresa sobreviva, e a evidência mostra que qualquer organização que não inova, provavelmente, não vai ficar no negócio. Daí, o seu processo de inovação deve ser alinhado com o estratégia da organização, portanto, a inovação será um fator chave para uma empresa ser competitiva e manter-se no negócio.

A questão: onde inovar? Constitui para o empreendedor a analise de sua empresa e mercado. A verificação de onde a sua empresa possui pontos que necessitam de melhorias substanciais, internos da empresa ou externo para seus clientes, de forma que se transformem em uma vantagem competitiva para empresa. Uma boa técnica é a identificação de problemas e sua classificação em prioridades na qual realmente fazem diferença para a empresa na busca de resultados.

Quando perguntamos: o que inovar? Reconhecemos que a natureza imprevisível de mudança obriga-nos a preparar opções de inovação para uma ampla gama de possíveis futuros. Essas opções constituem o que se pode chamar de "carteira de investimentos". Como acontece com qualquer carteira, alguns projetos terão sucesso, enquanto outros não. A disparidade entre o sucesso e o fracasso dependerá muito de como esta carteira é criada e gerenciada. Daí, a importância do gerenciamento e controle da inovação. Mas, o que inovar? É muito melhor desenvolver uma carteira de inovações em processo que podem ser trazidas para a mudança na empresa, ou para responder a mudanças introduzida por outros. Antes de saber o que inovar, é preciso perguntar onde inovar, pois conhecendo as necessidades da empresa e do mercado, mais fácil será a definição do que inovar.

Como inovar? Ideias são as sementes de inovação, mas requerem preparação para garantir que se tenha boas ideias. O processo da inovação começa pela estratégia, este deve ser conduzido pela intenção estratégica. A relação entre estratégia e inovação em detalhe, começa com o objetivo de criar vantagem estratégica, e pensar como a inovação vai agregar valor à estratégica da empresa. É o primeiro passo no processo de inovação, através da tradução da estratégia em um conjunto de intenções e expectativas específicas. O segundo passo é explorar os conceitos da inovação para poder definir que inovação ou inovações adotar. No terceiro passo, as pessoas responsáveis estarão envolvidadas nas pesquisas onde buscaram apoio para tomada de decisão de adoção ou rejeição da ideia escolhida. O passo seguinte é a implementação, e, por conseguinte, sua difusão da ideia para que ela se torne uma inovação.

Quando se faz a pergunta: quem inova? A resposta deveria ser todos, enquanto participantes de uma cultura de inovação robusta na empresa. Entretanto, existem papéis distintos no processo de inovação que possibilitam conseguir resultados consistentes. São três os papéis: líderes, que estabeleceram políticas, expectativas, objetivos e o tom para a cultura da inovação, indivídous com alto potencial que vêm com grandes ideias e insights e indivíduos que dão apoio a busca de inovação para aqueles que desenvolvem grandes ideias para transformá-las em valor de negócio. Todos os três papeis devem estar alinhados ao processo de inovação.

Quando inovar? No mundo das empresas as mudança estam se acelerando, e por isso é importante desenvolver a mentalidade de inovação. O mercado exige inovação, e seus concorrentes também estão em busca de inovações. Portanto, é melhor não esperar tanto, deve-se começar agora.

Um último ponto está relacionado a questão: quanto será necessário para investir na inovação? As MPE possuem poucos recursos, entretanto há inovações organizacionais e processos que não necessitam de muitos recursos (financeiros, humanos ou fisico) para terem uma mudança no seu estado para conquistarem uma uma vantagem competitiva. Entretanto, este é um item que não deve ser negligenciado, pois a medida que a empresa começa a inovar e ter um resultado positivo, ela necessitará de novas inovações e consequentemente com o crescimento da empresa exigirá recursos para a inovação. Os recursos devem ser bem administrados para todo o processo para que não ocorra uma interrupção ou desistência devido a um mal planejamento.

5 Considerações Finais

Neste capítulo fizemos uma abordagem da inovação para as MPEs, entretanto a maioria destas abordagens se aplicam também para as grandes empresas. Assim como estratégias usadas pelas grandes empresas, também devem ser perseguidas pela média e pequena empresa. Elas precisam se preocupar com o seu posicionamento no mercado, suas competências e seus processos empresariais.

As MPEs podem à partir desta visão fornecida no capítulo dar o inicio a um processo de inovação. O leitor, após a leitura do capítulo, compreenderá o que é inovação e o que a difere da invenção. Um outro tópico abordado sobre o cenário das empresas brasileiras mostram ao leitor que empresas que investiram em inovação são mais competitivas, para que o leitor se sinta mais seguro em caso de adotar um processo de inovação em sua empresa. E por fim procurou-se descrever os principais fatores e passos para que uma MPEs possa se orientar no seu processo de inovação com sucesso.

6. Atividade

Verifique, quadro 1, como está o grau de maturidade de inovação de sua empresa em relação ao ambiente. Marque com um "x" a resposta e coloque o valor correspondente na coluna da direita, ao final some tudo. A pontuação máxima é 12. Quanto mais próximo da pontuação máxima, mais propício é o seu ambiente a inovação.

Requisitos de avaliação da dimensão "Ambiente" (pontuação máx. 12 pontos)	Nunca (0 pt)	Eventualmente (1,0 pt)	Poucas vezes (1,5 pt)	Algumas vezes (2,0 pt)	Quase sempre (2,5 pt)	Sempre (3,0 pt)	Pontos Total
Os funcionários tem liberdade para contribuir com sugestões de melhoria e inovações?							
Existem incentivos aos funcionários para apresentação de ideias e sugestões?							

Os locais de trabalho são planejados de forma a possibilitar a integração e interação das pessoas e a proporcionar mais qualidade de vida?								
Existe autonomia para se utilizar parte do tempo destinado à jornada de trabalho para se dedicar a projetos inovadores?								
Total								

QUADRO 20.1. GRAU DE MATURIDADE DE INOVAÇÃO DA EMPRESA.
Fonte: Questionário adaptado pelo autor da cartilha de inovação, Sebrae, 2010.

Questões para Debates

1. É possível medir os resultados de inovação?
2. Inovação é diferente de novidade?
3. A inovação está diretamente ligada ao empreendedor?
4. Qual a caracteristica de um ambiente de trabalho que mais se aproxima ao da inovação, formal ou informal?
5. O que é inovação aberta?
6. Há um perfil para ser lider de um projeto de inovação?

Sugestões de Pesquisa

Por ser este um assunto tão vasto e complexo, não é possivel em um capítulo abordar detalhes de cada processo da inovação, por isso sugerimos que o leitor também procure novas fontes de informações que complementarão o conhecimento e ampliarão o escopo sobre a implantação de um processo de inovação. Os temas sugeridos e relacionados são: comportamento organizacional, desenvolvimento de ambientes criativos, gestão por processso, melhoria contínua, trabalho em equipes e novos modelos de inovação como: inovação aberta, que não foi tratada neste capítulo. Outras referências encontram-se na bibliografia deste capítulo.

Palavras-chave: comportamento organizacional, empreendedorismo, gestão por processos, inovação aberta, melhoria contínua.

REFERÊNCIAS

CLARK, K. B.; WHEELWRIGHT, S. C. **Managing new product and process development:** text and cases. New York: Free Press, 1993.

CORAL, E.; OGLIARI, A.; ABREU, A. F. **Gestão integrada da inovação**: estratégias, organização e desenvolvimento de produtos. São Paulo: Atlas, 2008.

DOSI, G. **Technological paradigms and technological trajectories**: A suggested interpretation of the determinants and directions of technological change. *Research policy*, v. 11, n.3, p. 147-162, 1988.

DRUCKER, P. F. **Inovação e espírito empreendedor (*entrepreneurship*)**: prática e princípios. São Paulo: Pioneira Thomson Learning, 2005.

Exame.com disponível em: http://exame.abril.com.br/revista-exame/edicoes/0921/noticias/a-implosao-de-um-icone-m0162723; 2008. Acessado em 20/02/2012.

FREEMAN, C. **The economics of industrial innovation**. 2. ed. London: Frances Pinter, 1982.

FREEMAN, C. "Introduction". In: Dosi, G. et alii (orgs.). **Technical change and economic theory**. Londres: Pinter Publishers, 1988.

KRUGLIANSKAS. I. **Tornando a pequena e média empresa competitiva**: como inovar e sobreviver em mercados globalizados. São Paulo: IEGE, 1996.

LEIFER, R. et al. **Radical innovation**: how mature companies can outsmart upstars. Boston: HBSP, 2000.

LEMOS, Cristina. Inovação na era do conhecimento. In: LASTRES, Helena Maria Martins; ALBAGLI, Sarita (Org.). **Informação e globalização na era do conhecimento**. Rio de Janeiro: Campus, 1999, p. 122-144.

OCDE-MANUAL DE OSLO. **Proposta de diretrizes para coleta e interpretação de dados sobre inovação tecnológica**. Finep tradução português, 2004.

PASSOS, Carlos Artur Krüger. Novos modelos de gestão e as informações. In: LASTRES, Helena Maria Martins; ALBAGLI, Sarita (Org.) **Informação e globalização na era do conhecimento**. Rio de Janeiro: Campus, 1999, p. 58-83.

ROSENBERG, N. **Exploring the Black Box**: Technology, Economics and History. Cambridge, UK: Cambridge University Press, 1994.

ROTHWELL, R. **Sucessful Industrial Innovation**: Critical Factors for the 1990s. *R&D Management*, v. 22, n. 3, p. 221-239, 1992.

ROTHWELL, R. **Industrial Innovation**: Success, Strategy, Trends. In: DOGSON, M., ROTHWELL, R. **The Handbook of Industrial Innovation**. Cheltenham, UK: Edward Elgar, p. 33-53, 1994.

SEBRAE. Serviço Brasileiro de Apoio às Micros e Pequenas Empresas de São Paulo. **Encontro mundial de negócios ressalta importância das** MPEs. Disponível em: http://www.sebraesp.com.br/PortalSebraeSP/Noticias/Noticias/Multissetorial/Paginas/encontro_mundial_de_negocios_ressalta_importancia_das_mpes.aspx. Acessado em 20/02/2012.

SEBRAE. Serviço Brasileiro de Apoio às Micros e Pequenas Empresas de São Paulo. **Inovação e competitividade nas MPEs Brasileiras**. Disponível em: http://www.biblioteca.sebrae.com.br/bds/BDS.nsf/AA4F02C09771A8CB83257687006BBFED/$File/NT00042E9E.pdf acesso em 20/02/2012.

SCHUMPETER, Joseph Alois. **Teoria do desenvolvimento econômico**. Trad. Maria Sílvia Possas. São Paulo: Abril (col. Os Pensadores), 1982.

TEIGLAND, R.; FEY, C. F.; BIRKINSHAW, J. Knowledge dissemination in global R&D operations. **Management International Review**. v. 40, n. 1, p. 49-77, 2000.

TIDD, J.; BESSANT, J.; PAVITT, K. **Managing innovation**: Integrating Technological, Market and Organizational Change. Chichester, England: John Wiley & Sons, 1997.

TIDD, J.; BESSANT, J.; PAVITT, K. **Gestão da inovação**. Porto Alegre: Bookman, 3.ed., 2008.

TREACY, M.; WIESERMA, F. **A disciplina dos líderes de mercado**: escolha seus clientes, direcione seu foco, domine seu mercado. Rio de Janeiro: Rocco, 1995.

UTTERBACK, J. AFUAH, A. **The Dynamic "Diamond"**: A Technological Innovation Perspective. University of Michigan Business School, 1995.

Gestão Tributária para Micro e Pequena Empresa

Antonio Carlos de Matos

Nada é mais certo neste mundo do que a morte e os impostos.
Benjamin Franklin

Introdução

Os tributos são permanentes focos de críticas aos governos, tanto pelas pessoas como pelas empresas. Mas, por que tanta polêmica em torno dos tributos? Bem, sobre tributos podemos refletir sobre três fatores condicionantes.

- Na primeira condição, devemos lembrar que os tributos são essenciais à segurança e ao desenvolvimento social do país. Para ter uma idéia, imagine morando num edifício sem a organização de "condomínio" e sem a conseqüente "taxa do condomínio". Seria um caos, não seria?
- Mas, devemos considerar também que pagar tributos é uma obrigação constitucional, portanto, neste aspecto não cabe negá-los. Os tributos mereceram capítulo próprio na Constituição Federal, dos Artigos 145 a 156, além de outros dispositivos como o Artigo 7 sobre o FGTS (Fundo de Garantia por Tempo de Serviço), a Seguridade Social é tratada no Artigo 195, o Salário Educação é tratado no Artigo 212, o PIS/PASEP (Programa de Integração Social e o Programa de Formação do Patrimônio do Servidor Público) constam do Artigo 239, o Serviço Social e formação profissional constam do Artigo 240.
- Assim, temos a obrigação de pagar tributos! Pagar sim, mas somente na justa medida da lei, não é inteligente pagar mais tributos do que a lei determina.

Nesta questão também está a importância de uma gestão empresarial competente, mesmo considerando a redução da burocracia e da carga tributária das pequenas empresas.

1 - A Incidência dos Tributos

Os tributos incidem quando ocorrem fatos geradores definidos na legislação, basicamente na comercialização de mercadorias, prestação de serviços, nas transferências de recursos financeiros e nas transferências e usos de bens móveis e imóveis.

No Brasil temos tributos denominados *"de ofício"* por que são de iniciativa do poder público como o IPTU e IPVA. Nestes casos, o valor que o contribuinte deverá pagar é definido pelo poder público com base na legislação pertinente.

Muitos outros tributos são denominados de *"por homologação"*. Significa que são calculados pelos próprios contribuintes sem prévio exame das autoridades tributárias, tanto federal, estadual e municipal. Neste caso, o valor a pagar é determinado pelo contribuinte conforme as regras sobre a base de cálculo e sobre as alíquotas aplicáveis.

E é neste fato que reside a necessidade de se entender bem dos tributos, para pagar somente o que a lei determina.

2 – A Importância da Gestão dos Tributos na Pequena Empresa

Como os gestores dos pequenos empreendimentos empresariais contam normalmente com uma estrutura mínima, voltada mais para a operação do negócio e menos para a administração, cuidar de entender e se manter atualizado na legislação tributária é uma tarefa hercúlea.

Mas, de uma forma ou de outra, não dá para escapar da necessidade de se entender bem das condições da ocorrência do tributo, o chamado "fato gerador", entender bem da composição da base de cálculo, isto é, o valor sobre o qual será aplicada a alíquota do tributo e entender da forma de atribuir a alíquota.

Mas, não é só isso. Muito importante também é entender ainda das condições adicionais, tais como, créditos, limites, forma de pagamento e também dos demais procedimentos no trato das informações, as chamadas obrigações assessórias.

Não saber disso, aumenta o risco de pagar mais que o definido em lei. O risco de não atender à lei é grande também o que pode levar à condição de sonegação.

Neste contexto, temos a expressão *"elisão fiscal"*, nome que se dá à ação de buscar economia *lícita* de tributos, ou seja, alternativas menos onerosas para o contribuinte. Por exemplo, o chamado "planejamento tributário".

Também a expressão *"evasão fiscal"* para identificar a lesão *ilícita* do Fisco, com sonegação total ou parcial do tributo, seja por negligência ou não.

E ainda o *"conluio"*, para designar o acordo entre duas ou mais pessoas para a evasão.

3 - Principais Tributos

Os principais tributos federais para as empresas são: o Imposto de Importação (II), Imposto de Exportação (IE), o Imposto de Produtos Industrializados (IPI), o Imposto sobre as operações de crédito, câmbio e seguro ou relativos a títulos e valores mobiliários (IOF), o Imposto de Renda (IRPJ), o Imposto sobre a Propriedade Territorial Rural (ITR), a Contribuição para o Programa de lIntegração Social (PIS), a Contribuição para o Financiamento da Seguridade Social (Cofins), a Contribuição Social sobre o Lucro Líquido, e a contribuição para o Instituto Nacional de Previdência Social (INSS).

Os tributos estaduais são: o Imposto sobre Transmissão *Causa Mortis* e Doações (ITCMD), o Imposto sobre a Circulação de Mercadorias e Serviços de Transporte Interestadual e Intermunicipal e de Comunicação (ICMS) e o Imposto sobre a Propriedade de Veículos Automotores (IPVA).

Os tributos de competência dos municípios são o Imposto sobre a Propriedade Predial e Territorial Urbana (IPTU), o Imposto sobre a Transmissão *inter vivos* de Bens Imóveis (ITBI) e o Impostos obre os Serviços de qualquer natureza (ISS).

4 – Regimes Tributários para as Empresas no Brasil

São quatro as possibilidades de formas de tributação das pessoas jurídicas, por escolha própria ou em casos especiais, por determinação legal: Tributação pelo SIMPLES Nacional, pelo regime do Lucro Presumido e pelo regime do Lucro Real. Existe ainda a forma chamada "Lucro Arbitrado", quando, no caso de divergências, a autoridade tributária "arbitra" o valor do tributo.

4.1 – Tributação pelo Simples Nacional

O SIMPLES Nacional é o sistema que simplifica a forma de recolhimento de tributos pelas micro e pequenas empresas. Mas restringe a opção de certos tipos societários, sócios e negócios, como:
- Que tenha outra pessoa jurídica participante do capital social.
- Cujo titular ou sócio participe com mais de 10% do capital de outra empresa, desde que o somatório dos capitais das empresas ultrapasse o valor de R$3.600.000,00;
- Empresa que participar do capital de outra pessoa jurídica;
- Atividades de intermediação de negócios (representação comercial) e de cunho intelectual;

Os limites de faturamento anual, do ano anterior, para opção pelo SIMPLES Nacional são: Microempresa (ME): Receita Bruta até R$ 360 mil ano. Empresa de Pequeno Porte (EPP): Receita Bruta acima de R$ 360 mil e até R$ 3.600.000,00 no ano.

Classificação	Faixa inicial de Faturamento	Limite anual de Faturamento
Microempresa	-	360.000
Empresa de Pequeno Porte	360.001	3.600.000

No caso de início das atividades, poderá optar pelo SIMPLES Nacional, quem prever receita mensal de no máximo R$ 300 mil, multiplicados pelo número de meses de atividade no ano.

4.1.1 - Tributos Incluídos no Simples Nacional

No SIMPLES Nacional, o contribuinte pode fazer o recolhimento dos seguintes tributos em uma única guia:

- Imposto de Renda da Pessoa Jurídica - IRPJ
- Contribuição Social sobre o Lucro Líquido - CSLL,
- Contribuição para o Programa de Integração Social - PIS (exceto no caso de importação)
- Contribuição para o Financiamento da Seguridade Social - Cofins (exceto no caso de importação)
- O Imposto sobre Produtos Industrializados - IPI (exceto no caso de importação)

- Imposto sobre a Circulação de Mercadorias e Serviços de Transporte Interestadual e Intermunicipal e de Comunicação (ICMS)
- O Imposto sobre Serviços de Qualquer Natureza - ISSQN

A base de cálculo do SIMPLES Nacional é a receita bruta apurada do mês em questão, com aplicação da alíquota definida conforme a receita bruta apurada nos 12 (doze) meses anteriores ao mês em questão, encontrada em tabelas nos chamados anexos da lei do SIMPLES, disponíveis na Receita Federal *(www.fazenda.receita.gov.br.)*. São as seguintes possibilidades:
- Comércio: Utiliza a tabela do Anexo I com alíquotas de 4% a 11,61%, conforme a receita bruta dos últimos 12 meses.
- Indústria: Utiliza a tabela do Anexo II com alíquotas de 4,50% a 12,11%, conforme a receita bruta dos últimos 12 meses.
- Serviços: Utiliza a tabela do Anexo III com alíquotas de 6% a 17,42%, conforme a receita bruta dos últimos 12 meses.
- Outros Serviços (como construção civil, limpeza e conservação de imóveis): Utiliza a tabela do Anexo IV com alíquotas de 4,50% a 16,85%, conforme a receita bruta dos últimos 12 meses. Neste caso, o valor do INSS patronal não está incluído na alíquota do SIMPLES e deve ser calculado à parte atendendo à regra geral.
- Outros Serviços (como academias de ginástica, informática, montagem de stands em feira): Utiliza a tabela do Anexo V, mas apurando-se o chamado "fator r", da relação entre valor da folha de pagamentos e a receita bruta. Quanto menor este "fator r" maior será a alíquota. O cálculo deste "fator r" é feito em sistema da Receita Federal e pode variar de r < 0,10; r <0,15; r <0,20; r <0,25; r <0,30; r<0,35; r<0,40; r> = 0,40.

Exemplo: r <0,10 a alíquota a ser aplicada vai de 17,50% para receita até R$180.000,00 nos 12 meses anteriores, e até 22,90% para receita entre R$ 3.420.000,02 a R$ R$3.600.000,00.

4.1.2 – Segregação de Receitas no Simples Nacional

As empresas que se enquadrarem em mais de um anexo, devem segregar as receitas para efeito de cálculo do tributo a recolher.

Por exemplo, uma empresa que comercializa mercadorias e também presta serviços, é tributada pelo **anexo I** e pelo **anexo III**. Suponhamos que tenha obtido receita bruta nos 12 meses anteriores de

R$170.000,00, e que tenha faturado no mês em questão um total de R$15.000,00, sendo R$6.000,00 com serviços e R$9.000,00 com venda de mercadorias. Então, a tributação será conforme quadro abaixo:

Exemplo de segregação de receitas no SIMPLES Nacional

	Receita Bruta	Alíquota Anexo I	Alíquota Anexo III	Valor do Imposto
12 meses anteriores	170.000.00			
Venda de mercadorias no mês	9.000.00	4%		320,00
Prestação de serviços no mês	6.000,00		6%	360,00
Totais do mês	15.000,00			680,00

Nota: veja o detalhamento dos anexos em WWW.fazenda.receita.gov.br

4.2 – Tributação pelo Regime do Lucro Presumido

É um sistema simplificado de cálculo do imposto de renda e da contribuição social, no qual a tributação não depende da apuração do lucro para determinar a base de cálculo. É uma opção permitida a todas as empresas, exceto às obrigadas a recolher pelo lucro real, visto a seguir.

Incidem ainda sobre as operações de compra e venda de mercadorias das empresas optantes pelo regime de lucro presumido, os impostos de importação, de exportação, IPI, ICMS e ISS no caso de serviços.

4.2.1- Imposto de Renda da Pessoa Jurídica (IRPJ)

A alíquota do Imposto de Renda (IRPJ) é de 15% sobre o lucro que for presumido. Ao lucro presumido que exceder o valor de R$ 20 mil mensais ou R$ 60 mil trimestrais, é cobrado o adicional de 10%.

Neste regime, ao invés de apurar o lucro para submetê-lo à tributação, o mesmo é presumido. A presunção do lucro para cálculo do IRPJ, ou seja, a base de cálculo, é resultado de uma porcentagem da receita bruta que varia conforme a atividade da empresa, como segue:

- Atividades em geral, 8,0%
- Serviços hospitalares e de transporte de cargas, 8,0%
- Revenda de combustíveis, 1,6%
- Serviços de transporte (exceto o de carga), 16,0%
- Serviços em geral (exceto serviços hospitalares), 32,0%
- Intermediação de negócios, administração, locação ou cessão de bens e direitos de qualquer natureza (inclusive imóveis), 32,0%

4.2.2- CSLL – Contribuição Social Sobre o Lucro Líquido

A presunção do lucro para cálculo da CSSL, ou seja, a base de cálculo, é resultado de uma porcentagem da receita bruta. A alíquota é de 9% aplicada sobre um lucro calculado de 32% da receita bruta, no caso de empresas de prestação de serviços, e de 12% no caso de comércio e indústria.

4.2.3 - PIS e Cofins

A Contribuição para o Programa de Integração Social (PIS) e a Contribuição para o Financiamento da Seguridade Social (Cofins), são calculadas tendo como base a totalidade das receitas auferidas pela pessoa jurídica. Pela regra geral, as alíquotas são de 0,65% para o PIS e 3,00% para a Cofins. No caso do regime do Lucro Presumido, tanto o PIS como Cofins, são cumulativos, ou seja, não podem ser abatidos dos valores pagos nas aquisições.

4.2.4 - Segregação de Receitas

Se a empresa optante pelo Lucro Presumido atuar com vendas de mercadorias (ou indústria e comércio) e também com prestação de serviços, as receitas devem ser segregadas para o cálculo correto da base de cálculo, para efeito da determinação do IRPJ e da CSLL, já que a determinação do valor da base de cálculo se dá com alíquotas diferentes para estas atividades.

4.2.5 - Retenções na Fonte

Nas atividades de prestação de serviços, a empresa que for a tomadora dos serviços deve fazer retenção e recolher aos cofres públicos, o IRPJ, aplicando a alíquota de 1,5%, nos casos de serviços caracterizadamente de natureza profissional, e com alíquota de 1,0% no caso de prestação de serviços de limpeza, conservação, segurança, vigilância e locação de mão de obra. Deve reter ainda o PIS, Cofins e a CSLL, e recolher aos cofres públicos com uma alíquota total de 4,65% . Sendo PIS de 0,65%, Cofins de 3% e CSLL de 1%.

Também poderá haver a retenção do INSS, com alíquota de 11% sobre o valor da Nota Fiscal, no caso de atividades de cessão de mão de obra, empreitada e nos casos de serviços caracterizadamente de natureza profissional que não forem executados pelo sócio. A empresa prestadora do serviço faz posteriormente a compensação com o INSS calculado sobre a Folha de Pagamento.

4.3 – Tributação pelo Regime do Lucro Real

Neste regime, o lucro líquido do período é apurado pela empresa e ajustado pelas adições, exclusões ou compensações prescritas ou autorizadas por lei.

Neste caso, a forma de apuração do lucro segue regras contábeis para a comprovação da boa prática na apuração. Empresas podem preferir adotar esta opção ou podem ser obrigadas a adotarem essa opção se tiverem receita bruta total no ano anterior superior a R$ 48 milhões, ou que sejam instituições financeiras, empresas de seguros e entidades de previdência privada aberta, ou que tiverem lucros, rendimentos ou ganhos de capital, oriundos do exterior.

Para as empresas enquadradas no regime do Lucro real, também incidem sobre a compra e venda de mercadorias os impostos de importação, de exportação, IPI, ICMS e ISS no caso de serviços.

4.3.1 - PIS e Cofins

A Contribuição para o Programa de Integração Social (PIS) e a Contribuição para o Financiamento da Seguridade Social (Cofins), são calculadas tendo como base a totalidade das receitas, com alíquotas de 1,65% para o PIS e 7,6% para a Cofins.

Mas, no caso do regime do Lucro Real o PIS e a Cofins não são cumulativos e podem ser abatidos dos valores pagos nas aquisições.

4.3.2 – IRPJ

Já o Imposto de Renda da Pessoa Jurídica é calculado à alíquota de 15% sobre o lucro apurado pelas regras contábeis oficiais. Mas, sempre que o valor do Lucro Real ultrapassar R$60 mil trimestrais (R$20 mil mensais), haverá um adicional de IRPJ de 10% sobre o que exceder.

4.3.3 - CSLL

A Contribuição Social sobre o Lucro Líquido é calculada à alíquota de 9% sobre o lucro que for apurado.

O regime de apuração do IRPJ e da CSLL é trimestral, no entanto, as empresas podem optar pelo recolhimento mensal, através do regime de apuração por estimativa, devendo neste caso fazer o ajuste anual

4.4. – Tributação pelo Regime do Lucro Arbitrado

Nesta possibilidade, a autoridade tributária pode "arbitrar" o valor do lucro que será tributado, quando a pessoa jurídica deixar de cumprir as obrigações acessórias relativas à determinação do lucro real ou presumido, previstas na legislação do IRPJ. Mas, também pode ser adotado pelo próprio contribuinte, tendo como exigência o conhecimento da sua receita bruta.

O valor arbitrado do lucro se dá pela aplicação de um percentual (%) sobre a receita bruta, quando esta for conhecida. Este percentual varia conforme a atividade empresarial.

Também pode ser um percentual (%) sobre valores da operação da empresa, definidos pela legislação do IRPJ, quando não for conhecida a receita bruta da empresa. (*por exemplo: coeficiente de 0,4 do Valor das compras de mercadorias efetuadas no mês*)

Os percentuais que são utilizados para definição do lucro arbitrado para a tributação do IRPJ são equivalentes aos da estimativa mensal do Lucro Presumido, acrescidos de 20% (exceto para instituições financeiras). Os percentuais aplicáveis sobre a receita bruta são:

- Atividades em geral: 9,6%
- Revenda de combustíveis: 1,92%
- Serviços de transporte (exceto transporte de carga): 19,2%
- Serviços de transporte de cargas: 9,6%
- Serviços em geral (exceto serviços hospitalares): 38,4%
- Serviços hospitalares: 9,6%
- Intermediação de negócios: 38,4%
- Administração, locação de bens: 38,4%

Sobre o valor encontrado aplica-se a alíquota de 15% para determinação do valor do IRPJ.

Já os percentuais que são utilizados sobre a receita bruta, para definição do lucro arbitrado para a tributação da CSLL, são os seguintes: Indústria e comércio, 12% e prestação de serviço, 32%. Sobre o valor encontrado aplica-se a alíquota de 9% para determinação do valor da CSLL.

5. Encargos sobre a Folha de Pagamentos

As empresas tributadas pelo regime do Lucro Real, Presumido e aquelas que forem optantes pelo SIMPLES Nacional, têm ainda os seguintes encargos sobre a folha de salários.

5.1 - FGTS

O Fundo de Garantia por tempo de Serviço é calculado e pago pela empresa com alíquota de 8% sobre o valor dos salários, das férias, do adicional de 1/3 das férias e sobre o 13º salário.

5.2 - INSS

A Contribuição para o Instituto Nacional de Seguridade Social, parte da empresa, é calculada com alíquota de 20% sobre o total da folha de pagamentos inclusive o pró-labore.

Mas, no caso das empresas optantes pelo SIMPLES Nacional, a contribuição para o INSS já está embutida na alíquota do imposto SIMPLES, exceto para empresas que utilizam o anexo IV. Nestes casos, a contribuição ao INSS deve ser calculada como nas demais opções tributárias.

5.3 INSS Descontados dos Funcionários

Os funcionários também contribuem com o INSS com alíquotas que variam conforme as faixas salariais, as quais são atualizadas periodicamente. Em Fevereiro de 2012 as faixas em vigor eram: salário até 1.174,86 a alíquota é de 8%, salários de 1.174,87 até 1.958,10 a alíquota é 9% e salários de 1.958,11 até 3.916,20 a alíquota é de 11%. Portanto o teto para cálculo é de R$3.916,20. Estes valores são alterados periodicamente.

5.4 - Outras Contribuições

Exceto as empresas optantes pelo SIMPLES Nacional, as demais estão obrigadas ao pagamento de:

- Salário-Educação: 2,5%
- Senac/Sesc: 1,5%
- Senai/Sesi: 1%
- Sebrae: 0,6% INCRA: 0,2%

Gilrat (Grau de Incidência de Incapacidade Laborativa Decorrente dos Riscos do Ambiente de Trabalho): **com alíquotas que variam de 1%, 2% e 3% conforme a atividade da empresa, adicionadas** do Fator Acidentário Prevenção (FAP) que consiste em um multiplicador variável num intervalo 0,5000 a 2,0000, a ser aplicado sobre a alíquota básica. Com isso, as alíquotas poderão ser reduzidas em até 50% ou majoradas em até 100% em razão do desempenho da empresa em relação à sua respectiva atividade, aferida pelo FAP, conforme informado pela Previdência Social.

6 - SUBSTITUIÇÃO TRIBUTÁRIA

A substituição tributária é um sistema de transferência da responsabilidade pelo pagamento do tributo de um contribuinte vinculado ao fato gerador da obrigação tributária para outra pessoa. A substituição tributária incide sobre alguns produtos e é regida por regulamentos estaduais.

De modo geral, o procedimento se dá no primeiro vendedor (fabricante), que estima com base em regras definidas, qual será o preço a ser praticado ao consumidor, e então calcula e recolhe o ICMS sobre o seu preço e sobre o preço estimado ao consumidor.

6.1 – Exemplo de Substituição Tributária

6.1.1 - Exemplo considerando uma indústria não optante do SIMPLES vendendo para uma loja também não optante do SIMPLES.

A indústria deve calcular o Valor Agregado pela loja, isto é, por quanto a loja venderá ao consumidor final, e calcular e recolher o ICMS sobre o seu preço e sobre o Valor Agregado pela loja.

6.1.2 - Exemplo de substituição tributária de uma indústria não optante do SIMPLES vendendo para uma loja optante do SIMPLES

A indústria deve calcular o Valor Agregado, isto é, por quanto a loja venderá ao consumidor final, e calcular e recolher o ICMS sobre o seu preço e sobre o Valor Agregado pela loja.

6.1.3 - Exemplo de substituição tributária de uma indústria optante do SIMPLES vendendo para uma loja também optante do SIMPLES

A indústria deve calcular o Valor Agregado, isto é, por quanto a loja venderá ao consumidor final, e calcular e recolher o ICMS da substituição tributária sobre o valor agregado da loja. Sobre o valor de sua operação normal não recolherá ICMS isoladamente, mas recolherá pelo seu imposto SIMPLES.

Os produtos sujeitos à substituição tributária e a forma de definição do Valor Agregado são informados pela Receita Estadual.

Atividades e Exercícios

Exercícios
1. Como se dá a incidência de tributos?
2. Por que é tão importante para a pequena e média empresa fazer gestão de tributos?
3. Quais são os principais tributos tratados nesse capítulo que incidem sobre as pequenas e médias empresas?
4. Explique cada um dos principais regimes tributários para as empresas no Brasil.
5. Quais são os encargos sobre a folha de pagamento?
6. O que é substituição tributária?

Mini-Caso
Atividades Aplicadas na Determinação do IRPJ e da CSLL

Nessa atividade demonstramos as etapas para a presunção de lucro e sua tributação pelo Imposto de Renda da Pessoa Jurídica (IRPJ) e pela Contribuição Social sobre o Lucro Líquido (CSLL)

A atividade consiste em você definir o valor do faturamento mensal de uma "empresa-exemplo" optante pelo lucro presumido, presumir o lucro e tributá-lo conforme as alíquotas indicadas na tabela

\<colspan=4\> **Atividade 1:** Tributação do IRPJ pelo Regime do Lucro Presumido
\<colspan=4\> Empresa Comercial
Faturamento	Informe o valor das vendas	Presuma o lucro com alíquota de **8%**	Calcule o IRPJ com alíquota de **15%** sobre o Lucro Presumido
1º mês			
2º mês			
3º mês			
Total do Trimestre			

Atividade 2: Tributação da CSLL pelo Regime do Lucro Presumido			
Empresa Comercial			
Faturamento	Informe o valor das vendas	Presuma o lucro com alíquota de 12%	Calcule o IRPJ com alíquota de 9% sobre o Lucro Presumido
1º mês			
2º mês			
3º mês			
Total do Trimestre			

Atividade 3: Tributação do IRPJ pelo Regime do Lucro Presumido			
Empresa Prestadora de Serviços			
Faturamento	Informe o valor das vendas	Presuma o lucro com alíquota de 32%	Calcule o IRPJ com alíquota de 15% sobre o Lucro Presumido
1º mês			
2º mês			
3º mês			
Total do Trimestre			

Atividade 4: Tributação da CSLL pelo Regime do Lucro Presumido			
Empresa Prestadora de Serviços			
Faturamento	Informe o valor das vendas	Presuma o lucro com alíquota de 32%	Calcule o IRPJ com alíquota de 9% sobre o Lucro Presumido
1º mês			
2º mês			
3º mês			
Total do Trimestre			

Palavras-chave: tributos, impostos, gestão tributária, encargos.

REFERÊNCIAS

CASSONE, Vittorio. Direito Tributário. 22ª Ed. São Paulo, SP: Atlas, 2011
NERY JR, Nelson e Nery, Rosa Maria de Andrade. **Constituição Federal Comentada**. 2. ed. São Paulo: RT, 2009.

Internacionalização das Pequenas e Médias Empresas
Status ou Necessidade?

MARIA DE FÁTIMA A. OLIVIERI

> *Um pouco de internacionalização afasta-nos da pátria, muito reconduz-nos a ela.*
> Jean Jaurès

INTRODUÇÃO

O propósito deste capítulo é proporcionar a você leitor, conhecimento sobre a internacionalização de pequenas e médias empresas, num percurso desde a exposição de algumas teorias sobre o assunto, até o relato de um caso real.

Quando se fala em internacionalização de empresas, não se pode omitir a prática do empreendedorismo, a qual se tornou um dos mecanismos atuais e complementares na formação dos futuros profissionais, ou seja, dos novos líderes de negócios, conforme citado em alguns capítulos deste livro.

Atualmente, as mudanças nos conceitos e a preocupação dos teóricos em adequar a teoria à prática, têm origem, principalmente na forma de atuar das organizações, que necessitam se ajustar à realidade emergente, sob pena de perder sua competitividade no mercado e consequentemente os respectivos clientes.

A atuação no mercado internacional, pode tornar as pequenas e médias empresas brasileiras mais competitivas e rentáveis, devido ao fato de conquistar clientes em mercados externos. Podem inclusive fechar parcerias com outros negócios. A internacionalização das empresas é de reconhecida importância, uma vez que contribui para o desenvolvimento econômico do país e torna as empresas menos dependentes do mercado doméstico.

2. Histórico e Desenvolvimento

Segundo Rocha (2003), a internacionalização das empresas brasileiras teve seu início no final da década de 1960, impulsionada pelos incentivos fiscais e creditícios concedidos pelo governo. A partir da metade da década de 1990, com a abertura do mercado e o surgimento da globalização, ocasionando a entrada de concorrentes estrangeiros, passou a representar uma ameaça para muitas empresas brasileiras, estimulando-as a buscar novos mercados para diversificar risco , fortalecer-se e aprender.

Vasconcellos (2008), defende a globalização como um estágio mais avançado do processo histórico de internacionalização, que se caracteriza segundo ele, por diversos aspectos:

a) forte aceleração da mudança tecnológica;
b) forte difusão de um novo padrão de organização da produção e da gestão;
c) fenômeno da concentração dos mercados dentro de blocos regionais;
d) notável intensificação dos investimentos diretos no exterior pelos bancos e dos investimentos transnacionais pelos chamados países centrais.

Dessa forma, segundo Carvalho (2008),as empresas passaram a perceber que a participação no mercado externo, seria uma estratégia permanente para a sobrevivência de muitos mercados.

Muito propício o artigo RAE - revista de administração de **empresas**, vol. 51, n. 4, jul-ago *2011, escrito por Érica Piros Kovacs, Walter Fernando Araújo de Moraes e Brigitte Renata Bezerra de Oliveira, onde citam (CONDO, 2000), que em passado recente, autores já conheciam que a literatura existente sobre internacionalização de empresas de países em desenvolvimento era escassa quando comparada a dos desenvolvidos.*

Rugman (2009), não defende a proposição de novas teorias, pois, considera as multinacionais atuais de países emergentes, similares às dos países ocidentais da década de 1960. De acordo com seu pensamento, as empresas são influenciadas pelas características da localização e há diferenças entre o contexto dos países desenvolvidos e dos em desenvolvimento.

O quadro a seguir desenvolvido originalmente por Kovacs (2009), que identifica de maneira abstrata, os principais conceitos-chave de seis teorias de internacionalização: Ciclo de Vida do Produto (CVP) (Vernon,1966, 1979). Upssala *(JOHANSON e WIEDERSHEIM-PAUL,1975)*. JOHANSON e VAHLNE, 1977,2003,2009). Paradigma Eclético *(DUNNING, 1980,1988, 1998)*. Modelo Diamante (PORTER,1989, 1991, 1999). Escolha Adaptativa (LAM e WHITE, 1999) e Visão Baseada em Recursos (RBV) *(FAHY, 2002; DHANARAJ e BEAMISH, 2003: SHARMA e ERRAMILLI, 2004.*

QUADRO 1 - PRINCIPAIS CONCEITOS-CHAVE DAS TEORIAS DE INTERNACIONALIZAÇÃO

Conceitos-Chave	Ciclo de Vida do Produto	Uppsala	Paradigma Eclético	Modelo Diamante	Escolha Adaptativa	RBV
Localização						
Recursos Tangíveis						
Recursos Intangíveis						
Escolhas Gerenciais						
Aprendizagem						
Agente Externo						

Fonte: Kovacs, 2009, p. 53.

Pelo quadro apresentado, pode-se observar a importâncias de intersecção de quatro teorias (Ciclo de Vida do Produto - CVP; Uppsala; Escolha Adaptativa e Diamante), que podem ser consideradas processuais, pois descrevem o processo de internacionalização das empresas. Os conceitos-chave são evidentes quando se trata da localização e recursos intangíveis.

De acordo com correntes teóricas sobre internacionalização, cinco delas contemplam de alguma forma, a influência da localização: CVP; Uppsala; Paradigma Eclético, Diamante e Escolha Adaptativa. No CPV, (VERON, 1966, 1979), à medida que a tecnologia vai sendo copiada e novas concorrentes vão surgindo, a empresa inicia a sua internacionalização.

A escola de Uppsala, também conhecida como Escola Nórdica de Negócios Internacionais, foi o berço do modelo comportamentalista, com base em estudos do processo de internacionalização de empresas suecas. Destacam- se como principais expoentes desse enfoque *Johanson e Vahlne* (1977, 2001).

Em Uppsala, pode-se verificar a presença da localização, supondo que a expansão das empresas, será dirigida para locais que sejam similares aos das operações existentes, pois a distância é um fator determinante para a incerteza dos negócios. Esse modelo segue a segunda linha de argumentação da literatura que trata do processo de internacionalização das empresas.

Johanson e Vahlne (1977) sugerem que o processo de internacionalização não resulte de uma estratégia adequada de recursos em diferentes países, onde modos alternativos de exploração dos mercados externos, são comparados e avaliados, mas sim, como consequência de um processo de ajuste incremental às mudanças de condições da empresa e do ambiente.

O modelo Uppsala, propõe que a internacionalização das empresas, seja um processo gradual de envolvimento internacional. Esse modelo possui dois pressupostos básicos:

a. A falta de conhecimento é um obstáculo para o desenvolvimento das operações internacionais;
b. O processo de aprendizado da empresa ocorre principalmente através da experiência com as operações internacionais.

São exemplos de conhecimento do mercado, a demanda presente e a futura, processo gradual de envolvimento internacional. a competição, os canais de distribuição, a transferência de moeda, as condições de pagamento, entre outras.

O paradigma eclético (DUNNING, 1980, 1988, 1998) reúne os princípios da teoria de custos de transação com os de economia industrial e internalização. Apesar de o modelo defender a vantagem competitiva da nação, a existência e o fortalecimento mútuo de tais fatores possibilitam a internacionalização das empresas e tenta explicar o porquê uma empresa toma a decisão de produzir no exterior.

Na Escolha Adaptativa (LAM E WHITE, 1999), a internacionalização pode ser considerada como um desafio. Uma vez que decidem se internacionalizar as empresas tendem a mudar, passando de corporações domésticas a multinacionais, fato este que exige escolhas gerenciais relacionadas ao modelo gerencial.

Os recursos de uma empresa podem ser definidos como todos os ativos, capacidades, atributos empresariais, processos organizacionais, informações e conhecimentos controlados pela empresa, para conceber e implementar estratégias que contribuam para sua eficiência e eficácia.

Os ativos tangíveis são aqueles que podem ser palpáveis e visualizados. Exemplo: equipamentos de informática, relatórios financeiros, entre outros. Mas os intangíveis, tem a ver com a pessoa, ou seja, a confiança, o conhecimento, as habilidades, a reputação com o público interno e externo das organizações.

Não se pode esquecer que tudo isso implica no processo de aprendizagem, o qual contribui para o desenvolvimento das habilidades, que sem dúvida, é um diferencial para vantagem competitiva.

Pelo quadro anterior dos principais conceitos-chave das Teorias de Internacionalização, nota-se que os recursos tangíveis e intangíveis, estão presentes nas teorias de internacionalização.

Os tangíveis estão presentes na teoria do ciclo de vida do produto, no paradigma eclético, no modelo diamante e no modelo RBV (Visão Baseada em Recursos). Esses podem ser representados por produtos, prédios, máquinas entre outros.

Os motivos que impedem as empresas de se tornarem internacionais são vários, porém, a seguir serão relacionado os mais comuns (PORTER, 1986; CZINKOTA et al., 1998; KOTLER, 2000): (i) Estratégia de defesa – Ocorre quando uma empresa se encontra situada em determinado país, com operação local e tem seu mercado invadido por outra empresa estrangeira, decide contra-atacar a concorrente em seu mercado de origem; (ii). Quando uma empresa percebe que suas operações locais não são mais suficientes para a obtenção de economias de escala e, assim, decide aumentá-las operando em outros segmentos de mercado, ação essa que pode também servir de base como estratégia defensiva ou ofensiva; (iii) Diversificação – a empresa percebe como risco o fato de estar somente em um mercado e, para diminuir sua dependência em relação a esse único mercado, decide operar em outros mercados; (iv) Os clientes da empresa estão se internacionalizando e a empresa resolve acompanhá-los nesse sentido, como mecanismo de expansão de suas atividades e também como forma de manter sua participação nessas empresas, pois caso não o faça, corre o risco de perder esses clientes para outros fornecedores; e (v) Oportunidade de mercado a empresa percebe na internacionalização, uma oportunidade de realização de maiores lucros (SILVA, 2011).

Nesse sentido, para uma empresa situada no Brasil, pode ser mais fácil e barato, estender suas operações em Portugal pelo fato de ambos falarem a mesma língua e terem culturas parecidas.

No caso de uma proximidade geográfica, a empresa brasileira pode preferir atua em países como Argentina e Chile, talvez pela implicação de menores custos de transporte e locomoção de seu pessoal. Às vezes, a proximidade geográfica pode estar ligada à cultural.

Para Andersen (1993), os estágios considerados no processo de internacionalização das empresas são quatro:

1º) é a expansão dos mercados através das exportações de caráter eventual e não regular, no estágio embrionário da internacionalização;
2º) as exportações são mais expressiva, principalmente nos mercados-destino, em que a empresa pretende atuar;
3º) é o estabelecimento de uma subsidiária no exterior; que geralmente tem o papel de coordenar atividades de comercialização e logística de distribuição mesmo quando essa tarefa é realizada por terceiros,
4º) caracteriza-se pela instalação de unidades de produção no exterior, aliada ou não ao estabelecimento de um centro de desenvolvimento de produtos, através de arranjos organizacionais como licenciamento ou *joint-ventures*.

3. Internacionalização de Empresa Brasileira

De acordo com *Johanson e Vahlne* (1990) apud *Hidal e Hemais* (2001) as empresas passariam por um processo seqüencial em seu processo de internacionalização que consistiria de vários estágios: atividades esporádicas de exportação; uso de representantes e agentes; estabelecimento de subsidiárias de vendas e implantação de unidades de fabricação no exterior. À medida que evoluísse o processo, aumentaria o comprometimento das empresas com a atividade internacional, o que se expressaria em maior alocação de recursos, principalmente recursos dedicados ou especializados, que seriam mais difíceis de reaproveitar para outros fins.

A escolha dos mercados seria pautada pela percepção de distância cultural, iniciando-se a ação internacional pelos mercados culturalmente mais próximos. À medida que a empresa adquirisse experiência ela buscaria mercados culturalmente mais distantes.

Leite et al. (1988) concordam com essa última característica, afirmando que a percepção cultural influencia o executivo brasileiro na escolha de novos mercados para os quais quer penetrar, ou seja, a escolha dos mercados é afetada pela percepção que tem o executivo chefe, das semelhanças e diferenças culturais entre os países. Os mesmos autores afirmam ainda que o conhecimento dos idiomas e o tempo de permanência no exterior são fatores que contribuem nesse processo.

Pode-se dizer que num mundo globalizado, o termo empreendedor é fortemente utilizado e a percepção cultural tem grande influencia na escolha dos mercados, mas o conhecimento de idiomas e o tempo, já foram superados pela tecnologia, ou seja: quanto aos idiomas à solução é a tradução simultânea ou a contratação de tradutor intérprete e quanto ao tempo, pode ser reduzido, através da teleconferência e/ou outros recursos tecnológicos.

De acordo com as considerações anteriores, a internacionalização das pequenas e médias empresas, é possível, porém há a necessidade de se aliar os seguintes fatores: determinação do empresário, criatividade, inovação, a busca de novas oportunidades e a preocupação com o próprio comportamento, pois este influencia as pessoas que estão próximas de nós.

É sem dúvida o processo criativo em ação. Por se comum a todas as pessoas, o que difere de uma para outra, é justamente a maneira como ele é trabalhado. Para que esse processo seja desenvolvido, são sugeridos exercícios permanentes de pesquisas, atualização de conhecimentos e troca de informações.

Sempre que estas características são citadas, não se pode deixar de mencionar, que se trata de um empreendedor .Ele procura pessoas para aprimorá-las, testá-las e verificar se é um bom negócio, ler sobre o assunto, participar de feiras e eventos.

Sendo a internacionalização uma realidade possível, observa-se que pequenas e médias empresas estão buscando condições de capacitação para dar esse salto de qualidade no mercado.

O governo brasileiro, através do SEBRAE – Serviço Brasileiro de Apoio às Micro e Pequenas Empresas; Agência de Apoio às Exportações (APEX); Banco do Brasil; Ministério do Desenvolvimento, Indústria e Comércio Exterior (MDIC); Confederação Nacional da Indústria (CNI), Agência Brasileira de Desenvolvimento Industrial (ABDI) e International Trade Center (ITC), têm investido para mudar a cultura empresarial, proporcionando não apenas a formação, mas apresentando as vantagens e oportunidades da internacionalização.

4. Internacionalização – *Status* ou Necessidade ?

A internacionalização para as pequenas ou médias empresas, está atrelada além da decisão do empresário, ao fato de vencer desafios como diferenças culturais e distância geográfica dos demais mercados. Mas para que isso aconteça, necessário se torna conhecer como se pode por em práticas tais teorias.

Partindo das definições constantes no instrumento mais usual de consulta, o Novo dicionário básico da língua portuguesa – Folha/Aurélio, *STATUS* significa: conjunto de direitos e deveres que caracterizam a posição de uma pessoa em suas relações com as outras. E NECESSIDADE, significa : aquilo que é absolutamente necessário;exigência. Aquilo que é inevitável, fatal.

De acordo com os significados pautados anteriormente, pode-se dizer que desenvolver um produto e mantê-lo no mercado é tarefa para empreendedor. Mas não basta se limitar ao mercado nacional, é preciso avançar o sinal, ter visão globalizada do futuro, chegando à internacionalização da empresa.

Com base nesse raciocínio, é quase que inevitável chegar-se ao seguinte enunciado: A necessidade da internacionalização está contida no status da empresa.

Porém, ainda se observa certa "miopia" por parte dos gestores das pequenas e médias empresas na hora de pensar na internacionalização de seus negócios. Isso acontece devido ao volume de trabalho ao qual ele é responsável e acaba dedicando uma pequena parcela de seu tempo, para pensar e avaliar estrategicamente a possibilidade de expandir os negócios a nível internacional.

O desconhecimento faz com que o medo tome conta na hora de dar um salto de qualidade e competitividade, e as dúvidas, limitam-se aos aspectos operacionais da internacionalização, ou seja: como faço para abrir uma filia no país A; qual deve ser a carga tributária do meu produto nesse país;como deve ser o processo de exportação para o país B; o que devo fazer para abrir uma conta bancária no exterior, enfim essas e outras questões começam a preocupar o empresário, antes mesmo de ele tomar conhecimento do que é necessário para dar esse salto de qualidade e competitividade em seus negócios.

É claro que essas perguntas são relevantes. Mas como ao iniciar qualquer negócio, existem várias etapas e processos que devem ser seguidos com uma determinada ordem, para que o resultado final seja bem próximo do esperado. Assim, quando se fala em internacionalização, deve-se pensar no negócio a partir do marco zero, só que em outro país.

Dessa forma, antecipadamente, há que se pensar em responder algumas perguntas básicas e importantes como por exemplo: Por onde devo iniciar a internacionalização de minha empresa? Qual o tamanho do mercado no exterior e como meu produto pode se comportar nele? Que nível de recursos e investimentos devo dedicar a esse projeto? Como escolher o parceiro no exterior? Como posso auxiliar um parceiro estrangeiro a entrar no mercado brasileiro?

À medida que o empresário procura responder a essas questões, ele começa a validar as oportunidades reais que existem para o seu negócio e parte para a definição das ações comerciais viáveis, que deve implementar para obter sucesso na entrada num novo mercado.

Fabricio Pessato, disse ao Diário do Comércio e Indústria em 06/01/2012, que este é um bom momento para as empresas brasileiras iniciarem o processo de internacionalização. Por causa da crise, os ativos nos Estados Unidos e na Europa, estão mais baratos, o que pode favorecer aquisições de companhias e de imóveis, por exemplo. "Esse processo seria bom para equilibrar a remessa de lucro e dividendos ao longo prazo, já que a saída do dólar por essa modalidade é muito maior do que a entrada. O Japão nos anos 80, quando o iene estava sobrevalorizado, iniciou o processo de internacionalização.E isso contribui para um equilíbrio nas transações correntes daquele país. O Brasil, tem poucas empresas que expandiram seus negócios no exterior, como foi o caso da Petrobras, da Vale e agora da Ambev, ou algumas no segmento do aço e a maioria vai para a América Latina", diz . "E como nossa moeda é mais valorizada, o custo é menor, acrescenta". (Matéria de Fernanda Bompan, do Diário do Comércio e Indústria, 06/02/2012, site: www.almeidabugelli.com ,acesso em 27/01/2012).

5. Como Iniciar os Primeiros Contatos

Quando se aborda o tema sobre internacionalização de pequenas empresas e médias empresas, torna-se necessário ensinar os caminhos de como se chegar até lá.

Internacionalizar uma empresa não quer dizer que a mesma irá enviar colaboradores a outro país para bater à porta de novos clientes, fechando pedidos notórios, proporcionando um crescimento significativo para a empresa. Como se pode observar, requer planejamento, conhecimento e disposição para novos negócios

O início dos contatos com o mercado externo, pode ser feito através de um Seminário Internacional, onde, além do empresário ter a oportunidade de participar de palestras sobre diversos temas atuais, poderá visitar empresas multinacionais, com a oportunidade de realização de *"networking"*. Ou mesmo, enviar colaboradores para fazer um treinamento em empresas congêneres , localizadas em outro país, para obter conhecimentos básicos do mercado onde se pretende atuar.

5.1 - Por Que É Recomendável Iniciar A internacionalização da Empresa pelos Estados Unidos?

Internacionalizar a empresa e/ou a carreira, iniciando pelos Estados Unidos é justificado por algumas razões: o maior mercado consumidor do mundo; extensa população com poder de compra e apurados hábitos de consumo; oportunidades para empresa de todas as partes do mundo; potencialização da imagem e cartão de visita para entrada em qualquer nível de comércio internacional.

A direção da empresa e/ou demais colaboradores, poderá em primeira experiência, participar de um seminário internacional, contando com todo o apoio logístico de profissionais altamente qualificados para acompanhá-los nessa jornada, os quais, irão proporcionar aos participantes, uma visão diferenciada de tudo aquilo que eles já se conhecem.

Portanto, para que se tenha segurança no processo de internacionalização da empresa, é de suma importância que se tenha contato com representantes de instituições estrangeiras, que desfrutem de um bom conceito no mercado e que estejam em concordância para auxiliá-lo nessa etapa inicial do processo como um todo.

A experiência já mostrou que além de internacionalizar a empresa, o empresário vai fazer parte de um networking de qualidade, que sem dúvida, será objeto de expansão de seus novos negócios.

Mas para que tudo isso ocorra, não basta saber por onde começar, é preciso ter confiança nas pessoas com quem você vai ter contato , principalmente no início das transações estrangeiras.

Com todo respeito, e com a devida autorização, posso citar aqui uma Instituição Educacional denominada **Florida Christian University - FCU**, sediada em Orlando-Florida, Estados Unidos - que além de desenvolver atividades acadêmicas, organização de seminários internacionais, entre outras, ela atua no mercado internacional, auxiliando estrangeiros, principalmente empresários brasileiros, a internacionalizarem suas empresa nos Estados Unidos e às vezes até em outros países.

A você leitor, que agora está tomando conhecimento desses fatos, é bem possível que essas informações sejam de extrema utilidade, não só para o seu presente como também para o seu futuro. Cabe aqui citar como exemplo, um caso real, que favoreceu indiretamente à reflexão, para a internacionalização da empresa.

Certa vez, o pai de um estudante (dono de uma pequena empresa familiar), procurou um desses profissionais para encaminhar seu filho (que trabalhava com ele na empresa), para participar de um seminário nos Estados Unidos, com o objetivo de propiciar o desenvolvimento dele e internacionalizar sua carreira de estudante.

Só para resumir: o jovem foi participar do seminário juntamente com o grupo formado e sempre demonstrando um grande interesse e desempenho nas atividades. Na visita técnica, em uma empresa em Orlando-Flórida, ele fazia muitas perguntas, registrava os fatos com fotos e filmagens dos assuntos de seu interesse.

Quando do retorno dele ao Brasil, contou ao pai sobre sua viagem e fez a ele uma proposta, que poderia ser viável para empresa, com base nos conhecimentos adquiridos. Ele propôs uma pequena mudança na linha de produção, com a implantação de um novo procedimento, atividade esta, que ele conheceu por ocasião da visita técnica durante o Seminário Internacional. O pai, motivado com a empolgação do filho, adotou e implementou a mudança. O resultado, nem precisa ser dito. Mudou a vida da empresa para muito melhor em todos os sentidos, com uma respeitável economia. O pai ficou tão feliz, que viajou para os Estados para conhecer os procedimentos para internacionalizar sua empresa.

Situações como esta é que são consideradas como cartão de visita para iniciar a internacionalização das pequenas e médias empresas.

6. A Internacionalização da Empresa: Liderança – Cobranças Inteligentes

6.1 - Breve Histórico

Para citar um pouco da empresa como exemplo neste livro, bem como o processo de sua internacionalização, foi necessário uma autorização através do seu Diretor Operacional, Gustavo Antunes, incluindo ainda, uma entrevista com o mesmo, visando passar um pouco dessa experiência a você que acaba de adquirir este livro.

Nessa oportunidade, além do Diretor informar sobre a Liderança e seu posicionamento no mercado, termina a entrevista, respondendo algumas questões, citadas à frente, como conselhos importantes, que no meu entender, é primordial àqueles que pretendem internacionalizar sua empresa.

6.2 - A Liderança – Cobranças Inteligentes

Há mais de 23 anos a empresa iniciou suas atividades, operando ativamente no mercado financeiro os serviços de cobrança extra judicial, posteriormente estendendo sua atuação como Contact Center, às mais conceituadas instituições financeiras do país. (www.liderancacobrancas.com.br)

A Liderança tem como objetivo atender os clientes com eficiência e eficácia, utilizando recursos tecnológicos de última geração, além do treinamento constante de seus colaboradores, na função que lhe é peculiar: cobranças inteligentes. Além do atendimento pessoal e telefônico, a empresa possui consultores que estão à disposição dos clientes, para atendê-los on-line, onde o usuário poderá enviar suas dúvidas e receber uma resposta em até 24 horas.

A busca por elevados níveis de excelência, tem sido uma das preocupações da empresa, que se compromete a utilizar todos os recursos disponíveis no mercado para o alcance dos resultados.

A empresa dispõe de ferramentas especializadas em sistemas de gestão de cobrança. Possui uma equipe de alta qualificação técnica e emprega tecnologia de última geração em suas soluções. O sistema, desenvolvido para atender as necessidades de empresas de recuperação de crédito, permite não só a praticidade, eficiência e segurança na operação, como também controles gerenciais e de auditoria, através de relatórios, que vão desde controles de caixa a controles de estratégias e acionamento on-line.

Possui um completo portfólio de serviços, que atua em diversos segmentos do mercado, como: Financiamento de Veículos; Varejo; Cartões de Crédito; Crédito Imobiliário; Crédito Agrícola; Crédito Consignado entre outros. Como já relatado anteriormente, a empresa atua em todo o Brasil e agora, está iniciando um processo de internacionalização, com a abertura do primeiro escritório no exterior, na cidade de Orlando, Estados Unidos. Cabe lembrar aqui, que esse processo está sendo intermediado pela instituição já citada, a Florida Christian University-FCU, a qual, na pessoa de seu responsável, faz também o acompanhamento da inserção da mesma no mercado americano.

O mercado onde atua a Liderança é bastante competitivo e sofre no momento um processo de consolidação, com fusões e incorporações e, neste sentido, há uma preocupação constante com o melhor atendimento aos clientes, sendo eles as principais instituições financeiras e empresas de ponta no mercado nacional. É exatamente isso que move a direção da empresa na busca constante do crescimento global e atualização tecnológica. Neste momento eles estão passando pelos principais conceitos-chave das teorias da internacionalização, citados no início deste capítulo.

5.3 - Conselhos Importantes

a) Por que a opção de internacionalizar a Liderança?

A opção de internacionalizar a Liderança Cobranças Inteligentes e seus negócios, partiu dos serviços de consultoria realizados por competentes parceiros que nos nortearam nessa importante decisão. O estudo do mercado de cobranças nos Estados Unidos, demonstrou-nos o quanto estávamos avançados face ao referido país, disse Gustavo. Isso nos fez vislumbrar oportunidades não somente de estender nossas atividades nos Estados Unidos, mas também em outros importantes países do mundo.

b) O que representou para a direção da empresa, a internacionalização da Liderança, nos Estados Unidos?

O simples fato de entregarmos os nossos novos cartões de visita com endereço do Brasil - São Paulo na frente e o endereço de Orlando - Estados Unidos no verso, disse ele, já tem repercutido forte impacto em nossa visibilidade comercial. Afinal fomos pioneiros na internacionalização em nossa atividade, fato esse que aumentou nossa competitividade e agregou diferencial face aos concorrentes.

c) Que conselhos vocês dariam àqueles que pretendem internacionalizar sua empresa?

Aconselhamos àqueles que pretendem partir para essa motivadora ação de internacionalizar seus negócios, que a façam, porém com o auxílio de profissionais especializados e experientes nessa atividade, que acreditamos ser algo fantástica, uma vez que realizada nos moldes da específica legislação do país pretendido. Dessa forma, acredito que a experiência será menos dolorosa, caso a decisão seja realizar em "carreira solo".

d) Outros comentários que julgar importantes, àqueles que ainda vão iniciar esse processo.

Recomendamos o desenvolvimento de um Plano de Negócios, específico para essa atividade (que seja diferenciado das atividades atuais da empresa), a fim de que o foco atual seja mantido, sem perder a visão de onde se pode e/ou deseja chegar, com a internacionalização de seus negócios.

7. Considerações Finais

Pelo exposto até o momento, pode-se fazer uma reflexão sobre as mudanças que estão ocorrendo no mundo empresarial, comparando com a necessidade da internacionalização das pequenas e médias empresas. Muito mais que um status – é uma necessidade – pois a globalização está aproximando os povos e os contatos, numa velocidade acelerada e quem não conseguir acompanhar esse movimento, corre o risco de ficar fora do mercado.

Atividades e Exercícios

1. Responda as seguintes questões:
2. Por que é importante a internacionalização das empresas?
3. Quando e por que motivo a internacionalização das empresas brasileiras, teve o seu início?
4. Comente o Quadro 1, comparando as teorias nele inscritas.
5. Quantos e quais são os estágios considerados no processo de internacionalização, segundo Andersen?
6. Por que iniciar a internacionalização das pequenas e médias empresas, pelos Estados Unidos?
7. Faça um resumo e comente o exemplo citado no caso do estudante que foi participar de um seminário nos Estados Unidos.
8. Comente com seu grupo, o caso citado da empresa Liderança-Cobranças Inteligentes.

Sugestão de Pesquisa

Pesquise na internet um modelo de Plano de Ação 5W2H e, tendo em vista o conhecimento adquirido com o conteúdo deste capítulo, crie um Plano de Ação para internacionalizar uma pequena empresa. Procure estabelecer metas específicas, mensuráveis, atingíveis, realistas e uma data de conclusão para cada uma das metas estabelecidas.

Palavras-Chave: internacionalização, organizações, empreendedorismo.

Referências

ANDERSEN, O. **On the internationalization process of firms**: *a critical analysis*. Journal of International Business Studies. Washington, v.24, n.2, p.209-231, second quarter, 1993.

CARNEIRO, J.M.T. **Desempenho de exportação em empresas brasileiras: uma abordagem integrada**. Tese de Doutorado, Instituto de Pós-Graduação e Pesquisa em Administração (Coppead), Universidade Federal do Rio de Janeiro. Rio de Janeiro, 2007.

CARVALHO, G.S. **A influência da internacionalização sobre o controle gerencial de uma empresa brasileira:** o caso Sabó Ltda. Dissertação de mestrado, Universidade do Estado do Rio de Janeiro. Rio de Janeiro, 2008.

CAVASGIL, T; DELIGONUL, S. YAPRAK, A. **International Marketing as a field of study: a critical assessment of earlier development and a look forward**. Journal of International Marketing. v.13, n.14, p.1-27, 2005.

CONDO, A. **Internationalizacion of firms based in developing economies**. 2000. Tese de Doutorado Harvard University, Cambridge, 2000.

DUNNING, J.H. **Towards na ecletic theory of international production**: some empirical tests. Journal of International Business Studies. v.11, 1980, p. 9-31.

DUNNING, J.H. **The ecletic paradigm of international production: a restatement an some possible extensions.** Journal of International Business. v.19, n.1, p.1-31, 1988.

DUNNING, J.H. **Location and multinational enterprise: a neglected factor?** Journal of International Business Studies, v.29, n.1, p.45-66, 1998.

FLEURY, A.; FLEURY, M.T.L. Internacionalização das empresas brasileiras: em busca de uma abordagem teórica para os late movers. In: FLEURY, A.; FLEURY, Maria Teresa L. **Internacionalização e os países emergentes**. São Paulo: Atlas, 2007.

JOHANSON, J.; VAHLNE, J.E. *The mecanism of internacionalization. International marketing review,*v.7,n.4,p.11-24,1990. Apud HILAL,A. HEMAIS, C.A. Escola de Negócios Internacionais: evidências empíricas de empresas brasileiras – In: **As empresas brasileiras na era da internacionalização**: *anais do II Workshop em internacionalização de empresas,* COPPEAD/UFRJ 2001.

JOAHNSON, J.; WIEDERSHEIM-PAUL, F. **The internationalization of the firm** – Four Swedish cases. The Journal of Management Studies, p.305-322,1975.

JOAHNSON, J.; WIEDERSHEIM-PAUL,F. VAHLINE, J.E. **The internationalization process of the firm**: model of knowledge development and increasing foreign markets commitments. Journal of International Business Studies, p.23-32,1977.

JOAHNSON, J.; WIEDERSHEIM-PAUL,F. VAHLINE, J.E. **Business relationship learning and commitment in the internationalization process.** Journal of International Entrepreneurship, p. 83, 2003.

JOAHNSON, J.; WIEDERSHEIM-PAUL, F. VAHLINE, J.E. **The Uppsala internationalization process model revisited**: from liability of foreignness to liability of ousidership. Journal of International Business Studies, v.40, p.411,2009.

KOVACS, E.O. **O processo de internacionalização de empresas nordestinas**: proposição de um framework. Tese de doutorado, Programa de Pós-Graduação em Administração (Propad), Universidade Federal de Permanbuco. Recife, 2009.

LAM, L.W; WHITE, L.P. **An adaptative choice model of the internationalization process.** International Journal of Organizational Analisys. V.7, n.2, p.105-134, 1999.

LEITE, H.; ROCHA, A.; Figueiredo, K. A percepção cultural e a decisão de exportar – In: **Gerência de exportação no Brasil** – Organizadora: Rocha – São Paulo: Atlas, 1988.

MELSOHN, Maria Cláudia Mazzaferro. **O Processo de Internacionalização de Pequenas e Médias Empresas Brasileiras**. Dissertação de Mestrado, Fundação Getúlio Vargas – FGV, Escola de Administração de Empresas de São Paulo, 2006.

MORAES, W.F. A; KOVACS, E.P; OLIVEIRA, R.B. teorias de internacionalização e aplicação em países emergentes: uma análise crítica. In: I SIMPÓSIO INTERNACIONAL DE ADMINISTRAÇÃO E MARKETING. São Paulo:ESPM, 2006.

ROCHA A. As novas fronteiras: a multinacionalização das empresas brasileiras. Rio de Janeiro: Muad, 2003.

RUGMAN, A. M. Theoretical aspects of MNEs from emerging economies. In RAMAMURTI, R. SINGH, J. **Emerging multinationals in emerging markets**. United Kingdom: Cambridge University, 2009.

SILVA, Jader C. de Souza; FISCHER, Tânia; DAVEL, Eduardo. **Anais Eletrônicos**, 22º ENANPAD (Foz do Iguaçu - PR),1998.

SILVA, Vanessa Almeida da. **Fatores influenciadores no processo de internacionalização: um estudo em empresas gaúchas do setor de máquinas e equipamentos**. Dissertação de Mestrado – Universidade Federal de Santa Maria, Centro de Ciências Sociais e Humanas, Programa de Pós-Graduação em Administração, RS, 2011.

VASCONCELLOS, E. et. al. **Internacionalização, estratégia e estrutura**: o que podemos aprender com o sucesso da Alpargatas, Azaléia, Fanem, Odebrecht, Voith e Volkswagen. São Paulo: Atlas, 2008.

VERNON, R. **International Investiments and international trade in the product cycle**. Quarterly journal of Economics, 1966.

Cresce procura no BNDES para aquisições em outros países. Página Institucional. Matéria de Fernanda Bompan – do Diário do Comércio e Indústria – 6/01/2012. Disponível em www.almeidabugelli.com ,acesso em 27/01/2012.

Movimento Brasil HSM – Página Institucional. Disponível em www.movimentobrasilhsm.com.br. Acesso em 07/02/2012 .

Planejando para Internacionalizar – Página Institucional. Disponível em www.sebrae.com.br. Autor Sebrae/Na. Acesso em 02/02/2012.

Plano de Negócio

Fabrizio Scavassa

*A mente que se abre a uma nova ideia
jamais voltará ao seu tamanho original.*
Albert Einstein

Introdução

A cada ano que passa o brasileiro vem demonstrando cada vez mais sua capacidade inovadora e empreendedora e isto é comprovado com a dinâmica dos negócios e a abertura de novas empresas (micro e pequenas empresas).

A evolução de uma empresa depende não apenas de uma boa ideia, mas sim de uma boa administração ao longo dos anos de operação. Um ponto crítico neste momento, para a abertura de um negócio, são os seus primeiros vinte e quatro meses, meses que podem ser fundamentais para o sucesso ou o fracasso de um negócio.

Um plano de negócio, por mais simples que se apresente, pode se tornar uma grande empresa, afinal a rede de lanchonetes McDonald's, o Banco Bradesco, o Google, a Coca-Cola não nasceram grandes. No início, todas, eram apenas ideias e estas boas ideias, aliada a uma boa administração, construíram grandes empresas que hoje são mundialmente conhecidas.

1 Iniciando o Plano de Negócio

Um plano de negócio inicia-se com uma ideia, por mais simples que se apresente, ideia que deve ser bem dimensionada e planejada.

Toda empresa tem um foco bem simples, o lucro e este lucro é base para a remuneração de seus acionistas, investidores ou proprietários. Portanto, uma empresa deve ser capaz de gerar riqueza suficiente para pagar sua operação (custos e despesas), além de remunerar seus administradores.

Um empresário, no momento em que opta por abrir um novo negócio, imagina que deve retirar remuneração desta empresa ou negócio, ou seja, em nenhum momento este empreendedor imagina-se sustentando o negócio com a aplicação de seus recursos próprios.

Como citado anteriormente não existe ideia ruim, mas sim mal planejada ou mal gerida. De toda ideia bem planejada é possível obter os resultados esperados, portanto, o primeiro passo para iniciar o plano de negócio está na ideia de um empreendedor.

2 O Planejamento Estratégico

Após amadurecer a ideia do plano de negócio entra-se no primeiro estágio, a elaboração das futuras expectativas desta nova empresa. Para esta etapa da elaboração do plano de negócio, não se deve criar muita expectativa ou almejar grandes realizações nos primeiros anos de operação.

É muito comum, em seus primeiros meses de operação, as empresas (micro, pequena ou média) apresentarem um período de prejuízo, por isto é que se faz necessário dimensionar, sem superestimar suas projeções.

2.1 Definir o Porte da Empresa

No momento do planejamento estratégico, o empreendedor deve iniciar sua análise de modo que estime o porte de seu plano de negócio. Este porte, seja no atendimento (serviço), na comercialização (comércio) ou na produção (indústria), define as primeiras projeções do plano de negócio.

2.2 Definir o Cliente-alvo

No segundo momento, o empreendedor deve estimar o tipo de produto ou serviço que deseja ofertar e quem será seu público-alvo. O local no qual ele posicionar sua sede para atendimento aos clientes ou para a venda dos produtos, poderá influenciar muito esta etapa do processo.

Definir o ponto comercial deve envolver diversas etapas de análises. Entre as principais etapas que podemos citar temos:

- Análise do Público-alvo: identificar se o local escolhido possui o público consumidor de seu produto ou serviço.
- Análise do Preço: embora quem determine o preço médio de um produto e serviço seja o mercado, é importante saber se o(s) produto(s) ofertado(s) oferece (m) preços compatíveis com público.
- Análise do Local: é relevante conhecer o local do ponto comercial, saber qual a frequência diária e mensal de pessoas ou consumidores em potencial.

Todas estas etapas podem influenciar tanto positivamente quanto negativamente o processo de implantação do plano de negócio.

2.3 Análise SWOT

Outra forma de garantir o estudo desta etapa é a projeção ou elaboração da conhecida Análise *SWOT*, do inglês: Forças (*Strengths*), Fraquezas (*Weaknesses*), Oportunidades (*Opportunities*) e Ameaças (*Threats*).

Este tipo de análise auxilia o empreendedor na elaboração do seu plano de negócio, principalmente para conhecer os ambientes internos (forças e fraquezas) deste plano de negócio e os ambientes externos (oportunidades e ameaças).

FIGURA 23.1 – QUADRO SWOT.
Fonte: Elaborado pelo autor.

Na análise do ambiente interno, o empreendedor deve certificar-se de todas as etapas que a empresa deve percorrer, bem como analisar metodicamente todos os benefícios e problemas que este plano de negócio pode trazer sem influência do mercado externo.

Por outro lado, na análise do ambiente externo o empreendedor deve dimensionar quais os principais impactos positivos e negativos que o mercado, seus concorrentes diretos e indiretos, o governo, os bancos e outros agentes podem influenciar.

3 Plano Mercadológico

Conhecido também como plano de marketing, o plano mercadológico é o primeiro contato que o potencial cliente-alvo tem de seu negócio. Para iniciar esta etapa do processo, o empreendedor deve conhecer o mercado de atuação.

Uma boa forma de conhecer esse mercado ou o seu potencial é acessar alguns sites específicos como sindicatos e associações do segmento, pois nele o empreendedor compreenderá o comportamento do segmento e encontrará algumas expectativas de crescimento para os demais anos.

3.1 Análises dos Consumidores

Uma análise do consumidor pode definir o comportamento do segmento e o foco do cliente, afinal, em um plano de negócio, o empreendedor deve sempre superar a expectativa do seu cliente e, com isso, inicia-se o processo de fidelidade deste cliente ao voltar a consumir o referido produto ou serviço.

Assim que o empreendedor compreender como é o comportamento do mercado, torna-se mais fácil perceber o comportamento do consumidor, uma vez que o mercado é definido pelo consumidor.

Definido o produto ou serviço, o próximo passo é deliberar como este será ofertado. Nesse sentido, o empreendedor deve alinhar sua estratégia a esse seu público-alvo. Cabe ressaltar que o mesmo produto ou serviço pode ser ofertado para consumidores chamados de classe A e consumidores chamados de classe C.

Para bem entender o conceito de consumidores classe A, B, C, D e E, destacamos:

O consumidor da classe A é aquele que está disposto a pagar muito mais por um produto ou serviço; ele geralmente consome produtos supérfluos e os atrativos para ele, além da qualidade é a exclusividade, portanto, o preço tem pouca ou nenhuma influência na sua decisão de compra.

Quanto mais distante da classe A nesta escala, maior é a sensibilidade ao preço de venda e menor a exigência de qualidade e exclusividade. Por isto, uma característica de consumidores da classe C, D e E são produtos mais baratos que costumam ter um volume muito grande de venda, ou seja, o ganho do empreendedor está no grande volume vendido e não na sua margem de contribuição unitária.

Compreendendo este conceito, será possível entender o perfil destes consumidores. O consumidor classe A é aquele que paga, não apenas pelo produto ou serviço, mas procura algum agregado a mais, seja uma embalagem, um acabamento ou até mesmo o atendimento.

Utilizando o outro extremo temos o consumidor classe C, que se preocupa muito mais com o preço do que com a qualidade e atendimento do produto ou serviço. Este não deixa de lado a qualidade, mas ela não é seu principal foco.

3.2 Análises dos Concorrentes

Conhecer os concorrentes é fundamental para o sucesso dos primeiros meses de operação, afinal o empreendedor necessita saber o que sua empresa oferece como diferencial para ganhar a atenção do cliente de seu concorrente.

Reforçamos que o empreendedor necessita de muita atenção neste momento, pois o plano de negócio para ser bem sucedido, passa pela compreensão dos efeitos das ações dos concorrentes diretos e indiretos.

Como concorrentes diretos, por exemplo, de uma pizzaria, podemos citar outras pizzarias que atendem a mesma região de cobertura de entrega. Estes são os concorrentes com o mesmo produto ou as mesmas características do produto de sua empresa.

Além das ações dos concorrentes diretos, as empresas, muitas vezes, sofrem ações de concorrentes indiretos. Utilizando o exemplo de uma pizzaria, os concorrentes indiretos de uma pizzaria são os *fast-food*, por exemplo, os que oferecem comida chinesa, comida árabe, entre outros.

3.3 Análises dos Fornecedores

Para o sucesso de um plano de negócio é importante um estudo dos principais fornecedores, para compreender o poder de barganha que este fornecedor tem sobre o negócio ou empresa.

Um plano de negócio que está limitado a poucos fornecedores pode sofrer no momento da negociação para compra de insumos, para produção ou prestação de serviço. Quanto maior o número de fornecedores que podem ofertar o produto procurado, melhor será a negociação da empresa.

Neste item, o empreendedor deve considerar o tipo de produto ou serviço que ele está disposto a vender ou comercializar, pois para consumidores mais exigentes o empreendedor deve preocupar-se, principalmente, com a qualidade do produto ou serviço.

Para consumidores classes C e D há a possibilidade de trabalhar com bens substitutos, isto quando o principal está em falta ou seu preço está muito alto, dificultando a comercialização pelo seu preço estipulado. Esta pode ser uma solução temporária até a regularização dos preços dos insumos.

3.4 Mapeamento do Processo

Uma forma de garantir o sucesso do plano de negócio está no empreendedor mapear todo o seu processo. Estas etapas envolvem cinco frentes, são elas:

- Fornecedores: pesquisar a influência de cada fornecedor no processo produtivo ou comercial; verificar a existência de fornecedores substitutos; promover a análise da quantidade de fornecedores.
- Clientes: analisar o comportamento que pode alterar a demanda (positivamente e negativamente); verificar o nível de influência dos clientes; estudar se os clientes desta empresa estão pulverizados ou concentrados; estabelecer o nível de dificuldade para novos clientes.
- Rivais Tradicionais: analisar o comportamento dos concorrentes tradicionais; pesquisar o crescimento do segmento; verificar se o *market share* é pulverizado; checar as principais diferenças entre os produtos e serviços.
- Substituto: levantar os bens substitutos do segmento; analisar o custo de mudanças dos bens atuais para os bens substitutos; verificar o potencial da marca do produto ou serviço para o cliente.
- Novos Entrantes: estudar o comportamento de novos entrantes (novos concorrentes do segmento); levantar os concorrentes em potencial mais relevantes; apurar o capital necessário para ingressar no segmento; pesquisar as barreiras de entradas aos potenciais novos entrantes.

3.5 Descrição do Produto ou Serviço

Para finalizar o plano mercadológico, o mais importante é descrever todas as características do produto ou serviço, pois quanto maior o detalhamento das características destes produtos ou serviços, melhor será o conhecimento da capacidade da empresa em reconhecer os pontos fortes dos produtos ou serviços.

Com esta etapa superada, o empreendedor pode alocar ou identificar melhor seus clientes e isto se torna uma ferramenta fundamental para o sucesso na comercialização dos produtos ou serviços.

3.6 Estratégias Promocionais

Segundo Kotler e Keller (2008), a melhor forma de atingir o objetivo das vendas é o estudo do produto, preço, praça e promoção. Estes itens abordam as estratégias básicas para garantir que o produto seja divulgado e ofertado, no melhor local para atingir o seu público-alvo.

4 Plano Operacional

Todo processo operacional deve ser basicamente fundamentado em quatro vértices, entre elas as principais são:

- A localização do negócio.
- O layout/ arranjo físico.
- A capacidade de produção e/ou comercial.
- O processo de produção e/ou comercialização.

Em cada item supracitado o processo fabril deve ser descrito detalhadamente, pois quanto mais informações do processo fabril o empreendedor possuir, melhor será a compreensão da capacidade instalada do plano de negócio.

4.1 Localização do Negócio

O plano de negócio, para estar em linha com as expectativas de vendas da área comercial, deve estar localizado em uma região de grande circulação do público ou cliente-alvo. Quanto maior a circulação de clientes em potencial, melhor será as projeções de receitas do plano de negócio.

4.2 Capacidade Instalada

O layout físico é muito importante, pois através dele o empreendedor poderá refinar a capacidade instalada do plano de negócio. A capacidade instalada é determinada pela produção ou estocagem máxima de um determinado produto e a capacidade máxima na prestação de serviço em um determinado horário.

Para deixar mais evidente esta etapa, podemos citar, como exemplo, um salão de cabeleireiro. Mesmo estando disponíveis ao longo do dia os assentos para corte, quem determina a capacidade máxima na prestação deste serviço será o limite de assentos e funcionários disponíveis no horário de pico.

Imagine que neste salão o horário de pico seja das 12h00 às 13h00 e ele conta com 3 assentos. Considerando o tempo de corte estimado em 30 minutos, a capacidade máxima deste salão será de seis cortes.

Para cada plano de negócio, o empreendedor deverá identificar o chamado "gargalo" ou a sua capacidade máxima de produção, sempre considerando o máximo de variável possível.

O que ajuda muito os empreendedores a superar a capacidade de produção (ou capacidade instalada) é a programação da produção, ou utilização do período de ociosidade para continuar produzindo. Isto ajudará a empresa a preparar-se, caso exista algum período de sazonalidade que supere o período máximo das vendas regulares.

É importante saber que o estoque parado para uma empresa representa prejuízo, pois ocorre o investimento em matéria-prima, pagamento de salários operacionais (mão de obra) e, ainda, o custo com armazenagem. Quanto maior o tempo de retorno para a empresa deste valor, pior será a operação dela, ou melhor, menos lucrativa.

Para finalizar esta etapa, o empreendedor deverá identificar qual o prazo médio para elaboração do produto ou prestação do serviço. Em alguns negócios o tempo de execução torna-se um diferencial no modelo de negócio.

O empreendedor deverá ter bem definido todos os recursos utilizados para execução do serviço ou elaboração do produto final; isto implica em problemas futuros caso a matéria-prima não possua um bem substituto e o principal item para elaboração do produto tenha algum tipo de sazonalidade ou escassez no mercado.

5 Plano de Recursos Humanos

O plano de recursos humanos é considerado de fundamental importância para o sucesso do plano de negócio. Contudo, vale ressaltar que nem sempre o empresário ou proprietário estará à frente para atender o cliente e, por essa razão, seu cartão de visita será representado pelos seus colaboradores que auxiliarão na prestação de serviço ou comercialização dos produtos.

Em caso de produção, é muito provável que apareçam "participantes-chave" neste processo. O mais comum é a contratação de pessoas com experiência para o início das operações, pois estes novos colaboradores poderão participar de forma ativa e construtiva na formatação das rotinas diárias da produção.

Quanto maior a experiência do colaborador, maior será sua contribuição; ao mesmo tempo, o custo desta mão de obra mais específica será também maior, proporcionando, assim, um custo adicional para o plano de negócio que se torna fundamental neste período de crescimento.

5.1 Iniciando a Contratação

No primeiro passo para iniciar a contratação está a definição do perfil do colaborador desejado como, por exemplo, o tempo de experiência, grau de escolaridade, cursos técnicos necessários para execução da atividade. Quanto mais detalhes na escolha do novo colaborador, maior será a chance de sucesso para alocar o funcionário ideal, em cada função.

É importante manter-se atento, pois o processo seletivo para atribuição de vagas deve ser muito rígido, pois o custo para mudança (demissão e novo processo seletivo) costuma ser elevado. Considerando os primeiros meses de operação, os planos de negócios tendem a apresentar prejuízos, pois sua operação não costuma pagar-se por si mesmo.

5.2 Modelo de Cargo e Salário

O mais recomendável para um novo plano de negócio é a descrição detalhada ou um modelo de cargos e salários e, para isto, o próprio empreendedor pode desenhar este modelo para uso interno.

Recomenda-se o mapeamento das competências que cada cargo necessita para seu preenchimento e execução na empresa. Contudo, é preciso tomar cuidado, pois o individuo que possui mais características do que as solicitadas, nem sempre deverá ser remunerado a mais por isto. O modelo de cargo e salário determina o mínimo que o indivíduo necessita para ocupá-lo.

É igualmente importante que o colaborador tenha dimensão de onde, na empresa, ele poderá chegar ao longo dos anos e, para tanto, recomenda-se um plano de desenvolvimento profissional.

Como ilustração podemos citar um restaurante que possui algumas linhas de cargo, por exemplo, em que o individuo sem experiência é contratado como ajudante de cozinha I, ao longo de alguns meses (ou anos) com sua experiência consolidada, ele poderá tornar-se ajudante de cozinha II.

O plano de carreira, por fim, pode definir que este indivíduo, que possui grande experiência como ajudante de cozinha, ao participar de cursos técnicos e de capacitação profissional poderá, em algum momento, após a conclusão de sua capacitação, ocupar o cargo de chefe de cozinha.

Assim, no momento do ingresso na empresa, deve ser definido e também estar bem evidenciado, qual é a possibilidade de crescimento para estes colaboradores, uma vez que isto ajuda a manter os que procuram oportunidades de crescimento.

5.3 Descrição de Cargo

Após definir todas as etapas, formalmente, deve ser descrito cada cargo que a empresa (plano de negócio) deve possuir, tendo atenção, pois quanto mais cargos o empreendedor criar, maior será o detalhamento por ele.

A descrição de cargo deve informar o que cada um deverá desenvolver em seu plano de negócio. Aqui não podemos confundir o que o individuo necessita para ocupar o cargo, com o que este indivíduo desenvolverá nesta função ou atividade.

Uma ferramenta que ajuda o empreendedor a entender a estrutura de seu negócio é a elaboração de um organograma. Por mais simples que se apresente, ele pode ser um reflexo de hierarquia desejada ou esperada pelos empreendedores.

FIGURA 23.2 – ORGANOGRAMA BÁSICO DE UMA EMPRESA.
Fonte: Elaborada pelo autor.

5.4 Definição da Qualificação

Conforme citado anteriormente, quanto maior o detalhamento da qualificação, maior será a probabilidade de encontrar um bom colaborador para ocupar o cargo. A seguir apresentamos alguns exemplos para definir a qualificação do cargo a ser contratado:

- Analista Financeiro: formação superior (Administração/Ciências Contábeis/ Economia); três anos de experiência na área financeira e conhecimentos em planilhas eletrônicas.
- Cabeleireira: Ensino Médio completo; experiência de um ano e cursos de especialização na área.
- Secretária: Ensino Médio completo; boa comunicação oral e escrita; experiência em atendimento ao público; digitação em arquivos eletrônicos; dinâmica; proativa e com experiência mínima de quatro anos comprovada.

6 Plano Financeiro

O planejamento financeiro é o divisor de águas para apresentar a viabilidade de um projeto. Por meio dele será possível determinar se o projeto ou plano de negócio sairá do papel ou não.

Esta é uma das etapas mais delicadas para o desenvolvimento do projeto ou plano de negócio, como já mencionado, pois toda empresa tem o foco no resultado, e o empreendedor espera do seu plano de negócio boa rentabilidade e o retorno, o mais breve possível, do valor investido.

Para certificar-se que este projeto, além de se tornar lucrativo, pode também remunerar os seus investidores, o empreendedor deve elaborar as projeções financeiras de cinco anos, pois este é o tempo máximo, pela ótica de um investidor hipotético, de recuperar o seu valor investido corrigido.

As etapas a serem seguidas são:

- Elaborar as vendas.
- Elaborar custos.
- Elaborar despesas.
- Elaborar avaliação de investimento.
- Elaborar DRE (Demonstração do Resultado do Exercício).

6.1 Receita de Vendas

A apuração da receita operacional de todo plano de negócio deve estar em linha com o planejamento estratégico e conforme projetado o crescimento do mercado e o crescimento do *market share* do negócio, será possível estimar o volume comercializado dos produtos ou serviços pelos próximos cinco anos.

O preço atribuído para a venda de cada produto ou serviço será o complemento para projeção da receita das vendas.

A fórmula básica para projeção da receita deve conter o volume e o preço, como mostra a figura 3.

VOLUME X PREÇO

FIGURA 20.3 – FÓRMULA BÁSICA PARA PROJEÇÃO DA RECEITA.
Fonte: Elaborada pelo autor.

Vale ressaltar que, geralmente, o preço de certos produtos é determinado pelo mercado, por isto, basicamente, uma pesquisa no segmento é a melhor forma para iniciar as projeções.

6.2 Custos

Os custos para uma empresa pode ser definido como o gasto necessário para elaborar o produto ou prestar o serviço. Caso o empreendedor apresente dificuldades em separar os gastos de produção dos gastos da empresa em geral, se faz necessário responder a seguinte pergunta. Sem este gasto existe o produto/serviço final?

Caso a resposta seja positiva, trata-se de despesa, pois o gasto não é essencial para o produto ou serviço final. Agora se a resposta é negativa, trata-se de custo, pois sem este gasto não existe o produto ou serviço final.

Para cálculo do custo operacional será preciso promover a verificação do volume de vendas. De acordo com a quantidade vendida por ano, serão elaborados os custos necessários para a produção.

Neste caso, devemos estar atentos, pois o custo deve estar alinhado com a expectativa do lucro da operação, e não devemos esquecer, além da matéria-prima, os gastos com a mão de obra direta e indireta da operação.

Extraindo os custos operacionais da receita líquida (receita bruta, descontados os impostos sobre as vendas) basicamente encontramos o Lucro Bruto. O lucro bruto é importante para apurar se a operação da empresa não tem um alto custo produtivo, pois uma indicação de prejuízo levanta um alerta na continuidade da operação.

6.3 Despesas

Para elaborar a projeção pela DRE (Demonstração do Resultado do Exercício) será necessário identificar as despesas operacionais; estas despesas podem ser classificadas de duas formas: Despesas Administrativas/Gerais e Despesas Comerciais.

As Despesas Administrativas/Gerais são compostas pelos gastos de aluguel, serviços de terceiros (segurança, limpeza e serviços contábeis terceirizados), remuneração dos colaboradores, dos recursos humanos, contabilidade, financeiro, staff em geral, honorários dos administradores etc.

Por sua vez as Despesas Comerciais são os gastos que tem por objetivo a venda do produto ou serviço, como as campanhas de marketing, publicidade, propaganda em jornais, revistas, televisão, salários da equipe comercial e comissões.

Após a apuração destas despesas se pode subtrair do Lucro Bruto todas as despesas operacionais; com isto o empreendedor apura o Resultado Operacional, o que torna possível saber se o negócio é lucrativo ou não.

6.4 Resultado DRE e Fluxo de Caixa

A apuração da DRE é importante, pois por meio dela é possível elaborar o fluxo de caixa do projeto; fluxo de caixa este que, basicamente, será extraído da demonstração de resultado, pois a mesma contempla todas as informações necessárias.

Um indicador importante para a DRE é o LAJIDA (lucro antes de juros, impostos, depreciação e amortização) e através do LAJIDA se pode dar início a projeção de caixa.

Como o fluxo de caixa será a base para a análise de viabilidade econômico-financeira é importante que seja separada a depreciação e amortização das Despesas Administrativas/Gerais, caso haja algum valor contabilizado.

A figura 4 apresenta o cálculo do LAJIDA.

```
(=) RESULTADO OPERACIONAL
(+) DEPRECIAÇÃO/AMORTIZAÇÃO
(=) LAJIDA
```

FIGURA 23.4 – CÁLCULO DO LAJIDA.
Fonte: Elaborado pelo autor.

Para cálculo do fluxo de caixa consideramos a DRE, e partindo do LAJIDA devemos acrescentar os itens que têm influência no Caixa do plano de negócio, mas que não são contemplados na DRE. São eles:

- A variação do Capital de Giro.
- Os impostos de Renda e Contribuição Social.
- O ativo Fixo ou *Capex* (*Capital Expenditure*).

A Figura 23.5 apresenta a Demonstração do Resultado do Exercício considerando o LAJIDA e o Fluxo de Caixa.

DEMONSTRAÇÃO DO RESULTADO DO EXERCÍCIO

(=) **Receita Bruta**
(-) Impostos e Deduções
(=) **Receita Líquida**
(-) Custos Operacionais
(=) **Lucro Bruto**
(-) Despesas Operacionais
  .despesa administrativa/geral
  .despesa comercial
(=) **Resultado Operacional**
(-) IR/CS
(=) **Resultado Líquido**

LAJIDA

(=) **Resultado Operacional**
(+) Depreciação/Amortização
(=) **LAJIDA**

FLUXO DE CAIXA

(=) LAJIDA
(+/-) Variação Capital de Giro
(-) Imposto de Renda e Contribuição Social
(-) Ativo Fixo
FLUXO DE CAIXA

FIGURA 23.5 – DRE considerando o **LAJIDA** e o fluxo de caixa.
Fonte: Elaborada pelo autor.

6.5 Variação do Capital de Giro

Segundo Matarazzo (2003), o capital de giro não é só um conceito fundamental para análise da empresa do ponto de vista financeiro, mas também é um instrumento de análise estratégica de crescimento e de lucratividade.

Para determinar a Variação do Capital de Giro devemos calcular o Passivo Circulante – Ativo Circulante, ou seja, devemos respeitar os sinais. Quando o sinal é positivo indica que a empresa tem o incremento de capital de terceiro (passivo circulante maior). Quando o sinal é negativo indica que a empresa vai reduzir seu endividamento a terceiros (ativo circulante maior).

A variação do capital de giro é muito utilizada em projetos mais complexos, nos quais existe a real necessidade da projeção do caixa, através de contas a receber, estoques (Ativos Circulante), fornecedores, salários e encargos, taxas/contribuições e contas a pagar (Passivo Circulante).

Esta projeção só deve ser elaborada quando existe uma variação entre os saldos a receber e os saldos a pagar do projeto.

6.5 Imposto de Renda e Contribuição Social

Neste item é replicado o saldo encontrado na DRE.

6.6 *Capex* (Ativo Fixo)

O *Capex* (*Capital Expenditure*) ou Ativo Fixo representa os gastos que a empresa tem para a manutenção dos projetos vigentes ou a continuidade normal de operação da empresa.

O Ativo Fixo é a aquisição de ativos tangíveis (móveis, equipamentos, veículos) para atividades operacionais da empresa ou a aquisição de ativos intangíveis (software) também para atividades operacionais.

A justificativa para este item ser considerado no Fluxo de Caixa é o pagamento ou desembolso que devemos fazer nas compras de ativos. Cabe ressaltar que só consideramos neste item valores gastos com as atividades operacionais da empresa ou diretamente relacionados ao projeto, desde que seja para atividades operacionais.

6.7 Viabilidade Econômico-Financeira

Para finalizar o plano de negócio, após apuração de cada ano do fluxo de caixa, cada saldo anual se transforma na entrada de caixa para apuração do projeto. O mais recomendável é a utilização dos métodos conhecidos como Valor Presente Líquido (VPL), o qual traz a valor presente as entradas de caixa futuras a uma data-base ou data do início do projeto.

Trata-se do retorno mínimo que deve ser obtido em uma análise de projeto, para que o valor de mercado da empresa fique inalterado. O Valor Presente Líquido é obtido subtraindo-se o investimento inicial de um projeto (FC0) do valor presente de suas entradas de caixa (FCj), descontadas a uma taxa igual ao custo de capital da empresa ou taxa de oportunidade.

Segundo Ross, Westerfield e Jaffe (2007), o valor presente líquido é um dos conceitos mais importantes em toda área financeira, pois ele indica a relação entre R$1,00 agora e R$1,00 no futuro.

Além desta ferramenta, complementamos a análise com a taxa interna de retorno (TIR), uma técnica que apura o percentual de retorno do projeto ou plano de negócio. Segundo definição de Hoji:

A Taxa Interna de Retorno (TIR) é conhecida também como taxa de desconto do fluxo de caixa. A TIR é uma taxa de juros implícita numa série de pagamentos (saídas) e recebimento (entradas), que tem a função de descontar o valor presente, contar um valor futuro ou aplicar o fator de juros sobre um valor presente, conforme o caso, para 'trazer' ou 'levar' cada valor do fluxo de caixa para uma data de avaliação. A soma das saídas deve ser igual à soma das entradas, em valor da data focal (data da avaliação), para anularem.

A TIR não deve ser confundida com a taxa mínima de atratividade que o valor investido deverá proporcionar para que o investimento seja interessante. A taxa mínima de atratividade pode ter outra denominação: taxa de atratividade, taxa mínima de juros, taxa expectativa e taxa de interesse, só para citar algumas (HOJI, 2006, p. 89).

6.8 Taxa de Desconto

O valor presente líquido (VPL) deve refletir as incertezas do mercado em que o plano de negócio vai atuar, para isto, aconselha-se a utilização de uma taxa de desconto ou custo de oportunidade compatível com esta realidade. Igualmente, aconselha-se o uso de uma taxa de aplicação de banco de primeira linha, como a remuneração de um investidor hipotético. Outra possibilidade aceita pelo mercado é considerar a taxa Selic mais atual, levando-se em conta um adicional pelo risco do negócio de 30% para compor a remuneração e os riscos do negócio.

Considerações Finais

Após estudo da elaboração do plano de negócio pode-se analisar o quanto complexo é este processo, mesmo passando por várias etapas. Por mais simples que se apresente, cada item deve ser analisado cuidadosamente para não haver erros de cálculos.

Nesse sentido, é importante que fique atento a cada etapa, pois todo o plano de negócio deve estar alinhado com todas as demais etapas, ou seja, passando pelo planejamento estratégico, pelo plano mercadológico, pelo plano de recursos humanos, pelo plano operacional e, finalmente, pelo plano financeiro.

Para garantir a integridade das informações, lembre-se de certificar-se que estas são as mais atuais e confiáveis publicadas do mercado. Por tratar-se de uma projeção, ela está sujeita a alterações ou variações ao longo dos anos em que ocorrerem os valores realizados.

Atividades e Exercícios

1. Descreva uma análise SWOT para um plano de negócio de um restaurante de comida natural. Faça a matriz com os pontos fortes, fracos, oportunidades e ameaças.
2. Defina as características de um plano mercadológico de um plano de negócio de um supermercado.
3. Você é um Consultor e foi contratado por uma empresa para implantar o plano operacional em uma indústria de parafusos. Quais os pontos que devem ser analisados? Se você tivesse liberdade para escolher o modelo de negócio, o que você sugeria para os donos desta empresa? Cite todas as etapas do plano operacional.
4. Desenhe um plano de recursos humanos para uma empresa de serviços terceirizados de limpeza. Crie os cargos e salários que julgar necessários e faça uma pesquisa salarial para cada categoria.
5. Sabendo que o plano financeiro é muito importante para uma empresa, descreva as etapas que devem ser seguidas para a implantação do plano de negócio de uma escola de idiomas. Defina as etapas mais importantes e inclua os prováveis gastos deste negócio.

Mini-Caso

O Terceiro Projeto de Eduarda

Eduarda é uma pessoa empreendedora, que detesta trabalhar como empregada e tem uma característica muito forte, ela é muito inovadora. Seu sonho é administrar sua própria empresa, mas infelizmente seus últimos dois projetos foram à falência com menos de vinte meses. Ela acredita que, por participar numa sociedade cujos membros são apenas parentes próximos, este seria um dos motivos da falta de sucesso do projeto.

Atualmente Eduarda pretende deixar a sociedade com parentes de lado e partir para o profissionalismo, contudo, está em dúvida onde aplicar seus recursos financeiros. Eduarda está em dúvida, pois seus recursos financeiros são suficientes tanto para iniciar um salão de beleza voltado para o público feminino da classe C ou um Pet-Shop voltado para o público da classe A.

Como Eduarda já obteve dois fracassos anteriormente ajude-a a escolher. Elabore um modelo de plano de negócio completo para um salão de beleza para a classe C e um plano de negócio para um Pet-Shop para a classe A.

Como empreendedor, ao final, aponte as vantagens e desvantagens de cada negócio para Eduarda.

Questões para Debate

1. Qual a melhor forma de iniciar um plano de negócio?
2. Como empreendedores, quais os argumentos utilizados para defender a elaboração do planejamento estratégico no plano de negócio?
3. Qual a importância de alinhar o plano mercadológico ao planejamento estratégico?
4. Quais as etapas que um plano de negócio deve passar para finalizar com sucesso o plano operacional?
5. Você considera importante uma descrição detalhada de cada produto ou serviço do plano de negócio? Justifique sua resposta.
6. Qual a melhor forma de preparar um plano de recursos humanos? De todas as etapas, indique aquelas consideradas mais relevantes.
7. Por que devemos elaborar o plano financeiro? O resultado tem alguma influência na tomada de decisão do plano de negócio? Justifique sua resposta.

Sugestões de Leitura/Pesquisa

Pesquise no livro indicado abaixo o que está além de um plano de negócios.

SOUZA, Eda Castro Lucas de; GUIMARÃES, Tomás de Aquino. **Empreendedorismo**: Além do Plano de Negócio. São Paulo: Atlas, 2005.

Palavras-Chave: empreendedorismo, plano de negócio, projetos.

Referências

BRAGA, Roberto. **Fundamentos da Administração Financeira**. São Paulo: Atlas, 1998.

HOJI, Masakazu, **Administração Financeira:** uma abordagem prática. São Paulo: Atlas, 2006.

GITMAN, Lawrence J. **Princípios de Administração Financeira**. São Paulo: Harba, 2003.

KOTLER, Philip. **Administração de Marketing.** 12ª ed. 2008.

MATARAZZO, Dante Camine. Análise Financeira de Balanços: abordagem básica e gerencial. São Paulo: Atlas, 2003.

MAXIMIANO, Antonio Cesar Amaru. **Teoria Geral da Administração:** da Revolução Urbana à Revolução Digital. 6ª ed. São Paulo: Atlas, 2006.

ROSS, Stephen; WESTERFIELD, Randolph W.; JAFFE, Jeffrey F. **Administração Financeira - *Corporate Finance***. São Paulo: Atlas, 2007.

QUALITYMARK EDITORA

Entre em sintonia com o mundo

QualityPhone:

0800-0263311

Ligação gratuita

Qualitymark Editora
Rua Teixeira Júnior, 441 – São Cristóvão
20921-405 – Rio de Janeiro – RJ
Tels.: (21) 3094-8400/3295-9800
Fax: (21) 3295-9824
www.qualitymark.com.br
e-mail: quality@qualitymark.com.br

Dados Técnicos:	
• Formato:	16 x 23 cm
• Mancha:	12 x 19 cm
• Fonte:	Optima
• Corpo:	11
• Entrelinha:	13
• Total de Páginas:	576
• Lançamento:	2012